CB031485

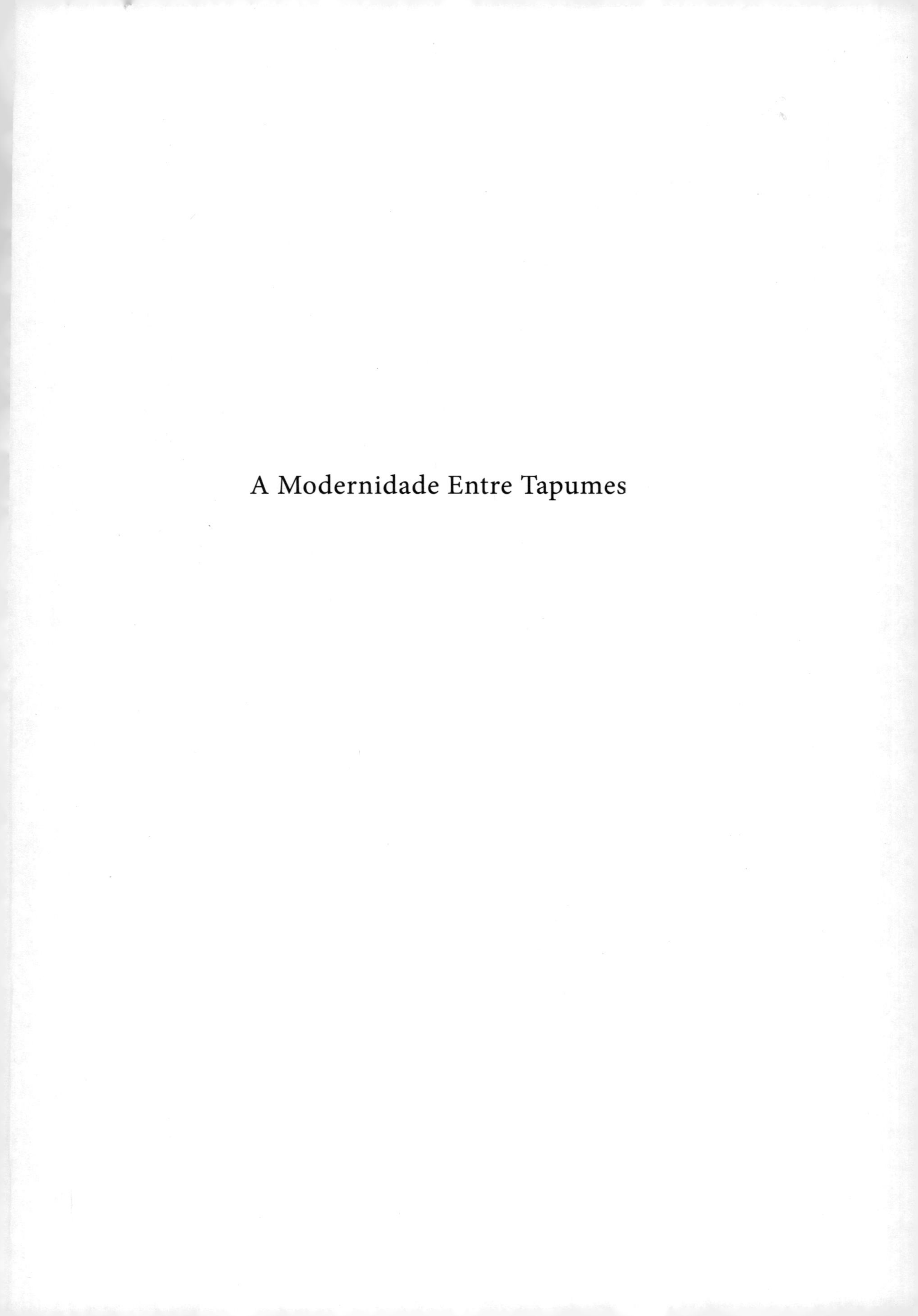

A Modernidade Entre Tapumes

Vagner Camilo

A Modernidade Entre Tapumes

DA POESIA SOCIAL À INFLEXÃO NEOCLÁSSICA NA LÍRICA BRASILEIRA MODERNA

Processo Fapesp n. 2017/25655-0

Dados Internacionais de Catalogação na Publicação (CIP)
(Câmara Brasileira do Livro, SP, Brasil)

Camilo, Vagner.
A Modernidade Entre Tapumes: Da Poesia Social à Inflexão Neoclássica na Lírica Brasileira Moderna / Vagner Camilo.
– Cotia, SP: Ateliê Editorial, 2020.

ISBN 978-65-5580-008-1
Bibliografia.

1. Classicismo (Literatura). 2. Ensaios brasileiros
3. Modernismo (Literatura) 4. Neoclassicismo (Literatura)
5. Poesia brasileira I. Título.

20-38166 CDD-869.4

Índices para catálogo sistemático:
1. Ensaios: Literatura brasileira 869.4

Maria Alice Ferreira – Bibliotecária – CRB-8/7964

ATELIÊ EDITORIAL
Estrada da Aldeia de Carapicuíba, 897
06709-300 – Cotia – SP – Brasil
Tel.: (11) 4702-5915
www.atelie.com.br | contato@atelie.com.br
facebook.com/atelieeditorial | blog.atelie.com.br

2020

Impresso no Brasil
Foi feito o depósito legal

a Isabel Corrêa Camilo (in memoriam)

Sumário

Agradecimentos

A Víctor Gustavo Zonana, Vilma Arêas, Maria Betânia Amoroso, John Gledson, Eduardo Marinho, Maria Eunice Moreira, Luisa Destri, Maria Aparecida Ribeiro, Fabio Cesar Alves e Plinio Martins Filho.

A Lourenço Dantas Motta e Ana Maria Dantas Motta Neustein, em especial, pela acolhida generosa, que tanto contribuiu para a pesquisa sobre a poesia excepcional de Dantas Motta.

A Luís e Pedro Abramo, pela autorização de reprodução do mapa de Lívio Abramo feito para as *Elegias*, de Dantas Motta.

A Enedino Soares Pereira Filho, pela indexação de suplementos e periódicos da Geração de 45.

Ao Instituto de Estudos Brasileiros, em particular, a meu colega Marcos Antonio Moraes, Marina Damasceno de Sá e Elisabete Marin Ribas.

Às bibliotecárias, bibliotecários, funcionárias e funcionários do Arquivo-Museu de Literatura Brasileira da Fundação Casa de Rui Barbosa (RJ), da Biblioteca Florestan Fernandes (FFLCH/USP) e da Biblioteca do IAU (USP-São Carlos).

Ao CNPq, pelo apoio a parte da pesquisa, e à Fapesp pelo auxílio decisivo a esta edição.

Introdução

Um dos aspectos mais evidentes na lírica brasileira do segundo pós-guerra foi a tendência formalista, de feição neoclássica, marcante nas obras de poetas oriundos do Modernismo, como Carlos Drummond de Andrade, Murilo Mendes, Jorge de Lima e Augusto Meyer, bem como nas da emergente Geração de 45. Ainda que bastante expressiva, essa tendência raramente veio a ser examinada de maneira sistemática, em uma abordagem ampla e contrastiva da produção do período, apesar das contribuições relevantes de José Guilherme Merquior[1].

Sem dúvida, os modernistas em questão foram objeto de investigações isoladas, muitas das quais magistrais, que, todavia, tenderam a desconsiderar essa inflexão neclássica mesmo na trajetória particular de cada um deles, que dirá como reflexo de uma tendência maior. A visão panorâmica de tal tendência contribuiria muito para se aquilatar com

1. Além de Merquior, citado adiante, Antonio Carlos Secchin foi um dos poucos críticos a chamar a atenção para a necessidade de um estudo dessa ordem sobre tal tendência neoclássica: "Ainda está por ser estudada a contribuição do discurso classicizante à poesia brasileira da primeira metade do século, a partir da configuração de tal discurso nas obras, entre outras, de Carlos Drummond de Andrade, Cecília Meireles, Jorge de Lima e Manuel Bandeira. A apressada sinonímia estabelecida entre descoloquialização vocabular e reacionarismo estético acabou por banir do território poético todas as categorias que não se ajustassem ao receituário da 'antigramática', a rigor tão normativa e intolerante quanto os preceitos anteriores que ela buscou fulminar" ("Microscopia do Poético", *Novos Estudos* Cebrap n. 51, São Paulo, jul. 1998, p. 227).

mais precisão a relevância estética e histórica de um período que é, na verdade, uma encruzilhada da lírica moderna, na medida em que nele desemboca o melhor das conquistas modernistas juntamente com o mais regressivo, ao mesmo tempo em que estão sendo gestados aí tanto a *antilira* cabralina, quanto os gérmens da vanguarda concretista. Trata-se, portanto, de um período que sinaliza, concomitantemente, o encerramento de um ciclo de modernização e o nascimento de um novo[2].

Apesar de não alcançar a abordagem totalizante reclamada pelo período, a presente abordagem pretende contribuir para uma compreensão mais aprofundada e sistemática dele, detendo-se na análise de uma amostragem representativa e contrastiva da referida tendência neoclássica, sem perder de vista a postulada centralidade do período entre um ciclo vanguardista e outro.

Já de saída, observe-se que, ao aproximar poetas de quilates tão diversos, o intuito primordial foi, sem dúvida, o de caracterizar um contexto comum e uma tendência afim, o que não implica ignorar o grau de realização literária de cada um deles. Por mais que a valoração estética tenha caído por terra para certas vertentes da crítica atual, ela estará presente aqui, pontuando as análises comparativas dos poetas e as exegeses isoladas, que consideram, também, as motivações primeiras, o rendimento extraído no diálogo com a modernidade e a tradição, e o maior ou menor grau de negatividade presente nos versos dos poetas postos em confronto em uma arena histórica comum.

Nesse confronto, é evidente que, enquanto Drummond adota essa inflexão sempre de modo crítico, porque acuado e levado a tal solução estética não por livre-escolha, mas em consequência da frustração dos ideais modernistas e do projeto participante que orientara sua lírica até então, os poetas de 45 vão aderir incondicionalmente a essa tendência, vendo nessa espécie de neoclassicismo uma resposta positiva aos impasses da lírica moderna. Os demais *modernistas conversos* parecem instalar-se em posições intermediárias entre esses dois extremos. O mesmo se pode dizer de outros nomes que publicaram o mais representativo de

2. Cf. Iumna Maria Simon, "Esteticismo e Participação: As Vanguardas Poéticas no Contexto Brasileiro (1954-1969)", em Ana Pizarro (org.), *América Latina: Palavra, Literatura e Cultura*, São Paulo, Memorial da América Latina; Campinas, Unicamp, 1995, vol. 3, pp. 453-478.

suas produções entre 1945 e meados da década seguinte, sem integrarem, necessariamente, a mencionada geração, como é o caso de Dantas Motta. Poetas como ele demonstram que o período é bem mais diversificado do que se supõe.

Na composição do *corpus* de análise, foi eleita uma amostragem que, apesar de restrita, não deixa de ser bastante representativa da Geração de 45, ao lado de alguns poetas que, tendo aderido ao Modernismo nos anos 1920 e 1930, revelam de modo mais acentuado essa conversão neoclássica no segundo pós-guerra. Por essa razão, foram excluídas de antemão obras que configuraram, desde sempre, um compromisso entre algumas das conquistas de 1922 e a persistência de formas e convenções legadas pela tradição e por escolas anteriores ao Modernismo – a exemplo de certa herança simbolista em grandes poetas como Cecília Meireles –, obviamente porque, nesses casos, o impacto da conversão se fez sentir de modo menos patente. É verdade que essa guinada poderia, ainda assim, ser examinada em outros nomes oriundos do Modernismo, como Bandeira. Contudo, em casos como esse, entra em questão a dificuldade de lidar com um *corpus* de tamanha grandeza. Essa exclusão não parece implicar, todavia, um limite de alcance das hipóteses sustentadas no correr do livro.

O presente estudo desdobra um anterior dedicado, especificamente, à inflexão neoclássica na lírica drummondiana do segundo pós-guerra, anunciada em *Novos Poemas* (1948) e plenamente realizada em *Claro Enigma* (1951), e, em graus diversos, nos dois livros seguintes do poeta itabirano: *Fazendeiro do Ar* (1954) e *A Vida Passada a Limpo* (1959)[3]. Este último encena nova transição poética, abordada aqui no capítulo final, que também dá nome ao livro.

No caso específico de *Claro Enigma*, a *classicização*[4] (para falar com Merquior) foi compreendida como produto de uma confluência de distintos fatores: a desilusão do poeta itabirano com a militância comunista, entre outras razões, devido ao recrudescimento da política cultural

3. Vagner Camilo, *Drummond: Da Rosa do Povo à Rosa das Trevas,* Cotia, SP, Ateliê Editorial/ Anpoll, 2001.

4. José G. Merquior, *Verso Universo em Drummond,* Rio de Janeiro, Livraria José Olympio Editora; São Paulo, Secretaria de Estado da Cultura, Ciência e Tecnologia, 1975, pp. 190-195. Do mesmo crítico, ver também, entre outros estudos, *A Astúcia da Mímese. Ensaios sobre Lírica.* Rio de Janeiro, Topbooks, 1997, p. 199.

jdanovista adotada pelo PCB; certo esgotamento das experimentações vanguardistas, quando a ruptura com a tradição que definiu o moderno como culto do novo tornou-se ela própria, paradoxalmente, uma tradição da ruptura (Compagnon); e a especialização crescente do trabalho intelectual e artístico, que acabou por obrigar à redefinição de um novo papel para o literário.

De certo modo, as indagações que orientaram a abordagem proposta no livro anterior persistem neste, em busca de respostas mais satisfatórias e abrangentes, já que dirigidas a um *corpus* muito maior. Elas podem ser sumarizadas a seguir, de maneira bastante esquemática e com o risco de omissões, funcionando como hipóteses que orientarão o percurso a ser descrito.

A primeira delas diz respeito à visão de mundo e de arte que orienta esse retorno à tradição. Indaga-se, assim, se ele é movido por um espírito puramente restaurador ou representa um "jogo soberano com as formas do passado", como resume Peter Burger, polemizando com Adorno em torno da tese do "envelhecimento do moderno" e da perda do potencial utópico inerente às experimentações vanguardistas.

Outros referenciais teóricos trouxeram respostas por vezes diversas à mesma ordem de questões, ajudando a formular o problema de modo mais vivo. É o caso de críticos como Compagnon ou Perkins, quando tratam da conversão do moderno em *convenção*, que pode, inclusive, ser manipulado e combinado com outros estilos do passado. O mesmo Compagnon voltaria a essa questão por um ângulo diverso em seu estudo sobre os denominados "antimodernos" (que explora certas atitudes e procedimentos afins à ironia e às ambivalências, por exemplo, do Drummond de "Eterno", emblemático da conversão neoclássica do período). Para ele, essa noção implica não uma rejeição pura e simples do moderno, movida por certa dose de nostalgia, mas a dúvida, a ambivalência e a requalificação do pessimismo desses que são, no fim das contas, autênticos modernistas a contragosto. Esses "heróis da antimodernidade", diz ainda Compagnon, formam o filão de resistência ao modernismo ingênuo, orientado pelo otimismo histórico e pelo dogma do progresso[5].

5. Antoine Compagnon, "Introdução. Os Modernos em Liberdade", *Os Antimodernos. De Joseph de Maistre a Roland Barthes*, Belo Horizonte, Editora UFMG, 2011, pp. 11-19.

Ao lado de Compagnon, pode-se alinhar William Marx, que tratou da *renaissance classique* da poesia francesa nos anos precedentes à Primeira Guerra Mundial, em estudo muito inspirador para esta abordagem[6]. Em outra obra coletiva, Marx propõe o desafio, que se repõe aqui, de examinar a dinâmica da história da literatura moderna não como uma sucessão de rupturas, mas marcada por continuidades e retornos, pela tradição e pelo *arrière-gardisme*[7] contrário ao fluxo da dinâmica global. Ou seja, William Marx rompe com um ponto cego da reflexão estética, que faz a história das ideias e das artes dirigir sua atenção só sobre as vanguardas, com o risco de desequilibrar a percepção de conjunto, na medida em que dá a ilusão de movimento unívoco. Por isso, Marx chama a atenção para a importância de se voltar a esses movimentos que parecem seguir na contracorrente da teleologia geralmente aceita, sem que o intérprete tenha, necessariamente, de fazer a apologia deles[8]. Trata-se, como ele insiste, de evidenciar a complexidade da dinâmica histórica.

Compagnon, que também integra a obra coletiva de Marx com uma versão condensada de seu estudo sobre os antimodernos, fala da *arrière-garde* não como reação ou restauração, mas como angústia de veteranos em face à vulgarização e degradação de seu ideal[9]. Partindo de um dito célebre entre os franceses ("tudo começa em mística e termina em política"), insiste na visão de a *arrière-garde* permanecer fiel ao impulso da mística inicial (o que pode se aplicar aqui, sob certos aspectos, aos modernistas classicizados, jamais à Geração de 45); mística essa da qual "os contemporâneos desertaram". Essa noção talvez testemunhe, nota ainda o crítico, algo do que "o pensamento alemão do entreguerras chamaria a 'simultaneidade dos não-contemporâneos', 'heterocromia' decorrente da

6. William Marx, *Naissance de la Critique Moderne. La Literature Selon Eliot et Valéry. 1889-1945*, Paris, Artois Presses Université, 2002, pp. 72-94.

7. Manteve-se, no original, os termos *arrière-garde* e *arrière-gardisme* como alusão direta às concepções teórico-críticas de William Marx e dos estudiosos a ele vinculados.

8. Ver, sobretudo, o capítulo introdutório de William Marx (dir.), *Les Arrière-gardes au XXe Siècle. L'Autre Face de la Modernité Esthétique*, Paris, Quadrige/PUF, 2004, pp. 5-19. Cf. também, no mesmo volume, Vincent Kaufmann, "L'Arrière-garde Vue de l'Avant" (pp. 23-35).

9. Antoine Compagnon, "L'Arrière-garde, de Péguy à Paulhan et Barthes", em William Marx, *Les Arrière-gardes au XXe. Siècle*, p. 95. Kaufmann recomenda cuidado e adverte para certo risco da "neutralização política" quando se considera, sem mais, "as *arrière-gardes* como os veteranos da vanguarda" (*op. cit.*, p. 24).

divergência de *tempo* e de *idade* [...] ou da coexistência das gerações, com as distorções e desproporções que resultam a todo momento no movimento político ou literário"[10].

Toda essa reflexão se torna particularmente instigante quando aproximada do caso brasileiro, já que convergem para o neoclassicismo da lírica moderna do pós-guerra obras de distintas grandezas, como a de Drummond e a de qualquer um dos poetas de 45. Marx diria que a questão, neste caso, é indagar se há ou não um fundo de vanguarda no *arrière-gardisme* do período, mas pode-se pensar, com base no contraponto teórico anunciado, qual alcance e rendimento, para essa mesma tendência lírica, da famosa tese adorniana do material artístico avançado... Afinal, a crise das vanguardas e a frustração de suas intenções políticas levaram ao fim de uma concepção teleológica da temporalidade e de uma arte de ponta, assentada na eleição de um só princípio artístico capaz de representar de forma superior toda uma época. Essa concepção progressista entra em refluxo e o poeta passa a se defrontar com uma pluralidade de procedimentos formais à sua disposição, como se verifica no caso ora examinado.

Outras indagações que orientam a presente abordagem têm por horizonte o contexto literário mais especificamente brasileiro, à luz do qual se pretende considerar em que medida a classicização do verso operada na lírica de Drummond, Murilo Mendes, Jorge de Lima ou Augusto Meyer repercute as disputas de campo (Bourdieu) e a especialização do trabalho intelectual e artístico do período. Isso posto, busca-se inquirir se as disputas e a especialização comparecem, de forma mais ou menos mediada, na produção dos demais poetas representativos de tal tendência.

Pensando especificamente no *corpus* examinado, a questão de fundo diz respeito às diferenças significativas que podem ser estabelecidas entre a lírica neoclássica dos modernistas e a convenção formalista da Geração de 45, supostamente orientada pelo apelo de "retorno à ordem" lançado por T. S. Eliot em conhecido estudo. Dentre tais diferenças, que são de níveis diversos, e tendo ainda em vista a indagação anterior, cumpre investigar se as alusões mais ou menos diretas, irônicas ou não, ao legado parnasiano-simbolista, presentes nos poetas da Geração de 45 ou mesmo em alguns poemas de Drummond e Jorge de Lima comparecem de ma-

10. *Idem, ibidem.*

neira a sinalizar um contraste entre o reconhecimento social dessa poesia mais acadêmica de outrora e as indefinições que marcam um cenário de reconfiguração do campo literário.

No caso dos poetas de 45, cabe, também, uma sondagem a respeito do que tais poetas entendem por *tradição* e por *clássico* e quais seus paradigmas na poesia internacional e nacional, considerando-se, neste último caso, como eles se comportam em relação às conquistas das gerações precedentes.

Em uma projeção de alcance mais amplo, importa conjeturar até que ponto essa conversão neoclássica reverbera a conjuntura histórico-política do imediato pós-guerra em plano internacional, com a instauração da Guerra Fria, e nacional, com o fim da ditadura varguista, seguido pelo dito processo de redemocratização dos anos Dutra.

Os capítulos de III a XI, correspondentes à conversão neoclássica, são precedidos por dois outros, publicados em versões preliminares, que foram recolhidos mais com o intuito de ilustrar a passagem da fase de militância modernista para a da poesia participante dos anos 1930, acompanhada da "rotinização"[11] das experimentações vanguardistas, até o momento da crise resultante em tal conversão encenada pelos modernistas e pela "agenda" proposta pela Geração de 45. O fim dessa estada neoclássica e o trânsito para novo ciclo vanguardista são examinados no capítulo final do livro.

O caso de Drummond foi tomado como paradigma, mesmo que o neoclassicismo dos demais não tenha sido motivado por todas as razões subjacentes à poesia do autor de *Claro Enigma*. Essa eleição se justifica por ser sua obra a que apresenta uma transição configurada de modo pleno

11. Obviamente o termo entre aspas remete ao conhecido estudo de João Luís Lafetá (*1930: A Crítica e o Modernismo*) retomado também por Antonio Candido ("A Revolução de 1930 e a Cultura"), evidenciando o quanto essa *rotinização* implicou a perda do potencial utópico da literatura do período. Se se quiser adensar, mais dialeticamente, esse lugar-comum da historiografia do Modernismo, pode-se descrever essa transição dos anos 1920 ao 1930, sem impropriedade histórica, como faz Altieri no caso norte-americano. Diz ele que, ao "senso de libertação fornecido pelos primeiros experimentos formais modernistas", seguiu-se a desilusão "na década de 1930, quando essas descobertas revelaram as dificuldades ou limites de sua capacidade em se relacionar ou atender às necessidades sociais", levando os poetas, assim, a "reformular suas estratégias para elaborar novas formas de a poesia assumir a responsabilidade social" (Charles Altieri, *The Art of Twentieth-Century American Poetry: Modernism and After*, Malden/Oxford, Blackwell Publishing, 2006, pp. 3 e ss.).

e consequente da tendência em questão, trazendo reflexões complementares na forma de cartas, crônicas, ensaios, depoimentos etc., que atestam a perspicácia do poeta itabirano sobre o que estava em jogo no processo de conversão neoclássica. Além disso, Drummond buscou travar contato com alguns dos novos ou novíssimos (ironias à parte) e ensaiou, mesmo, assumir um papel similiar, em alguns casos, ao que Mário de Andrade desempenhou com ele e sua geração por meio das cartas. Sem contar, por outro lado, que Drummond esteve na mira de algumas polêmicas e ataques promovidos por membros e periódicos da geração ou grupo de 45.

Para acompanhar mais detidamente essa transição, os dois capítulos iniciais foram reservados à produção drummondiana anterior, dos anos 1930 e 1940, na qual as demandas de participação social endereçadas ao modernismo poético encontraram sua maior realização. Assim, o primeiro capítulo trata da transição da poesia dos anos 1920 para a crise diante de tais demandas nos anos 1930, configurada em *Brejo das Almas* (estabelecendo, muito superficialmente, algumas correlações com outros poetas do período). Já o segundo capítulo trata de um aspecto marcante nos três grandes livros da fase participante, embora lendo mais detidamente *Sentimento do Mundo*, as tensões espaciais nele encenadas a partir do confronto com a grande cidade moderna e alienada, e a estratégia desalienadora que se estende, em grau de abrangência diversa, para *José* e *A Rosa do Povo*.

Esses dois capítulos, escritos há mais tempo, tomam por aporte teórico ensaios amplamente conhecidos, a fim de se estabelecer as mediações entre lírica e sociedade, a começar pela lição adorniana sobre a lírica como antítese social da sociedade e a forma como conteúdo social sedimentado. Nota-se em tais capítulos iniciais, também, o esforço de agregar outros referenciais teóricos que desdobrassem as lições benjaminianas. No caso de "Figurações Espaciais e Mapeamentos na Lírica Social de Drummond", a abordagem se mostra sensível às leituras de Dolf Oehler, notadamente a noção de "estética antiburguesa" explorada por esse crítico ao analisar o jogo de vozes e perspectivas presente no romance flaubertiano e na lírica baudelairiana. Essa análise é tomada como parâmetro para caracterizar tanto o desdobramento da voz lírica, quanto os distanciamentos irônicos de que se vale Drummond como estratégia de desmascaramento da ideologia de classe. A isso se alia a noção de "mapeamento cognitivo", redimensionada por Fredric Jameson para o domínio estrito dos estudos literários ou, mais amplamente, culturais. Já "No Atoleiro da Indecisão: *Brejo das Almas* e a Crise Ideológica dos Anos 1930", a par das análises mais detidas de poemas emblemáticos desse livro drummondiano de 1934, revela-se certa preocupação de circunscrever o conflito encenado pelo eu lírico ao campo especificamente intelectual e artístico-literário, mas sem perder de vista o horizonte histórico-social e político. Para tanto, a abordagem buscou se achegar da seara de certa sociologia dos intelectuais, orientando-se por ensaios como "O Autor como Produtor" e, mais ainda, "Sobre a Atual Posição do Escritor Francês", que inventaria as polarizações ideológicas da intelectualidade francesa, contemporânea da brasileira, em que o Drummond de *Brejo das Almas* está inserido e cuja agenda política se definia um pouco em função dos principais atores na república das letras francesas, segundo Antonio Candido em "A Revolução de 1930 e a Cultura".

Está visto que, na abordagem de um gênero como a lírica, em tese avessa ao social, de acordo com as definições mais tradicionais, o enfoque adotado tende a contemplar, ao contrário, as relações entre poesia, história e sociedade. Obviamente, não se ignora o quanto essas relações sempre se mostraram controversas. Repudiadas tanto pela concepção substancial, quanto pela formalista do gênero[12], elas foram abordadas de modo equívoco por certas leituras mecânicas, pautadas pela lógica do causalismo ou do determinismo econômico-social direto, legadas pela vertente marxista mais convencional,

12. Claude Calame, em *Masques d'Autorité. Fiction et Pragmatique dans la Poétique Grecque Antique* (Paris, Les Belles Lettres, 2006), diz que a concepção substancial compreende a lírica como expressão das paixões e reflexões do indivíduo isolado, portanto alheio às contingências da história, e tendo por horizonte último a transcendência, dentro de uma perspectiva universalizante que toma a poesia associada ao sublime. Já a formalista define a lírica como artefato, um objeto estético feito de palavras que nada evoca além dele mesmo, em uma autotelia atemporal. Evidentemente, a concepção substancialista só passa a vigorar a partir de fins do século XVIII, visto que a identificação estrita do gênero com a subjetividade, com a expressão dos sentimentos ou da consciência individual por parte do sujeito empírico é tida como herança do Romantismo (ou de uma discutível leitura deste...), assim como a ênfase dada à linguagem e à autorreferencialidade seria herança da modernidade. Só a partir dos românticos, também, é que as relações entre lírica e sociedade se colocam como problema, pois sustentar esse tipo de vínculo parece contrariar a própria definição do gênero. Do mesmo modo que essa concepção varia historicamente, varia também a divisão genérica em que a lírica se mostra inscrita, definindo suas particularidades por oposição aos gêneros vizinhos, como ainda demonstra Calame, apoiando-se em estudo de Tynianov sobre a "evolução literária".

embora elas já se mostrem há muito superadas pelos próprios herdeiros desse legado que mais avançaram nos estudos de tais relações, como o próprio Adorno e Benjamin, bem como pelos que seguiram na senda aberta por eles. São esses herdeiros e seus seguidores, aliás, que ajudaram a romper com certa divisão tácita de gêneros literários estabelecida entre a crítica materialista e as correntes mais formalistas desde o *New Criticism* (cuja primeira recepção brasileira é historiada no capítulo IV), segundo a qual caberia a poesia a estas últimas e, àquela, a prosa de ficção. Isso justifica as raras incursões na seara lírica pelos grandes expoentes da teoria estética marxista, como bem observa Kristin Ross, em estudo sobre Rimbaud, que, apesar da dura crítica, não deixa de se alinhar a essa vertente teórica:

> Quando me volto para a teoria estética marxista, meu problema torna-se uma questão de gênero. Pois [...] críticos literários marxistas desde Lukács, passando por Sartre e chegando à geração corrente – Eagleton, Macherey e mesmo um crítico ocasional de poesia e provocativo pensador do espaço como Fredric Jameson ([para quem] a "narrativa [é] a instância ou a função central do espírito humano") – continuam a afirmar a preocupação tradicionalmente dominante com a narrativa e o gênero romance. O denso estudo de Walter Benjamin sobre Baudelaire e a Paris do Segundo Império destaca-se do notável descaso da crítica marxista pela poesia. Bertold Brecht – cujo poeta preferido era Rimbaud – estava certamente consciente dessa negligência quando debatia com Lukács em 1930. A questão brechtiana – Qual é o realismo da poesia? – não é menos premente hoje. Esta hesitação por parte dos críticos marxistas com relação à poesia pode ser traçada em retrospectiva para todos os pressupostos tradicionais, eles mesmos um desenvolvimento do século XIX, que vê a prosa como um veículo privilegiado para temas objetivos ou políticos, e o verso, para assuntos subjetivos ou individuais – ou, posto de outro modo, a admissão de que existe aí uma produção social da realidade de um lado e, de outro, uma produção desejante que é mera fantasia ou anseio de satisfação. A despeito de extensivas críticas [inclusive] feministas de tais divisões entre o "pessoal" e o "político", esses pressupostos permanecem largamente intatos e estão reinscritos no marxismo como uma omissão genérica[13].

Já em estudo anterior, sobre a conversão neoclássica de Drummond, contrariando certa tendência da fortuna crítica do poeta itabirano a en-

13. Kristin Ross, *The Emergence of Social Space: Rimbaud and the Paris Commune*, Minneapolis, Minnesota UP, 1998, p. 11.

fatizar, reiteradamente, o alheamento histórico do autor de *Claro Enigma*, decerto induzida pela leitura equívoca da celebrada epígrafe valeryana do livro de 1951 ("*Les événements m'ennuient*"), o desafio foi o de evidenciar seu substrato histórico-político, atentando sempre às suas mediações formais. Lá mesmo onde o poeta parecia voltar as costas à história e à sociedade, era possível demonstrar que elas entravam, por assim dizer, pela porta dos fundos, repercutindo nos temas, motivos, recursos estéticos, inclusive neoclássicos, e atitudes ante a tradição e o leitor. Ou seja, essas vinculações compreendiam desde o estatuto social da subjetividade lírica forjada pelo "fazendeiro do ar", passando pelas tensões entre as ideologias reinantes no período até chegar às disputas próprias do campo literário e à melancolia resultante da frustração de seu impulso participante nos anos de guerra – lembrando, com Dolf Oehler e Ross Chambers, a força literariamente produtiva da melancolia, como forma de resistência e crítica.

Sem desconsiderar a relevância das contribuições fundamentais de Adorno e Benjamin e daqueles que lhes desdobraram o legado teórico-crítico, o presente volume recorreu, ainda, a vias alternativas na abordagem das relações entre poesia, história e sociedade, que, partindo de uma concepção dinâmica e sistêmica do literário, longe de tomá-lo como um conjunto de obras isoladas, busca apreendê-lo em seu processo interativo, considerando as condições de produção, circulação e recepção. Só em vista desse processo parece ser possível uma maior compreensão dos modos pelos quais a história e a sociedade encontram brigada no domínio da lírica, levando-se em conta as políticas de gêneros, as condições de produção e inserção social do poeta, os valores, interesses e o estatuto social que moldam a perspectiva ou visão de mundo da voz ficcionalizada que fala nos versos; a posição do poeta no campo literário, o horizonte de recepção e as relações com o leitor.

De modo um pouco mais preciso, alguns dos capítulos se ocupam das figurações do poeta e da cena literária em que ele se mostra inscrito, buscando demonstrar de que maneira a *construção* da sua imagem e de seu *lugar* de inserção se relaciona com seu horizonte estético-literário, social e político, sem ignorar o público ao qual se dirige e que ajuda a moldar também sua imagem. A isso se articula, intimamente, a problemática das disputas de campo, as redefinições de papéis, objetos e objetivos constitutivos do poético em vista da ascensão ou proeminência de certos campos disciplinares vizinhos, solapando o terreno e o prestígio, até então, próprios da literatura. Isso ocorreu em relação à história, à filosofia (mais particularmente à estética) e, por fim, às ciências sociais. A questão é perceber como isso inflete no plano da criação literária, em busca da definição de sua especificidade. Todas essas tensões parecem reverberar na imagem que o poeta constrói dele mesmo.

A influência mais decisiva dessa ordem de discussão se faz sentir sobretudo nos capítulos centrais do livro dedicados ao confronto entre os modernistas neoclássicos e a Geração de 45, identificando os procedimentos poéticos, as convenções retóricas e as constantes estilísticas mais empregados, o repertório de temas e motivos, bem como o catálogo de autores e obras explícita ou implicitamente evocados. Tais capítulos têm ainda por escopo o exame detido das relações entre modernidade e tradição, o diálogo com o leitor (em momento agudo de crise da comunicação literária e mais particularmente poética) e a indagação acerca das motivações dessa tendência como resposta às especificidades não só do campo literário, mas também do contexto histórico-político. Mais do que tudo, importa tentar compreender como uma mesma tendência – que implica a exploração de normas e expedientes tidos, então, como anacrônicos ou pertencentes a regimes temporais diversos – pode ter resultado, de um lado, em uma safra mediana de novos poetas e poemas bem compostos, mas muito frequentemente desvitalizados; e, de outro, em obras que correspondem ao zênite da trajetória poética dos modernistas conversos.

Assim, o capítulo III, "Tradição, Modernidade e Neoclassicismo: Um Diagrama da Lírica do Pós-Guerra", busca inventariar os principais aspectos da tendência neoclássica da lírica do pós-guerra, estabelecendo o confronto entre os poetas modernistas e os da Geração de 45. Para tanto, esboça-se uma espécie de retrato coletivo desses poetas de 45, discutindo a noção de *geração* e de *grupo* (neste caso, com base em critérios estabelecidos por Raymond Williams para as formações culturais independentes); os modos de intervenção no campo (revistas, suplementos, associações e congressos); os espaços de sociabilidade (o *clube* em vez do salão e do café que predominaram nas décadas anteriores do Modernismo); a especialização do trabalho intelectual, a perda acentuada de prestígio do literário (particularmente da poesia) e as estratégias para se tentar restabelecer os laços com o leitor.

O capítulo IV, "O Aerólito e o Zelo dos Neófitos: Sérgio Buarque e a Crítica do Período", discute as resenhas e rodapés sobre as tendências formalistas e neoclássicas dos anos 1940-1950 compostos no calor da hora por esse que era um dos principais críticos de plantão no período, além de retomar algumas das polêmicas por ele travadas com os poetas de 45 ou intérpretes mais ou menos afinados com estes últimos, como Domingos Carvalho da Silva e Euríalo Cannabrava. O Crítico e historiador examina essas tendências na lírica do momento em confronto com a concepção do poético posta em circulação pelo *New Criticism*, cuja chegada no Brasil coincide com certa especialização do trabalho crítico como disciplina acadêmica. Sérgio Buarque reconhece nas propostas poéticas e nas posições adotadas pelo grupo de 45 a reativação do beletrismo (ou "parnasianismo lato") característico da herança bacharelesca marcante na vida literária brasileira.

O capítulo V, "Paradigmas do Poético: Eliot, Valéry, Rilke", propõe-se a inventariar os dados e indícios mais evidentes da recepção desses três nomes na poesia e na crítica do pós-guerra. Eles são expressamente reivindicados como mentores pela Geração de 45, mas, a presença deles também se faz sentir entre os modernistas conversos. Em alguns momentos, arrisca-se um comentário mais detido de poetas e poemas para explicitar essa recepção, mas no conjunto, o objetivo de capítulo é tão somente rastrear, em linhas gerais, a presença dos três nomes na produção período.

Da recepção crítica, passa-se à recepção poética de Eliot, no capítulo VI, dedicado à análise detida do poema "A Tempestade", de José Paulo Moreira da Fonseca, que constitui, de acordo com Ruggero Jacobbi, o diálogo mais producente da Geração de 45, ou mesmo da poesia brasileira moderna, com *The Waste Land*.

O capítulo VII é quase um excurso do que foi abordado no capítulo III, visando demonstrar, pela leitura de uma amostragem de poemas emblemáticos do período, como se dá a transição, entre modernistas classicizados e poetas de 45, da tensão dialética, de inspiração baudelairiana, entre o eterno e o transitório para a retomada extemporânea do *tópos* horaciano da *perenidade do canto*, implicando a imortalização do objeto do poema e do próprio poeta. Este capítulo discute, assim, o modo como os nomes em questão lidam com essa possibilidade (ou não) de perpetuação.

O capítulo VIII examina o abandono das mitologias pessoais pela reabilitação conjunta da figura arquetípica do poeta, por modernistas neoclássicos e pela Geração de 45. De Orfeu, importa sua dimensão de *mito civilizador*, abordada em associação com o emprego que se fez, ao longo dos séculos, de sua ciência e poder para reafirmar a supremacia do literário diante das disputas instituídas pelos saberes ou conhecimentos vizinhos, bem como para postular a autoridade do especialista. Nessa pluralidade de retratos órficos, interessa também indagar pela escolha que João Cabral faz do mito anfiônico, que desempenha funções similares às atribuídas ao herói trácio.

Já o capítulo IX é consagrado ao mais esquecido Augusto Meyer dos *Últimos Poemas*, também emblemático da inflexão neoclássica do período. Sua "Elegia do Arpoador", examinada minuciosamente, é exemplo da retomada do diálogo da lírica brasileira do período com a tradição portuguesa, depois da questionável ruptura dessa interlocução no Modernismo. Essa retomada vem também ilustrada por Jorge de Lima, não só em *Invenção de Orfeu*, mas já no *Livro dos Sonetos* (1949), marco da inflexão neoclássica do poeta alagoano.

O capítulo X é dedicado à análise dos *Sonetos Brancos*, de Murilo Mendes, livro pouco prestigiado pelos intérpretes do poeta, à exceção de Merquior. A abordagem se atém não tanto ao tratamento dispensado à forma fixa adotada, mas sim à ressurgência, em clave neoclássica, dos temas e motivos marcantes em livros anteriores do autor de *Bumba-meu Poeta* e *Poesia Liberdade*. Em vez da irreverência característica dos anos de militância modernista e do impulso solidário (e cristão) de sua *lírica de guerra*, Murilo Mendes retoma esses temas e motivos de uma perspectiva desencantada, como se vê no soneto "O Arlequim", que muito revela da condição acuada e amargurada do poeta modernista frustrado em seu anseio de comunicação e comunhão poéticas.

O capítulo XI é dedicado a um nome injustamente posto à margem do cânone moderno: Dantas Motta. Associado de modo equívoco à Geração de 45, o autor das *Elegias do País das Gerais* é uma voz isolada e muito pessoal no contexto poético dos anos 1940 e 1950, que soube estabelecer um diálogo produtivo com o legado modernista, apresentando, sim, uma inflexão neoclássica, mas distante da adotada pelos *novos* de então, com os quais foi equivocamente associado. O poeta de Aiuruoca também escolheu, como principal modalidade poética, a elegia, mas conferindo a ela uma vitalidade e um enraizamento histórico-social que faltaram por completo aos poetas de 45.

O último capítulo se ocupa da análise de "A um Hotel em Demolição", longo poema que dá fecho ao livro de encerramento da estada classicizante de Drummond: *A Vida Passada a Limpo* (1959). Partindo dos escombros deixados no centro do Rio de Janeiro onde outrora existiu o famoso Hotel Avenida, em plena Avenida Central, o poema rememora a história desse marco da *belle époque* tropical, desde sua construção, no bojo das intervenções urbanísticas de Pereira Passos inspiradas pelo projeto hausmanniano de Paris, até sua demolição em 1957 para acolher outro marco arquitetônico da cidade moderna e do *international style*. Valendo-se do gênero poético da *meditação sobre as ruínas*, Drummond retoma os "50 Anos-imagem" do hotel que foi símbolo da vida elegante, de cosmopolitismo, em convívio com reminiscências do velho Brasil *cordial*, espelhado inclusive na sociabilidade artística e literária (entenda-se: parnasiana) que tinha acolhida nas dependências hoteleiras, para promover uma reflexão mais ampla sobre o novo ciclo de *modernização por alto* que se anuncia, em ritmo bem mais acelerado, com o novo marco arquitetônico (o Edifício Avenida Central) a se instalar no vazio deixado no centro da capital do país.

Esta síntese do percurso, ao delinear as principais linhas de força das abordagens aqui reunidas, buscando conferir certa coerência ao todo, não esconde o fato de este livro não ter sido concebido desde o início como uma unidade. Alguns dos capítulos, conforme consignado, derivam de ensaios já publicados e que atendiam a motivações ou demandas diversas. Há, porém, um núcleo inédito, que garante certa unidade, e ao qual foram agregados outros estudos (em versões modificadas). Eles possibilitam traçar, com brechas e descontinuidades decerto, uma narrativa histórico-crítica plausível (não a única, nem a melhor) da lírica brasileira que – partindo de um de seus momentos altos, de realização plena das reivindicações e conquistas dos ideais modernistas entre os anos 1930 até a primeira metade dos anos 1940 – encenasse, por fim, a crise que se abateu sobre esse gênero, considerado por Iser *o paradigma do moderno*, respondendo pela dita inflexão neoclássica de que se ocupa a maior parte do livro. Espera-se que a leitura corrobore, minimamente, a pertinência do traçado.

I

No Atoleiro da Indecisão: *Brejo das Almas* e a Crise Ideológica dos Anos 1930

Partindo de uma afirmação certeira de Tristão Athayde em breve artigo de 1967, em que Drummond figura como "uma espécie de Baudelaire da nossa poesia moderna", José Guilherme Merquior demonstrou que o poeta itabirano foi o primeiro, em toda a história da lírica brasileira, a alcançar as duas principais conquistas do autor de *Les Fleurs du Mal*, a saber: a introdução da "sensibilidade moderna, isto é da experiência existencial do homem da grande cidade e da sociedade de massa, na alta literatura lírica", e a criação de uma "escrita poética moderna, escrita de ruptura radical ao mesmo tempo com a tradição clássica e com o romantismo"[1].

Sem ignorar o fato de o autor de *Alguma Poesia* não ter sido o iniciador da moderna lírica brasileira, nem o quanto ele deveu à viravolta estética patrocinada pelos primeiros modernistas, Merquior não hesita em afirmar que a grande contribuição do verso drummondiano consistiu em apreender o sentido profundo das evoluções social e cultural de seu país, partindo da

> [...] própria situação de filho de fazendeiro emigrado para a grande cidade, justamente na época em que o Brasil começava sua metamorfose [...] de subcontinente agrário em sociedade urbano-industrial. [...] Desde então, tornou sua escrita

1. José Guilherme Merquior, *Verso Universo em Drummond*, Rio de Janeiro, José Olympio, 1975, p. 243.

extraordinariamente atenta aos dois fenômenos de base desta mesma evolução histórica: o sistema patriarcal e a sociedade de massa. Sua abertura de espírito, sua sensibilidade à questão social, sua consciência da história impediram-no de superestimar as formas tradicionais de existência e de dominação, mas, ao mesmo tempo, ele se serviu do "mundo de Itabira" – símbolo do universo patriarcal – para detectar, por contraste, os múltiplos rostos da alienação e da angústia do indivíduo moderno, esmagado por uma estrutura social cada vez menos à medida do homem[2].

Nessa síntese lapidar, o crítico atina com o essencial do legado de Drummond: a envergadura baudelairiana de seu projeto poético, ao apreender em profundidade o sentido de um processo muito peculiar de modernização como o brasileiro, e a condição de *desplaced person* por ele forjada em função da posição *deslocada* de filho de fazendeiro emigrado para a grande cidade, em um momento de transição da velha ordem patriarcal para a sociedade urbano-industrial. Isso ajuda a assentar em bases histórico-sociais mais precisas a tão propalada *gaucherie* de Drummond, sem ter de recorrer à generalidade de um tipo literário que acolhe figuras tão díspares quanto os anti-heróis de Kafka e Truman Capote, Beckett e Miller, Ionesco e Falkner, Hesse e Musil, Camus e Joyce, como faz Sant'Anna em clássico estudo[3]. Nem é preciso, também, apelar para a condição *marginal* do poeta moderno, como fazem outros intérpretes, ao abrigarem o *gauche* mineiro sob as asas tronchas do albatroz baudelairiano. Não resta dúvida de que Drummond sentiu o roçar dessas "grandes asas brancas" (como todo e qualquer poeta moderno), mas restringir sua *guacherie* a isso ainda é incorrer na generalidade e na abstração.

No mais, o poeta já havia facilitado a investigação aos futuros intérpretes ao cunhar o retrato acabado desse seu ser *despaisado* com o rótulo do "fazendeiro do ar", lugar-comum repisado à exaustão pela maioria deles sem, todavia, levarem em conta ou aprofundarem de maneira satisfatória a relação com a ordem social a que ele imediatamente remete e na qual encontra sua razão de ser.

Do que se falou a respeito, vale lembrar a definição de Roberto Schwarz, para quem esse personagem central e recorrente na literatura

2. *Idem, ibidem.*
3. Affonso Romano de Sant'Anna, *Drummond: O* Gauche *no Tempo*, Rio de Janeiro, Record, 1992.

brasileira do século XX corresponde ao "homem que vem da propriedade rural para a cidade, onde recorda, analisa e critica, em prosa e verso, o contato com a terra, com a família, com a tradição e com o povo, que o latifúndio possibilitava"[4]. Em ensaio dedicado ao romance da urbanização de Cyro dos Anjos, o mesmo crítico trata de examinar a posição e o vínculo indissociável desse personagem recorrente em relação ao modo muito particular por que se deu o trânsito do passado rural para o presente urbano no Brasil. Onde era de se esperar conflito, desintegração ou qualquer mudança radical própria desse tipo de transição, houve a persistência do tradicional e o convívio promíscuo com o moderno, visíveis sob as formas de privilégios, favores, sinecuras e os inúmeros inconciliáveis que definem o modo de ser e agir de *O Amanuense Belmiro*, outro dos retratos literários consagrados do "fazendeiro do ar", em que se reúnem "o democratismo e o privilégio, o racionalismo e o apego à tradição, o impulso confessional, que exige veracidade, e o temor à luz clara"[5]. Mas enquanto o amanuense de Cyro dos Anjos opta por uma atitude acomodatícia face às contradições que cercam sua posição nesse contexto de modernização conservadora, no qual é ao mesmo tempo vítima (pela vida urbana de aperturas econômicas e de medíocre convívio social) e beneficiário (pelos pequenos privilégios e sinecuras), o "fazendeiro do ar" de Drummond busca, ao contrário, trazê-las para o centro do palco e dramatizá-las a fundo, fazendo disso o cerne do conflito encenado em sua obra.

A devida equação desse conflito requer, todavia, a adição de um terceiro elemento à formulação de Merquior: o desejo de afirmação da autonomia do indivíduo moderno, que comparece desde o livro de estreia, a começar pelo autorretrato mais antigo do poeta na pele do pequeno Robinson Crusoe (um dos grandes mitos do individualismo moderno[6])

4. Roberto Schwarz, "Cultura e Política, 1964-1969", *O Pai de Família e Outros Ensaios*, Rio de Janeiro, Paz e Terra, 1978, p. 92.
5. Roberto Schwarz, "Sobre O amanuense Belmiro", *O Pai de Família*, *op. cit.*, pp. 11-20.
6. Cf. Ian Watt, *Mitos do Individualismo Moderno*, Rio de Janeiro, Zahar, 1997. Numa crônica publicada anos depois, o próprio Drummond trataria de reconhecer com agudeza no personagem de Defoe a encarnação do individualismo econômico, cuja história lera primeiramente quando menino em versão adaptada pela revista *Tico Tico*. Ver "Opiniões de Robinson", *Autorretrato e Outras Crônicas*, Rio de Janeiro, Record, 1989.

no idílio familiar de "Infância". Esse desejo comparecerá com insistência na trajetória poética de Drummond, em tensão ou contradição evidente com o próprio estatuto do "fazendeiro do ar" e as persistências da modernização conservadora que impõem sérios (ou mesmo intransponíveis) obstáculos à sua plena satisfação.

Tal contradição tenderia a recrudescer com a opção por uma poesia de cunho mais abertamente participante pelo então chefe de gabinete do ministro da educação getulista – tendo em vista a condição conflituosa de dependência do intelectual de esquerda cooptado pelo Estado ditatorial, cuja ideologia condena, obviamente. Mas mesmo no período posterior à poesia social dos anos 1940, vinda a desilusão com a militância, visível no pessimismo da lírica do pós-guerra – embora sem jamais abandonar o interesse pelas questões do tempo e pelo posicionamento social do artista –, Drummond continuará empenhado em indagar criticamente sobre as reais (im)possibilidades da constituição autônoma do indivíduo moderno entre nós[7].

Sem dúvida, uma das tarefas da crítica é a de examinar as particularidades históricas e estéticas dos vários momentos da lírica drummondiana em função dessa tensão ou contradição nuclear, a que parecem subordinadas todas as constantes já identificadas no conjunto da obra. É o caso da *gaucherie*; da culpa social e da familiar; de todas as "inquietudes" apontadas por Antonio Candido; dos impasses e da situação paradigmática de confronto com um obstáculo (a tão decantada pedra no meio do caminho); do talhe meditativo dessa poesia, da ironia e de outros expedientes ou recursos formais, que desde a primeira recepção até estudos posteriores, têm sido repisados sem grandes avanços, porque não articulados (por toda sorte de mediações próprias à poesia) à matriz social da qual derivam. Só então torna-se possível inventariar devidamente o alcance histórico-crítico (nada pequeno) do legado do "fazendeiro do ar" face aos percalços da modernização periférica. Visando contribuir para essa tarefa, o presente capítulo se detém no momento inaugural dessa

7. O exame da problemática da cooptação, do conflito do "fazendeiro do ar", da tensão entre culpa social e culpa familiar e dos desdobramentos desse conflito nos impasses e na melancolia da lírica classicizante dos anos 1950 consta de Camilo, *Drummond: Da Rosa do Povo à Rosa das Trevas*.

tensão representado por *Brejo das Almas* (1934), em que o individualismo vai se defrontar com as primeiras demandas de socialização, em vista da exigência de participação e posicionamento ideológico que marcou a vida intelectual e artística nos anos 1930.

O individualismo exacerbado reconhecido pelo próprio poeta no livro de 1934 chega quase a abolir por completo toda e qualquer preocupação para além da esfera do sujeito isolado, não fosse uma rara exceção representada por um poema como "Hino Nacional", que se ocupa de uma aspiração ou sentimento coletivo, embora a tematização do nacionalismo dê-se aqui de modo extremamente irônico e acabe sendo negado: "Nenhum Brasil existe. E acaso existirão os brasileiros?"

É bem verdade que Drummond recorre à ironia e à negação final no momento em que o conceito de nacionalismo – depois da valorização dialética pelos modernistas de 1922 – passa a ser apropriado nos anos 1930 por tendências autoritárias ou mesmo fascistas que convergiram para a ditadura estadonovista e o tornaram "uma fórmula de salvação do *statu quo*". Em especial, um termo como "brasilidade" assumia conotação negativa, com "toques de xenofobia, patriotada, autoritarismo e saudosismo", visto o emprego que lhe davam conservadores ciosos de prolongar o passado e

> [...] envenenar o presente, opondo-se a concepções mais humanas, isto é, as que miravam o futuro e procuravam pensar os problemas da sociedade além do âmbito das nações, como o socialismo, mais atento ao conceito de luta das classes e da solidariedade internacional dos trabalhadores, do que os Estados nacionais se afirmando com vontade de poderio[8].

É à luz desse contexto que se deve compreender a recusa de Drummond em pactuar com a ideologia nacionalista – claramente reconhecida no poema como subordinada aos interesses de classe e do Estado – e, portanto, não apenas em função de seu individualismo extremo. No entanto, este persiste de modo determinante, impedindo a opção do poeta por concepções ideológicas como as que polarizavam a intelectualidade do período. Assim, antes da opção de esquerda marcante em sua lírica

8. Antonio Candido, "Uma Palavra Instável", *Vários Escritos*, São Paulo, Duas Cidades, 1995, pp. 300-302.

social dos anos 1940, Drummond faz da própria indecisão político-ideológica o fundamento do conflito dramatizado em *Brejo das Almas,* em que ela comparece como uma presença em negativo.

O QUE HAVIA DE INQUIETO POR SOB AS ÁGUAS CALMAS?

Na visão de Drummond, *Brejo das Almas* representou certo avanço em relação à "grande inexperiência do sofrimento" e à "deleitação ingênua com o próprio indivíduo", marcantes no livro de estreia. Segundo ele, "alguma coisa se compôs, se organizou" no livro de 1934; "o individualismo será mais exacerbado, mas há também uma consciência crescente de sua precariedade e uma desaprovação tácita da conduta (ou falta de conduta) espiritual do autor"[9]. Ditas em 1940, essas palavras revelam algo de mais positivo na apreciação de um livro que, tão logo publicado, foi considerado pelo poeta uma verdadeira "derrota literária"[10].

Vinte anos depois, Drummond voltaria, ainda uma vez, o olhar bem mais experimentado a um exemplar desse "velho livro" de 1934, em um dos poemas de *Fazendeiro do Ar*:

> Neste brejo das almas
> o que havia de inquieto
> por sob as águas calmas!

A antítese entre inquietude e calmaria, entre o conturbado interior e a placidez de fachada, organiza em torno de um só núcleo todo um repertório de imagens disseminadas nas demais estrofes (susto secreto, palmas furtivas, louco inseto batendo, desejo obscuro de modelar o vento, setas no muro), que remetem à ideia de movimento represado, de um impulso

9. Carlos Drummond de Andrade, "Autobiografia Para uma Revista", *Confissões de Minas,* São Paulo, Cosac Naify, 2011, p. 68.
10. De acordo com o biógrafo do poeta, "[s]eu segundo livro de poemas, *Brejo das Almas,* tinha sido lançado [...] numa tiragem de duzentos exemplares, com o selo Amigos do Livro. Mas Drummond não estava satisfeito. Dizia para quem quisesse ouvir que o livro, com o seu título 'mole', regressivo, um pouco fantasmático, era uma 'derrota literária'" (José Maria Cançado, *Os Sapatos de Orfeu: Biografia de Carlos Drummond de Andrade,* São Paulo, Scritta Editorial, 1993, p. 147).

cego interceptado por uma força contrária. É possível mesmo afirmar que se trata de uma dinâmica da ordem do pulsional, tendo naquela desaprovação tácita referida na "Autobiografia Para uma Revista" o obstáculo moral que lhe é interposto. Certo é que, desse embate, resulta um "grave sentimento" que, se não afeta mais o varão maduro de 1954, justamente por isso lhe atormenta:

> ... um grave sentimento
> que hoje, varão maduro,
> não punge, e me atormento.

O paradoxo da situação – sofro porque não sofro – remete a um sem-saída, cuja razão de ser a maioria dos intérpretes tenderia a associar de pronto ao pessimismo dominante na lírica drummondiana dos anos 1950. Por enquanto, não é o momento de entrar nessa discussão, uma vez que ela remete ao momento terminal do conflito que Drummond parece reconhecer em estado germinal no livro de 1934. Dada a natureza do repertório das imagens inventariadas acima, é como se *Brejo das Almas* contivesse, em estado de latência, as ditas inquietudes (e note que agora é o próprio poeta quem emprega o termo e não um dos seus mais argutos intérpretes) que viriam aflorar com intensidade crescente nos livros seguintes, rompendo com a apreciação frequente do livro e do lugar costumeiramente destinado a ele na trajetória da poesia de Drummond.

Via de regra, a crítica tem afinado a poética do segundo livro pelo mesmo diapasão do primeiro. Isso porque, de acordo com Candido, ambos "são construídos em torno de um certo reconhecimento do fato", como se o poeta se restringisse ao mero registro do sentimento e dos acontecimentos, do "espetáculo material e espiritual do mundo", o que garantiria "a validade do fato como objeto poético bastante em si, nivelando fraternalmente o Eu e o mundo como assuntos de poesia"[11]. Entretanto, de acordo com a hipótese que orienta esta abordagem, muito embora possa dar continuidade ao emprego de expedientes recorrentes no livro de estreia, *Brejo das Almas* representa um momento totalmente distinto, já pelas particularidades ressaltadas pelo próprio poeta em sua "Autobio-

11. Antonio Candido, "Inquietudes na Poesia de Drummond", *Vários Escritos*, p. 111.

grafia Para uma Revista". Tanto o despontar da consciência do precário, que seria o traço marcante da sua "lírica social" dos anos 1940, quanto o conflito entre a falta de conduta espiritual e a desaprovação tácita são aspectos mais que suficientes para instaurar uma visão problemática em face da existência, minando por dentro a suposta atitude distanciada e o nivelamento fraternal referidos por Candido[12].

Contribuiu sobremodo para o deflagrar dessa visão certas exigências de contexto, assinaladas por Gledson, que definiu o livro como produto da crise ideológica de 1930, que "teve uma repercussão profunda na época, e podemos dizer que de certa forma *Brejo das Almas* foi escrito 'em face dos últimos acontecimentos' embora seja muito perigoso ligar de uma maneira excessivamente estreita os acontecimentos e os poemas"[13].

A natureza da crise envolve mais diretamente a pressão experimentada pelo poeta em virtude de sua indecisão ideológica, justamente no momento em que se verificava a inserção política cada vez maior de nomes representativos do grupo modernista. A prova mais significativa disso, Gledson encontra numa entrevista de 1931, concedida ao jornal *A Pátria*, na qual o poeta lançava um ataque virulento e pessimista à sua geração que, já na casa dos trinta, nada havia construído de permanente. Drummond reconhecia, ainda, que as únicas soluções possíveis encontravam-se *fora* da literatura; melhor dizendo na religião, na política e na psicanálise:

> Espiritualmente, a minha geração está diante de três rumos, ou de três soluções – Deus, Freud e o comunismo. A bem dizer, os rumos são dois apenas: uma ação católica, fascista, e organizada em "Defesa do Ocidente" de um lado; do outro lado o paraíso moscovita, com a sua terrível e por isso mesmo envolvente sedução. Que é um apelo a tudo quanto subsiste em nós de romântico e descontrolado. Mas entre as duas posições, que impõem duas disciplinas, há lugar para a simples investigação científica, que nos fornece a chave, e por assim dizer o perdão dos nossos erros mais íntimos e das nossas mais dolorosas perplexidades. "Vamos todos para Pasárgada" é

12. É bem verdade que Antonio Candido, em outro momento de seu ensaio, chega a reconhecer em *Brejo das Almas* uma maior maturidade do poeta em relação ao livro de estreia.
13. John Gledson, *Poesia e Poética de Carlos Drummond de Andrade*, São Paulo, Duas Cidades, 1981, pp. 89-90. Uma apreciação posterior do livro de 1934 em confronto com os narradores-funcionários de Cyro dos Anjos e Graciliano Ramos está em John Gledson, "O Funcionário Público como Narrador: *O Amanuense Belmiro e Angústia*", *Influências e Impasses: Drummond e Alguns Contemporâneos*, São Paulo, Companhia das Letras, 2003, pp. 201-232.

o grito que o crítico Mário de Andrade ouviu de quase todas as nossas bocas, e creio que ouviu bem. [...] Aqueles a quem o tomismo não consola e o plano quinquenial não interessa, esses se voltam para a libertação do instinto, o supra-realismo e a explicação dos sonhos, no roteiro da psicanálise. Ao ceticismo, à disponibilidade, à não-opção sucede – nova moléstia do espírito – essa "ida a Pasárgada", paraíso freudiano, onde o poeta Manuel Bandeira afirma que tem "a mulher que eu quero, na cama que escolherei", além de muitas outras utilidades que correspondem à satisfação de muitos outros impulsos sequestrados.

Quanto à minha atitude pessoal diante desses três rumos possíveis, creio que não interessa aos leitores de *A Pátria*[14].

Embora o poeta declare o pouco ou nenhum interesse que possa ter sua opinião pessoal, ele acaba por deixar explícita sua posição, ou seja, a não-pactuação com qualquer das três soluções. "Mesmo os seus comentários sobre a psicanálise e o surrealismo", diz Gledson, lembrando notadamente as referências à primeira contidas nos poemas de *Brejo das Almas*, "não são os de um aderente. Interessa-se por eles como sintomas, e não como soluções"[15].

Ainda assim, importa assinalar que, mesmo não sendo uma solução para a crise ideológica, não era pequeno o interesse de Drummond, à época, pela psicanálise, fato comprovado não só pelas alusões contidas em *Brejo das Almas*, mas ainda por uma carta a Tristão de Athayde de 1º de abril de 1931, na qual recorre de modo significativo à terminologia freudiana para justificar os traumas e conflitos que marcaram sua trajetória de vida desde a infância[16]. Chega a colocar seus problemas "freudianos" – como ele mesmo diz – acima da discussão sobre as diretrizes ideológicas do tempo, o que não deixa de ser contraditório quando se considera ser a atitude condenada na entrevista citada, aliás concedida praticamente um mês após a carta! Porém, essa contradição, segundo se sustenta aqui, parece ser ainda um sintoma da indecisão marcante no

14. C. Drummond de Andrade *apud* Gledson, *Poesia e Poética de Carlos Drummond de Andrade*, *op. cit.*, pp. 90-91. Uma cópia da entrevista integral, também consultada, encontra-se no Acervo de Carlos Drummond de Andrade, no Arquivo-Museu de Literatura Brasileira da Fundação Casa de Rui Barbosa (RJ).
15. J. Gledson, *Poesia e Poética de Carlos Drummond de Andrade*, p. 91.
16. A "carta-desabafo" foi publicada por Augusto Massi, "Manuscrito do Poeta Carlos Drummond de Andrade", *Cultura Vozes* n. 4, jul.-ago. 1994, pp. 75-82.

livro de 1934, levando o poeta a oscilar entre os conflitos pessoais (sobretudo os que dizem respeito à frustração amorosa) e a condenação dessa preocupação individualista (para a qual, entretanto, não encontra solução) em face das exigências prementes de posicionamento ideológico e participação social.

Dentre as referências psicanalíticas contidas em *Brejo das Almas*, Gledson destaca o "emprego insólito" da palavra "sequestro" (presente em um dos poemas e também na entrevista citada), tomada no sentido que lhe dava Mário de Andrade, como sinônimo de *recalque* ou *sublimação*:

> "Sequestro", para ambos os escritores, parece ter tido o sentido mais geral de um processo por meio do qual qualquer impulso é utilizado para um fim diferente do seu uso primário ou normal. Poderia, portanto, referir-se igualmente aos processos de repressão e de sublimação. É, sem dúvida, palavra curiosa porque, ao passo que sabemos que alguma coisa foi distorcida ou sequestrada, *é muito mais difícil dizer o que foi submetido a este processo, ou por quê. Percebemos as forças, mas não compreendemos a sua razão de ser*"[17].

Em vários poemas do livro, Gledson se defronta com tal dificuldade, pois verifica que há, neles, "soluções falsas", cuja verdadeira causa não se pode entender, "embora haja a sugestão de algo mais fundamental". É o que ele reconhece, por exemplo, em "Convite Triste":

> Vamos xingar a mulher,
> que está envenenando a vida
> com seus olhos e suas mãos
> e o corpo que tem dois seios
> e tem um embigo também.
> Meu amigo, vamos xingar
> o corpo e tudo que é dele
> e que nunca será alma.

A despeito da "ingenuidade irônica", nota o crítico, há neles a insinuação de "que tudo é uma reação a uma vida sem transcendência possível".

17. Gledson, *op. cit.*, p. 94. Sobre o emprego do termo em Mário de Andrade, Gledson lembra o seguinte comentário de Telê Ancona Lopez: "Sequestro é interpretação de 'Refoulement' que Mário passa a empregar de 1928-1929, numa tentativa de aplicar elementos psicanalíticos; sublimação, transferência, repressão, ligando-os diretamente ao comportamento afetivo e sexual" (*apud Poesia e Poética de Carlos Drummond de Andrade*, p. 113).

Reação essa que, em outros poemas, manifesta-se ainda sob a forma de convite ao desregramento ou de apelo pornográfico. Essa visão de um mundo sem transcendência parece, de certo modo, definir a tônica do livro de 1934, conforme sugere reiteradamente Gledson que, numa síntese lapidar, define *Brejo das Almas* como "um livro sobre o fracasso, não um livro fracassado".

Partindo do mesmo pressuposto do crítico inglês, de que os conflitos encenados no livro de 1934 seriam, em boa medida[18], decorrência da indecisão frente às exigências de participação e inserção políticas que marcariam a intelectualidade nos anos 1930, propõe-se, aqui, estreitar mais os vínculos entre os poemas e os sucessos políticos do momento, determinantes daquele "algo mais fundamental" que Gledson diz perceber no livro, mas sem poder defini-lo com clareza. Não se trata de ignorar, com isso, a advertência do crítico sobre o perigo dessa ligação excessivamente estreita, mas a exigência de cautela, se observada em demasia, pode redundar em limitação imposta à interpretação da obra e, consequentemente, ao conhecimento de seu conteúdo de verdade. A superação desse impasse talvez esteja em buscar sim esse estreitamento, mas sem recair em associações mecânicas, em respeito às mediações próprias à arte, que é sempre, segundo a grande lição de Adorno já evocada na Introdução, "antítese social da sociedade", a um só tempo autônoma e *fait social*[19]. Com base nesse caráter socialmente mediado – implicando não só identidade, mas também diferença[20] –, pode-se avançar na vinculação mais íntima, e sempre dialética, a que se furta Gledson, de modo a evidenciar

18. "Em boa medida" porque o conflito decorrente da indecisão ideológica pode ser apenas *uma* das razões (de todo modo, das mais determinantes) da crise existencial que parece ter vitimado o poeta à época, levando-o mesmo a considerar a hipótese de suicídio. De forma que, como bem observou Alcides Villaça, o "Carlos, não se mate", de um dos poemas de *Brejo das Almas*, representaria mais do que mera retórica. A menção à crise e à hipótese de suicídio é feita pelo poeta na citada carta a Tristão de Athayde, mas não se pode esquecer que a "confissão" de Drummond ao líder da inteligência católica (que há pouco tinha feito sua "opção", em um conhecido "adeus à disponibilidade") vinha em resposta à indagação deste a respeito da "atitude pessoal [do poeta] em face dos caminhos propostos à gente de hoje", o que remete imediatamente ao problema da opção ideológica.
19. Theodor W. Adorno, *Teoria Estética*, Lisboa, Martins Fontes, 1988.
20. Cf. explicação de Fredric Jameson sobre o conceito de *mediação* na tradição da crítica marxista, em "A Interpretação: A Literatura como Ato Socialmente Simbólico", *O Inconsciente Político*, São Paulo, Ática, 1992, pp. 35 e ss.

como o conflito resultante da irresolução do poeta frente à politização crescente da intelectualidade nos anos 1930 comparece não como dado exterior, mas como elemento de fatura da obra. É o que se verificará em alguns dos poemas centrais da coletânea de 1934 que se ocupam da poética e da temática recorrente da frustração do desejo amoroso. Por mais pessoal que seja, tão aparentemente alheia a toda sorte de injunções de contexto, tal temática não deixa de reverberar muito do conflito vivido pelo poeta com sua indecisão quanto às exigências e solicitações do momento. Porém, antes de dar início às análises, convém proceder a um maior detalhamento do contexto de politização da *intelligentsia* a que se reporta o crítico inglês de maneira sumária.

O CONTEXTO DA INDECISÃO: POLARIZAÇÕES IDEOLÓGICAS NA DÉCADA DE 1930

Retome-se, assim, as indicações fornecidas pelo próprio Drummond na já citada entrevista, em que fala dos três rumos à disposição de sua geração, dos quais acaba por se restringir a dois apenas, que implicam uma tomada de posição efetiva: de um lado, mais especificamente à direita, o fascismo alinhado à ação católica; de outro, o comunismo acenando com um misto curioso de sedução e terror, o que leva a concluir que a indecisão do poeta se resumia, antes, a uma dúvida mais diretamente ligada à opção de esquerda, visto o modo como ela o atrai e, ao mesmo tempo, o assusta.

Essa polarização ideológica é por demais familiar e dela tratou, entre outros, Antonio Candido em "A Revolução de 30 e a Cultura", em que aponta a "correlação nova entre, de um lado, o intelectual e o artista; de outro, a sociedade e o Estado, devido às novas condições econômico-sociais" surgidas com a revolução e "à surpreendente tomada de consciência ideológica de intelectuais e artistas, numa radicalização que antes era quase inexistente". Sobre essa conscientização surpreendente, esclarece:

> Como decorrência do movimento revolucionário e das suas causas, mas também do que acontecia mais ou menos no mesmo sentido na Europa e nos Estados Unidos, houve nos anos 30 uma espécie de convívio íntimo entre a literatura e as ideologias políticas e religiosas. Isto, que antes era excepcional no Brasil, se genera-

lizou naquela altura, a ponto de haver polarização dos intelectuais nos casos mais definidos e explícitos, a saber, os que optavam pelo comunismo ou o fascismo. Mesmo quando não ocorria esta definição extrema, e mesmo quando os intelectuais não tinham consciência clara dos matizes ideológicos, houve penetração difusa das preocupações sociais e religiosas nos textos, como viria a ocorrer de novo nos nossos dias em termos diversos e maior intensidade[21].

Assinalando uma dupla motivação, Candido buscou evidenciar que o alinhamento ideológico da inteligência brasileira estava inscrito numa tendência internacional, sem deixar, por isso, de contar com a emulação direta dos acontecimentos locais. Em contexto europeu, a questão da participação política dos intelectuais já se verificara antes, mas sem talvez assumir a amplitude e, sobretudo, o "internacionalismo" das preocupações que os mobilizavam a partir de 1930, diante da iminência de uma nova guerra, da ascensão do nazifascismo, das discussões em torno da experiência soviética e da Guerra Civil Espanhola[22]. A essa configuração assustadora no panorama internacional, que, dadas as implicações mundiais, já era suficiente para exigir da inteligência brasileira um posicionamento, somavam-se as transformações internas advindas da Revolução de 1930, reforçando a necessidade da opção ideológica, que muito frequentemente se moldava de acordo com a inspiração dos principais gurus europeus do tempo. Como depõe o próprio Candido em entrevista, "[s]abíamos, por exemplo, que Charles Maurras era de direita e André

21. Antonio Candido, "A Revolução de 30 e a Cultura", *A Educação Pela Noite e Outros Ensaios*, São Paulo, Ática, 1987, p. 188.
22. A observação é de Lottman: "[u]ma das características que diferenciava os escritores e artistas da década de 30 daqueles que os precederam em envolvimentos políticos era a internacionalização das suas preocupações, a convicção, para usar as palavras de Gide, de que cada um 'tinha o direito de inspecionar o território de seu vizinho'. Naturalmente, artistas, escritores, professores e poetas haviam se envolvido antes em eventos de seu tempo, e os franceses transformaram em heróis um Victor Hugo, exilado republicano, e um Émile Zola, defensor de Dreyfus e da justiça. Geralmente, porém, contestavam atos de seu próprio governo ou abusos atribuídos às classes dominantes. Na década de 30 era outro o estado de espírito. A partir daí, tornaram-se externas as principais preocupações dos engajados e de suas organizações. Na França, isto significava reagir à ascensão do fascismo, ao perigo da guerra, à Guerra Civil Espanhola e seus conflitos ideológicos, defender a União Soviética... ou atacar os seus líderes" (Herbert R. Lottman, *A Rive Gauche: Escritores, Artistas e Políticos em Paris (1930-1950)*, Rio de Janeiro, Guanabara, 1987, p. 81).

Malraux de esquerda, e optávamos frequentemente por influência deles, mas estimulados pelos acontecimentos locais posteriores a 30"[23].

Assim, sob o influxo europeu, mas sem deixar de responder às solicitações locais, foram se constituindo os polos em confronto político-ideológico na arena intelectual brasileira. Pela direita, ainda nos anos 1920, a Igreja Católica empenhava-se em uma estratégia de "rearmamento"[24] institucional, criando uma série de órgãos paralelos à hierarquia eclesiástica e geridos por intelectuais leigos, a exemplos daqueles que, sob influência do nacionalismo integral de Maurras veiculado pela Action Française, reuniam-se em torno do Centro Dom Vital e da revista *A Ordem*[25]. Destaque-se ainda, no campo especificamente literário, o grupo de escritores católicos ligados à revista *Festa*, cultivando uma estética espiritualista que, segundo eles, estaria na raiz de uma "tradição brasileira autêntica"[26]. A ampliação dos quadros institucionais da Igreja não era apenas produto das diretrizes do Vaticano, então preocupado em deter o florescimento dos movimentos operários de esquerda na Europa. Era também, como afirma Miceli, fruto da "tomada de consciência por parte do episcopado brasileiro da crise com que se defrontavam os grupos oligárquicos". Numa visível política de acomodação, o apoio dispensado pelas autoridades eclesiásticas ao poder oligárquico na década de 1920, "com vistas a recuperar o *status* de sócios privilegiados do poder político [...] desfrutado até a queda do Império", passou então a ser dirigido ao regime Vargas, "antes e após o golpe de 37, em troca da caução oficial à criação de novas instituições no campo da educação e da cultura"[27].

O alinhamento internacional, mencionado por Drummond, da Ação Católica (implantada aqui em 1935 e moldada segundo os padrões italianos) ao fascismo redundaria no apoio explícito dos católicos ao Integralismo de Plínio Salgado e seguidores, que consolidava a versão verde-

23. "Antonio Candido: Marxismo e Militância" (entrevista concedida a José Pedro Renzi em fevereiro 1992), em *Praga – Revista de Estudos Marxistas* n. 1, São Paulo, Boitempo Editorial, 1996, p. 5.
24. Cf. Sérgio Miceli, *Intelectuais e Classes Dirigentes no Brasil (1920-1945)*, São Paulo, Difel, 1979, pp. 51 e ss.
25. Cf. Lúcia Lippi de Oliveira *et al.*, *Estado Novo: Ideologia e Poder*, Rio de Janeiro, Zahar, 1982, p. 7.
26. Cf. Neusa Pinsard Caccese, *Festa: Contribuição para o Estudo do Modernismo*, São Paulo, IEB, 1971.
27. Sérgio Miceli, *op. cit.*, pp. 51 e 55.

-amarela do ideário fascista, tendo justamente no substrato cristão a marca da aclimatação local[28]. Ainda aqui, embora a inspiração fosse europeia, com os integralistas ansiando pela criação de um Estado Novo forte, a exemplo do italiano, havia também uma motivação local mais imediata, que era buscar uma participação efetiva no corpo de Estado.

No âmbito da esquerda, os anos 1930 foram marcados pelo crescimento do Partido Comunista criado em 1922; pela organização e êxito da Aliança Nacional Libertadora e "por certo espírito genérico de radicalismo que provocou as repressões posteriores ao levante de 1935, servindo como uma das justificativas do golpe de 1937"[29]. Também no Brasil, tal como lá fora, ganharia especial relevo a discussão em torno da experiência soviética[30]. Em virtude desse interesse, "as livrarias pululavam de livros a respeito", como o de John Reed, além de "traduções de narradores engajados na esquerda"[31], ao mesmo tempo que surgiam as primeiras obras brasileiras de orientação marxista, a exemplo do clássico de Caio Prado Júnior, *Evolução Política do Brasil*. E "assim como o espiritualismo atingiu largos setores não religiosos", lembra Candido, "o marxismo repercutiu em ensaístas, estudiosos, ficcionistas que não eram socialistas nem comunistas, mas se impregnaram da atmosfera 'social' do tempo"[32]. Essa impregnação se evidenciou, no plano literário, com o romance de 1930 no Nordeste, ou o romance proletário, cujos temas diletos evidenciavam, de imediato, a "consciência social" do tempo, antes mesmo do Congresso de Karkov instituir em 1934 o "realismo socialista" como padrão.

A polarização ideológica descrita até agora incluía, como decorrência natural, um momento de autoanálise e questionamento da própria intelectualidade sobre sua posição e papel sociais em um contexto de "desaristocratização" da cultura. É ainda Candido quem assinala que uma

28. Sobre o cunho "brasileiro, cristão e mesmo classe média" da versão local do ideário fascista, ver Antonio Candido, "Integralismo = Fascismo?", *Teresina etc.*, Rio de Janeiro, Paz e Terra, 1980, p. 130.
29. "A Revolução de 30 e a Cultura", *op. cit.*, p. 189.
30. "No extenso e superficial debate de ideias sociais, literárias, artísticas e científicas (marxismo, psicanálise, pós-modernismo artístico etc.), que acompanhou a vitória da também extensa e superficial revolução de 30, avultava o interesse em torno da Rússia forjada pela revolução de outubro de 1917" (Paulo Emílio *apud* Antonio Candido, "A Revolução de 30 e a Cultura", p. 189).
31. *Idem*, p. 189.
32. *Idem, ibidem.*

das consequências da Revolução de 30 sobre a cultura "foi o conceito de intelectual e artista como opositor, ou seja, que seu lugar era no lado oposto da ordem estabelecida; e que faz parte de sua natureza adotar uma posição crítica em face dos regimes autoritários e da mentalidade conservadora"[33]. Esse conceito de intelectual, todavia, ganharia entre nós uma feição muito frequentemente paradoxal, em virtude de suas reais condições de inserção social, a que se retornará adiante.

Por ora, importa assinalar que, ainda na definição desse papel, o influxo europeu teve, decerto, sua contraparte. Especialmente na França, de onde continuava a proceder o modelo de civilização humanística, a discussão do papel da *intelligentsia* se processou mais cedo, desde que o caso Dreyfus obrigou-a a assumir uma posição, tendo talvez em Zola o grande protótipo. Antes ainda da Primeira Guerra, com Maurras, a intelectualidade também começou a se pronunciar politicamente. Mas foi em fins dos anos 1920 que a problemática de sua inserção política ganhou especial alento, com a publicação do famoso estudo de Julien Benda (*Le Trahison de Clercs*, 1927), denunciando com veemência o desvio de rota em que havia incorrido a intelectualidade com Barrès, Maurras e "outros doutores" da Action Française. Benda ainda estendia sua denúncia para além do domínio francês, a outros tantos *chefs spirituels* do tempo, como D'Annunzio na Itália, Kipling na Inglaterra ou William James nos Estados Unidos, que, ao se engajarem em lutas sociais concretas, tornando-se partidários de facções políticas do tempo ou abrançando as causas nacionais, estariam "traindo" o ofício único dos *clercs*, que sempre foi o de zelar pelos valores eternos: Liberdade, Justiça, Razão...[34]

A ressonância da polêmica causada pela obra de Benda pode ser flagrada em estudos publicados ao longo dos decênios seguintes, que são ainda hoje referência obrigatória para a discussão do *engagement* e do papel social do intelectual, como o clássico estudo de Sartre, *Qu'est-ce que la Littérature?* A ele também se reportava Benjamin – que resenhou

33. *Idem, ibidem.*

34. O termo *clerc* é empregado por Benda para designar "todos aqueles cuja atividade, por essência, não persegue fins práticos, mas que buscam seu prazer no exercício da arte ou da ciência, ou na especulação metafísica, numa palavra, na posse de um bem não temporal, como que a dizer, de alguma maneira: 'Meu reino não é deste mundo'" (Julien Benda, *La Trahison des Clercs*, Paris, Grasset, 1975, pp. 131-132).

La Trahison des Clercs – em alguns ensaios fundamentais dos anos 1930, como "A Atual Posição do Escritor Francês" (1932), no qual o filósofo alemão promove a triagem de muitos dos principais escritores em evidência no parlamento das letras francesas, de acordo com seus posicionamentos políticos. Lembre-se ainda, nos Estados Unidos, Archibald MacLeish, que, em *Os Irresponsáveis*, tomando a defesa do intelectual militante[35], combateu, vivamente, as teses e posições político-intelectuais de Benda, este representante da *arrière-garde* e, como diz Compagnon, "modelo do *puer senex*, do 'jovem velho' que não há sido jamais contemporâneo de sua época"[36].

No Brasil, a repercussão da obra de Benda parece ter ocorrido logo em seguida à sua publicação, no calor da polêmica desencadeada nos meios europeus, pois em 1932, Mário de Andrade referia-se, como fato já ocorrido[37], a certa "comoção" – de resto, inconsequente – causada pelo livro entre os *clercs* brasileiros:

> O famoso *Trahison des Clercs* também fez alguma comoção nos meios intelectuais "modernos" do Brasil: mas se no mundo ele teve como esplêndido, inesperado e humano ofício tornar os traidores mais conscientes e decididos de sua traição, parece que entre nós serviu só pra que cada qual aceitasse a tese falada de Benda, e ficasse inda mais gratuito, mais trovador da "arte pela arte", ou do pensamento pelo pensamento[38].

35. O contraste representado pela visão de Benda e a de MacLeish sobre o papel do intelectual ganharia certa difusão no Brasil na década de 1930 e 1940, como bem demonstram o depoimento de Eduardo Frieiro a Edgard Cavalheiro (*Testamento de uma Geração*, Porto Alegre, Globo, 1944, pp. 122 e ss.) e o ensaio de Álvaro Lins a respeito dos jovens da *Clima*, "Sinais da Nova Geração", *Clima*, n.3, São Paulo, ago. 1941, pp. 138-144, depois reproduzido no seu *Jornal da Crítica*.
36. Antoine Compagnon. "L'Arrière-garde, de Péguy à Paulhan et Barthes", em William Marx, *Les Arrière-gardes au XXe. Siècle, op. cit.*, p. 97.
37. O próprio Drummond dará um exemplo do quanto eram correntes as ideias de Benda nos anos 1930, a ponto de falar naturalmente em clérigo e traição do intelectual, sem qualquer indicação expressa, em um ensaio de 1938 dedicado à trajetória de Gustavo Capanema. O texto em questão ("Experiência de um Intelectual no Poder") permaneceu inédito e os originais encontram-se no Arquivo Capanema (CPDOC/FGV). Dele dá notícia Simon Schwartzman (que parece não ter atentado muito para o diálogo implícito com Benda, assinalando suas dúvidas em relação ao sentido com que Drummond emprega o termo "traição"). Ver "O Intelectual e o Poder: A Carreira Política de Gustavo Capanema", em *A Revolução de 30. Seminários Internacionais*, Brasília, Editora da UnB, 1983, pp. 365 e ss.
38. Mário de Andrade, "Intelectual – I", *Táxi e Crônicas no Diário Nacional* (org. Telê P. A. Lopez), São Paulo, Duas Cidades, Secretaria da Cultura, Ciência e Tecnologia, 1976, p. 516.

A referência acima consta de um dos dois artigos estampados, no mesmo período, nas páginas do *Diário Nacional*, ambos dedicados ao papel e à situação dos intelectuais. A simples publicação desses artigos já é por si só um bom indício da importância que a questão em pauta assumia à época. No primeiro deles, Mário lançava um severo ataque à pasmaceira em que vivia a inteligência nacional, que desde o Império continuava a "tocar viola de papo pro ar" (segundo a expressão tomada de empréstimo a Olegário Mariano), permanecendo alheia e omissa em relação aos "fenômenos tamanhamente infamantes" que ocorriam no resto do mundo. Denunciava, ainda, a leviandade e o oportunismo de alguns que se faziam passar por intelectuais de esquerda, blasonando-se "de socialistas, de comunistas já porque isso está na moda, e também porque é uma forma disfarçada de ambição. Mas tudo não passa de um deslavado namoro, dum medinho que o Comunismo venha e eles sofram. É tudo apenas um toque de viola"[39].

No segundo artigo, Mário contrapunha ao "paraíso da inconsciência" nos trópicos a mobilização e os riscos corridos pela intelectualidade europeia e pela norte-americana diante da ofensiva burguesa sob a forma de represálias à liberdade de exposição e denúncia, como bem ilustravam, então, os processos e escândalos envolvendo os nomes de Aragon, Gide e Roman Rolland na França; Joyce tendo de explicar seu *Ulisses* na Inglaterra; Dreiser e John dos Passos promovendo inquéritos *in loco* e denunciando o massacre dos mineiros grevistas do Harlan, Kentucky. "São esses fatos edificantes dos nossos dias", conclui, "que demonstram muito bem que os excessos duma Rússia encontram sua identidade nas pátrias mais ciosas do seu liberalismo burguês"[40].

Essa contraposição entre a práxis política da intelectualidade europeia ou norte-americana e a inconsciência da brasileira é reforçada por Mário quanto ao modo como se deu a recepção de *La Trahison des Clercs* por uma e outra: enquanto a primeira, acusada por Benda, ou a segunda tornou-se ainda mais consciente e consequente no seu papel de *traidora*, a brasileira parece ter encontrado na concepção do *clerc* como defensor dos valores universais e abstratos, portanto alheio às lutas sociais con-

39. *Idem*, p. 515.
40. "Intelectual – II", *op. cit.*, pp. 519-520.

cretas, um reforço para seu total absenteísmo. Diante das duas posturas, Mário, obviamente, toma o partido da traição consequente. À imagem do traidor, propõe a do intelectual como protótipo do fora da lei, que sem ignorar as grandes Verdades clamadas por Benda, deverá sempre se pôr a serviço das verdades locais e temporárias:

> Na realidade a situação pra quem queira se tornar um intelectual legítimo, é terrível. Hoje mais que nunca o intelectual ideal é o protótipo do fora da lei, fora de qualquer lei. O intelectual é o ser livre em busca da verdade. A verdade é a paixão dele, e de fato o ser humano socializado, as sociedades, as nações nada têm que ver com a Verdade. Elas se explicam, ou melhor, se justificam, não pela Verdade, mas por um sem-número de verdades locais, episódicas, temporárias, que, estas, são frutos de ideologias e idealizações. O intelectual pode bem, e deverá sempre, se pôr a serviço duma dessas ideologias, duma dessas verdades temporárias. Mas por isso mesmo que é um cultivado, e um ser livre, por mais que minta em proveito da verdade temporária que defende, nada no mundo o impedirá de ver, de recolher e reconhecer a Verdade da miséria do mundo. Da miséria dos homens. O intelectual verdadeiro, por tudo isso, sempre há de ser um homem revoltado e um revolucionário, pessimista, cético e cínico: fora da lei[41].

Ora, era justamente em prol de uma dessas verdades temporárias que o poeta itabirano não conseguia se definir, assumindo uma posição tanto mais incômoda e conflituosa quando se considera que a chamada para a ação partia, com tamanha radicalidade, daquele seu correspondente contumaz da Lopes Chaves, que sempre foi para ele mestre e modelo acabado de integridade e coerência intelectual – a despeito das discordâncias que separavam o "indivíduo encaramujado" de Minas e o "escritor socializante, antiartístico por deliberação, apesar de fundamentalmente artista"[42]. Incapacitado, por ora, de abraçar uma dessas verdades temporárias referidas por Mário, Drummond tendia a resvalar para aquela zona tão condenável do apoliticismo, para a qual convergiam os adeptos das incursões psicanalíticas, que aos olhos do poeta, na entrevista de *A Pá-*

41. "Intelectual – 1", *op. cit.*, p. 516.
42. Cf. o belo ensaio que Drummond dedicaria, anos mais tarde, a Mário de Andrade, focalizando a "deseducação salvadora" dos moços de Minas promovida pelo amigo e "professor" da Lopes Chaves através de "suas cartas", verdadeiros "torpedos de pontaria infalível" ("Suas Cartas", *Confissões de Minas*, pp. 71-85).

tria, não chegava a constituir rumo propriamente dito, justamente por lhe faltar o empenho participante, afigurando-se mais como escapismo, individualismo alienador. Dito de outro modo, era a opção de quem permanecia em cima do muro.

A (não-)opção representada pela psicanálise vinha reeditada em certa tendência evasionista diagnosticada por Mário de Andrade no ensaio sobre "A Poesia de 30", em que reconhecia no famoso poema de Bandeira ("Vou-me Embora Pra Pasárgada") a obra-prima desse estado de espírito generalizado entre os poetas do período. Esclarecendo o "voumemborismo", nota que, "incapazes de achar a solução, surgiu neles [poetas de 30] essa vontade amarga de dar de ombros, de não amolar, de *partir* para uma farra de libertações morais e físicas de toda espécie"[43] – vontade essa que reaparecerá com insistência em vários poemas de *Brejo das Almas*, sob a forma do apelo pornográfico, do convite ao desregramento, ao porre e ao xingamento, para a qual Gledson não conseguiu encontrar a causa.

Também Mário de Andrade – sendo ele próprio um dos poetas a revelar esse "sintoma" comum[44] – não chega a diagnosticar a causa no ensaio sobre a poesia de 1930. Isso só viria a ocorrer dez anos depois, com o benefício da distância histórica e os rumos tomados pela intelectualidade com a implantação do Estado Novo. Assim, na célebre "Elegia de Abril", de 1941, Mário retorna a esse estado de espírito generalizado, alinhando-o a certa tendência verificada na ficção do período: a "frequentação" da figura do "fracassado", esse "herói novo", desfibrado que transitava nas páginas de Oswaldo Alves, Gilberto Amado, de Lins do Rego e Graciliano Ramos, entre muitos outros. Buscando a justificativa para a recor-

43. "A Poesia de 1930", *Aspectos da Literatura Brasileira*, São Paulo, Martins, 1974, p. 31.

44. Além do poema de Bandeira, que seria a expressão mais acabada, Mário reconhece no "dar de ombros" de seu "Danças" (*Remate de Males*) e em *Os Poemas de Bilu* de Augusto Meyer outras expressões desse estado de espírito generalizado no período. Posteriormente, viria a fazer a autocrítica dessa atitude descompromissada, como no seguinte trecho de uma das cartas enviadas a Henriqueta Lisboa, datada de 16 jun. 42: "Engraçado: se há poema terrivelmente 'imoral' antissocial, desumano no meu livro é 'Danças' que ninguém condena! E se o pus, também pra caracterizar a 'selva oscura' em que me perdi, é porque depois o repudiei: 'Não danço mais a dança-do-ombro, Eu reconheço que sofro'. Mas 'Danças', poema que não trabalhei, que saiu assim mesmo como está, me desagrada e me apequena" (*Querida Henriqueta*, org. Lauro Palu, Rio de Janeiro, José Olympio, 1990, p. 97). Ver, ainda, a respeito, Vagner Camilo, "A Dança-de-Ombros de Mário de Andrade: Surupango da Vigança", *Gragoatá*, Niterói, n. 41, 2016, pp. 711-729.

rência de um "tipo moral" dessa ordem na ficção, Mário afirma existir "em nossa intelectualidade contemporânea a pré-consciência, a intuição insuspeita de algum crime, de alguma falha enorme, pois que tanto assim ela se agrada de um herói que só tem como elemento de atração, a total fragilidade, e frouxo conformismo"[45]. Em seguida, estabelecendo a ponte com a tendência correspondente na lírica de 1930, diz ainda:

> Porque os poetas, por isso mesmo que mais escravos da sensibilidade e libertos do raciocínio, ainda são mais adivinhões que os prosistas. Já em 30, a respeito de *Vou-me embora pra Pasárgada* de Manuel Bandeira, pretendi mostrar que esse mesmo tema da desistência estava frequentando numerosamente a poesia moderna do Brasil. Se o complexo de inferioridade sempre foi uma das grandes falhas da inteligência nacional, não sei se as angústias dos tempos de agora e suas ferozes mudanças vieram segredar aos ouvidos passivos dessa mania de inferioridade o convite à desistência e a noção de fracasso total. E não é difícil imaginar a que desastrosíssima incapacidade do ser poderá nos levar tal estado-de-consciência. Toda essa literatura dissolvente será por acaso um sintoma de que o homem brasileiro está às portas de desistir de si mesmo?[46]

A explicação para a sensação de fracasso total e para a tendência generalizada à desistência, na ficção e na poesia, decorreria, portanto, de algum "crime" ou "falha grande", ainda da ordem da "intuição", da "pré-consciência", possivelmente porque fruto da vivência muito imediata (sem o distanciamento necessário à avaliação lúcida) dessa época de "angústias" e "ferozes mudanças", que vieram exacerbar um já antigo "sentimento de inferioridade" da inteligência nacional, redundando, assim, na referida tendência. Em outra passagem, Mário trata de precisar em que consistem tais mudanças e angústias, ao admoestar severamente os companheiros daqueles anos "em que o Estado se preocupou de exigir do intelectual a sua integração no corpo de regime". Lastima, assim, essa "dolorosa sujeição da inteligência a toda espécie de imperativos econômicos", vendo em muitos de seus contemporâneos apenas "cômodos voluntários dos abstencionismos e da complacência", quando não da "pouca vergonha".

É, portanto, a cooptação do intelectual pelo Estado Novo a responsável, na visão de Mário, pela intensificação desse velho sentimento de

45. Mário de Andrade, "Elegia de Abril", *Aspectos da Literatura Brasileira*, p. 191.
46. *Idem*, p. 191.

inferioridade que, por certo, devia envolver a posição, historicamente conhecida, de dependência do intelectual brasileiro em relação às elites e ao poder central, seja ao solicitar, durante o Segundo Reinado, a mão protetora do Imperador, na forma de honrarias, mecenato, patronagem[47]; seja ao se sujeitar àquele mesmo sistema de favores que, como demonstrou Schwarz, constrangia os homens livres na ordem escravocrata[48]. Ainda com o advento da República, embora se operasse certa mudança nos padrões do trabalho intelectual, as relações de dependência persistiriam. Um bom exemplo dessa persistência é dado pelos "primeiros intelectuais profissionais" surgidos à época, os chamados "anatolianos", polígrafos obrigados a se ajustar aos gêneros importados da imprensa francesa, a fim de satisfazer as demandas da grande imprensa, das revistas mundanas, dos dirigentes e mandatários políticos da oligarquia (sob a forma de crônicas, discursos, elogios etc.), visando, através do êxito de suas penas, alcançar melhores salários, sinecuras burocráticas e favores diversos[49]. Ao lado deles, os que não se sujeitaram ao gosto dos novos-ricos e às solicitações dos proprietários de jornais e editoras, beneficiados pela expansão do público, viveram a experiência do isolamento, tendo de disputar "a sobrevivência no concorrido mercado urbano recém-ativado, e a participação no sistema de hegemonia no espaço público"[50]. Era decerto essa trajetória de dependência que Mário de Andrade via se reatualizar com a cooptação do intelectual pelo Estado Novo – apesar da diferença, assinalada depois por Miceli, entre o processo de burocratização e "racionalização" das carreiras, provocado pelo número considerável de intelectuais convocados pelo governo getulista e a concessão de postos e prebendas aos escribas e favoritos dos chefes políticos oligárquicos[51].

47. Para um histórico sucinto da posição do intelectual desde o Império, ver Daniel Pécaut, *Os Intelectuais e a Política no Brasil: Entre o Povo e a Nação*, São Paulo, Ática, 1990, que tem justamente por objetivo precisar, à luz da trajetória passada, a posição assumida a partir de 1930.
48. Roberto Schwarz, *Ao Vencedor as Batatas*, São Paulo, Duas Cidades, 1977.
49. Sobre os "anatolianos", ver Sérgio Miceli, *Poder, Sexo e Letras na República Velha*, São Paulo, Perspectiva, 1977. A eles, Miceli retornaria ainda uma vez, para estabelecer o confronto com os intelectuais do período Vargas, em *Intelectuais e Classes Dirigentes no Brasil*, pp. 15 e 131.
50. Nicolau Sevcenko, *Literatura como Missão*, São Paulo, Brasiliense, 1999.
51. Sérgio Miceli, *Intelectuais e Classes Dirigentes no Brasil*, pp. 131-132. Apesar disso, o próprio Miceli alinha seu estudo a uma tradição de trabalhos como os de Faoro ou Sérgio Buarque, preocupados em diagnosticar "a *persistência* dos mecanismos de cooptação impregnando

Em vista do exposto, não seria demais supor que o poema de Bandeira se tornou o mais representativo do estado de espírito generalizado entre os intelectuais e escritores do período não apenas pelo desejo de evadir-se do presente, alienando-se das solicitações do momento, e "partir para uma farra de liberações morais e físicas" (os alcaloides, as prostitutas bonitas...). Talvez o que também o torne representativo, na perspectiva de Mário, seja a própria criação imaginária – segundo a lógica afim à dos devaneios[52] – de um mundo compensatório para as insatisfações da realidade presente, mas assentado nas velhas relações de compadrio, privilégio e favor herdadas do passado patriarcal, justamente às vesperas de o governo getulista reeditá-las a seu modo com a concessão de postos e prebendas, que permitiu a ramos empobrecidos da velha ordem oligárquica fugirem da desclassificação social. Afinal, o que garante o desfrute pleno do paraíso imaginário de Pasárgada é o fato de seu idealizador ser, antes ou acima de tudo, o *amigo* ou... *compadre do rei.*

INDECISÃO AMOROSA

À luz do histórico traçado, viu-se como a questão da opção político-ideológica repercutia entre os intelectuais e artistas brasileiros do perío-

os padrões de concorrência estimulados pelos processos de urbanização e industrialização, [que] aparece como o cerne da história das transformações políticas no Brasil contemporâneo" (*idem*, p. 195).

52. Cf. o conhecido estudo de Freud sobre esse mecanismo compensatório afim, visando a satisfação de desejos ou pulsões negada pelo presente mediante a ação inibidora de um sensor. Para isso, o "trabalho anímico", flutuando entre os três tempos, parte de uma impressão atual, capaz de "despertar um dos grandes desejos do sujeito; apreende regressivamente, desde este ponto, a recordação de um sucesso passado, quase sempre infantil, no qual acabou satisfeito tal desejo, e cria então uma situação referida ao futuro", que se apresenta como satisfação do dito desejo, sob a forma de devaneio ou criação literária, ambos trazendo em si "os vestígios de sua procedência, da ocasião e da recordação". Portanto, "o pretérito, o presente e o futuro aparecem como que amalgamados no fio do desejo que passa através deles" ("El Poeta y los Sueños Diurnos", *Obras Completas*, Madrid Nueva, 1973: II, p. 1345). Em Pasárgada, enquanto projeção imaginária (portanto ainda ligada ao futuro) e compensatória das frustrações do presente ("aqui eu não sou feliz"), é evidente essa amálgama de tempos fundindo vestígios do presente (telefone automático, alcaloides, métodos contraceptivos etc.) e do passado (as brincadeiras infantis, as histórias ouvidas de Rosa (como a da mãe d'água), que condensa o papel de protagonista e narradora no poema...).

do, tendo por referência o quadro internacional e os problemas específicos da realidade local advindos da Revolução de 1930. Viu-se também, com Mário de Andrade, como o conflito decorrente dessa necessidade de opção e das reais condições de inserção social do artista e do intelectual respondia por certos temas e personagens recorrentes na prosa e na poesia do período, como a figura do fracassado[53] e o voumeborismo que traduz um estado de espírito generalizado entre os poetas e partilhado, segundo Gledson, pelo próprio Drummond em 1934, que o vê ao mesmo tempo como "lamentável e necessário"[54]. A presente abordagem, todavia, sustenta hipótese um pouco diversa. Em *Brejo das Almas*, o impulso evasionista implícito no voumemborismo permanece a meio caminho, não chegando a bom termo, pois ao mesmo tempo em que se verifica em vários poemas o desejo de fuga, a busca do desregramento e da "farra de libertações morais e físicas" a que alude Mário, há um movimento contrário que emperra esse desfrute imaginário, muito possivelmente um impedimento ético, moral: "a desaprovação tácita da falta de conduta espiritual" referida por Drummond em sua "Autobiografia para uma Revista" como traço marcante do livro. Isso se torna particularmente notório na temática do amor e do desejo frustrados, que avulta em todo o livro e que, na verdade, já havia se manifestado em *Alguma Poesia*.

No mesmo ensaio sobre a poesia de 1930, Mário detectava no livro de estreia de Drummond a presença de pelo menos dois sequestros "que me parecem muito curiosos: o sexual e o que chamarei 'da vida besta'. Ao sequestro da vida besta, Carlos Drummond de Andrade conseguiu sublimar melhor. Ao sexual não; não o transformou liricamente: preferiu romper adestro contra a preocupação e lutas interiores, mentindo e se escondendo"[55]. Por meio dessa atitude diante da frustração sexual – ainda segundo Mário, numa das cartas endereçadas ao poeta mineiro, na qual retoma a questão em detalhe –, Drummond quis "violentar-se, espécie de masoquismo, dar largas às suas tendências sexuais, inebriar-se delas.

53. Para um desdobramento do exame da figura do fracassado no caso de Carlos de Melo de *Banguê*, de José Lins do Rego, ver Vagner Camilo. "Um *Banguê* na Fronteira de Wessex e da Beira (Lins do Rego, Leitor de Hardy e Eça)", em Maria Augusta Fonseca (org.), *Olhares Sobre o Romance*, São Paulo, Nankin, 2005.

54. *Idem*, pp. 91-93.

55. Mário de Andrade. "A Poesia de 30", *Aspectos da Literatura Brasileira*, p. 35.

[...] Ser grosseiro, ser realista, já que não achava saída delicada ou humorística pros seus combates interiores"[56]. Prova de que Drummond não conseguiu "resolver", de fato, esse "sequestro sexual" está na persistência e na frequência ainda maior com que a temática do desejo frustrado comparece no livro seguinte, em praticamente metade dos poemas. É ainda essa frustração sexual que responde, em boa medida, pela presença significativa da imagem da *femme fatale*, já uma vez denunciada por Merquior a propósito de "Desdobramento de Adalgisa", depois endossada e identificada por Gledson em outros momentos do livro, mas sem promover um comentário detido, que precisasse os contornos dessa figuração feminina, articulando-a com a problemática central de *Brejo das Almas*.

Tal figuração não recorre às representações tradicionais da literatura e da arte *fin-de-siècle*, como Herodíade, Helena de Troia ou a célebre "irmandade castradora" representada por Salomé, Dalila e Judite[57]. A exemplo de Keats, Drummond preferiu enriquecer essa galeria de personagens femininas esboçando um retrato todo próprio de sua *belle dame sans merci*. Ainda assim, é óbvio, ela preserva alguns dos atributos essenciais que definem o tipo, como a função de chama que atrai e queima, a inacessibilidade física e o prazer perverso com o sofrimento causado aos apaixonados. Além disso, Drummond tende a situar algumas das mulheres em terras distantes como as Ilhas Fidgi ("Oceania") e Peiping ("O Procurador do Amor"). Lugares distantes como esses parecem comportar o mesmo significado que o das terras exóticas onde a literatura e a arte do século XIX tendiam a buscar os grandes exemplos das mulheres sedutoras. Como bem nota Praz, aliado ao erotismo, esse exotismo é claramente "uma projeção fantástica de uma carência sexual" que materializa a inacessibilidade feminina em distância espacial, geográfica[58]. Em outro poema ("Canção Para Ninar Mulher"), essa inacessibilidade física, além de projetada espacialmente em terras distantes, é reiterada pela imagem da mulher adormecida, que não pode ser possuída fisicamente – ima-

56. Carta datada de 1.VII.30. Mário de Andrade, *A Lição do Amigo: Cartas de Mário de Andrade a Carlos Drummond de Andrade*, Rio de Janeiro, Record, 1988, p. 151.

57. Mario Praz, *La Carne, la Morte e il Diavolo nella Letteratura Romantica*, Firenze, Sansoni Editore, 1988, pp. 181-182. Para uma retomada do tema numa perspectiva "histórico-psicanalítica", ver Peter Gay, *A Paixão Terna*, São Paulo, Companhia das Letras, 1990.

58. *Idem*, p. 172.

gem essa examinada por Mário de Andrade entre os poetas românticos, em clássico estudo[59] publicado pela mesma época, que Drummond devia bem conhecer:

> [...]
> Dorme bem de manso,
> senão eu te pego,
> te dou um abraço
> e te espinho toda.
> [...]
> Dorme na Argentina,
> dorme na Alemanha
> ou no Maranhão,
> dorme bem dormido.
>
> Dorme que o capeta
> está perguntando
> quedê a mulher acordada,
> para dormir com ela[60].

De todas as figurações femininas de *Brejo das Almas*, porém, o retrato mais acabado da mulher fatal é, sem dúvida, Adalgisa, um dos "nomes da musa" na poesia modernista, como diz Merquior, lembrando o título de um conhecido poema de Jorge de Lima[61] e sugerindo a conexão com a bela poetisa Adalgisa Nery, que forte impressão deixou em poetas como Murilo Mendes, Jorge de Lima, Bandeira e Schmidt, a ponto de frequentar-lhes as obras.

Do poema, interessa ressaltar sobretudo a projeção fantástica de duplificação (e posterior multiplicação) da figura feminina, em atenção ao puro e simples desejo dos homens, que "preferem duas", como bem ilustra o exemplo evocado de Salomão, perito nas artes do amor e amante de muitas mulheres. Assim, para ser mais bem adorada, Adalgisa faz-se também Adaljosa: uma é "loura, trêmula e blândula"; outra é "morena

59. "Amor e Medo" (em *Aspectos da Literatura Brasileira*), estudo em que a imagem da "bela adormecida" é examinada como índice da impossibilidade de posse física, só que motivada pelo temor adolescente do sexo, o que não parece ser o caso do poeta itabirano.
60. Carlos Drummond de Andrade, *Brejo das Almas. Poesia e Prosa*, Rio de Janeiro, Nova Aguillar, 1992, p. 50.
61. *Idem*, p. 32.

esfogueteada"; uma é "lisa, fria"; a outra é "quente e áspera". Como Adalgisa procura esclarecer, não se trata de duas que são uma e sim de uma que são duas, unidas por um só e "indiviso sexo", alternando-se ao sabor dos desejos do homem. Figura onipresente e eterna, ela é ora uma voz que se faz ouvir, uma presença impositiva, ameaçadora ou mesmo fálica ("serei cipó, lagarto, cobra, eco de grota na tarde"), ora anulação e silêncio ("serei a humilde folha, sombra tímida, silêncio entre duas pedras"); ora fonte de vida ("serei ar de respiração"), ora de morte ("serei tiro de pistola, veneno, corda..."); ora vítima da traição, ora mulher vingativa. Como se nota por essas alternâncias, a musa drummondiana não é um exemplo puro da mulher fatal. Trata-se, na verdade, de uma figura ambígua, misto de mulher submissa e *femme fatale*, que ora se sujeita, ora se impõe. De qualquer modo, permanece sendo uma projeção dos desejos masculinos e, enquanto tal, revela que a ambiguidade decorre deles próprios, os quais parecem comportar uma dupla componente sadomasoquista, encarnada pelas duas figurações femininas. Ao invés de ambiguidade, talvez fosse o caso de falar, mais de acordo com a psicanálise, em *ambivalência*, a propósito da manifestação conjunta dessas duas manifestações antitéticas da vida pulsional. O próprio poema, todavia, apresenta a razão de ser dessa ambivalência, no momento em que Adalgisa justifica seu desdobramento em virtude dos desejos de homens "que mal sabem escolher". Essa indefinição na escolha é ainda uma vez reforçada na seguinte estrofe:

Adalgisa e Adaljosa,
parti-me para o vosso amor
que tem tantas direções
e em nenhuma se define
mas em todas se resume[62].

Ora essa indecisão ou indefinição tem histórico no contexto de *Brejo das Almas*, respondendo pela atitude do poeta diante das opções e exigências de participação política, conforme se viu. "Desdobramento de Adalgisa" parece, desse modo, evidenciar certa correlação entre o conflito amoroso e o político-ideológico[63], mas que se confirmará em "Registro Civil".

62. Carlos Drummond de Andrade, *Poesia e Prosa*, p. 54.
63. Essa correlação entre erotismo e política não é nova na história da lírica moderna e está presente em um poeta de referência importante para Drummond: Baudelaire. Ver a esse

Trata-se de um poema central para a compreensão do conjunto da coletânea. Na verdade, o interesse reside menos na figuração feminina em si e muito mais nas articulações que se estabelece entre as frustrações e obsessões sexuais por ela representadas, a indecisão político-ideológica do eu lírico e sua condição efetiva de inserção social, que parece ser a razão determinante de todo o resto.

Já na estrofe de abertura, "Registro Civil" ocupa-se da tematização do desejo frustrado, projetado na imagem de uma mulher que comparece nos dois primeiros versos em um quadro bucólico e ingênuo, a colher margaridas no momento em que o eu lírico passa por ela. O retrato terno da amada, porém, é desmentido de chofre, quando se sabe que as margaridas eram, na verdade, os corações dos namorados que, em nova metamorfose surreal, são transformados em *ostras*, engolidas de dez em dez. Trata-se, literalmente, de uma destruidora ou devoradora de corações, que se compraz no gozo sádico com o sofrimento amoroso impingido aos namorados.

Ela colhia margaridas
quando eu passei. As margaridas eram
os corações de seus namorados,
que depois se transformavam em ostras
e ela engolia em grupos de dez[64].

Apesar da metamorfose surreal, essa figuração feminina nada tem de exclusivamente modernista ou vanguardista, mas remete a um momento muito anterior da tradição literária ocidental, quando os *stilnovisti* fixaram certa convenção lírico-amorosa que iria perdurar no tempo. Trata-se da alusão contida nesses versos ao terceiro capítulo (que inclui o primeiro soneto) de *Vita Nuova*, em que Dante descreve um sonho terrível, após encontrar Beatriz pela segunda vez. No sonho, ela aparece carregada por um vulto assustador, representação do próprio Amor que se identifica como senhor do poeta e traz na mão o coração flamejante deste. Depois de exibi-lo ao poeta (*Vide cor tuum*), desperta Beatriz e obriga-a a comer o coração. Dante acorda angustiado e compõe o soneto, indagando

respeito, Dolf Oehler, "Art-Névrose: Análise Sócio-Psicológica do Fracasso da Revolução em Flaubert e Baudelaire", *Terrenos Vulcânicos*, São Paulo, Cosac Naify, 2004, pp. 45-56.

64. *Idem*, p. 39.

aos famosos trovadores da época pelo sentido desse sonho premonitório e desencadeador de seu próprio poetar[65]. Ao invés da imagem final de Beatriz, como espírito de luz, figura beatífica e guia protetora do poeta, Drummond escolhe, como a mais adequada para dramatizar seu conflito amoroso, justamente a representação primeira, mais "terrena" da amada de Dante, embora transfigurada no soneto pelo pesadelo verdadeiramente macabro ao qual se associa o sentimento de opressão, de angústia experimentado por ele.

As figurações femininas persistem na segunda estrofe de "Registro Civil", agora em número de cinco, dentre as quais a própria Beatriz – o que ajuda a reforçar a hipótese de diálogo com Dante.

> Os telefones gritavam Dulce,
> Rosa, Leonora, Cármen, Beatriz,
> porém Dulce havia morrido
> e as demais banhavam-se em Ostende
> sob um sol neutro.

Ainda em apoio a tal hipótese, pode-se pensar em tais figurações como alusivas ao grupo de damas que acompanham Beatriz em suas aparições pelas ruas de Florença onde o poeta a encontra e a saúda – tal como o suposto encontro do eu lírico drummondiano na primeira estrofe, que passa pela amada quando ela está colhendo margaridas. O que caracteriza a atitude de tais damas é o "gab", a zombaria e o menoscabo diante do sofrimento do apaixonado[66]. Já no contexto moderno do poema de Drummond, as cinco mulheres, que também parecem fazer pouco caso da paixão de seus amantes – tal como as do proustiano "À Sombra das Moças em Flor", reiterando a hipótese de atualização da "gab" no livro –, são chamadas a telefones que não tocam mas "gritam", de modo a assinalar a insistência e o desespero

65. Veja-se os dois tercetos em que Amor obriga Beatriz a devorar o coração do poeta: "Alegre parecia, mas levando / meu coração na mão; no braço eu via / a minha dama em trapos ressonando / e ele a acordava e o coração queimando / / humilde e com receio ela comia. / Depois Amor partia, soluçando" (Dante Alighieri, *Lírica*, Rio de Janeiro, Topbooks, 1996). Para uma análise do sonho de Dante, seu caráter premonitório e desencadeador do poetar entre outros aspectos, ver Robert P. Harrison, *The Body of Beatrice*, Baltimore, Johns Hopkins UP, 1988.

66. É o que ocorre no capítulo XIV, com o soneto cujo primeiro verso diz "Com outras moças a zombar de mim..." ("Com l'altre donne mia vista gabbate"). Exemplos dos passeios e encontros pelas ruas da cidade aparecem, por exemplo, no poema da parte 7 ("A voi che per la via d'amor passate..."), *op. cit.*

daqueles que as procuram em vão. Das cinco, porém, uma havia morrido – não por acaso Dulce, cujo nome pode ainda ser lido como uma alusão ao *dolce stil nuovo* da época de Dante: sua morte representaria o desejo de Drummond de sinalizar a impossibilidade de persistir na velha convenção e concepção idealizada de amor e de mulher para lidar com o conflito amoroso experimentado no presente.

Se Dulce (nome, aliás, nada condizente com uma *femme fatale*) morreu, as demais, de acordo com a segunda estrofe, "banhavam-se em Ostende, sob um sol neutro". Já se observou o sentido da evocação de lugares distantes enquanto projeção espacial da inacessibilidade física da mulher amada, mas cabe ainda um particular em relação a Ostende, principal porto belga, conhecido por seu elegante balneário e pelo cultivo de lagostas e ostras – o que explica a metamorfose dos corações dos namorados na primeira estrofe. A qualidade do sol que aí paira encarna, decerto, a sabida neutralidade política do país, rompida só mesmo à força pela invasão das tropas alemãs a caminho de Paris, durante a Primeira Guerra. Ora, a neutralidade política do cenário em que o eu projeta suas figuras femininas não é gratuita. Sendo uma projeção das carências do eu lírico, é esse um modo de ressaltar a própria condição de quem, na impossibilidade de se definir ideologicamente, permanece centrado em seu individualismo e sua problemática amorosa. Drummond acaba, assim, por atestar de forma cabal a articulação existente entre obsessão sexual e neutralidade política.

Até aqui, portanto, nada de novo; nada além da confirmação do que se viu anteriormente. A novidade reside na terceira estrofe, quando o eu lírico, como que se olhando de fora, oferece um registro mais objetivo de sua condição social:

> As cidades perdiam os nomes
> que o funcionário com um pássaro no ombro
> ia guardando no livro de versos.

Lançando mão do recurso de "personificação do eu"[67], Drummond – que em 1934 iria ascender do serviço público estadual ao federal – pro-

67. Para o exame dos vários modos por que se realiza esse recurso (frequente em toda a lírica de Drummond) no caso específico de *Brejo das Almas*, a começar por "Registro Civil", ver José Guilherme Merquior, *Verso Universo em Drummond*, pp. 35 e ss.

jeta-se na figura do funcionário com o pássaro no ombro a realizar, mecânica e burocraticamente, o registro a que alude o título cartorialesco do poema. É a primeira figuração do poeta-funcionário, antes do famoso autorretrato do "fazendeiro do ar" em "Confidência do Itabirano".

Atente-se ainda para a referência às cidades que perdiam os nomes, dentre as quais deve-se incluir o próspero município mineiro que dá o nome ao livro de 1934, conforme esclarece a conhecida epígrafe de abertura, extraída do mesmo jornal mineiro *A Pátria* para o qual Drummond concedera, também em 1931, a mencionada entrevista sobre os dilemas de sua geração. Assim como Mário de Andrade havia descoberto em um vilarejo amazônico consumido pela miséria e pela maleita o nome expressivo para sua coletânea de poemas publicada em 1930 (*Remate de Males*), Drummond, inspirado pela lição do turista aprendiz, encontrou no próspero município mineiro a denominação adequada para metaforizar a crise espiritual vivida por ele e por sua geração. Diz a epígrafe:

> Brejo das Almas é um dos municípios mineiros onde os cereais são cultivados em maior escala. Sua exportação é feita para os mercados de Montes Claros e Belo Horizonte.
>
> Há também grande exportação de toucinho, mamona e ovos.
>
> A lavoura de cana-de-açúcar tem-se desenvolvido bastante.
>
> Ultimamente, cogita-se da mudança do nome do município, que está cada vez mais próspero.
>
> Não se compreende mesmo que fique toda a vida com o primitivo: Brejo das Almas, que nada significa e nenhuma justificativa oferece.
>
> [D'*A Pátria*, 6-VIII-1931][68].

Brejo das Almas, que em sua prosperidade cogita da mudança do topônimo por nada significar aos moradores, tem seu nome resgatado do olvido pelo poeta que o resguarda no livro de versos. E se o resgata, é porque, diferentemente dos demais homens, reconhece no nome da cidade algo de mais significativo e sugestivo de sua condição estanque, preso no atoleiro da indecisão e dos desejos frustrados, portanto sem possibilidade de sublimação, de transcendência.

68. Carlos Drummond de Andrade. *Poesia e Prosa*, p. 37.

Dentre essas cidades que perdiam os nomes, a derradeira é Sodoma, com toda a força de seu significado bíblico como cidade do sexo e do pecado. Sendo ela a última a apagar a luz – e a escuridão remete aqui à perda de referência exterior –, Drummond busca assinalar o mergulho na problemática da sexualidade frustrada, a única a lhe absorver por inteiro:

Nas últimas delas, Sodoma,
restava um luz acesa
que o anjo soprou.
E na terra
eu só ouvia o rumor
brando, de ostras que deslizavam
pela garganta implacável.

A total imersão no atoleiro dos desejos frustrados responde, assim, pela visão de um mundo sem transcendência, dominante em todo o livro, conforme se vê em poemas como o "Soneto da Perdida Esperança", em que não falta a alusão a um "flautim" (e, por meio deste, à própria poesia) qualificado(a) justamente como "insolúvel" – referência explícita à situação de impasse, de indecisão aqui examinada.

Considere-se ainda os versos de "O Voo Sobre as Igrejas", que se assemelham ao soneto não só na visão de um mundo sem transcendência, de total imanência para aqueles que um dia gritaram "sim! ao eterno", mas também no uso de uma figura com idêntico significado simbólico, como a hipálage[69] presente na "lenta ladeira" em que todos os caminhos se fundem e conduzem ao princípio do drama e da flora. Esse momento inaugural em "O Voo Sobre as Igrejas" coincide com a referência à Freguesia de Antônio Dias que deu origem à cidade de Ouro Preto.

O poema abre-se com um convite à procissão de Semana Santa rumo à Matriz de Antônio Dias, que abriga a campa do Aleijadinho. A procissão, transfigurada de forma fantástica, seria posteriomente descrita em detalhe pelo próprio poeta em uma das crônicas de *Passeios na Ilha*[70], contrapondo a suntuosidade da Freguesia de Ouro Preto à simplicidade

69. Vide a respeito Othon M. Garcia, *Esfinge Clara: Palavra-Puxa-Palavra em Carlos Drummond de Andrade*, Rio de Janeiro, São José, 1955.

70. "Contemplação de Ouro Preto", *Passeios na Ilha. Divagações sobre a Vida Literária e Outras Matérias*, São Paulo, Cosac Naify, 2011, pp. 61-79.

austera da de Antônio Dias na celebração dos ritos de Semana Santa, com visível preferência do poeta por esta última. A posição topográfica da igreja, situada no centro da parte alta da cidade (bairro de Antônio Dias), bem como a "lenta ladeira" a ser galgada pela romaria fantástica, que a dada altura descola o pé do chão e alça voo, respondem pelo impulso ascensional, cuja natureza sublimatória[71] e evasionista logo se evidencia nos versos. Desejo de fuga e transcendência que não é satisfeito sem mais, sem o embate contra a total imanência no tempo presente, com seus apelos dirigidos aos sentidos:

> [...] as cores e cheiros do presente são tão fortes e tão urgentes
> que nem se percebem catingas e *rouges*, boduns e ouros do século 18.

O eu lírico, todavia, persiste em sua escalada ascensional ao encontro do artista barroco, acompanhado apenas por um séquito de querubins:

> Nesta subida só serafins, só querubins fogem conosco,
> de róseas faces, de nádegas róseas e rechonchudas,
> empunham coroas, entoam cantos, riscam ornatos no azul autêntico[72].

A descrição dessa escalada remete, de pronto, aos tetos de algumas igrejas mineiras. Gledson lembra o de Ataíde, na Igreja de São Francisco de Assis, mas é bem provável que seja referência ao teto da própria Matriz de Nossa Senhora da Conceição de Antônio Dias da qual se ocupa o poema (onde estão os restos mortais de Aleijadinho e do pai), o que faz pensar que o encontro com artista barroco acaba por se processar aqui. Não por acaso, a passagem para a próxima estrofe desloca o enfoque do esforço ascensional do eu lírico, descrito nas três primeiras estrofes, para a figura do gênio barroco:

> Este mulato de gênio
> lavou na pedra-sabão
> todos os nossos pecados,
> as nossas luxúrias todas,

71. A relação entre as imagens dinâmicas de ascensão e voo e a sublimação, embora flagrante, é examinada em detalhe por Gaston Bachelard, *O Ar e os Sonhos: Ensaio Sobre a Imaginação do Movimento*, São Paulo, Martins Fontes, 1990.

72. *Poesia e Prosa*, p. 44.

e esse tropel de desejos,
essa ânsia de ir para o céu
e de pecar mais na terra;
esse mulato de gênio
subiu nas asas da fama,
teve dinheiro, mulher,
escravo, comida farta,
teve também escorbuto
e morreu sem consolação[73].

Atente-se, antes de tudo, à regularidade métrica dessa quarta estrofe, toda ela (ou quase toda) em redondilha maior, cuja função principal é a de reforçar, mimeticamente, o poder do gênio barroco de dar forma e expressão aos conflitos e dilacerações mais íntimas, traduzidas na contradição entre a ânsia do pecado e o anseio de purificação. O único verso irregular na estrofe é justamente o último e não por acaso: ele introduz a nota dissonante da ironia que, diante da sublimidade do gênio descrita nos versos anteriores, contrapõe a condição demasiadamente humana da morte sem consolação, da qual nem mesmo o artista excepcional conseguiu escapar. Dessa condição, havia partido o poema ao se referir à campa "onde repousa, pó sem lembrança, pó sem esperança, o Aleijadinho", para alçar, na sequência, à dimensão sublime do gênio e depois retornar, no final da quarta estrofe, à condição de partida. A ironia acaba, assim, por descrever um movimento contrário, de natureza dessublimatória, ao descrito pelo grande artista barroco em sua criação.

A nota irônica, obviamente, diz respeito ao destino do artista e não de sua obra, uma vez que esta sim permaneceu viva e alçou à imortalidade, talhando à perfeição as dilacerações mais íntimas, que foram vivenciadas a fundo não só por ele, mas por todos, já que os pecados lavados na pedra-sabão são "nossos". Nesse aspecto em particular, como bem observou Gledson, Drummond parece tematizar, implicitamente, o que para ele constitui uma relação viva e criadora entre o artista e a sociedade:

O artista compartilha os pecados e doenças dos outros, o seu desejo de pecarem e serem inocentes ao mesmo tempo (o tema de "Castidade"), mas pelo dom da ex-

73. *Idem, ibidem.*

pressão, de alguma maneira expia esses pecados. A frase "Lavou em pedra-sabão", por mais humorística que seja, não é em última análise irônica: a verdadeira relação entre o artista e a sociedade tem este aspecto simbólico e representativo, quase religioso[74].

O enfoque dirigido à relação entre o artista e a sociedade encarnada por Aleijadinho atende, assim, ao intuito de estabelecer um modelo ideal, tomado como parâmetro para que o poeta avalie o alcance de sua própria criação ao lidar com um conflito que se lhe afigura afim ao supostamente vivenciado pelo gênio do barroco mineiro. Não seria, aliás, a única vez que Drummond encontraria no Aleijadinho uma espécie de *alter ego*, uma *persona* que poderia ser aproximada de outras tantas esposadas pelo poeta. Em sua deformidade física, a figura mítica do gênio barroco parece materializar a deformidade moral experienciada pela subjetividade lírica de Drummond, que responderá pelos impulsos castradores, de natureza autopunitiva, examinados por Antonio Candido sob o rótulo de "inquietudes". Gledson lembra, muito a propósito, que em outra passagem da entrevista de *A Pátria*, Drummond descreveria a experiência do fracasso literário (e lembre-se que ele considerava, então, *Brejo das Almas* uma "derrota literária") em termos muito próximos à imagem que oferece do Aleijadinho neste poema: "A derrota literária tem isso de suave: o derrotado não a percebe. Ou se percebe é como um indivíduo que, passado o desastre, a síncope e os cuidados médicos, se vê com uma perna a menos, mas por mais que se esforce, não sente dor com esse menos"[75].

Esse conflito supostamente comum justifica-se, no caso do artista barroco, pelos dualismos e tensões, sabidos de cartilha, entre o espírito racional e secularista de procedência renascentista e o *éthos* cristão contrarreformista, traduzidos nas conhecidas polarizações entre terra e céu, carne e espírito, mundanidade e ascetismo, sensualidade e misticismo, erotismo e religiosidade, atrações e solicitações terrenas e ideal de fuga e renúncia... Tais antagonismos, entretanto, encontrariam no próprio dirigismo ideológico contrarreformista – exercido como "inquisição imanente" à alma dos artistas fiéis à Igreja – uma forma de conciliar os interesses de Deus com as exigências humanas, mediante a reorientação

74. *Poesia e Poética de Carlos Drummond de Andrade*, p. 110.
75. *Apud* Gledson, *idem*, p. 91.

da ascese cristã, cujo método eficaz seria fornecido pelos *Exercícios Espirituais* de Inácio de Loyola. Como diz Benedito Nunes, foi por meio dessa ação persuasiva e conciliadora do "humanismo devoto" que a arte,

> [...] destinada a fins de piedade, à glorificação de Deus e à exaltação da Igreja, pôde associar, na iconografia ou na imaginária, a sensualidade erótica ao misticismo e o ideal herói-clássico do Renascimento, inseparável da beleza do corpo, à santidade, à militância da fé, à profissão do Credo. Por força dessas [...] ações sublimadoras, prosperaram até a teatralidade, por vezes "mediante um sentimentalismo sem fundo", os efeitos dramáticos já congênitos ao próprio estilo. Da dramática teatralidade do barroco, que transformou, como dizia Germain Bazin, a figura do santo num ator antes de tudo, partilham os Santos e Profetas de Aleijadinho[76].

Ora, é a ausência de qualquer orientação ideológica que parece impedir o poeta itabirano de dar forma ao conflito experimentado – o oposto, portanto, do que supostamente ocorreria com o artista barroco. É isso o que ele parece querer evidenciar no contraste com Aleijadinho: a impossibilidade de alcançar minimamente a sublimação necessária para dar forma artística a um conflito seu e de sua época, garantindo com isso o maior alcance e o poder de comunicação com a sociedade da arte do "mulato de gênio" que "lavou na pedra-sabão todos os nossos pecados". Tal impossibilidade levará Drummond à costumeira depreciação de sua própria poesia[77].

Esse contraste com Aleijadinho é evidenciado no poema por meio do jogo entre as estrofes isométricas e heterométricas. Em contraposição à uniformidade métrica da quarta e da sexta estrofes, dedicadas ao poder da criação do artista barroco, as três primeiras estrofes e a quinta, que tratam especificamente do anseio ascensional e sublimatório do eu lírico, são todas elas compostas de versos livres, cuja irregularidade métrica (indo do verso

76. Benedito Nunes, "O Universo Filosófico e Ideológico do Barroco", *Barroco*, 12, anos 1982/83. Congresso do Barroco no Brasil/Arquitetura e Artes Plásticas, Ouro Preto, 3-7 set. 1981. Comitê Brasileiro de História da Arte/Revista *Barroco*/Instituto Estadual do Patrimônio Histórico e Artístico de Minas Gerais (IEPHA/MG), p. 27.

77. A atitude de desmerecimento em relação à própria poesia é assinalada, entre outros, por Iumna Maria Simon (*Drummond: Uma Poética do Risco*, São Paulo, Ática, 1978), no caso de *A Rosa do Povo*, ao examinar o confronto estabelecido por Drummond com a obra de poetas e artistas admirados pelo poder de resistência às condições adversas e pelo alcance de comunicação, a exemplo de Lorca, Mário de Andrade e Chaplin.

de quatro ao de vinte ou mais sílabas) parece mimetizar, por contraste, a impossibilidade de ele sublimar, de dar forma e expressão a seus conflitos e dilacerações. Além disso, ao se chegar aos derradeiros versos – quando se supõe que o eu lírico e o "nós" a que ele se dirige tenham alçado à sublimidade da arte de Aleijadinho –, o desfecho irônico tende a converter o "mulato de gênio" e seu poder de sublimar em arte os anseios partilhados com a comunidade no "era uma vez" da lenda ou do conto da carochinha:

> Era uma vez um Aleijadinho,
> não tinha dedo, não tinha mão,
> raiva e cinzel, lá isso tinha,
> era uma vez um Aleijadinho,
> era uma vez muitas igrejas
> com muitos paraísos e muitos infernos,
> era uma vez São João, Ouro Preto,
> Mariana, Sabará, Congonhas,
> era uma vez muitas cidades
> e o Aleijadinho era uma vez[78].

Com isso, Drummond busca assinalar o quão distante da realidade presente se mostra esse poder de comunhão plena encarnada pela obra de Aleijadinho, a ponto de se converter na irrealidade da lenda. Ao artista moderno, tão centrado na própria individualidade e no seu isolamento, só resta mesmo ponderar sobre essa distância e traduzi-la na forma dissonante acima assinalada. É a consciência dessa distância que dá a medida do valor dos versos e que permite ao eu lírico dar forma (informe) aos conflitos e dilacerações mais íntimos, ainda que pela negação de sua própria possibilidade.

Lido em sintonia com a revalorização modernista do barroco mineiro, "O Voo Sobre as Igrejas", se por um lado reitera certas atribuições e mitificações discutíveis – como a concepção romântica do gênio criador associado ao artista "mulato", "gênio da raça", explorada (de modo bastante discutível) por Mário de Andrade em conhecido estudo dedicado a Francisco Lisboa –, por outro, delas se afasta ao conferir à história e à figura de Aleijadinho esse estatuto de lenda[79].

78. *Poesia e Prosa*, p. 44.

79. Na crônica de 1928, "Viagem de Sabará", originalmente publicada no número especial de *O Jornal*, que recolhe as contribuições dos modernistas sobre o barroco mineiro (incluindo a

A POÉTICA DA INDECISÃO

Para Gledson, "O Voo Sobre as Igrejas" é um dos dois poemas a se ocupar da poética subjacente a *Brejo das Almas*. O outro é "Segredo", que merece ser considerado, por fim, com o intuito de evidenciar mais uma vez como as exigências de participação do intelectual, reverberadas sobre a subjetividade na forma de dúvida ou indecisão, comparecem tão bem sedimentadas nos versos a ponto de dispensar a tematização explícita.

Muito embora tenha sido o primeiro a apontar a problemática da indecisão político-ideológica como o drama latente em *Brejo das Almas*, Gledson não chega a tecer nenhuma consideração a esse respeito na abordagem dos versos que encerram justamente a poética subjacente a todo o livro. Entretanto, essa problemática comparece entranhada no poema, podendo-se mesmo dizer que, em dada medida, é esse o próprio segredo a que alude o título. Para desvelá-lo, ressalte-se, mais uma vez, o emprego do já referido recurso de "personificação do eu", também denominado de "diálogo a um" por Sant'Anna, que funciona como estratégia de dramatização do conflito subjetivo, com o desdobramento do sujeito lírico em dois.

No poema, a alternância das pessoas de verbo dá-se do seguinte modo: na primeira e na última estrofes, o eu lírico se projeta em um falso "tu", ou melhor, "você", enquanto nas intermediárias, lança mão da primeira pessoa do verbo. Em todas as estrofes, porém, o curto verso final sempre apresenta o eu lírico referindo-se a si mesmo como "você". Enquanto estratégia de personificação, o emprego do "você" permite ao eu lírico constituir a si mesmo como alteridade. Com isso, ele pode se ver como que de fora, preservando certo grau de distanciamento em relação aos conflitos e dúvidas nos quais se encontra imerso o eu que fala em primeira pessoa nas estrofes intermediárias. É o que se nota na passagem de uma a outra estrofe. Nos momentos em que se enuncia essa alteridade, ela se mostra ciosa de afirmar sua crença de maneira impositiva. Essa

primeira versão do estudo de Mário de Andrade sobre o Aleijadinho), Drummond já falava no artista barroco como um "personagem mítico, de contornos indefinidos, autor de uma porção de obras que nunca fez e possuidor de uma série de características que jamais o distinguiram" (*Confissões de Minas, op. cit.*, p. 134.). Para o exame da revalorização modernista do barroco, ver Guilherme Simões Gomes Jr., *Palavra Peregrina: O Barroco e o Pensamento Sobre Artes e Letras no Brasil*, São Paulo, Edusp/Educ/Fapesp, 1998.

certeza vem expressa de maneira categórica logo no verso de abertura, ao afirmar a "incomunicabilidade da poesia", que condena o eu lírico a isolar-se e voltar-se sobre si mesmo, torcendo-se e retorcendo-se em seu "canto" (no duplo sentido do termo)[80] com seus conflitos interiores.

> A poesia é incomunicável.
> Fique torto no seu canto.
> Não ame[81].

Ela é ainda reiterada ao final de cada estrofe, por meio da negação de atos fundamentados numa relação de comunicação ou de interação, com o outro: "não diga nada", "não conte", "não peça" e mesmo "não ame"[82].

Se a alteridade do eu lírico é tão enfática na afirmação de sua crença, é porque esta não tem sido observada, encontrando-se, de certo modo, ameaçada. A ameaça vem representada pela atitude dubitativa do eu que fala em primeira pessoa nas estrofes intermediárias:

> Ouço dizer que há tiroteio
> ao alcance do nosso corpo.
> É a revolução? o amor?
> Não diga nada.
>
> Tudo é possível, só eu impossível.
> O mar transborda de peixes.
> Há homens que andam no mar
> como se andassem na rua.
> Não conte.

Sem o benefício da distância e do não envolvimento, o eu parece sentir o apelo muito próximo da realidade exterior, que lhe chega de maneira um tanto confusa, indistinta, como é visível na referência ao tiroteio ao alcance do corpo, sem saber ao certo se é o amor ou a revolução. Essa indefinição

80. Fernando Py registra as mudanças significativas operadas nesse verso desde a primeira edição (independente) do livro pela Sociedade Editora Amigos do Livro, onde figurava: "Fique quieto aí no seu canto". Ver "Edições dos Livros de Carlos Drummond de Andrade", *Língua e Literatura* n. 16, São Paulo, 1987/1988, p. 79.
81. *Poesia e Prosa*, pp. 50-51.
82. Iumma Maria Simon reconheceu em "Segredo" o "germe da radicalidade de 'Procura da Poesia'", *Drummond: Uma Poética do Risco*, São Paulo, Ática, 1978, p. 148.

entre o dado interno (amor) e o externo (revolução) já foi assinalada por Gledson acerca de outros momentos de *Brejo das Almas*. Neste caso, a sua função é justamente a de indiciar o individualismo extremo dominante em todo o livro e denunciado pelo próprio poeta no trecho citado da "Autobiografia para uma Revista"; uma condição tão autocentrada a ponto de o eu sequer distinguir se o que "ouve" vem de fora ou de dentro. Ainda assim, é certo, o eu lírico parece abrir-se à percepção da realidade exterior que lhe é segredada ao ouvido, mesmo que de maneira confusa, mesmo que impossibilitado de revelá-la abertamente, por força da voz imperativa que ordena: "Não diga nada".

Um novo apelo da realidade exterior se faz sentir na terceira estrofe com a referência ao mar que "transborda de peixes" e aos "homens que andam no mar como se andassem na rua". Imagens como essas vêm justificar a afirmação do eu lírico no primeiro verso dessa estrofe: "tudo é possível, só eu impossível". Com isso, ele parece querer evidenciar, por contraste, o tamanho de sua limitação em face de um real em que tudo pode acontecer, até mesmo o mais fantástico e inverossímil, enquanto ele permanece inalterado, imutável. Vale ainda observar que uma dessas imagens fantásticas também comporta uma dimensão social, bastando recordar que, no livro seguinte, em um dos primeiros poemas abertamente participativos, Drummond retornaria à imagem bíblica do homem caminhando sobre as ondas, mas associando-a a um indivíduo ou classe socialmente definido(a): é o "operário no mar", que tem nas águas o domínio simbólico da instabilidade de sua condição e do modo por que se afigura como desconhecido para um eu que fala de outra posição social.

Assim, entre a incomunicabilidade do canto e os apelos da realidade exterior, "Segredo" parece confessar veladamente ao leitor a dúvida na qual se encontra imersa a subjetividade lírica, entre optar ou não por uma poesia mais abertamente participativa. A opção partidária implicaria atender às pressões ideológicas experimentadas no período e, mais ainda, conciliar o ofício poético com algumas das "soluções" que, segundo o poeta em *A Pátria*, se encontravam fora da literatura. Os livros seguintes viriam revelar a opção tomada por Drummond, assumindo os riscos da escolha na imagem da poesia e do poeta precários. Em *Brejo das Almas*, porém, impera ainda a dúvida expressa no embate dialético entre as duas vozes de uma consciência cindida, confirmando que a indecisão está no cerne da poética de todo o livro, sem ter de recorrer à tematização aberta. Com isso, Drummond parece confirmar a verdade das palavras de Adorno, quando observa que,

> [...] em todo poema lírico, a relação histórica do sujeito à objetividade, do indivíduo à sociedade, precisa ter encontrado sua materialização no elemento do espírito subjetivo, reverberado sobre si mesmo. Essa sedimentação será tanto mais perfeita quanto menos a formação lírica tematizar a relação entre eu e sociedade, quanto mais involuntariamente cristalizar-se essa relação, a partir de si mesma, no poema[83].

Nesse embate, porém, é ainda a voz imperiosa da alteridade do eu lírico que parece dar a última palavra, pois é ela que retorna na última estrofe, evocando uma situação hipotética e extrema, a fim de assinalar o limite a que deve ser levada a recusa a todo e qualquer ato de comunicação:

> Suponha que um anjo de fogo
> varresse a face da terra
> e os homens sacrificados
> pedissem perdão.
> Não peça.

Diante da visão apocalíptica do anjo exterminador, cabe ao eu lírico furtar-se, peremptoriamente, ao pedido de perdão clamado por toda humanidade sacrificada. Ato de recusa que, se por um lado visa dramatizar a crença na incomunicabilidade do canto, por outro revela, mesmo na indecisão, o poder de resistir a toda e qualquer espécie de sujeição: "Não peça!"

83. Theodor W. Adorno, "Lírica e Sociedade" em Benjamin, Horkheimer, Adorno e Habermas, *Textos Escolhidos*, São Paulo, Abril Cultural, 1980, p. 197.

II

Figurações Espaciais e Mapeamentos na Lírica Social de Drummond

Non sono mai stato
tanto
attacato alla vita.

Ungaretti, "Veglia"

Sentimento do Mundo (1940) e *José* (1942), juntamente com aquele que é considerado o momento mais alto da poesia participante de todos os tempos, *A Rosa do Povo* (1945), têm sido examinados como se formassem um bloco único, sem se discernir a poética específica de cada um deles, incluindo possíveis gradações do impulso participante de Drummond, que muito raramente se dá de modo afirmativo, sendo sempre questionado quanto à sua validade e efetivação.

Talvez essa gradação pudesse ser mais bem descrita, entre outros aspectos, a partir do *lugar* de onde fala o eu lírico em cada um dos livros, que parece caminhar de um maior a um menor distanciamento no confronto com a realidade social que se descortina no espaço da grande cidade. O lugar é tomado tanto no sentido literal (espacial), quanto figurado, relativo ao ponto de vista a partir da qual o eu enuncia seu canto participante em cada livro.

O poeta acede à consciência de sua posição social através da articulação dos espaços materiais, promovendo, em *Sentimento do Mundo*, um verdadeiro mapeamento lírico-social da grande cidade, além de explorar o contraponto evidente entre os espaços interiores e exteriores. Essa tensão entre o interior burguês e a realidade das ruas marcada pelos conflitos político-sociais da época já comparecia, como se sabe, na poesia da grande cidade de Baudelaire. Leitor do poeta francês, Drummond tratou de reatualizar essas polarizações espaciais em seu contexto histórico-

-político, marcado por movimentos totalitários, Guerra Civil Espanhola, Segunda Guerra, Estado Novo ditatorial, populismo getulista e modernização conservadora em curso no país. É o que se pretende demonstrar a seguir, na análise isolada de um e outro livro, respeitando a poética específica de cada um deles, mas sem perder de vista certa lógica que só virá mesmo a se evidenciar devidamente quando de uma leitura mais detida das referências espaciais de *A Rosa do Povo*, apenas indicada ao final desta abordagem, de modo bastante sucinto.

A CARTOGRAFIA LÍRICO-SOCIAL DE *SENTIMENTO DO MUNDO*

Como se viu no capítulo anterior, se em *Brejo das Almas*, frente à polarização da intelectualidade nos anos 1930, Drummond ainda se mostra aprisionado no atoleiro da indecisão – dramatizando, inclusive, muito dessa posição incômoda em vários momentos do livro, os seis anos seguintes parecem ter sido decisivos no sentido da opção ideológica. Isso porque, com a publicação de *Sentimento do Mundo* em 1940, ele passaria a ser saudado como o maior poeta público e situado pelo amigo Carpeaux na companhia ilustre da moderna lírica social inglesa, representada por Auden, Day Lewis e Spender[1].

Já em 1936, é certo, o poeta dava mostras de um posicionamento ideológico mais definido a propósito do conhecido episódio envolvendo sua recusa em participar da palestra anticomunista proferida por Alceu Amoroso Lima nas dependências do Ministério da Educação. Em carta enviada a Capanema, na qual chegou a pôr seu cargo de Chefe de Gabinete à disposição, Drummond justificava sua recusa pela seguinte razão:

> [...] verdade, ainda, que não tenho posição à esquerda, senão apenas sinto por ela uma viva inclinação intelectual, de par com o sentimento de desencanto que me inspira o espetáculo do meu país. Isso não impede, porém, antes justifica que eu me considere absolutamente fora da direita e alheio aos seus interesses, crenças e definições. E aí está a razão por que me julguei impossibilitado de ouvir o meu amigo

1. Otto Maria Carpeaux, "Fragmento sobre Carlos Drummond de Andrade", em Sônia Brayner (org.), *Carlos Drummond de Andrade*, Rio de Janeiro, Civilização Brasileira, 1978, p. 151.

pessoal Alceu. Não tenho jamais escondido o que fica dito aí atrás, eu me vexaria de ocultá-lo agora que o art. 113 da Constituição é letra morta. Ora, a minha presença na conferência de hoje seria, talvez, mais que silenciar inclinações e sentimentos. Seria, de algum modo, o repúdio desses sentimentos e dessas inclinações. Por isso não fui ao Instituto[2].

Muito embora negue tratar-se de uma opção efetiva, o fato é que sua "viva inclinação" à esquerda já era suficiente para uma tomada de posição segura não só diante do anticomunismo do líder católico, mas também frente ao autoritarismo do governo getulista e suas medidas repressivas – como as que seguiram à insurreição comunista de novembro de 1935.

Quatro anos depois, essa viva inclinação terá se convertido de vez em decisão político-ideológica clara, levando o poeta, se não a superar em definitivo o individualismo extremo revelado desde o livro de estreia, a conciliá-lo, de algum modo, com as exigências de participação, mesmo que à custa de uma autocrítica impiedosa, reiterada violentamente[3].

É bem verdade que a ideia de *de-cisão*, se tomada no sentido forte do termo (do latim *decisione*, "romper", "cortar laços", "separar"), sempre irá se tornar um tanto problemática em se tratando de Drummond. Não que isso constitua demérito de sua obra; pelo contrário, é daí que parece advir sua força e permanência. Em uma época em que boa parte dos escritores de esquerda, a despeito da própria origem social, pretendia-se porta-voz da classe operária, partindo para o cultivo de um realismo ingênuo,

2. A carta em questão, muito curiosamente, está incluída entre a correspondência passiva do Acervo Carlos Drummond de Andrade no Museu-Arquivo de Literatura Brasileira da Casa de Rui Barbosa. Seu interesse reside ainda no que ela revela das contradições com que se debatia, então, o poeta em querer manter separado o ato de "servir" ao amigo ministro do ato de "servir" ao Estado, como se vê neste trecho: "Não podendo participar de um ato público, promovido pela autoridade a que sirvo, e que visava afirmar, mais do que uma orientação doutrinária, o próprio programa de ação do governo, eu não só deixava de servir a essa autoridade como lhe causar, mesmo, um grave embaraço. É verdade que minha colaboração foi sempre ao amigo, e não propriamente ao ministro nem ao governo, mas seria impossível dissociar essas entidades e, se eu o conseguisse, isto poderia servir de escusa para mim, porém não beneficiaria ao ministro".
3. Lembre-se aqui, mais uma vez, o balanço da própria obra feito pelo poeta em sua "Autobiografia Para uma Revista", onde diz ter resolvido as "contradições elementares" de sua poesia no livro de 1940, dentre as quais, supostamente, incluem-se atitudes irreconciliáveis como o individualismo extremo e o empenho social. Carlos Drummond de Andrade, *Confissões de Minas*, *op. cit.*, p. 68.

avesso a toda e qualquer experimentação formal (o que, supostamente, garantiria maior alcance da comunicação literária), Drummond seguiria rota contrária, muito mais consequente e inequívoca. Forçou, assim, os limites da lírica que, por definição, repudia o canto coral até alcançar o domínio da épica – no qual, entretanto, nunca se sentiu completamente à vontade –, fazendo do canto participante um momento de experimentação intensa e crescente, que alcançará a mais alta voltagem na riqueza de formas, medidas e ritmos de *A Rosa do Povo*[4].

Além disso, Drummond fez da própria distância social a medida mesmo de seu engajamento, furtando-se por completo à "derrapagem ideológica"[5] em que incorreram muitos desses esquerdistas. O que Walter Benjamin, alguns anos antes, havia bem demonstrado a propósito da "politização da inteligência" europeia, é fato que não escapou à ótica crítica de Drummond, pois como dizia o filósofo alemão, "a esquerda radical [...] jamais abolirá o fato de que mesmo a proletarização do intelectual quase nunca fará dele um proletário", já pelo acesso privilegiado à cultura, que "o torna solidário com ela e, mais ainda, a torna solidária com ele. Essa solidariedade pode ser apagada na superfície, ou até dissolvida; mas quase sempre ela permanece suficientemente forte para excluir de vez o intelectual do estado de prontidão constante e da existência do verdadeiro proletariado"[6]. A consciência dessa distância social jamais deixou de nortear o empenho solidário de Drummond, como se pode comprovar claramente em "O Operário no Mar" entre outros poemas de *Sentimento do Mundo*, primeiro livro escrito "no contexto mais vasto e mais complexo do Rio"[7].

4. Cf. Iumna Maria Simon, *Drummond: Uma Poética do Risco*.
5. A expressão é de Merquior, *Verso Universo em Drummond*, p. 41.
6. Walter Benjamin, "A Politização da Inteligência", *Documentos de Cultura, Documentos de Barbárie: Escritos Escolhidos*, São Paulo, Cultrix/Edusp, 1986, p. 119. Na mesma linha de argumentação, ver "Sobre a Atual Posição do Escritor Francês" e "O Autor como Produtor", em Flávio Kothe (org.), *Walter Benjamin*, São Paulo, Ática, 1985, pp. 184 e 200-201.
7. Merquior, *op. cit.*, p. 41. Daí o fato de a maioria dos poemas reportar-se com frequência a diversos pontos da cidade (dado central para a análise aqui proposta). Uma exceção é a "Canção da Moça-Fantasma de Belo Horizonte", na qual, significativamente, não comparecem as questões e conflitos de cunho político-social que representavam a novidade do livro. Espécie de variante local do conhecido mito dos *Willi* convertido em "lenda urbana", a moça-fantasma ("Um vapor que se dissolve/quando o sol rompe na Serra") desponta no livro de

Metrópole e Mapeamento Cognitivo como Estratégia Desalienadora

A unidade em que se apoia o livro de 1940, a despeito da diversidade temática, já foi devidamente assinalada por John Gledson, que a definiu pelo conceito central de *alienação*, tomado em sentido amplo, para designar "a sensação insistente que tem o poeta de estar separado de coisas às quais está, na verdade, ou deveria estar ligado". Reconhece, ainda, que a alienação

> [...] sempre esteve presente em Drummond, mas é em *Sentimento do Mundo* que ela comparece de forma clara, consciente e diversificada, seja como *indiferença política*, em "Os Inocentes do Leblon" e "Privilégio do Mar"; seja como *divisão de classes*, em "O Operário no Mar", "Revelação do Subúrbio" e "Morro da Babilônia"; seja ainda como *alienação temporal*, em "Os Mortos de Sobrecasaca" e "Confidência do Itabirano"[8].

O reconhecimento da alienação como categoria central de *Sentimento do Mundo* é uma contribuição decisiva do estudo de Gledson e pressuposto para qualquer nova abordagem da obra. Ela ganha expressão já no título de inspiração ungarettiana[9] da coletânea, no qual "sentimento" figura talvez para indicar não só uma disposição afetiva como também algo intuído ou pressentido, mas não apreendido em profundidade. Algo, em suma, sobre o qual não se tem uma consciência totalmente clara.

Será, todavia, no poema homônimo disposto no pórtico do livro, que esse sentimento e a condição geral de alienação vão se mostrar mais bem configurados, de modo a precisar, já de saída, a posição e impressão dominante do sujeito lírico no confronto com o espaço da grande cidade. Daí por que todo o poema parece construir-se em torno da ideia do despertar, que não é tematizada abertamente, mas encontra reforço na metáfora do amanhecer e no momento de o eu lírico "levantar-se". O despertar, obviamente, remete ao momento ainda difuso

1940 como reminiscência da obsessão sexual não "sequestrada", vista com Mário de Andrade no capítulo anterior, preterida, mas não abandonada de todo.

8. Gledson, *Poesia e Poética*, p. 118. Candido também já havia tratado da alienação associada à cidade no livro de 1940. Ver "Inquietudes na Poesia de Drummond", *op. cit.*, p. 126.
9. Para alguns, o título do livro teria sido inspirado pelo *Sentimento do Tempo*, de Ungaretti.

– como na transição entre o sono e a vigília – de tomada de consciência desse eu em relação à nova realidade social com que se defronta. Como de praxe, esse despertar é experimentado como algo tardio e, por isso mesmo, com uma boa dose de remorso, levando ao pedido de perdão. Esse pedido, aliás, representa a primeira retratação (no duplo sentido do termo) da culpa social (e com diz Merquior, sentimento do mundo é também sentimento de culpa), que se intensificará nos livros seguintes, de forma cada vez mais violenta[10].

Assim, ao quadro geral da alienação reinante na realidade com que se depara, soma-se ainda a alienação do próprio eu lírico, configurada por suas limitações, sua decisão e ação tardias, e o total despreparo para a luta, a ponto de não saber sequer da existência de uma guerra e, portanto, não dispor do básico para enfrentá-la – o que parece, no fim das contas, comprometer irremediavelmente o alcance de seu empenho solidário[11].

A condição de dispersão, de quem se sente "anterior às fronteiras", representada em "Sentimento do Mundo" parece encontrar (não por acaso) sua justificativa histórico-social no poema imediatamente seguinte: "Confidência do Itabirano", no qual a alienação, tomada em sentido amplo – "... esse alheamento do que na vida é porosidade e comunicação" –, é vista como decorrência da origem (geográfica e social) de um sujeito lírico cuja trajetória é marcada pela experiência da perda de *status*: "[...] tive fazenda, tive ouro, tive gado / hoje sou funcionário público..."[12]

10. Essa violência extrema aparece na autocastração punitiva e no sentimento de inumação em vida, entre outras inquietudes examinadas por Candido no já referido estudo sobre o poeta, onde ainda observa, a respeito do sentimento de culpa: "Na fase mais estritamente social (a de *Rosa do Povo*), notamos, por exemplo, que a inquietude pessoal, ao mesmo tempo que se aprofunda, se amplia pela consciência do 'mundo caduco', pois o sentimento individual de culpa encontra, se não consolo, ao menos uma certa justificativa na culpa da sociedade, que a equilibra e talvez em parte a explique. O burguês sensível se interpreta em função do meio que o formou e do qual, queira ou não, é solidário" (Antonio Candido, "Inquietudes na Poesia de Drummond", *Vários Escritos*, pp. 126-127). Na esteira de Candido, o desdobramento do exame da culpa social (e também familiar) em Drummond está em Camilo, *Da Rosa do Povo à Rosa das Trevas*.
11. Nota a respeito David Treece que o "poema é mais do que uma simples confissão de culpa", pois há uma certo caráter inevitável associado às ações do eu ligadas ao futuro, que parece sugerir que ele está "condenado ao dilema da consciência social irrealizada" (Mike Gonzalez e David Treece, "The Feeling of the World", *The Gathering of Voices: The Twentieth-Century Poetry of Latin America*, London, Verso, 1992, p. 150).
12. Carlos Drummond de Andrade, *Sentimento do Mundo. Poesia e Prosa*, p. 57.

Trata-se, em síntese, da condição objetiva do "fazendeiro do ar", que encontra sua razão de ser em um contexto de modernização conservador e contraditório como o dos anos 1930. Contradição essa, inclusive, plenamente encarnada pelo estatuto social desse personagem histórico, na medida em que se inscreve na convergência de tempos e espaços distintos ou, mesmo, antagônicos: o passado rural e o presente urbano. Enxergar a realidade pela sua ótica já significa, portanto, adotar a perspectiva da contradição. E Drummond soube magistralmente explorá-la, já pela sua condição desajustada de *gauche* e, entre outras formas, pela duplicidade de atitudes e sentimentos opostos. Um bom exemplo encontra-se na própria "Confidência do Itabirano", com o orgulho e a cabeça baixa concomitantemente experimentados pelo filho de fazendeiro *cooptado* pelo serviço público federal – e sabe-se o quanto a cooptação reeditava dos mecanismos de compadrio e favor da velha ordem patriarcal em contexto urbano-industrial.

Seguindo adiante com a questão da alienação presente no livro de 1940, ela pode ser mais bem compreendida se devidamente situada em seu momento histórico-social, marcado pelo populismo getulista e pela aceleração do processo de mercantilização da força do trabalho e das relações sociais no país. É o que bem explica Octávio Ianni:

> Em última instância, o populismo das cúpulas burguesas produz ou acelera a formalização do mercado de força de trabalho. Liberta os trabalhadores dos laços patrimoniais ou comunitários que impregnavam as relações de produção na sociedade agropecuária ou nos segmentos da economia determinados tradicionalmente pelo mercado externo. Com o tipo de política de massas adotada pelo populismo ocorre provavelmente o último ato de dissociação entre os trabalhadores e a propriedade dos meios de produção, em especial no nível da mentalidade dessas pessoas. Os processos socioculturais e políticos que acompanham a ressocialização do trabalhador no ambiente urbano-industrial reduzem a importância relativa do valor de uso, em benefício do valor de troca. Em particular, os mecanismos inerentes ao consumismo – intensificado e generalizado pela ação da indústria cultural – aceleram a adoção do princípio de mercantilização da força de trabalho e das relações sociais em geral[13].

13. Octávio Ianni, *A Formação do Estado Populista na América Latina*, Rio de Janeiro, Civilização Brasileira, 1975, pp. 138-139.

Se a temática da alienação é recorrente na literatura da grande cidade, não constituindo por si só um mérito da lírica drummondiana, a especificidade desta reside na particularidade de seu momento sócio-histórico – sinalizado por Ianni – e do tratamento dispensado ao tema. Sem perder de vista esse contexto, o objetivo é demonstrar em que, supostamente, consistiria esse tratamento particular do tema. A hipótese é de que, em *Sentimento do Mundo,* ao mesmo tempo em que denuncia a alienação reinante no espaço da grande cidade (reforçada ainda mais pela sua própria condição de origem), o poeta militante busca romper com esse quadro generalizado através de um mecanismo muito estratégico de desalienação, relativo à articulação dos espaços materiais e ao lugar de onde fala o eu lírico nos versos.

Ora, antes de descer à praça de convites (espaço público, de convívio e apelo à união e à resistência), o que só ocorre efetivamente em *A Rosa do Povo*, é de um espaço *interior* que ele entoa seu canto participante, a partir do que observa "lá fora" e "lá longe", de modo que se estabelece em vários momentos do livro uma tensão significativa entre o "dentro" e o "fora". Uma verdadeira dialética da interioridade e da exterioridade, para empregar uma expressão de Bachelard, tomada, entretanto, em sentido político-social.

Em *Sentimento do Mundo,* ocorrem apenas raras e rápidas incursões do eu pelas ruas da cidade, exposto aos riscos que a cercam, pois a rua, dizem os versos de "A Noite Dissolve os Homens", é o espaço "onde se combate". E em "Madrigal Lúgubre",

> *Cá fora* é o vento e são as ruas varridas de pânico,
> é o jornal sujo embrulhando fatos, homens e comida guardada[14].

Em função mesmo dessa ameaça das ruas, o poeta tende a recolher-se a um espaço interior, a partir de onde busca estrategicamente captar a realidade externa. É, assim, através da janela, que o eu lírico observa à distância o operário a quem dirige seu apelo solidário, passando na rua a caminho mar. É também pela janela de um vagão de trem rumo a Minas Gerais que ele observa lá fora o subúrbio que

14. Carlos Drummond de Andrade, *Poesia e Prosa*, p. 71.

todo se condensa para ser visto depressa,
com medo de não repararmos suficientemente
em suas luzes que mal têm tempo de brilhar[15].

Ainda dentro do quarto, ele ouve à distância um menino chorando na noite – tão distante quanto o som do cavaquinho que chega "aqui embaixo" como uma gentileza do Morro da Babilônia.

Em "Mundo Grande", ao passo que "os homens estão cá fora, estão na rua", o eu lírico aparece na sequência (autorreferido na terceira pessoa), em algum lugar supostamente fechado, onde se protege da chuva, pois "fecha os olhos e esquece" enquanto "escuta a água nos vidros". Por último, no sugestivamente intitulado "Noturno à Janela do Apartamento", o eu melancólico é focalizado a contemplar e meditar sobre o mar da noite, onde só se destaca, ao longe, o "triste farol da Ilha Rasa" – outra referência espacial politicamente marcada, que ajuda a explicar o sentimento nutrido pelo eu lírico[16]. A imagem final acaba, assim, por desvendar o lugar específico de onde o eu lírico tem falado – bem como a moldura por onde ele tem enquadrado a realidade – não só no poema que dá fecho à coletânea, mas, de certo modo, na maior parte do livro de 1940.

O espaço interior, nesses poemas, é tomado como símbolo de abrigo e proteção – e, por isso mesmo, como privilégio de classe. Em alguns deles ("Mundo Grande", por exemplo), chega, inclusive, a se configurar claramente como espaço da alienação em relação à realidade histórica, social e política das ruas, espaço público onde as contradições, tensões e conflitos de classe afloram em toda sua evidência. Nesses momentos é que a posição do eu lírico torna-se crítica, pois será exatamente essa atitude de alheamento tipicamente burguesa, buscando refúgio em um espaço fechado, que ele tratará de denunciar em outros poemas do livro. É o que ocorre quando ele se volta ironicamente seja para os moradores do "sólido edifício" instalados no "terraço mediocremente confortável" de "Privilégio do Mar"; seja para a princesa insone encerrada no palácio em ruínas de "Madrigal Lúgubre" – apropriação propositadamente perversa do conto da bela adormecida para simbolizar essa posição de classe

15. *Idem*, p. 69.
16. A Ilha Rasa foi prisão política quando da Insurreição anarquista de 1918 e voltaria a ser durante o Estado Novo.

condenável, da qual, aliás, viu-se ele próprio despertar, no primeiro poema do livro. A mesma ironia comparece, ainda, em "Tristeza do Império", com a atitude de alheamento dos conselheiros em relação à

> ... guerra do Paraguai,
> o enfado bolorento de São Cristovão,
> a dor cada vez mais forte dos negros[...][17]

Ao invés de efetivamente aconselhar (como lhes competia fazer) e propor soluções às injustiças e contradições da ordem patriarcal e escravocrata anacronicamente vigente, os conselheiros buscavam abstrair dessa realidade e, diante do "colo ebúrneo das donzelas opulentas", sonhar com

> ... a futura libertação dos instintos
> e ninhos de amor a serem instalados nos arranha-céus de Copacabana, com
> [rádio e telefone automático[18].

De modo que o poema parece estabelecer uma ponte com o passado, talvez para sinalizar a persistência dessa atitude (individualista e alheia) das elites brasileiras no presente da modernização.

Por mais contraditório que seja o poeta empenhado em condenar ironicamente essa atitude de alheamento burguês e, ao mesmo tempo, incorrer nela, o fato é que ele jamais deixou de esconder seus deslizes de classe (como também foi visto no poema de abertura). Ele trata, inclusive, não só de denunciá-los como também de condená-los de forma ainda mais virulenta do que a ironia, não raramente lançando mão da "personificação do eu" – estratégia literária recorrente como já observado, em que o eu lírico se desdobra em dois para encenar o conflito de posições e sentimentos, como o dilema moral entre a exigência de participação e o desejo de evasão, visível, entre outros poemas, no próprio "Mundo Grande".

Mas a relevância das notações espaciais do livro não se resume apenas a essa tensão entre interior e exterior. Elas englobam ainda toda uma demarcação topográfica da antiga Capital Federal, cobrindo a cidade de alto a baixo e de um lado a outro: do morro ("Morro da Babilônia") ao mangue (mencionado de passagem em "La Possession du Monde"), da

17. *Idem*, p. 59.
18. *Idem, ibidem.*

zona sul ("Inocentes do Leblon") à zona norte ("Indecisão do Méier"), do subúrbio ("Revelação do Subúrbio") ao centro do Rio (a rua Larga em "Brinde no Juízo Final").

Em *A Imagem da Cidade*, Lynch ensina que "a cidade alienada é, acima de tudo, um espaço onde as pessoas são incapazes de mapear em suas mentes sua própria posição ou a totalidade urbana na qual se encontram", de modo que a possibilidade de desalienação deve necessariamente envolver "a reconquista prática de um sentido de localização e de reconstrução de um conjunto articulado que pode ser retido na memória e que o sujeito individual pode mapear e remapear, a cada momento das trajetórias variáveis e opcionais", como resume Jameson. O mesmo Jameson vale-se dessa concepção de Lynch para formular uma categoria central de sua reflexão dialética, que aparece sintetizada no conhecido conceito de "mapeamento cognitivo":

> A concepção de mapeamento cognitivo proposta aqui [...] envolve uma extrapolação da análise espacial de Lynch para a esfera da estrutura social, o que vale dizer, em nosso momento histórico, para a totalidade das relações de classe em uma escala global (ou diria multinacional)... A incapacidade para mapear socialmente é tão danosa para a experiência política quanto a incapacidade análoga para mapear espacialmente é para a experiência urbana. Resulta disso que uma estética do mapeamento cognitivo nesse sentido é uma parte integral de um projeto político socialista[19].

Muito embora Jameson tenha em mira um momento histórico posterior, de globalização e internacionalização do capitalismo, quando se dá a subordinação do senso histórico-temporal a uma espacialização que o reduz ao eterno presente, seu conceito de mapeamento cognitivo ajuda a compreender em retrospecto muito do que Drummond realiza *mutatis mutandis* em contexto periférico, em um dos ciclos de modernização tardia que define o Brasil dos anos 1930-1940.

Isso porque Drummond não trata apenas de mapear espacialmente, mas, através da articulação dos espaços, busca romper com a alienação reinante, ascendendo à consciência da totalidade social e da posição que nela ocupa. A tensão interior-exterior, a distância física e a cartografia

19. Kevin Lynch, *The Image of the City*, *apud* Fredric Jameson, *Pós-Modernismo: A Lógica Cultural do Capitalismo Tardio*, São Paulo, Ática, 1997, pp. 76-77.

do Rio nunca são puramente espaciais, mas sociais. Em última instância, pode-se dizer que Drummond realiza a seu modo a

> [...] função exata que o mapeamento cognitivo deve ter na moldura mais estreita da vida cotidiana na cidade: permitir a representação situacional por parte do sujeito individual em relação àquela totalidade mais vasta e verdadeiramente irrepresentável que é o conjunto das estruturas da sociedade como um todo[20].

É o que se pode verificar, primeiramente, no modo como o eu lírico busca definir as posições de classe, sobretudo a sua – marcada, sim, pela perda de *status* do filho de fazendeiro, sem chegar, contudo, a igualar a posição do atual funcionário público ao nível daqueles a quem dirige seu apelo solidário, seja o operário, o habitante do morro ou do subúrbio. Longe de tomá-las isoladamente, Drummond busca sempre compreender tais posições de classe de forma relacional, como sempre recomendou a tradição marxista[21]. Com isso, ele pode resgatar a rede complexa de relações que compreende o conjunto social com todos os seus antagonismos e contradições. Assim, em "O Operário no Mar", a posição deste e a do eu lírico definem-se em função da distância social (materializada espacialmente) que os separa e que o eu trata explicitamente de reconhecer, apesar do desejo sincero de superá-la. Como contrapartida, em "Privilégio do Mar", a despeito da distância irônica do eu em relação aos valores e temores pequeno-burgueses dos moradores do sólido edifício, não se pode deixar de reconhecer a proximidade de classe que o une a eles – o que talvez justifique o uso da primeira pessoa do plural irmanando a todos, embora saiba-se tratar-se de uma estratégia de desmascaramento irônico[22].

20. Jameson, *Pós-Modernismo...*, p. 77. Central para sua reflexão dialética, o *mapeamento cognitivo* (conceito que existia antes mas não no sentido estritamente político-social frisado por Jameson, que chega a defini-lo como um outro nome para a *consciência de classe*, ligada à materialidade do espaço social) é tratado de forma mais detida no livro sobre o pós-modernismo e na análise do filme *Um Dia de Cão* (em *As Marcas do Visível*, Rio de Janeiro, Graal, 1995). Maria Elisa Cevasco faz uma exposição aprofundada do conceito em "The Political Unconscious of Globalization: Notes from the Periphery", em Fredric Jameson, *A Critical Reader*, London, Palgrave Macmillan, 2004, pp. 94-111.
21. Cf. Fredric Jameson, *O Inconsciente Político*, pp. 76-77.
22. A estratégia de adotar uma ótica de classe fingindo pactuar com seus valores e visão de mundo para poder, assim, desmascará-las é uma estratégia da estética antiburguesa de

Ao lado das relações de classe, o mapeamento promovido por Drummond detecta, no espaço da cidade, os indícios que sinalizam a lógica da dominação internacional do capitalismo em sua segunda fase imperialista (como diria Ernest Mandel), denunciada pelo anúncio da gasolina americana em "O Operário no Mar" e pela Light em "Brinde no Juízo Final", justamente numa época em que a nacionalização das indústrias era questão-chave[23].

Por último, em seu intuito desalienador, esse mapeamento cognitivo envereda pelos meandros sinuosos dos discursos e das ideologias em concurso, com um propósito absolutamente desmascarador, seja em relação à mística do trabalho, que constituía a base de sustentação do programa getulista; seja em relação aos expedientes do discurso apelativo da "esquerda radical" que, tendendo ingenuamente a suplantar as distâncias de classe, como se observou na abertura do capítulo, obrigava o poeta a um novo recuo para uma posição justa, mas difícil de sustentar em épocas de polarizações e radicalismos. Dada a relevância e a complexidade do assunto, a ele é reservado um espaço maior, dedicado à análise de dois poemas em que tais desmistificações aparecem mais bem configuradas: "Elegia 1938" e "O Operário no Mar".

"Elegia 1938" e a "Visão Desideologizada do Esforço"

Mais uma vez nessa elegia Drummond lança mão da estratégia de personificação do eu, levando o sujeito lírico a dirigir-se a si mesmo como a um outro, na segunda pessoa, a fim de dramatizar a dualidade de posições que o divide entre uma atitude lúcida e empenhada e o sentimento de impotência, alienação e desistência encarnado pela alteridade que só vem a ser identificada na derradeira estrofe como "coração orgulhoso".

Heine, Baudelaire e Flaubert, entre outros examinados por Dolf Oehler, *Quadros Parisienses: Estética Antiburguesa (1830-1848)*, São Paulo, Companhia das Letras, 1997.

23. Talvez fosse o caso de lembrar que, no contexto getulista de incentivo à indústria nacional e nacionalização das indústrias estrangeiras, nem todos os setores tiveram a mesma prioridade. As empresas de energia elétrica só foram tocadas no início dos anos 1940. No caso do petróleo, a discussão sobre a nacionalização das destilarias americanas (que começaram a ser instaladas aqui em 1936) desencadeou uma polêmica que acabou por redundar na criação da Cia. Nacional do Petróleo em 1938, mesmo ano da proposta de instalação de refinarias americanas no país, feita pela Texaco, a Atlantic e a Anglo-Mexican.

Obviamente, ao remeter para o final a identificação de seu "interlocutor", o eu cerca de ambiguidade o tu a quem se dirige, podendo ser qualquer um que se iguale à alteridade na atitude alienada e conformista.

> Trabalhas sem alegria para um mundo caduco,
> onde as formas e as ações não encerram nenhum exemplo.
> Praticas laboriosamente os gestos universais,
> sentes calor e frio, falta de dinheiro, fome e desejo sexual[24].

A alienação é denunciada pelo eu lírico desde essa primeira estrofe, através do modo como o tu se inscreve objetivamente no universo do trabalho, produzido sem qualquer espécie de satisfação, de proveito ou mesmo de sentido, porque praticado "sem alegria, para um mundo caduco, onde as formas e as ações não encerram nenhum exemplo". Em contraposição ao tu, que pratica "laboriosamente os gestos universais"[25], movido pelo anseio de satisfação das necessidades mais imediatas (além de calor, frio, fome e desejo sexual, a própria falta de dinheiro, que, na sociedade de mercado, é naturalizada em carência ou necessidade das mais elementares), há, na segunda estrofe, os "heróis" que "enchem os parques da cidade", preconizando "a virtude, a renúncia, o sangue-frio, a concepção".

> Heróis enchem os parques da cidade em que te arrastas,
> e preconizam a virtude, a renúncia, o sangue-frio, a concepção.
> À noite, se neblina, abrem guarda-chuvas de bronze
> ou se recolhem aos volumes de sinistras bibliotecas.

Se são heróis, é porque têm o poder de sublimar ou abstrair das necessidades mais imediatas às quais se mostra preso o *tu*, que se "arrasta", qual réptil ou animal, na medida em que se acha incapaz de alçar à superioridade daqueles. Os mesmos heróis, entretanto, diante da mais leve ameaça exterior, como a neblina da noite, são os primeiros a buscar refúgio em seus "guarda-chuvas de bronze"[26] ou em "volumes de sinistras bibliote-

24. Carlos Drummond de Andrade, *Poesia e Prosa*, p. 73.
25. Atente-se à ênfase pela redundância do advérbio.
26. A imagem do "guarda-chuva" como signo de refúgio e proteção alienantes (visto como luxo e privilégio de classe, porque "de bronze") comparece mais de uma vez na lírica drummon-

cas" (dos quais talvez proceda a ideologia professada)[27]. São os ideólogos do esforço, os defensores da ética em que se apoia o universo do trabalho, fundado naquele princípio de desempenho e da mais-repressão a que se refere Marcuse em conhecida obra[28].

Não é, assim, sem uma boa dose de ironia que Drummond reporta-se a tais heróis, o que, somada à denúncia do trabalho alienado na primeira estrofe, revela uma "visão completamente desideologizada do esforço". O fato não escapou ao olhar penetrante de Roberto Schwarz, que observou, de passagem, a conversão "de privação em lucidez" que anima os versos da elegia, analogamente ao que ocorria, com data diversa, no episódio cruel de D. Plácida, em *Memórias Póstumas de Brás Cubas*, onde Machado demonstra "uma noção radicalmente desideologizada do esforço, o qual é despido de mérito intrínseco"[29]. Mais moderno que os próprios modernistas – ao retomarem, com sinal positivo[30], a tão propalada preguiça ingênita nacional, num momento de visíveis sinais de esgotamento da ética do trabalho –, Machado teria visto, assim, "a outra face da moeda: em plena era burguesa, o trabalho sem mérito é um ápice de frustração histórica"[31].

diana, como se vê em "Composição" (*Novos Poemas*), onde, na verdade, se lamenta a ausência dele, para indicar a condição de despreparo e desproteção do eu lírico: "É sempre a chuva no deserto sem guarda-chuva". Lembre-se, além disso, o belo poema com que João Cabral, logo em seguida, saudaria o amigo itabirano em *O Engenheiro* – livro de 45 dedicado a Drummond, nos mesmos moldes com que este saudou, em seu livro de estreia, o amigo Mário de Andrade –, onde a imagem do guarda-chuva aparece reiteradas vezes. Ou melhor, reitera-se a mesma ideia de que "não há guarda-chuva", o que vale dizer, "não há proteção" contra o poema, o amor, o tédio, o mundo e o tempo (João Cabral de Melo Neto, "A Carlos Drummond de Andrade", *O Engenheiro. Obra Completa*, Rio de Janeiro, Nova Aguilar, 1994, p. 79).

27. São curiosas as afinidades da elegia drummondiana com a seguinte estrofe do brechtiano "Aos que Vão Nascer" que, de acordo com os "velhos livros", retrata ironicamente a imagem do sábio nos mesmos termos dos heróis de Drummond, alheio às disputas terrenas e à satisfação dos desejos mais elementares: "Eu bem gostaria de ser sábio. / Nos velhos livros se encontra o que é sabedoria: / Manter-se afastado da luta do mundo e a vida breve / Levar sem medo / E passar sem violência / Pagar o mal com o bem / Não satisfazer os seus desejos, mas esquecê-los / Isto é sábio" (Bertolt Brecht, *Poemas. 1913-1956*, Rio de Janeiro, Editora 34, 2000, pp. 212-13). Vale, ainda, a comparação com o "clerc" de Benda, visto em capítulo anterior.
28. Herbert Marcuse, *Eros e Civilização: Uma Interpretação Filosófica do Pensamento de Freud*, Rio de Janeiro, Zahar, 1981, pp. 51 e ss.
29. Roberto Schwarz, *Um Mestre na Periferia do Capitalismo: Machado de Assis*, São Paulo, Duas Cidades, 1990, pp. 101 e ss.
30. Nota de euforia que, segundo o crítico, "não resiste à reflexão" (*idem*, p. 102).
31. *Idem*, p. 100.

Falando muito depois de Machado e dos modernistas de primeira hora, essa "noção desideologizada do esforço" em Drummond deixa-se flagrar em toda sua contundência quando posta à contraluz do contexto de emergência do poema, marcado por aquele processo de mercantilização da força do trabalho e das relações sociais, visto mais atrás com Octávio Ianni.

Aludindo no título a uma data significativa[32], a "Elegia 1938" segue na contramão do empenho estadonovista em consolidar uma ideologia política de valorização do trabalho e de "reabilitação" do papel e do lugar do trabalhador nacional[33]. Estreitamente ligada à aprovação e implementação de direitos sociais ao trabalhador (como a legislação trabalhista, previdenciária e sindical e a instituição da Justiça do Trabalho), a estratégia político-ideológica armada pelo governo Vargas objetivava o combate à pobreza justamente através da promoção do trabalho como ideal do homem para aquisição de riqueza e cidadania. Visto como um direito e um dever do cidadão, uma necessidade individual e uma obrigação para com a sociedade e o Estado, o trabalho devia tornar-se medida de avaliação social dos indivíduos e, consequentemente, critério de justiça social. Para tanto, ele precisaria ser despido de toda e qualquer conotação negativa e associado a significações que constituíssem de forma substancial a superação das condições objetivas do presente do trabalhador, como bem ilustra o seguinte comentário de um dos articulistas de *Cultura Política*, órgão compromissado com a ideologia do Estado:

> O trabalho não é um castigo nem uma desonra. Só o é para os que alienam o seu valor de colaboradores sociais e trabalham bestializados sob o império da máquina. A mecanização sem inteligência e sem ideal é que torna o homem mercadoria das forças econômicas[34].

A disseminação da ideologia do trabalho durante o Estado Novo deixou-se flagrar até mesmo no domínio da arte, mais particularmen-

32. Trata-se não só do ano anterior ao deflagrar da Segunda Guerra como também o do primeiro "aniversário" do Estado Novo – que, ao invés de uma loa, é saudado aqui por um canto lutuoso.
33. Ver a respeito o seguinte ensaio de Ângela Maria de Castro Gomes, do qual retoma-se, a seguir, alguns dos principais pontos: "A Construção do Homem Novo: O Trabalhador Brasileiro", em Lúcia Lippi de Oliveira *et al.*, *Estado Novo: Ideologia e Poder*, Rio de Janeiro, Zahar, 1982, pp. 151-166.
34. *Apud* Ângela Maria de Castro Gomes, *Estado Novo: Ideologia do Poder*.

te da arte popular, e um bom exemplo é o caso do rádio e o da música popular, subordinados ao estímulo e à censura do DIP, ciente de seu "poder de sugestão". Foi o que demonstraram Martins Castelo e Sérgio Cabral, ao tratarem de alguns sambas de Sinhô e Ataulfo Alves entre outros, empenhados no combate à vadiagem do malandro do morro, que, de mito nacional louvado na década anterior, tornou-se em 1930 um mal a extirpar: era o "enquistamento urbano do êxodo da senzala"[35] a ser purgado, reabilitado através da integração ao universo do trabalho.

É, assim, em confronto com essa ideologia do trabalho, que "Elegia 1938" ganha, de forma mais fundamentada historicamente, a força radical que lhe atribui Schwarz, para a qual contribui ainda a autocrítica impiedosa promovida pela consciência culpada do intelectual participante, dividido entre a lucidez desmascaradora e o empenho combativo de um lado e, de outro, o desejo de evasão (na noite, no sono...), desistência (do sonho de felicidade coletiva) e aceitação conformada (da guerra, do desemprego e da injusta distribuição, como se fossem tão "naturais" quanto a chuva), diante do reconhecimento de sua impotência face à engrenagem[36] de todo um sistema (assentado na mesma ideologia) que tem em Manhattan seu conhecido símbolo. Mas através da visão desideologizada do esforço, do próprio embate culposo com sua alteridade e do consequente apelo à participação social, o *eu* recalcitrante acaba por realizar vicariamente a implosão raivosa a que se furta o *tu* irresoluto, no crescendo dos versos até o fecho bombástico.

> Coração orgulhoso, tens pressa de confessar tua derrota
> e adiar para outro século a felicidade coletiva.
> Aceitas a chuva, a guerra, o desemprego e a injusta distribuição
> porque não podes, sozinho, dinamitar a ilha de Manhattan.

35. *Idem, ibidem.*
36. Fala-se em engrenagem pensando na "Grande Máquina", mencionada no poema, não no sentido transcendente e metafísico que se costuma associar a essa imagem, especialmente no caso da "Máquina do Mundo", mas sim no sentido político, o único balizado pelos versos da elegia, com sua menção expressa à ideologia do trabalho, à fome, ao desemprego, à injusta distribuição e, por fim, a Manhattan como símbolo do capitalismo.

"O Operário no Mar" e a Distância Social

Mas assim como "Elegia 1938" revela uma visão completamente desideologizada do esforço no mesmo momento em que o populismo getulista empenhava-se na consolidação da mística do trabalho, "O Operário no Mar" constrói-se à custa da *desconstrução* do discurso panfletário e não menos populista da esquerda militante, expondo o que há nele de ingênuo e reificador. É o que se vê já na abertura do poema em prosa, quando o eu lírico se ocupa em desvencilhar o operário do empecilho das vestes com que o recobriu a literatura e o discurso engajados:

> Na rua passa um operário. Como vai firme! Não tem blusa. No conto, no drama, no discurso político, a dor do operário está na sua blusa azul, de pano grosso, nas mãos grossas, nos pés enormes, nos desconfortos enormes. Esse é um homem comum, apenas mais escuro que os outros, e com uma significação estranha no corpo, que carrega desígnios e segredos[37].

O desnudamento, como se vê, é tomado no sentido literal e figurado: ao mesmo tempo em que despe o operário da blusa de pano azul e grosseiro, liberta-o do peso da convenção e do apelo que reside exatamente nas vestes. A referência ao "conto" e ao "drama" parece bem demonstrar que Drummond tem em mente aqui não (ou pelo menos não só) o discurso populista oficial, mas o discurso esquerdista, veiculado pela literatura mais engajada (notadamente a que se pautava pelo realismo socialista).

Do mesmo modo com que o despe das vestes populistas, o poeta devolve a figura do operário às proporções naturais, retirando a ênfase na deformação dos membros que, em geral, estão associados à ideia de trabalho. Ainda aqui, é certo, Drummond parece ter em mente certa tendência apelativa da literatura e da arte de cunho mais participante. Basta lembrar que, pela época, um aspecto significativo da pintura social de Portinari – a quem o poeta dedica um dos poemas de *Sentimento do Mundo* – estava na deformação expressionista da "mão como símbolo da força do trabalhador" e do "pé solidamente plantado no chão, marcando a ligação visceral

37. Carlos Drummond de Andrade, *Poesia e Prosa*, p. 59.

do trabalhador com o solo"[38], conforme se pode notar em *Café*, entre outras telas[39]. Além disso, é na figura do *negro* que se encarnará a representação mais acabada do trabalhador e, nesse ponto, é certo, Drummond não chega a se afastar de todo do convencional, pois define seu operário como um homem comum, apenas "mais escuro que os outros"[40].

Note ainda no fragmento acima, que o desnudamento do operário das vestes da convenção não basta para desvelá-lo completamente aos olhos do seu observador, visto trazer "uma significação estranha no corpo, que carrega desígnios e segredos". Ele permanece, assim, um enigma para o eu lírico, talvez justamente porque o vê de longe, de uma perspectiva distanciada, o que vale dizer, de um outro lugar social. Aliás, a questão da *distância* entre o intelectual empenhado e o trabalhador (entre a atividade reflexiva e a física) projetada *espacialmente*, bem como o concomitante anseio do primeiro de suplantá-la pela comunhão solidária com o segundo, justifica o possível diálogo intertextual de "O Operário no Mar" com os "Dois Poemas Acreanos", de Mário de Andrade, descontado o impulso nacionalista deste último, que é rejeitado pelo poeta itabi-

38. O exame dessas representações e deformações expressionistas do trabalhador, à luz da teoria marxista da alienação, é feito por Annateresa Fabris, *Portinari, Pintor Social*, São Paulo, Perspectiva, 1990, p. 95.
39. A mesma ênfase simbólica na mão reapareceria na poesia da época, a exemplo do lavrador de um poema de Cassiano Ricardo, com sua mão "enorme, a escorrer seiva, sol e orvalho". Esse poema é lembrado pelo próprio Drummond em um estudo sistemático (iniciado nos anos de militância, mas só publicado posteriormente, como "Trabalhador e Poesia", recolhido no volume de crônicas de 1952, *Passeios na Ilha)* sobre a incorporação do tema do trabalho na poesia brasileira.
40. Sobre a identificação do negro com o proletário na pintura social de Portinari, Fabris apresenta a seguinte justificativa: o negro "é o elemento que melhor se presta à identificação com o proletário, pois, além de ser marginalizado socialmente, é o que passou pelo estado escravagista de forma direta. A escravidão direta do negro é uma forma de denunciar a escravidão disfarçada do trabalhador, alienado dos meios de produção e dos frutos de seu trabalho. Escolhendo o negro como símbolo ideológico, Portinari põe a nu a aliança capital/trabalho, propugnada pelo populismo, ao demonstrar a contradição entre o caráter social do trabalho e a propriedade privada dos meios de produção. O trabalhador, como o escravo, trabalha porque é obrigado a fazê-lo, premido pela sobrevivência e não para satisfazer uma necessidade intrínseca, para moldar o mundo criativamente" (Annateresa Fabris, *Portinari, Pintor Social*, p. 126). Drummond, entretanto, relativiza essa associação direta, na medida em que "apenas mais escuro que os outros" pode significar também, em associação com "desígnios e segredos", que o operário, como alteridade social, não se revela claramente ao eu, aspecto que o poema explora na sequência.

rano em prol da abordagem puramente social. Essa rejeição se justificava mais ainda pela apropriação, à época, do conceito de nacionalismo por tendências autoritárias e, mesmo, fascistas, conforme se viu com Candido em capítulo anterior[41].

Assim como a figura do operário permanece (diferentemente do seringueiro no poema marioandradino) um segredo para o sujeito lírico, este desconhece também o lugar para onde aquele se dirige:

> Para onde vai ele, pisando assim tão firme? Não sei. A fábrica ficou lá atrás. Adiante é só o campo, com algumas árvores, o grande anúncio de gasolina americana e os fios, os fios, os fios. O operário não lhe sobra tempo de perceber que eles levam e trazem mensagens, que contam da Rússia, do Araguaia, dos Estados Unidos. Não ouve, na Câmara dos Deputados, o líder oposicionista vociferando. Caminha no campo e apenas repara que ali corre água, que mais adiante faz calor. Para onde vai o operário? Teria vergonha de chamá-lo meu irmão. Ele sabe que não é, nunca foi meu irmão, que não nos entenderemos nunca. E me despreza... Ou talvez seja eu próprio que me despreze a seus olhos. Tenho vergonha e vontade de encará-lo: uma fascinação quase me obriga a pular a janela, a cair em frente dele, sustar-lhe a marcha, pelo menos implorar-lhe que suste a marcha[42].

O operário se afasta do local de trabalho (fábrica) para um ambiente natural (campo), o que, num outro nível, acompanha o movimento descrito pelo poema ao devolver o operário às condições e proporções "naturais" dos demais homens.

No campo, é visível a desproporção entre o "grande" anúncio de gasolina americana e a quantidade excessiva de "fios, fios, fios", que passam a integrar naturalmente a paisagem a ponto de dominá-la mais do que as próprias árvores que se escasseiam (são só "algumas"). O operário que para aí se dirige permanece alheio tanto ao domínio massivo do capital internacional, quanto às notícias e ideologias veiculadas por toda essa rede de comunicação (que contam dos Estados Unidos, da Rússia e do Araguaia, um dos pontos da trajetória da Coluna Prestes), do mesmo modo como ignora a discussão política do líder oposicionista na Câma-

41. Com outro intuito, quem sugere a aproximação dos dois poemas é Simone Rossinetti Rufinoni, "Mário e Drummond: Nacionalismo, Alteridade, Arte". *Estudos Avançados*, 28 (80), São Paulo, abr. 2014, pp. 247-266.
42. Carlos Drummond de Andrade, *Poesia e Prosa*, p. 59.

ra de Deputados – limitando-se à constatação ingênua de que "ali corre água, que mais adiante faz calor". Assim, embora Drummond confira uma atitude decidida ao seu operário (visto o modo como ele pisa firme enquanto caminha para o campo), não deixa de reconhecer a alienação em que ele se encontra imerso. Talvez por isso indague mais de uma vez: "para onde vai ele, pisando assim tão firme"... "Para onde vai o operário?" Indagação que parece referir-se menos a um lugar geográfico específico e mais ao destino social do operário como classe, tendo em vista sua condição alienada.

É nesse momento em que indaga pelo destino do operário, que sente o impulso de se irmanar dele, de saltar pela janela e deter-lhe o passo, mas reconhece de imediato a distância, pontuada de desconfiança, que os separa. É a culpa de classe que aflora sob a forma de vergonha e de um suposto desprezo que o eu reconhece partir talvez mais dele próprio do que do operário. Tanto é que este, longe de qualquer gesto inamistoso ou hostil, dirige-lhe um "sorriso úmido", no momento em que segue milagrosamente (qual santo, embora destituído de qualquer santidade) caminhando no mar, "que se acovardou e o deixou passar"[43]. Será esse sorriso, aliás, o "único e precário agente de ligação" entre ambos com a chegada da noite – imagem das mais recorrentes no livro, empregada, especificamente, pelo seu potencial de isolamento e separação, conforme assinalou Gledson. Atravessando todos os obstáculos que os separa (formações salinas, fortalezas da costa, medusas[44]), esse sorriso, diz o eu, "... vem beijar-me o rosto, trazer-me uma esperança de compreensão. Sim, quem sabe um dia o compreenderei?" Nesse sentido, o "sorriso úmido" equipara-se ao "som do cavaquinho" que desce como uma "gentileza" do "Morro da Babilônia". Como gestos, ambos, de esperança de compreensão futura, partindo sempre do outro, para além de todo ressentimento

43. Há aqui alusão evidente ao conhecido episódio bíblico de Cristo caminhando sobre as ondas, tal como narrado por Mateus e outros apóstolos, como prova de sua condição divina do filho de Deus, mas que é retomado por Drummond de forma desmistificadora para o operário, que nada possui de santidade.

44. Vale atentar para o duplo sentido com que "medusa" talvez seja empregada, para designar tanto a figura zoológica da água-viva (que não deixa de representar uma ameaça física); quanto a mitológica, mesmo que pareça descontextualizada no cenário marítimo evocado nessa parte do poema. Mas veja que o poder petrificador da Medusa se coaduna bem com os dois outros obstáculos (formações salinas e fortalezas da costa), todos os três metaforizando, em outro nível de significado, a reificação com a qual o operário pode vir, um dia, a romper.

pela exploração e injustiça – e resvalando, talvez, para certa romantização discutível do pobre, que não chega, entretanto, a comprometer o alcance social dessa poesia.

Se, com "O Operário no Mar", o poeta participante busca, de fato, avaliar as reais possibilidades de adesão ao sonhado apelo revolucionário, em um contexto marcado não só pela repressão política, mas pela alienação reinante (inclusive do próprio operariado), essas perspectivas nada animadoras não o impedirão de seguir com seu empenho social. Pode-se, assim, prosseguir com a análise da *espacialidade*[45] na lírica do período, cobrindo momentos de desalento, como em *José*, que parecem levar o eu lírico a recolher-se ainda mais aos espaços interiores, tão fechados a ponto de quase se perder de vista a confrontação com a realidade exterior.

A CLAUSURA DE *JOSÉ*

Começa-se, aqui, novamente, por se destacar a presença baudelairiana em *José*, que se faz sentir em dois temas, um dos quais remetendo diretamente à experiência da grande cidade. O primeiro deles diz respeito à própria poética do livro, traçada em "O Lutador", no qual o fazer poético é descrito por metáforas de luta ou embate (que chega no limite da violência sexual) com as palavras que, personificadas, se furtam aos assaltos do poeta e não se submetem a seu desejo (de expressão). A mesma metáfora de luta (com as palavras) foi empregada por Baudelaire em "O Sol", de *As Flores do Mal*, para descrever o ato da escrita poética, mais especificamente definido como uma "fantástica esgrima". Mas enquanto Baudelaire sai vitorioso de sua empreitada, colhendo ou convertendo em versos as imagens que a memória reteve e que se ofertaram ao acaso das perambulações do *flâneur* pelas ruas da cidade, em "O Lutador", Drummond encena o fracasso da empreitada (que é sempre o modo paradoxal como ele, ao pôr em questão o drama da linguagem, alcança o êxito na sua criação).

45. Edward Soja (outro dos interlocutores de Jameson) fala em *espacialidade* como sinônimo do espaço *socialmente* produzido, distinguindo-o, assim, do espaço puramente geográfico (*Geografias Pós-Modernas: A Reafirmação do Espaço na Teoria Social Crítica*, Rio de Janeiro, Zahar, 1993, p. 101 n).

O outro tema baudelairiano, que mais interessa à presente abordagem, diz respeito à articulação contraditória entre *multidão* e *solidão*, em poemas como "O Boi" –

Ó solidão do boi no campo,
ó solidão do homem na rua!
Entre carros, trens, telefones,
Entre gritos, o ermo profundo[46].

– e "A Bruxa":

Nesta cidade do Rio,
de dois milhões de habitantes,
estou sozinho no quarto,
estou sozinho na América.
[...]
De dois milhões de habitantes!
E nem precisava tanto...[47]

Entretanto, como nota Andrade Santos, enquanto o poeta francês "amava a solidão, mas a queria na multidão", o mesmo não ocorre em *José*:

> [...] em Drummond não há recusa da multidão, mas a frustração individual de um eu lírico que busca canais de integração com uma realidade que o supera, que não deixa aflorar as individualidades no grupo social construído a partir da troca de experiências[48].

É ainda o isolamento e a consequente solidão o tema de "Edifício Esplendor", cuja ação transcorre num *interior* que transmite uma sensação de espaço restrito, ao mesmo tempo físico e moral. Gledson[49] identifica a alusão irônica à história bíblica do homem que construiu sua casa na areia nos versos que tratam de um edifício que se "projeta" na mente de Oscar Niemeyer antes de tomar forma física nas areias de Copacabana:

46. Carlos Drummond de Andrade, *José. Poesia e Prosa*, p. 79.
47. Carlos Drummond de Andrade, *Poesia e Prosa*, p. 78.
48. Vivaldo Andrade dos Santos, O *Trem do Corpo: Estudo da Poesia de Carlos Drummond de Andrade*, São Paulo, Nankin, 2006, p. 137.
49. Gledson, *Poesia e Poética...*

No cimento, nem traço
da pena dos homens.
As famílias se fecham
em células estanques.

O elevador sem ternura
expele, absorve
num ranger monótono
substância humana.

Entretanto há muito
se acabaram os homens.
Ficaram apenas
tristes moradores[50].

Estabelecendo o gancho com um verso de "O Boi" ("a cidade é inexplicável /e as casas não tem sentido algum"), Andrade Santos ressalta a ironia presente também no título de um poema que explora o impacto da arquitetura moderna por meio da visão trágica do isolamento individual num espaço de suposta coletividade: "a habitação moderna pouco tem de esplendor, e na sua clausura física, mais assombra que resplandece"[51]. Os versos contrapõem a moradia contemporânea e o casarão da infância do eu lírico, cuja evocação é suscitada por um retrato na parede do apartamento. Todavia, longe de ser uma compensação à impessoalidade da moradia moderna, a casa paterna, na sua calma, lentidão e brancura, além da amplidão, surge povoada de fantasmas, cismas e experiências (inclusive sexuais) marcadas pelas relações patriarcais, que fazem o eu lírico comparar a evocação da infância no "medonho edifício" a um "copo de veneno"... Por isso, citando os popularíssimos versos de "Meus Oito Anos", diz: "Ó que saudades não tenho / da minha casa paterna". A negativa rompe, assim, com "o sentimentalismo romântico da existência harmônica e pura do mundo infantil"[52], contido no poema casimiriano parodiado nos versos.

50. Carlos Drummond de Andrade, *Poesia e Prosa*, p. 80.
51. Vivaldo Andrade dos Santos, *O Trem do Corpo...*, p. 138.
52. *Idem*, p. 140.

Pela visão negativa da arquitetura moderna, separando o homem de sua essência, contida na alusão a Niemeyer e, mesmo, a "Goiás, a Extinta Pureza", Andrade Santos reconheceu em "Edifício Esplendor" a mesma crítica endereçada décadas depois ao projeto de Brasília e suas superquadras que, pela uniformização do espaço arquitetônico e pela padronização dos edifícios, despertavam em seus habitantes o sentimento de mesmice, monotonia, isolamento e perda da individualidade[53]. Assim, pode-se dizer que, se Le Corbusier (cujas ideias influenciaram Niemeyer) via na arquitetura uma alternativa à "revolução", "Edifício Esplendor" parece demonstrar como, ao contrário, ela representa um impedimento à transformação social, justamente por contribuir para a condição de isolamento e alienação reinantes.

Ainda que se julgue a hipótese de Andrade Santos válida, é de ser crer que a menção, nos versos, a "Goiás, a extinta pureza" se deva mesmo às transformações profundas operadas nessa região central do país com a chamada *Marcha para o Oeste*, programa implementado nas vésperas de 1938 pelo governo varguista com o alegado intituito de promover a ocupação dos vazios demográficos por meio de absorção dos excedentes populacionais que faziam pressão no centro-sul do país, encaminhando-os às áreas produtoras de matérias-primas e gêneros alimentícios a baixo custo. O objetivo oficial era, assim, o de quebrar os desequilíbrios regionais pela implantação de uma política demográfica que incentivasse a migração. Para que a política varguista obtivesse êxito, era preciso criar uma base de apoio em Estados como Goiás, Mato Grosso e Paraná, que se encarregariam da produção de alimentos e matérias-primas capazes de abastecer o novo polo industrial do Sudeste. Afora o incentivo à produção agropecuária de sustentação, o programa tinha por objetivo a construção de estradas, a reforma agrária e a criação de colônias agrícolas, sendo a primeira delas instalada na cidade de Ceres. Essa ocupação do Centro-Oeste visava, além disso, a ser uma etapa preliminar na ocupação da Amazônia. Nas palavras de Vargas, a *Marcha para o Oeste* incorporou "o verdadeiro sentido de brasilidade",

53. Santos (*op. cit.*, p. 140) toma por referência o livro de John Holston, *A Cidade Modernista: Uma Crítica Antropológica de Brasília*, São Paulo, Companhia das Letras, 1993 (em particular, a parte 2, "A Cidade Desfamiliarizada").

uma solução para os infortúnios da nação. Pensada no plano internacional, essa região centro-oeste do Brasil era alvo potencial de cobiça de outros países, como respaldo da noção de "Espaço Vital" em vigor no contexto da Segunda Grande Guerra, que defendia o direito de as nações "mais desenvolvidas" ocuparem áreas pouco exploradas em países "menos desenvolvidos"...

Neste contexto e em vista dessa ameaça, entende-se por que Vargas, depois de longo sobrevoo na região do Araguaia (região referida por Drummond em mais de uma momento de sua lírica social, conforme se observou em "O Operário no Mar"), a convite do governador de Goiás, Pedro Ludovico, ao se defrontar, abismado, com "o branco do Brasil Central" representado pela vastidão de florestas cortadas por rios imensos, tenha encarregado o ministro João Alberto Lins de Barros de promover a interiorização do país, fazendo nascer daí a Fundação Brasil Central (FBC), logo seguida da criação da Expedição Roncador-Xingu, com a função de mapear o centro do país e abrir caminhos que ligassem essa região ao resto do país. O ministro João Alberto foi um dos maiores incentivadores da colonização do Centro-Oeste, principalmente por ter conhecido toda a região como revolucionário da Coluna Prestes. Ele vislumbrava o futuro econômico do Vale do Araguaia, apontando a terra como ideal para pecuária. Além disso, o ministro sonhava em ver uma urbanização planejada e ordenada.

É no bojo desse processo que foi planejada e construída a nova capital política e administrativa de Goiás, entre 1933 e 1935, com a transferência de secretarias e outros órgãos públicos nos anos seguintes até a inauguração oficial em julho de 1942. O plano-piloto de Goiânia, de Attilio Corrêa Lima, fortemente influenciado pelo urbanismo francês, foi reformulado por Armando de Godoy, sobretudo na concepção do atual Setor Sul da cidade, inspirada pelo movimento das cidades-jardim.

Portanto, como se acredita aqui, é à luz desse contexto da *Marcha para o Oeste*, que se entende a referência de Drummond a "Goiás, a extinta pureza", o que, num poema que explora criticamente as contradições do urbanismo e arquitetura novas, se explica também pela concepção urbanística de Goiânia.

No mais, é possível lembrar outro momento em que Drummond, embora sem a visada extremamente crítica de "Edifício Esplendor", dava provas de não se empolgar muito com os projetos da arquitetura nova.

Justo ele que, na qualidade de chefe de gabinete de Capanema, viria a ocupar diariamente uma das salas daquele que é considerado o marco da arquitetura funcionalista no Brasil, concebido por Lúcio Costa e Oscar Niemeyer sobre traçado original de Le Corbusier: o prédio do Ministério da Educação. Veja-se o registro de Drummond em seu diário, quando da mudança em 1944 para o novo edifício:

> 1944
>
> *Abril, 22* – Dia 5, mudança do Gabinete do Ministro para o edifício do Ministério da Educação, no Castelo, cuja construção teve início em 24 de abril de 1937. Deixamos afinal os estreitos compartimentos alugados no 16º andar do Edifício Rex.
>
> Dias de adaptação à luz intensa, natural, que substitui as lâmpadas acesas durante o dia; às divisões baixas de madeira, em lugar de paredes; aos móveis padronizados (antes, obedeciam à fantasia dos diretores ou ao acaso dos fornecimentos). Novos hábitos são ensaiados. Da falta de conforto durante anos devemos passar a condições ideais de trabalho. Abgar Renault resmunga discretamente: "Prefiro o antigo..." A sala em que me instalaram não provou bem. Desde anteontem passei para outra onde as coisas têm melhor arrumação. Das amplas vidraças do 10º andar descortina-se a baía vencendo a massa cinzenta dos edifícios. Lá embaixo, no jardim suspenso do Ministério, a estátua de mulher nua de Celso Antônio, reclinada, conserva entre o ventre e as coxas um pouco de água da última chuva, que os passarinhos vêm beber, e é uma graça a conversão do sexo de granito em fonte natural. Utilidade imprevista das obras de arte[54].

O registro é dúbio: mesmo aquilo que parece conquista ou mérito, como a "luz intensa, natural" (tão reivindicada por Le Corbusier, juntamente com a ventilação, ambas preceitos fundamentais reiterados na *Carta de Atenas* e outros escritos fundamentais do arquiteto suíço), parece exigir tanto esforço de adaptação quanto as "divisões baixas de madeira" e os "móveis padronizados"... O modo, também, como se refere aos "novos hábitos" que "são ensaiados" e às "condições ideais de trabalhos" a que "devemos passar", joga alguns dos principais objetivos visados pela arquitetura funcionalista para o plano da tentativa e da probabilidade, sem se comprometer com a certeza do alcance. Essa impressão é reforçada, ainda, pelo caso exemplar da mudança de sala em que o poeta-funcionário foi instalado primeiramente e que "não provou bem", levando-o

54. Carlos Drummond de Andrade, *O Observador no Escritório*, Rio de Janeiro, Record, 1985, p. 13.

a ser transferido para outra que tem, apenas, "melhor arrumação"... A explicitação do desagrado e da rejeição é posta na boca de Abgar Renault ("Prefiro o antigo..."), sem que haja, necessariamente, uma concordância tácita de Drummond com essa visão do amigo. Como sempre, Drummond joga com perspectivas diversas ou antagônicas sem alinhar-se a uma em particular, o que não implica omissão, recusa em tomar partido, mas uma forma própria de sua poética e raciocínio dialéticos ou mesmo aporéticos. Entre o velho e o novo, o antigo e o moderno, o poeta pondera dialeticamente, assim como faz em "Edifício Esplendor" ao confrontar a habitação moderna com o casarão patriarcal, do qual não guarda saudade alguma. Mas, o que interessa aqui é chamar a atenção para a desconfiança ou resistência mesmo de Drummond em relação ao urbanismo moderno e à arquitetura funcionalista em seu momento inaugural no Brasil, sobretudo quando confrontados com a adesão incondicional do amigo João Cabral aos preceitos dos CIAMs e da *Carta de Atenas* mesmo depois de sua concretização máxima no projeto de Brasília.

Não custa lembrar, de passagem, que a alusão, em "Edifício Esplendor", à casa paterna faz aflorar ainda mais o ciclo drummondiano de poemas sobre a família, que ganha força na produção desse período justamente pelo "aguçamento dos temas de inquietude pessoal e o aparecimento dos temas sociais", incorrendo em uma aparente contradição: a de que o maior poeta social brasileiro, como disse Antonio Candido,

> [...] seja, ao mesmo tempo, o grande cantor da família como grupo e tradição. Isto nos leva a pensar que talvez este ciclo represente na sua obra um encontro entre as suas inquietudes, a pessoal e a social, pois a família pode ser explicação do indivíduo por alguma coisa que o supera e contém[55].

O primeiro grande poema do ciclo comparece no fecho de *José*: "Viagem na Família", que alude ao *Hamlet* de Shakespeare[56] pela situação dramática do eu lírico se dirigindo à figura fantasmática do pai morto, a quem acompanha numa viagem dolorosa pelo passado e a quem interpela em vão, na busca de resposta pelas desavenças e pelos ressentimentos mútuos. Nessa viagem imaginária, repõe certas cenas que se concatenam

55. Antonio Candido, "Inquietudes na Poesia de Drummond", *op. cit.*, p. 130.
56. Cf. Gledson, *Poesia e Poética*...

com as que são evocadas em "Edifício Esplendor", ao evocar a casa paterna. A alusão shakespeariana contida na figura do fantasma do pai ajuda a iluminar também o modo de ser do filho, retrato acabado do melancólico como Hamlet, que, (i)mobilizado pela reflexão infinda, se caracteriza pela indecisão no agir...

A contrapartida da culpa familiar presente em "Viagem na Família", produto do sentimento de traição dos valores de sua classe de origem, é a *culpa social*, simbolizada pela autocastração punitiva de "Mão Suja" – em que a sujeira física traduz na verdade o conflito moral decorrente do remorso de sua posição de classe, sempre vista como um limite para seu impulso participante[57]. A problematização dessa distância social que separa o poeta daquele a quem dirige seu apelo solidário, como já se evidenciou em "O Operário no Mar", é o que resgata sua poesia social da militância ingênua de boa parte da literatura participante dos anos 1930-1940. É bem verdade que Drummond não deixa de prestar homenagem a um dos representantes dessa literatura social do período, na dedicatória do primeiro poema de *José* a Emil Farhat, autor de *Cangerão* (1939). Mas é certo também que dedicar não quer dizer, necessariamente, comungar as mesmas ideias e concepções de mundo e do literário...

Voltando ainda uma vez à lógica do percurso traçado por Drummond até *José*, é possível dizer que, partindo da indecisão político-ideológica marcante em *Brejo das Almas* (1934) examinada no capítulo 1, o poeta itabirano alcança, em *Sentimento do Mundo*, o momento da *de-cisão* participante. Viu-se que esta, todavia, não é obtida de modo tranquilo e positivo, já que encontra pela frente um estado generalizado de alienação, seja da realidade urbano-industrial com que se depara o recém-egresso fazendeiro do ar, decaído à condição de funcionário público; seja dele próprio, que ainda se mostra aprisionado ao passado, revelando, assim, suas limitações de classe, apesar da disposição solidária, conforme atestam os comentados versos de "Confidência do Itabirano". Resulta desse confronto uma situação de impasse, que será a tônica de *José*. O poema que dá nome ao livro desdobra, por assim dizer, as contradições armadas na "Confidência".

57. Para a questão da culpa familiar e da culpa social, ver Camilo, *Drummond: da* Rosa do Povo *a Rosa das Trevas*, *op. cit.*, pp. 243-298.

Com o recurso da personificação dramática, o eu lírico parece buscar, por um lado, alcançar a identificação com o homem comum, já que José é, como diz o próprio poema, o "sem nome", e como tal, indica o anonimato a que, por outro lado, também parece se encontrar relegado o antigo filho de fazendeiro, hoje funcionário público, desbastado de seus bens e mesmo do nome distintivo de família. Sob a popularidade do nome esconde-se, portanto, a perda de *status* e o anseio de comunhão social. A esse outro (que pode ser ele mesmo) traduzido pelo nome comum[58], o eu lírico endereça a famigerada indagação que se tornou chavão social ou parêmia: "E agora, José?" Pergunta cuja repetição ao longo dos versos visa assinalar a busca angustiada de saída para a encruzilhada em que se encontra, ao mesmo tempo em que vai expondo as razões desse impasse, marcado pelo isolamento; pela carência de desejo, afetividade e expressão; pela impossibilidade de satisfazer as necessidades mais banais; e, principalmente, pela frustração de todas as expectativas, incluindo a utopia por ele acalentada. Diante dessa frustração, a indagação final do fazendeiro-funcionário que, qual "bicho-do-mato" acuado "sozinho no escuro", é a de quem vê-se impossibilitado de retroceder na trajetória então traçada (já porque "Minas não há mais"...) ou de recorrer a algum meio de evasão ou "fuga a galope". Tem, assim, de seguir adiante, embora sem saber para onde, devido à ausência da perspectiva utópica.

Mesmo que nem todos os poemas que integram o livro de 1942 tenham sido concebidos no intervalo de dois anos que separam *José* do livro anterior, é bem possível que ele busque traduzir algo do espírito reinante, marcado pela apreensão decorrente dos avanços e vitórias da ofensiva alemã, depois da invasão da Polônia em 1939. Pensando no Brasil, muito embora em meados de 1942 o Estado Novo tenha sido levado a declarar guerra às forças do Eixo, é sabida a simpatia que Vargas sempre nutriu (mesmo antes da instauração do regime ditatorial) pelos nacionalismos alemão e italiano como inspiração para o modelo de nação forte e homogênea, apesar de todo o negacionismo[59].

58. José é, no dizer de Gledson, "o retrato de um poeta burguês e confuso – *alter ego* do poeta, como já foi dito várias vezes –, incapaz de descobrir um sentido na vida, correndo de uma solução falsa para outra, uma caça que, como fica patente no final do poema, continuará *ad infinitum* e *ad nauseam*". *Poesia e Poética de Carlos Drummond de Andrade, op. cit.*

59. Ver, a respeiro, Maria Luiza Tucci Carneiro, "O Brasil Diante dos Nazistas". *Revista de História*. Rio de Janeiro, 01.01.2012. http://www.revistadehistoria.com.br/secao/capa/o-brasil-diante-dos-nazistas (acessado em 09/04/2014).

Obviamente, a referência à utopia frustrada não indica o abandono definitivo do ideal social acalentado, pois a *José* se seguirá o grande livro *engagé* de Drummond, em que a crença na "rosa do amanhecer" ainda reponta com força, entre outras coisas, em virtude da resistência da cidade russa de Stalingrado ao cerco fascista, durante a Segunda Guerra Mundial. A frustração definitiva só ocorrerá mesmo na fase posterior à "lírica de guerra", em virtude dos rumos tomados pelo comunismo soviético (com os Processos de Moscou) e pela linha dura adotada pela militância comunista.

Mas ainda que não se queira ligar tão estreitamente os poemas aos sucessos do momento (mesmo com as referências expressas a eles), pode-se dizer que, em "José", Drummond parece encenar mais um momento de desânimo como outros que já encenara em *Sentimento do Mundo* e virá a dramatizar também no livro excepcional de 1945. O fato é que, apesar das incertezas e desânimos, o eu lírico ainda resiste, sem ceder ao desespero, ao lamento, ao desejo de fuga e, mesmo, de morte[60].

A *ROSA DO POVO*: A RUA, A CAMINHADA, A MARCHA

Agora, a título de conclusão, resgata-se a referida dialética do interior-exterior, observando, em síntese, que *José* repõe essa polarização radicalizando, por força da alienação generalizada, a incomunicabilidade entre os dois domínios, pela ênfase na ideia de isolamento, de enclausuramento. Apesar do apelo a companheiros e irmãos, movido pelo impulso solidário, o eu lírico permanece apartado deles, encerrado num espaço interior opressivo.

Será somente em *A Rosa do Povo* que ele finalmente sairá às ruas, impulsionado por um novo alento para buscar o centro mesmo da praça de convites, onde entoará o mais alto canto participante que a moderna lírica brasileira conheceu, numa *flânerie* que, ao contrário da baudelairiana, não visa flertar com o mercado[61], mas, antes, furtar-se ao olhar medusante, reificador da forma-mercadoria:

60. O sentimento de morte, aliás, perpassa o livro, já despontando em "Edifício Esplendor".
61. A referência aqui, obviamente, é o conhecido comentário de Benjamin sobre o *flâneur*: "Baudelaire sabia bem o que ia se passando na realidade com o literato: como *flâneur* ele se dirige

Preso à minha classe e a algumas roupas,
vou de branco pela rua cinzenta.
Melancolias, mercadorias espreitam-me.
Devo seguir até o enjoo?
Posso, sem armas, revoltar-me?[62]

Em *A Rosa do Povo*, é impressionante a ênfase dada ao espaço exterior, sobretudo a rua ou ainda a praça, e associado a ele, não só a ideia de circulação, trânsito, e a referência constante aos diversos meios de transporte, mas ainda a ação da caminhada seguida, num crescendo, pela travessia e pela viagem que, transpondo mares e grandes distâncias, ultrapassam as fronteiras não só da cidade, mas do país.

Não há dúvida de que continua a haver poemas em *A Rosa do Povo* que remetem a espaços fechados, inclusive redimensionando-os. Já não se trata mais do interior doméstico, burguês, como nos livros anteriores, ou a lembrança do "casarão azul" patriarcal, que, de todo modo, desponta em "Como um Presente". Há a habitação provisória ou temporária, como o quarto de hotel de "Assalto". Mas outros domínios interiores são, agora, figurados e vistos, na sua maioria, como opressivos pelo tipo de atividade que neles se desenvolve. Em geral, são ligados ao trabalho, como as fábricas de "O Medo" e a "escura fábrica do negro subúrbio" de "Carrego Comigo", ou os escritórios de "Nosso Tempo" que se esvaziam rapidamente na hora do almoço e para o qual se retorna morosamente insatisfeito. Pensando particularmente na condição do poeta-funcionário, o trabalho é figurado ainda como ofício burocrático que reifica ou priva de humanidade o oficial administrativo, nivelando-o ao plano dos utensílios, papéis, aranhas e traças com os quais dialoga ironicamente em "Noite na Repartição". O horror do ofício o leva, inclusive, ao desejo de incinerar os arquivos de amianto e matar o DASP – departamento criado pelo governo getulista responsável pela racionalização taylorista do serviço público.

Sempre opressivo, o espaço fechado vem ainda representado pelo "Edifício São Borja", sede do poder ditatorial estadonovista. Por último, o

para o mercado, achando que é para dar uma olhada nele, mas, na verdade, já para encontrar um comprador". Walter Benjamin, "A Paris do Segundo Império em Baudelaire", em Flávio Kothe (org.), *op. cit.*, p. 64.

62. Carlos Drummond de Andrade, *A Rosa do Povo. Poesia e Prosa*, p. 97.

interior pode ser também o da modernidade, flagrada em sua dimensão fatal da técnica, como se vê em "Morte no Avião" onde, depois da rota cotidiana descrita desde casa, passando pelas ruas da grande cidade, pelos escritórios, banco, restaurante, café, carro e, finalmente, aeroporto, o eu se instala no interior da máquina. Ou, como ele diz, "no interior da morte" que "dispôs poltronas para o conforto da espera", além de "pequenos serviços [que] cercam de delicadeza nossos corpos amarrados", enquanto aguarda a hora final em que a explosão o transformará em notícia...

Mas em oposição a todas essas referências soturnas a interiores, abundam, em *A Rosa do Povo*, em um número muito maior as que tratam dos espaços exteriores para o qual acede o eu lírico, em constante deslocamento. "A rua infinita vai além do mar. Quero caminhar" – diz o eu lírico de "Carrego Comigo". Descreve, assim, a rota por uma geografia simbólica, de cunho claramente político-ideológico. Do Rio de Janeiro, alcança o Pará, o Amazonas e outros pontos estratégicos do país, sempre carregados de conotações políticas, como o Araguaia já evocado em "Operário no Mar" e retomado aqui mais de uma vez. O Araguaia onde se deu, em 1926, a dissolução da Coluna Prestes[63], a mais longa marcha política da História de que se tem notícia, superando mesmo a "Longa Marcha" (e talvez não sejam à toa as referências aos chineses no livro de 1945 ...). É como se o eu participante, na sua caminhada incessante e nas rotas infindáveis traçadas em *A Rosa do Povo* buscasse refazer, num outro nível evidentemente simbólico, e para além das fronteiras nacionais, a marcha do Cavaleiro da Esperança a partir do ponto mesmo em que este a deixou ao fugir para a Bolívia, Argentina e, depois, para a União Soviética, onde se entregaria aos estudos marxistas-leninistas antes de seu retorno ao Brasil. Prestes que, segundo a conhecida interpretação de Décio Pignatari[64], compareceria alusivamente em *A Rosa do Povo,* "presto se desatando" nos cifrados versos de "Áporo", ao mesmo tempo que, com

63. O Araguaia foi ponto de divisão da Coluna Prestes, com uma parte dela atravessando a região do Pantanal e exilando-se no Paraguai, enquanto os demais participantes, já desgastados com a perseguição governamental, decidiram encerrar sua luta revolucionária com o exílio na Bolívia.
64. Décio Pignatari, "'Áporo' – Um Inseto Semiótico", *Contracomunicação*, São Paulo, Perspectiva, 1971.

o fim da Guerra e do Estado ditatorial, era anistiado depois dos nove anos nas prisões do Estado Novo...

Na sua marcha imaginária, o eu drummondiano, vencendo as fronteiras, segue pela América ou para a Europa, passando por Madrid e Londres, alcançando Moscou e Stalingrado, devastada pelo cerco fascista, mas vitoriosa, até poder entrar um dia, "ponta de lança, com o russo em Berlim"... Há toda uma geografia de guerra traçada no livro em função do alinhamento ideológico do poeta, já bem examinada por Murilo Marcondes de Moura, com especial ênfase na análise dos versos de "Carta a Stalingrado". Como nota Moura, a Segunda Grande Guerra pôs no mapa localidades longínquas da qual jamais se ouviu falar (muitas das quais referidas por Drummond) e, na sua internacionalização, sintonizou homens de todos os pontos da Terra numa pulsação comum[65].

Assim, é como se aquele mapeamento cognitivo que o poeta-funcionário recém-chegado de Minas promoveu em *Sentimento do Mundo*, quando do confronto com a grande cidade, viesse a se ampliar agora em escala nacional e, mais ainda, planetária, numa estratégia radical de desalienação, para traduzir concretamente, em termos geopolíticos, a totalidade social em que ele se mostra inscrito.

65. Murilo Marcondes de Moura, *O Mundo Sitiado. A Poesia Brasileira e a Segunda Guerra Mundial*, São Paulo, Ed. 34, 2016.

III

Tradição, Modernidade e Neoclassicismo: Um Diagrama da Lírica do Pós-Guerra

Da lírica social, transita-se agora para a anunciada conversão neoclássica do pós-guerra.

Em entrevista de 1951, Jorge de Lima dizia que nunca a poesia fora mais bem estudada e compreendida, justamente numa "época em que se fala demais de hermetismo e poesia"[1]. Ele partia da definição de Duhamel de uma poesia que nasce menos das "vivências enunciadas, ainda estuantes do subconsciente, do que do apuramento dessas vivências e experiências profundas do eu poético". Segundo o autor de *Invenção de Orfeu*, seria uma concepção similiar a essa que se verificava no Brasil à época:

> Os grandes poetas do Modernismo – no que pesem ou não as divergências, a meu ver, verdadeiros mal-entendidos, com poetas mais novos – mal-entendidos estes de parte a parte –, os grandes poetas modernistas como os grandes poetas mais novos e novíssimos (que já os há), na verdade, vivem, respiram essa atmosfera de formalismos. E digo formalismo no sentido autêntico e não pejorativo da expressão.
>
> Em segundo lugar, [...] creio em nossa época como sendo de grandes contribuições para a história da poesia, pelo seu retorno à linha clássica e tradicional da arte poética[2].

1. Entrevista a Jonas Rocha, "Jamais a Poesia Foi Melhor Compreendida", *Letras e Artes*, Supl. de *A Manhã*, Rio de Janeiro, 21 de janeiro de 1951. Republicado em Jorge de Lima, *Poesia Completa*, Rio de Janeiro, Nova Aguilar, 1997, p. 38.
2. Entrevista ao *Diário Carioca*, Rio de Janeiro, 14 de outubro de 1951. Republicado em Jorge de Lima, *Poesia Completa*, p. 39.

Jorge de Lima já tratara de reiterar essa posição favorável à conversão neoclássica anteriormente. Ao ser indagado, em 1945, por Homero Senna sobre o destino da poesia ("ela se tornará cada vez mais livre, ou a tendência será para voltarmos aos moldes antigos?"), respondia:

> Fique sabendo desde logo que não tenho *parti pris* contra isso que você chama de "moldes antigos". Dentro deles se fez muito boa poesia. Mas daí a achar que o que caracteriza a poesia são a métrica e a rima, vai uma distância enorme. Depois que grandes escritores como Maritain e o abade Bremond clarificaram o conceito de poesia, tal confusão não se admite mais[3].

O poeta alagoano volta a falar, em mais de um momento, de "um problema de formalística poética" ligado a tal retorno, assumindo a seguinte posição:

> Esse formalismo tem preocupado os poetas contemporâneos e toda a atual crítica de poesia no mundo inteiro. Procura ao mesmo tempo essa crítica repelir, aqui e acolá, algum abuso, algum requinte que na verdade se tem verificado.
>
> Que a linguagem poética seja, como com justeza quer o grande Eurialo Cannabrava, uma espécie de idioma próprio do poeta, nada de mais desejável. Mas, não esquecendo os poetas também como lhes adverte T. S. Eliot, de que devem saber comunicar aos outros a sua poesia e não sobrecarregá-la de tal obscuridade que se torne incompreensível. A dificuldade da questão da linguagem poética reside precisamente nisso: ser linguagem do poeta e ser comunicável.
>
> Isso está longe de significar que se deva esvaziar o verbo poético do seu conteúdo lírico ou poético fundamental. A grandeza do poeta está em saber recriar poeticamente as suas palavras, tirando-as, como dizia Carlos Drummond de Andrade, do seu estado de dicionário para elevá-las a um estado de poesia.
>
> Mas, por outro lado, a poesia que é linguagem, também é pensamento. E mesmo os poetas mais exigentes em matéria de despojamento poético, como Paul Valéry, jamais pretenderam que a sua denominada "poesia pura", ou "poesia hermética", fosse apenas um jogo verbal[4].

Nesses depoimentos do autor do *Livro de Sonetos* e *Invenção de Orfeu*, estão delineadas algumas das principais questões, polêmicas, conceitos e

3. Entrevista a Homero Senna, "Vida, Opiniões e Tendências dos Escritores", *Revista de O Jornal*, Rio de Janeiro, 29 de julho de 1945. Republicado em Jorge de Lima, *Poesia Completa*, p. 40.
4. Entrevista ao *Diário Carioca*, republicada em *Poesia Completa*, pp. 44-45.

nomes emblemáticos, ligados a essa tendência formalista, de feição neoclássica, da poesia brasileira do segundo pós-guerra, que se verificou não só em sua própria lírica, mas também na de outros grandes nomes do Modernismo, aqui representados pelo Drummond de *Claro Enigma* (tão admirado por Jorge de Lima[5]) e demais livros dos anos 1950; por Murilo Mendes (de *Sonetos Brancos*, *Siciliana* e, mesmo, *Parábola*) e Augusto Meyer (de *Últimos Poemas*). Isso sem esquecer a produção dos novos poetas de então, agrupados sob a denominação comum de Geração de 45, dada por um de seus líderes (Domingos Carvalho da Silva).

Neste capítulo, interessa retomar, de modo bastante esquemático e contrastivo, ao confrontar modernistas conversos e os novos, as linhas gerais dessa tendência neoclássica, tendo em vista o que foi apontado de forma dispersa pela crítica e pela historiografia literárias, além de outras contribuições relevantes. Mas, antes, é preciso diagnosticar tendências similares em diferentes contextos mais ou menos próximos do brasileiro, que servirão de parâmetro para o histórico e a reflexão propostos.

VERTENTES NEOCLÁSSICAS EM DOIS CONTEXTOS: EUROPEU E LATINO-AMERICANO

José Guilherme Merquior já articulara a inflexão clássica do período com um movimento maior que marcou a literatura europeia, a exemplo da poesia de Valéry, e outros domínios artísticos no entre-guerras. É o caso da música de Stravinsky, com seu "ballet avec chant" *Pulchinella*, e das artes plásticas, alcançando os principais líderes das vanguardas históricas, como o Picasso de *Olga na Espreguiçadeira*, além do *Arlequim de Barcelona*; Juan Gris, em parte inspirado pelos retratos picassianos em estilo ingresco; o Delaunay dos estudos para *Le Gitan* e *Portrait de*

5. Prova dessa admiração está em carta de 20.02.1952, endereçada por Jorge de Lima a Drummond: "Escrevo-lhe de Recife, onde vim passar uns dias, acompanhado de seu *Claro Enigma*. Já lhe agradeci pessoalmente. Porém, quero deixar o preto no branco, com o amor que tenho a esse livro, e essa imensa poesia que ele contém e me dá felicidade. Sob qualquer céu é grandi(osís)simo. Fiz a experiência aqui, e ontem, voando. De seu devoto de sempre, Jorge" (A carta consta do acervo de Drummond no Arquivo-Museu de Literatura Brasileira da Casa de Rui Barbosa).

Léonide Massine, mesmo tendo ele condenado o "néo-traditionalisme" de Picasso ou "sa soi-disant période classique"; Severini, que chegou a falar de um "novo classicismo" em sua própria obra[6]; e outros pintores que caracterizaram o que se convencionou denominar, controversamente, de *retour a l'ordre*[7]. Compreendendo uma clara reação às experimentações vanguardistas, a partir da reabilitação da tradição, do figurativismo, da dicção realista etc., esse abandono do radicalismo das décadas anteriores ocorreu em estreita associação com o cenário político-cultural, marcado pelo recuo internacional das esquerdas e acompanhado de uma retórica do chamamento à ordem e à reconstrução europeia. Todo um discurso e um imaginário concebidos em torno das bandeiras de *ordem* e *classicismo* repercutiram no campo da produção artística, ao mesmo tempo em que se dava o desmonte de circuitos artísticos tradicionais[8]. Intérpretes como Phoebe Pool explicaram essa capitulação das vanguardas como "uma reação contra os excessos e a brutalidade da guerra"[9].

Voltando ao domínio do literário, vale lembrar o que observa William Marx sobre esse retorno à tradição e ao classicismo nas duas primeiras décadas do século XX em contexto europeu. O excerto é longo, mas promove um mapeamento bastante esclarecedor:

> Algumas décadas depois, nos anos de 1910 e 1920, na escala do continente europeu, a revolução modernista deveria, ela também, definir-se como o retorno a uma tradição ou classicismo perdidos – e a noção de *retorno*, evidentemente, não está dissociado do de *arrière-garde*. É o que se observa em Ezra Pound e T. S. Eliot, do lado anglo-saxão, Jacques Rivière e a *Nouvelle Revue Française*, do lado francês: o

6. Ver a respeito o cap. IV ("Guerre Fratricide") de Kenneth Silver, *Vers le Retour à l'Ordre: l'Avant-Garde Parisienne et la Première Guerre Mondiale (1914-1925)*, Paris, Flammarion, 1989, pp. 129 e ss.
7. Kenneth Silver, *op. cit.* Para uma crítica do livro de Silver e do conceito de "retorno à ordem", Annick Lantenois, "Analyse Critique d'une Formule: 'Retour à l'Ordre'", *Vingtième Siècle. Revue d'Histoire*, n. 45, jan.-mars 1995, pp. 40-53. Uma discussão importante sobre o neoclassicismo do primeiro pós-guerra, o "envelhecimento do moderno" e a leitura adorniana dessa tendência, está no conhecido ensaio de Peter Burger, "O Declínio da Era Moderna", *Novos Estudos Cebrap*, n. 20, março de 1988, pp. 81-95.
8. Cf. verbete "Retorno à Ordem". http://enciclopedia.itaucultural.org.br/termo887/retorno-a-ordem.
9. Phoebe Pool, "Picasso's Neo-Classicism: Second Periode 1917-1925", *Apollo*, LXXXV, 1967, p. 198.

mesmo Eliot que revolucionou a poesia inglesa com *A Terra Devastada*, proclamou-se um pouco mais tarde, numa famosa profissão de fé, "classicista em literatura, monarquista em política e anglo-católico em religião"; a mesma NRF que se tornara um órgão essencial da criação literária francesa no período entreguerras, inaugura 1919 com um anúncio de seu novo diretor, [Jacques] Rivière, prevendo o advento de um autêntico "renascimento clássico". Em poucos anos, a reivindicação da tradição mudou de lado. Se, antes da guerra, Albert Thibaudet e Remy de Gourmont podiam se permitir desancar os partidários de um retorno à tradição e as facções neoclássicas, já não era mais o que se dava depois da Guerra: assim, em 1920, Camille Mauclair constatava que a palavra *tradição* virara *fashion*, como se diz hoje, e zombava dos cubistas que reivindicavam David ou Poussin para justificar seus rabiscos. A poesia de Paul Valéry, elogiada por André Breton e pelos últimos neoclássicos, encontrou nessa ambivalência a chave para um sucesso fulminante.

Tradição, classicismo: esses termos eram agora parte integrante da panóplia modernista. Não que não houvesse muito a se dizer sobre essa parassinonímia: os dois conceitos, por mais próximos que pareçam, não podem ser sobrepostos, de uma época a outra, de uma cultura nacional a outra. A cultura dos clássicos, em sua implantação antes francesa, ou mesmo latina, funciona ao modo de uma alternativa radical, cuja oposição binária com o romantismo fornece o modelo; assim, Charles Maurras e T. E. Hulme defendem apenas o classicismo, determinados que são, já de saída, por um antirromantismo visceral. A cultura da tradição, que brilha mais cedo no mundo anglo-saxão, contrasta com a reformulação permanente: ela integra as inovações todas, recompondo-as à medida do passado. Se as noções de tradição e classicismo não tinham sido automaticamente excluídas do vocabulário modernista, é porque o modernismo fez menos *tabula rasa* dos modelos do que tentou estabelecer com eles uma nova relação. [...] [A] tomada de consciência de pertencer à modernidade, a uma marcha que avança irresistível, é acompanhada não de uma ruptura total com as raízes culturais, mas da busca de fidelidade superior a elas, uma fidelidade ao espírito e não à letra, compatível com os imperativos inelutáveis do progresso. Reivindica-se uma genealogia estética sublimada em vez de se submeter a um conformismo servil[10].

Agora, sem perder de vista essa configuração europeia do entreguerras, veja-se a tendência similar no contexto latino-americano dos anos 1940. Limitando a discussão à seara da lírica, vale retomar as observações de Juan Gustavo Cobo Borda, a propósito da poesia hispano-americana dos anos 1940, que interessa como termo de comparação para o caso bra-

10. William Marx, *Les Arrière-Garde au XXe Siècle*, *op. cit.*, pp. 10-12.

sileiro. Longe da "pirotecnia vanguardista", assiste-se a um "chamado à ordem" que marca o "retorno às fontes clássicas, da Grécia à Espanha"[11]. Cobo Borda lembra, dentro desse espírito, o grupo Piedra y Cielo na Colômbia, os poetas de 40 na Venezuela e a correspondente geração argentina aspirando "a un nuevo classicismo, ensoñador, romántico y sensible, pero classicismo en últimas"[12]. Zonana chega a aproximar dessa tendência até mesmo os poetas mexicanos reunido em torno da revista *El Hijo Pródigo*[13]. O velho mito bíblico é, assim, reinvestido, muito emblematicamente, desse espírito do retorno que domina a época, seja no grupo mexicano, seja na poesia argentina, seja ainda em poetas brasileiros como Murilo Mendes, que reescreve a parábola em *Sonetos Brancos*, com sentido exatamente oposto ao que ela assumiu na sua fase de aberta militância modernista, conforme se verá no capítulo x.

Antonio Requeni sintetizou os principais pontos do programa da Generación del'40, asseverando que, a despeito dos matizes próprios a cada poeta, ela tem validade não só para o caso argentino, mas para boa parte do continente. Muitos desses pontos coincidem com os da Geração de 45 e, em parte, dos modernos neoclássicos, dentre os quais importa destacar: a "submissão às formas métricas tradicionais; o refinamento, a pulcritude verbal", semelhante ao movimento "garcilasista" espanhol; as imagens idealizadas, as metáforas sutis, a "preferência por expressões incontaminadas de vulgaridade, palavras com antigo prestígio poético"; a "introversão, propensão contemplativa e nostálgica, emotividade elegíaca"; a busca de inspiração em obra exemplar (além dos clássicos do Século de Ouro, os contemporâneos Rilke, Cernuda, García Lorca, Salinas...), mais "do que nos acontecimentos da realidade direta, de repercussão imediata"; a atitude a-

11. Juan Gustavo Cobo Borda, "Poesía: Nuevas Direcciones (1930-1970)", em Ana Pizarro (ed.), *América Latina: Palavra, Literatura e Cultura*, São Paulo, Memorial da América Latina; Campinas, Editora da Unicamp, 1995, vol. 3, p. 223. Gonzalo Aguilar, *Poesia Concreta Brasileira: As Vanguardas na Encruzilhada Modernista*, São Paulo, Edusp, 2005, assinalou, de passagem, certa afinidade entre a Geração de 45 e a Geração de 40 argentina, mas sem se deter numa aproximação mais explícita entre ambas.
12. Cobo Borda, *op. cit.*, p. 227.
13. Víctor Gustavo Zonana, "El Hijo Pródigo en la Poesía Argentina del' 40: Enrique Molina", *Revista de Literaturas Modernas*, n. 31, Mendoza, Faculdad de Filosofía y Letras, Universidad Nacional de Cuyo – Conicet, 2001, pp. 193-218.

-historicista, alheia aos conflitos mundiais. Cobo Borda fala ainda, a propósito dessa geração argentina, num

> [...] sincero culto a uma beleza ideal cantada em tom elegíaco. Isso fez, também, com que, em muitos casos, se mantivesse dentro dos exclusivos limites eufônicos, de artifício e jogo verbal, de música e som, que incidiam com agrado nos sentidos, mas cujo significado terminava por diluir-se[14],

o que, não poucas vezes, se verifica em alguns dos poetas brasileiros do período. O mesmo crítico volta-se igualmente para o caso venezuelano, lembrando as palavras de Luis Pastori na abertura de sua antologia de *Los Poetas de 1942*: "Aspirávamos reimplantar, com cautelosa medida, certos moldes clássicos da poesia castelhana, mas renovando-os e os desintumescendo, dentro de uma visão moderna dos temas eternos do amor e suas vivências, a introspecção íntima, a solidão ou a esperança"[15]. Nas palavras de um dos poetas argentinos representativos do período, David Martinez, "a geração de 40 não aspirou, sequer, a ser movimento de renovação. Foi mais um movimento de medida e equilíbrio"[16].

Projetando, ainda, essa tendência a outras literaturas hispano-americanas, Cobo Borda complementa seu inventário notando que os tópicos arrolados acima –

> [...] uso de formas tradicionais, tom solene, natureza harmônica, distanciamento, nostalgia do passado, visão arquitetônica, impessoalidade e interrogação retórica, e o influxo, além dos indicados, de Valéry e dos românticos alemães – podem detectar-se em um poema ou dois [...] do peruano Sebastián Salazar Bondy [...] ou na totalidade de uma obra singular como a de Juan Rodolfo Wilcock, um paradigma destes anos[17].

Sobre a "restauração neoclássica" promovida por este último poeta, figura paradigmática do período, dirá Ricardo Herrera, partindo de uma indagação que muito interessa para esta abordagem:

14. *Idem*, pp. 227-228.
15. Luis Pastori, *Los Poetas de 1942. Antología*, Caracas, Monte Ávila, 1988, p. 8 *apud* Cobo Borda, *op. cit.*, p. 230.
16. Os comentários de Requeni e Martinez são reproduzidos por Cobo Borda no ensaio citado, p. 227.
17. Cobo Borba, *op. cit.*, p. 230.

Agora, como é possível que um escritor que tinha plena consciência do distanciamento que seu estilo estava operando sobre a experiência imediata da vida, *a realidade*, [...] haja tomado o caminho mais oposto às indicações e aos temores de sua consciência? Minha hipótese, justificada em parte pelo próprio autor, [...] é que isso se produziu em vista de sua rejeição profunda das estéticas que em seu tempo cumpriam essa missão – o surrealismo francês (o argentino começou quando a lição daquele tinha se concluído, despedaçando-se contra a "realidade" socialista) e a poesia comprometida –, preferindo passar por intempestivo a se adaptar às modas que então chegavam a nosso país[18].

Anos depois, já instalado definitivamente na Itália, terra de eleição, testemunho e síntese viva do mundo clássico (como o foi, de certo modo, para Murilo Mendes), o próprio Wilcock trataria de explicar a razão de ter adotado formas e modos clássicos, articulando essa adoção com o esgotamento das vanguardas:

[...] durante os anos da Segunda Guerra Mundial, a vanguarda literária já havia esgotado sua tarefa de representar, ante os olhos, a destruição causada pela Primeira [...]; o equilíbrio histórico impunha, desde então, que a segunda metade do século fosse de reconstrução; uma reconstrução que, sem embargo, já se deixava entrever como um mosaico composto, de certa forma, com os pedaços rotos do passado, da era da inocência. A cada um, o dever de reconstruir com os pedaços que o haviam tocado. É por esse motivo que o poeta usa tão livremente o metro tradicional, a rima primeva e o sentimento cristalizado, os quais, além da necessidade histórica, funcionavam sobretudo como astutos instrumentos, necessárias máscaras para esconder provisoriamente o rosto e não se confundir com a multidão desorientada dos retardatários saltimbancos da poesia sem sentido à poesia comprometida, ramos da grande árvore, então trêmulos e logo caídos[19].

Comentando essa ordem de justificativa evocada pelo próprio poeta argentino, que não deixa de ser recorrente nos casos de outros tantos artistas e poetas (inclusive alguns dos brasileiros examinados aqui[20]), todos,

18. Ricardo H. Herrera, "Juan Rodolfo Wilcock y el Problema de la Restauración Neoclásica", *La Ilusión de las Formas: Escritos sobre Banchs, Molinari, Mastronardi, Wilcock y Madariaga*, Buenos Aires, El Imaginero, 1988, p. 62.
19. *Idem*, p. 63.
20. Vale confrontar esse depoimento de Wilcock com o que concede Drummond a Homero Senna nos anos 1940, respondendo a mesma pergunta feita a Jorge de Lima, sobre idêntico retorno às formas tradicionais "[...] à medida que a poesia se deixa levar pela nostalgia de

como ele, operando essa ordem de guinada classicizante no período, dirá Herrera, com agudeza desmistificadora, que:

> [...] para o Wilcock de 1940-1945 ainda era possível fazer um "chamado à ordem". A proposição, sem dúvida honesta, era totalmente ingênua: a experiência realizada era dessas que vedam para sempre o Paraíso, "a inocência". Era como se a Europa, depois de ambas as guerras, houvesse proposto voltar à política do império austro-húngaro para recuperar sua hegemonia. O mundo perdido e, com ele, a arte perdida, era irrecuperável: o conceito de identidade, as filosofias antropocêntricas que o sustentavam, tinham voado como pó e, junto com elas, a imutável eternidade a que as belas obras se alinhavam. As retóricas deixaram de ser um fundo comum para converter-se em fenômenos individuais, privados, possuídos por um furor historicista desconhecido até o momento. Talvez fosse ainda possível escrever em "grande estilo", mas impossível esperar ser lido: já nada, nem sequer os próprios artistas, podiam ou queriam fazê-lo. O tempo começou sua acelerada carreira até a insignificância, o dilaceramento e as mais variadas formas de arte sem arte[21].

Em parte dos poetas brasileiros de 45 é possível perceber, como atitude literária, que o movimento regressivo é orientado por uma crença ingênua similar a esse retorno a uma perdida inocência, denunciada por Herrera como impossível de ser reposta: "escrever em grande estilo" e restaurar os laços com o público leitor... Além disso, insistem também nessa "imutável eternidade" evocada como critério artístico, ao passo que os modernistas classicizados vão tematizar e enfatizar a tensão entre o permanente (ou sua impossibilidade!) e o transitório, conforme se verá adiante, no capítulo VII.

Herrera sustenta que o classicismo wilcockiano entra em crise com a ascensão do peronismo e sua "violência fascista", tornando-se alvo de sua crítica daí por diante, tanto em verso quanto em prosa (como no livro *Caos*):

tais 'moldes antigos' ou insistir na reação contra eles decidirá, a meu ver, de sua liberdade conceitual, pois o regresso ao padrão arcaico ou transposto é quase sempre indício de uma tendência para a recapitulação histórica, para a volta a concepções e diretrizes intelectuais também suplantadas. Quero dizer: começa-se pela forma e chega-se ao fundo. Ora, acredito que os poetas se acautelarão contra o risco." Carlos Drummond de Andrade, "Poética Moderna", in Homero Senna, *República das Letras*, pp. 6 -7.

21. Ricardo H. Herrera, *op. cit.*, p. 63.

> Dono de uma grande cultura, [Wilcock] não podia ignorar o que a palavra fascismo significava: "restauração". Não vamos entrar na análise agora se o peronismo foi ou não um fascismo, basta saber que para Wilcock, foi. Evidentemente, compreendeu que a restauração não podia ser a mesma que a italiana (não havia uma "ordem" milenar a restaurar, mas deve ter sentido essa tendência no ocultamento das contradições pela ênfase retórica ("povo", "pátria" etc.) e essa inclinação para resolver as crises com categorias completamente acríticas, como a mística do líder e das massas. Em poucas palavras: há um perigoso paralelismo entre a regressão órfica que identificava coisa e palavra apoiando-se numa concepção do divino ("Eu sou o verbo") e as mistificações da nova política. [...] O *caos* descreve a impossibilidade de fundamentar racionalmente qualquer tipo de "ordem" ou "forma" e, portanto, afirma que essa fundamentação só se pode parodiar. Daí se deriva que todo real classicismo ignora que o é, e que todo neoclassicismo é paródia solene daquele. Igual leitura vale para toda ordem política restauradora: simula-se a identidade (a pátria, o povo etc.), mas de fato não a tem; a única coisa que se tem é um tropo, uma figura que a sugere. [...] Tanto a estética neoclássica, quanto a ordem que dela deriva se se faz de poder político, encontram sua origem numa clausura gnosiológica: não tanto a impossibilidade de conhecer, como a precariedade e a limitação de todo conhecimento e, logo, o mascaramento dessa limitação com um ritual gnosiológico que consiste numa paródia séria da lucidez e do equilíbrio. [...] Onde devia começar o conhecimento, se o dá por alcançado e começa a simulação estilizada ao máximo do mesmo, simulação revestida de complicadas formas e formalidades[22].

O testemunho da crise do classicismo de Wilcock pelas razões políticas expostas estaria, segundo Herrera, em *Sexto*, livro de tons contrastantes, marcado pelo *horror vacui*, pela "percepção agônica da duração temporal" e pelo "*pathos* teatral da expressão", que levam o crítico a falar em certo barroquismo (mas não no sentido mais contemporâneo do "real maravilhoso", por exemplo). Entretanto, esse barroquismo (que também se verifica em alguns dos poetas brasileiros[23]) não implica abandono das

22. *Idem*, pp. 66-67; 74-75.
23. O barroco é evocado a propósito de mais de um modernista classicizado e um bom exemplo está no caso da primeira recepção de *Invenção de Orfeu*. Jorge de Lima chegou a depor sobre essa atribuição, compreendendo, evidentemente, o barroco como uma configuração estética, mais do que histórica. Por isso, chega a falar em "barroco moderno" ou "atual", como "um dos temas mais sedutores da literatura contemporânea" e cita como um dos especialistas no assunto, em contexto (sul-)americano, o poeta, escritor e ensaísta argentino Juan-Jacobo Bajarlía (*Notas sobre el Barroco*). Jorge de Lima, *Poesia Completa*, p. 67.

"convenções da tradição clássica"[24], fato observado por outro intérprete do poeta argentino:

> Para Herrera, em determinado momento de sua evolução estética, Wilcock chega a perceber a defesa do mundo clássico como uma sorte de "restauração" e associação dessa vontade restauradora com os componentes fascistas da política peronista. Esta revelação interior explicaria a posterior repulsa da restauração clássica na obra de Wilcock.
>
> A explicação seria plausível se realmente esse mundo desaparecesse por completo de seu universo como ponto de referência. Mas não é assim que sucede. [...] Há sim uma mudança de perspectiva na forma de assumir esse mundo. Uma mudança que pode estar mediada por suas leituras da poesia anglo-americana contemporânea: nesta nova forma de assumir o clássico [...], descobrem-se as pegadas do Eliot de *The Waste Land*, de Pound, de Joyce[25].

É ainda Zonana quem sinaliza demais aspectos do neoclassicismo da geração de Wilcock que podem ter alguma validade para o caso brasileiro. Diz assim que, na Geração de 40 argentina, o neoclássico desponta "na vontade de forma e na adoção de um acervo cultural tradicional como horizonte que garantisse a universalidade da mensagem literária"[26], especificando ainda que a "tradição clássica" é entendida "num sentido amplo, à maneira de Eliot". Todas essas observações podem ser estendidas à Geração de 45, que elegeu o autor de *The Waste Land* como mentor. Zonana estabelece outras correlações entre estética e política para pensar o decurso dos anos 1920 para os 40, com

> [...] a passagem da algaravia das vanguardas históricas à melancolia das pós-vanguardas, da vontade parricida das primeiras à assunção amável da tradição cultural das segundas.
>
> Esta imagem acha um correlato nas transformações sócio-históricas (da Argentina pujante de Alveolar à experiência da década infame; o contexto da crise econômica

24. Herrera, *op. cit.*, pp. 67-69. Sobre o choque instituído pelos "feísmos" que Wilcock passa a adotar em tensão com a forma clássica até então em vigor, acrescenta ainda Herrera: "Seguindo o exemplo de Baudelaire e dos últimos simbolistas, e, sobretudo, a lição do primeiro Eliot, Wilcock passa – pela incongruência que se gera entre forma e conteúdo – da sublimidade ao grotesco" (*ibidem*).
25. Víctor G. Zonana, *Sueños de un Caminante Solitario: La Poesía Argentina de J. R. Wilcock*, Mendoza, Editorial de la Facultad de Filosofia y Letras de la Universidad Nacional de Cuyo, 1988, pp. 29-30.
26. *Idem*, p. 14.

de 30; o contexto bélico internacional – Guerra do Chaco, Guerra Civil Espanhola, Segunda Guerra Mundial)[27].

Já no Brasil, como se vê, apesar das afinidades estéticas, bem como as motivações histórico-literárias (nomeadamente, o esgotamento das experimentações vanguardistas), as razões políticas são de ordem diversa. O moderno neoclassicismo argentino inicia-se um pouco antes, ainda no contexto da guerra, ao passo que o brasileiro, embora desse alguns sinais anteriormente, ocorre com o término da guerra e, embora se estenda até o segundo período varguista, começa, de modo oficial, com o fim do Estado Novo ditatorial (sobre o qual já se chegou a inquirir possíveis afinidades com o peronismo) e com a reinstauração, em tese, do período democrático dos anos Dutra, ainda que essa redemocratização seja mais marcada por persistências (e restaurações) do que suplantações e transformações efetivas.

Reitere-se, todavia, as afinidades estéticas com a Generación del '40, lembrando que o mais marcante nessa tendência foi o abandono das principais conquistas do Modernismo, ou mesmo, com a Geração de 45, a reação contra elas, as quais compreendem, no caso da lírica, a liberdade das formas, o verso livre, o estilo mesclado, a dissolução das fronteiras entre os gêneros, bem como a incorporação do prosaico (no duplo sentido do termo), do coloquialismo, da ironia, do humor (sobretudo na sua forma extrema: o poema-piada), da notação localista, da matéria cotidiana, da realidade urbana etc. Esse abandono ou recusa se fazia em prol de uma poesia de expressão mais disciplinada e nítida, cujos principais aspectos formais, estilísticos, temáticos e imagéticos serão tratados neste capítulo, para depois considerar as relações que ela entretém com a tradição, o leitor e seu contexto histórico-político mais imediato. Antes, porém, importa esboçar o retrato dessa Geração de 45, sempre tão execrada pela crítica e historiografia literárias.

PERFIL DE UMA GERAÇÃO OU GRUPO

Para considerar as linhas gerais do projeto poético da dita Geração de 45 (nem sempre bem definido, nem baseado num consenso, mesmo

27. *Idem*, pp. 18-19.

entre seus integrantes), assim como a atitude da crítica em relação a ele, além das polêmicas que suscitou, interessa delinear, minimamente, esse perfil de geração ou traçar, por assim dizer, sua formação identitária. O objetivo, com isso, é o de explicitar o que se toma por referência da produção desses novíssimos quando se vier a promover o confronto com os modernistas neoclássicos.

O dissenso entre críticos, historiadores e os próprios poetas de 45 se dá, primeiramente, em torno da composição dessa geração, irmanando nomes como Péricles Eugênio da Silva Ramos, Ledo Ivo, Domingos Carvalho da Silva, José Paulo Moreira da Fonseca, Bueno de Rivera, Geir Campos, Alphonsus de Guimaraens Filho, Paulo Mendes Campos, Mauro Mota, Afonso Félix de Sousa, Thiago de Mello... Em uma geração cujos contornos são imprecisos, o número de seus integrantes tende, também, a ser cambiante, como se vê nas antologias organizadas à época, inclusive por um de seus representantes: Fernando Ferreira de Loanda, que incluía vinte poetas em *Panorama da Nova Poesia Brasileira,* ao passo que, na *Antologia da Nova Poesia Brasileira,* reduziu esse número para dezessete, somando-se aí, discutivelmente, tanto João Cabral, quanto Ferreira Gullar. Na antologia de 1965, o critério de escolha é assumidamente idiossincrático, o que não contribui muito para o trabalho historiográfico. Como alega Loanda, "esta é a minha geração, a de 45. [...] A escolha é minha, estes são os meus poetas, os que mais me falam. Numa próxima edição, mais ampla, procurarei cobrir as prováveis lacunas"[28].

Quando se passa para a historiografia literária, esse número sofre uma alteração drástica, a exemplo da *História Concisa da Literatura Brasileira,* na qual Alfredo Bosi amplia o rol de nomes para algo em torno de quarenta, considerando poetas "também representativos de tendências formalistas e, *latu sensu,* neossimbolistas, difusas a partir de 45"[29]. De

28. Fernando F. de Loanda, *Panorama da Nova Poesia Brasileira,* Rio de Janeiro, Orfeu, 1951; e *Antologia da Nova Poesia Brasileira,* Rio de Janeiro, Livros de Portugal, 1965.
29. Alfredo Bosi, *História Concisa da Literatura Brasileira,* São Paulo, Cultrix, 1977. No caso de *A Literatura no Brasil,* organizada por Afrânio Coutinho, a composição é, ainda, absurdamente mais ampla, para além de sessenta nomes! E, detalhe importante, o capítulo sobre tal geração, nessa obra coletiva, ficou a cargo de Pérciles Eugênio da Silva Ramos, que diz, em nota, reproduzir o elenco de poetas proposto pela antologia de Milton de Godói Campos. Na análise efetiva dessa geração, porém, Silva Ramos compreende como representativos apenas nove, incluindo Cabral...! Pode-se indagar se, numa obra coletiva um tanto confusa como essa, a nota tenha ficado, efetivamente, a cargo de Silva Ramos, embora a defesa que nela se promo-

fato, a tendência neoclassicizante dessa geração se afina, em boa medida, com a segunda onda simbolista que se fez sentir em diferentes literaturas, conforme demonstram críticos como Edmund Wilson e Jeffrey Perl, ao examinar a "tradição do retorno" no Modernismo, partindo do redimensionamento do conceito homérico de *nostos*[30]. E isso se torna evidente, sobretudo, no caso dos três poetas propostos pelos líderes de 45 como mentores de sua geração: Eliot, Valéry e Rilke. O risco do alargamento promovido pelos historiadores, entretanto, é perder de vista a composição de um núcleo original, que permitisse delimitar com mais precisão um perfil e um "programa" ou proposta estética da dita geração.

Além de divergências sobre a composição, elas também ocorrem quanto ao emprego do próprio conceito de geração, indo da recusa à validação do termo. Por exemplo, João Cabral de Melo Neto, que acompanhou de perto a querela em torno do "nascimento e [do] batismo da chamada geração de 45", e à qual chegou a ter seu nome historicamente associado, contesta esse rótulo, ainda que o empregue ao ensaiar um dos primeiros balanços da poesia do período, em busca de um "denominador comum". Acha "mais instrutivo tentar a caracterização desse grupo de autores a partir da atitude crítica que se formou em relação a [eles] pelos escritores das gerações anteriores", o que não é garantia de maior justiça ou menor chance de erro na avaliação, mas sim possibilidade de "fornecer sobre as novas tendências uma visão de conjunto muito mais útil". Cabral acaba empregando o critério de geração mais por "facilidade de raciocínio", porém trata de defini-lo como segue:

> [...] uma geração é melhor definida pela sua situação histórica, pelas condições a partir das quais lhe é dado viver, ou realizar uma obra. Isto é: uma geração é melhor definida de fora para dentro, do que de dentro para fora, a saber, pela consciência que possa ter de si própria e pela maneira de reagir diante deste ou daquele problema. Uma geração é definível mais pelos problemas que encontra do que por uma maneira comum de resolver seus problemas[31].

ve das propostas estéticas da Geração de 45 parece não deixar dúvida de que ele é o autor, de fato. Essa nota é importante e será retomada em outro momento. Ver "III- Fase Esteticista. A Chamada Geração de 45". Afrânio Coutinho (dir.), *A Literatura no Brasil*, Rio de Janeiro, José Olympio, Niterói, Eduff, 1986, vol. 5, pp. 195-196.

30. Jeffrey M. Perl, *The Tradition of Return: The Implicit History of Modern Literature*, New Jersey, Princeton UP, 1984.
31. João Cabral de Melo Neto, "A Geração de 45", *Obra Completa*, p. 744.

Já Gilberto Mendonça Telles acata o conceito de geração sem qualquer ressalva e, diferentemente de Cabral, define-a tanto de fora para dentro, quanto de dentro para fora, na medida em que a justifica com base em critérios que englobam desde questões de idade comum até a homogeneidade de linguagem e estilo. Para tanto, recorre aos principais teóricos europeus que se ocuparam de tal conceito:

> A teoria de Ortega y Gasset (a de épocas que se consideram como desenvolvimento de ideias anteriores) se ajusta perfeitamente à prática da Geração de 45 [...]: o modernismo criou as formas do espírito moderno, da modernidade que a Geração de 45 continua a pesquisar. Se retivermos de Julius Petersen o sentido da data de nascimento e da linguagem, é fácil mostrar que, para além da convergência da data de nascimento dos seus principais poetas, variando de 1915 a 1925, em torno portanto de dez anos, está uma certa semelhança, uma notável homogeneidade no tratamento da linguagem poética. É como se a obra do modernismo já se encontrasse concluída nos seus princípios gerais e os novos estivessem preenchendo algumas lacunas e se identificassem nesse processo de preenchimento. E dentro das ideias de [Wilhelm] Pinder, podemos dizer que o "estilo" do modernismo transcende o de 45, melhor dizendo, engloba-o de tal modo que só se imaginam novos indo de encontro ao "estilo" da geração de 22. É nisto que, inicialmente, conseguem uma unidade de problemas e de fórmulas de soluções estéticas. Com o pensamento de Julián Marías é possível ver que em 1945 há os "sobreviventes" (poetas e leitores que ainda não são modernistas e insistem nos valores parnasiano-simbolistas); há os que estão no poder (os poetas que vêm de 22: Oswald de Andrade, Menotti del Picchia, Guilherme de Almeida, Cassiano Ricardo); os que são opositores, que se preparam para assumir o poder (os poetas que vêm de 1930); e os novos, os de 45, que lutam contra a situação da atualidade; já não aceitam a liderança de Oswald e começam a achar que os da década de 30 vão sendo influenciados pelas suas novas ideias. E foi realmente o que aconteceu no Brasil[32].

Em perspectiva oposta tanto à de Cabral, quanto à de Mendonça Teles, embora sem citá-los, Carlos Felipe Moisés julga que o termo geração mais atrapalha do que ajuda, por carregar conotações implícitas que acabam ganhando *status* de verdade incontestável. Associada a conceitos como grupo, tendência ou movimento, faz a mera contingência cronológica passar por ideologia ou doutrina. Tais conceitos, incluindo geração,

32. Gilberto Mendonça Teles, "Para o Estudo da Geração de 45", *Revista de Poesia e Crítica*, Brasília, Ano x, n. 12, p. 25.

[...] remetem aos compartimentos onde historiadores e estudiosos alojam escritores, por vínculos de afinidade, a fim de que a literatura possa ser entendida como processo coletivo, fenômeno histórico, em suma, e não como floração de eventos-obras isolados e autossustentados. [...] [A] periodologia tomou o lugar da história literária e "geração", de simples acessório que deveria ser, foi promovida a conceito teórico-doutrinário suficiente[33].

No que concerne, especificamente, à Geração de 45 como "fato literário", observa Moisés que ensaios e manuais nada mais fazem do que perpetuar o equívoco implícito numa afirmação de Sérgio Milliet em 1946 a propósito de *Lamentação Floral*, de Péricles Eugênio da Silva Ramos, ao reconhecer neste e noutros poetas do período "a volta ao equilíbrio das construções que resistem ao tempo". Com essa saudação elogiosa, Milliet estabeleceria um "conflito entre, de um lado, a seriedade, o recorte clássico e o apuro formal dos jovens e, de outro, o desleixo e a irreverência dos de 1922 – como se estes, vinte anos mais tarde, ainda estivessem batendo na mesma tecla". Milliet promovia, dessa maneira, um "momentoso conflito de gerações", que já não tinha mais razão de ser, pois, nas décadas de 1930 e 1940, nenhum dos poetas procedentes do Modernismo persistia nas "molecagens" e "estrepolias" de 1922, caminhando exatamente no rumo das "construções que resistem ao tempo", creditadas por Milliet aos estreantes. Ressalva, todavia, Moisés:

O único dos "velhos" que ainda insistia, gostosamente, nos excessos da fase heroica era Oswald de Andrade, cuja primeira edição das *Poesias Completas*, por coincidência, data exatamente de 1945. E Oswald, para se defender ou para sobreviver, cometeu a generosidade de atacar, com fúria (conservadores, reacionários, acadêmicos etc.), os jovens estreantes, o que serviu para referendar a insinuação de Milliet. O oportunismo de uns, mais a inércia e o comodismo da maioria, se incumbiram do resto.

Passando por alto de outros aspectos explorados por Moisés, seu ensaio conclui asseverando que, a partir de 1945,

o ceticismo corporativista fez escola. Arme-se um forte conflito de gerações, consiga-se o respaldo de um nome de prestígio, insista-se na campanha cerrada e persistente,

33. Carlos Felipe Moisés, "Geração, Gerações: Esboço de Introdução à Poesia Brasileira Contemporânea", *Revista de Critica Literaria Latinoamericana*, ano XXVI, n. 51, Lima-Hanover, 1er. semestre del 2000, pp. 155-163.

> e pronto: a "história" ganha mais um cubículo, mais um *ismo*. A ironia é que, de lá para cá, não há geração que não tenha caído de pau em 45 (é o "conflito de gerações" por excelência, na segunda metade do século), como se aí se concentrassem todos os pecados líricos da raça. É que a teoria reacionária por eles defendida – caso raro de injustiça que todo um grupo comete contra o que tem de melhor, com a prestimosa anuência dos seus líderes – presta-se muito bem à perpetuação de outro mito, [...] muito mais antigo, o mito do "bode expiatório"[34].

Sem dúvida, a Geração de 45 tornou-se o bode expiatório de vários poetas e grupos da segunda metade do século XX, a começar, é claro, pelos concretistas. Apesar de terem surgido com tal geração, eles fundaram seu programa em oposição aos preceitos estéticos por ela esposados. Simon e Dantas, inclusive, põem em questão essa estratégia polêmica para se fundar um programa poético, embora um intérprete mais recente, Gonzalo Aguilar[35], venha a endossá-la sem maiores discussões.

Agora, não parece, como quer Moisés, que a leitura de Milliet, ainda que decisiva, tenha sido a única a repercutir em avaliações posteriores dessa geração, perpetuando o referido equívoco. Outras leituras contemporâneas à emergência da Geração de 45 contribuíram de forma definitiva e foram reiteradas pela crítica e pela historiografia, como a de Tristão de Ataíde, quando reconhece na poesia dos "neomodernistas"[36] um esforço em superar o fosso que separa a poesia do leitor, como se verá adiante. Além disso, apesar de não haver consenso entre todos os críticos e historiadores sobre o valor do legado de 45, o que se perpetuou foi um julgamento negativo e não positivo como o de Milliet – de onde, aliás, o papel de bode expiatório.

Mesmo concordando, em parte, com o juízo de Milliet, cuja definição do programa de 45 corresponde, na verdade, à reposição de um *tópos* clássico, como se demonstra no capítulo VII, é de se crer que o sentido da expressão empregada por ele não possa ser aplicado, sem mais, aos modernistas

34. *Idem, ibidem*.
35. Iumna Maria Simon e Vinicius Dantas, *Poesia Concreta*, São Paulo, Abril Cultural, 1982. Gonzalo Aguilar, *Poesia Concreta Brasileira, op. cit.*
36. Silva Ramos rejeita por completo essa denominação paradoxal dada por Ataíde, argumentando que se trata de uma "continuação, com aprofundamento e retificação, do Modernismo, sobretudo se levarmos em conta o trabalho de reação já efetuado pela geração que se firmou entre 1930 e 1945, na poesia de Carlos Drummond de Andrade entre outros, e ao chamado romance de 30" (Silva Ramos, "III – Fase Esteticista. A Chamada Geração de 45", *op. cit.*, p. 195).

neoclássicos. Se, de fato, muitos poetas, herdeiros de 1922, já não praticavam as reivindicações poéticas da fase heroica e partiram para "criações que resistem ao tempo", como diz Moisés, o fato é que não chegavam, por isso, a esposar certos preceitos pretensamente universais repostos pelos poetas de 45 como fundamento do poético. O horizonte histórico não se perdeu para aqueles poetas que, partindo das conquistas dos anos 1920, se afirmaram nos anos 1930. Eles efetivamente incorporaram o tempo presente (com todas as suas demandas, premências, tensões, contradições e dilaceramentos) e não resistiram a ele – ou antes, resistiram em outros termos...

Há outro aspecto nessa polêmica sobre a Geração de 45 em que Teles parece estar com a razão, quando diz haver homogeneidade no tratamento da linguagem poética, negada por Moisés em outro passo de seu ensaio. Não se trata, necessariamente, de uma homogeneidade notável no sentido em que o quer o primeiro, mas há sim certas afinidades, evidenciadas mais à frente. Por fim, não se pode ignorar a identificação como geração, como sustenta Teles, diferentemente de Moisés. Ignorá-la é desconsiderar o fato de os próprios integrantes se reconhecerem com tal, a ponto de Domingos Carvalho da Silva tê-la nomeado do modo que a nomeou. Ainda que se possa ver nisso uma estratégia promocional, não deixa de ser uma forma de intervir na série ou no campo literário e é essa interferência que interessa à crítica examinar.

Karl Mannheim dizia que "o fenômeno social 'geração' não é nada mais do que uma forma particular de identidade na localização, agregando 'grupos etários' envolvidos num certo processo sócio-histórico", embora Ricupero observe que a "unidade de uma geração [...] não é dada por uma ligação social que cria um grupo concreto, mas por uma vontade subjetiva que forma algo mais parecido com uma *clique*"[37]. Pode-se sustentar, mais propriamente, que a Geração de 45 tende, mesmo, a uma forma concreta de associativismo que chega a se aproximar de uma "formação grupal", tal como a definiu Raymond Williams ao tratar da composição ou tipologia das "formações culturais independentes"[38].

37. Bernardo Ricupero, *O Romantismo e a Ideia de Nação no Brasil (1830-1870)*, São Paulo, Martins Fontes, 2004, pp. XIX e ss.

38. Cf. Raymond Williams, "Formações", *Cultura*, São Paulo, Paz e Terra, 2000. Ainda do mesmo crítico, "A Fração Bloomsbury", *Plural: Revista do Curso de Pós-graduação em Sociologia*, n. 6, São Paulo, FFLCH/USP, 1º. Semestre de 1999, pp. 139-168.

Nesses termos, considerando a organização interna, pode-se alegar que tal geração não se baseia, necessariamente, numa participação formal de seus integrantes, mas se articula em torno de uma manifestação pública coletiva, como é o caso dos veículos de expressão do... grupo, a exemplo da *Revista Brasileira de Poesia* (São Paulo, 1947-1956) e da *Orfeu* (Rio de Janeiro, 1947-1953), sem falar em outros periódicos regionais e em suplementos de jornais que dirigiram (como o *Pensamento e Arte* do *Correio Paulistano*[39]) ou para os quais colaboraram assiduamente alguns de seus principais representantes. A Geração de 45 chegou a atuar editorialmente, patrocinando a publicação de livros de poetas filiados a ela, como a coleção dos *Cadernos do Clube de Poesia*, inaugurada em 1948 por *Poemas,* de Cyro Pimentel – conjunto de versos de extração pós-simbolista e inspiração sá-carneiriana, considerado por Augusto de Campos "um dos mais belos livros de poesia da minha geração, com achados inesquecíveis..."[40] Aos *Poemas* de Pimentel, seguiram, na mesma coleção, os livros de estreia de

39. Em carta a Drummond, datada de 19.7.1945, Domingos Carvalho da Silva reclamava que os "jornais de São Paulo não têm, de resto, suplementos literários. Mesmo a página literária do *Correio* já desapareceu há muito tempo". Menos de dois anos depois, em nova carta de fevereiro de 1947, informa ao mesmo Drummond que o *Correio Paulistano* iria soltar um suplemento aos domingos. "O dirigente será nosso poeta Péricles Eugênio (da *Lamentação Floral*) e está interessado em obter a sua colaboração" (cf. acervo da correspondência passiva de Drummond no Arquivo-Museu de Literatura Brasileira da Casa de Rui Barbosa).

40. O ensaio foi escrito por ocasião da morte de Pimentel, a quem Campos busca desvincular (assim como o faz Teles) do quadro da Geração de 45, destacando os seguintes aspectos da experimentação poética de *Poemas*: "caso único de poesia moderna pós-simbolista, dissonante e abstrata. [...] Nele, como ocorrera com Ernani Rosas, a influência de Sá-Carneiro não foi despersonalizadora; assimilada e retrabalhada com novos elementos, resultou em criações pessoais e autônomas. 'Crianças-espelhos', 'distância-saudade', 'amores-noivos', 'corpo citiso', 'corpo-arbusto', 'mãos-anélitas', 'Asas-Quiálteras' – inéditos conglomerados de palavras cunhados por Cyro Pimentel sob o incentivo das inovações do poeta português eram um choque de renovação em nossa linguagem poética. Por outro lado, mesmo as marcas-patentes do idioleto sá-carneiriano, como o sintagma 'nostálgico do além' e os desdobramentos de personalidade – a sua característica outridade – ganham em Cyro um toque de abstratização, uma refração linguística peculiares, além de um ritmo próprio. [...] O anacronismo e a excentricidade da poesia inicial de Cyro Pimentel, que impede que seja incluída quer na 'geração 45' quer nas tendências construtivistas de sua própria geração, dão-lhe contornos 'sui generis'. Esses poemas serão talvez melhor compreendidos, dialeticamente, como uma reserva de potencialidades experimentais simbolistas". Dentro do espírito da experimentação concretista, Campos comporia uma de suas "intraduções" a partir de um verso de Pimentel: "Sê, fonte, apenas um desejo" (Augusto de Campos, "O Caso Cyro Pimentel", Portal de Literatura e Arte *Cronópios*. 6.1.2008 (http://cronopios.com.br/site/printversion.asp?id=3290).

Haroldo de Campos (*O Auto do Possesso*) e Décio Pignatari (*O Carrossel*), ambos de 1950, antes da ruptura concretista com o espírito de 45.

Voltando ainda aos periódicos, que tinham a intenção de funcionar como verdadeiros "laboratórios para as letras", consoante a definição de Valéry[41], há uma distinção importante a se fazer com respeito aos títulos. Saudando a revista curitibana *Joaquim* em 1946, Antonio Candido notava que ela atualizava o "ritmo iconoclasta e, por vezes, extremamente estético da geração de vinte e dois". Além disso, chamava a atenção para o nome da revista, observando que, com ela, "volta à cena o tratamento dos problemas pessoais; os problemas gerais são vistos à luz das idiossincrasias do escritor, e os nomes das publicações acompanham a onda"[42].

De fato, a reedição do ritmo iconoclasta se justificava no caso da *Joaquim*, ligada a um grupo que buscava retomar, mais de duas décadas depois, as reivindicações do "modernismo central" em contexto paranaense[43]. No caso da Geração de 45, não. Já Domingos Carvalho da Silva observara que o lançamento da *Revista Brasileira de Poesia* em 1947 rompia com "a moda anterior, de dar às revistas literárias nomes de coisas e de pessoas ou cores: *Klaxon*, *Verde*, *José*, *Joaquim*"[44]. Além de mais literais e convencionais, os títulos das revistas dessa geração apontam para a dissolução das individualidades, idiossincrasias e personalismos, com a evocação arquetípica ou mítica do poeta e da poesia à maneira da carioca *Orfeu*. O fato, aliás, era sintomático do abandono de uma das preocupações maiores do alto modernismo: a de forjar estilos pessoais[45].

Com a irreverência costumeira e o espírito polêmico que marcaram sua relação com a Geração de 45, Oswald de Andrade, quando da pu-

41. Valéry se refere à multiplicação das revistas poéticas favorecida pela febre dos anos de guerra e da resistência (Daniel Briolet, *Lire la Poésie Française du xxe. Siècle*, Paris, Dunod, 1997, p. 99).
42. *Joaquim* n. 3, Curitiba, julho 1946.
43. Quem fala em "modernismo central" para se referir ao movimento oriundo em 1922 é Natalia Romanovski, no estudo de clara filiação bourdieusiana que dedicou à revista paranaense publicada de 1946 a 1948. Ver *Um Grupo Abstrato: Cultura, Geração e Ambições Modernas na Revista* Joaquim, Faculdade de Filosofia, Letras e Ciências Humanas, Universidade de São Paulo, São Paulo, 2014. Dissertação (Mestrado em Sociologia).
44. Domingos Carvalho da Silva, "A Modernidade e a Geração 45", *Eros & Orfeu*, São Paulo, Conselho Estadual de Cultura (Comissão de Literatura), 1966, p. 142.
45. Cf. Fredric Jameson, *Modernidade Singular: Ensaio Sobre a Ontologia do Presente*, Rio de Janeiro, Record, 2004.

blicação do primeiro número da *Revista Brasileira de Poesia*, notou, a respeito do título e do espírito dominante da publicação:

> (De São Paulo) – Como o mar da poesia anda cheio de jangadas esperançosas, é útil anunciar que surgiu um cetáceo a estibordo da literatura bandeirante. Trata-se nada menos da *Revista Brasileira de Poesia* (não fosse a censura, ia sair do meu lápis *Revista Brasileira de Filatelia*).
>
> Foi-se o tempo em que a espontaneidade e a ilustração ponteavam de imprevisto a tessitura de nossa vida talentosa, o tempo das revistas de título desafetado – *Joaquim*, *José*, *Edifício*, *Paralelos*. A província encartolou e resolveu invocar alguns numes para despacho mais fácil da constelação paulista que quer suceder aos poetas de 22[46].

Em tom bem diverso da crítica irreverente e sagaz, caracteristicamente oswaldiana, que rebaixa o espírito dessa geração de poetas à dimensão metódica do colecionismo (sobretudo de exemplares raros) que a "filatelia" implica e à feição burocrática ou bacharelesca (que "despacho" e "encartolou" sugere), Sérgio Milliet saudaria a mesma revista, ao ser publicado seu quarto número, como sendo "um milagre comovente"...

> Um milagre de tenacidade e de fé que deveria receber a consagração oficial. Pois então não vale alguns milhares de cruzeiros de prêmio uma publicação com esse caráter desinteressado e cultural a enfrentar galhardamente a enxurrada de revistas escandalosas e deseducativas que andam por aí, perturbando as parcas letras do País? Uma revista de poesia e sobre poesia é sintoma de civilização e deveria ser, portanto, de material de propaganda no estrangeiro[47].

Na resenha, o louvor à *Revista Brasileira de Poesia* se faz em confronto com a revista *Fundamentos*, instalada em "polo oposto. Nada de poesia, mas política e realidades sociais". Do número da *Fundamentos*, Milliet menciona apenas a dura crítica ao livro de Emilio Willems (*Cunha. Tradição e Transição de uma Cultura Rural no Brasil*) feita por Caio Prado Júnior, que polemiza com as ciências sociais por causa de o "método antropológico" não partir de nenhuma teoria ou sistema de

46. Oswald de Andrade, "Aviso aos Navegantes", crônica de 25.01.1948 recolhida por Vera Chalmers em Oswald de Andrade, *Telefonema*. São Paulo, Ed. Globo, 1996, p. 250.
47. Trata-se de um registro de Sérgio Milliet, datado de 8.3.1949. *Diário Crítico*, vol. VI (1948/1949), São Paulo, Martins/Edusp, 1981, pp. 298-300.

ideias preestabelecido, como ocorre nas "ciências de verdade" (a exemplo da física e da química). Milliet sai em defesa das ciências sociais rebatendo a "ortodoxia marxista" de Caio Prado Júnior. A resenha de Milliet é sintomática não só da reação do literário aos novos meios de comunicação de massa (quando se refere à "enxurrada de revistas escandalosas e deseducativas"), mas também da especialização e disputa dos campos, discutidas mais à frente. E ao mesmo tempo que louvava, pedia a "consagração oficial" para o caráter desinteressado e cultural de uma revista exclusivamente de "poesia e sobre poesia", vista como "sintoma de civilização"...

Ainda na esteira da tipologia de Williams, vale considerar também, como manifestação pública coletiva de tal geração, o I Congresso Paulista de Poesia (1948), "que foi, sob certos aspectos, uma réplica da nova geração à Semana de Arte Moderna", segundo Carvalho da Silva[48]. Pode-se levar adiante essa comparação (embora ele não conclua neste sentido), acrescentando que, enquanto a Semana de 22 configurava uma intervenção iconoclasta, demolidora, que visava investir contra as expectativas conservadoras de um público intelectualmente despreparado para as reivindicações vanguardistas, a réplica de 45 propunha uma intervenção comedida, organizada num espaço institucionalizado em torno da especialização, devotado à investigação, ensino e formação de poetas e leitores. Desdobrando esse impulso inicial, ao primeiro, seguiram-se outros congressos em diferentes Estados, além de ocorrer, como desdobramento do congresso paulista, a criação do Clube de Poesia de São Paulo, onde eram realizados cursos e proferidas conferências por críticos, especialistas e poetas, brasileiros e estrangeiros, sempre sob o signo do bom comportamento, sem a irreverência e a ofensiva, portanto, dos manifestos da fase heroica do Modernismo.

Em discurso pronunciado na sessão solene de instalação do Clube de Poesia de São Paulo, Cassiano Ricardo, outro modernista entronizado, como diz Mendonça Teles, porém cooptado pelo programa de tal geração, vai estabelecer mais uma distinção significativa entre as formas de sociabilidade literária de 1922 e 1945. Trata-se, em suma, da diferenciação entre o salão, o café e o clube. Depois de mencionar por alto o fenômeno do "salonismo" no contexto literário oitocentista europeu (mais especi-

48. Domingos Carvalho da Silva, "O Modernismo e a Geração de 45", *Eros & Orfeu*, p. 144.

ficamente, o francês) e no brasileiro, bem como dos cafés, até início do século XX, Cassiano Ricardo lembra, citando Mário de Andrade, que o Modernismo nasceu no salão paulistano de dona Olívia Guedes Penteado[49], assim como um dos rebentos da Semana – a escola da Anta, da qual ele mesmo fez parte – nasceu no Café Guarani. Nota, contudo, que os salões e cafés haviam decaído e morrido, dando a vez ao clube, que embora se tenha notícia de existir antes, nunca assumira no país a feição que adquiria então, com um Clube de Poesia, distinto das duas outras formas de sociabilidade literária que o antecederam pelo espírito de organização:

> Não é o caso de estabelecer, aqui, as diferenças entre o salão, o café e o clube, na história social do pensamento e da sensibilidade lírica.
>
> Direi apenas que ao salão aristocrático sucedeu o café popular, ao café popular sucede o clube político-social. Os dois primeiros não possuíram, porém, o espírito de organização que tem o clube.
>
> A participação do poeta na vida social e política do mundo vem, aliás, de todas as campanhas pela liberdade. [...] A forma de participação e os ideais é que variam, de época para época. Além do poema – como arma de luta – os pontos de reunião literária representam formas ativas dessa participação. Em nossa história temos, bem, as três fases: a participação mundana, burguesa, aristocrática, pelo salão; a participação popular pelo café; a revolucionária, moderna, pelo clube[50].

Quanto aos objetivos do Clube:

> Poderei resumi-los assim: desfazer os equívocos entre o público e a poesia moderna; estudar a poesia como problema de cultura, através de aulas e dissertações

49. Na verdade, sobre a sociabilidade do grupo de 22 antes e logo depois da Semana, Cassiano Ricardo, assim como outros que se ocuparam da questão, repõe, em boa medida, aquilo que está dado por Mário de Andrade no conhecido balanço do movimento, publicado originalmente na forma de artigos, em *O Estado de S. Paulo*, em fevereiro de 1942, por ocasião das comemorações dos vinte anos da Semana da Arte Moderna. Vem daí as considerações sobre a função dos salões feitas por Ricardo. Ver Mário de Andrade, "O Movimento Modernista", *Aspectos da Literatura Brasileira*, São Paulo, Martins, 1974, pp. 231-255. Ver também Cassiano Ricardo, "O Salão, o Café e o Clube na História da Poesia" (transcrição do discurso proferido na sessão solene de instalação do Clube de Poesia de São Paulo). *Revista Brasileira de Poesia*, ano II, nº 5, São Paulo, fev. 1949, pp. 2-5.
50. *Idem*, p. 4.

[...]; desenvolver um programa de divulgação dos valores novíssimos, já tendo entregue ao prelo o primeiro fascículo dessa coleção.

Estou ouvindo uma objeção: não se explica poesia. A velha frase – se um pássaro fosse explicar porque canta, deixaria de cantar – continua em vigor. Mas há uma parte explicável, no poema moderno. Além do angélico, que há nele, há o demoníaco; além dos valores inexplicáveis, pelo seu natural mistério, há os valores da linguagem poética, ou do dialeto lírico. Não direi que o poema de hoje tem a mesma explicação do de ontem. Sem mistério, obedecendo a concepção estritamente lógica, o poema de ontem estava explicado por si mesmo; o de hoje é mais obscuro, mais denso, mais noturno.

Ainda recentemente, em luminoso ensaio, o nosso consócio Osmar Pimentel lembrava que, a seu ver, o que agrava, no Brasil, o problema da compreensão da poesia moderna é a indiferença absoluta do Estado para com os valores das artes, como a poesia, de natureza antiutilitária.

Ora, o que pretende o nosso Clube, até onde lhe caiba essa tarefa, é realizar o que o Estado não realiza. O povo, que já lê, e que gosta de música, é provável que também goste de poesia.

Pelo menos, já um famoso perscrutador do problema notava que o povo é poeta, vive numa atmosfera carregada de poesia. Ou melhor, o povo só faz revoluções quando os dirigentes do Estado deixam de ser poetas. E uma coisa é certa: se se quiser saber o que é um Estado totalitário, a melhor definição será – é o Estado que aboliu a poesia; é o Estado sem alma[51].

Está aí, dado por um contemporâneo, aquilo que faz dessa geração algo mais próximo de um grupo: o espírito de organização e as estratégias conjuntas de intervenção no campo literário, entre outros recursos de afirmação identitária que marcam as formações culturais independentes. O que, todavia, pareceria estranho na tipologia proposta por Williams, quando aplicada ao caso em questão, é que, em se tratando de relações externas, a Geração de 45 acabaria por enquadrar-se, paradoxalmente, na definição de uma formação contestadora... Por ironia da história, como já se pode notar no comentário de Teles (apoiado em Marías), a geração restauradora ocuparia, no caso brasileiro, uma vez entronizado o Modernismo, a posição outrora associada por Williams às vanguardas históricas... Mas, nisso, não se estaria distante do que observa William Marx sobre os grupos de *arrière-garde* e de vanguarda:

51. *Idem*, pp. 4-5.

De início, a composição sociológica dos grupos de *arrière-garde*[52] não é necessariamente distinta da das vanguardas: nada se assemelha mais a um grupo de jovens que proclama a ruptura com a realidade de que outro grupo de jovens expressando uma reivindicação semelhante. De um certo ponto de vista, o próprio princípio do protesto pode ser mais importante do que a direção. Não importa se alguém quiser acreditar que um grupo está olhando para o futuro e o outro está se voltando para o passado[53].

É, ainda, Williams quem afirma que, desde meados do século XIX, houve proliferação de todo tipo de formação cultural ou grupo especializado independente, o que se justifica, em boa medida, pela correlação de dois fatores: "em primeiro lugar, a crescente organização e especialização do mercado, incluindo sua ênfase na divisão do trabalho"; em segundo, o crescimento de uma ideia liberal da sociedade e sua cultura, com a correspondente expectativa de tipos diversos de obras ou de tolerância em relação a elas"[54]. O primeiro fato se confirma, completamente, no contexto literário brasileiro dos anos 1940, marcado pela especialização do trabalho artístico, justificando, dessarte, "a necessidade de constituir um território próprio e autônomo para a expressão poética"[55]. Notava Antonio Candido, no início dos anos 1950, sobre a crescente divisão do trabalho intelectual do período, que se assistia "ao fim da literatura onívora, infiltrada como critério de valor nas várias atividades do pensamento" e, consequentemente, à "formação de padrões literários mais puros, mais exigentes e voltados para a consideração de problemas estéticos, não mais sociais e históricos. Era a maneira pela qual as letras reagiram à crescente divisão do trabalho intelectual"[56]. Na medida em que deixava de ser um

52. A tradução literal de *arrière-garde* por *retaguarda* soa estranho, esteticamente falando, em português. Pensou-se, ainda, em optar por *contravanguarda*, mas além de forçar o sentido da palavra em francês, não parece muito fiel ao sentido com que William Marx emprega o termo... Sem contar que ele ainda emprega, por derivação, *arrière-gardisme*, que oferece maior dificuldade para a tradução. Na dúvida, optou-se por manter o termo citado no original, como já observado na Introdução.

53. William Marx, "Introduction", *Les Arrière-gardes au XXe Siècle*, pp. 13-14.

54. R. Williams, *Cultura*, *op. cit.*, pp. 71-72.

55. Iumna Maria Simon, "Esteticismo e Participação: as Vanguardas Poéticas no Contexto Brasileiro (1954-1969)", 1993, vol. 3.

56. Antonio Candido, "Literatura e Cultura de 1900 a 1945", *Literatura e Sociedade*, São Paulo, Nacional, 1985, p. 136.

meio de iniciação no conhecimento da realidade do país e de sua gente, a crescente divisão do trabalho intelectual verificada no período (com a imposição paulatina dos especialistas procedentes da universidade criada na década de 1930) veio instaurar um conflito no interior da literatura que, atacada em seus campos preferenciais, viu-se obrigada a retrair o "âmbito de sua ambição", de onde decorreriam as modernas tendências estetizantes, vistas como "reação de defesa e ajustamento às novas condições de vida intelectual; uma delimitação de campo que, para o crítico, é principalmente uma tendência ao formalismo, e por vezes à gratuidade e ao solipsismo literário"[57]. Essa reação não deixava, sempre segundo Candido, de trazer uma nova consciência artesanal e novos meios de expressão que poderiam levar à produção de "novas formas de expressão mais ou menos ligadas à vida social, conforme os acontecimentos o solicitem". Todavia, como concluía o crítico, aquele momento era de "relativa perplexidade" diante do "abuso de pesquisas formais, a queda na qualidade média de produção, a omissão da crítica militante", o que, encarado de um ângulo sociológico, decorria, em dada medida, da transformação do público e do grupo de escritores, entre outras causas.

O vínculo íntimo entre a constituição de um campo literário autônomo e as tendências formalistas e estetizantes é fato reconhecido por Bourdieu, ao examinar a gênese da arte pura no século XIX francês[58]. Para o sociólogo francês, toda a tradição de reflexão sobre a "poesia pura", assim como as correntes formalistas tenderam a transformar em essência trans-histórica o que é, na verdade, "produto de um lento e longo trabalho de alquimia histórica que acompanha o processo de autonomização dos campos de produção cultural"[59]. De modo que a "única forma legítima da análise da essência" seria através da história do próprio campo artístico ou literário.

A partir das considerações de Candido e Bourdieu, é possível compreender por que, nesse contexto marcado pela especialização do tra-

57. *Idem, ibidem.*
58. Pierre Bourdieu, *As Regras da Arte*, São Paulo, Companhia das Letras, 1997, pp. 159-160. Para uma articulação entre as formulações do sociólogo francês e a autonomização do campo literário brasileiro assinalada por Candido, embora no período imediatamente anterior ao examinado aqui, ver Randal Johnson, "A Dinâmica do Campo Literário Brasileiro (1930--1945)", *Revista USP*, 26, jun.-ago. 1995, pp. 176 e ss.
59. *Idem*, pp. 160-161.

balho artístico, as tendências formalistas e classicizantes da poesia vieram acompanhadas de um intenso e acalorado debate, não só entre os poetas, mas também entre os críticos do período[60], sobre a natureza do "essencialmente poético", o hermetismo, a poesia pura etc. Exemplo desse debate encontra-se nos artigos e polêmicas travadas à época por Sérgio Buarque de Holanda, examinados no próximo capítulo. A par desse pano de fundo, pode-se, agora, continuar indagando sobre a especificidade da inflexão neoclássica do verso e da depuração processadas na lírica do período, sabendo que ela se inscreve numa tendência maior de época e, enquanto tal, constitui uma reação à crescente especialização do trabalho intelectual, que obrigaria poetas e críticos a instituir critérios mais puros para delimitar a natureza particular da poesia.

Dá-se, entretanto, um aspecto pouco comum na constituição grupal, segundo quer Sérgio Buarque: uma discutível descentralização do grupo[61]. Não há mais, como em 1922, um núcleo de irradiação das novas tendências, mas a proliferação dos grupos pelo país, inclusive em Estados mais distantes. Todavia, essa descentralização, segundo ele, não implica dispersão: permanece a concentração em torno dos mesmos problemas estéticos, morais ou sociais, mesmo quando divirjam as soluções particulares.

Isso inclui um tema que interessa aqui, pois o abandono das mitologias pessoais vai se evidenciar, sobretudo, na construção da imagem do poeta. À adoção de um conceito trans-histórico do poético, correspon-

60. Não custa lembrar aqui que a crítica dos anos 1940-1950 também denunciava essa tendência à especialização do trabalho intelectual referida por Antonio Candido. A discussão sobre a natureza do poético e questões afins assinalava a preocupação em definir critérios estéticos mais rigorosos para a análise textual, que fundamentariam as reivindicações de jovens egressos dos meios universitários contrários ao tipo de crítica não especializada, praticada até então pelos "bacharéis" ou "homens de letras" nas colunas e rodapés dos jornais. Um marco significativo dessa luta pela legitimação da crítica universitária contra o impressionismo, autodidatismo e "aventuras da personalidade" reinantes na crítica de rodapé está na violenta campanha promovida por Afrânio Coutinho contra aquele que o próprio Drummond chamou um dia de "imperador da crítica": Álvaro Lins. A transição entre o rodapé e a cátedra, entre o "crítico-cronista" e o "crítico-*scholar*" é examinada por Flora Süssekind. "Rodapés, Tratados e Ensaios: A Formação da Crítica Brasileira Moderna", *Papéis Colados*, Rio de Janeiro, Editora UFRJ, 1993, pp. 14-21. Ver ainda Randal Johnson, *art. cit.*, pp. 178-179.

61. Péricles Eugênio da Silva Ramos, de certo modo, relativiza essa descentralização, observando que, embora sua geração viesse a se espalhar por todo o Brasil, teve seus "dois focos principais" em São Paulo e no Rio, em torno do Clube de Poesia e das duas revistas ("III – Fase Esteticista. A Chamada Geração de 45", *op. cit.*, p. 196).

de uma concepção equivalente do poeta, que será partilhada por todos os integrantes dessa geração nos diversos pontos do país. A concepção repõe as figurações míticas do poeta, a começar pela imagem órfica já anunciada no nome de uma das revistas do grupo. Essa configuração arquetípica, abordada no capítulo VIII, comparecerá mesmo entre os modernistas classicizados.

Antes de finalizar este tópico, importa insistir no perfil dos poetas de 45 como compondo, efetivamente, um "grupo", que ocupou, de certo modo, uma posição hegemônica e precisa ser estudado como tal. Não se pode, todavia, ignorar que eles não eram os únicos a definir a orientação estética de uma época, inclusive no que concerne à inflexão clássica. Dantas Motta, estudado no capítulo XI, é um bom exemplo de como a produção poética do período foi muito mais complexa e matizada do que supõe certa historiografia e crítica, quando equivocadamente subordinaram a diversidade a um único rótulo geracional.

No mais, embora de modo algo diverso, Pedro Lyra também falou dos poetas do Clube de Poesia e da *Orfeu* como formando um grupo (que não seria o único, nem o mais interessante), cuja concepção estética se generalizou, indevidamente:

> O fato é que a Geração [de 45] foi dominada e denominada pelo grupo formalista/esteticista que se reuniu em torno do Clube de Poesia de São Paulo e nas Edições Orfeu do Rio, ambos em 1947 [...]: ao utilizarem o termo "geração" para denominar apenas um de seus segmentos – o dominante, mas não o mais importante –, eles conseguiram fixar a imagem de que o grupo era toda a geração ou a de que a geração era apenas o grupo. Não era e não é. Atento a isso, Leodegário A. de Azevedo Filho chegou a sugerir o rótulo (que não vingou) de "Grupo de poetas de 45" no lugar de "Geração de 45 para designá-lo"[62].

QUESTÕES DE FORMA E ESTILO

Passando às questões de forma, a conversão neoclássica do período foi prontamente identificada pela reposição de convenções suplantadas

62. Pedro Lyra, "As Gerações da Poesia Brasileira no Século XX", *Sincretismo – A Poesia da Geração 60*, Rio de Janeiro, Topbooks, 1995, p. 69.

(neoclássicas, neoparnasianas ou neossimbolistas); das formas fixas, especialmente o soneto, cuja retomada é discutida no tópico seguinte; de certos gêneros poéticos, como a *ode* e a *elegia*; em alguns casos, da métrica e, mesmo, da rima. Nos grandes líricos provenientes do Modernismo, essa reassunção não implicou abandono do espírito de experimentação, visível, por exemplo, nas tensões entre a forma fixa convencionalmente metrificada e rimada, e a organização semântica inovadora, respondendo pelo hermetismo das imagens; ou ainda na ruptura com os esquemas métricos, rítmicos e rímicos tradicionalmente previstos[63]. Já no caso dos poetas de 45, essas rupturas e tensões não parecem se verificar com tanta frequência quanto em Drummond, Jorge e Murilo, apesar de Hernani Cidade alegar que, mesmo curando "com certo esmero da forma", os poetas de 45 se conservaram "fora da regularidade parnasiana, quanto às medidas métricas e estróficas"[64].

Importante lembrar a advertência de Péricles Eugênio da Silva Ramos, quando afirma que sua geração não cogitava, originalmente, de repetir modelos ultrapassados, mas sim de "criar novas formas de expressão embora rigorosas"[65]. O desvirtuamento dessa proposta inicial, no sentido da adoção estreita de formas fixas, métrica e rima, ou ainda no da ressurreição de estilos poéticos tradicionais como característica da geração só ocorreria em seguida, em especial com Ledo Ivo e outros nomes ligados à revista carioca *Orfeu*.

Na verdade, afirma Silva Ramos, sua geração estava mais preocupada com uma poesia de "expressão nítida" na qual "o sentimento se resolvesse em imagens", definição muito próxima do conceito de "correlato objetivo" de Eliot, eleito um dos mentores dessa geração. "Desprezando a anedota e a expressão não comedida, buscava-se o 'despojamento', como se

63. Ver a esse respeito a análise do *Livro dos Sonetos*, de Jorge de Lima, em Fábio de Souza Andrade, *O Engenheiro Noturno: A Lírica Final de Jorge de Lima*, São Paulo, Edusp, 1997, pp. 89 e ss. Com relação aos sonetos Drummond, ver J.G. Merquior, *Verso Universo em Drummond*, pp. 151-152; Vagner Camilo, *Drummond: da* Rosa do Povo *à Rosa das Trevas*, pp. 194-203; e Abel Barros Baptista, "Oficina Irritada", *Inimigo Rumor: Revista de Poesia Brasil e Portugal*, n. 13, Rio de Janeiro, 7 Letras; Lisboa, Cotovia/Angelus Novus, 2002, pp. 13-18.

64. *Apud* M. Bandeira e W. Ayala, *Antologia dos Poetas Brasileiros: Fase Moderna*, Rio de Janeiro, Nova Fronteira, 1996, vol. 2.

65. Cf. "Depoimento sobre a Geração de 45", *Revista de Poesia e Crítica*, ano I, n. 2., Brasília, dez. 1976, pp. 7-19.

dizia então. A 'nitidez da expressão' seria, pois, definidora e não a simples métrica"[66].

O formalismo reinante nessa geração tendeu a ser compreendido, explicado e justificado por seus integrantes e intérpretes em termos de pesquisa formal e de expressão, aliada aos estudos de teoria e técnica literárias e à reavaliação de patrimônio literário local. Silva Ramos notou que o apego a tais estudos se evidenciava no fato de os poetas de 45 também serem, com frequência, analistas literários. Era o caso dele, em particular, um dos mais preparados de sua geração, tradutor de poesia clássica, inglesa, espanhola e francesa (Shakespeare, Byron, Shelley, Keats, Góngora, Villon, Mallarmé...) e de ensaios de teoria literária (posteriormente traduziria *A Anatomia da Crítica*, de Frye); além de organizador de antologias e edições críticas de poetas brasileiros, sendo ainda autor de estudos como *O Verso Romântico* e *Do Barroco ao Modernismo*, espécie de história da poesia brasileira da perspectiva da poética ou dos procedimentos retóricos característicos de cada escola, geração e nomes emblemáticos dos diversos períodos. Daí a vocação francamente retórico-formalista dessa geração, reiterada mesmo pela produção posterior legada por seus líderes. Ao lado de Silva Ramos, Ledo Ivo é autor de conhecidos excursos sobre a poesia de Manuel Bandeira, Jorge de Lima e Mário de Andrade, seguido de Domingos Carvalho da Silva, que publicou estudos sobre o verso.

É ainda Silva Ramos quem afirma que sua geração se propunha a desdobrar concepções defendidas por Mário de Andrade em escritos reunidos em *O Empalhador de Passarinho* (1944) e em outros ensaios que assinalaram uma guinada significativa no pensamento estético do autor de "O Artista e o Artesão", no sentido de não mais deformar sua criação em prol de todos os "pragmatismos", como o próprio Mário reconhecia ter feito nos anos de militância modernista, mas sim de defender a reposição da pesquisa estético-formal[67]. Esse privilégio conferido ao apuro técnico,

66. Péricles Eugênio da Silva Ramos, *Do Barroco ao Modernismo*, São Paulo, LTC, 1979, p. 269.

67. Mário fala da passagem de sua fase "sócio-estourante" para a reconstrutiva em carta de 1944 a Carlos Lacerda (*71 Cartas de Mário de Andrade*, Rio de Janeiro, Livraria São José, 1965), lembrando escritos como "O Movimento Modernista" (em *Aspectos da Literatura Brasileira*) e "Atualidade de Chopin" em *O Baile das Quatro Artes*, São Paulo, Martins, 1975, entre outros de seus escritos ilustrativos desse segundo momento. Ao lado deles, caberia lembrar a

à tradição e ao artesanato, não implicava, todavia, a alienação da história. Era antes, como notou Lafetá, um esforço de transportar a postura ética, de participação, "para dentro da postura estética", revelando uma confiança na potência moralizadora (e salvadora) da técnica de que tratara Mário na famosa "A Elegia de Abril" (1941).

Essa reposição da pesquisa estética, todavia, parece ter sido compreendida por vários poetas de 45 como a defesa de padrões mais puros e restauradores do passado, levando um de seus críticos mais ferrenhos, Sérgio Buarque de Holanda, a falar em uma leitura equívoca das prédicas de *O Empalhador de Passarinho*, leitura essa que confundia, frequentemente, *forma* com *fôrma*.

Passando rapidamente das questões de forma às de linguagem e estilo, essa tendência classicizante foi marcada pela depuração da linguagem, pela dicção grave e pelo estilo elevado que chegavam, no limite, com os poetas de 45, quase a repor a velha divisão rígida e hierárquica de gêneros e estilos, na contramão da mescla estilística característica da modernidade literária, a datar do século XIX, tal como descrita por Auerbach[68]. É o que sustenta Sérgio Buarque, que fala ainda de beletrismo e de um *parnasianismo latente* dessa geração ligados a certa herança bacharelesca da vida cultural brasileira. Muito embora o crítico não o diga, o núcleo original da Geração de 45

conferência de 1938, "O Artista e o Artesão" (em *O Baile das Quatros Artes*), na qual amplia seu conceito de técnica, estabelecendo a distinção entre o artesanato (no sentido de aprendizado do material) e o virtuosismo (isto é, o conhecimento da tradição), e acrescentando, ainda, um terceiro momento da técnica representado pela solução pessoal que o artista, no confronto com as dificuldades do material e com as exigências de seu tempo, deve encontrar para a criação de uma obra de arte verdadeiramente representativa. Quanto a essa técnica pessoal, nota Lafetá que ela não se confunde com vagos conceitos do tipo "talento", "gênio" ou "inspiração", mas compreende "uma atitude coerente entre o artista e o mundo, entre a realização da obra de arte e a vida social. Sua exigência é a de uma postura pessoal de incansável pesquisa, que todos os artistas devem adotar se quiserem traduzir o espírito de sua época e ultrapassar o artesanato e o simples virtuosismo" (João Luís Lafetá, *1930: A Crítica e o Modernismo*, pp. 160-161. Para essa mudança no pensamento estético de Mário, ver ainda o estudo de Eduardo Jardim de Moraes, *Limites do Moderno: O Pensamento Estético de Mário de Andrade*, Rio de Janeiro, Relume Dumará, 1999).

68. A observação é de Sérgio Buarque e é retomada aqui pensando não só em *Mimesis*, mas especialmente, por se tratar de lírica, no ensaio de Eric Auerbach, "Baudelaire e o Sublime", *Ensaios de Literatura Ocidental: Filologia e Crítica*, São Paulo, Ed. 34/Livraria Duas Cidades, 2007, pp. 303-332.

surgiu, de fato, no contexto bacharelesco das arcadas paulistanas, segundo Péricles Eugênio da Silva Ramos[69].

A depuração da linguagem traduz-se em "estilização" para outro dos nomes representativos de 45: José Paulo Moreira da Fonseca, que em comentário sobre *Fala, Amendoeira*, de Drummond (1957), diz:

> Estilizar, a rigor, significa humanizar. [...] C.D.A. na obra que vem se desdobrando desde 1930, manifestou-se, frequentemente, um autor preocupado em fundamentar o verso num conteúdo densamente humano. Para isso, em grande parte de sua produção, tentou (com perfeito êxito) valer-se de linguagem coloquial, linguagem essa que soube alçar a um timbre evidentemente artístico. [...] Mas a adoção do timbre coloquial tem os seus perigos. Com facilidade caímos numa "fotografia verbal", quer dizer numa cópia fiel da palavra oral, coisa não raro destituída de arte, que redunda por fim na linha dos depoimentos judiciais, apenas sem os "disse o depoente..." Literatura supõe cuidado estético, transformação (estilo) visando valores de arte. Tal cuidado é a atmosfera constante no livro de C.D.A.[70]

E veja que essa exigência se coloca até para a prosa ou mesmo para a crônica. Que dirá, então, para a poesia?

No caso dos modernistas classicizados, embora tenha havido, de fato, depuração estilística, eles não chegaram a banir de vez o prosaico, empregado mais comedida e estrategicamente. Basta pensar no modo como Drummond (que, na verdade, nunca se propôs à incorporação radical da linguagem cotidiana, nem na fase mais propriamente modernista[71])

69. Buscando ainda se achegar de um perfil de geração ou grupo, valeria, talvez, observar que um número muito representativo dos novos de 45 é formado em Direito, sem falar que o próprio nascimento da referida geração está atrelado ao contexto das Arcadas paulistanas. Um de seus líderes (ou mais) estreou como poeta publicando em uma antologia de novos poetas organizada por Ulisses Guimarães que, como o título indica, *Poesia Sob as Arcadas*, remete ao ambiente estudantil do Largo de São Francisco. Embora o modelo de formação seja o tradicional, não parece que o perfil de classe desses bacharéis seja o mesmo daqueles do século XIX, o que caberia a uma sociologia dos intelectuais investigar, inclusive no que tange à inserção profissional desses poetas. Ver, a esse respeito, o estudo introdutório de Péricles Eugênio da Silva Ramos à segunda edição de Domingos Carvalho da Silva, *Rosa Extinta*, São Paulo, Clube de Poesia, 1980, pp. 9-14.

70. O excerto é de uma resenha do livro de crônicas de Drummond feita por Moreira da Fonseca e enviada ao primeiro como agradecimento pela oferta de um exemplar de *Fala, Amendoeira*. Consta do acervo de correspondência de Drummond na Casa de Rui Barbosa e vem datada de 28.8.57.

71. Veja a esse respeito Iumna Simon, *Drummond: Uma Poética do Risco*.

tensiona o estilo elevado recorrendo a um ou outro termo banal, chegando mesmo ao limite do escatológico, como se vê em "Oficina Irritada", sem falar em outros poemas de *Claro Enigma*, como "Os Bens e o Sangue".

Um último aspecto a se destacar rapidamente diz respeito ao *sublime* como a própria essência do *poético* para os poetas de 45, que acabam, entretanto, por realizá-lo apenas como artifício retórico ou como um pretenso nível estilístico elevado. Muito raramente alcançam o efeito ou a disposição de espírito visada pelo sublime, no seu misto de fascínio e assombro, desde o Pseudo-Longino até Kant, Schiller e as releituras românticas do *Peri Hypsous*, coisa que os modernistas classicizados conseguiram realizar mais plenamente, como se verá com Augusto Meyer e Murilo Mendes, por exemplo[72].

Reposição de Formas Fixas: O Soneto

Ainda dentro deste tópico sobre as questões de forma e estilo, cabe uma breve explanação sobre a retomada das formas fixas no período, em particular o soneto.

Na verdade, a discussão em torno do soneto já datava de antes, de fins dos anos 1930 e início dos 40, aqui como na Europa e, em boa medida, sua retomada pelos poetas de 45 pode, mais uma vez, ter sido tributária, ao menos em parte, das concepções de Mário de Andrade, que deixou em seu espólio notas para um estudo sobre "A Natureza do Soneto", supostamente redigidas em 1940 e 1944[73]. Embora se trate de um estudo muito preliminar que, por isso mesmo, permaneceu inédito, algumas das observações contidas nessas notas de trabalho reaparecem em outros momentos da obra e da correspondência de Mário, inclusive com

72. Um parâmetro para se pensar o enrijecimento dos recursos empregados para se produzir o sublime, no caso do grupo de 45, está no belo ensaio de Auerbach sobre as reescritas da aparição da rainha das amazonas na *Eneida*, guardadas, é claro, as especificidades de cada contexto. Ver "Camilla, or the Rebirth of Sublime", in Erich Auerbach, *Literary Language & its Public in the Latin Antiquity and in the Middle Ages*, Princeton, Princeton UP, 1965.

73. Deve-se a indicação dessas notas de trabalho a Marcos Antonio Moraes, que auxiliou na consulta dos manuscritos no Arquivo do IEB/USP, Fundo Mário de Andrade (código de referência MA-MMA-085). Trata-se de um conjunto de catorze páginas e dois recortes de jornal. As transcrições feitas a seguir correspondem a esse conjunto, intitulado "A Natureza do Soneto".

um poeta próximo da Geração de 45: Alphonsus de Guimaraens Filho[74]. Nelas, Mário defende, *grosso modo*, a hipótese do caráter, por assim dizer, "inconclusivo" do soneto, no sentido de o término do poema não coincidir com o fim do assunto, pelo menos até o Parnasianismo:

> O que há de mais sutil e fundamental na natureza do soneto, e de mais inopinado também, é que para que ele conserve todo o seu caráter de delicadeza, sua sublime honestidade e toda a modéstia de seu recato, se faz necessário dar a impressão perfeita de que o soneto acabou no decorrer livre e infindável do assunto, e não que este acabou no fim do soneto, como se fora apenas um tema. (O soneto é uma confidência parada em meio, entre pessoas que se conhecem perfeitamente e intimamente.) É essa aliás a diferença fundamental que vai do soneto verdadeiro ao soneto do Parnasianismo. Neste, quando o soneto acaba, o assunto também (mesmo quando não esteja empobrecido a simples tema curto, empobrecimento que realmente não se dá em certos sonetos de amor da *Via Láctea*, por exemplo, ou da *Alma em Flor*) acaba, fechado por uma ideia excessivamente conclusiva ou por um verso-de-ouro que funciona [...] como verdadeiro clorofórmio que adormece de vez o assunto. Já em Dante, Shakespeare, Camões, Góngora, quando o soneto chega ao fim, se percebe o lirismo, por mais dramático que seja, dizer: "Pronto, eu poderia continuar vivendo, mas o soneto já acabou", e emudecer recatadamente.

Essa impressão que distingue o "soneto verdadeiro" do soneto parnasiano parece, em alguma medida, contrariar a conhecida estrutura argumentativa ou, por vezes, verdadeiramente silogística[75] do soneto clássico (em particular, o italiano), dividido, *grosso modo*, em duas partes: a oitava, que cuida de propor ou apresentar o assunto ou descrever um "problema", cujo desenvolvimento ou resolução compete, em seguida, ao sexteto, tendo justamente no nono verso o *turn* ou volta, que assinala (pela mudança de tom, estado de espírito ou postura) a passagem da proposição para a resolução[76]. De modo um pouco mais específico, a propo-

74. Marcos Antonio de Moraes é quem lembra o quanto a discussão sobre o soneto reaparece na correspondência de Mário de Andrade com Alphonsus de Guimaraens Filho.
75. André Gendre, *Évolution du Sonnet Français*, Paris, PUF, 1996, p. 7.
76. Ver o que diz Spiller sobre o contexto de origem e consolidação do soneto, sobre sua lógica argumentativa, bem como sobre a concepção que tinham os *stilnovisti* a respeito da oitava, do sexteto e da passagem entre um a outro, em termos de transição da apresentação e descrição para a explicação – sem descuidar da condensação do tema ou evento abordado nos

sição do assunto cabe à primeira quadra (ou, como ideal de perfeição, aos dois versos iniciais, testando, assim, a habilidade do poeta), sendo que o desenvolvimento caberia ao restante dos versos, reservando o terceto final para a conclusão. A ideia sintetizada no fecho deveria ser elevada, nobre e, ao mesmo tempo, natural, de modo a rematar gloriosamente o pensamento. Sabe-se, enfim, que a disposição em duas quadras e dois tercetos favorece o jogo dual entre tese e antítese, com uma conclusão e desfecho sentencioso.

Mário, entretanto, sustenta a hipótese da impressão do inconclusão e, por isso mesmo, condena a chave de ouro como sendo imprópria dessa forma fixa "porque o fecha em demasia, e o soneto deve dar a impressão do transitório que continua. O que o fecha é apenas o eco de uma rima". Além disso, em termos formais, Mário defende os versos graves como os mais adequados a essa forma poética:

> [...] quanto à forma do soneto, o defeito rítmico dos versos agudos. A própria mansuetude do soneto implica sempre a preferência pelos versos graves. Principalmente o quarteto com versos agudos em 2ª. e 4ª. das quadras, é péssimo. Estudar neste sentido os nossos simbolistas, Cruz e Souza principalmente com versos muito claros terminando em "al", em "aurorais" e ritmo heroico com acentuação na 6ª. e 10ª. Já com ritmo romântico, acentuação de 4ª. e 8ª., o verso agudo se disfarça mais.

Curioso observar que, enquanto Mário condenava esse tipo de desvirtuamento do soneto original pelos parnasianos (apesar de registrar a necessidade de se "estudar bem o caso de Bilac" e de "não deixar de reconhecer obras-primas como 'Banzo', 'Argonautas', muito embora não estejam dentro da natureza do soneto"), Antonio Candido trataria de publicar, em 1959, "A Vida em Resumo", que examina justamente a estrutura "de quadro" ("estrutura de obra plástica fechando em si mesma um universo completo"[77]) do soneto parnasiano, segundo o modelo herediano adotado no Brasil. A mesma ideia de fechamento era sustentada em 1953 por Augusto Meyer no prefácio à *Coroa de Sonetos*, de Geir Campos, onde afirma ainda que o

versos (Michael R. G. Spiller, *The Development of the Sonnet: an Introduction*, London, Routledge, 1992, pp. 4 e 32).

77. Depois de sair no *Suplemento Literário* de *O Estado de S. Paulo* (de 11.1.1959), o ensaio foi recolhido em Antonio Candido, *O Observador Literário*. Cita-se a edição desse livro fundida em *Brigada Ligeira e Outros Escritos*, São Paulo, Editora da Unesp, 1992, p. 138.

"soneto é amigo da distância, do vazio respeitoso em derredor, do silêncio representado graficamente pelos brancos da página"[78].

Voltando às notas de trabalho, Mário registra que, quanto ao tema, o soneto

> [...] só pode ser sentimental. A expressão intensa de um sentimento, que tanto pode ser de natureza pensativa (filosófico, A. de Quental), quanto sensitiva (amor, amizade). A descrição em si ou só por si é contrária à natureza do soneto. Qualquer descrição ou de fato visual (paisagem, coisa) ou de fato anedótico (história, argonautas, Fernão Dias). É pois da maior essência do soneto ser uma intimidade, uma confissão, um tremor de sensibilidade, uma queixa, uma sensação. O soneto é pois eminentemente psicológico.

Por isso, ao mesmo tempo em que concebe o soneto como solilóquio, Mário vê como defeito o "soneto descritivo de paisagens e assuntos da natureza e da vida exterior", e considera o filosófico apenas aceitável:

> Na realidade o soneto é um solilóquio interior, se ele não precisa ser de amor, se pode ser de qualquer desgraça, ou tristeza, ou alegria do ser que o suspira, é na realidade nas internas de amor que o soneto vibra em toda a sua natureza mais completa. [...] O soneto conceituoso, filosófico, já [é] inferior ao amoroso como natureza do soneto, mas ainda aceitável.

Em meio às notas de trabalho, Mário deixou um recorte de jornal com um artigo de Fidelino de Figueiredo ("O Retorno do Soneto". *O Jornal*, 12 ago.1939) que saúda a volta à forma fixa, lembrando a importância da contribuição portuguesa (diga-se, camoniana) para a evolução em geral dessa forma de composição poética. Diz o crítico português:

> Volta o soneto a conquistar adeptos fiéis nalgumas literaturas. Em Portugal, esse retorno sistematizou-se em programa ou campanha, há anos. Dois poetas, Julio Brandão e Álvaro de Castellões, fundaram e mantiveram por algum tempo uma revista original, *O Soneto Neolatino*, que só publicava soneto de poetas românticos da Europa e da América que só propugnava essa forma poética. A França celebrou com entusiasmo e convicção o centenário do soneto de Félix d'Arvers. E os mestres

78. Por isso, fala ainda Meyer da "impressão mais espacial que temporal, mais da vista que do ouvido", provocada pelo soneto e outras formas estróficas breves (Augusto Meyer, "Prefácio", em Geir Campos, *Coroa de Sonetos*, Rio de Janeiro, Organização Simões, 1953, p. 14).

maiores do soneto português, Camões, Bocage e Antero são objetos da mais detida exegese. O soneto é um pergaminho glorioso da nossa língua. Nunca possuirá um conhecimento completo da sensibilidade portuguesa e do lirismo poético em que ela se expressa, quem não houver percorrido o longo e opulento filão do soneto. Aquele modesto invento de Pierre des Vignes, infeliz ministro do italianizado imperador Frederico II da Alemanha, teve em Portugal uma fortuna segura, naturalmente com seus momentos de desfavor ou desamparo das boas graças, mas com horas de alta inspiração, variantes de gênio na história geral dessa pequenina forma poética. Um desses instantes gloriosos reconheceu-o Wordsworth naquele soneto seu que celebra as glórias e excelsitudes do achado de Des Vignes. Nessa história da sensibilidade europeia, revista a largas passadas ou condensada em quatorze versos, Shakespeare, Milton, Spencer, Petrarca, Tasso, Dante e Camões são os marcos miliários.

Figueiredo lembra que o comentário de Wordsworth ("With it Camöens soothed an exile's grief") e o de Sainte-Beuve, quando "imita e parafraseia esta peça do poeta dos *Ecclesiastical Sonnets* ("Camöens de son exil abrège la longueur, / car il chante en sonnets l'amour et son empire"), atestam que eles não se esqueceram do significado de Camões para a evolução do soneto.

Depois de historiar brevemente os vários e principais momentos da história do soneto na poesia portuguesa, desde sua introdução em Portugal por Sá de Miranda até sua retomada no presente, constatando que sempre predominou ou se manteve o modelo italiano, Figueiredo conclui o artigo com a saudação de boas vindas à reposição moderna da forma fixa:

Bem-vindo seja o soneto, se o seu retorno às boas graças dos poetas e do público ledor é um índice sutil a anunciar a reposição em valor de todas as coisas belas, que nos assinalam uma tendência ascensiva, um confiado caminhar para as estrelas e para as utopias, um desdenhoso divórcio da reanimalização erguida à filosofia da vida!...

A volta ao soneto marcou diferentes literaturas europeias modernas. No caso da poesia francesa, depois Valéry (referência importante para os poetas de 45) seja como sonetista, seja como "teórico" dessa forma fixa, o soneto caiu, de fato, em descrédito até o final da Segunda Grande Guerra, como nota Gendre:

Sem o negligenciar completamente, os poetas preferiram o mais das vezes a ausência de toda forma preestabelecida. O soneto resistiu à fragmentação que Rimbaud e Corbière lhe infringiram até o limite extremo, mas ele não pôde sobreviver a uma explosão completa[79].

Gendre apresenta duas outras razões para o desaparecimento do soneto nesse período: além do declínio da rima e da métrica, que faz o soneto perder um de seus principais recursos constituintes, o legado vanguardista, como o do surrealismo, que impõe a ambiguidade generalizada com o triunfo da pulsão inconsciente e a rejeição de se querer representar uma vontade organizada pessoal na origem do poema, fazendo o soneto perder, assim, suas condições de emergência e de existência[80].

Mas a forma fixa voltaria a recobrar um lugar de direito na poesia francesa do período final da guerra[81], tendo inclusive um defensor entre os principais representantes da vanguarda surrealista: Louis Aragon, que, em 1944, ainda sob a Resistência, publicou com o pseudônimo de François La Colère uma apresentação aos leitores clandestinos dos sonetos de Jean Noir (pseudônimo de Jean Cassou), que os compôs na prisão, recorrendo à forma fixa justamente por causa da facilidade mnemônica que os esquemas métricos e rímicos proporcionam, de modo a evitar, dessa maneira, o registro escrito, que poderia cair nas mãos da polícia de Vichy[82]. Aragon, que polemizou com Claudel em defesa do soneto[83], chega a formular, na referida apresentação, uma justificativa dessa forma fixa, articulando a condição de encarceramento de Cassou com as restrições impostas pelo soneto: "Doravante, será quase impossível não ver no soneto a expressão de liberdade restrita, a própria forma de pensamento prisioneiro"[84]. Esse comentário, aliás, faz lembrar, em parte, a conhecida definição baudelairiana do soneto: "...parce que la forme est contraignante, l'idée jaillit plus intense"[85].

79. André Gendre, *Évolution du Sonnet Français*, p. 251.
80. *Idem, ibidem.*
81. Michel Riaudel observou em conversa que, no contexto da ocupação alemã na França, o retorno às formas clássicas e o cultivo do soneto eram, de certa maneira, uma forma de afirmação identitária nacional. Ou seja, reafirmar uma tradição clássica identificada como nacional era um modo político de resistência literária ou cultural.
82. André Gendre, *op. cit.*, pp. 251-52.
83. *Idem*, pp. 5-6.
84. François La Colère [Aragon], "Préface", em Jean Cassou, *Trente-trois Sonnets Composés au Secret*, Paris, Gallimard, 1995, p. 32.
85. "[...] porque a forma é restritiva, a ideia irrompe mais intensa" (*apud* André Gendre, *op. cit.*, p. 5).

A reabilitação da forma fixa entre os modernos classicizados e os poetas de 45, portanto, seguia dentro dessa tendência maior, pautando-se possivelmente por Mário de Andrade e por exemplos de líderes das vanguardas históricas que, como Aragon, voltavam a reconhecer o interesse pela velha forma fixa. É certo que, pelo menos no caso dos modernistas, percebe-se claramente que eles não se restringiram às "prescrições" impostas ao soneto, no que tange a temas, métrica, rima, lógica ou distribuição dos argumentos e não conformidade entre o fim do poema e a continuidade do assunto, identificada por Mário como sendo da "natureza" dessa forma fixa. Praticaram, aliás, não só o soneto "sentimental", mas muito o filosófico e mesmo o descritivo. Romperam com todos os esquemas rímicos previstos e empregaram as mais diversas métricas. Não seria possível ilustrar todos os casos, mas alguns dos grandes sonetos dessa estada neoclássica de Drummond, por exemplo, já foram examinados em outro momento, buscando evidenciar como ele retoma e, ao mesmo tempo, ironiza as convenções da forma fixa, inclusive as parnasianas, como se vê em "Jardim" (*Novos Poemas*), "Remissão", "A Ingaia Ciência", "Legado, "A Tela Comtemplada" e, o maior de todos, "Oficina Irritada", entre outros grandes exercícios no gênero em *Claro Enigma*[86]. No caso desse último soneto, Teixeira sugere o intertexto com a "Profissão de Fé" e o soneto "A um Poeta", ambos de Bilac, o que parece evidente, mas como um diálogo crítico, que põe o receituário parnasiano pelo avesso. Teixeira, entretanto, sustenta uma adesão incondicional de Drummond, como uma atualização dos preceitos bilaquianos similar à dos poetas de 45. Ignora, assim, a intenção irônica nesse e em outros sonetos de *Claro Enigma*. Longe do intento do poeta-ourives de disfarçar na forma o suplício da fabricação do verso, o soneto drummondiano se pauta pelo desejo

86. O exame da alusão irônica à poética parnasiana em sonetos como "Remissão" e "Legado" consta de Vagner Camilo, *Drummond: Da* Rosa do Povo *à Rosa das Trevas*. Os outros dois livros drummondianos de corte neoclássico também trazem grandes sonetos que esperam ainda por uma análise detida. Em outros capítulos deste volume, serão comentados, muito rapidamente, dois deles, "A Distribuição do Tempo" (*Fazendeiro do Ar*) e um soneto incluído em poema mais longo: "A um Hotel em Demolição" (*A Vida Passada a Limpo*). A experimentação, como essa, de inserir o soneto em meio a outras formas poéticas maiores está, além desse poema de Drummond, em vários momentos de *Invenção de Orfeu*, de Jorge de Lima, e em *Contemplação de Ouro Preto*, de Murilo Mendes, considerando os livros dessa estada neoclássica.

perverso de incomodar e fazer sofrer, expondo seus andaimes, bem como a violência e a contundência como princípio de composição[87].

Em todos, evidencia-se que a reflexão metapoética é uma das tônicas, sobretudo no sentido de buscar compreender e justificar o porquê do retorno a esses moldes e formas convencionais. O mesmo vai se verificar em outros modernistas neoclássicos. Como os *Sonetos Brancos*, de Murilo Mendes, serão abordados no capítulo x, valeria tecer agora, apenas a título de ilustração, alguns comentários gerais sobre o *Livro dos Sonetos*, de Jorge de Lima, também inteiramente dedicado a essa forma fixa, dando por vezes a impressão de ser "produto de um só período, de um só estado de espírito, – fornada única – monolítico"[88].

Sobre essa obra de inspiração neossimbolista, mas sem abandonar o diálogo com o surrealismo, observa Fausto Cunha, citando Valéry, que a palavra atingiu, no livro de 1949,

> [...] alto grau de valoração, próximo do encantamento, do virtuosismo, da abstração rítmico-sonora, exatamente como no poeta francês. Ouro e fio em ambos, não existe o receio de fazer jogo poético com a utilização de uma palavra especial, de um verso, ainda que descambando no *divertissement*"[89].

Cunha é o primeiro a chamar a atenção para o recurso da repetição deliberada de um ou mais versos de um poema em outro como um exercício muito comum entre os clássicos. Quanto à religiosidade de Jorge de Lima, diz que ele está, nesse livro, mais próximo do litúrgico que do místico: como Alphonsus de Guimaraens, o poeta alagoano sentia verdadeiro fascínio pelas expressões litúrgicas. "O *Livro dos Sonetos* é, sob determinados aspectos, uma sorte de ação de graças cantada como 'De Profundis'. O 'Livro de Jó' poderia dar mais ou menos uma ideia do que intento dizer"[90].

87. Ivan Teixeira, "Em Defesa da Poesia (Bilaquiana)". Introdução a Olavo Bilac, *Poesias*, São Paulo, Martins Fontes, 2001, pp. XIII-XVIII. A subversão dos preceitos bilaquianos já havia sido promovida muito antes do Modernismo por um poeta caro a Drummond: o Augusto dos Anjos de "O Martírio do Artista".

88. Fausto Cunha, "Nota Preliminar a Jorge de Lima", *Livro dos Sonetos. Poesias Completas*, pp. 160 e ss.

89. *Idem*, pp. 160-161.

90 *Idem*, p. 161.

Cunha não o diz, mas é que a religiosidade surge em mais de um momento longe de qualquer intenção celebradora e confortadora. Basta, por exemplo, atentar para o modo como Jorge de Lima subverte a cena da Paixão em um dos mais belos sonetos do livro:

O que há sob essa máscara é um pranto seco,
pranto final, sem lágrimas, calado.
A pele ressecou-se em fruto peco,
a fronte dolorida, o olhar parado.

Não há saída mais para esse beco.
Tudo perdido, tudo consumado.
O que há sob essa máscara é um pranto seco,
sem esponja de fel e último brado[91].

Identificado a Cristo, o eu poético encarna sua dimensão sacrificial sem qualquer perspectiva de redenção e transcendência, reduzido à condição final de completa imanência e esterilidade de cadáver ressequido e abandonado, solitário, no monte (certamente o Gólgota), sem consolo e reparação. As imagens de esterilidade despontam desde a abertura e se estendem pelos versos (como as patas ressequidas das formigas que descem pelos cravos e pelo corpo pregado na cruz) e se associam a outras, bastante contundentes, que evocam a ideia de dor, paralisia ou impassividade e exposição dilacerada de um sujeito lírico completamente acuado e perdido.

As formigas subiram pela fronte
e desceram ligeiras pelos cravos
das patas ressequidas, pelas unhas...

Cadáver seco em solitário monte,
sem complacências e sem desagravos,
sem madalenas e sem testemunhas.

Mesmo sem o fel do vinho dado pelos soldados a Cristo com a Santa Esponja, o travo amargo atravessa todo o soneto.

91. Os poemas são citadas de acordo com a 1ª edição: Jorge de Lima, *Livro dos Sonetos*, Rio de Janeiro, Livros de Portugal, 1949, p. 51.

Juntamente com esse, há outros poemas memoráveis no *Livro dos Sonetos*, como o do primitivo galo, o da pavana para uma defunta infanta e o da torre alada (examinado em outra parte). Sem pretender a exegese desses momentos altos do *Livro dos Sonetos*, vale, entretanto, evidenciar o grau de experimentação de Jorge de Lima com a forma fixa, chamando a atenção para um aspecto menos explorado pela crítica, que diz respeito aos três microssonetos iniciais, dispostos, como aparece no livro de 1949, lado a lado:

Os seus enfeites,
Suas bandeiras,
O amplo velame
Dormem na sombra.

Os mastaréus
Furam a treva;
Na tarde fria
São como ogivas.

É um mudo rito,
Agudo, agudo
No ar nevoento.

E a nave suave
Parece uma ave
Insubsistente.

Templo votivo
Sombrio e imóvel
Na tarde viva
Que a noite envolve.

Nave tardia,
Transfigurada.
A tarde fria
Torna-a encantada.

As velas juntas
Parecem asas
Alanceadas.

Irmãs defuntas
Ressuscitadas
Por Deus chamadas.

Nave ou igreja
Laje ou o que for
Suba perfeita
Para o Senhor.

Que não se veja
Ouro e esplendor
Mas tudo seja
Amor, amor.

Só um altar
Corpo votivo
Rasgando o espaço.

Para o inflamar
Coração vivo
Enche-o de graça[92].

O *Livro dos Sonetos* se abre com essa sequência de três sonetos em métrica nada convencional (são tetrassilábicos) e com rimas episódicas. No plano das imagens, o primeiro deles começa por aludir a fragmentos ou partes de uma embarcação (bandeiras, velame e mastaréus, metáforas *náuticas* que, de Homero a Rimbaud, descrevem a própria poesia ou o poetar, segundo Curtius, e que constituirão o repertório de imagens decisivas de *Invenção de Orfeu*, incluindo-se aí a épica camoniana). Segue a analogia com uma igreja ou altar, pela equiparação metonímica dos mastaréus às ogivas. No soneto seguinte, não se fala mais em compara-

92. *Idem*, pp. 11-15.

ção, mas sim, diretamente, em templo votivo, ao passo que no terceiro, voltam as duas metáforas para definir o edifício poético: "nave ou igreja / laje ou o que for / suba perfeita / para o Senhor". A "nave" permite pensar simultaneamente nas duas metáforas, na medida em que se aplica tanto à embarcação quanto ao templo. Fazendo convergir, assim, a metáfora náutica e a litúrgica, pode-se compreender que se trata de uma figuração não só para a poesia, mas para uma poesia de natureza devocional, que define o teor de parcela significativa da lírica limiana. É curioso notar que essa "nave" que metaforiza a poesia é qualificada como "tardia", o que pode remeter ao retorno neoclassicizante representado pela própria forma fixa.

Talvez não fosse demais afirmar que, pela mancha negra e delgada que desenham sobre o fundo branco da página, os três primeiros sonetos tetrassilábicos instalados na entrada do livro figuram como os mastaréus da embarcação[93] ou as ogivas do templo votivo com que se metaforiza o edifício poético. Em sua delgadeza, o desenho composto pelos três reforça a ideia de ascensão rumo à transcendência que define o teor místico do livro. Juntos, pode-se ainda supor, os três sonetos tetrassilábicos (de)compõem o alexandrino que, por envelhecer muito rápido em português, como já o notou Fausto Cunha, não chega a comparecer em nenhum momento na sua forma clássico-parnasiana – exceto talvez nessa forma mais inventiva em que foi decomposto, no pórtico do *Livro dos Sonetos*.

Note, porém, que se trata de um exercício de fé problemático, na medida em que esse edifício ou nave parcialmente figurado é cercado de signos negativos, dados sobretudo por imagens de escuridão, frieza e imobilismo, bem como pelo silêncio[94]. No primeiro soneto, bandeiras e velame "dormem na sombra"; os mastaréus furam "a treva" e são como ogivas "na tarde fria". No

93. Ivo Barroso indaga algo nesse sentido: "Seria especioso demais aludir que os três sonetos, forma gráfica quadrissilábica, lembram os mastros de um veleiro?" (Ivo Barroso, "De uma Possível Continuidade no *Livro de Sonetos*, de Jorge de Lima". http://gavetadoivo.wordpress.com/2012/12/14/de-uma-possivel-continuidade-do-livro-de-sonetos-de-jorge-de-lima/). Não parece nada especioso e pode-se ir mais longe, como se verá na sequência da análise.

94. Lembre-se, mais uma vez, o comentário de Andrade (*op. cit.*) sobre a presença constante da ameaça da negação, da esterilidade, do fracasso, resumida na imagem da noite sombria, tônica da futura *Invenção de Orfeu*.

segundo, o templo votivo é qualificado, contrastivamente, como "sombrio e imóvel / na tarde viva / que a noite envolve". A poesia que nele se cultiva – ou o canto que nele se entoa – é comparada, ainda no primeiro soneto, a uma "ave insubsistente" e caracterizada como um "rito mudo" (semelhante ao "concerto afônico" do "galo marinho" de outro soneto do livro), de modo a evidenciar a intransitividade do canto própria da lírica moderna, reiterada pelo hermetismo dos demais sonetos limianos do período. Apesar disso, o terceiro soneto conclui que esse corpo votivo que é a poesia do livro de 1949 rasga o céu, inflamado pelo coração vivo que o enche de graça.

A esse exercício formal algo virtuoso, disposto logo na portada do livro, de modo a figurar a entrada no templo ou a perspectiva do conjunto da embarcação, segue um soneto decassilábico em que se explicita ainda mais o teor devocional dos poemas.

Nada similar a esse nível de experimentação com a forma – e menos ainda com o que Drummond realizou à época – encontra-se entre os poetas de 45. Com eles, a retomada do soneto tende a se fazer sem grandes experimentações e questionamentos sobre as tensões que a reposição da forma fixa implica. Caminham, sem mais, no sentido da reabilitação convencional, chegando no limite, com Geir Campos, ao virtusiosismo de uma variante como a "coroa de sonetos", que é uma "façanha, verdadeiro salto mortal encadeado", conforme define Augusto Meyer no prefácio, que é um estudo histórico e formal adensado dessa modalidade poética[95].

Tome-se, ainda, o exemplo de *Acontecimento do Soneto*, de Ledo Ivo, outro dos principais cultores entre os poetas de 45 em que a forma fixa (quando bem realizada) se dá também nos moldes convencionais, dentro dos temas e esquemas métricos e rímicos previstos, sem a tensão entre o nível formal e o semântico. Se em alguns dos sonetos ensaia o metapoema, é com base em uma reflexão sem grande alcance[96]. O que talvez pareça menos convencional no livro de Ivo é o paradoxo contido no título, pelo involuntário que o "acontecimento" sugere. Todavia, lido à contraluz do conjunto de poemas, seria ingenuidade negar o que há neles de armado ao empregar a mais calculada das formas fixas. Ainda assim, é

95. Augusto Meyer, "Prefácio", em Geir Campos, *Coroa de Sonetos*, p. 8.

96. O soneto de abertura desse livro de Ledo Ivo é exemplo disso e será examinado adiante, no capítulo VII.

verdade, Ivo insiste na ideia de uma criação poética não regida pela razão e pela intenção, dando-se meio que à revelia do sonetista, como se vê nos tercetos metalinguísticos do "Soneto de Catorze Janelas":

> Não se faz um soneto; ele acontece
> e irrompe da alquimia do que somos
> subindo as altas torres do não ser.
>
> Nas rimas que ninguém nos oferece,
> pungentes, nós seguimos, e fitamos
> catorze casas para nos conter[97].

No caso de Ivo, pelo menos, essa contenção não foi capaz, entretanto, de fazer a ideia surgir mais intensa, conforme queria a fórmula baudelairiana[98].

O UNIVERSALISMO DOS TEMAS E O RECUO EM RELAÇÃO À CENA URBANA MODERNA

Seguindo com o mapeamento proposto por este capítulo, passa-se à eleição dos temas. Costuma-se reconhecer nessa tendência neoclássica pós-45 certo recuo em relação à cena contemporânea, ao localismo e à matéria histórico-social em prol do universalismo ou da metafísica. Isso é atestado por um dos representantes da geração, em diálogo com um dos principais críticos do período:

> Expôs o sr. Sergio Buarque de Holanda, e em minha opinião belamente, a diferença que já se pode notar entre os poetas representativos do Modernismo "modernista", e os da Geração de 45. Buscam esses últimos mais intensamente, nos assuntos que abordam, o subjetivo, o humano e o universal. Enquanto que os da geração de 22 procuram preferentemente o objetivo, o pitoresco, o anedótico e o regional. [...] Na

97. Ledo Ivo, *Acontecimento do Soneto. Uma Lira dos Vinte Anos*. Rio de Janeiro, 1962, p. 110.
98. Outros aspectos constitutivos da forma fixa poderiam ser evocados e postos em relação com o projeto (implícito) da Geração de 45. Eles são sugeridos pelo estudo de Jonathan Culler (*Theory of the Lyric*, Cambridge/London, Harvard UP, 2015), dentro os quais vale destacar dois, mas sem maiores comentários: a relação de pertencimento do soneto, no fim das contas, "mais ao modo de discurso epidítico" do que uma confissão pessoal (p. 317); e a capacidade dessa forma compartilhada de instituir uma comunidade intelectual e afetiva (p. 305).

verdade, há pelo menos dois polos em torno dos quais gira a poesia: ou esta se prende à realidade, mergulha nela, reflete-a e descreve-a, não saindo da esfera do concreto, do individual e das circunstâncias ou, pelo contrário, foge dessa esfera para mover-se no reino dos arquétipos. Através dos tempos, a poesia tem sido prisioneira ou fugitiva, de acordo com o temperamento do poeta, sem que se possa dizer, objetivamente, qual dessas faces é a melhor. Se para uns ela é o diário da terra, de um animal de terra, para outros, como a define um poeta dos maiores de nossos dias, Carl Sandburg, é o jornal de um animal marinho que, estando em terra, aspira a voar.

Assim, o propalado "despaisamento", nada mais vem a ser do que o reflexo de uma tendência legítima do espírito. Em poesia, aliás, é perigoso querer forçar as coisas. O que antes de tudo importa é a autenticidade: mas a autenticidade de um poema não se mede pela deliberação do poeta em "querer" escrever sobre certo assunto, e sim, de "poder" escrever sobre esse assunto. Há os que desejam fixar a terra, o homem, a época e seus problemas, mas na realidade não têm o que dizer em termos líricos. No fundo, são alheios a tudo isso, e as suas próprias palavras os condenam: recusam-se a transformarem-se em poemas. "Uma atitude do homem ante ao mundo e uma posição essencial do homem não podem forjar-se nem planejar-se, nem preparar-se", adverte-o Johannes Pfeiffer, mas há os que se esquecem disso. Na realidade, não os preocupa a poesia, preocupam-nos questões que, alheias ao cerne do fenômeno poético, por isso mesmo indicam posições falsas.

Objetivando espelhar em seus versos paisagens regionais, não percebem eles que estão sacrificando a espontaneidade à deliberação e repisando caminhos já mais que eficientemente trilhados. Os românticos descreveram aspectos da terra, e algumas vezes de modo brilhante, como Castro Alves. E depois dos românticos, a primeira geração modernista. Preconizar a diretriz descritiva é pois manifestar-se cauto, e não corajoso, uma vez que se trata, ao que parece, simplesmente de repetir[99].

O diálogo com Sérgio Buarque persistiu, mas num tom mais polêmico, na medida em que o crítico rejeitava o atributo de "regional" para qualificar a poesia modernista, ao que Silva Ramos (fazendo um uso largo e discutível do conceito) responderia em artigo publicado no suplemento "Pensamento e Arte", do jornal *Correio Paulistano*, em 19.8.1951:

Parece que está voltando à baila a questão da existência ou inexistência do que se diz uma "poesia nova" no Brasil. Como já por várias vezes me pronunciei sobre o assunto, só volto a abordá-lo para esclarecer certos pontos em que fui nominalmente citado.

99. Péricles Eugênio da Silva Ramos, "O Neomodernismo". *Revista Brasileira de Poesia*. São Paulo, dez 1947, pp. 2-4.

Antes de tudo, continuo a julgar que o Modernismo de 22 a 30 foi tipicamente regionalista. E isso a despeito de ter o Sr. Sérgio Buarque de Holanda procurado mostrar a falta de fundamento dessa caracterização, quando a deu como unilateral. Em seu modo de ver, eu praticara uma deformação, tão perigosa como a inversa, de responsabilidade do Sr. Gilberto Freyre: a de que o Modernismo não fora regionalista. Na realidade, não chegou a me "abalar vivamente" – para usar uma expressão do próprio Sr. Sérgio Buarque de Holanda – a argumentação desse mestre da crítica. O Modernismo de 22 e 30 pode ter sido e não ter sido regionalista conforme acepção em que tomarmos o termo. Falei em regionalismo por oposição a universalismo, envolvendo no vocábulo os pretextos locais, folclóricos, brasileiros, nacionalistas, descritivos etc., que predominaram durante o período. Se esse regionalismo foi autêntico ou de importação, eis aí uma questão bem diversa.

Literariamente, houve o regionalismo que o próprio Sr. Sérgio Buaque de Holanda não nega; se esse regionalismo foi epidérmico, de superfície, já isso constitui motivo para indagações de outra espécie. Pode alguém chegar à conclusão de que faltaram raízes regionais aos modernistas, uma vez que descortinaram o Brasil do alto da Torre Eiffel, como foi dito de um deles, ou tiveram sua percepção da metrópole do café aguçada pela leitura de Verhaeren.

Afastada, porém, essa questão de autenticidade ou procedência do movimento, não vejo como se possa deixar de reconhecer que os pretextos locais dominaram as obras representativas do período de 22 a 30. *A Pauliceia Desvairada*, de Mário de Andrade, os livros de Menotti Del Picchia (cujos artigos, no *Correio Paulistano*, antes e depois da "Semana de Arte Moderna" enfatizaram singularmente a necessidade de os poetas se voltarem para a terra e para a época), de Oswald de Andrade, Guilherme de Almeida, Cassiano Ricardo, Raul Bopp ficaram sendo, para nós, os livros típicos do Modernismo "modernista". Não sei de obra alguma, de caráter não local, que tenha chegado até nossos dias como representativa do período.

A diretriz universalista, se houve na ocasião, está hoje submersa, pois não foi ela que deu tipicidade ao movimento. Embora tenha havido aproveitamento de tendências notoriamente assinaladas em *A Escrava que Não É Isaura*, não foram estas que parecem ter se fixado em obras de arte representativas. Formaram o substrato anódino, que não resistiu à passagem de alguns lustros.

De resto, não percebo como se pode caracterizar um movimento simultaneamente com tese e sua antítese. Universalistas também foram, em nosso meio, os parnasianos e seus sequazes. O traço mais característico dos modernistas de 22 não foi, assim, o universalismo mas o regionalismo[100].

100. Péricles Eugênio da Silva Ramos, "Autenticidade e Hermetismo", Suplemento "Pensamento e Arte", *Correio Paulistano*, São Paulo, 19 ago. 1951.

Pensando nesse suposto alheamento da poesia do período, chegou-se a justificar o abandono das exigências mais imediatas de participação e posicionamento políticos diante das demandas do presente como decorrência do fim da Segunda Grande Guerra e do Estado Novo ditatorial, e a imediata inserção do país num contexto de "redemocratização" associado ao governo Dutra (1946-1951).

No caso específico da inflexão clássica drummondiana, já se buscou demonstrar o quão equívoca era a leitura reinante de livros como *Claro Enigma*, supostamente marcado pelo tédio alienante diante dos acontecimentos (conforme a tão decantada epígrafe valéryana) e pelo recuo em relação à "praça de convites" onde se instalava o poeta participante de *A Rosa do Povo*. A perda dos ideais sociais acalentados até então em função do recrudescimento da política cultural jdanovista adotada pelo PCB no pós-guerra, se motivou o suposto recuo em relação à cena urbana, nem por isso implicou total alheamento da realidade do tempo. Em seu pessimismo e melancolia, a poesia drummondiana do período operava uma retirada estratégica (comprovada pela prosa contemporânea de *Passeios na Ilha*), tomando os próprios ideais perdidos como matéria de reflexão na forma de um trabalho de luto que repunha o contexto sócio-político da época pelo avesso[101].

Já nos outros modernistas classicizados, como Jorge de Lima e Murilo Mendes, é fato ainda a se verificar se essa inflexão neoclássica implicou o efetivo abandono do horizonte histórico do presente. A questão exige investigação detida, mas vale notar, por ora, que no caso do *Livro dos Sonetos*, embora Jorge de Lima encene em mais de um momento a despedida do "mundo de relativos compromissos", nem por isso deixará de advertir sobre a aparência enganosa dessa poética de feição neoclássica, afastando-se em definitivo da hipótese estetizante e alienante da famigerada "torre de marfim"[102]. Não se pode esquecer que nos anos 1940, Mário de Andrade já tratara de redefini-la em escritos e cartas de modo bem diverso ou mesmo paradoxal, uma vez que não implicava, para ele, uma atitude demissionária. No caso de Murilo Mendes, vê-se no capítulo X como o contexto do fim de guerra e da ameaça nuclear

101. Cf. Vagner Camilo, *Drummond: Da* Rosa do Povo à *Rosa das Trevas*.
102. Veja a análise detida dos sonetos de Jorge de Lima sobre o tema no capítulo VII.

reverbera na forma neoclássica dos *Sonetos Brancos*. Mesmo nos belos poemas meditativos sobre os sítios arqueológicos de *Siciliana* há alusão a essa ameaça. Além disso, se se considera, com Merquior, *Tempo Espanhol* (1955-1958) como representativo dessa estada neoclássica de Murilo, pode-se reconhecer no último poema do livro um exemplo excepcional e contundente da aliança entre poesia participante e poesia católica, que marcou a *lírica de guerra* da fase anterior de sua obra. Trata-se de "Cristo Subterrâneo", que canta não "o Cristo vitorioso / dos afrescos catalães, / nem o Cristo de Lepanto", mas um

> [...] Cristo quase secreto
> que nasce das catacumbas
> da Espanha não-oficial.
> Nasce da falta de pão,
> Nasce da falta de vinho,
> Nasce da funda revolta
> Contida pela engrenagem
> Da roda de compressão.
> Nasce da fé maltratada,
> Vagamente definida.

Ao invés da riqueza e do poder, aliados à força bruta, ostentados pela igreja oficial, esse Cristo secreto que o eu muriliano descobre na Espanha sob regime franquista é o dos despossuídos e revoltosos que sonham e lutam às ocultas, sem se vitimizar, em prol de uma ordem mais justa e libertária. Desse "Cristo do tempo incerto, [...] Cristo do vir-a-ser, / formado nos corações / da Espanha que não se vê", irmanam-se os "estudantes / sem dinheiro para as taxas"; os prisioneiros, que "no silêncio / cultivam a pura flor da esperança"; os "homens-larvas, / famintos, inacabados / morando em covas escuras / de Barcelona e Valência"; os "operários atentos, em pé de greve, / filhos de outros operários mortos na guerra civil"; e, em matéria de militância religiosa, os "padres inconformistas / que não abençoam espadas / nem incensam o ditador"[103].

"Cristo Subterrâneo" fica aqui como exemplo de poesia social de alta voltagem (independentemente de se comungar ou não da mesma fé cató-

103. Murilo Mendes, *Poesia Completa e Prosa*, Rio de Janeiro, Nova Aguilar, 1994, pp. 620-621.

lica) que serve de parâmetro para se avaliar, neste e em outros capítulos, o que era praticado no gênero pela mesma época, inclusive entre os poetas de 45, sobre os quais se falou, insistentemente, na ausência, em bloco, da "necessária preocupação social"[104]. De modo mais aprofundado, Maria Marcelita Pereira Alves notou que o universalismo de 45, "afastando-se deliberadamente do Nacional para retratar o ser humano sem vínculos com seu espaço vital, não passa[va] de uma generalização abstrata de um impossível homem sem fronteiras" e "teve como consequência afastar da literatura brasileira os aspectos sociais e ideológicos" que marcaram fortemente o período modernista.

> Perdeu-se, assim, em pesquisas formais estéreis, porque consideradas válidas por si mesmas, mas não como exigência de um conteúdo específico e revolucionário, e deixou-se levar ainda por um psicologismo de feição individualista. O equilíbrio entre a preocupação estética e a preocupação político-social, que marcara o decênio de 1930-40, rompe-se, então, pendendo para o refinamento formal e para o universalismo vazio[105].

Ao indexar um dos principais veículos de divulgação das produções e discussões do grupo, a própria Pereira Alves chamou a atenção, no inventário dos poemas traduzidos e publicados na *Revista Brasileira de Poesia,* para "a inclusão dos poetas Langston Hughes e Nicolas Guillén que se destacam muito mais pela temática de fundamentação social e política, abrindo na revista uma perspectiva que, contudo, prematuramente se perdeu"[106].

Pode-se acrescentar ainda que, dentre os poemas traduzidos de T. S. Eliot, incluía-se a versão de "Os Homens Ocos", cujo tratamento dado ao tema da alienação, desumanização e reificação modernas encontrou ecos em alguns dos nomes dessa geração, como Bueno de Rivera. Dylan Thomas, cuja poesia nunca foi marcadamente social, teve, também, uma de suas raras incursões líricas por essa ordem de tema traduzida por Olívia Krahenbuhl no número 8 da *Revista Brasileira de Poesia* com o título "A

104. Charles A. Perrone, *Seven Faces: Brazilian Poetry since Modernism*, Durham, Duke UP, 1996, p. 18.
105. Maria Marcelita Pereira Alves, *Revista Brasileira de Poesia: Periódico Pós-Modernista*, 1979, São Paulo, Universidade de São Paulo. pp. 50-51. (Dissertação de mestrado.)
106. *Idem*, p. 45.

Mão que Assinou o Nome no Tratado". É ainda curioso lembrar que um dos convidados estrangeiros presentes no congresso de poesia patrocinado pela revista do grupo foi justamente Stephen Spender – ao lado de Auden e Day Lewis, um dos principais representantes da lírica social inglesa dos *thirties*. Embora não fosse essa a matéria de sua conferência, sua presença no país justificava a divulgação na mesma revista de traduções de alguns de seus poemas militantes.

Destaque-se, por último, a publicação, num dos números da *Revista Brasileira de Poesia*, de um ensaio de José Eduardo Fernandes sobre "A Poesia Inglesa e a Guerra", centrado na desvinculação entre o poeta e sua realidade em virtude do impacto dramático vivido, que tornou os poetas ingleses incapazes de assimilar o significado e a extensão do conflito no nível sociocultural, prendendo-se apenas a seus aspectos emotivos, em plano meramente individual – à exceção de Frank Thompson, considerado o verdadeiro poeta da Guerra[107].

A presença desses poetas e de tais estudos no principal veículo de manifestação do grupo atesta que a preocupação social não estava assim de todo ausente, como quer Pereira Alves e a crítica e a historiografia mais tradicionais do período. Mesmo que seja uma tendência que logo se perdeu, parece ter deixado marcas em Carvalho da Silva, Rivera, Ivo, Geir Campos e outros. A questão é muito mais compreender qual o tratamento dispensado a essa matéria social depois da grande lição drummondiana, dramatizando não só a realidade sociopolítica do tempo, mas também a própria voz lírica, o lugar de classe de onde fala o poeta e o alcance problemático desse canto solidário, conforme se viu no capítulo anterior.

O caso de uma das figuras emblemáticas dessa geração, Domingos Carvalho da Silva, pode ser ilustrativo nesse sentido. A preocupação com a poesia social desponta na sua produção poética, nas suas escolhas como tradutor e no diálogo epistolar mantido com Drummond, que parece ter exercido – ou tentado exercer – junto aos *novos* (incluindo os que não se enquadram neste rótulo, como Dantas Motta) um papel próximo ao desempenhado por Mário de Andrade para sua geração. Carvalho da Silva aparenta ter acatado muitas das sugestões feitas a seu livro de estreia, *A Bem-Amada Ifigênia* (1943), por

107. *Idem*, p. 81.

Drummond, a quem viria dedicar seu segundo livro, *Rosa Extinta*, publicado no mesmo ano de *A Rosa do Povo*, mas sem que se possa reconhecer algum diálogo com este, que sairia meses depois daquele. E a dedicatória se justificava pelo que Drummond "significa literária e politicamente". Carvalho da Silva acompanhou com muita empolgação a publicação meio anômina (Candido dá notícia disso[108]) de poemas depois integrados à *Rosa do Povo* e comenta, nas cartas ao poeta itabirano, a força e a superioridade dessa poesia, a exemplo de "Carta a Stalingrado", quando comparada aos poemas de Neruda e Rossini Guarnieri sobre o mesmo tema. Empenha-se em colaborar com o projeto de Drummond para a recolha de poemas sociais, a fim de montar uma antologia, fornecendo poemas seus e de colegas de geração alinhados ao tema, como os de "Laura Fonseca e Silva e Ricardo (Ricardito) Guimarães" (Carta de 1.2.47), além de um livro raro, *Casa Destelhada*, de Rodrigues de Abreu, com especial destaque para o poema "O Desejo Bom", do qual chega a reproduzir alguns versos. Nessa mesma carta, de 1 de dezembro de 1946, dá notícia "de mais um trabalho recente, de cunho social: 'Sérvia – Croácia – Eslovênia' "[109].

Como tradutor, Carvalho da Silva se dedicou a verter para o português uma amostra da poesia de Neruda, chegando a articular um plano de tradução a várias mãos, para o qual colaborariam Bandeira, Guilherme de Almeida, Jamil Almansur Haddad e Sérgio Milliet, e buscava convencer Drummond a integrar o time de tradutores. O projeto de tradução conjunta do poeta chileno não vingou, porém, pouco depois, Carvalho da Silva deu à lume um volume de vinte poemas de Neruda, traduzidos só por ele. Carvalho da Silva acalentou ainda o sonho de publicar em português poemas de Langston Hughes e chegou a sondar Drummond sobre possíveis traduções do "Shakespeare do Harlem".

Pensando ainda na projetada antologia drummondiana de poesia social[110], Carvalho da Silva chama a atenção do itabirano para os poemas de Geraldo Vidigal e ao mesmo tempo fala de outros, de sua própria lavra, de

108. Ver Antonio Candido, "Fazia Frio em São Paulo", *Recortes*, São Paulo, Companhia das Letras, 1993, p. 22.

109. As cartas de Domingos Carvalho da Silva constam do acervo de Drummond depositado na Fundação Casa de Rui Barbosa.

110. Cf. Carlos Drummond de Andrade, "Trabalhador e Poesia", *Passeios na Ilha*, Rio de Janeiro, Organização Simões, 1952.

cunho social, incluindo o que fez em homenagem a esse poeta-expedicionário, cuja produção foi recolhida em *Predestinação*, prefaciado poucos anos antes por Mário de Andrade. Diz ele em carta de 17 de outubro de 1946:

> Agradeço o interesse que lhe pode merecer a minha pobre "Autobiografia".
>
> De interesse sob o ponto de vista da poesia social, além do que saiu na *Rosa Extinta*, tenho pouca coisa. Remeto-lhe com esta uma cópia de "Soerabaja", poemeto escrito um ano atrás, e de "A Espanha Renascerá", que apareceu na *Revista do Povo* com uma boa dose de erros. A cópia que lhe mando está retificada.
>
> Tenho mais alguma coisa (inclusive aquela "Mensagem ao Expedicionário Geraldo Vidigal", que v. publicou na *Tribuna*, muito longa para uma antologia). Creio entretanto que, com o que lhe mando hoje, v. estará de posse do que eu fiz de melhor, como participante.
>
> Vou dar uma busca na minha papelada, pois lembro-me de ter escrito um poema à F.E.B. e outro a Roosevelt. Se encontrar, remeterei, e assim v. poderá escolher com elementos mais completos.

Dentre seus poemas sociais, o mais evocado nas cartas com Drummond é justamente essa "Autobiografia", poema que dá fecho a *Rosa Extinta*. Nesse mesmo volume, encontram-se outros poemas de cunho social, dentro os quais "Com a Poesia no Cais", de que interessa reproduzir um excerto, justamente pelo que ilustra do tratamento dado à matéria social por Carvalho da Silva e alguns de seus companheiros:

> De macacão operário
> e chave inglesa na mão,
> convocarei a poesia
> para um passeio ao crepúsculo.
> [...]
> De macacão operário
> trespassarei os portais
> de velhos bairros obscuros
> e mostrarei à poesia
> cortiços e lupanares.
> Eu quero ver a Arte-Pura
> estender sua mão à fome.
> Que chegue às suas narinas
> o aroma das privações.

Que sinta e aspire o hálito
da negra boca da noite,
dormindo nas casas tristes
onde a miséria desmaia[111].

Sem duvida, os versos acima comprovam a persistência do impulso participante nessa figura emblemática da Geração de 45, mas é evidente a limitação de seu alcance social, aquém mesmo do que já havia sido realizado pela poesia dos anos 1930 e da primeira metade dos 1940. Basta o confronto com "O Operário no Mar", em que o apelo solidário ao outro social vem permeado, conforme se viu no capítulo II, pelas desconfianças e incertezas quanto a seu alcance de comunhão e compreensão. A consciência e a explicitação da distância de classe suplantava os equívocos de uma esquerda radical orientada pela cartilha do realismo socialista, que se pretendia porta-voz da classe operária. Comparados com o poema drummondiano, os versos acima chegam a ser pueris, com a figura meio patética do operário travestido de operário, trazendo pela mão a Poesia e a Arte-Pura personificadas para o confronto com a realidade de miséria, pretendendo que o "aroma de privações" lhes entrasse pelas narinas e mobilizasse demais sentidos... Não há aqui sequer equiparação à grande lição drummondiana[112], que dirá avanço, como seria de se esperar numa geração posterior...

Além de Carvalho da Silva, outros nomes da Geração de 45 poderiam ser evocados para atestar que a poesia social não desapareceu por completo nesse contexto, apesar das limitações assinaladas. Lembre-se um último exemplo: Geir Campos, cuja produção no gênero é assim resumida por Silva Ramos:

111. Domingos Carvalho da Silva, *Rosa Extinta,* São Paulo, Clube de Poesia de São Paulo, 1980, pp. 49-51. Esta 2ª edição recolhe, nas orelhas e contracapa, a primeira recepção, bastante entusiástica, do livro, representada por nomes como Milliet, Antonio Candido, Almansur Haddad, Luiz Washington Vita etc.

112. E não é preciso limitar o confronto a Drummond. Mesmo outro modernista classicizado menos politizado como Jorge de Lima diria em 1945, em depoimento: "fala-se muito hoje em dia em literatura proletária. Ora, apesar de seus cultores viverem entre operários, observando-os como os cientistas observam suas cobaias, essa literatura não tem, salvo raras exceções, a naturalidade e a força da águia do filósofo. Outra coisa será quando o operário ou o intelectual proletarizado puderem escrever suas vidas, fixar no papel, em contos, romances, novelas, poemas, suas rebeldias triunfantes". (Entrevista de Jorge de Lima concedida a Homero Senna, "Vida, Opiniões e Tendências dos Escritores", *Revista de* O Jornal, Rio de Janeiro, 29 de julho de 1945. Republicado em Jorge de Lima, *Poesia Completa,* pp. 42-43).

Da Profissão do Poeta (1956) inclui o poeta entre os demais trabalhadores, glosando a legislação trabalhista e constituindo uma espécie de *ars poetica* socialista. Em *Canto Claro* e *Poemas Anteriores* (1957) a primeira parte prega a consecução "de um mundo e muito mais humano", o que se torna definida missão para o poeta, que a ela consagra as composições desse livro (excluído *Tema com Variação*). *Operário do Canto* (1959) e *Canto Provisório* (1960) seguem a mesma diretriz[113].

Assim como a poesia social, também a lírica da cidade – moderna por excelência – não desapareceu de todo do repertório dessa geração, e o próprio Geir Campos ilustra isso, pelo tratamento dispensado aos *quadros parisienses* e ao tema da solidão na multidão, reescrevendo, por exemplo, o famoso "Paysage", da abertura dos *tableaux* baudelairianos. Em Ledo Ivo[114] ou mesmo Carvalho da Silva, entre outros, pode-se encontrar bons exemplos dessa vertente marcante da poesia moderna.

Todavia, foi muito mais frequente entre os poetas de 45, e também entre os modernistas classicizados, o deslocamento para um espaço citadino que está longe da urbe moderna enquanto palco dos conflitos prementes da realidade contemporânea, afinando-se mais com a evocação de cidades históricas, carregadas pela pátina do tempo, pela herança cultural do passado. São cidades-museus, alheias a tais conflitos, como a *Siciliana* de Murilo Mendes ou as cidades históricas mineiras (que já haviam se constituído em lugar-comum modernista, embora com interesse e registro diversos), retomadas então como objeto de uma contemplação meditativa, de cunho filosófico, vertida em uma dicção mais austera, elevada ou sublimizante por Drummond, o mesmo Murilo e alguns poetas de 45, como José Paulo Moreira da Fonseca.

Associado ao universalismo dos temas e à inclinação filosófica, metafísica, dá-se a retomada frequente do repertório de mitos greco-romanos, com Orfeu à frente, seguido de Arcturo, Anfion, Ganimedes, entre outros. Isso tanto no caso dos modernistas classicizados, quanto no dos neomodernistas.

113. Péricles Eugênio da Silva Ramos, "O Modernismo na Poesia", em Afrânio Coutinho (dir.), *A Literatura no Brasil. Era Modernista*, vol. 5, p. 218.

114. A título de ilustração, veja-se "Elegia Fantástica", incluída em *Ode e Elegia (1944-45)* ou a longa e espraiada *Ode ao Crepúsculo* (1946), todas recolhidas em Ledo Ivo, *Poesia Completa (1940-2004)*, Rio de Janeiro, Topbooks/Braskem, 2004, pp. 106 e ss. e 129 e ss.

RELAÇÕES COM A MODERNIDADE E A TRADIÇÃO

Já no que concerne à relação com a modernidade e a tradição, viu-se que os poetas de 45 foram frequentemente definidos com uma geração de ruptura com o legado de 1922. Entretanto, muitos de seus integrantes e críticos contemporâneos insistiam em afirmar sua modernidade, evidenciada já no modo como se autodenominavam ou como foram denominados (neo ou pós-modernos...) e alinhados pela historiografia do Modernismo, representando um terceiro momento ou fase do movimento, segundo uma lógica progressiva ou mesmo evolutiva bastante discutível.

A crítica não chega a desmenti-los de todo, como se nota no seguinte comentário de Iumna Simon:

> Conquanto estivesse distante de ser uma vanguarda e tivesse recaído em soluções retóricas e estetizantes, a linhagem dos poetas de 45 não deixava de ser moderna, inspirada em fontes de vária procedência: do simbolismo à poesia de Rilke, Pessoa, Valéry, Eliot, Neruda, Jorge Guillén, não faltando o gosto especial por atmosferas e cadeias imagéticas de inspiração surrealista. Se os recursos e os procedimentos modernos foram traduzidos em convenção, como um padrão genérico de modernidade poética, ao mesmo tempo eles serviam, juntamente com a restauração das formas tradicionais, ao esforço de especialização literária que, na época, traduzia a necessidade de constituir um território próprio e autônomo para a expressão poética[115].

Disse ainda Alfredo Bosi sobre o estatuto ambíguo dessa geração, no seu duplo movimento de retorno e renovação:

> Mas o que caracteriza – e limita – o formalismo do grupo é a redução de todo o universo da linguagem lírica a algumas cadências intencionalmente estéticas que pretendem, por força de certas opções literárias, definir o poético, e, em consequência, o prosaico ou não-poético... Renovava-se, assim, trinta anos depois, a maneira parnasiano-simbolista contra a qual reagira masculamente a *Semana*: mas renovava-se sob a égide da poesia existencial europeia de entreguerras, de filiação surrealista, o que lhe confere um estatuto ambíguo de tradicionalismo e modernidade[116].

115. Iumna M. Simon, *op. cit.*, p. 343.
116. Alfredo Bosi, *História Concisa da Literatura Brasileira*, p. 518.

Já a respeito da relação com os principais líderes de 1922, se havia, por um lado, a eleição, como antecessor ou mestre, de um certo Mário de Andrade, que parecia renegar os radicalismos dos anos de guerra em prol da reposição da consciência artesanal e da pesquisa formal, por outro, reconhecia-se em Oswald de Andrade o principal opositor.

A propósito, importa notar que no mesmo ano de 1945 em que se afirma essa geração, Oswald não só reunia suas poesias completas em livro, como bem lembrou Moisés, mas proferia e publicava também sua conferência sobre "A Sátira na Literatura Brasileira"[117], que reafirmava, em perspectiva histórica, o espírito de irreverência característico da dita *fase heroica* do Modernismo. Tal conferência segue na contramão da revisão autocrítica desse legado modernista que Mario de Andrade levaria a termo, pouco antes, na "Elegia de Abril", na conferência sobre o "Movimento Modernista" ou mesmo nos ensaios reunidos em *O Empalhador de Passarinho*, que os poetas de 45 tomavam como bíblia, embora promovendo uma leitura algo estreita deles.

Em outro momento, já se teve oportunidade de ver Oswald polemizar com essa que ele denominava de "geração trintanária", empenhada em liquidar "o Modernismo e suas consequências, a fim de terem trânsito os neo-Casimirinhos de boa conduta e para que refulja de novo a tarde lustrosa de Bilac nos céus da nossa literatura"[118]. Carvalho da Silva foi um dos que tentou reagir à verve polêmica característica de seu adversário, por ele chamado de o "velho e impetuoso esgravetador de pau-brasil" com sua "piroga de antropófago insaciável" e sobrevivente da Semana...[119]

Mas além do legado dos líderes de 1922, havia o dos poetas que derivaram dos primeiros e que se afirmaram sobretudo a partir de 1930,

117. Oswald de Andrade, "A Sátira na Literatura Brasileira", originalmente publicada em *Boletim Bibliográfico*, Biblioteca Municipal de São Paulo, n. 78, ano II, vol. II, abr.-mai.-jun. 1945, pp. 39-52 (republicada em *Estética e Política* (org. Maria Eugênia Boaventura), São Paulo, Globo, 1992, pp. 69-85). Sobre o contexto de formulação dessa conferência na trajetória de Oswald, ver a tese de Orna Messer Levin, *Pequena Taboada do Teatro Oswaldiano*, Campinas, IEL/Unicamp, 1995, pp. 70 e ss. (Tese de doutorado).

118. O adjetivo, está visto, deriva de trintanário, criado ou ajudante do cocheiro que viajava na boleia e executava pequenos serviços (Oswald de Andrade, *Telefonema*, São Paulo, Globo, 2007, p. 384). Ver também, de Oswald, *Os Dentes do Dragão. Entrevistas*, São Paulo, Globo, 1990. Já a reação dos Novíssimos às críticas de Oswald sai, na forma de manifesto, no número 18 da revista *Joaquim*.

119. A*pud* Gilberto Mendonça Teles, *op. cit.*, pp. 32-33.

como Bandeira, Drummond, Murilo Mendes, Vinícius, Affonso Schmidt, Cecília Meireles etc. Pensando na relação que os poetas de 45 mantêm com esses nomes, João Cabral falou em uma geração mais de "extensão de conquistas" do que de "invenção de caminhos", já que todos os integrantes partiam da experiência de um desses poetas mais antigos (poetas-inventores)[120].

Quem vai desdobrar as implicações dessa observação de Cabral, embora sem referência expressa a ela, é Antonio Candido, expondo anverso e reverso da questão. O aspecto positivo é que a filiação a um antecessor sinalizava a existência de uma tradição local constituída, coisa inexistente entre os primeiros modernistas, que dependiam de modelos europeus e de sua própria individualidade para criar seu caminho. O lado negativo era a assimilação mecânica e virtuosística dos procedimentos característicos. O crítico notava, assim, a existência de uma estilística da poesia moderna, com os mais moços tornando, como no Parnaso, "a assimilar processos e repousar numa doce virtuosidade. [...] O verso livre foi domesticado, assim como a imagística modernista; as suas ousadias andam hoje de coleira". Candido denunciava a grande habilidade dos poetas de 45 em "aproveitar a estrada dos outros, pela qual correm com uma facilidade que tende loucamente ao malabarismo". Em uma expressão magistral – sobretudo porque a homologia é empregada em contexto local, marcado pelo avanço do processo de industrialização retardatária e racionalização do trabalho –, o crítico falava no risco da "taylorização da poesia", confundida com pura técnica, malabarismo verbal, e da tendência desses poetas a se recolherem às academias federais e estaduais[121].

Sem deixar de atentar para a dimensão negativa assinalada por Candido, vale lembrar que a assimilação é um dos três fatores que Lantenois identifica ao criticar a lógica da fórmula do "retorno à ordem" nas artes plásticas:

120. Cabral dirá ainda que discorda de que a tendência estetizante seja o denominador comum da Geração de 45 – embora reconheça que possa definir uma parte ou um grupo, desde que se empregue o termo para designar não uma atitude mental, mas a desenvoltura ou plasticidade com que alguns desses poetas chegam a manobrar o verso herdado dos poetas que os antecederam (*op. cit.*, pp. 742 e ss.).

121. Antonio Candido, *Textos de Intervenção*, org. Vinicius Dantas, Rio de Janeiro, Ed. 34, 2002, pp. 143-149.

> Parece que a ordem, em seus fundamentos, seria efetivamente mantida, mas no seio de um processo de adaptação das representações picturais a certas componentes formais da modernidade artística, submetidas à seleção (as mais radicais são rejeitadas) e assimiladas a um dos valores essenciais defendidos pelo discurso crítico, a tradição. Seleção, adaptação, assimilação são os três fatores de um mecanismo lisíveis nos textos e visíveis nas obras, abrandado durante a fase de radicalização que começa na virada dos anos 1920 e 1930 [...]. [E]sse processo parece ser um passo essencial ao reconhecimento das vanguardas históricas e sua institucionalização após a Segunda Guerra Mundial[122].

Conforme se pretende evidenciar no correr das análises, esse triplo mecanismo de seleção, adaptação e assimilação parece sintetizar bem a relação dos poetas de 45 com a poesia de grandes nomes advindos dos anos 1920 e 1930, forjando um padrão de modernidade poético conformado pela atenuação e racionalização do legado modernista. Analogamente, foi o que ocorreu com a apropriação feita pelos *new critics* da poesia oriunda do modernismo anglo-americano, de acordo com David Perkins, com a diferença de que essa corrente crítica (composta também de poetas que operam de modo similar em sua produção lírica) preservou, ainda, a ironia e o *wit* no seu padrão cauteloso de modernidade poética, coisa que o grupo de 45, com raríssimas exceções, aboliu por completo.

Ora, a recusa da ironia como preceito fundador do moderno tem implicações consideráveis para a concepção estética e a visão de mundo, do tempo e da história instituída pelos poetas de 45. Com isso, eles tenderam a romper com a ambiguidade que, de acordo com a célebre definição de Octavio Paz da modernidade, residiria na confluência entre princípios antagônicos como a "analogia" (unificadora das heterodoxias, com vistas à resolução do conflito entre alteridade e identidade, quando da ameaça de desagregação) e a "ironia", enquanto signo da consciência histórica e da mortalidade, produto, entre outras questões, do tempo linear, acelerado, e da racionalidade técnica, instrumental[123]. Partindo dessa concep-

122. Anick Lantenois, "Analyse Critique d'une Formule", *op. cit.*, p. 47.
123. Octavio Paz, "Analogia e Ironia", *Os Filhos do Barro: Do Romantismo à Vanguarda*, Rio de Janeiro, Nova Fronteira, 1984, pp. 81-103. A associação da tese de Paz com o caso específico desses poetas em confronto foi inspirada pelos comentários de Ricardo Fabbrini sobre um contexto poético posterior no Brasil.

ção de Paz, pode-se sustentar que os modernistas, mesmo em sua estada neoclássica, mantiveram essa ambiguidade ou tensão viva, enquanto os poetas de 45 tendem, *grosso modo*, a dissolvê-la pela rejeição da ironia em favor do apelo exclusivo à analogia.

Voltando, ainda, ao exame da relação de tais poetas com seus antecessores, Silva Ramos, como líder do movimento, promoveu uma inversão discutível nessa lógica de influências observada por Cabral e Candido. Mais do que enfatizar a dívida para com seus antecessores e a extensão de conquistas, ele reivindicava a influência exercida por sua geração e por seu programa de poesia sobre a inflexão neoclássica dos poetas mais velhos:

> [...] a influência da geração [de 45] se deu sobre poetas mais velhos, que passaram a metrificar a partir de 1945, mesmo os que haviam se preocupado pouco com isso, de modo que a poesia praticada nessa fase, seja a de 45 ou 22, é muito mais tensa, ordenada – e até sonetizada. Jorge de Lima sonetizou e decassilabou torrencialmente; Murilo Mendes fez seus decassílabos em *Contemplação de Ouro Preto*, embora só nos seus livros posteriores como *Siciliana* viesse a atingir mais puramente a densidade, a concentração, a limpidez de 45. Tanta sonetização – e de um soneto muitas vezes hermético, cifrado – sonoro, mas laborioso de apreensão, quando não vazio – também atomizou o trabalho dos pais da geração[124].

Obviamente, Silva Ramos, para afirmar essa influência, não pondera sobre a grande distância que separa sua geração do que os modernistas conversos realizaram com essa retomada da tradição clássica... É bem verdade que muitos críticos posteriores também não cuidaram de discernir qual o uso que Drummond e Murilo fizeram dessa apropriação da tradição e do legado clássico, aproximando-os indiscriminadamente do programa de 45 – o que torna ainda mais justificável estudos comparativos desta ordem. Nem um grande crítico do porte de Silviano Santiago furtou-se a essa aproximação, chegando mesmo a alinhar a alta poesia de *Claro Enigma* a esse programa num ensaio que é referência importante nos estudos literários[125].

É necessário observar que as relações da Geração de 45 com os poetas que imediatamente a anteceram nem sempre caminharam no sentido de prolongar o legado dos grandes modernistas, nem de exercer algu-

124. Péricles Eugênio da Silva Ramos, *O Barroco ao Modernismo*, p. 270.
125. Silviano Santiago, "A Permanência do Discurso da Tradição no Modernismo", *Nas Malhas da Letra*, São Paulo, Companhia das Letras, 1989, p. 104.

ma influência retroativa, como quer Silva Ramos. Tais relações tiveram momentos de tensão[126], inclusive com um dos grandes nomes que admiravam de perto. Além de declarações como a de Ledo Ivo, de que se devia "atirar uma pedra em Drummond e voltar a Bilac", é conhecido o episódio envolvendo o poeta itabirano quando publica um artigo bastante crítico sobre os "Novíssimos" na revista carioca do próprio grupo que tinha Ivo como um dos editores. Antes, porém, de reproduzir esse artigo, importa lembrar um dos antecedentes menos conhecido desse episódio polêmico.

No número 4 da *Revista Orfeu*, publicada no inverno de 1948, saiu um anúncio do livro de estreia de Afonso Félix de Sousa, integrante da referida geração. O anúncio desferia ataques diretos às gerações anteriores, de 1922 e 1930, e mais particularmente a Drummond:

> ACABA DE SAIR
>
> O TÚNEL
>
> DE AFONSO FÉLIX DE SOUSA
>
> Livro de estreia marcado quase todo por essa nova sensibilidade, mais rica e depurada, própria dos poetas da nova geração que não quer permanecer como simples caudas do Movimento Modernista ou toscas reproduções dos *velhotes gagás*, e que libertos da prejudicial influência de Carlos Drummond de Andrade, responsável pela existência de alguns poetastros, rumam por um caminho melhor, na esperança de conseguirem realizar algo de mais perdurável do que fizeram as gerações anêmicas de 22 e 30.
>
> EDIÇÕES ORFEU

126. Mais distante do jogo de influências geracionais, e da inflexão neoclássica, Vinicius de Moraes dá testemunho dos ataques dos novos sobre os modernistas, embora faça pouco caso disso. Em carta de Los Angeles, datada de 15.2.1949, disse a Manuel Bandeira: "Tenho recebido aqui umas revistas dos novos, em que o pessoal novo fica surrando a gente. Achei muito gozado e aprovaria francamente, se houvesse alguém melhor que a gente, mas ainda não vi. Existe algo francamente bom? Desses rapazes novos, gosto muito de João Cabral, de alguma coisa do Ledo Ivo, de alguma coisa do Bueno de Rivera, e acho que é só. É verdade que não conheço bem os outros, pois, apesar de ter recebido os livros deles, não consegui ler tudo porque achei muito palavroso, muito falso-Rilke, falso-Eliot, essa coisa. E muito Cecília Meireles, que é uma poesia que, hoje em dia, apesar do valor formal, eu acho intolerável" (Vinícius de Moraes, *Querido Poeta*, sel. Ruy Castro, São Paulo, Companhia das Letras, 2003, p. 147).

Não se sabia de quem era a autoria do anúncio e o editor do periódico não respondia por ela. Chegaram a falar que o próprio Afonso Félix de Sousa teria redigido o anúncio, mas ele tratou logo de negar e, preocupado com a repercussão, escreveu um bilhete a Drummond, receando que este viesse a "dar fé" a tal "boato":

> Está correndo um boato de que fui eu que redigi aquele anúncio da revista, no qual tenho uma certa culpa, pois sabendo que ia para um ataque às gerações de 22 e 30 à custa de meu livro, não tive a curiosidade de ir ver como era. [...] Em todo caso, peço que me perdoe qualquer aborrecimento que lhe causei com tudo isso [...][127].

Drummond tratou logo de responder a tal bilhete em carta datada de 12.11.1948, reconhecendo que não atribuiu a Afonso Félix de Sousa a autoria daquelas linhas. Ao mesmo tempo, ironizava a preocupação com a autoria e considera, sarcasticamente, a investigação em torno dela um problema menos literário do que... "zoológico":

> Prezado Afonso Félix de Sousa,
>
> Vejo, pelo seu bilhete, que o episódio do anúncio de seu livro o incomodou muito. Lamento isso, tanto mais quanto não lhe atribuí a autoria daquelas linhas, nem costumo ligar a boatos. E embora V. não as tenha reprovado expressamente de público, faço-lhe justiça de não o supor interessado nelas.
>
> Já que tocou no assunto, devo dizer-lhe que a autoria dos anúncios publicados no Rio ou alhures não costuma ser objeto de minhas cogitações. Como sabe, há problemas literários mais antigos – por exemplo, a autoria das obras de Homero e de Shakespeare – ainda não esclarecidos satisfatoriamente, e que a meu ver merecem preferência. E no caso do anúncio de que se trata, a investigação seria em torno, menos de um problema literário, do que zoológico.
>
> Como não me tente essa investigação, nem creio que o papel que V. deixou em minha mesa ofereça qualquer interesse, aí volto ele às suas mãos, para o destino que lhe caiba ser dado.
>
> Com um abraço cordial,
>
> Carlos Drummond de Andrade

127. O bilhete escrito à mão (em cartõezinhos com timbre do Arquivo Público Mineiro. BH. Serviço de Patrimônio Histórico e Artístico Nacional) traz a data (Rio de Janeiro, 11.11.48) e consta do acervo do poeta itabirano no Museu-Arquivo de Literatura Brasileira da Casa de Rui Barbosa, juntamente com a reprodução datilografada do anúncio, bem como de cópia da resposta de Drummond.

A esse episódio, vai se seguir, logo depois, a resposta de maior alcance do poeta na forma do referido artigo sobre os "Novíssimos". A matéria saiu estampada no número 6 (verão de 1948) da *Orfeu*, mas maldosamente, acima do título dado ao artigo por Drummond, os editores acrescentaram: "Música de Gagá"... Vale reproduzir na íntegra o curto artigo de Drummond sobre o perfil e o "programa" dessa geração:

MÚSICA DE GAGÁ:

NOVÍSSIMOS

Está aí uma declamadora internacional, histórica e ilustre, que muito êxtase espalhou nas primeiras décadas do século – oh, *las campanas de plata e las campanas de oro!* Outras declamadoras nacionais voltam ao cartaz, aqui e nos Estados. E se voltam, é porque, indubitavelmente, há de novo um público para as declamadoras, como há outra vez um público para os romances sentimentais, em folhetins, que os grandes diários voltaram a publicar com emoção.

É esta a primeira conquista séria da poesia dos *novíssimos*. Cansada do que havia por aí sob o rótulo de poesia, e ansiosa por ocupar os "cargos" de poeta que eram detidos há tanto tempo já por meia dúzia de velhotes, a nova geração, pelas suas muitas revistas, reinaugurou o bom soneto de chave de ouro, com suas boas rimas e seu bom jogo de palavras, e, mais do que isso, restabeleceu o estado de ânimo e a paisagem espiritual do Rio de Janeiro do tempo de Guimarães Passos. Este é o "novo" que se oferece hoje em substituição ao "antigo", também chamado "modernista".

Corolário inevitável desse regresso ao autêntico lirismo é o reinício promissor da declamação nos teatros, que logo será seguido pela declamação nos salões. Teremos daqui a pouco a ventura de escutar, num *living* de Copacabana, ao lado de um *whisky* e diante do prato de salgadinhos (porque destes modernismos ninguém abre mão), o caso memorável das pombas, que à tarde voltam aos pombais, enquanto que as ilusões etc.; o das três irmãs; o nunca morrer assim, num dia assim; tudo isso, é claro, de permeio com baladas, rondós, vilancicos, triolés, salamaleques e acrósticos da nova geração.

Pouco falta para este epílogo da revolução modernista. As saias já varrem de novo o chão, e Coelho Neto é autor muito cotado. Quanto a nós, remanescentes da "escola" vencida, os párias do verso livre, jamais declamáveis – tempo é de reconhecer a derrota. Eia, pois, irmãos! amarremos a trouxa e, à sorrelfa, piremos[128].

128. *Orfeu* n. 6, Rio de Janeiro, verão de 1948, pp. 80-81. "Novíssimos" saiu também publicado, evidentemente sem o título onfensivo, em *Revista Joaquim*, n. 20, outubro de 1948.

Como se vê, o artigo de Drummond é outro primor de ironia ao definir o programa poético proposto pelos Novíssimos como restauração do tipo de poesia e sociabilidade de Raimundo Correia e demais parnasianos, bem como da "vida literária" da *belle époque* de Pereira Passos, do "Rio Civiliza-se", da literatura galante, dos recitativos em teatros e salões... De todo esse universo das primeiras décadas, Drummond voltaria a tratar logo em seguida magistralmente, tanto na prosa (numa das crônicas excepcionais de *Passeios na Ilha* de 1952: "Perspectivas do Ano Literário"), quanto na poesia, com o grande poema que dá fecho a *A Vida Passada a Limpo* e à estada classicizante de Drummond: "A um Hotel em Demolição".

É de se calcular o grau de irritação que o artigo provocador deve ter causado no grupo da *Orfeu* e demais poetas de 45. Não contentes em sobrepor ao artigo drummondiano o título "Música de Gagá", incluíram, na página ao lado, uma caricatura de "Carlinhos Drummond de Andrade", com uma legenda em que ridicularizavam sua "madureza do espírito", dizendo que, apesar dos cinquenta, o poeta itabirano parece ter vinte anos a mais, e que, com a publicação recente de *Poesia Até Agora*, ele mereceria mais do que outros entrar para a ABL...

Além disso, o termo "gagá" desrespeitosamente ressoa em outras partes da revista, que conta ainda com um prefácio anônimo cujo título, "As Pedras no Caminho", já sugere o teor do que nele é tratado... Além de falar das dificuldades para se realizar uma grande revolução literária e artística no Brasil e da herança legada por um movimento que "já não nos satisfaz como fator de renovação e enriquecimento dos processos estilísticos", depois que o "sonho modernista" caminhou para "a Academia e com ele a febre criadora dos que nos últimos vinte anos viam em seu núcleo os alicerces de suas realizações", entre outras coisas, tal prefácio revela indignação com o fato de Drummond ter-se tornado uma espécie de "tabu nacional", posição essa que teria sido ocupada por Olavo Bilac e Rui Barbosa décadas antes. Mais indignação revela o prefácio quando relata que Drummond havia escrito ou declarado que o objeto da literatura é "a bobagem natural das coisas", levando o(s) prefaciador(es) a considerar o poeta dono de um "academicismo desconcertante"[129]. Assim, afora a artilharia pesada da crítica militante

129. *Orfeu* n. 6, Rio de Janeiro, verão de 1948, pp. 1-2.

A caricatura traz a seguinte legenda: "– Carlinhos Drummond de Andrade anda beirando os cinquenta, mas parece 20 anos mais velho tal a madureza do seu espírito. Com a publicação de Poesia até Agora *chegamos à conclusão de que o querido mestre merece muito mais um lugar na Academia Brasileira de Letras do que uns dois ou três que estão lá".*
Revista Orfeu *n. 6, Rio de Janeiro, verão de 1948.*

do PCB[130], que não perdoava, pela mesma época, o fato de o poeta mineiro romper em definitivo com a ortodoxia partidária, Drummond tinha de se confrontar, em polo oposto, com essa ordem de ataques vindo dos Novíssimos.

Depois de rastrear as relações contraditórias dos *novos* para com os modernistas, indo do diálogo amistoso e produtivo (ilustrado por Carvalho da Silva e Drummond), passando pela extensão de conquistas (conforme Cabral) e pela assimilação mecânica denunciada por Candido, até as atitudes hostis, como se acabou de ver, cabe concluir este tópico considerando a contrapartida disso, que diz respeito à visão (e reação) dos próprios modernistas – supostamente sob influxo das propostas dos poetas de 45, segundo Silva Ramos – face à posição a que foram relegados na série histórico-literária pela geração emergente. Trata-se de pensar como os modernistas, outrora contestadores, responderam à condição de geração passada e entronizada num cânone moderno, paradoxalmente convertida em tradição. Já se viu como Drummond insurgiu-se polemicamente às provocações no campo da prosa. Resta saber – e é o que mais interessa – como essa reação se deu no campo da própria poesia. Ou seja, como ele e demais modernistas conversos, que passaram a integrar esse panteão moderno, refletem sobre – bem como infletem nos próprios versos – seu lugar e a destinação de seu "legado" (para aludir ao grande poema drummondiano de *Claro Enigma* onde essa indagação perpassa todos os versos). Dito ainda de outro modo, dada essa alegada permanência, como eles se postam face a ela e à ameaça de imobilização no panteão moderno, como peça *museal* (numa época em que a arte moderna também caminhava para os museus, embora reconcebidos em novas bases, o que talvez merecesse uma confrontação...)

Já nos versos do citado "Legado", vê-se como Drummond responde a isso de modo crítico, reconhecendo a conversão da polêmica pedra modernista em convenção, conformada, mas não sem uma boa dose de ironia, em fecho de ouro de soneto alexandrino e vertida em português castiço, ao mesmo tempo que assinala a dissipação de tudo mais que legou ou produziu. A insistência drummondiana na dissipação ou no es-

130. O embate da crítica pecebista com os rumos tomados pela poesia de Drummond no período foi examinado em Vagner Camilo, *Drummond: Da* Rosa do Povo *à Rosa das Trevas*.

quecimento de seu legado poético reaparece em outros tantos poemas de *Claro Enigma*, como "Remissão" e "Oficina Irritada", e estende-se aos livros seguintes, a exemplo do soneto "A Distribuição do Tempo" e o excepcional "Eterno", de *Fazendeiro do Ar*, ambos insurgindo-se como resposta irônica, negativa, ao tema ou tópica da posteridade do poeta e da perenidade do canto. O mesmo se verifica com demais modernistas classicizados, ao refletirem sobre a própria criação, todos examinados, conjuntamente, no capítulo VII, reafirmando a consciência moderna da transitoriedade do tempo e da própria criação contra a velha tópica horaciana, reposta, sem mais conflito, pelos poetas de 45. Parece haver, nesse sentido, uma recusa dos primeiros, notadamente Drummond, de se transformar em Antiguidade ou padrão estável de modernidade (clássica). Por isso, apropriam-se da mesma linguagem e convenções repostas por 45, mas de modo disfórico, para lhes dar outra destinação e colocá-las à prova.

EM BUSCA DO LEITOR

No que tange à relação com o leitor, o próprio Silva Ramos afirmava a preocupação dos poetas de sua geração em aproximar a poesia do "homem comum". Em outro momento, disse ainda que tiveram eles, então, a mesma sensação expressa por Mário de Andrade em 1931, e viram que era imperioso tentar outro caminho. Reivindicaram, na declaração da Seção de Poesia do Congresso Internacional de Escritores de São Paulo – redigida por Cabral, Silva Ramos e Mário da Silva Brito –, que se devia tentar superar as barreiras entre a poesia moderna e o homem comum, fazendo-o se interessar por ela. Esses tentames, segundo ele, estavam em desenvolvimento, sendo de se notar que a maior parte dos membros de sua geração passou a praticar uma poesia ou clara ou participante.

A propósito dessa geração, Alceu Amoroso Lima falou, em seu *Quadro Sintético da Literatura Brasileira* de 1956, da tentativa de restauração dos laços com o público, lembrando a famosa e melancólica conferência de 1942, "O Movimento Modernista", de Mário de Andrade, que já demonstrava o arrependimento pelo cunho "aristocrático" assumido meio sem querer pelo Modernismo, em vista do caráter hermético das exigências de renovação e invenção dos artistas, "das quais se afasta o gosto sempre conservador do povo". A fim de evitar o equívoco do aristocracismo e "encontrar o meio de restaurar as pontes destruídas entre a arte moderna e o grande público", os "neomodernos" teriam se empenhado em "combater o caos, que o culto da liberdade licenciosa trouxe para os domínios da estética", procurando "a difícil saída para os dois ritmos de gosto", embora outros caminhassem "ainda para uma acentuação do hermetismo"[131]. Nisso, contrariavam certa análise do fenômeno, que via, na solução neoclássica e no retorno aos "moldes antigos", uma resposta para a superação desse hermetismo em que teria incorrido o Modernismo[132].

Essa tendência hermética de vários poetas de 45 levou Bandeira a se referir a eles, de um modo geral, como sendo "de expressão pouco acessível, sobretudo pelo insólito de suas imagens". Mais virulento, como se verá no próximo capítulo, Sérgio Buarque diria que esse hermetismo se tornara antes um elemento decorativo do que uma necessidade, fato também notado por Álvaro Lins que, em o "Exagero dos Novos", asseverava:

131. Alceu Amoroso Lima, *Quadro Sintético da Literatura Brasileira*, Rio de Janeiro, Agir, 1956, pp. 115-117. Essa preocupação reaparece nos pronunciamentos dos poetas de 45. Silva Ramos, comentando a poesia de seu companheiro de geração, Domingos Carvalho da Silva, diz que ela "traduz uma aspiração que tempos depois viria a ser proclamada num encontro de poetas, por intermédio da seção de Poesia, do Congresso Internacional de Escritores, reunido em São Paulo, em 1954: a de encontrar-se um meio de anular a distância entre poeta e homem comum". Péricles Eugênio da Silva Ramos, "A Poesia no Brasil", *op. cit.*, p. 209.

132. Essa lógica pode ser depreendida de um depoimento de Jorge de Lima, que parece ver nisso um produto da "subanálise", trazendo uma outra explicação para o hermetismo: "A pouca importância que a nossa época realista manifesta pelo motivo Poesia, a intolerância dos senhores burgueses pelo mesmo assunto, a incompreensão que as gerações materializadas ostentam a seu respeito, é sintoma de que os tempos estão podres e que os homens decaíram ao nível das calmarias. O processo comum da crítica objetiva, melhor: a subanálise da maioria dos curiosos das letras não tem penetração para aprofundar o fenômeno poético. Conclui-se que a época não é propícia às coisas extra-humanas e que a forma da poesia atual não atrai ninguém, que os poetas se tornaram herméticos, que se deve retroceder aos modelos tradicionais etc. etc. [...] Mas que coisas estão apodrecendo? – a poesia ou nossa época? A poesia é incorruptível. O tempo é que se degradou. Depois das grandes agitações e reviravoltas sociais deste revolto século, a alma humana está verdadeiramente entorpecida. [...] A vida e o pensamento se desenvolvem em níveis diferentes. A poesia está andando com a sua velocidade habitual, levando o mundo obscuro ou iluminado em sua órbita; revelou-se sob aspectos naturalmente tão velozes, que não nos devemos espantar de que ela dê aos lerdos seres humanos a impressão de coisa hermética, de mistério mesmo". Depoimento a Paulo Mendes Campos, "A Crise é de Vida Espiritual", *Diário Carioca*, Rio de Janeiro, 29 de fevereiro 1948. Reproduzido na edição de 1997 de Jorge de Lima, *Poesia Completa*, pp. 48-49.

[...] os novos escritores estão abusando do mistério artificial, do falso mistério, do mistério transformado em sistema. Alguns parecem preocupados em tornar complexo apenas na expressão o que é simples e, às vezes, até banal na substância, pois não dispõem de natureza humana e preparação artística para a penetração nas zonas de profundidade[133].

Como representante dos poetas de 45, e diante do ataque de críticos como Sérgio Buarque (referido expressamente) e Lins, Silva Ramos trataria de se posicionar diante da acusação de hermetismo, defendendo-o quando *autêntico*, o que implica para ele que seja mediado pela "experiência efetiva ou imaginada" e não restrito à esfera da palavra:

Em termos não muito diversos, ao que penso, há que ser colocada a questão do hermetismo na nova geração. Porque julgo que há duas espécies, pelo menos, de hermetismo, uma das quais legítima. Na poesia autêntica, que se refere a uma experiência efetiva ou imaginada, o hermetismo será legítimo; e ilegítimo na inautêntica, que gira simplesmente na esfera da palavra ou, quando muito, da mera e inarticulada fantasia.

A poesia pode ser autêntica, e não obstante, hermética. Dar-se-á isso sempre que o poeta usar um símbolo nuclear, cujo termo real seja de apreensão laboriosa ou mesmo impossível. Uma vez que existe o símbolo, deve forçosamente haver o termo real; mas o símbolo frequentemente só é unívoco para o poeta; os diferentes leitores podem atinar com diferentes termos reais, sem que se comprometa o sentido total do poema.

Alguns sonetos de Nerval, por exemplo, são herméticos a despeito de profundamente autênticos. Para não irmos longe, basta citar dois dos mais famosos: "Ártemis" e "El Desdichado". O primeiro só encontra explicação convincente à luz da Cabala, disciplina que nem todos conhecem; e o segundo, ao que suponho, só poderá ser interpretado razoavelmente se o leitor dispuser de conhecimentos indispensáveis de mitologia francesa vinculada à casa dos Lusignan, entre os quais a estória da fada-serpente Melusina.

Mesmo dentro de nossa poesia moderna há exemplos de poesias simultaneamente herméticas e autênticas. "A Estrela", de Cecília Meireles, para citarmos um espécime. [...]

Possivelmente, este poema se refere ao poeta e a sua sorte amarga às palavras que ele dirige (pois tomam sentido em relação com sua vida), mas ao mesmo tempo, o aprisionam. A estrela de cinza será a fatalidade. O poema [...] se refere a experiências da autora que lhe deram uma concepção pessoal de sua própria poesia e de

133. Álvaro Lins, "Exagero dos Novos", *Orfeu* n. 3, Rio de Janeiro, outono de 1948, p. 75.

seu destino como poeta: constam ainda vários sentimentos, entre os quais o trágico da "Ananké". Mas não é facilmente inteligível, por não sabermos a que experiências precisas se refere; por não estarmos, por exemplo, com o sentido exato que tem o símbolo do poeta a contemplar sua própria cabeça decapitada no meio de versos "andróginos". Eis aí um caso em que o hermetismo parece não excluir a autenticidade. Noutros casos, porém, o poema é hermético por se revelar inautêntico. Mas o exame desses casos terá que ficar para uma outra oportunidade[134].

Embora tenda a enfatizar mais a inacessibilidade de linguagem e a multivalência de significado, a definição sucinta de Silva Ramos não parece desconsiderar, de todo, outros aspectos costumeiramente associados à noção moderna de hermetismo que, de Mallarmé e os simbolistas, passou por Valéry e o *emertismo* italiano. Basta lembrar a síntese do conceito feita por Tibor Wlassics:

> A fé cega nas virtudes taumatúrgicas da Palavra, frequentemente considerada mais som do que sentido; a consciência renovada da natureza polissêmica de todo enunciado; a dependência dos movimentos subconscientes e irracionais da psique; uma inclinação parcial para processos mentais baseados mais na intuição do que na lógica e, consequentemente, um favorescimento de técnicas oníricas de descrição. A grande ferramenta do discurso poético hermético é a analogia, a arte do símile, no sentido aristotélico de apreensão súbita da "semelhança entre coisas díspares[135].

Wlassics nota, ainda que, à arte do símile, costuma-se relacionar, nas definições correntes do conceito, a justaposição de ideias e, no plano da seleção vocabular, o emprego de plurais indeterminados e substantivos absolutos sem os artigos. O efeito mais imediato desses recursos é o alheamento em relação ao cotidiano, à realidade histórica mais imediata e aos fins práticos, de maneira que a atemporalidade da "mensagem" poética garantisse a revelação integral do ser, que só poderia se desvelar mesmo por força da intuição e das sugestões que as analogias suscitam.

Silva Ramos recorre a um exemplo retirado, na tradição local, de Cecília Meireles, autora de "Estrela", com suas "palavras trêmulas, / de relevo partido e de contorno perturbado", além da "estrela de cinza", "grande e

134. Péricles Eugênio da Silva Ramos, "Autenticidade e Hermetismo", Suplemento Literário do *Correio Paulistano*, São Paulo, 9 set. 1951.

135. Tibor Wlassics, "Hermeticism", em Alex Preminger & T.V.F. Brogan (eds.), *The New Princeton Encyclopedia of Poetry and Poetics*, New Jersey, Princeton University Press, 1993, pp. 521-22.

plácida"[136], cuja sombra derramada sobre o rosto andrógino do criador assinala, tragicamente, seu destino (*Ananké*). Esses versos excepcionais parecem, de fato, se prestar bem à ilustração do hermetismo. Embora o ensaio traga uma análise pertinente da poesia da autora de *Viagem*, Silva Ramos não deixa sequer entrever se esse "hermetismo autêntico", para além da esfera da palavra e configurado como um "símbolo nuclear" de "apreensão laboriosa ou mesmo impossível", se dá na sua poesia e na de sua geração...

Seja como for, o fato é que a vertente poética mais hermética e misteriosa entra em contradição, sem dúvida, com o alegado empenho em buscar restabelecer os laços com o público, embora o contato com as obras de um número considerável de poetas de 45 revele que o hermetismo não parece ser a tônica. Mesmo naqueles que tendem a primar pelo agenciamento de metáforas, símiles ou imagens inusitadas, em parte, tributárias da livre-associação e do onirismo surrealistas (de acordo com a definição de Wlassics), a leitura pouco mais detida dos versos logo encontra a chave para sua compreensão – ao contrário do hermetismo dos modernos neoclássicos, cuja densidade e alcance reflexivo exigem insistentes leituras para se aproximar minimamente de seu sentido maior.

Basta pensar em dois exemplos, mais bem realizados, colhidos a esmo nas obras emblemáticas de duas figuras de proa dessa geração: "Poema Terciário", de Domingos Carvalho da Silva, e "Propiciação", do próprio Péricles Eugênio da Silva Ramos. No primeiro desses poemas, dedicado a João Cabral, incluído por Bandeira na sua *Apresentação da Poesia Brasileira* e, recentemente, saudado com entusiasmo por um poeta contemporâneo como Antonio Cícero[137], a singularidade das imagens resulta de fusão, deslocamento ou metamorfose contínua da fauna e demais elementos terrestres, aéreos e aquáticos:

> Cavalos já foram pombos
> de asas de nuvem. Um rio
> banhava o rosto da aurora.
> Cavalos já foram pombos
> na madrugada do outrora.

136. Cecília Meireles, *Viagem* (1939), *Poesia Completa*, org. Antonio Carlos Secchin, Rio de Janeiro, Nova Fronteira, 2001, vol. 1, pp. 268-269.

137. http://antoniocicero.blogspot.com.br/2009/08/domingos-carvalho-e-silva-poema.html

Onde há florestas havia
golfos oblongos por onde
tranquilos peixes corriam.

O fenômeno se explica pela evocação óbvia, desde o título, do período Terciário na escala do tempo geológico. Tal período ou era, dividida em cinco épocas, foi definido por analogia com as eras Paleozoica (Primária) e Mesozoica (Secundária), e durou de 65 a 1,8 milhão de anos.

Seu limite inferior corresponde ao aparecimento da nova fauna que se instalou no nosso planeta, após a grande extinção do final da Era Mesozoica. O limite superior corresponde ao aparecimento do homem. A flora do Terciário não difere muito da do Cretáceo, sendo que merece destaque o desenvolvimento de arbustos e forrações. Já a fauna é bem diferente, apresentando animais bastante semelhantes aos que ocorrem hoje, com destaque para as aves e mamíferos que se diversificaram amplamente. A configuração atual das massas continentais se desenvolveu durante esse período. A maioria dos mares e oceanos modernos também já existia. O Terciário foi um tempo em que se alternaram grandes Orogenias, processos de soerguimento de partes da crosta terrestre, transgressões e regressões marinhas. No final do período a extensão dos mares foi a maior da história da Terra. [...] No Brasil, as sequências sedimentares dessa idade se estendem de norte a sul do país[138].

De acordo com a sequência dos versos de Carvalho da Silva, a era geológica de que o "Poema Terciário" é a expressão remete ao período anterior à criação humana, ao Verbo e ao próprio Criador:

O Verbo não existia.
Deus era incriado ainda.
Só as esponjas dormitavam
trespassadas por espadas
de água metálica, impoluta.
E as gaivotas planejavam
etapas estratosféricas
próximo às praias ibéricas.
E as montanhas desabavam
em estertores terciários,

138. Ver: http://www.fgel.uerj.br/Dgrg/webdgrg/Timescale/terc-fram.htm

em agonias de estrondo,
nas manhãs de sol atlântico,
quando cortavam as nuvens
– alvos garbosos equinos –
esquadrões marciais de pombos[139].

Caracterizado, poeticamente, como um período de transfiguração e fusão intensas, essa era pré-genésica é tomada pelo eu lírico como a época ideal e assim reconhecida expressamente nos versos com a ênfase da paronomásia, que, a seu modo, também "funde" as palavras por força da correspondência ou semelhança sonora em "*aurora* / da Idade de *Ouro* do *outrora*" (esse verso, aliás, ecoa outros do poema, operando apenas pequenos deslocamentos e mudanças de palavras). Enquanto passado original e ideal, a própria escrita poética busca se aproximar do cataclismo e da transmutação dos elementos característica dessa idade remota, como se vê não só no título ("Poema Terciário"), mas também na associação de um recurso textual com esse universo convulso em "reticências de cometa / vagalumeando na relva / das margens". Intimamente ligado ao poético, o próprio ideal amoroso se confunde com esse universo pré-genésico nos versos que descrevem o corpo estático e mineralizado da amada (por oposição à "alma sempre-viva"), identificado com elementos telúricos, aquáticos e aéreos:

Teu cabelo era ainda musgo.
Teus olhos o corpo frio
de uma ostra semiviva.
E tua alma sempre-viva
sobrenadava o oceano
qual uma estrela perdida.

Teu coração era concha
fechada e sem pulsação.
E teu gesto – que é teu riso –
era um mineral estático

139. Domingos Carvalho da Silva, *Poemas Escolhidos*, São Paulo, Clube de Poesia, 1956. A reprodução do poema é parcial aqui. "Poema Térciário" foi recolhido por Manuel Bandeira em sua *Apresentação da Poesia Brasileira* (p. 332) e, posteriormente, incluído por José Nêumanne Pinto em *Os Cem Melhores Poetas Brasileiros do Século*. São Paulo, Geração Editorial, 2004, pp. 136-138. Versos citados conforme esta última edição.

ainda não escavado
pelo mar duro e fleumático[140].

Essa ordem de associação, comparação ou identificação, mesmo, da mulher amada com a paisagem, o telúrico, convergindo ambos no momento propiciatório à fecundação (visível aqui nas "vibrações uterinas / no ventre da terra fria", suplantando, assim, a esterilidade com que o corpo feminino vinha sendo figurado até então), comparece em outros poetas de 45. São imagens algo convencionais e reversíveis, de *paisagem-mulher* ou *mulher--paisagem*, como se vê em "O Corpo Vivo", em *Ode e Elegia* (1945), de Ledo Ivo, , que encontra nessa vivificação física o meio de suplantar (e desprezar, mesmo) o "apodrecido Parnaso":

Teu corpo é um pavimento feito de lembranças
levantado entre a montanha e o mar
de ondas que arfam como a noite entre teus seios
devastando tua blusa, teus sapatos e o laçarote de teus cabelos.
De olhos fechados, foste mergulhada
com teu nome de alegria, que mais que a alegria me fez,
no mar onde navegas, desprezando
o apodrecido Parnaso e muitas outras coisas.

És não somente o amor, mas novas formas de amar,
e agora que te desenvolves atual e doméstica,
feita da pureza indomável do dia e da noite,
sinto as perfeições desconhecidas de após tua respiração
abrirem-se em chuvas de agosto, em unidades e em clamores.
E em teu deserto de pedra, de carne e de veemente espuma,
eu me perco com os olhos que tornaste úmidos
ao fazer chorar junto ao fogo soçobrado de tuas veias.
[...]
Em tua paisagem de relâmpagos e temporais, visitas não anunciadas e nudez
[de outrora,
estou residindo.
[...]
Junto a ti, ó grande flor selvagem,

140. *Idem.*

minha boca desconhece a disciplina
do amor e do canto[141].

Uma realização mais feliz dessa ordem de associação está no poema de Silva Ramos, o que responde pelo estranhamento provocado, à primeira vista, pelo repertório das imagens.

PROPICIAÇÃO

Por fim choveu,
e nas águas dissolveu-se a amargura das coisas.

Atenta, ó companheira
de beleza enlouquecida pelo sol,
dispensadora da recusa taciturna:
as árvores ainda não brotaram,
as sementes no solo não germinam.
Ah! é preciso propiciar a terra,
para que as ervas rebentem e haja flores.
Escuta: praticaremos hoje mesmo o rito mágico,
e em teu ventre mais branco do que a lua ou do que o gesso
acordaremos o mistério da fecundação.

Teus seios permanecem neutros como as penhas de granito;
teu dorso é como as glebas sem consolo,
onde fantasmas vegetais se estorcem lamentosos:
teu corpo é como a árvore sem frutos.

Ouve porém:
quando os raios de sol atravessarem ramos florescidos,
talhando estátuas de luz,
entre elas nascerá teu filho,
sobre as relvas odorantes:
e as pétalas receberão as abelhas,
e os frutos estarão maduros para o bico dos pássaros[142].

141. Ledo Ivo, *Uma Lira dos Vinte Anos*, Rio de Janeiro, Livraria São José, 1962, pp. 83-85.
142. Péricles Eugênio da Silva Ramos, *Poesia Quase Completa*, Rio de Janeiro, Livraria José Olympio, 1972, p. 5.

De acordo com o título, o poema encena a ação ou ritual com que se busca agradar a uma divindade ou força da natureza para conseguir seu favor ou boa vontade – similiar ao que se verifica com uma série de poemas da tradição clássica (retrocedendo mesmo à lírica arcaica) com a qual Silva Ramos sempre revelou grande intimidade, inclusive como tradutor.

A associação do sexo e da fecundação do corpo feminino com a do solo evoca certos ritos primaveris ou agrários, inspirados pela lógica da magia por contágio[143]. O poema contrapõe o sentido positivo e regenerador da propiciação nesses rituais pagãos ao sentido negativo, porque ligado ao punitivo, sacrificial e expiatório, que o termo adquire na mitologia cristã[144].

No caso dos versos de Silva Ramos, busca-se, com a chuva, que parece finalmente cair depois de longo tempo, dissolvendo a amargura das coisas, propiciar a *terra estéril* (velho tema retomado pelo Eliot de *The Waste Land*, modelo inspirador dessa geração) para que ela germine e reverdeça. Essa propiciação se dá pelo ato amoroso, rito mágico, que fecundará o ventre da amada, intimamente relacionado, por força da analogia, à terra estéril. Essa esterilidade é dramatizada por imagens de torções, lamentos e fantasmas. O homem, como força fecundante, é associado à chuva. Para o rito mágico, o eu lírico recorre à velha tópica do convite amoroso. A referência ao "louro ventre da manhã" encerra o poema com o motivo de toda alba.

> Unamo-nos sobre o solo,
> para que a terra inveje nosso amor
> e lhe venha o desejo das florações divinas,
> sombreadas pelas nuvens sem tosquia:
> em teu busto errarão minhas mãos,
> generosas como a chuva.
>
> Olha! Já o louro ventre da manhã
> começa a refletir-se pelas fontes:

143. Bataille discute o alcance dessa explicação algo redutora dos ritos de magia contagiosa. (G. Bataille, "L'Orgie Comme Rite Agraire", *L'Érotisme, Oeuvres Completes*, Paris, Gallimard, 1987, t. 2, pp. 115-117.)

144. Como se vê no Antigo Testamento (Êx. 32.20; Rom. 3.25; 1 Jo. 2.2), a propiciação era realizada por meio de sacrifícios que visavam aplacar a ira de Deus, com vistas a alcançar o perdão pelo pecado e a reintegração do pecador à comunhão divina.

e em teu regaço delicioso como as plumas,
neste conchego saboroso como a noite e imenso como o sono,

esperarei até que a terra propiciada reverdeça.

O poema almeja o estatuto de símbolo pela identificação imediata entre a ideia e a representação sensível. A depuração extrema da linguagem, as imagens com que o poeta esbate a representação do ato amoroso, depois da franqueza com que havia sido tratado pelos modernistas, sem comprometimento do erotismo – tal como se vê em Bandeira, Drummond, Murilo, Vinícius, e que voltaria a ocorrer mesmo com Cabral, na fusão inusitada de racionalismo e sensorialismo (ou sensualismo) de "Paisagem Pelo Telefone", que repõe essa relação mulher-paisagem em outras bases –, torna a poesia toda de Silva Ramos por demais comedida em face à vitalidade que constitui a própria matéria do poema, ainda que o resultado, aqui, seja exitoso.

Este breve excurso, como foi dito, visa apenas evidenciar o quanto o suposto hermetismo desses poetas de 45 desvela-se prontamente a uma leitura mais atenta, sem alcançar o grau de complexidade e opacidade semântica da poesia dos modernistas classicizados. "Propiciação" não demanda, segundo Silva Ramos em seu artigo, a "apreensão laboriosa ou mesmo impossível" que ele atribui ao "hermetismo autêntico" do poema de Cecília. Isso, decerto, não é suficiente para lançar dúvida sobre a autenticidade do aparente hermetismo de seus versos (ou mesmo dos de Carvalho da Silva), mas apenas sinalizar que, em ambos os casos, a apreensão do sentido simbólico de "Propiciação" se desvela, sem muito "labor", quando se identifica o ritual pagão que lhe serviu de inspiração (assim como a era pré-genésica para o "Poema Terciário"). Algo próximo, portanto, do que o próprio Silva Ramos reconhece quando evoca a Cabala no caso da "Ártemis" de Nerval ou da lenda de Melusine no famoso "El Desdichado". Estabelecem-se, assim, graus do fechamento hermético. Nesse sentido, embora pareça contrariar, em alguma medida, o empenho de sua geração em alcançar o leitor, poemas como esses de Silva Ramos e Carvalho da Silva não chegam ao grau acentuado de fechamento alcançado (tal como em "A Estrela" de Cecília Meireles) pelos modernos classicizados, traduzindo a desconfiança crítica destes sobre alguma real possibilidade de comunicação poética.

Mas esse empenho em busca do leitor se fez sentir em outros momentos e por outros meios entre os poetas de 45, como se vê, mais detidamente, na tese apresentada ao III Congresso Brasileiro de Filosofia (1959) por Carvalho da Silva, na qual afirmava que a problemática da comunicação poética diz respeito mais ao leitor que ao poeta. Notava que os tratadistas e teóricos tinham se ocupado apenas do problema da criação, lançando à sombra a posição do leitor, como se a arte se realizasse tão somente do lado do criador. Contestava argumentos como o de Heidegger, de que a arte está na obra, quando já Kant havia observado que a beleza não pertencia à natureza da coisa, mas sim ao livre jogo da imaginação e da compreensão. Contava-se com aquele "sentido artístico" de que falava Croce, confiando que as pessoas fossem providas dele para apreciar a verdadeira arte. Carvalho da Silva reconhecia que, nos tempos de Horácio ou mesmo de Boileau, quando "se escrevia para um grupo reduzido de pessoas semelhantes pela situação social e pela formação", era possível afirmar, como faz o primeiro, a propósito do gênero dramático, "que a obra deve conduzir a alma do espectador aonde lhe for agradável", oferecendo, desse modo, uma arte "já esquematizada e adaptada a uma sensibilidade modelada pelo hábito". Já no presente, tempo em que impera a "anarquia do gosto" referida por Dilthey, seria impossível seguir à risca tal lição. Caberia não ao poeta, mas aos críticos a formação de um "escol de leitores" para reverter esse quadro (embora, em nenhum momento, se coloque em discussão as condições materiais ou, mesmo, sociais para se alcançar tal intento).

Carvalho da Silva inspirava-se no ensaio de F. W. Bateson ("Towards a Poetry Reading Elite", incluído em *English Poetry – A Critical Introduction*), que estudava "objetivamente as possibilidades da formação de um escol de leitores dos poetas ingleses da atualidade, tal como o tiveram os românticos, a seu tempo". Essa formação seria tarefa não do poeta, mas, como já foi dito, do crítico, que, como orientador, deveria levar os primeiros a se sensibilizarem para o elemento poético, discernindo ou isolando a significação poética da fabulação, de modo a despertar a "consciência de que o assunto é apenas um revestimento superficial do poema e de que há elementos poéticos capazes de tornar emocionante e bela a apologia do mal, do amoral e do injusto". Da falta de discernimento entre verdade ou moral e mérito estético não padecia apenas o dito "leitor comum", mas alguns críticos, a exemplo de Plekhanov. Nem caberia à arte e à poesia em particular, a tarefa didática de ser instrumento de difusão e propagação de ideias científicas, como queria Chernychevisky.

> A missão do crítico, do esteta, do exegeta da poesia é em conclusão a de alertar o leitor pelo debate de ideias, pela análise dos textos e pelo esclarecimento do que seja a própria essência da poesia, para que esse leitor possa ir além da carapaça das aparências, da fabulação temática e dos artifícios exteriores e atinja o mundo da própria expressão artística, na qual se revela a verdadeira significação da poesia[145].

Como se vê, a preocupação em superar o abismo instituído entre o poeta e seu leitor era partilhada à época por vários dos poetas de 45, de maneira que a famosa conferência "Poesia e Composição: a Inspiração e o Trabalho da Arte", pronunciada em 1952 por João Cabral de Melo Neto na Biblioteca de São Paulo, não era um diagnóstico isolado. Cabral contrastava aí as "épocas de equilíbrio" (em que não há oposição entre inspiração e trabalho artístico) com a época moderna (em que se dá a polarização com a preponderância de um dos dois termos, fato que se verifica não só no caso dos artistas individualizados, mas também na dimensão mais ampla da história literária). Enquanto as épocas de equilíbrio eram caracterizadas pela identificação espontânea do artista com a comunidade – pela partilha universal e explícita das regras da composição e pela alta "exigência da sociedade em relação aos autores" –, a época moderna é marcada pela perda da "contraparte indispensável do escritor": o leitor e a crítica, que exercia o papel de controle para que a comunicação fosse assegurada.

Cabral ainda voltaria ao problema na tese apresentada na seção de poesia do Congresso Internacional de Escritores em São Paulo (1954), em que criticava a total indiferença do poeta em relação ao rádio, ao cinema, à televisão e às audiências em geral, bem como a incapacidade de adaptar os gêneros poéticos tradicionais que poderiam ser reaproveitados e que acabaram em desuso, como a poesia narrativa, as *aucas* catalãs (antecessoras das histórias em quadrinhos), a fábula, a poesia satírica e a letra de canção. São formas de maior alcance de comunicação com o leitor que, por isso mesmo, mereceriam ser retomadas e repensadas, assim como o

145. Domingos Carvalho da Silva, *Eros & Orfeu*, pp. 11-18.

poeta deveria dialogar com os novos meios de difusão, a fim de devolver ao poema um lugar na vida do leitor moderno. A urgência de tamanha empreitada levava Cabral a convocar os poetas, no fecho da tese, para se empenharem na superação do "abismo que separa hoje em dia o poeta do seu leitor", pelo abandono dos temas intimistas e individualistas e pela conquista de formas mais funcionais, que possibilitassem "levar a poesia à porta do homem moderno"[146].

O tema da perda do público era abordado em outras teses apresentadas na Seção de Poesia organizada em tal Congresso pela referida geração, como a tese de Aderbal Jurema. Em seus "Apontamentos Sobre a Niponização da Poesia", criticou a distância em relação ao público por parte desses poetas que "vivem apenas os efêmeros momentos das notas ou das notícias da camaradagem do suplemento dominical". Condenou o recuo diante da realidade contemporânea e o temor de enfrentar "o drama do homem nas fronteiras da técnica", levando esses "nipônicos da poesia" ou "pilotos suicidas", a buscar refúgio, reativamente, em uma estética *kamikaze*, pautada pela "gratuidade temática" e por um "hermetismo estudado"; planificada pelo soneto e limitada pela costura de "palavras mortas, quando deviam ter a decisão de rasgar o seu ventre para libertá-las". Trata-se, em suma, de uma "poesia do Medo e da Conveniência"[147] – o que não deixava de ser o caso de muitos dos poetas de 45. Embora a tese de Jurema não os nomeie explicitamente, certamente tinha-os em mira.

O que, segundo Paulo Franchetti[148], dava cor específica à fala dos brasileiros no referido Congresso era a ênfase na relação causal entre o divórcio autor/público e o crescimento dos novos meios de comunicação de massa, a percepção de que existia uma feroz concorrência entre a cultura erudita e a cultura de massas, com desvantagem notória para a primeira. Esse causalismo já se evidenciava com Cabral e, na mesma época, Antonio Candido abordava a concorrência crescente das artes com a indústria cultural, em "Literatura e Cultura de 1900 a 1945". O crítico notava que o aumento sensível do público de literatura, a partir de 1930, devido à

146. João Cabral de Melo Neto, *op. cit.*, pp. 767-770.

147. Aderbal Jurema, "Apontamentos Sobre a Niponização da Poesia", *Congresso Internacional de Escritores e Encontros Intelectuais da UNESCO*, São Paulo, Anhembi, 1957, pp. 264-266.

148. Paulo Franchetti, "Poesia e Técnica: Poesia Concreta". *Sibila: Poesia e Cultura*. Web. 28 Oct. 2010. <http://sibila.com.br/>

melhoria da educação e à redução do analfabetismo, foi se perdendo porque esse público potencial acabou sendo rapidamente conquistado pelo grande desenvolvimento dos novos meios, como o rádio, o cinema e as histórias em quadrinhos, cujo amplo apelo à palavra oral, ao som e à imagem possibilitava alcançar ou superar aquilo que, num texto escrito, eram limitações para quem não se enquadrou numa certa tradição. Diante de tal situação, a literatura reagiu de forma extremada e oposta: ou tentou alcançar a comunicação com o público, buscando aproximar a literatura com o relato direto da vida, para concorrer com o rádio ou o jornal; ou aprofundou a singularidade do literário, restringindo ainda mais o acesso a ele por parte do público geral. Optando por essa segunda alternativa, que implicava o isolamento suicida referido por Jurema, a Geração de 45 persistia no discurso do "Grande Divisor" que, como demonstrou Andreas Huyssen, levou o modernismo a se constituir "através de uma estratégia consciente de exclusão, uma ansiedade contra a contaminação por seu 'outro': uma cultura de massa cada vez mais consumista e envolvente"[149]. Ligava-se ainda a essa persistência, o anseio da referida geração de restaurar à poesia sua "aura" e seu "valor de culto", para falar com Benjamin[150].

Tendo em vista a centralidade desse diagnóstico do divórcio com o público, o interesse maior, ao se deter na lírica desse período, é justamente o de buscar compreender a resposta dada ao problema pelos poetas de 45, contraposta à proposta do próprio Cabral e à atitude dos modernistas classicizados e seu acentuado hermetismo, que nada tem de mera fachada, sendo antes decorrência da complexidade do tema e do grau de experimentação poética. Neles, sem dúvida, a consciência da perda do alcance de comunicação também se mostrava bastante evidente, sobretudo em Drummond ("Legado", "Oficina Irritada" e outros poemas de *Claro Enigma*) e era compreendida, à primeira vista, como irreversível.

Para além da desqualificação prévia ou da defesa tendenciosa da resposta dada pela Geração de 45 ao problema da comunicação, alguns dos principais pontos e questões relevantes que permearam tal resposta podem ser, por ora, formalizados nos termos expostos a seguir.

149. Andreas Huyssen, *Memórias do Modernismo*, Rio de Janeiro, Ed. UFRJ, 1997, p. 7.
150. Walter Benjamin, "A Obra de Arte na Era da Reprodutibilidade Técnica", *Obras Escolhidas: Magia e Técnica, Arte e Política*, São Paulo, Brasiliense, pp. 167 e ss.

Com base nessa preocupação central de superar o fosso entre poesia e leitor é que se pode compreender a preocupação com a natureza e (re)definição do poético, a partir do suposto "retorno às fontes da poesia" (Wilson Martins), bem como a busca ou o empenho em estabelecer padrões mais estáveis, absolutos ou objetivos para o literário, visando a certo consenso entre autor e público. Daí o papel da já mencionada reflexão teórica desenvolvida em paralelo por esses poetas em relação a sua própria produção poética, levando Carlos Burlamáqui Köpke a afirmar que, com sua geração, criou-se a sistematização do estudo, sendo afastado todo impressionismo intelectual. A Geração de 45 encarou a poesia como uma arte a ser conquistada com a obediência a princípios teóricos[151].

Os poetas de 45 criaram, ademais, todo um programa de ação que incluía não só a publicação de revistas e a mobilização de rodapés e suplementos literários (a exemplo do "Pensamento e Arte", suplemento do *Correio Paulistano*) como veículos de divulgação de ideias e produções poéticas, mas também a promoção do Primeiro Congresso Paulista de Poesia (São Paulo, 1948)[152], que repercutiu em diversos Estados, conforme se viu, com a formação de outros congressos regionais. Além disso, foi criado o Clube de Poesia de São Paulo, fundado por Silva Ramos, no qual foram ministrados cursos de Retórica e Poética pelos próprios integrantes da geração e por convidados nacionais e estrangeiros (a exemplo de Stephen Spender, "Poesia: Conceito"). Esses cursos e conferências acaba-

151. *Apud* Gilberto Mendonça Teles, *op. cit.*, p. 146.

152. A história literária carece, ainda, de um estudo detido desses congressos e seções de poesia de congressos maiores, bem como do papel assumido, neles, pelas lideranças de 45. Uma fonte importante para esse estudo são as cartas de Domingos Carvalho da Silva para Drummond (com este último sempre se furtando a uma participação efetiva no Primeiro Congresso de Poesia de São Paulo), que evidenciam as finalidades de tais congressos, os participantes e as polêmicas suscitadas. A título de ilustração, diz Carvalho da Silva, em 3.2.1948, tratando dos objetivos do primeiro congresso: "Destina-se apenas a agitar um pouco as águas paradas da literatura local. Não iremos, é óbvio, decidir por votação o futuro do soneto nem pedir a oficialização do verso livre". Quanto à polêmica suscitada pelo congresso, relata ainda, em carta de 9.6.1948: "Meu caro, o Congresso de Poesia foi um grande acontecimento. Seu êxito foi muito além do que esperávamos. As bobagens que o Alcântara Silveira e o Cláudio Abramo publicaram aí no Rio (o Joel Silveira foi na onda do Cláudio...) nada tem de real. É certo que todos os poetas fracassados e os que foram excluídos da *Revista de Poesia* se valeram da oportunidade para nos alfinetar – a mim, ao Péricles etc. – o que, é evidente, não nos perturba o sono. Estamos aparelhados para revidar todos os golpes – no campo da doutrina estética ou mesmo no da esculhambação pessoal, já que este nos vem sendo imposto!"

vam sendo publicados nos referidos veículos de divulgação do grupo. É evidente o caráter francamente formador de toda essa estratégia de ação, pautada pelo anseio de unificação de valores e conceitos entre poetas, leitores e críticos, visando ao consenso, para se agregar um público mais amplo. E não se pode esquecer que esse empenho "pedagógico", por assim dizer, marcou várias das poéticas construtivistas do pós-guerra, como se vê no próprio Cabral, em Faustino e nos concretistas, embora, obviamente, movidos por valores e conceitos poéticos bem diversos (que, todavia, mereceriam ser confrontados ou contrastados).

Para atender a esse intuito, o consenso de valores e conceitos implicava a redefinição de formas e temas que aspirassem à universalização e à permanência, a começar pela própria redefinição do gênero lírico. É curioso observar a esse respeito que se, de acordo com o que afirmam teóricos como Kate Hamburger e Gerard Genette, a modernidade operou uma mudança da ênfase clássica no caráter prescritivo dos gêneros para o descritivo, a geração ou grupo de 45, no que tange à concepção da lírica, seguiu na contramão, buscando reafirmar o caráter "normativo" dos mesmos. Rompendo com as propostas estéticas do Modernismo também no que tange à radicalidade da fusão ou dissolução das fronteiras entre os gêneros, tal grupo, no seu afã de definir a essência do poético, chegou mesmo a rejeitar formas híbridas como o poema em prosa, relegando seu pertencimento ao domínio exclusivo da prosa, como sustenta Carvalho da Silva.

Nessa redefinição do poético, é importante, ainda, chamar a atenção para a já mencionada ênfase dada pelos poetas de 45 à ode e à elegia, que parece se explicar pelo fato de tais modalidades terem sido, por muito tempo, associadas a disposições básicas a que bem se presta o gênero lírico: o louvor e o lamento.

A tendência ao prescritivo parece responder também por certo retorno à retórica[153]. Se, a partir do Romantismo, assiste-se ao abandono da retórica, que permitiu forjar os estilos individuais do Modernismo

153. É o próprio Silva Ramos quem atesta esse retorno ao tratar da agenda de seu grupo, cuja "atitude estética foi de reação contra o clima desleixado da primeira fase modernista, reivindicando uma volta à disciplina e à ordem, à reflexão e ao rigorismo, à busca da forma e do equilíbrio, à compreensão, ao humano geral e ao universalismo, a uma volta às regras do verso, à Poética e à Retórica" ("III – Fase Esteticista. A Chamada Geração de 45", *op. cit.*, p. 195).

como expressão do individualismo e da autonomização da linguagem[154], os poetas de 45 seguiram na contramão, repondo inclusive certos preceitos da lição horaciana, como o *dulce et utile*, além de tópicas ironizadas por modernistas classicizados como Drummond. Já poetas como Domingos Carvalho da Silva parecem pautar sua criação rigorosamente por certas concepções da poética clássica, a ponto de inserir na abertura de sua *Praia Oculta* uma epígrafe extraída da *Ars Poetica* de Horacio: *Pictoribus atque poetis Quidlibet audendi semper fuit aequa potestas*[155]. Ainda dentro da suposta renovação de temas permanentes[156] promovida por tal Geração, tem-se uma retomada considerável do *tópos* da "poesia como imortalização" (Curtius), como tentativa de reagir ao próprio senso de transitoriedade e fugacidade característico da modernidade. Essa retomada é examinada no capítulo VII, demonstrando como essa tópica corresponde, retoricamente, ao que Milliet definiu como característico da Geração de 45.

CONTRADIÇÕES DO CONTEXTO POLÍTICO DA *CLASSICIZAÇÃO*

Para concluir o presente diagrama, importa enfatizar que o grande desafio para quem se debruça sobre a tendência neoclássica do período em questão reside, sem dúvida, em aprofundar não só a compreensão dessa poética, em função do referido empenho conjunto em superar o fosso entre a poesia e o leitor, cada vez mais cooptado pelos novos meios de comunicação. Importa, também, articular tal tendência com outras determinações do mesmo momento histórico, marcado pelo envelhecimento do moderno, pela rotinização das experimentações vanguardistas e, entre outras motivações mencionadas, pela especialização do trabalho artístico e intelectual no Brasil do período.

154. F. Jameson, *Modernidade Singular*. É Barthes quem fala da substituição da retórica pelo estilo. A afirmação é retomada e discutida por Fredric Jameson, *idem*, p. 175.

155. "Os pintores e os poetas sempre tiveram da mesma forma o poder de ousar o que quisessem".

156. Mesmo um modernista *converso* como Jorge de Lima via essa renovação como uma necessidade, uma evolução natural: "é uma coisa biológica, mais tarde seria notada dentro do próprio Modernismo, que não ficaria circunscrito à fase folclórica, regionalista e do poema-piada, mas procuraria outras soluções mais universais e permanentes" (Entrevista a Homero Senna, *Poesia Completa*, p. 53).

Além das especificidades do campo literário, há que se considerar, por último, a emergência dessa tendência no contexto de encerramento do regime ditatorial varguista[157] e de redemocratização do governo Dutra, "governo neoparnasiano", disse Wilson Martins, mais restaurador do que progressista, "que naquela época se instalou programando a sonetização da consciência nacional"[158]... Em contrapartida, não se pode esquecer que a predominância de estruturas fixas como o soneto na poética dessa geração seria interpretada por Otto Maria Carpeaux como um discutível sintoma de uma "nova ordem social do mundo"... O comentário de Carpeaux é citado por Haroldo Maranhão que, num dos números da revista *Orfeu*, afirmava haver uma renovação na poesia brasileira encabeçada pelas gerações mais jovens. Ao contrário do que se verificou no Modernismo, tal renovação, segundo ele, dava-se menos na forma (com o predomínio de estruturas fixas como o soneto) e mais na essência (renovação do espírito sem libertação expressional). O inconformismo modernista é visto como atitude destruidora do passado, enquanto o conformismo dos "neomodernistas" seria uma atitude oposta[159].

Vale examinar um pouco mais essa ordem de consideração contextual tanto no caso dos modernistas classicizados, quanto no dos poetas de 45.

O clima da Guerra Fria parece responder pelo *mood* dominante, notadamente em livros como *Claro Enigma*, embora também presente em outros modernistas classicizados, como Jorge de Lima e Murilo Mendes, com suas referências à bomba atômica[160] e à corrida armamentista, por exemplo. Afinal, a "paz destroçada" do drummondiano "Dissolução" pode bem remeter à densa névoa ideológica que cercava as duas potências em confronto, cada qual defendendo o mérito de sua cruzada: enquanto a política norte-americana alardeava a "liberdade", a soviética defendia a "paz", uma buscando solapar a verdade da outra. Como efeito político dessa polarização, dividindo o mundo em duas metades incompatíveis,

157. É Silva Ramos quem declara, como fatos históricos importantes, ligados à emergência de sua geração, o fim da Segunda Guerra e a queda da ditadura estadonovista ("III – Fase Esteticista. A Chamada Geração de 45", *op. cit.*, p. 195).

158. Wilson Martins, *Historia da Inteligência Brasileira (1933-1960)*, São Paulo, Cultrix, 1978, vol. 7.

159. Haroldo Maranhão, "Poesia em Pânico", *Orfeu* n. 3, Rio de Janeiro, outono 1948, pp. 9-11.

160. Mesmo em Ledo Ivo o tema comparece em "Soneto à Bomba Atômica", *Linguagem (1950-1951)*, Ledo Ivo, *Poesia Completa (1940-2004)*, Rio de Janeiro, Topbooks, 2004, p. 263.

"as instituições e os mecanismos para assegurar a paz após a Segunda Guerra Mundial foram transformados em campos de batalha das superpotências e seus aliados, ao invés de serem usados como uma maneira de colaborar com a criação de uma nova ordem internacional pacífica"[161].

Há, nesse sentido, uma consciência crítica que impede modernistas como Drummond de se deixarem seduzir pela propaganda ideológica de qualquer das potências em confronto e pelo clima por elas instituído, ao passo que parte dos poetas de 45 tende a aderir ao discurso de chamamento à reconstrução e à ordem.

Esse discurso marcou a onda de movimentos democráticos no mundo todo, propondo erradicar governos ditatoriais e lutar contra o fascismo, como se o mundo pudesse mesmo ser reconstruído em termos diferentes. Sabe-se que essa onda de redemocratização chegou ao Brasil com o governo Dutra, porém reeditando velhas contradições estruturais da vida político-social brasileira, numa linha mais de continuidade do que de ruptura. O próprio presidente era conhecido como "governante conservador de mente legalista". Candidato do Partido Social Democrático (PSD), que, em contradição com a sigla, representava os setores conservadores do Estado Novo e as oligarquias regionais ligadas ao poder central, Dutra contou com o apoio do PTB, que unia os seguidores de Vargas e seu mal definido programa de benefícios sociais aos trabalhadores.

De maneira mais incisiva, diz Benevides que, ao contrário do que reza a história oficial e boa parte da crônica política, os anos Dutra não foram de "união nacional", mas de "coalizão partidária (PSD-UND-PR), e tampouco de 'pacificação', mas de intensa repressão ao movimento operário e à atuação dos comunistas"[162]. Nas palavras de Paul Singer, Dutra foi, ainda, o presidente que realizou "os melhores desejos da burguesia industrial: elevou a taxa de exploração do proletariado e transferiu para a indústria uma parte substancial do produto da exploração do campesinato"[163]. Emblemática desse governo é a frase atribuída a Dutra e consagrada no

161. Gerson Moura, *Relações Exteriores do Brasil 1939-1950. Mudanças na Natureza das Relações Brasil-Estados Unidos Durante e Após a Segunda Guerra Mundial*, Brasília, Fundação Alexandre de Gusmão (Funag), 2012, p. 179.

162. Maria Victoria de Mesquita Benevides, *A UDN e o Udenismo: Ambiguidades do Liberalismo Brasileiro (9145-1965)*, Rio de Janeiro, Paz e Terra, 1981, p. 62.

163. Paul Singer *apud* Maria Victoria de Mesquita Benevides, *idem, ibidem*.

folclore político: "o que diz o livrinho?" – referindo-se à nova Constituição de 1946, o que exemplifica bem "a realidade de um certo legalismo autoritário, contrapartida formal de um governo repressivo"[164].

Com relação à essa Constituição, nota Moura, ao tratar da continuidade político-institucional e a descontinuidade econômica entre o Estado Novo e os anos Dutra:

> É certo que haviam sido realizadas eleições em 1945 e 1947, que haviam surgido partidos e que um órgão legislativo havia sido criado. Contudo, estes instrumentos formais de democratização não foram capazes de contrabalançar a natureza autoritária do Estado estabelecido pela nova Constituição. O autoritarismo foi amparado por muitas das cláusulas contidas na nova Constituição, pela importante influência retida pelo restante do Estado Novo (principalmente no PSD), pelos poderes legislativo e executivo do governo, e por uma oposição liberal muito complacente. No final de 1946, a maioria da União Democrática Nacional (UDN) apoiava uma coalizão partidária com o PSD conhecida como a "aliança nacional". A UDN estava representada no ministério e, portanto, as medidas repressivas tomadas a partir de 1947 enfrentaram pouquíssima oposição política.
>
> Nos assuntos exteriores, a política de Dutra era aparentemente uma continuação das preocupações de Vargas com a aliança com os Estados Unidos[165].

Sobre essa aliança, Moura expõe em detalhe o quanto havia de subordinação, de sujeição extrema do governo brasileiro aos interesses norte-americanos, cujas decisões eram referendadas desde que o Brasil tomou assento na ONU. As interferências ianques se faziam sentir nos diferentes setores da vida nacional brasileira, como a política do petróleo e a da energia atômica, entre outras[166]. Os Estados Unidos enfatizavam a "vo-

164. *Idem, ibidem.*
165. Gerson Moura, *Relações Exteriores do Brasil 1930-1950*, pp. 179-180.
166. No caso da energia atômica, as "relações bilaterais entre os dois países impediram o desenvolvimento de um programa nuclear brasileiro autônomo" (Gerson Moura, *op. cit.*, p. 193). O problema mais gritante era o do petróleo brasileiro, que apesar de sua comercialização ser praticamente monopólio da Standard Oil (Esso), "o governo e as companhias de petróleo estadunidenses tentaram controlar a produção e a distribuição de petróleo e outros materiais estratégicos em todo o continente" (p. 217), interferindo com denúncias de formação de cartel e reivindicando tratamento igualitário para as companhias estrangeiras quando o Conselho Nacional de Petróleo deliberava sobre a construção e operação de duas companhias brasileiras (p. 215). Isso sem falar no interesse norte-americano sobre outras riquezas naturais, como as areias monizíticas e o manganês (pp. 219 e ss.).

cação agrícola" do Brasil, definindo, assim, qual a inserção internacional do país, destinado a ser grande celeiro do mundo, mero fornecedor de matérias-primas.

Para encerrar a exposição dessas contradições estruturais, vale citar as observações de Nunes sobre a persistência do autoritarismo e do clientelismo no dito regime democrático:

> O processo de construção institucional que cobre o período 1930-45 não foi desmantelado na democracia pós-45. O governo democrático acabou com as medidas e a legislação que cerceavam os direitos civis, mas não extinguiu o recém-criado aparato de Estado. O DASP foi totalmente esvaziado, mas não extinto. [...] Em flagrante contraste com o destino do DASP, os arranjos corporativistas surgidos nos anos 30 jamais foram desativados. [...] A democratização de 1945 não rompeu – tampouco a de 1930 o fez – a gramática personalista do clientelismo. O novo regime emergiu das entranhas da ditadura que ele ousou substituir, e as elites que administraram a transição e que, em última análise, controlaram o período constitucional e democrático pós-45 eram compostas pelas mesmas pessoas que apoiaram o regime anterior ou que dele se beneficiaram. A rede de interventores e prefeitos nomeados constituiu a base para a fundação do [...] PSD, que foi criado com os recursos para a patronagem à disposição da ditadura e controlou o Congresso nas eleições de 1945. Assim, o clientelismo que cresceu à sombra da estrutura social brasileira tornou-se um instrumento de engenharia política astuciosamente manipulado por aqueles que se encontravam no poder. [...]
>
> Apesar de fatores externos terem influído na queda do Estado Novo, em virtude do clima internacional de democratização que sucedeu a Segunda Guerra Mundial, o novo regime inaugurado no Brasil evoluiu de uma situação autoritária, cuja falência resultou de fatores endógenos. A democracia instalada em 1945 foi controlada pelo mesmo aparelho político e pelos mesmos atores que estiveram no poder durante a ditadura. [...] É importante notar que Dutra foi ministro da Guerra durante todo o período do Estado Novo. O PSD constituiu o protótipo do que Shefter denomina de "partido mobilizado internamente" ou "partido de dentro", para utilizar a expressão de Thomas Skidmore. Ele permaneceu como o partido mais forte no Brasil desde sua criação até 1964[167].

Em outro passo de seu ensaio, resume Nunes: "Se o primeiro governo Vargas [...] foi um período de construção do Estado, o governo Dutra

167. Edson Nunes, *A Gramática Política do Brasil: Clientelismo e Insulamento Burocrático*, Rio de Janeiro, Jorge Zahar Ed./Brasília, Enap, 2003, pp. 67-69.

[...], sob a dominação do conservador PSD, foi uma época de construção partidária e de políticas econômicas liberais"[168].

Essa ordem de contradições entre o velho e o novo, entre progressivo e regressivo – que havia sido a matéria mesma de que se alimentava a produção literária mais consequente desde o Modernismo, tensionada até o limite nos anos 1930 até 1945, seja em prosa ou verso – como que desaparece do horizonte de reflexão (no duplo sentido do termo) da maior parte da geração nascente no imediato pós-guerra, no seu recuo programático em relação à realidade histórica e social local, muito embora tais contradições persistissem, nos termos em que Moura resumiu acima.

À luz dessa contextualização político-social, compreende-se que não era mera *boutade* a correlação proposta por Wilson Martins ao falar da Geração de 45 e da sonetização da consciência nacional do governo Dutra. Tendo em mente o que se considerou neste capítulo, pode-se mesmo levar essa correlação adiante, muito além do resgate das formas fixas e o que ele implica, mas vendo-a reverberar seja na composição do grupo de 45, seja no projeto por ele encampado, seja ainda no horizonte de recepção – isto é, a crença no poder de suplantar o fosso que separa o poeta do leitor médio, sem atentar para as contradições que o "programa" estético de 45 encerra ao reeditar uma poética pautada em critérios mais estáveis e codificados, o que fez tal grupo incorrer ao mesmo tempo no hermetismo.

Ainda de modo análogo à conjunção política do velho e do novo à época, pode-se verificar em alguns poetas de 45 a tentativa ingênua, já indicada, de conciliar acriticamente formas fixas, verso metrificado e rimado, normas retórico-poéticas e mesmo um repertório de temas convencionais com imagens isoladas ou cadeias imagéticas procedentes das vanguardas ou do Modernismo. Essa conciliação pode-se dar de diferen-

168. *Idem*, p. 95. Ainda de modo análogo à conjunção política do velho e do novo à época, pode-se verificar, em alguns dos poetas de 45, a tentativa ingênua, já indicada, de conciliar, acriticamente, formas fixas, verso metrificado e rimado, normas retórico-poéticas tradicionais ou, mesmo, um repertório de temas convencionais com imagens isoladas ou cadeias imagéticas procedentes das vanguardas ou do Modernismo. Essa conciliação pode-se dar de diferentes maneiras, como se viu e se verá em outros capítulos. Por ora, importa apenas notar: o que tais poetas conjugam sem conflito será explorado de forma (in)tensa e crítica, quando não dilacerada, pela perspectiva disfórica dos modernistas classicizados.

tes maneiras, como já se viu e se verá em outros capítulos. Por ora, importa apenas notar que essa conjunção feita por tais poetas sem conflito será explorada de forma crítica e (in)tensa, quando não dilacerada, pela perspectiva disfórica dos modernistas classicizados.

Mas pode-se pensar a relação do programa poético de 45 com o contexto político de sua época sem recorrer apenas às homologias – válidas, embora sempre polêmicas. É possível pensar essa relação mediada pela configuração do campo literário, ampliando o que se viu anteriormente a esse respeito, ao se considerar a participação da intelectualidade no processo de redemocratização do país.

Nesse processo, Benevides aponta a intensificação das manifestações estudantis que vinham ocorrendo desde de 1942, sob liderança da UNE e suas seções estaduais, como a União Democrática Socialista na Faculdade de Direito de Largo São Francisco, e entidades como a Associação Brasileira de Escritores (ABDE), promotora do Primeiro Congresso Brasileiro de Escritores, de que tomou parte alguns dos nomes representativos dos poetas de 45[169]. Como depõe Antonio Candido, tal Congresso visava a uma

> [...] tentativa de congraçamento de todos os opositores do Estado Novo, passando por cima das divergências não apenas entre esquerda e liberais, mas dentro da própria esquerda, o que geralmente é mais difícil. [...] Foi essencialmente, um movimento de frente única das diversas correntes [...] [;] o essencial era unir taticamente as forças contra a ditadura[170].

Se a tentativa de coalizão numa frente única contra a ditadura estadonovista e a favor da democratização era a principal pauta política, a ela se alinhava outra, de cunho econômico-profissional, ligada à regulamenta-

169. Maria Victoria Benevides, *op. cit.*, pp. 37 e ss.

170. Antonio Candido, "O Congresso dos Escritores", *Teresina etc.*, Rio de Janeiro, Paz e Terra, 1980, p. 109. Falar, com Candido, em *tentativa* – sem desmerecer os esforços de artistas e intelectuais como Mário de Andrade, de fazer convergir, ainda que momentaneamente, correntes ideológicas distintas para o objetivo comum de derrubada da ditadura varguista – não é ignorar as clivagens que marcaram a organização do congresso de escritores, suas diretrizes e composição das comissões, reunindo intelectuais com orientações muitos diversas (liberais, católicos, socialistas...) presentes mesmo no interior das delegações, o que responde pelos debates acalorados em torno de algumas teses e enfrentamentos extremos, como o ocorrido no caso dos comunistas.

ção dos direitos autorais, por exemplo, o que fez da ABDE "o primeiro grande movimento da intelectualidade brasileira em prol da autonomização do seu campo". Na verdade, não se privilegiava uma das pautas, mas ambas eram agregadas num mesmo nível de interesse e importância, a fim de reivindicar condições mais dignas ao trabalho intelectual, conforme busca demonstrar Felipe Victor Lima[171]. Segundo ele, certos aspectos conjunturais dos anos 1930 e 1940 concorreram para esse processo de autonomização, de modo a romper com os empecilhos à prática cultural, como a censura e o controle exercido pelo DIP, coibindo todo tipo de produção contrária à ideologia estadonovista ou às ações dos que não seguissem à risca a política de cultura oficial centrada na ideia de "educar as massas" dentro dos valores do regime. Para isso, eram empregados os meios de comunicação e determinados circuitos artísticos em favor de uma ação propagandística, com vistas à aceitação passiva e ao apoio incondicional às iniciativas do Estado getulista. Somavam-se a isso as condições financeiramente adversas ao escritor e ao homem de letras que, na impossibilidade de viver de sua atividade literária, voltava-se a outros ofícios, conforme sua formação (na maioria das vezes, direito, medicina e engenharia), ou ao jornalismo, à docência e ao serviço público, que tendiam a obstruir ainda mais sua veia crítica e criativa. É essa dupla limitação que passa a ser questionada na virada para os anos 1940, convergindo para o congresso, "primeiro grande certame dos homens de letras brasileiros"[172].

Ao analisar as teses apresentadas no congresso, Lima diagnostica algumas das preocupações dominantes, que incluíam, além dos baixos pagamentos pelas obras produzidas e (apesar de algum otimismo por certa expansão do mercado editorial) da "exploração" promovida pelos editores, a distância entre o escritor e o povo. Como destaca Lima, a própria discussão em torno

> [...] do acesso do povo ao ensino, com a sugestão de que os níveis básicos se tornassem gratuitos e obrigatórios, comp[unham] parte deste discurso mais amplo, estratégico em muitos pontos, uma vez que isso significaria o aumento no número de leitores e, por sua vez, um incentivo a mais para o crescimento do mercado edi-

171. Felipe Victor Lima, *O Primeiro Congresso Brasileiro de Escritores: Movimento Intelectual contra o Estado Novo* (1945). FFLCH/USP, 2010, p. 12 (Dissertação de Mestrado).

172. *Idem*, pp. 10-12.

torial. Este, seguindo as conclusões da Comissão dos Direitos Autorais, tenderia a favorecer os escritores brasileiros, [mais bem] remunerados e protegidos legalmente dos abusos praticados pelos editores[173].

Vale reafirmar, portanto, o caráter estratégico do discurso dos delegados no congresso dos escritores, ao defenderem a gratuidade e obrigatoriedade do ensino primário, como forma de criar um espaço maior no mercado aos escritores que desejassem viver de sua arte.

No exame das demais teses, interessa o que Lima destaca, por exemplo, da discussão proposta por Abner Mourão sobre a unificação linguística entre Brasil e Portugal, a fim de suplantar as grandes disparidades em benefício de um idioma com padrões idênticos nos dois países. Ao mesmo tempo que a tese traz, como motivação primeira, os valores de "paz universal" e "fraternidade humana", em consonância com a pauta política da democratização da época (e do Congresso), ficam evidentes, também, os interesses materiais defendidos por Mourão, na medida em que "uma unificação gramatical e ortográfica poderia servir como um facilitador da entrada de livros brasileiros no mercado português"[174]. O interesse particular por essa tese se justifica, aqui, pelo fato de se supor que a questão da unidade linguística não estava, de todo, ausente do padrão ou da norma adotada por muitos poetas de 45, já pela sua recusa do coloquialismo que caracterizou os anos de guerra da poesia modernista. Seria interessante investigar como tal questão se articulava com a nova dicção poética assumida não só pelos poetas de 45, como também por modernistas classicizados. Viu-se – e o capítulo seguinte volta a tratar disso – como a questão da língua marcou alguns dos principais debates do período, a exemplo da polêmica travada entre Sérgio Buarque (defensor incondicional da agenda modernista) e Domingos Carvalho da Silva, em torno da validade poética de palavras e expressões consideradas demasiadamente prosaicas, entre outros aspectos mais estritamente ligados à metrificação e ao uso de esdrúxulas. Mas as reivindicações não giravam apenas em torno da seleção lexical mais adequada à natureza do poético. Uma leitura atenta da produção lírica do período revela, por exemplo, o abandono, para falar com Mário de Andrade, da dança dos pronomes, que sempre esteve na pauta

173. *Idem, ibidem.*
174. *Idem*, pp. 52-53.

modernista, e a reposição da "sintaxe lusíada", cuja macaqueação era ridicularizada pelo, agora, *velho* Bandeira de "Evocação do Recife". Tratava-se, em suma, de se reafirmar o *sermo sublimis* contra o *pedestris* ou, ainda uma vez segundo Sérgio Buarque, a supremacia de uma linguagem hierática em detrimento da demótica, atestando, sobretudo com os poetas de 45, o respeito à norma culta e ao padrão luso como o mais adequado ao poético.

No que tange especificamente à poesia, Felipe Victor Lima retoma as teses apresentadas no Congresso por um modernista que foi um dos principais interlocutores da Geração de 45: Augusto Frederico Schmidt. Sua comunicação se ocupou do desinteresse e da incompreensão crescentes no tocante ao gênero, constatando que esse descrédito e perda da importância social que a poesia já teve um dia, verificava-se, inclusive, na relação dos poetas com os editores. Apesar dessa depreciação, Schmidt reiterava a importância da poesia para aquele momento, notadamente pela sua capacidade de apelar à sensibilidade humana, despertando a emoção, o sonho e o encantamento ofuscados pelas incertezas de um mundo em conflito[175].

Enfim, no balanço de conjunto da ABDE e do Congresso, Felipe Victor Lima dá ênfase a um

> [...] discurso estratégico, que tinha como pano de fundo a ânsia pelo estabelecimento de um campo intelectual autônomo, na medida em que a liberdade de opinião, de criação e, por que não dizer, de ação, estava atrelada à regulamentação do ofício das letras – o que possibilitaria ao escritor viver da renda obtida pela venda de suas obras, sem recorrer a outros tipos de trabalho, em especial no serviço público –, bem como ao estabelecimento de um regime democrático de governo – o que permitiria ao intelectual o pleno exercício da crítica e da arte, não mais sujeito às imposições dos órgãos de censura[176].

Nesse movimento de construção de um outro espaço de autonomização, é dado destaque também às universidades, criadas nos anos 1930.

À luz desse contexto, pode-se compreender mais adequadamente o projeto poético de 45, que, no seu empenho em restaurar os laços com o leitor, deixa entrever algo dessas ambivalências. Melhor dizendo, revela algo do espírito democrático reinante e, ao mesmo tempo, denuncia o es-

175. *Idem*, p. 61.
176. *Idem*, p. 81.

forço de profissionalização, que, supostamente, depende da constituição ou ampliação de um público leitor, inclusive por propor a defesa de uma concepção do poético definido nos seus próprios termos. Ou seja, sem qualquer compromisso outro, como a tarefa didática de ser instrumento de difusão e propagação de valores éticos ou morais ou de ideias científicas, conforme se viu com a comunicação de Domingos Carvalho da Silva, firmando o desejo de especialização característico desse momento de autonomização do campo. Além disso, rompe-se com o uso do literário para um fim outro que não seja o da sensibilização para a poesia e a humanização do leitor, diferentemente do que acontecia quando, ainda sob a vigilância do DIP, a literatura era utilizada com a intenção programática de educar as massas dentro da ideologia do Estado. Essa ruptura ainda é uma maneira de afirmar a liberdade. A contradição, entretanto, reside, evidentemente, na natureza prescritiva do projeto, que reabilita concepções suplantadas e prima por um hermetismo de fachada.

Em uma última homologia talvez forçada demais, mas que ainda assim vale arriscar, essa contradição parece reverberar algo da democracia de fachada dos anos Dutra. Se o estabelecimento de um padrão estilístico-formal e temático estável era pleiteado pela Geração de 45, como forma de reatar os laços rompidos entre o poeta e o público, sugerindo com isso um anseio comunal para a poesia, tal padrão, pretensamente mais democrático, não só se revelava elitista, ao reativar formas suplantadas e, portanto, distantes do presente, como também se fundava à custa da supressão da afirmação individual do artista em forjar um estilo pessoal, uma das principais conquistas do Modernismo contra a anomia do receituário retórico-classicista, que se propunha, agora, a repor e partilhar.

Para encerrar este capítulo, no que tange ainda ao suposto empenho dos poetas de 45 em restaurar os laços com a audiência, ele afina-se com o debate em torno da noção de *comunidade*. A ela se dedicou toda uma grande linhagem de críticos e filósofos europeus, dentre os quais Rancière, de quem se retoma, sucintamente, a associação entre comunidade e política, que, no caso específico da literatura, é entendida não no sentido de engajamento pessoal do escritor numa dada causa, nem do modo como certa estrutura social comparece representada na obra, mas no fato de ela instaurar um novo modo de percepção do sensível. Para tanto, diz ele, é necessário a "configuração de uma forma particular de comunidade. A política é a construção de uma esfera específica de experiência em que certos objetos são postos como compartilhados e certos assuntos considerados como suscetíveis de designar esses objetos e de discutir sobre eles"[177]. É a "partilha do sensível" que dá forma à comunidade. No estudo que Rancière dedicou a Mallarmé, diz que a estética é o "pensamento da configuração do sensível que instaura a comunidade", e a ideia de comunidade é a de *ligação* (*religio*)[178].

A geração ou grupo de 45 apostava na possibilidade de se instaurar, sem mais, no presente, uma comunidade para a lírica, consensualmente alcançada por meio de uma poética prescritiva que reabilitava formas, modos e temas suplantados, aliados a um padrão genérico de modernidade fundado, de acordo com o que se viu, na seleção, adaptação e assimilação de procedimentos característicos das vanguardas poéticas das décadas anteriores. Nessa concepção, deixava reverberar os paradoxos do senso de democracia de seu tempo.

Tal grupo entrou em contradição com o sentido de comunidade implícito na poética dos modernistas classicizados e mesmo na das vanguardas, de que eles derivavam. Pois como esclarece, ainda, Rancière, grupos de vanguarda não deixam nunca de encenar uma "poética da partilha", procedente de uma estética comunitária, que determina

> [...] a possibilidade de uma prática coletiva real que pode muito bem permanecer utópica, e que permanece assim muitas vezes. [...] A vanguarda é comunidade em estado virtual, ela emerge como uma possibilidade de partilha que implica sempre, de maneira mais ou menos explícita, uma contestação das práticas individuais da arte. É também o que faz que, inversamente, grupos literários ou artísticos possam muito bem existir sem ligar seu destino a um projeto comunitário (como o grupo da primeira NRF, por exemplo, animado por Gide), mas não se trata mais de grupos de vanguarda no sentido em que eu entendo[179].

A necessidade de agrupamento tem em mira o anseio de se tornar, um dia, hegemônico no campo literário e poder falar de igual para igual com os homens de Estado.

177. Polemizando com Sartre, Rancière expressamente rejeita a polarização, cara ao primeiro, entre literatura pura e literatura engajada. Essa dicotomia seria superada pela "democracia literária" inerente à política da literatura (J. Rancière, *The Politics of Literature*, Cambridge, Polity Press, 2011, pp. 3-4).

178. J. Rancière, *Mallarmé: La Politique de la Sirène*, Paris, Hachette, 1996, pp. 54-55.

179. *Idem, ibidem*.

Concluindo, contra a concepção "consensual" do grupo de 45, os modernistas classicizados insistiram, inversamente, no "dissenso". No caso particular de Drummond, por exemplo, caberia lembrar o que diz Rancière, quando aproxima o isolamento do poeta em Mallarmé do pensamento marxista sobre a maturação necessária às condições revolucionárias:

> O isolamento do poeta está estritamente ligado à "ausência de presente". A política do lance de dados – e o sentido último da fábula do barco e da sereia [em "Salut"] – devem ser entendidos assim: as condições não existem ainda para a união do poeta e da multidão no "hino dos corações espirituais". [...] Para o poema como para a comunidade, é uma loucura apostar agora em substituir o reino do ouro material pelo ouro simbólico [...][180].

Marcos Siscar afirma que o próprio discurso da crise da poesia – para ele, um lugar-comum da lírica que dispensa o lastro sócio-histórico[181] – aponta para "um desejo mesmo de constituir comunidade, de estabelecer um espaço discursivo próprio", empregando um "dispositivo autossacrificial" que caracterizou a assim chamada "épica" da modernidade, desde Baudelaire[182]. Pode-se reconhecer esse dispositivo em praticamente todos os modernistas classicizados e muito raramente nos poetas de 45, que partem da constatação da referida crise, historiada aqui, mas se furtam, com frequência, a dramatizá-la no interior da própria poesia, como fazem os primeiros, de uma perspectiva sempre distópica, conforme se verá nos capítulos seguintes. É essa uma das diferenças fundamentais que faz com que uma tendência similar (a inflexão neoclássica) tenha correspondido a um movimento mais convencional, estetizante ou até regressivo nos poetas de 45 e, ao mesmo tempo, tenha representado, para os principais modernistas neoclássicos, o zênite de suas trajetórias poéticas.

180. *Idem*, pp. 64-65.
181. Diz ele que, no discurso da crise, "a poesia dá forma a um certo modo de estar no mundo, expresso geração após geração, independentemente da verdade sociológica dessa crise". Ainda que assim o seja, não parece que isso desobrigue o intérprete de indagar e investigar, como se propôs aqui, o possível fundamento *histórico* dessa crise (Marcos Siscar, *Poesia e Crise: Ensaios sobre a "Crise da Poesia"* como *Tópos da Modernidade*, Campinas, Editora da Unicamp, 2010, p. 42).
182. *Idem*, p. 43.

IV

O Aerólito e o Zelo dos Neófitos: Sérgio Buarque e a Crítica do Período

O presente capítulo propõe rastrear as principais discussões que marcaram a poesia e a crítica de poesia nas décadas de 1940 e 1950, tendo em vista as tendências formalistas e o retorno aos moldes convencionais de que se veio tratando até o momento. Nesse sentido, interessa considerar a atitude da crítica em face dessas tendências e o debate por ela travado, em decorrência não só da rotinização das experimentações vanguardistas e do envelhecimento do moderno, mas também da recepção de certas teorias sobre a especificidade do poético, como as do New Criticism, cuja chegada no Brasil coincide, conforme já se observou, com a redefinição do campo literário, em decorrência da especialização do trabalho crítico como disciplina acadêmica.

Para esta sondagem preliminar do assunto, dispõe-se de um guia excepcional, que acompanhou de perto a primeira recepção dos ideais do New Criticism, tomando parte ativa nas polêmicas por eles suscitadas e pelas apropriações que deles se fez no Brasil. Trata-se de Sérgio Buarque de Holanda, cuja opinião sobre tais ideais nem sempre foi muito favorável, embora sem desprezar de todo as lições dessa corrente crítica. Além das polêmicas em que esteve envolvido, ele foi autor de um conjunto relevante de ensaios já reunidos em livro[1], que pode servir de referência

1. Ver Sérgio Buarque de Holanda, *O Espírito e a Letra: Estudos de Crítica Literária (1948--1959)*, São Paulo, Companhia das Letras, 1996, vol. II, p. 275. As demais referências aos

para se acompanhar de perto o mencionado debate. O admirável, neles, é a completa atualização acerca das controvérsias de e sobre os *new critics*. Isso se deve a uma inesperada estada de Sérgio Buarque em Washington, a convite da Divisão Cultural do State Department, graças à qual pôde compor e trazer consigo "toda uma pequena biblioteca a respeito do New Criticism anglo-americano, que já ia encontrando, entre nós também, adeptos fervorosos e em geral pouco transigentes"[2].

Para se ter uma ideia dessa atualidade, basta dizer que, no mesmo ano de 1948, quando ele começou a publicar tais artigos, Lauro Escorel enviava a Drummond uma carta de Boston, na qual falava da pouca divulgação das concepções do New Criticism no Brasil e, por isso, projetava uma antologia para "fazer uma espécie de apresentação dessa turma de críticos", citando indiscriminadamente Richards, Empson, Blackmur, Ranson e Brooks[3]. Já em 1951, "mal Afrânio Coutinho começava sua pregação pela imprensa carioca da *nova crítica* [...], Sérgio Buarque, mostrando amplo domínio da bibliografia anglo-americana acerca dos novos métodos de análise literária, fala[va] de seu 'crescente descrédito em nossos dias [...]' "[4].

NEW CRITICISM: IMPASSES, CONTRADIÇÕES E LIMITAÇÕES TEÓRICO-METODOLÓGICAS

Em tais ensaios, Sérgio Buarque não apenas passava em revista estudos hoje clássicos, que estavam, então, sendo publicados pelos principais representantes do movimento (Tate, Warren, Brooks, Blackmur...)[5],

ensaios constantes desse volume serão feitas no corpo do ensaio com a rubrica EL seguida do número das páginas.

2. Sérgio Buarque de Holanda, *Tentativas de Mitologia*, São Paulo, Perspectiva, 1979, p. 15.
3. A carta, datada de 24.7.1948, faz parte da correspondência passiva de Drummond, que integra o acervo do poeta no Arquivo-Museu de Literatura Brasileira da Fundação Casa de Rui Barbosa (RJ).
4. Guilherme Simões Gomes Jr., *Palavra Peregrina: O Barroco e o Pensamento sobre Artes e Letras no Brasil*, p. 109 n.
5. Keith Cohen chama a atenção para as dificuldades de se identificar com rigor autores e obras associados ao movimento, já pela própria recusa literária do New Criticism em definir, dogmaticamente, períodos históricos no domínio da crítica literária. Ainda assim, Cohen trata de historiar e elencar os nomes devida e indevidamente ligados ao "grupo", seus arautos,

como ainda surpreendia, no calor da hora, os inquéritos e controvérsias suscitados pelas proposições de tais teóricos nas páginas de periódicos literários da época, vinculados ou não ao grupo, a exemplo da *Kenyon Review, Hudson Review, The Sewanee Review, Southern Review, Partisan Review* e *Saturday Review of Literature*[6]. Longe da tão frequente adesão acrítica às teorias em voga, Sérgio Buarque adotava uma perspectiva polêmica, estabelecendo o confronto entre as concepções dessa e de outras correntes contemporâneas, a fim de sinalizar impasses, contradições e limitações. Isso quando não rejeitava *tout court* certos postulados e formulações teóricas dos *new critics*, em favor ou não dos contendores destes últimos, a exemplo dos neoaristotélicos da Escola de Chicago (Olson, Crane...), que definiam seu *approach* em franca oposição a algumas das principais teses defendidas pelos primeiros[7].

A "discussão da teoria literária de língua inglesa" promovida por Sérgio Buarque, "como um contraponto da influência francesa que nos subjugava", diz Arnoni Prado, resultou em "uma das mais fecundas avaliações do New Criticism jamais feitas no Brasil" (*EL*, 29). A respeito dessa suposta mudança do paradigma crítico francês para o anglo-americano, é preciso, todavia, lembrar o que o próprio Sérgio Buarque observou ao resenhar os *Primeiros Estudos* de Alceu Amoroso Lima, com quem já travara acalorado debate nos anos 1920. Apesar de lastimar a influência desastrosa do impressionismo anatoliano sobre o resenhado, minimizada, entretanto, por se tratar de um pecadilho juvenil de toda uma geração, o resenhista afirmava que a obra crítica desse que

> [...] elevou a alturas até então nunca atingidas nossos padrões nesse ramo de literatura, funda-se em grande parte na tradição francesa que é ainda a boa tradição, a que mais sabiamente se equilibra entre os extremos do formalismo acadêmico, de um lado, e do biografismo, do historicismo, do psicologismo, do sociologismo, do moralismo, estes tão mais frequentes nos países de língua inglesa ou alemã.

inspiradores e seguidores (ver "O New Criticism nos Estados Unidos", em Luiz Costa Lima, *Teoria da Literatura em suas Fontes*, Rio de Janeiro, Francisco Alves, 1983, vol. II, pp. 3 e ss.).

6. Como informa Paul de Man, "as principais revistas em que os estudos de tendência *new critical* aparecem mais frequentemente (mas sempre ao lado de outras orientações) são: *Kenyon Review, Sewanee Review* e *Hudson Review*" (cf. "Impasse da Crítica Formalista", *O Ponto de Vista da Cegueira*, Lisboa, Angelus Novus & Cotovia, 1999, p. 252 n).
7. Ver, por exemplo, os comentários de Sérgio Buarque sobre "o extenso requisitório do grupo dos 'neoaristotélicos' de Chicago contra o New Criticism" ("Linguagem Poética", pp. 574-578).

Depois dessa afirmação, Sérgio Buarque reconhecia que poderia soar paradoxal

> [...] o fato de os maiores arautos da crítica formalista, exclusiva de quaisquer preocupações sociais ou históricas, se encontrarem hoje justamente em países anglo-saxões, e nos Estados Unidos sobretudo, se não fosse explicável como reação contra os excessos a que levam as curiosidades biográficas e as interpretações psicanalíticas e marxistas, tão generalizadas nos mesmos países (EL, 58).

Reagindo aos excessos do determinismo histórico-social e do psicobiografismo, mas incorrendo no extremo oposto, do formalismo e da suposta autonomização da obra literária concebida como um *aerólito*, a crítica anglo-americana carecia, portanto, daquele senso de equilíbrio que fazia da crítica francesa um modelo ainda exemplar. Está visto que Sérgio Buarque não podia, àquela altura, sequer prever, que dirá testemunhar os rumos tomados, praticamente uma década depois, pela *nouvelle critique* francesa, redundando num formalismo equiparável, na mesma aspiração à ciência e em outras tendências condenadas pelo crítico na corrente norte-americana...[8]

Era o extremo formalismo em que acabou por incorrer a crítica anglo-americana na sua reação excessiva às determinações de contexto que, obviamente, incomodava o historiador dublê de crítico. Não que a formação de historiador viesse a comprometer a do crítico literário, mostrando-o completamente permeável a essa ordem de determinações. Longe disso![9] Ainda mais se concebidas de forma mecânica. Tanto é que, em "A Concha e a Pérola", metáfora emprestada de um dos principais representantes da crítica marxista inglesa dos *thirties*, Christopher Caudwell, para sustentar a relação entre texto e contexto, Sérgio Buarque tratou de investir contra os excessos das abordagens sócio-histórica e biográfica, cuja presença na

8. Fato, aliás, reconhecido por um herdeiro dessa tradição francesa e principal representante do desconstrutivismo: Paul de Man, "Impasse da Crítica Formalista", *op. cit.*
9. É mais uma vez Guilherme Simões Gomes Jr. quem nota: "[a]pesar de ter declarado a História como a principal vocação, sempre que praticou a interpretação literária não o fez subordinando-a exclusivamente às preocupações do historiador; praticou-a de modo independente: crítica de romances, de poesia, sempre dosando análise interna com interpretação histórica e demonstrando ter largo domínio das novas tendências da crítica antes mesmo de sua divulgação mais ampla pelos especialistas no Brasil" (*Palavra Peregrina*, *op. cit.*, p. 109).

moderna crítica anglo-americana parecia-lhe ainda mais estranha do que as abordagens formalistas:

> Em realidade se houvesse do que estranhar na melhor crítica moderna da Inglaterra e dos Estados Unidos seria, em certos casos, menos o formalismo exclusivo do que a presença imoderada de pontos de vista históricos, biográficos, psicológicos, sociológicos e até econômicos. Presença tão em dissonância com nossos costumes literários que eu, de minha parte (perdoem-me o eu odioso), admitindo embora a sua validez nos limites do razoável, não ousaria penetrar nesses escuros domínios. E concordo em que o não faria, um pouco por timidez, em parte por incompetência e ainda por falta de gosto. Pois não é frequente que a própria alusão a pormenores de ordem biográfica seja entendida, entre nós, como crítica "compadresca" ou que se veja em qualquer preocupação "ambiental" prova nítida da avassaladora influência de Taine? (EL, 70).

Em vista desses excessos, tendia até a conceder algum mérito à concepção do literário defendida por Eliot e pelos *new critics*:

> [G]raças à dignidade nova atribuída por alguns modernos à noção de crítica literária como arte que até certo ponto se basta, ou seja, como ofício autotélico (com perdão da palavra), a limitação proporcionaria, ao contrário, algumas vantagens (EL, 545).

Mas é certo que a vantagem não chegava a ser tão grande a ponto de justificar a completa perda de referência contextual e a defesa incondicional da autonomização da literatura. E esse foi um dos pontos centrais do debate: a apropriação do conceito eliotiano de "autotelia" pelos *new critics*.

Como notava o crítico brasileiro, mesmo para Eliot, a autotelia sempre foi uma "pretensão absurda na crítica" (EL, 411). Apesar disso, parte da crítica anglo-saxã do período fundou "por algum tempo, sobre tamanha pretensão, muitas das suas especulações literárias". Era o que havia demonstrado à época um divulgador do movimento, Stanley Hyman, no "tendencioso e parcial"[10] *The Armed Vision* (1948), argumentando que a autotelia não representava uma pretensão absurda, mas simplesmente o "fundamento de toda a crítica nova". Isso até mesmo contra os protestos

10. É nesses termos que Paul de Man ("Impasse da Crítica Formalista", *op. cit.*) define o livro de Hyman.

veementes de um dos principais *new critics*, Cleanth Brooks, para quem tal "definição tão grosseiramente radical acarretaria antes um sério dano do que um lucro tangível" (EL, 410-11). O "canhestro divulgador e polemista", buscando exaltar, acabava, assim, por comprometer de vez a corrente crítica que se propunha defender. Para Sérgio Buarque, a veemência do protesto de Brooks encerrava algo de "vaidade machucada de quem se reconheceu, a seu pesar, numa fotografia sem retoque" (EL, 411).

Além do autotelia, Sérgio Buarque denunciou com propriedade a restrição genérica do método do New Criticism, que contemplava a poesia por "objeto favorito, para não dizer único" de suas formulações conceituais. O fato, aliás, viria a ser reiterado pela teoria literária mais recente, conforme se viu na Introdução, chegando-se, inclusive, a alegar que, a partir do advento dessa corrente crítica, operou-se uma espécie de divisão tácita de gêneros, em virtude das polarizações entre as vertentes formalistas, que tendiam a privilegiar a lírica com objeto de investigação, e as sócio-históricas, incluindo-se a marxista, que pendiam mais para a prosa de ficção[11]. Sérgio Buarque foi mesmo ainda mais longe, pois denunciou a eleição não só da poesia e sim de um determinado tipo de poesia pelos *new critics* como medida para se avaliar os demais. Fundou-se, assim, com base em uma certa linhagem, os padrões universais e irredutíveis da própria essência do poético, independentemente da época. Essa conclusão seria, também, corroborada por teóricos e historiadores posteriores, que associariam tal linhagem ao cânone estabelecido por Eliot:

> Os valores literários dos *new critics* – diz um deles, David Perkins – derivaram em importantes aspectos da crítica de T. S. Eliot, e isso fez o cânone de autores que eles admiravam. Uma das razões do New Criticism ter alcançado sua grande influência foi que ele forneceu critério para a defesa da poesia modernista – de Eliot, Yeats e, em menor grau, Pound – dos ataques conservadores. Em essência, o New Criticism foi a racionalização do legado modernista. Os *new critics* retiveram os valores básicos do modernismo – economia, chiste (*wit*), ironia, impessoalidade, manuseio escrupuloso da forma –, mas abandonaram, sem dizer isso, característi-

11. Sem, obviamente, deixar de relativizar e chamar a atenção para as exceções em ambas as vertentes, é o que o notam Patricia Parker & Javiva Hosek (orgs.), *Lyric Poetry: Beyond New Criticism*, Ithaca/London, Cornell, 1985. Sobre essa divisão genérica, viu-se os comentários de Kristin Ross na Introdução.

cas técnicas específicas da poesia modernista, tais como a extrema elipse, a fragmentação e a descontinuidade de *The Waste Land* e *The Cantos* e a densidade de simbolismo e sobreposição de mitos em *The Waste Land* e *The Bridge*. Como resultado, o estilo do New Criticism foi cauteloso e tradicional em comparação com o alto modernismo de que ele descendeu, e diferentemente do alto modernismo, ele não parece, de maneira alguma, desnorteador, grandioso ou revolucionário[12].

Foi nessa eleição de uma determinada vertente poética como padrão universal para definir a própria essência do poético que Sérgio Buarque reconheceu uma das principais limitações da hermenêutica proposta pelos *new critics*. Como observava em "Hermetismo e Crítica", o método de análise que eles criaram para a exegese de determinada linhagem poética, ao se mostrar ineficaz em outras, em vez de acatar seu relativismo, acabou por desqualificar as demais formas de poesia por não se ajustarem a ele. Observava ainda aí outra limitação: o risco da ultra-análise, que, para justificar o método, buscava descobrir intenções secretas, presentes talvez mais na mente do intérprete do que na do poeta, incorrendo assim em uma espécie de novo impressionismo crítico com pretensões de objetividade. Está visto que, ao concluir por um novo impressionismo crítico, Sérgio Buarque denunciava uma contradição fundamental dos *new critics*, já que acabavam por incidir em uma das quatro falácias que eles próprios trataram de denunciar, visando extirpá-la da atividade crítica: a ilusão afetiva (*affective fallacy*), compreendida como a projeção do leitor (especializado ou não) no texto[13].

Intimamente relacionadas às duas limitações apontadas por Sérgio Buarque, estão as discussões sobre a indissociabilidade entre fundo e forma (congeniais, na lírica) e o consequente repúdio à "heresia da paráfrase" e à "ilusão da mensagem"[14], bem como o hermetismo, a ambiguidade e outras tensões, definidos pelo New Criticism como o fundamento do

12. David Perkins, *A History of Modern Poetry: Modernism and After*, Cambridge (Massachusetts) & London, The Belknap Press of Harvard UP, 1987, vol. II, p. 334.

13. Cohen identifica as seguintes falácias: a *intencional* e a *afetiva* (duas faces da mesma medalha), ambas tematizadas por Wimsatt e Beardsley, acrescidas da *ilusão mimética* e da *comunicacional* (*op. cit.*, pp. 10-13). Sobre a *affective fallacy*, em particular (ver W. K. Wimsatt, *The Verbal Icon. Studies in the Meaning of Poetry*, Lexington, University of Kentucky Press, 1954, p. 21).

14. Para uma apreciação dessa discussão entre os *new critics*, ver Keith Cohen, "O New Criticism nos Estados Unidos", pp. 13-14.

poético e a razão última da ultra-análise condenada pelo crítico brasileiro. Tais discussões reaparecem em mais de um momento de seu ensaísmo, em que ele

> [...] tenta mostrar que nem toda poesia faz uso de uma linguagem ambígua, e muitas vezes aquela que o faz, por meio de formas alegóricas, procura ocultar uma verdade cujo sentido é geralmente inequívoco; que a tendência do lirismo em criar uma linguagem própria desdenhando a comunicação é apenas uma tendência, e não o fundamento, do idioma lírico e muito menos de outras formas de expressão poética; e que, se a poesia aspira a ser música, ela jamais ultrapassa as condições de "música impura", já que é feita de palavras e é portanto incapaz de escapar dos problemas semânticos que lhe são inerentes[15].

ORIGEM SOCIAL, IDEOLOGIA E INSERÇÃO ACADÊMICA DO "BANDO SULINO"

Como se viu até o momento, os ensaios reunidos posteriormente em *O Espírito e a Letra* tendem a se ocupar, sobretudo, de concepções e métodos do New Criticism, concentrando as discussões na definição da natureza do poema (uma unidade autossuficiente, autônoma em relação às intenções do autor e aos supostos efeitos emocionais sobre o leitor, ambos falaciosos); nos seus conceitos-chave (ambiguidade, hermetismo, tensões...); nas estratégias de abordagem, a começar pelo famoso *close reading*; e na visada sobre a tradição, de maneira que acaba por eleger certa linhagem poética e negligenciar outras.

Mas, além disso, Sérgio Buarque tratou também de considerar algumas implicações mais complexas, como o enraizamento histórico-social e ideológico do grupo, bem como sua inserção no universo acadêmico norte-americano, pensando nos vínculos mais mediados que tais questões, aparentemente alheias, mantêm com os postulados estéticos do New Criticism. De fato, dada a perspectiva defendida, contrária à completa autonomização da criação e da reflexão estético-literária postulada pela corrente crítica em questão, Sérgio Buarque não poderia se ater apenas

15. Sérgio Buarque de Holanda, *O Espírito e a Letra*, p. 125.

às proposições e métodos, desconsiderando suas implicações históricas e ideológicas.

Trata-se de uma discussão não evidenciada pelos comentaristas de Sérgio Buarque, mas, ainda que de modo breve, ele não deixou de tocar nessa questão delicada do comprometimento ideológico do grupo, e soube precisá-la com agudeza. Assim, em "Universalismo e Provincianismo em Crítica" (1949), dizia, a respeito de um dos arautos do movimento:

> É bem significativo que um dos arautos dessa escola, o crítico e poeta Allen Tate, publicou em 1941, em seu livro *Reason in Madness*, que os pontos de vista em que se baseia são influenciados pelas convicções do pré-fascista T. R. Hulme, sobretudo pela "crença, filosoficamente sustentável" numa radical descontinuidade entre o mundo físico e o mundo espiritual (EL, 59).

Sérgio Buarque tem em mira a influência das ideias do poeta e filósofo britânico T. E. Hulme que, em parte inspirado pelas concepções da *Action Française*, desenvolveu, nos anos 1910, opiniões políticas conservadoras e uma teoria cíclica da história, de acordo com as quais rejeitava os ideais democráticos como produtos de um *romantismo* mal orientado. Em contrapartida, defendia um sistema político alternativo, *clássico*, baseado em uma monarquia e uma aristocracia fortes – o que vale dizer, pautado pela desigualdade, pela hierarquia, pela ordem e pela disciplina[16]. Suas concepções políticas e históricas encontraram eco não só em Tate, mas em outros *new critics* como Warren, contribuindo para a adoção de um ponto de vista que também rejeitava a "continuidade entre homem e natureza"[17]. Tais concepções marcaram ainda poetas e escritores celebrados, como Eliot, Lawrence, Yeats, Wyndham Lewis e Pound. Mesmo que nem todos declarassem, como os dois últimos, simpatias explícitas por movimentos totalitários, nem por isso deixaram de adotar opiniões políticas conservadoras igualmente suspeitas. No caso de Eliot, Sérgio Buarque chega a comentar que essa influência hulmiana responderia pela

16. Cf. Louise B. Williams, "British Modernism, History, and Totalitarianism: The Case of T.E. Hulme", *Clio*, 3.22.1994.
17. Cf. John Fekete, *The Critical Twilight: Explorations in the Ideology of Anglo-american Literary Theory from Eliot to McLuhan*, London, Henely & Boston, Routledge & Kegan Paul, 1978.

verdadeira aversão do poeta à simples palavra humanismo (EL, 305-6)[18]. E em mais de um momento, o crítico se voltava contra a descontinuidade entre o mundo físico e o espiritual introduzida por Hulme no nascimento da crítica moderna, pressuposto necessário para se sustentar a independência da criação e da reflexão literárias, como produto do espírito, em relação ao contexto e às motivações histórico-sociais.

Seguindo no rastro da discussão ideológica de Sérgio Buarque sobre o New Criticism, no supracitado ensaio "A Concha e a Pérola", ao tratar da oposição ao psicologismo de I. A. Richards em solo norte-americano, "mesmo entre alguns de seus antigos sequazes", ele asseverava que essa oposição procedia "largamente de uma posição conservadora e reacionária, de um reacionarismo que, para dizer a verdade, provém de convicções antes políticas do que poéticas". Lembrava, a propósito, outro livro do mesmo Tate, muito significativamente intitulado *Reactionary Essays*[19] – embora o autor deste, em decorrência da polêmica causada pelo título, insistisse em um sentido distinto do político quando o adjetivo é empregado para definir opções literárias[20].

Em mais de uma vez, Sérgio Buarque se referia ao grupo como o "bando sulino", o que tinha implicações não só geográficas, mas também político-ideológicas. Sabe-se que alguns dos principais *new critics* eram oriundos do Sul agrário, economicamente atrasado e conservador, onde assistiram, abalados, à rápida industrialização promovida pela invasão dos monopólios capitalistas do Norte[21]. Resultou disso o sentimento

18. Stanley Edgar Hyman explorou mais essa influência de Hulme sobre Eliot, da qual parece derivar a ideia de *tradição clássica* deste último e seu conceito de *dogma* como elemento vital em religião, sendo ainda seu principal exemplo de arte e crítica a serviço da ortodoxia religiosa e da reação política. "Hulme foi possivelmente o único crítico contemporâneo que poderia ter concordado completamente com a doutrina pervertida de Eliot de que o espírito mata, mas a letra dá vida" (*The Armed Vision: A Study in the Methods of Modern Literary Criticism*, New York, Alfred A. Knopf, 1948, pp. 86 e 98).
19. "Pássaro Neutro", *op. cit.*, pp. 73-74.
20. Cf. Cohen, "O New Criticism nos Estados Unidos".
21. Como sintetiza Roberto Schwarz, "o New Criticism nasceu como uma teoria de professores de Letras do sul dos Estados Unidos, o Old South anti-ianque. Eles viam o poema como um campo de complexidade singular, onde a linguagem não tem finalidade utilitária e não é abstrata, o que, de certo modo, simboliza uma oposição ao capital, ao mundo do Norte. Para consubstanciar essa posição, desenvolveram uma técnica de análise centrada em ambiguidade, tensão e ironia, atributos estranhos à funcionalidade moderna". É ainda

de desenraizamento e deslocamento espiritual evidenciado já no título do periódico *The Fugitive* (1922-1925), que identificava parte do grupo (Ramson, Tate e Warren), em sua primeira fase, então ligado à Vanderbilt University, em Nashville. Essa atitude escapista, que levou os *fugitives* a assumirem a imagem neorromântica do proscrito em busca de refúgio em um reino interior ideal, viria a ser abandonada na década seguinte, quando adotaram o Agrarianism como alternativa moral à onipotência do ideal industrial norte-americano. Nos escritos recolhidos em *I'll Take my Stand: The South and the Agrarian Tradition*, os *fugitive-agrarians* promoviam o retorno a um passado sulista idealizado, mascarando o que havia nele de uma efetiva cultura de controle, para construir uma imagem mítica de sociedade, fundada na economia de subsistência, na cultura de cidade pequena, na promessa de um senso mais seguro dos valores morais e de uma vida ideal, identificada como "vida estética"[22]. Na passagem da fase *agrarian* para a do New Criticism propriamente dito, de acordo com o que demonstra John Fekete, essa defesa de uma vida estética – baseada em todo um programa socioeconômico, no qual a arte ocuparia um lugar importante, como meio de iniciação, embora subordinado – acabava tendo seu amplo escopo reduzido ao domínio estrito da crítica literária. Renunciava-se de vez às pretensões de reformar o mundo exterior para ganhar a sanção social pela sensibilidade e pela perfeição do mundo interior, por sua vez alcançadas através da experiência estritamente literária. Além disso, as duras críticas do Agrarianism ao processo industrializador foram reduzidas a uma só, contra o estéril racionalismo científico, que privava a experiência humana de sua dimensão sensorial. Mas mesmo essa crítica à ciência perdeu, por fim, sua força e virulência,

Schwarz quem chama a atenção para a relevância de um estudo sobre a recepção do New Criticism no Brasil, contrapondo as apropriações mais dogmáticas, como a de Afrânio Coutinho, àquelas mais produtivas e críticas, como a de Sérgio Buarque e a de Antonio Candido ("Um Crítico na Periferia do Capitalismo", entrevista concedida a Luiz Henrique Lopes dos Santos e Mariluce Moura e publicada na revista *online Pesquisa Fapesp*, edição 98, de abril 2004).

22. Para um breve histórico do grupo *The Fugitive* e do Agrarianism, ver os verbetes de, respectivamente, Donald Davidson e Paul V. Murphy, *The Tennessee Encyclopedia of History and Culture* (Tennessee Historical Society, Nashville, Tennesseee), The University of Tennessee Press, Knoxville, Tennessee Online Ed., 2002.

com a identificação paradoxal do New Criticism à racionalidade dominante[23]. É o que explica melhor Terry Eagleton:

> A epistemologia do humanismo literário da Nova Crítica tinha ensaiado um certo desafio ao racionalismo científico da sociedade burguesa. Através de suas complexas percepções da ambiguidade poética, a crítica tinha por tarefa recuperar para o mundo aquela especificidade sensorial da qual esse racionalismo a tinha privado, opondo-se à abstração e à mercantilização impiedosa com as quais abordava a experiência. Contudo, se a relação de sujeito para objeto se reinvestia, desse modo, das dimensões simbólicas e afetivas suprimidas por uma ordem social reificada, essa reificação também era paradoxalmente reproduzida: o leitor assumia uma postura contemplativa diante de um texto literário definido em termos estritamente objetivos. A análise crítica imitava os hábitos reificadores do capitalismo industrial, mesmo quando a eles se opunha; a contemplação estética "imparcial" parodiava o próprio cientificismo que pretendia desafiar[24].

Sérgio Buarque, por seu lado, chamou a atenção para outra destinação igualmente paradoxal dessa crítica ao cientificismo promovida pelos *new critics*, que acabou sendo absorvida pelo discurso neopositivista:

> É bem notório que a "nova crítica" surgiu em oposição confessada ao "espírito científico" e às várias modalidades de positivismo. Pois acontece hoje que o fruto dileto de suas especulações conseguiu de súbito seduzir a nata de novos positivistas (EL, 412).

Na polêmica travada com Euryalo Cannabrava, Sérgio Buarque lembrava o caso de F.S.C. Northrop, filósofo de Yale, que, embora sem se filiar à corrente neopositivista, apresentara uma concepção conciliatória, em que a poesia não representaria repúdio ou crítica ao discurso científico, mas seu avesso necessário: dotada de *virtudes terapêuticas*, a poesia se apresentaria como "verdadeira antitoxina, boa para corrigir os efeitos do artificialismo, do pragmatismo, do cientificismo da era da técnica"[25].

Polemizando com as interpretações de Fekete e Eagleton, Jancovich alega que elas falham ao deduzir o contexto histórico e a ideologia dos

23. John Fekete, *The Critical Twilight*, *op. cit.*, p. 45.
24. Terry Eagleton, *A Função da Crítica*, São Paulo, Martins Fontes, 1991, p. 86.
25. Sérgio Buarque de Holanda, *O Espírito e a Letra*, pp. 414 e 428.

new critics das propostas teórico-metodológicas destes[26]. Todavia, os contra-argumentos apresentados, embora relevantes, não são suficientes para descartar tais interpretações em definitivo. Para os propósitos desta abordagem, elas são, ainda, as que mais parecem se afinar com a visada crítica de Sérgio Buarque, que se não chegou à radicalidade da dialética proposta pelos dois críticos marxistas, não deixou por isso de apontar, como se viu, para essa ordem de implicações entre proposições teóricas, opções ideológicas e contexto histórico, evidentemente dentro do que era possível avaliar à época e abordar nos limites estreitos de um rodapé semanal.

Algo dessa percepção arguciosa também se deixa flagrar nos comentários de Sérgio Buarque sobre a institucionalização acadêmica do New Criticism, que se afirmou em um momento em que a crítica literária se esforçava por se "profissionalizar" nos Estados Unidos e se tornar disciplina respeitável. Para tanto, buscava mobilizar um instrumental crítico que lhe permitisse

> [...] competir com as ciências exatas em seus próprios termos, numa sociedade em que essas ciências eram o critério predominante de conhecimento. Tendo começado a vida como um suplemento humanista, ou alternativo, da sociedade tecnocrata, o movimento viu-se, assim, reproduzindo essa tecnocracia em seus próprios métodos. O rebelde fundia-se na imagem de seu senhor e, com a passagem das décadas de 1940 a 1950, foi rapidamente cooptado pelo sistema acadêmico[27],

conforme nota ainda Eagleton, que assinala dois motivos para essa boa aceitação acadêmica do movimento. O primeiro é a apresentação de um método pedagógico cômodo que atendia a um público estudantil crescente (graças, em parte, ao G. I. Bill[28]), facilitando a abordagem do literário

26. Mark Jancovich, *The Cultural Politic of the New Criticism*, Cambridge, Cambridge UP, 1993. Jancovich tem em mira não apenas os comentários de Fekete e Eagleton, mas de outros críticos de filiação marxista que também examinaram os fundamentos teórico-metolodógicos do *New Criticism* e suas implicações ideológicas, como Fredric Jameson (*The Prison House of Language*) e Frank Lentricchia (*After the New Criticism*).
27. Eagleton, *op. cit.*, pp. 86 e ss.
28. Segundo Arac, esse crescimento foi resultado do acesso à universidade e da educação vocacional que o governo norte-americano franqueara aos veteranos da guerra, com o G. I. Bill: "Nos Estados Unidos, o New Criticism [...] se estabeleceu, efetivamente, como prática crítica dominante nos anos do pós-guerra, em parte porque sua ênfase sobre o texto isolado tornava-o apropriado para ensinar as novas massas de estudantes que o G. I. (abreviação de "Government Issue" ou "General Issue") Bill permitiu chegar à universidade sem a base cultural de elite com a qual contava a educação beletrística tradicional" (Jonathan Arac, "Af-

pelo recurso à análise cerrada de uns poucos poemas, o que dispensava amplas listas de romances representativos da tradição. O segundo motivo é o caráter reconciliatório de uma proposta interpretativa para o poema calcada num equilíbrio delicado de atitudes contrárias. Nas palavras do crítico inglês, tal "reconciliação desinteressada de impulsos opostos foi profundamente atraente para os intelectuais liberais céticos, desorientados pelos dogmas conflitantes da Guerra Fria"[29].

Ainda sobre essa institucionalização, nota Jancovich se tratar de uma tática política consciente, que buscava definir os termos de referência para os estudos literários na universidade, deslocando a ênfase da erudição histórica e do estudo das fontes para se concentrar sobre as formas de linguagem e estilo no texto. Com isso, os *new critics* transformaram seu *approach* particular nos objetivos gerais da instituição acadêmica, "estabelecendo as normas para um ensino eficaz e demarcando as fronteiras nas quais quase toda crítica buscaria se validar". O New Criticism redefinia a própria profissão, instituindo "não só o método pedagógico pelo qual os estudantes eram treinados, mas também o critério pelos quais membros da profissão eram avaliados"[30].

A problemática toda associada à institucionalização acadêmica dessa corrente crítica não escapou a Sérgio Buarque. Em "Sobre História da Literatura", ele contestava a suposta incompatibilidade entre história e crítica literárias apregoada por certos "críticos e poetas norte-americanos devotados ao estudo da metafísica da poesia e à demanda de padrões estéticos e formais aplicáveis a semelhante estudo", cuja "campanha verdadeiramente isolacionista atingira o ponto culminante com um *symposium*". Organizado pela *Southern Review* e pela *Kenyon Review*, órgãos do grupo, o simpósio visava combater os "métodos de ensino da literatura nas universidades norte-americanas" que se dedicavam à história e não à crítica literária, como tais "técnicos" supunham que devia ser. Sérgio Buarque voltava, em outro momento, a insistir no fato de tal censura partir de "pequena facção, expressiva em grande parte de interesses, sentimentos e até ressentimentos locais – não

terword: *Lyric Poetry and the Bounds of New Criticism*", em Parker & Hosek, *Lyric Poetry: Beyond New Criticism*, p. 348).

29. *Idem*, p. 54.

30. Mark Jancovich, *The Cultural Politic of The New Criticism*, p. 138.

é por acaso que a maioria dos colaboradores procede do sul dos Estados Unidos". Em apoio ao seu ponto de vista, o crítico brasileiro evocava a que lhe parecia a mais justa resposta a essas censuras, formulada por Yvor Winters, que assinalava a impossibilidade de se alcançar uma compreensão crítica "sem amplo conhecimento de História. Compreensão crítica e história são apenas duas faces de um único e mesmo processo" (EL, 94-95).

Esse vínculo com a profissionalização e institucionalização universitária da crítica literária é ainda retomado no exame da recepção brasileira do New Criticism, em um contexto também marcado, afinal, por certa especialização do trabalho intelectual. É o que se pode observar logo no ensaio de 22.8.1948, que marcava o reinício da colaboração de Sérgio Buarque como crítico literário do *Diário de Notícias*. Assim, em "Missão e Profissão", ele tratava de se referir particularmente à afinidade indiscutível entre, de um lado, os novos rumos no "panorama de nossa atual literatura" e de "outros setores da atividade espiritual", no sentido de comportar melhor as "disciplinas intelectuais feitas de modéstia, inquirição metódica e perseverança, que têm sido quase sempre o apanágio ideal do chamado 'espírito científico' ", e, de outro, "a ação que vem exercendo sobre certas inteligências o método e o ensino universitário, sobretudo o das Faculdades de Filosofia. A eles se deve [...] a desconfiança crescente, em toda uma geração de estudiosos, pelo autodidatismo e pelo personalismo exacerbado" (EL, 39). A princípio, Sérgio Buarque se mostrava empolgado com essa "orientação nova em nossa vida intelectual", embora reconhecesse que fosse "cedo, talvez, para dizer-se que isso representa[va] mais do que o fruto de influências adventícias e passageiras". Os ensaios seguintes viriam demonstrar que essa expectativa se frustrou e o que parecia um caminho para reverter certo *vício* da formação intelectual brasileira, acabou por reiterá-lo. O vício em questão diz respeito ao

> [...] gosto que se detém nas aparências mais estritamente ornamentais da expressão e que tende a conferir a seus portadores um prestígio estranho à esfera da vida intelectual e artística.
>
> Fiados no poder mágico que a palavra escrita ou recitada ainda conserva em nossos ritos e cerimônias, e que será sempre de interesse para quem se proponha pesquisar o complexo folclore dos civilizados, não faltam os que veem no "talento", no brilho da forma, na agudeza dos conceitos, na espontaneidade lírica ou declamatória, na facilidade vocabular, na boa cadência dos discursos, na força das imagens,

na agilidade do espírito, na virtuosidade e na vivacidade da inteligência, na erudição decorativa, uma espécie de padrão superior de humanidade. Para estes a profissão do escritor – se assim já se pode dizer entre nós – não constitui, em realidade, apenas uma profissão, mas também e sobretudo uma forma de patriciado (EL, 35-36).

Laura Meloni Nassar[31] já chamou a atenção para a remissão direta, nesses comentários, ao que Sérgio Buarque observara, em *Raízes do Brasil*, sobre a mentalidade senhorial dominante nas profissões liberais, destacando a dignidade de exceção conferida ao intelectual, o valor do talento, o vício do bacharelismo, o apego à pura literatura como forma de evasão da realidade local, a beletrística ou o parnasianismo tomado em sentido lato; o desprezo pelo trabalho mental aturado e fatigante, e a adoção de doutrinas (muitas vezes díspares) que valem por si, como um saber ornamental, pelo brilho do jargão que confere prestígio aos que o adotam. De fato, o cotejo de ambos os ensaios revela que a transposição de ideias é quase literal, e não se pode esquecer que o clássico estudo de 1936 teve alguns capítulos (inclusive esse que aborda a herança rural ligada à inclinação para as profissões liberais) reelaborados para sua segunda edição, publicada um ano antes de "Missão e Profissão"[32].

Onde era de se esperar, portanto, a superação desse vício de formação intelectual pela modernização teórica ligada à profissionalização acadêmica da crítica, acaba-se tendo a reiteração do mesmo, não só pelas limitações identificadas na teoria adotada, mas também pelo modo ainda mais estreito e superficial com que foi recepcionada no Brasil. Se, em solo norte-americano, o New Criticism ainda aparecia investido do senso de pesquisa e de uma pretensa resistência à sociedade tecnocrata (apesar das contradições apontadas), aqui se esvaziou em mera gesticulação formal. Seus adeptos brasileiros tomaram de forma ainda mais rígida e indiscriminada a concepção do poético pautada na eleição de uma só linhagem como padrão universal; empregaram o método com pretensões cientificistas de maneira ainda mais mecânica; apegaram-se ao vistoso arsenal

31. Laura Meloni Nassar, *Círculos Mágicos: Sérgio Buarque e as Literaturas de Língua Inglesa*, São Paulo, USP/FFLCH/DLM/ Programa de Estudos Linguísticos e Literários em Inglês, 2004, pp. 89 e ss. (Dissertação de Mestrado).

32. Ver os capítulos "Herança Rural" e "Novos Tempos", *Raízes do Brasil*, Rio de Janeiro, José Olympio, 1988.

terminológico de modo superficial e promoveram a completa emancipação da obra em relação a seu contexto mais imediato. Além disso, havia o tradicionalismo ideológico ligado às origens da corrente norte-americana, conforme se viu. Embora o agrarianismo sulista dos *new critics* nada tenha a ver com o parnasianismo latente da tradição bacharelesca local, há o conservadorismo como traço afim a ambos. Sérgio Buarque não os relaciona diretamente, mas parece permitir tal suposição ao identificar esse fundo conservador em cada caso isolado.

UM CONFRONTO COM O "PAI DA NOVA CRÍTICA" NO BRASIL

Pensando nessas contradições entre conservadorismo e modernização ligadas à critica e à profissionalização acadêmica no Brasil, é interessante atentar para a perspectiva divergente de Afrânio Coutinho, exatamente oposta à de Sérgio Buarque. Isso porque, para o "pai da nova crítica no Brasil", a adoção das concepções teórico-metodológicas da corrente norte-americana era uma forma de combate à conduta antiprofissional e imoral da elite literária local, que monopolizava os periódicos e rodapés literários. Um dos objetivos conscientes de Coutinho era dissipar o mito de que o brasileiro é, por natureza, incapaz de uma reflexão analítica rigorosa, mito esse sustentado até por críticos proeminentes, dizia ele, como Osório Borba e Sérgio Buarque. Assim, quando de seu retorno dos Estados Unidos em 1948, Coutinho tratou de converter uma doutrina estética (New Criticism) em um instrumento reformista (a "nova crítica"[33]) com sua ênfase no profissionalismo, objetividade científica e rigor meto-

33. Lynn Heyck estabelece a distinção entre o *New Criticism* e a *nova crítica* no Brasil em vista da combinação, que se promoveu aqui, entre os princípios daquela corrente norte-americana (predominantes, no caso de Coutinho) e uma variedade ampla de outras vertentes teóricas, tais como formalismo russo, a estilística espanhola e as concepções crocianas, entre outras (cf. Dennis Lynn Heyck, "Afrânio Coutinho's 'Nova Crítica' ", *Luso-Brazilian Review*, n. 1, vol. 15, University of Wisconsin Press, Summer, 1978, pp. 90-104). Todos os comentários sobre os pressupostos, objetivos, alcance e contradições das formulações teórico-críticas e da atuação intelectual e acadêmica de Afrânio Coutinho retomam, literalmente, este e outro ensaio de Dennis Lynn Heyck, "Coutinho's Controversy: The Debate Over the *Nova Critica*", *Latin American Research Review*, vol. 14, n. 1, Latin American Studies Association, 1979, pp. 99-115.

dológico como único meio de livrar a vida intelectual brasileira do peso morto de uma mentalidade colonial, subdesenvolvida, caracterizada pelo amadorismo, pelo personalismo e pela improvisação[34]. A ausência de uma tradição do pensamento crítico no Brasil parecia-lhe a causa dessas flagrantes falhas morais e intelectuais. Em *Correntes Cruzadas*, diz que a inteligência nacional, carente de formação intelectual, não é capaz de se constituir em classe economicamente independente, que saiba defender seus interesses, vivendo de "propinas" ou pendurada à "beira do prato burocrático". Por isso, era necessário criar uma consciência moral em complementação à técnica, de modo a romper com o sentimento de inferioridade historicamente associado à inteligência nacional – o que faz lembrar algo da pregação moral de Mário de Adrade contra a cooptação do intelectual pelo Estado Novo, na "Elegia de Abril".

Com relação à autonomização do literário, Coutinho também diverge radicalmente da visão de Sérgio Buarque, embora chegue, em dado momento, a empregar uma metáfora astronômica idêntica à do segundo, ao afirmar que o fenômeno literário não é uma "*bólide no espaço*, sem contato com o ambiente social e histórico, retirando-lhe assim qualquer significado humano". Mas a verdade é que Coutinho prefere considerar a obra como um objeto sem referentes pessoais ou exteriores, o que seria um modo de desferir um golpe fatal no impressionismo aristocrático e iniciar a democratização da literatura e da crítica. O amadorismo e o impressionismo estavam, a seu ver, relacionados com o privilégio aristocrático, enquanto o profissionalismo e o New Criticism científico, com a igualdade democrática – nisso, distanciando-se dos Agrarians de Nashville, a Atenas do sul, a exemplo de Tate e Ransom. Coutinho enfatiza a abnegação em nome da "causa literária", recorrendo a um moralismo vitoriano pautado pela decência, decoro, seriedade e trabalho árduo identificados com a nova crítica científica, em seu combate ao privilégio aristocrático, personalismo, diletantismo pródigo e improvisação preguiçosa reinantes na vida literária local, "sórdida comédia literária, com suas igrejinhas, medalhões, cafajestismo, rodas, intrigas e repulsivas afiliações burocráticas". Trata-se, portanto, de uma mistura de conservadorismo moral e fins reformistas para fazer avançar o moderno pensamento literário e cultural

34. Dennis Lynn Heyck, "Afrânio Coutinho's 'Nova Crítica'", p. 90.

no Brasil. Essa modernização conservadora também se deixa flagrar no plano das concepções críticas de Coutinho, aliando paradoxalmente os preceitos do New Criticism com preocupações e fins pragmáticos alheios a essa vertente crítica, como o nacionalismo literário, inclusive com a reabilitação de concepções naturalistas já suplantadas, como a araripiana obnubilação brasílica. Essas contradições presentes nas ideias críticas e na atuação intelectual e institucional de Afrânio Coutinho, cujo reconhecimento público como "agente catalizador" coincidiu com seu ingresso em uma das instâncias de consagração mais tradicional e conservadora, a ABL, depois de duas tentativas frustradas, parecem demonstrar que a hipótese de Sérgio Buarque não era, de todo, infundada...

ESTÉTICA *VERSUS* CRÍTICA E HISTÓRIA LITERÁRIAS

O confronto com Afrânio Coutinho é produtivo, no que tange à recepção do New Criticism no Brasil, mas se fez, aqui, à revelia das intenções de Sérgio Buarque, que não chega a nomear, explicitamente, o primeiro como alvo de investida crítica e polêmica. Além de nomes representativos da Geração de 45 (como Carvalho da Silva ou mesmo Péricles Eugênio da Silva Ramos), a discussão das ideias e correntes críticas parece ter-se dado mesmo apenas nas polêmicas com Euryalo Cannabrava, próximo de Coutinho, mas que falava de *outro lugar*... Filósofo de formação, chegando a catedrático da Universidade do Brasil, Cannabrava participou ativamente "nos círculos interessados na filosofia, ao longo das três décadas subsequentes ao último pós-guerra dedicando-se preferentemente aos problemas da filosofia da ciência. Pertenceu ao Instituto Brasileiro de Filosofia"[35]. Era respeitado pelos poetas de 45 e foi convidado por eles para a conferência inaugural do curso de poética promovido pelo Clube de Poesia de São Paulo – do qual Domingos Carvalho da Silva era vice-presidente. Encontrou o mesmo apreço intelectual entre moder-

35. Cf. verbete no *site* do Centro de Documentação do Pensamento Brasileiro, que traz bibliografia de e sobre Cannabrava, incluindo um capítulo de Afrânio Coutinho, em *Brasil e Brasileiros de Hoje*, Rio de Janeiro, Editorial Sul Americana, 1961, vol. 1, p. 252. http://www.cdpb.org.br/dic_bio_bibliografico_cannabrava.html.

nistas classicizados como Jorge de Lima, sendo autor de um dos primeiros estudos detidos sobre *Invenção de Orfeu*, incorporado à introdução da edição do livro de 1952[36].

Mais do que crítico, entretanto, Cannabrava parece falar de uma das áreas da filosofia que começou, também nesse período, a se afirmar tardiamente no Brasil: a estética, que passava a disputar com a crítica (por sua vez já marcada pelas tensões entre a crítica acadêmica e a impressionista, que dominava os rodapés literários) a autoridade na interpretação do poético, visível na polêmica com Sérgio Buarque. Coisa, aliás, que Carpeaux soube discernir no calor da hora, quando foi chamado a se pronunciar a respeito de "tão interessante e esclarecedora discussão", segundo suas próprias palavras: "A crítica de que fala o sr. Sérgio Buarque de Holanda talvez não seja a mesma à qual se refere o sr. Euryalo Cannabrava; e talvez a crítica deste último não seja crítica e sim uma *doutrina estética*"[37].

Trata-se, portanto, de mais um exemplo de especialização e redefinição do campo. Tal como se deu antes, no contexto oitocentista francês, por exemplo, a emergência e consolidação da estética e filosofia da arte instituiu uma divisão do trabalho intelectual que era, também, como diz José-Luís Diaz, uma "divisão de *episteme*"[38]. São duas *epistemes* – a da estética ou filosofia da arte e a da crítica e história literárias – que pouco se comunicam entre si, o que bem justificava a observação de Carpeaux.

UMA APROXIMAÇÃO POLÊMICA: A GERAÇÃO DE 45 E A NOVA CRÍTICA

Por último, vale observar que, se o vício de formação intelectual apontado por Sérgio Buarque se deixava surpreender na maneira como se deu

36. Euryalo Cannabrava, "Jorge de Lima e a Expressão Poética", originalmente publicado em "Letras e Artes", suplemento de *A Manhã*, Rio de Janeiro, 13.1.1952. Depois foi recolhido como estudo introdutório da edição do livro publicado no mesmo ano (ver na íntegra em Jorge de Lima, *Poesia Completa*, Rio de Janeiro, Nova Aguilar, 1997, pp. 112-121).
37. Otto Maria Carpeaux, "Poesia e Crítica", publicado em 9.9.1951 no Suplemento Literário do *Correio Paulistano*, dirigido por um dos líderes de 45 (Péricles Eugênio da Silva Ramos). O artigo, aliás, dá um bom testemunho da recepção imediata do New Criticism no Brasil.
38. José-Luís Diaz, "De la Poétique à la Esthétique (1800-1850)", em Jean-Louis Cabanès (dir.), *Romantismes. L'Esthétisme en Acte*, Paris, Presses Universitaires de Paris Ouest, 2009, p. 32.

a acolhida brasileira dos ideais da nova crítica, tal vício se tornava, sem dúvida, ainda mais flagrante, segundo o crítico, no zelo formal, no decoro poético e no antiprosaísmo rancoroso da lírica do período, sobretudo na Geração de 45. Sérgio Buarque foi um dos mais duros críticos dessa geração, embora sem rejeitá-la em bloco, admitindo o relativo interesse da poesia de alguns de seus integrantes, como José Paulo Moreira da Fonseca e Bueno de Rivera[39]. Com argúcia, soube reconhecer a distância que separava o retorno dessa geração a convenções poéticas suplantadas e a retomada das formas clássicas por grandes nomes da lírica moderna, como Drummond[40]. Da mesma maneira, aliás, como soube discernir, nessa época, a novidade trazida pela poética cabralina e, mesmo, pela poesia inicial dos futuros concretistas – o que levaria, posteriormente, Haroldo de Campos a falar, em termos poundianos, na função antecipadora da crítica de Sérgio Buarque[41].

Sérgio Buarque observava que, na crítica que dirigiu a 22, a dita Geração de 45 falhou ao considerar como próprio "de todo o movimento o que era característico apenas de seus epígonos" (EL, 38), do mesmo modo que se equivocou na leitura que fez das prédicas de Mário de Andrade, especialmente as de *O Empalhador de Passarinho*, tomadas como programa da Geração de 45, pois a defesa de Mário da pesquisa formal não se

39. No caso da poesia de Rivera, vale lembrar, embora reconhecesse algum interesse, Sérgio Buarque notava a limitação de alcance e desdobramento.
40. O exame mais detido da importância dos ensaios de Sérgio Buarque sobre Drummond, em meio à polarização que marcou o contexto da primeira recepção de *Claro Enigma*, consta de Camilo, *Drummond: Da* Rosa do Povo *à Rosa das Trevas*.
41. Diferentemente de Wilson Martins que, "em seu livro de 52 sobre a crítica literária, fizera restrição justamente à agudeza dos 'juízos estéticos' do autor de *Raízes do Brasil*", Haroldo de Campos identifica em Sérgio Buarque a capacidade antecipadora dos rumos da criação que Pound via como função primordial da crítica ("Try to Fore Run Composition"...), não só por argutamente reconhecer as alusões a Mallarmé e a seu discípulo alemão Stephan George (pouco conhecido no Brasil, à época) no livro de estreia do mesmo Haroldo (*Auto do Possesso*), mas sobretudo por definir, de forma valorativa, a poética da "mobilidade" do primeiro livro de Décio Pignatari (*Carrossel*): "Sérgio Buarque, crítico verdadeiramente militante, estava assim, num lance premonitório, compreendendo e valorizando (onde outros nada haviam conseguido enxergar nem apreciar) alguns dos poemas mais radicais da fase pré-concreta de Décio Pignatari, poemas de 'construção irregular', que também poderiam ser descritos como perpassados por uma furiosa pulsão barroquizante [...]" (Haroldo de Campos, "Da Crítica Antecipadora: Evocação de Sérgio Buarque", *Metalinguagem e Outras Metas*, São Paulo, Perspectiva, 2004, pp. 289 e ss).

confundia com o formalismo convencional, a concepção de poesia como verdadeiro artesanato poético (EL, 103); a prioridade, enfim, da forma artística sobre a significante (EL, 246). Incapazes de estabelecer uma "distinção nítida entre a disciplina que nasce de uma conquista pessoal e perene e a que provém de um puro formalismo" (EL, 106-107), os poetas de 45 acabaram por retroceder a formas transatas e a convenções "aceitas como uma imposição externa inelutável [...], não como uma disciplina voluntariamente incorporada à experiência e à sensibilidade individuais" (EL, 103). Na defesa dessa "disciplina forçada" contra a incorporação do prosaico, do humor e da piada, Sérgio Buarque reconhecia uma "ofensiva dos *retóricos* em face dos *terroristas*", conforme a distinção estabelecida por Jean Paulhan (EL, 246 e 351).

A exigência da depuração vocabular chegou a ponto de incorrer em "certo especiosismo poético", como também denunciou Candido[42]. Esses extremos caricaturais foram ridicularizados com gosto por Sérgio Buarque na referida polêmica travada com Domingos Carvalho da Silva – para quem palavras como cachorro e fruta, empregadas por João Cabral em *O Cão Sem Plumas*, deveriam ser banidas da lírica, por demasiadamente prosaicas, em favor de *cão* e *fruto*. Na abolição do prosaico e do estilo remisso, acabava-se por repor a velha divisão hierárquica de gêneros e estilos. Caminhava-se, assim, como já foi observado, na contramão da mescla estilística característica da modernidade literária, a datar do século XIX, tal como descrita por Auerbach – cuja análise filológica, pela ênfase dada à perspectiva histórico-social, é vista por Sérgio Buarque como possível alternativa teórico-crítica à concepção autotélica da nova crítica:

> Em outras palavras, nas palavras da antiga retórica, desejam, em sua integridade e intangibilidade, a preeminência do *sermo sublimis*, que mãos sacrílegas não se pejam de misturar democraticamente ao *sermo humilis*, apropriado, este, ao discurso vulgar e à sátira, não à genuína poesia. [...] Querer converter em bandeira de qualquer movimento renovador, a campanha, não já contra os *clichês* modernistas,

42. Essa crítica foi feita abertamente à época por Antonio Candido, quando convidado pelos líderes de 45 a participar do I Congresso Paulista de Poesia de 1948, frustrando, decerto, a expectativa dos anfitriãos, como nota Vinícius Dantas (ver Antonio Candido, "Discurso num Congresso de Poetas", *Textos de Intervenção*, org. Vinicius Dantas, São Paulo, Duas Cidades/ Ed. 34, 2002, p. 161).

o que seria admissível e louvável, mas contra o seu *prosaísmo*, como ainda há pouco o fazia um dos arautos dessa discutida Geração de 45, o poeta Domingos Carvalho da Silva, é apenas mais uma transigência com o nosso latente parnasianismo. Seria de todo aconselhável que os partidários desse ponto de vista começassem por uma redefinição precisa do que sejam realmente o poético e o prosaico (EL, 167).

Além do formalismo, que compreendia tanto a adoção de formas e medidas fixas, quanto a depuração estilística, Sérgio Buarque identificava, também, o hermetismo como característico desses "poetas do *trobar clus* de nosso tempo" (EL, 295). Ou melhor, o hermetismo e a inclinação para o transcendentalismo e o essencial (o que justificaria a pureza de timbre), como dirá em outro momento (EL, 296 e 350). Assim como os problemas da técnica do verso, ele reconheceu que a preocupação acentuada com a poesia hermética – de que se tratou no capítulo III – não seria exclusiva dos poetas do período, mas tendeu a ocorrer aqui talvez de forma mais acentuada "do que em terras de cultura intelectual muito assentada". E isso teria se dado assim porque

[...] costumamos abraçar ideias na aparência prestigiosas, não direi com o fervor, mas com o ciúme intransigente dos neófitos. Ciúme que não impede, por sua vez, uma atitude de docilidade inerte em face dessas ideias, tais como se apresentam ao primeiro relance, e que nasce, não raro, de imperfeita compreensão daquilo que significam. Bem expressiva de semelhante atitude é a vontade insistente, embora nem sempre confessada, entre muitos poetas e teóricos atuais, de ultrapassarem as formas literárias mais generalizadas na geração que os precedeu, não tanto por um ato de superação, que seria certamente desejável, como, no fundo, por um retrocesso a formas transatas. Seu triunfo não seria, em suma, outra coisa além do triunfo dessa espécie de parnasianismo latente que, sob aparências exteriores diversas, tem prevalecido constantemente em nossa poesia, mesmo a que precede ao parnasianismo (EL, 166).

Aliando, por fim, o formalismo convencional da Geração de 45 e a recepção estreita do New Criticism no Brasil – ambos transigindo com esse *parnasianismo latente* tão criticado na tradição bacharelesca brasileira – Sérgio Buarque observará, a dada altura:

A opinião de que a palavra é um elemento só artisticamente significativo e fora disso uma coisa incolor e neutra vai abrindo, todavia, seu caminho e fazendo suas devastações, entre nós, na crítica literária e sobretudo na poesia. Na poesia ela é responsável pela proliferação de uma linguagem onde o hermetismo se torna antes um elemento decorativo do que uma necessidade. Não é o que vão fazendo, cada vez com mais fervor e pugnicidade, os autores da geração chamada de 45 e, na cauda deles, alguns dos mais velhos? Na crítica, a maior precisão que requeria o trato com esses elementos ponderáveis, que são as palavras, converte-se, ao contrário, numa irresponsabilidade e num subjetivismo a toda prova, uma vez que a palavra, valendo apenas pela sua sonoridade, pela variedade de suas conotações, pela sua posição no contexto, suporta, em maior ou menor grau, todas as interpretações. [...] O motivo mais plausível para a obscuridade na poesia – e não só na poesia – está, a rigor, nisto, que os números de objetos, ou de ações, ou de paixões que hão de exprimir-se é infinitamente maior do que o dos símbolos verbais próprios para exprimi-los. Levadas porém às suas consequências extremas, certas doutrinas que ainda há pouco procuravam imperar na crítica e na teoria literária, e que hoje, e cada vez mais, imperam entre alguns adeptos de nosso pós-modernismo, pretendem que a palavra há de valer por si só, por sua carga poética especial, independentemente de tudo quanto pareça ter simples valor fiducitário. Assim, o erro, mesmo vulgar, mesmo crasso, poderá converter-se em adubo necessário da grande poesia (EL, 576-578).

Esse tipo de paralelo entre a recepção do New Criticism no Brasil e o despontar da Geração de 45 viria ser, anos depois, contestada por José Guilherme Merquior, no duro balanço que lhe conferiu a fama de principal detrator de tal geração (embora viesse a rever, posteriormente, sua crítica virulenta):

Mas a linguagem de 45 é o avesso do poema-piada. Seu vocabulário parece nascido no dicionário de Cândido de Figueiredo. Suas imagens são "raras", de rara anemia e abstração. Seus metros repelem a flexibilidade psicológica de 22. A poesia pôs gravata. Uma seriedade difusa se espalhou pelo verso. E uma "construção" de falso ar pensado; como se esses poetas, não tendo chegado a meditativos, ficassem apenas meditabundos. Um passadismo parnasianinho fez a sua *rentrée*. Da necessidade da forma se deduziu, com moderada inteligência, a imposição da forma. E o que foi pior, sem que fosse uma ordem; foi antes engano coletivo e irreparável. Daí nasceu outro equívoco, bem perigoso. Como a geração surgia mais ou menos paralela à introdução da nova crítica entre nós, desde logo se tentou unir uma à outra. O esteticismo de 45 seria contraparte da crítica estética, finalmente aparelhada para o desvendamento das estruturas do poema. Ora, o absurdo dessa relação é intolerável. A nova crítica veio para ficar; a poesia de 45 era quase natimorta. Os novos métodos de análise, a recente retórica reveladora, nada possuem de cúmplice do formalismo pedante e oco de 45. Para que se ajustasse a essa poesia, seria necessário que a nova crítica fosse um bizantinismo. Uma cultura de Alexandria. Um refinamento de sutilezas vãs. E não, como de fato é, um instrumento muito mais poderoso, que iluminando o fato estético desde o interior, não faz senão denunciá-lo pelo que tem de definitivamente ligado à sociedade, como expressão autônoma do pulso coletivo. A nova crítica, enfim, que é prazer todo colocado na revelação de formas de máscula verdade poética, bem longe dos moldes e dos espartilhos[43].

Merquior não chega a identificar a procedência dessa aproximação intolerável. Se o fizesse, teria de se haver com o fato de que um dos primeiros (se não o primeiro) a formulá-la não fora um crítico leviano e despreparado, amante de bizantinismos, e sim um dos mais perspicazes e preparados, que soube, em seu tempo, não só aquilatar os limites estetizantes da Geração de 45 como dialogar a fundo com os pressupostos teóricos do New Criticism, reconhecendo suas contribuições, mas também (diferentemente do autor de *Razão do Poema*) os limites de certas propostas, que o debate teórico posterior viria corroborar. Um crítico que chegou, aliás, ele próprio a qualificar como bizantino o exacerbado "gosto pelos aspectos técnicos e formais da poesia" (EL, 252) dessa geração "neorrococó". De qualquer modo, importa notar que, embora estabeleça paralelos, sobretudo no que concerne ao formalismo dominante em ambas as tendências, poética e crítica, Sérgio Buarque não parece ter sustentado que uma fosse resultado de influência direta da outra, como configuração efetiva de seus ideais. Talvez a concebesse mesmo como produto de uma recepção mais ou menos equívoca dos postulados do New Criticism. Mas para avaliar devidamente a pertinência (ou não) dessa aproximação, seria necessário recorrer às discussões teóricas presentes nos principais veículos de divulgação das ideias e propostas dessa geração (revistas, suplementos literários, congressos de poesia). Não se poderia esquecer também a leitura de Eliot com quem o New Criticism

43. José Guilherme Merquior, "Falência da Poesia ou uma Geração Enganada e Enganosa: Os Poetas de 45", *Razão do Poema: Ensaios de Crítica e de Estética*, Rio de Janeiro, Topbooks, 1996, p. 51. A revisão das duras críticas empetradas por ele a tal geração consta de "Comportamento da Musa: A Poesia Desde 22", ensaio recolhido em *Elixir do Apocalipse* (1983), depois reeditado em José Guilherme Merquior, *Crítica. 1964-1989*, Rio de Janeiro, Nova Fronteira, 1990, pp. 309-321. Como atitude reativa, veja a resposta polêmica de Péricles Eugênio da Silva Ramos, que falava na existência de crítica superior à dos "merquiores atuais" capaz de avaliar mais competentemente o legado de sua geração. Ela consta do prefácio à segunda edição de Domingos Carvalho da Silva, *Rosa Extinta. Poemas*.

sabidamente dialogou de perto e a quem o grupo de 45 reivindicou como guia intelectual no seu movimento de "retorno à ordem".

Por ora, interessa, a título de conclusão, fazer uma última observação a respeito do modo como Sérgio Buarque se referia à poesia e à crítica do período, empregando duas metáforas curiosas para descrever, analogicamente, a atuação de uma e outra. Ele falava, assim, de uma tendência "contrarreformista" para definir a atitude de recusa, por parte do grupo de 45, em relação ao legado "reformista" do Modernismo, à custa da "cega obediência" a uma disciplina poética intransigente que pudesse conter as liberdades (ou "libertinagens") poéticas herdadas de 22. Já no caso da crítica, ao tratar da acolhida e da defesa intransigente dos adeptos do New Criticism no Brasil, ele falava em "zelo de cristãos-novos", de "prosélitos" ou ainda, como se viu há pouco, no "ciúme intransigente dos neófitos" (EL, 165). E não custa lembrar que um termo como *neófito*, além de sinônimo de *converso*, de *cristão-novo*, guarda também o sentido etimológico de "plantado há pouco, implantado recentemente (na alma)", segundo Houaiss. Uma metáfora botânica, portanto, passível de ser alinhada a outras tantas com que Sérgio Buarque, desde o título de seu *opus magnum*, buscou descrever o difícil processo de implantação, cultivo e enraizamento de uma cultura transplantada em um país onde o sentimento de desterro marcou profundamente a vida intelectual[44].

44. Ver, entre outros, os comentários de Gabriel Cohn sobre tais "imagens bucólicas", como ele diz, em "O Pensador do Desterro". *Folha de S. Paulo,* Supl. *Mais!*, São Paulo, 23 jun. 2002.

V

Paradigmas do Poético: Eliot, Valéry, Rilke

O presente capítulo visa traçar apenas um roteiro da recepção poética e crítica de T. S. Eliot, Paul Valéry e Rilke, reconhecidos mentores da Geração de 45 e, sobretudo no caso do segundo, principal referência europeia na guinada neoclássica promovida nesse mesmo período por grandes nomes da lírica moderna. Além da poesia, essa recepção se fez sentir também na crítica e na historiografia do período (Sérgio Buarque, Antonio Candido e Afrânio Coutinho, entre outros), especialmente no que diz respeito à reflexão sobre conceitos como *tradição*, *clássico*, *correlato objetivo* e *poesia pura*.

Apesar da centralidade dos três nomes no período, ela jamais veio a ser devidamente examinada, o que seria imprescindível para o diagrama representativo que se busca traçar das questões e tendências líricas da época. Obviamente, uma investigação que se propusesse a lidar com as obras de três poetas dessa magnitude estaria fadada ao fracasso, mesmo restringindo bastante o problema a ser abordado e operando um recorte drástico no *corpus* de análise. Ainda assim, seria um livro à parte. Por isso, não se vai aqui além de uma indicação preliminar e nada sistemática de algumas questões candentes no debate poético de então ligadas aos três nomes, sinalizando, no que concerne à sua recepção poética, um ou outro poema emblemático da produção local e arriscando brevíssimos comentários.

Antes de passar às considerações relativas a cada um desses nomes, vale registrar, em linhas gerais, o que observa William Marx a respeito da importância decisiva do pensamento estético de Eliot e Valéry para o nascimento da crítica moderna, notadamente a formalista, cuja gênese o crítico francês vincula ao renascimento clássico de início do século XX, o que interessa de perto à presente abordagem:

> Na conclusão de seu trabalho sobre a "crise dos valores simbolistas", Michel Décaudin estimou que, desde 1922, a ideia de um "clássico moderno" tinha fracassado e deu lugar a um "novo espírito" de que o surrealismo era o representante mais visível. [...] [N]ós acreditamos, ao contrário, que, longe de ter desaparecido completamente no turbilhão da guerra, o movimento de renascimento clássico dos anos 1907-1914 enforma, de maneira subterrânea, muitos dos debates críticos até 1933. É significativo, por exemplo, que, nessa época, nem Edmund Wilson, nem Marcel Raymond fossem capazes de pensar o modernismo e o surrealismo de outra forma a não ser pela filiação ao classicismo figurado por Valéry. De modo ainda mais fundamental, o renascimento clássico da década de 1910 favoreceu o surgimento de uma crítica literária de inspiração formalista; e isso não porque, ao defender o uso de formas métricas regulares, salientou-se a importância da forma na literatura (o que seria uma maneira um tanto superficial de olhar as coisas: todo movimento literário é acompanhado, com efeito, da uma reforma formal, mais ou menos explícita, sem reivindicar o rótulo de formalista). Se o renascimento clássico pôde preparar o advento de um formalismo crítico, foi, antes, porque ele propunha, da literatura, uma visão fundamentalmente a-histórica e abria o caminho, assim, para uma abordagem puramente teórica do fato literário. Para receber e transmitir à cultura anglo-saxã um movimento estético também ancorado na cultura francesa, Eliot não podia deixar de dar-lhe uma inflexão generalizante[1].

Marx ainda fala da capacidade de Valéry e Eliot para apresentar ideias-chave sob uma forma surpreendente e paradoxal. Com suas ofensivas pontuais, esse foi um método terrivelmente eficaz, uma espécie de *Blitzkrieg* crítico que levou as defesas adversas ao colapso, em particular nos países anglo-saxãos. Veja-se, a seguir, algumas dessas ideias-chave, a começar por Eliot.

1. William Marx, *Naissance de la Critique Moderne*..., pp. 94-95.

EM TORNO DA RECEPÇÃO DAS IDEIAS CRÍTICAS DE ELIOT

Vale tratar primeiro e mais rapidamente de Eliot porque ele estabelece a ponte com o capítulo anterior, haja vista, nessa lógica da gênese da crítica formalista indicada por Marx, sua influência sobre os principais líderes do New Criticism.

É por demais sabido que, embora Eliot tenha reconhecido no New Criticism, em princípio, um herdeiro consequente de suas concepções, bem outro seria seu julgamento anos depois. Reavaliando essa impressão inicial, ele alegou que havia se equivocado ao ver nessa corrente uma derivação de suas ideias e chegou a se referir "acidamente" a ela como "the lemon-squeezer school of criticism"[2]... Ele nunca entendeu o modo como os *new critics* interpretaram *The Waste Land*, observando, em *Thoughts After Lambeth* (1931), que achava "absurdo" considerarem o poema a expressão da "desilusão de uma geração"... E complementava: "Posso ter expressado para eles sua própria ilusão de seres desiludidos, mas isso não fazia parte de minha intenção"[3]. Ainda que ele julgasse *nonsense* essa hipótese, sua "intenção" não deveria ser, decerto, muito relevante para aqueles que consideravam falacioso todo e qualquer intencionalismo...[4] O fato é que, a despeito de suas discordâncias finais, suas ideias foram decisivas para o New Criticism.

Viu-se no capítulo anterior com David Perkins como os valores literários dos *new critics* derivaram de importantes aspectos da crítica de Eliot, que também contribuiu para a racionalização do legado modernista promovida por eles. Guardadas as proporções, bem mais conservadoras no caso brasileiro, é algo como a racionalização do legado modernista descrita pelo crítico que os poetas de 45 também tentaram promover em relação à lírica moderna local, embora sem o

2. T. S. Eliot, "As Fronteiras da Crítica", *De Poesia e Poetas*, São Paulo, Brasiliense, 1991, pp. 153-54. A crítica desqualificadora de Eliot tem em mira o *close reading* como método, mas, nessa passagem, toma especificamente por referência os *Princípios de Crítica Literária*, de Richards.
3. T. S. Eliot, *Selected Essays 1917-1932*, New York, Harcourt, Brace & World, 1932, p. 315.
4. Ver Wimsatt e Beardsley, "A Falácia Intencional", em Luiz Costa Lima, *Teoria da Literatura em suas Fontes*, Rio de Janeiro, Francisco Alves, 1983, vol. II, pp. 647 e ss.

grau de sistematização alcançado pela corrente crítica anglo-americana.

Na verdade, a Geração de 45 repudiou inclusive alguns traços que o referido "estilo do New Criticism", segundo Perkins, manteve do alto modernismo. Veja-se como ela condenou grandes conquistas de 22, enumeradas em capítulo anterior, apesar de preservar atmosferas e cadeias imagéticas de filiação surrealista e traduzir certos procedimentos modernos de convenção ao sintetizar os recursos que configuraram aquele "padrão genérico de modernidade poética". É esse padrão que se poderia aproximar, com a devida cautela, da *racionalização* descrita por Perkins. Mas isso não é tudo.

Conforme resume Ken Newton, as obras de Pound e Eliot ofereciam grande resistência à crítica convencional e impunham a necessidade de novas concepções e um outro *approach*, para os quais a reformulação eliotiana da ideia de "tradição", a proposição de conceitos como "correlato objetivo" e sua redefinição do cânone literário, com a reabilitação do drama jacobino e da poesia metafísica inglesa, juntamente com seu questionamento sobre o *status* de poetas como Milton e Shelley, tiveram influência fundamental sobre o New Criticism.

Vale lembrar, também, a síntese (mais abrangente que a de Newton) feita por Frank Lentricchia das ideias recorrentes na carreira de Eliot que definiram as bases do New Criticism. Tais ideias, diz ele, já estavam todas contidas em *The Sacred Wood*. São elas:

> *1.* a *integridade da poesia* ("um poema, em certo sentido, tem sua própria vida", e destaque-se "em certo sentido", uma qualificação usualmente ignorada por seus herdeiros formalistas); *2.* a necessidade de cultivar a consciência da *tradição literária*, não como um repositório de um conjunto de regras repressoras, de severas figuras paternas, mas de "mestres" que persistem como "forças vivas" de inspiração e comunidade histórica (Eliot sempre fala negativamente da tirania do morto, do padrão canônico); *3.* o valor da *sensibilidade unificada* e a necessidade de recuperá-la, uma sensibilidade que ele encontra em Dante e Shakespeare, mas não em Massinger e Milton, com quem se deu a dissociação [...]; *4.* a celebração da *forma dramática*, por seus poderes para expressar a variedade social e *5.* a espécie de *personagem dramática* (ausente no drama moderno) que deleita em ver-se numa luz dramática; *6.* o artista do *music-hall* como inspiração para a forma literária moderna, uma figura para a recaptura potencial do ideal orgânico do artista-intérprete integrado

com a audiência; *7.* a necessidade de uma *base estrutural* – hábitos estabilizados de resposta, uma "cultura" evidente no seu "arranjo" geral, a receptividade de uma audiência, um "temperamento" que o escritor deve não criar, mas assumir como base de seu contrato retórico com seus leitores; *8.* o valor de herdar uma *forma literária* ("não é possível que um homem invente uma forma, desenvolva no público um gosto por ela e ainda consiga aperfeiçoá-la" – Eliot, diferentemente de Wordsworth e Pound, era um experimentalista relutante, infeliz); *9.* o ideal de *impessoalidade* ("O progresso de um artista é um contínuo autossacrifício, uma contínua extinção da personalidade")[5].

Ao longo deste capítulo, vão se evidenciar quais dessas concepções estiveram na mira da poesia e da crítica brasileiras dos anos 1940-1950. Interessa atentar ao modo como a Geração de 45 se apropriou delas de forma restritiva, por vezes contraditória ou mesmo equívoca.

Notam Ghiraldi e Milton a notável precocidade da acolhida da crítica eliotiana no Brasil:

De fato, já em 1925, um estudioso tão respeitado como Alceu de Amoroso Lima referia-se ao poeta norte-americano como "um crítico moderno de penetração aguda, um desses 'mestres' de quem não nos devemos envergonhar de depender". [...] Afrânio Coutinho, por sua vez, expressava amiúde sua admiração irrestrita por Eliot [...], ao passo que também Carpeaux reconhecia o relevo da contribuição e "[...] o papel revolucionário da poesia e da crítica de T. S. Eliot". Seus textos de teoria crítica como "Tradition and the Individual Talent" eram conhecidos e mencionados com frequência, quer em citações diretas, como as de Amoroso Lima em seus *Estudos Literários*, ou as de Afrânio Coutinho em *Correntes Cruzadas*, quer em referências indiretas, como se vê, com frequência, em nossas obras de crítica da época, e seria difícil exagerar-se o impacto que neste momento causavam seus escritos. O surgimento do nome de John Donne nas páginas da crítica brasileira seria, em grande parte, consequência de tal apreço por Eliot. A autoridade que Eliot granjeara com *The Sacred Wood* e a divulgação de seus escritos no Brasil, iriam determinar, com o tempo, uma expansão acentuada do espaço que o estudo da literatura inglesa mereceria entre nós. Com efeito, a ressonância da reflexão estética de Eliot faria com que seus ensaios críticos, dali por diante, fossem estudados com avidez por todos aqueles que desejavam participar da "moderna crítica literária". Assim, graças ao trabalho de Eliot, nomes que antes mereciam apenas discretos comentários de especialistas ingleses, ganhavam agora projeção e popularidade muito além

5. Frank Lentricchia, *Modernist Quartet*, Cambridge, Cambridge UP, 1994, p. 256.

das fronteiras da Inglaterra. [...] A poesia de John Donne e dos poetas metafísicos passaria a merecer, desde então, espaço crescente dentro da crítica literária, e os críticos brasileiros, atentos à nova produção anglo-americana, passariam também a dedicar atenção aos textos de John Donne[6].

Trata-se de um balanço pertinente, embora a "notável precocidade" referida pelos dois críticos é algo que, talvez, merecesse ser considerada com mais cautela. Isso porque as referências a Eliot em Amoroso Lima não parecem assim tão substanciais quando comparadas com as de outros poetas e críticos nos anos 1940.

Na recolha de estudos literários dos anos 1920 de Amoroso Lima, tem-se apenas três ocorrências, das quais, a única digna de nota é mesmo essa a que remetem Ghirardi e Milton. Ela consta de um dos artigos publicados em 1925 em *O Jornal* sob a rubrica geral de "Vida Literária", no qual Amoroso Lima propõe, não uma "volta ao clássico", o que representaria sempre "um helenismo de papelão", mas uma "ida aos clássicos" como atitude estética de renúncia "à desordem". O crítico dissolve a oposição entre clássico e romântico, na medida em que a compreende não como negação mútua, mas incorporação do segundo pelo primeiro, instituindo a literatura como um silogismo, em que o romantismo representaria um dos termos, enquanto "verdade parcial", e o classicismo seria a "conclusão", por encerrar a "verdade total"[7]. Está visto que tal concepção (já bastante banalizada) agradaria mais aos poetas de 45. Na época em que foi publicada, entretanto, seguia na contracorrente do espírito revolucionário então reinante.

A evocação de Eliot pelo crítico brasileiro dá-se por conta não da famosa *lecture* sobre clássico, datada apenas de 1944, mas pela famigerada passagem de *Tradição e Talento Individual* sobre a poesia como fuga da emoção e da personalidade, fundamento da "verdadeira" arte (clássica), que "não existe para revelar o seu autor, mas a si mesma"[8]. Curiosamen-

6. José Ghirardi e John Milton, "John Donne no Brasil", *Ilha do Desterro*, n. 45, Florianópolis, jul.-dez. 2003, pp. 77-101. Ver ainda, do mesmo Ghirardi, *John Donne e a Crítica Brasileira: Três Momentos, Três Olhares*, São Paulo/Porto Alegre, Giordano/AGE, 2000.
7. Alceu Amoroso Lima, "IX/A Ida aos Clássicos", *Estudos Literários*, org. Afrânio Coutinho, Rio de Janeiro, Aguilar Ed., 1966, vol. 1, pp. 924-926.
8. *Idem, ibidem*.

te, Amoroso Lima vai aproximar essa concepção eliotiana da definição de *clássico* formulada por um dos nomes emblemáticos das vanguardas francesas: Max Jacob, "esse espírito onde as *zwei Seele* [duas almas], de Goethe, têm lutado e crepitado num braseiro de ideias destruidoras e criadoras, bem de nossa época"[9].

O crítico trata de citar, expressamente, a definição de clássico de Jacob:

> Uma época clássica é uma época unitária, tendo apenas um só gosto e inimiga das curiosidades, caracterizada por uma espécie de desinteresse do "eu". Artistas das grandes épocas clássicas estão a serviço da humanidade e da beleza, ou parecem estar. Não se pode ser eterno, ou seja, clássico, senão servindo às grandes leis da vida e usando-as. Toda atribuição é um desvio da beleza em proveito do indivíduo. Corcundas e coxos também têm uma individualidade. A humanidade é una. Ela é imensamente una, mas ela é una[10].

A definição mostra que, no bojo das vanguardas históricas, alguns de seus líderes não chegaram a descartar de vez noções como a de clássico. No entanto, é de se crer que, entre os modernistas de 22, as discussões sobre tal noção, bem como a de tradição não atraíam a atenção e, certamente, não era isso que lhes interessava entre os vanguardistas franceses.

Assim, apesar de essa recepção de Eliot dar-se tão cedo no Brasil, não parece que esse primeiro momento tenha sido o mais decisivo, se comparado ao segundo pós-guerra e aos anos 1950, quando ocorreram as reflexões mais adensadas e as apropriações mais consequentes não só de seu pensamento crítico, mas também de sua poesia. Não custa lembrar que foi só com a Geração de 45 que se viu a tradução e o debate em torno de poemas como "The Hollow Men", além da recepção poética de *The Waste Land*, a exemplo de "A Tempestade", de José Paulo Moreira da Fonseca, examinada no próximo capítulo.

Uma das primeiras tentativas – se não a primeira – de interpretação crítica mais acurada desse grande poema entre nós, a de Antonio Candido, saiu em 1948 num dos principais periódicos da Geração de 45, onde também ele estampou um curto artigo sobre Pound, que parte de uma

9. *Idem*, p. 926.
10. *Idem, ibidem.*

comparação com Eliot[11]. No caso do artigo sobre a "donzela dos jacintos" em "A Terra Estéril", Candido observou em 1959:

> Quando este artigo foi publicado a primeira vez [...], o poeta Péricles Eugênio da Silva Ramos me chamou a atenção para o fato de F. O. Mathiessen, em seu livro *The Achievement of T. S. Eliot*, numa nota, aproximar "La Figlia che Piange" da donzela dos jacintos e ambas da figura misteriosa de "Ash Wednesday" – fato que eu então ignorava. Aliás, cifra-se nisso o encontro do meu ponto de vista com a indicação do malogrado e eminente crítico[12].

Muito embora Candido diga que desconhecia, então, essa referência num dos estudos obrigatórios sobre Eliot, o fato é que ela não escapou a um dos principais representantes da Geração de 45 (e tratava-se apenas de uma nota!), o que bem comprova a grande intimidade dos líderes de 45 com poemas, estudos e fortuna crítica do poeta anglo-americano. Em outro momento de diálogo direto com esse e outros integrantes da referida Geração, Candido também deu provas de intimidade com o pensamento crítico eliotiano, como se vê no seu discurso proferido por ocasião da abertura do I Congresso Paulista de Poesia, em 29.4.1948[13]. Esse, aliás, é um bom exemplo de a recepção mais produtiva de Eliot ocorrer só nas décadas de 1940 e 1950, porque então partilhada por poetas e críticos.

Como o risco da redundância, está visto que a justificativa para essa acolhida mais producente ocorrer só no período em questão se deve ao fato de, apesar de Amoroso Lima ter chamado a atenção, em 1925, para a relevância das concepções de Eliot, ele o fez em plena "fase heroica" do Modernismo, ainda inspirada pelo espírito de rebeldia e ruptura vanguardistas, devendo se mostrar pouco receptiva a conceitos como tradição e clássico. Será somente no momento posterior de que se ocupa a presente abordagem, quando do esgotamento das experimentações vanguardistas, do envelheci-

11. "La Figlia che Piange" saiu no n. 2 da *Revista Brasileira de Poesia* (abr. 1948) e "Notas sobre Ezra Pound" no n. 3 (ago 1948). Ambos os artigos foram republicados em *O Observador Literário* (1959), ao lado de outros estudos como "As rosas e o tempo", no qual Candido, ao examinar a circulação de uma tópica, passa inclusive por poetas metafísicos (Marvell ou mesmo Carew) cuja reabilitação no século XX, bem se sabe, é resultado do famoso ensaio de Eliot.
12. Antonio Candido, "O Observador Literário", *Brigada Ligeira e Outros Escritos*, São Paulo, Editora da Unesp, 1992, p. 180.
13. Antonio Candido, *Textos de Intervenção*, pp. 159-167.

mento do moderno e de retomada de moldes clássicos, que tais conceitos poderiam encontrar, decerto, alguma ressonância, ao mesmo tempo que se dava também a recepção de sua poesia entre os poetas do momento.

Tal fato não foi observado por Ghirardi e Milton porque, na verdade, seu escopo é de rastrear a recepção brasileira de Donne, na esteira da reavaliação da poesia metafísica inglesa promovida pelo famoso ensaio eliotiano de 1921, dedicado ao exame da tão discutida "dissociação de sensibilidade", talvez tomada de empréstimo a Remy de Goncourt[14]. A hipótese desse empréstimo é sustentada por Rakesh Chandra Joshi, que também chama a atenção para as ressonâncias simbolistas tanto do conceito de "correlato objetivo", quanto o de "unificação da sensibilidade" como resposta eliotiana a essa tese do divórcio da intelecção com a emoção e a percepção sensível.

O grupo de 45 parece ter retomado sem mais tal tese, bem como a crença eliotiana na possibilidade de superação por meio da unificação da sensibilidade, apesar do descrédito em que já teria caído tal tese nos anos 1950... De acordo com Abrams, a partir dos anos 1950, a ideia eliotiana de uma súbita, mas persistente dissociação da sensibilidade, decorrente do suposto desenvolvimento da concepção cientificista da realidade como um universo material despojado de sentimentos e valores humanos, caiu

> [...] em forte crítica, pelo fato de ser uma reivindicação histórica inválida, concebida para apoiar sua desaprovação (como conservador, política e socialmente falando) do curso da história intelectual, política e religiosa inglesa após a guerra civil de 1642, bem como para racionalizar suas preferências poéticas particulares[15].

Além do estudo sobre os metafísicos ingleses, outros três celebrados ensaios eliotianos reunidos em *The Sacred Wood* e *On Poetry and Poets* foram mais centrais para os poetas de 45. São eles os estudos sobre Hamlet, sobre o clássico e, é claro, "Tradição e Talento Individual", já lembrado aqui. Considere-se um pouco mais cada um deles.

14. Rakesh Chandra Joshi, "Symbolism and T.S. Eliot's Theory of Objective Correlative", *International Research Journal of Interdisciplinary & Multidisciplinary Studies (IRJIMS)*. http://oaji.net/articles/2016/1707-1480920323.pdf

15. M. H. Abrams, *A Glossary of Literary Term*, Boston, Heinle & Heinle, 1999, pp. 67-68.

O estudo sobre *Hamlet* interessava, é claro, por causa da definição de "correlato objetivo", *locus classicus* da crítica, como diz F. O. Matthiessen, cuja genealogia foi matéria de grande controvérsia. Já se atribuiu tal concepção ao crítico e poeta americano Washington Allston, a George Santayanna, Stendhal e John Middleton Murry. William Marx, falando de uma herança romântica em Eliot, embora reconheça que não se possa desligá-lo da tradição coleridgiana e arnoldiana, prefere aproximar o conceito da teoria dos efeitos de Poe. Diz ele ainda que, ao insistir na

> [...] necessidade de uma coerência interna do conjunto do texto em relação à emoção que ele se propõe a evocar, Eliot faz da obra um território impessoal, engajado numa relação binária com o leitor, agindo sobre este último, mas submetido no fim das contas à sua discrição. Nesse nível, o autor está meio fora do jogo. Essa noção de impessoalidade da obra e da criação literária, essencial em Eliot, o era também em Valéry[16].

Evidenciando o caráter proteiforme da noção, sabe-se que ela foi formulada no famoso ensaio sobre *Hamlet*:

> A única maneira de exprimir uma emoção sob a forma artística é encontrar um "correlato objetivo"; em outros termos, uma série de objetos, uma situação, uma sequência de eventos que constituirão a fórmula desta emoção *particular*; assim, quando os fatos exteriores, que devem conduzir a uma experiência sensorial, são dados, a emoção é imediatamente evocada. [...] A "inevitabilidade" artística repousa sobre essa adequação completa da exterioridade à emoção[17].

Ou seja, não basta exprimir uma emoção, mas produzi-la objetivamente, por oposição, portanto, a uma expressão subjetiva, direta, da interioridade, como a que requeria certa concepção lírica. Pensando nesse conceito e nos demais formulados por Eliot, diz William Marx:

> A teoria crítica eliotiana resulta decididamente de uma consideração da opacidade da linguagem, mesmo se é verdade que, por vezes, examinados em detalhe, os textos críticos de Eliot pareçam sugerir a existência de um paralelo entre o estado emocional do autor e o do leitor[18].

16. William Marx, *Naissance de la Critique Moderne*, pp. 207-211.
17. T. S. Eliot, *Selected Essays*, p. 145.
18. William Marx, *Naissance de la Critique Moderne*, p. 208.

Dialogando com outro importante intérprete de Eliot, Marx fala de certa confusão decorrente da amplitude e dos diferentes usos com que conceitos como correlato objetivo foram empregados pelo poeta-crítico. Segundo Eliseo Vivas, em outros textos em que esse conceito volta à baila, há sempre uma recusa de Eliot em distinguir com clareza entre a emoção do poeta, a da personagem e a do leitor[19].

O que importa aqui é destacar que o conceito, embora não nomeado expressamente, está implícito na já mencionada declaração de Péricles Eugênio da Silva Ramos, quando afirma que o principal propósito de sua geração, embora desvirtuado depois por alguns de seus integrantes, era o de buscar uma poesia de "expressão nítida" em que "o sentimento se resolvesse em imagens"[20]. Uma concepção que tanto parece ter em mira a definição eliotiana de correlato objetivo, quanto a referida sensibilidade unificada como resposta à histórica dissociação.

Com respeito à famosa *lecture* eliotiana de 1944 sobre "O Que É um Clássico?", não interessa resgatar todos os pontos, nem as diversas implicações que seus comentaristas fazem derivar dessa definição, mas tão somente as características que parecem ter alguma relação com o "projeto poético" da Geração de 45.

Como bem nota Marx, trata-se, evidentemente, de uma leitura a-histórica do classicismo feita por Eliot (e por todo neoclassicismo), observando ainda que

> [...] se o neoclassicismo, tanto estético, quanto político, crê poder anular os efeitos do tempo e retornar a um arquétipo mais ou menos idealizado, é porque nesse esquema de pensamento não se encara a História como processo: só se aceita na História o passado, mas o presente que leva a esse passado acaba sendo negado. O pensamento neoclássico, que substitui o conceito de história pelo de passado, ignora, fundamentalmente, o tempo[21].

19. Nesse ponto, Vivas estabelece uma ponte com o estudo posterior de Eliot sobre "As Três Vozes da Poesia": a do poeta falando a ele mesmo, a um público e a voz de uma personagem – como no monólogo dramático (*apud* William Marx, *Naissance de la Critique Moderne*, pp. 209-210).
20. Péricles Eugênio da Silva Ramos, *Do Barroco ao Modernismo*, p. 269.
21. William Marx, *Naissance de la Critique Moderne*, pp. 92-93.

Ao transportar o neoclassicismo para a Inglaterra (onde essa noção não tinha, de modo algum, o peso que possuía no vizinho do outro lado do Mancha), Eliot acentuaria ainda mais esse descolamento de sua reflexão estética em relação a toda e qualquer circunstância histórica, por conseguinte generalizando tal ideia de classicismo e transformando-a em categoria ou conceito teórico literário que não é senão um julgamento crítico de caráter normativo.

A essa transposição da concepção francesa, Marx vincula também o conceito eliotiano de "despersonalização", procedente da doutrina antirromântica francesa que, por sua vez, "retomava como *leitmotiv* a tese pascaliana do eu odioso e extraía daí a regra de que o poeta não devia buscar, de imediato, exprimir seu eu". Esse conceito é alinhado por Marx ao de clássico, na medida em que a literatura clássica não só rejeita o eu, mas "reconhece a impossibilidade inelutável de expressão lírica e prefere voluntariamente tirar proveito dessa impossibilidade". Jeffrey M. Perl, entretanto, nota certo estranhamento ou contradição nessa propalada impessoalidade, ao sumarizar demais aspectos essenciais da noção eliotiana de clássico, que compreendem habilidade e profissionalismo desinteressado, a transformação de uma madura e interessante personalidade em arte, a originalidade consciente da tradição, uma "visão ampla e única da vida", pureza e correção da linguagem, completude e autossuficiência, lucidez e um sistema nervoso refinado[22].

Dentre esses critérios, nota Perl, causa espécie o poeta impessoal enfatizar justamente os "relacionados à personalidade do artista, e esta peculiaridade é a chave para os princípios críticos de Eliot e para seu ponto de vista histórico. 'Um mestre brilhante da técnica' não é necessariamente, no sentido mais profundo do termo, 'um artista'"[23]. Essa distinção vale para balizar muito da produção dos principais nomes da Geração de 45, na qual se pode encontrar maestria técnica, ora mais, ora menos brilhante, mas sem que isso baste para identificar um artista, nesse sentido profundo conferido ao termo por Eliot... Especificando um pouco mais, com base na citação acima, pode-se encontrar, nessa geração, "pureza e correção da linguagem" e "habilidade e profissionalismo desinteressado".

22. Jeffrey M. Perl, *The Tradition of Return*, p. 70.
23. *Idem*.

Já os demais aspectos essenciais à noção eliotiana de clássico, muito raramente são alcançados.

É certo que a maturidade, tal como Eliot a concebe, não depende ou não se restringe unicamente ao preparo intelectual do poeta, mas vai além dele. Ela implica também o desenvolvimento civilizacional, literário e linguístico, que não ocorre de igual maneira nas diferentes culturas. Há, sem dúvida, algo que Eliot associa à maturidade em termos linguísticos, que os líderes da Geração de 45 almejam e se empenham em forjar: um estilo ou padrão vocabular e fraseológico comum, que fundasse "uma comunidade do gosto"[24]. Isso atendia a uma preocupação marcante dessa geração, segundo se viu com Alceu Amoroso Lima, que era a restauração dos laços com o público, rompidos pelo "aristocracismo" denunciado por Mário de Andrade na conferência sobre o movimento modernista[25]. Preocupação essa que pode ser articulada com aquela "base estrutural", citada mais atrás, na síntese das principais ideias eliotianas proposta por Lentricchia.

Voltando ao ensaio sobre o clássico, a possibilidade de emergência desse estilo comum, diz Eliot, depende, no entanto, de uma "época em que a sociedade já cristalizou um momento de ordem e de estabilidade, de equilíbrio e de harmonia". E mais: o poeta-crítico deixa supor, também, que a maturidade da língua está em consonância com o grau de maturidade "da mente e dos costumes", bem como com uma consciência crítica em relação ao "passado, uma confiança no presente e nenhuma dúvida quanto ao futuro. Em literatura, isso significa que o poeta está consciente de seus antecessores, e que estamos conscientes dos antecessores que pulsam por detrás de sua obra [...]"[26]. Isso só poderia ser endossado em parte e com cautela no caso da Geração de 45 e de seu contexto literário e cultural... O que se viu com Cabral e Candido a respeito das relações dessa geração com os que a antecederam basta para atestar a dificuldade desse endosso...

Além de índice de civilização, o clássico se caracteriza pelo poder de preservar a história como um todo integrado. Assim, outro critério essencial para Eliot é o de "completude", no sentido de que, dentro dos limites

24. T. S. Eliot, "O Que É um Clássico?", *De Poesia e Poeta, op. cit.*, p. 81.
25. Alceu Amoroso Lima, *Quadro Sintético da Literatura Brasileira, op. cit.*, pp. 118-120.
26. T. S. Eliot, "O Que É um Clássico?", *op. cit.*, p. 82.

formais, "o clássico deve expressar o máximo possível da gama total de sentimento que representa o caráter do povo que fala essa língua"[27], encontrando sua resposta entre todas as classes e condições humanas. E quando essa completude alcança uma importância ou significado similar a outras literaturas ou culturas, ela permite afirmar também sua "universalidade". Eliot adverte, em contrapartida, sobre o risco de se perder de vista a medida clássica devido ao provincianismo, entendido no sentido "da aplicação de padrões adquiridos dentro de uma área restrita, para a totalidade da experiência humana, confundindo o contingente com o essencial, o efêmero com o permanente"[28]. Essa noção eliotiana só chega mesmo a ser alcançada aqui não pelos poetas de 45 (por mais que insistam em valores e categorias universalizantes), mas por modernistas classicizados como Drummond, cuja obra, entretanto, pouco reverbera dos debates da época sobre a recepção das ideias eliotianas.

Por fim, o ensaio eliotiano fundamental para o debate da crítica, da historiografia e da poesia da época era, sem dúvida, "Tradição e Talento Individual", que reorientou os estudos literários no século XX e deu origem a um considerável número de trabalhos de grandes nomes que buscaram redefinir ou delimitar o conceito de tradição na poesia inglesa, como F.R. Leavis, Cleanth Brooks, Robert Langbaum e M. H. Abrams, entre outros[29].

Sobre o sucesso desse ensaio entre os poetas de 45, já observou Silviano Santiago:

> Eliot opõe a emergência de um poeta através de traços distintivos e pessoais à maturidade do próprio poeta, momento que é determinado pelo fato de ele inscrever a sua produção poética numa ordem discursiva que o antecede. Portanto, o poeta moderno para Eliot, na sua idade madura, nada mais faz do que ativar o discurso poético que já está feito: ele o recebe e-lhe dá novo talento. Dá força ao discurso da tradição. Se a gente se interessa pelo modernismo, vê que esse artigo não passou despercebido dos brasileiros. Teve muito sucesso entre os poetas da Geração de 45.

27. *Idem*, p. 94.
28. *Idem*, p. 97.
29. Cf. G. Cianci & J. Harding (eds.), *T. S. Eliot and the Concept of Tradition*, Cambridge, Cambridge UP, 2007, p. 2.

Não há dúvida de que uma indicação primeira sobre a presença da tradição dentro do modernismo passaria por uma leitura dos poetas da Geração de 45[30].

Vários temas desse ensaio modernista programático do poeta-crítico têm recebido extensa atenção da crítica, como a separação entre vida e arte, a relação entre arte e crítica, entre tradição e história, a natureza do artista e a teoria da inovação criativa[31]. Isso sem esquecer o básico: a redefinição seminal de "tradição" não como algo herdado, recebido prontamente, sem mais, mas alcançada à custa de grande esforço. Como assinala Stan Smith, tal concepção pende mais para o lado da subversão do que da estabilidade. Ponderando sobre um dos gestos retóricos caracteristicamente eliotianos, que é a transgressão hesitante de fronteiras, Smith nota que o talento individual desempenha papel similar em relação à tradição. Ele precisa transgredir os limites entre o passado e o presente para comungar com os poetas mortos, por meio da voz órfica, da tradição – concepção na qual Smith detecta certo idealismo romântico[32].

Obviamente, não haveria como, nem interessaria aqui, repassar todos esses temas e aspectos contemplados nas brevíssimas páginas de "Tradição e Talento Individual", e as inumeráveis exegeses que lhe foram dedicadas. Sua contribuição decisiva e seu alcance já foram devidamente dimensionados, inclusive por obras coletivas como a organizada por Cianci e Harding. Dentre os ensaios por eles recolhidos, importa para esta abordagem a sucinta e instigante leitura de Aleida Assmann, segundo a qual Eliot, embora rejeite o pensamento histórico, não procura transcender a história num reino atemporal e eterno da arte, mas desenvolve um novo modo de pensar que a intérprete denomina de "sistêmico", afim a de alguns importantes pensadores dos anos 1910 e 1920[33].

Segundo Assmann, trata-se, ainda para Eliot, de indagar pelo estatuto da arte e por seu impacto duradouro no mundo moderno determinado pela história e pela mudança acelerada, depois do colapso de conceitos normativos, que compreendiam, primeiramente, a clássica tópica ho-

30. Silviano Santiago, "A Permanência do Discurso da Tradição no Modernismo", *op. cit.*, p. 96.
31. Cianci & Harding, *T. S. Eliot and the Concept of Tradition*, p. 13.
32. Stan Smith, "Proper Frontiers: Transgression and the Individual Talent", em Cianci & Harding, *op. cit.*, pp. 26-40.
33. Aleida Assmann, "T. S. Eliot's Reinvention of Tradition", em Cianci & Harding, *op. cit.*, p. 13.

raciana da "arte como monumento", bastião seguro contra o tempo e a mudança, reposta por poetas como Shakespeare. Tal tópica teve de ser revista depois, quando a arte moveu-se na sombra do chamado "espírito histórico", despertando a consciência crítica do impacto de tempo e da mudança sobre todos os produtos culturais. Para superar essa crise, por volta do século XVIII, transpôs-se para o reino da arte a estratégia da canonização como prática cultural de eleição de textos específicos, definidos como pertencentes ao reino sagrado do eterno. A este conceito normativo, seguiu um terceiro, que está, por exemplo, em Pope, ao substituir expressões carregadas de um sentido teológico, como "sagrado" e "eterno", pela noção mais secular de "natureza", considerada o domínio não vulnerável ao tempo, do qual ele aproximava, adequadamente, o reino da arte. Mais de uma geração depois de Pope, Johnson também caracterizava a natureza como epítome do triunfo da arte sobre o tempo histórico.

Todavia, com a revolução científica do século XIX, que introduziu o tempo na natureza, esta não poderia mais ser termo de comparação atemporal, imutável para a arte e a literatura. Vindo, portanto, depois do colapso desses conceitos normativos, o ensaio de Eliot, diz Aissman, reinventou a noção de tradição de uma maneira altamente moderna e autorreflexiva, distanciando-a da história, porém sem eliminar esta completamente.

O ensaio de Aissman despertou especial atenção porque, embora a Geração de 45 ateste a influência decisiva das concepções formuladas por Eliot em seu ensaio seminal, e pareça igualmente operar essa separação entre tradição e história, o fato é que tal geração acabou por reeditar, anacronicamente, aquelas concepções normativas há muito suplantadas, como a tópica horaciana da "arte como monumento", conforme se verá no capítulo VII.

Sabe-se que além da – ou juntamente com a – tradição, outra concepção-chave do pensamento eliotiano explorado nesse ensaio é o ideal da "impessoalidade", examinado tanto na relação do poeta com o passado, quanto na do poema com seu autor. O uso, entretanto, desse e de outros conceitos pelos poetas de 45 não chegou ainda a ser objeto de discussão.

A única exceção, talvez, esteja em João Cabral e, sobretudo, em Antonio Candido, ao demonstrarem como os poetas de 45 operaram com a tradição local, em particular com a obra dos grandes poetas modernistas que os antecederam, embora sem se referirem diretamente ao ensaio eliotiano. Viu-se no capítulo III que Cabral fala em uma geração mais de "extensão de conquistas" do que de "invenção de caminhos", ao passo que Candido denunciava a assimilação mecânica de procedimentos e conquistas desses antecessores, resultando na "taylorização da poesia", confundida com pura técnica, malabarismo verbal.

De fato, se a apropriação do legado poético próximo ou distante é esperada, sendo mesmo perceptível, de forma até ostensiva, nas obras de vários desses poetas de 45, o talento individual dificilmente chega a ter força para modificar, de modo simultâneo, a configuração da ordem ideal existente, como é de se esperar, segundo Eliot. Muito raramente se reconhece entre eles uma marca ou voz autoral expressiva. Não se trata, com isso, de cobrar deles algo que contraria a própria lição eliotiana, quando contesta a dita "teoria metafísica da unidade substancial da alma" fundamentando a concepção errônea de que o poeta tem uma "personalidade" a expressar[34]. Mas mesmo que a poesia seja, segundo a já lembrada definição, uma fuga da emoção e da personalidade, não se pode esquecer que o próprio Eliot trata de advertir, de imediato, que "apenas aqueles que têm personalidade e emoções sabem o que significa querer escapar dessas coisas"[35].

Ainda que, para evitar equívocos, não se fale de voz autoral ou qualquer outro termo que leve a sugerir a ideia de expressão de uma subjetividade previamente constituída, ignorando o que é sempre construído de forma literária, não se pode deixar de reconhecer, na poesia de nomes emblemáticos da Geração de 45, a ausência de um princípio ou núcleo ordenador da obra, identitário, seja em que nível for – temático, imagético, tropológico, formal, estilístico... –, apontando para uma conquista efetiva ante a tradição. Consegue-se encontrar bons momentos de realização literária, sem dúvida, mas dificilmente se percebe uma unidade estruturadora ou sistematizadora do conjunto que, em diálogo com a tradição, forje uma poética consistente e discernível em relação aos contemporâneos. Isso, aliás, já tinha sido devidamente observado, no calor da hora, por Álvaro Lins. Partindo do comentário de Bandeira sobre Murilo Mendes ("um dos quatro ou cinco bichos de seda de nossa poesia, isto é,

34. T. S. Eliot, "Tradição e Talento Individual", *Ensaios*, São Paulo, Art Editora, 1989, p. 45.
35. *Idem*, p. 47.

dos que tiram tudo de si mesmos"), o autor de *Jornal de Crítica* exige do poeta que ele apresente "uma caracterização rigorosamente particular", uma "individualidade irredutível"[36]. Sabe-se que esse critério de eleição do grande poeta é discutível. O próprio Murilo, conforme se verá em outros passos deste estudo, não parte assim do nada, como querem Bandeira e Lins. De todo modo, o que o crítico busca enfatizar é que a Geração de 45, ao contrário dos grandes nomes advindos do Modernismo, não dispõe de "um só poeta rigorosamente original, de um poeta que tenha o seu próprio espaço, com um tipo de poesia particular e inconfundível"[37].

Para concluir, não se pode falar, também, que tal geração chegou a apreender o ideal da impessoalidade em toda a sua profundidade, implicações e complexidades, no sentido em que o explicou Charles Altieri, polemizando com toda uma linhagem da crítica que insiste, equivocamente, num esteticismo elitista e frio de Eliot. Altieri afirma, por exemplo, que a despersonalização, o jogo de vozes que quer "capturar diversas qualidades íntimas de como a vida pública é experimentada", visa estrategicamente rejeitar as posturas retóricas, a pretensa expressão "sincera" e a edificação moral, como resposta a uma cultura extremamente dependente "de modos de identidade sustentados por papeis retóricos". Ou seja, uma cultura obcecada com as identidades "imaginárias", no sentido propriamente lacaniano do termo "imaginário", como instância das negociações sociais, "frequentemente servindo para obscurecer o que pode ser real e partilhável em dadas situações"[38]. Ora, esse alcance social admirável escapou por completo ao grupo de 45!

Além do mais, a teoria da impessoalidade protagonizada por Eliot, segundo Altieri, definiu seu teor de modernidade na guerra que patrocinou contra a retórica[39]. Essa dimensão combativa, crítica da moderni-

36. Álvaro Lins, "A Propósito da Nova Poesia", *Jornal da Crítica, 5ª. série*, Rio de Janeiro, José Olympio, 1947, p. 100.
37. *Idem*, p. 108.
38. Charles Altieri, "The Doctrine of Impersonality and Modernism's War on Rhetoric: Eliot, Loy, and Moore", *The Art of Twentieth-Century American Poetry: Modernism and After*, pp. 64-74.
39. Como lembra Altieri, Eliot definiu a retórica como "qualquer ornamento ou inflação do discurso *realizada não por almejar um efeito em particular*, mas apenas para causar um impacto genérico". Com isso, a retórica torna-se, para Eliot, "o veículo pelo qual a personalidade am-

dade perdeu-se por completo entre os poetas de 45, na medida em que a retórica foi, na verdade, reposta por eles sem mais, a ponto de Sérgio Buarque, conforme se viu, falar de um beletrismo e de um parnasianismo latente dessa Geração, ligados a certa herança bacharelesca da vida cultural brasileira, comprometendo, enfim, o potencial contestatório e a força renovadora reivindicados pelo decisivo ensaio de Eliot.

CONSIDERAÇÕES SOBRE A RECEPÇÃO POÉTICA E CRÍTICA DE VALÉRY

No capítulo III, viu-se que se costuma afirmar que, na produção literária brasileira pós-1945, operou-se uma mudança do paradigma francês, até então dominante, para o anglo-americano, particularmente evidente no caso da lírica e da crítica. Mas viu-se também que, se a geração que emergia no imediato pós-guerra pleiteava as lições eliotianas como modelo, também fazia ombrear com elas as concepções críticas e poéticas de Paul Valéry – o outro nome lembrado por Marx ao tratar do nascimento da crítica formalista –, mantendo o diálogo francês, assim, em pé de igualdade com o inglês.

Além de reconhecido mentor dos poetas de 45, Valéry não deixava ainda de ser, como é bem sabido, o interlocutor de João Cabral, sobretudo de poemas como "A Paul Valéry" e "Fábula de Anfion", esta última, aliás, caso único de um diálogo direto com a poesia do autor de *Charmes*, que o poeta-engenheiro considerava ainda muito presa à tradição melódica. Cabral sempre considerou como mais decisivas para sua criação as ideias do Valéry pensador, avesso à espontaneidade e à inspiração.

Afora Cabral e a Geração de 45, o poeta de *Cimetière Marin* comparecia àquela altura na tão decantada epígrafe de abertura e no fecho da obra maior de Drummond no período: *Claro Enigma* (1951). Sobre essa interlocução drummondiana com o grande poeta francês e de seu entorno, cabe tratar adiante brevemente, retomando um ponto ou outro do que já

plia seu alcance, a fim de criar, fora dos fatos, impressões gerais auto-lisonjeiras" (Altieri, *op. cit.*, p. 610).

foi escrito a respeito da herança valeryana do poeta itabirano e buscando avançar um pouco mais, com vistas ao contexto literário de época.

Por ora, cabe observar que, nesse debate entre os paradigmas literários francês e inglês, o caso de Drummond sempre foi ilustrativo. Por mais que se tenha assinalado, com alguma insistência, certa herança inglesa em um dos traços mais característicos de sua poética – o celebrado *sense of humour*[40] –, a verdade é que os diálogos literários mais consistentes já evidenciados em sua obra remetem sobretudo à tradição francesa, seja com poetas (Baudelaire, Mallarmé, Valéry, Appollinaire...), seja com romancistas e filósofos (Montaigne, Pascal e, entre outros, Proust, de quem foi tradutor). Aos já sabidos, John Gledson chamou a atenção para mais um diálogo francês até então ignorado, com Jules Supervielle, flagrado pelo crítico a partir de uma declaração do próprio Drummond em crônica dos anos 1960 de *O Mundo Ilustrado*, escrita por ocasião da morte do franco-uruguaio. Com isso, o crítico inglês buscava romper com certo consenso em torno da ideia de um Drummond incomparável.

Com relação a Valéry e ao contexto brasileiro dos anos de 1940, Sérgio Buarque, fino leitor do poeta francês, observava que a recepção poética e crítica local do autor de *Cimetière Marin* se dava, justamente, no momento em que este parecia cair num "singular descrédito" em seu país de origem[41]. Ainda que Sérgio Buarque não chegue a se deter nas razões, pode-se conjeturar que o suposto descrédito talvez tenha a ver com a rejeição a Valéry por parte do surrealismo ou da lírica social dos anos 1930, que ainda devia mobilizar pelo menos parte dos anos 1940.

Seja como for, o fato é que o referido interesse no Brasil por Valéry se deixava flagrar pelo crítico não apenas em função da conhecida tradução de 1941 pela Orfeu do *Cemitério Marinho*, de Darcy Damasceno, um dos nomes da Geração de 45, prefaciada por Roberto Alvim Corrêa[42].

40. Ao que se poderia ainda acrescentar a suposta aproximação do "maior poeta público" nos anos 1940 à poesia social inglesa dos anos 1930 (Auden, Day Lewis e Spender) estabelecida por Otto M. Carpeaux, sem que se possa, todavia, pensar essa aproximação ou afinidade como decorrência de diálogo efetivo de Drummond com eles.

41. Sérgio Buarque de Holanda, *O Espírito e a Letra*, p. 105.

42. O autor de *Anteu e a Crítica* teve uma trajetória intelectual que, segundo Drummond, chegou a ser um dos motores da vida literária de Paris efervescente dos anos 1920 e 1930, não só pela convivência com escritores como Gide, Mauriac, Julien Green e Cocteau, mas também

Além do grande poema valeryano, outras amostras de sua poesia em português foram estampadas, no período, no número 2 da *Revista Brasileira de Poesia*, com traduções de "L'Amateur de Poèmes" (por Sérgio Milliet), de um excerto de "La Jeune Parque" e de "Les Pas" (ambos por Péricles Eugênio da Silva Ramos), de "Le Vin Perdu" (por Osmar Pimentel) e de "Au Coeur de la Nuit d'Amour" (por Geraldo Vidigal). Ao final da revista, um pequeno texto de apresentação do poeta francês assinado por L.W. (certamente abreviação de Luiz Washington, um dos editores da revista) deixava já perceber os embates e dificuldades de muitos dessa geração em apreender o específico da poética valeryana sem incorrer em associações equívocas com certos preceitos, por exemplo, da estética parnasiana.

Afora os poemas de *Charmes*, o debate também contemplava as concepções estéticas formuladas nos escritos em prosa do autor de *Variétés* e, no número 4 da revista *Orfeu*, encontra-se a tradução de um excerto do prefácio de Valéry à edição das *Poésies* de Mallarmé, "Je Disais Quelquefois a Stéphane Mallarmé..." Entre outras coisas, o prefácio traz uma definição muito particular do Simbolismo em que inscreve o autor de "Salut" (e, implicitamente, o próprio Valéry), buscando rebater as acusações correntes "de preciosidade, de esterilidade, de obscuridade", a fim de pôr em evidência os poderes da poesia pelas inovações técnicas, notadamente pelo papel crucial que essa escola literária conferia às figuras em geral e à metáfora em particular[43]. No comentário que faz a esse e outros ensaios sobre Mallarmé, William Marx observa que Valéry leva "essa definição técnica e linguística do simbolismo e do mallarmismo até uma aridez pela qual ele prefigura as abordagens estruturalistas mais sofisticadas"[44].

Já se viu com Burger o caráter representativo de uma obra como *Charmes* para o debate em torno da questão do envelhecimento do moderno e o refluxo da lírica em relação às experimentações radicais das vanguardas. Vale aqui uma breve observação sobre o básico da feição

pela quase inacreditável experiência das Éditions Corrêa, na qual publicou autores franceses como Charles du Bos, Albert Béguin, Jacques Maritain e Gabriel Marcel.

43. *Revista Orfeu*, n. 4, pp. 29-42.

44. William Marx, *Naissance de la Critique Moderne*, p. 127.

geral do livro, que retraça "em sua composição e sua arquitetura um itinerário deliberado através da herança tradicional e clássica de todas as formas métricas francesas", concebendo a escritura poética como fonte de "encantamento" dos sentimentos e "festa do intelecto" (*Tel Quel*), em razão "das relações que ela convida o leitor a criar tão livremente quanto o autor"[45]. No que concerne ao modo de lidar com essa herança clássica, dirá ainda Briolet sobre poemas como "La Jeune Parque", cujos alexandrinos são uma tentativa de

> [...] suntuosa síntese entre as harmonias da prosódia clássica e uma surpreendente audácia na invenção metafórica a mais nova. [...] Em 1940, Marcel Raymond dirá a Valéry que ele é "o clássico do simbolismo". Assim é, desde que não se perca de vista as distâncias que esse clássico soube tomar, para inovar, em relação à herança recebida[46].

A respeito da persistência das formas clássicas em Valéry, nota Briolet que "a maior parte dos poetas do século XX, ao menos até o início dos anos 1970", pertence a uma categoria de leitores acostumada desde a infância com o respeito à métrica e à prosódia na dicção dos versos, reiteradas e codificadas no curso de oito séculos, a ponto de serem percebidas e imaginadas como naturais... É o caso de Valéry, que concebia a escritura como "esforço concentrado [...] para tirar partido dos tons, gamas, atitudes que o lirismo tradicional descobriu"[47]. Portanto, a originalidade consistia em desenvolver o mais possível as virtualidades do passado, "a fim de extrair daí efeitos novos"[48]. E o exemplo de Valéry não era, de todo, isolado. Mesmo nomes da vanguarda poética como Aragon e certos poetas da Resistência, confome já se viu no capítulo III,

45. Cf. Daniel Briolet (*Lire la Poésie Française de XXe Siècle*, pp. 51-52), que lembra a etimologia latina de *charme* (*carmina*) e a ideia de "encantamento", "feitiço". Frontier diz que *carmen*, no latim, "é formado pela mesma raiz do verbo *canere*, 'cantar', 'fazer escutar um som'. Um poeta é um 'autor de versos' (ou de cantos), *carminum* autor, ou *scriptor*, ou *conditor*. A palavra *carmen* pode também significar uma profecia, a resposta de um oráculo ou ainda uma palavra mágica. Paul Valéry (1871-1945) lembrou-se dessa constelação de sentidos quando intitulou *Charmes* sua recolha de poemas [...]" (Alan Frontier, *La Poésie*, Paris, Éditons Belin, 1992, p. 17).
46. *Idem*, pp. 52-53.
47. James Lawler, *Lecture de Valéry*, Paris, PUF, 1963.
48. Daniel Briolet, *op. cit.*, p. 147.

[...] recorreram sistematicamente às fontes do verso regular e da rima para afirmar uma identidade cultural nacional em período de ocupação estrangeira: as origens orais e populares da poesia francesa são assim revividas, da mesma maneira que suas afinidades seculares com a música e sobretudo com a canção[49].

Pode-se, ainda, compreender devidamente essa herança clássica quando se situa Valéry à luz de seu contexto histórico-poético mais imediato. André Thérive fala da transmutação do simbolismo em clássico no caso do autor de *Cimetière Marin*. O espírito do simbolismo sobrevive nos novos "clássicos" caracterizados pelo esoterismo, pela prática da alusividade, por uma métrica rigorosa e uma temática adaptada ao gênero da poesia[50].

Desdobrando essa síntese valeryana, William Marx observa que ela implica um hermetismo (qualificado de *mallarmisme* por Le Goffic) que manifestava, no nível mais formal, a filiação simbolista do poeta. Sua obscuridade contrariava a suposta racionalidade e clareza da língua francesa – a ponto de certo Coronel Godchot, partidário do movimento *clartéiste*, propor "traduzir" o *Cemitière Marin* para o vernáculo... Isso sem esquecer a reação negativa da crítica mais conservadora quando da eleição de Valéry para a Academia, por acharem que ele não escrevia... em francês!

Essa obscuridade, todavia, vinha ao encontro da demanda de parte mais avançada da opinião crítica que traduzia o anseio de uma geração então nova, intelectualmente mais exigente, que por fim vingou na história. Mas antes disso acontecer, Valéry jogava, assim, perigosamente, em dois campos: enquanto sua métrica rigorosa devia tranquilizar a crítica tradicionalista, seu hermetismo mallarmeano permitia-lhe voltar-se para (ou mesmo contra a) juventude. Complementa ainda Marx:

Essa complexidade formal tinha um corolário temático, a saber: que a poesia de Valéry tornava possível uma interpretação de tipo existencial ou metafísico ao qual os outros poetas se recusavam por princípio, preferindo reservar a poesia à expressão de sentimentos ou afetos mais primários. A "profundidade" de Valéry constitui um traço marcante de sua escritura poética, que a distingue da de seus contemporâneos mais próximos. Essa profundidade não concerne apenas aos grandes poemas manifestamente ontológicos como são *La Jeune Parque* e "O Cemitério Marinho", em que a meditação sobre a vida e a morte ocupa um lugar explícito e preponderan-

49. *Idem, ibidem*
50. *Apud* William Marx, *Naissance de la Critique Moderne*, p. 78.

te, mas também peças de envergadura mais modesta, tal como "L'Abeille" ou "Les Pas", que deixam sempre em suspenso uma interpretação metafórica "profunda". Essa exploração máxima das possibilidades da metáfora, típica da poesia valeryana, provém diretamente da herança de Mallarmé, ao menos tal como Valéry o concebia, visto que ele via efetivamente na metáfora uma ferramenta fundamental da poética mallarmeana.

Em suma, a arte de Valéry era a forma mallarmeana acrescida a um fundo temático neoclássico[51].

Ainda relacionado ao pensamento poético de Valéry, sabe-se que o debate sobre a "poesia pura" tem nele a principal voz, mesmo que, na polêmica sobre a paternidade de tal concepção, muitos outros nomes sejam evocados. Marx foi um dos críticos que tratou de historiar essa polêmica, partindo do confronto com o abade Bremond, sabidamente um dos que reinvindou tal paternidade. Tendo se inspirado nas ideias de Bergson, o abade, entretanto, modifica perigosamente o equilíbrio que o filósofo almejava alcançar entre as exigências da racionalidade e a irredutibilidade do real à razão. E o modifica, justamente, pela ênfase neste segundo termo, já que na transposição dessa concepção filosófica para o domínio estético, ao buscar definir seu ideal poético, a dita poesia pura acaba por ser inscrita num plano inefável, irredutível à racionalidade. Para ele, a poesia pura se dissolve quando aparece a menor suspeita de sentido ou algo além do jogo sugestivo de sonoridades. Na verdade, mais do que a música, Bremond tende ao místico ao alinhar a essência da poesia à prece.

Ora, nada mais distinto da concepção de Valéry, para quem a poesia pura não se instala nessa fronteira entre o racional e o irracional. Longe de ser uma realidade concreta, a poesia pura representa um limite dos desejos, esforços, atribuições e poder do poeta, conforme ele asseverava em conferência de 1927 sobre o tema. Dito de outro modo, "a noção serve para modalizar o funcionamento da poesia, e não, como em Bremond, para descrever o jogo real das obras"[52]. Conquanto Valéry conceba a poesia como um texto totalmente autônomo, destacado do real, não se trata, para ele, de rejeitar o sentido em favor do som, mas do perfeito acor-

51. *Idem*, pp. 86-87.

52. *Idem*, p. 119. O histórico do debate sobre a poesia pura é traçado por William Marx entre as pp. 113-16.

do entre ambos, harmonizando as diferentes funções da linguagem. Ou, como ele mesmo diz, seriam

> obras em que não apareceria mais nada da prosa, [mas] poemas em que a continuidade musical não seria jamais interrompida, em que as relações de significações seriam parecidas a relações harmônicas, em que a transmutação dos pensamentos uns nos outros pareceria mais importante do que todo pensamento, em que o jogo das figuras conteria a realidade do assunto...[53]

Marx reconhece o próprio projeto de "La Jeune Parque" – concebida por Valéry como busca indefinida em poesia de um análogo à "modulação" em música – nessa importância atribuída a uma estética não apenas da forma, mas também da significação (Essa analogia, aliás, é recorrente entre os poetas brasileiros neoclássicos, conforme se verá em análises de Jorge de Lima e Moreira da Fonseca.) Marx ainda acrescenta:

> O sonho de Valéry é fazer do "ornamento", tal como o define na *Introdução ao Método de Leonardo da Vinci*, a base de toda a prática poética. Deste ponto de vista, mesmo a função significante da linguagem tem a vocação de participar na elaboração dessa linguagem essencialmente abstrata que deve ser a poesia[54].

Em sua produção poética ou ensaística, a Geração de 45, embora familiarizada com os ensaios seminais em debate, não dá grandes provas de atentar a essa distinção fundamental da concepção valeryana de poesia pura que, conforme se vê com William Marx, é muito mais um princípio regulador do trabalho poético. Do mesmo modo, não deve ter atentado devidamente a essa acepção de ornamento formulada pelo autor de *Introdução ao Método de Leonardo da Vinci*. O ornamento, nas obras da referida geração, emerge na acepção mais banal do termo.

Passando aos diálogos especificamente drummondianos com Valéry, em sua maior parte, eles já foram recenseados por John Gledson. Com base em tal inventário, sabe-se que muito antes dos anos 1940 e 1950 – momento da recepção, pode-se dizer, mais criativa –, o poeta itabirano, leitor assíduo da *Nouvelle Revue Française* nos anos 1920, já demonstrava

53. Paul Valéry, "Poésie Pure (Notes pour une Conference)" (1927), *Oeuvres*, I, p. 1463. *Apud* William Marx, *op. cit.*, p. 119.
54. William Marx, *op. cit.*, p. 120.

intimidade com a obra valeryana. Tanto é que em crônica de 11.10.1924 na revista *Para Todos*, intitulada "Aproximações", evoca o soneto "Le Vin Perdu" no contexto de uma discussão sobre a crise do "assim chamado espírito moderno". Comentando a submissão voluntária de escritores e intelectuais modernos a compromissos cerceadores diversos, políticos e religiosos, reconhece, por fim, que a liberdade tem nesse espírito moderno "um papel puramente formal, e que esse espírito, longe de repudiar a tradição, procura moldá-la às suas necessidades e seus anseios", sem isso implicar passadismo. O soneto de Valéry é, aí, evocado pela associação estabelecida por Drummond com o poema goethiano "Rei de Thule", a fim de ilustrar essas tensões entre liberdade formal moderna e tradição. Como nota Gledson[55], esse artigo precoce de Drummond fornece uma pista importante para se compreender o porquê desse interesse marcante por Valéry na lírica posterior a *A Rosa do Povo*, quando o próprio modernismo drummondiano entra em crise aguda. Ainda nos anos 1920, lembra Gledson que Valéry volta a reaparecer em outro artigo de Drummond, "Poezia e Rilijião" (grafado assim mesmo, com sua ortografia provocadoramente peculiar). Dessa vez, o diálogo drummondiano elege o célebre ensaio "La Crise de l'Esprit", publicado em *Variétés* (1924).

Escapou a Gledson, entre esses antecedentes, outra referência valeryana de Drummond, agora de 11.11.1932, provavelmente porque publicada com pseudônimo (Inocêncio Raposo). Dela dá notícia Fernando Py[56]: é a crônica "Da Beleza Contingente" (em *Minas Gerais*) em que, numa fração de tempo, ao flagrar a imagem inacessível e a perecível das mulheres belas do Rio, evoca versos do sonetilho de Valéry "Le Sylphe".

Mas se já atestam a grande intimidade de Drummond com a poesia e os escritos teóricos de Valéry, bem como o quanto ele se mostrava antenado com a crise da modernidade e a relação problemática com a tradição, tais antecedentes não representam de fato o essencial do diálogo com o poeta francês, o que só ocorreu mesmo em fins de 1940 e início 1950, como nota o crítico inglês. Está visto que ele pensa sobretudo em *Claro Enigma*, mas também nas menções constantes da prosa contemporânea

55. John Gledson, *Influências e Impasses. Drummond e Alguns Contemporâneos*, São Paulo, Companhia das Letras, 2003, pp. 141 e ss.

56. Fernando Py, *Bibliografia Comentada de Carlos Drummond de Andrade*, Rio de Janeiro, 2002.

de *Passeios na Ilha* (1952), de "Extraordinária Conversa com uma Senhora de Minhas Relações", um dos *Contos de Aprendiz* (1951), e do poema "A Alma e a Dança", incluído em *Viola de Bolso* (1952), reunião de *vers de circonstance* de Drummond. Merquior, por sua vez, também identificou suposta referência a poemas valeryanos como "Palme" nos versos excepcionais de "Canto Órfico" (em *Fazendeiro do Ar*)[57].

Antes mesmo desses livros dos anos 1950, há prováveis alusões a Valéry em *Novos Poemas*, já afinado em parte com a poética classicizante de *Claro Enigma*. Aliás, esse livro, cujo título guarda certa ressonância rilkiana, parece querer encenar a própria crise e transição da poesia social de *A Rosa do Povo* para o pessimismo neoclássico dos anos 1950. Gledson sugeriu uma alusão em "O Enigma" (depois retomada em "A Máquina do Mundo", em função das afinidades existentes entre os dois poemas) à passagem de *Eupalinos* em que Sócrates descobre na praia um objeto que pode ser natural, pode ser humano, ou seja, algo que pode ser, enigmaticamente, *matière à doutes*. A essa alusão, o intérprete aproxima ainda outra em "Jardim", mas agora a Mallarmé, justamente para confirmar que os dois poetas franceses são sempre evocados em associação por Drummond.

Aqui se busca reiterar esse diálogo efetivo com Valéry em outro dos *Novos Poemas*, que não chegou ainda a ser explorado: "O Arco", lembrado pela joalheria verbal extremada e aliada a um niilismo de fundo. Merquior fala de um pessimismo existencial inscrito em estrofes de rigor matemático. Depois de ressaltar o vocabulário raro, o enobrecimento da elocução e a riqueza suntuosa dos *tropos* mobilizados ao longo dos versos (anáfora, anadiplose, epanadiplose, além das metáforas, aliterações e assonâncias), chama a atenção para o recurso mais surpreendente do poema, que responde pela geometria lírica do todo: o emprego sistemático do pronome acusativo no primeiro verso de cada estrofe, antecedendo o substantivo com que se relaciona, só indicado no verso seguinte, invertendo, assim, a lógica sintático-gramatical:

O ARCO

Que quer o anjo? chamá-la.
Que quer a alma? perder-se.

57. José Guilherme Merquior, *Verso Universo em Drummond*, p. 178.

Perder-se em rudes guianas
para jamais encontrar-se.

Que quer a voz? encantá-lo.
Que quer o ouvido? embeber-se
de gritos blasfematórios
até quedar aturdido.

Que quer a nuvem? raptá-lo.
Que quer o corpo? solver-se,
delir memória de vida
e quanto seja memória.

Em análise já dedicada ao poema, buscou-se evidenciar o modo como esse jogo subversor da lógica ordenadora dos pronomes e substantivos ajuda a reiterar o conflito do eu dividido por impulsos desencontrados ou contrários: por um lado, um desejo que beira o desespero traduzido como perdição (moral), explosão de revolta e desejo de anulação absoluta de memória e de vida; e, por outro, uma força contrária que busca deter os impulsos destrutivos do eu lírico por um esforço sublimatório.

Que quer a paixão? detê-lo.
Que quer o peito? fechar-se
contra os poderes do mundo
para na treva fundir-se.

Que quer a canção? erguer-se
em arco sobre os abismos.
Que quer o homem? salvar-se,
ao prêmio de uma canção.

A possibilidade de superação desse conflito vem representada pela canção, que se ergue "em arco sobre os abismos", com tudo o que o arco-íris simboliza enquanto concerto e reconciliação. O desejo de se fechar aos poderes do mundo encontra respaldo no conflito encenado nos versos, referente à frustração da militância poético-política de Drummond, levando ao risco do formalismo estetizante que seria o outro dos polos do embate encenado por Drummond na lírica de *Claro Enigma*[58].

58. Cf. Vagner Camilo, *Da Rosa do Povo à Rosa das Trevas*, *op. cit.*

Alguns desses aspectos do poema permitem reconhecer certa afinidade entre "O Arco" e "Chanson à Part", poema que não consta de *Charmes*, mas é geralmente recolhido, na edição da Gallimard das *Poésies* de Valéry, em uma seção intitulada "Pièces Diverses de Toute Époque". Veja-se a *chanson*:

CHANSON À PART

Que fais-tu? De tout.
Que vaux-tu? Ne sais,
Présages, essais,
Puissance et dégoût...
Que vaux-tu? Ne sais...
Que veux-tu? Rien, mais tout.

Que sais-tu? L'ennui.
Que peux-tu? Songer.
Songer pour changer
Chaque jour en nuit.
Que sais-tu? Songer
Pour changer d'ennui.

Que veux-tu? Mon bien.
Que dois-tu? Savoir,
Prévoir et pouvoir
Qui ne sert de rien.
Que crains-tu? Vouloir.
Qui es-tu? Mais rien!

Où vas-tu? À mort.
Qu'y faire? Finir,
Ne plus revenir
Au coquin de sort.
Où vas-tu? Finir.
Que faire? Le mort.[59]

Na falta de uma tradução poética, segue esta, mais literal:

59. Paul Valéry, *Poésies*, Paris, Gallimard, 1994.

CANÇÃO À PARTE

Que fazes? De tudo.
Que vales? Não sei,
Presságios, tentativas
Poder e desgosto...
Que fazes? Não sei...
Que queres? Nada, e tudo.

Que sabes? O tédio.
Que podes? Sonhar.
Sonhar pra mudar
Cada dia em noite.
Que sabes? Sonhar
Pra trocar de tédio.

Que queres? Meu bem.
Que deves? Saber,
Prever e poder
Que não serve para nada.
Que temes? Querer.
Quem és tu? Sou nada!

Aonde vais? Ao extremo.
Fazer o quê? Findar,
Sem a maldita sorte
De voltar.
Aonde vais? Acabar.
Fazer o quê? De morto[60].

Sem dúvida, a canção valeryana diverge em muitos aspectos da drummondiana, a começar pela dicção ou registro. Em Drummond, o

60. A tradução literal perde o sentido em português, tanto no caso de "À mort", quanto no de toda a última estrofe. A expressão coloquial "le coquin de sort" é de procedência regional, occitânica (lembre-se que Valéry era de Sète, no Midi), empregada para exprimir espanto, exasperação, cólera ou mesmo desolação. Visto que a expressão funciona como um eufemismo, optou-se por algo mais neutro em português, mas sem correspondência exata: "maldita sorte". No que diz respeito ao último verso, "Le mort", assim solto, não se encontrou uma solução adequada em português. Por isso, optou-se por "De morto", como na expressão "fazer-se de morto". As sugestões de tradução são de Gabriela Lopes de Azevedo e Jacqueline Penjon.

tom elevado estende-se por todo o poema. Em Valéry, ele está presente, mas tensionado, conforme mostrou Lawler[61], pela nota prosaica de um termo como *coquin*, na expressão coloquial comentada aqui em nota. Pode-se dizer que o poeta de *Charmes* reiterou o desapontamento ou de-*sencanto* estilisticamente, por meio desse rebaixamento do tom. Já em Drummond, o tom permanece elevado em todos os versos, inclusive por adequação à imagem sublime do arco-íris.

Mas, para além dessas diferenças, ambos os poemas são organizados pelo esquema dialógico de pergunta e resposta, numa interlocução provável do eu consigo mesmo, mas desdobrado num outro, para dramatizar um conflito de posições. Ambos partilham o mesmo gênero poético (a *canção*) e um pessimismo acentuado, sem dúvida mais radical nos versos de Valéry, marcados por um misto de *puissance et dégoût* do eu *ennuient*, para quem os supostos atribuídos conferidos ao poeta ("saber, prever e poder") de nada servem. Já o eu drummondiano ao menos acalenta o anseio de a canção, reconciliadora como o arco-íris, ser um meio de salvação, ao invés do desejo do fim do eu lírico valeryano diante do impasse: "Que faire?" Vale lembrar que essa mesma indagação reaparecerá num dos mais instigantes poemas dos *Novos Poemas*: "Pequeno Mistério Policial ou a Morte pela Gramática".

Na prosa contemporânea de *Passeios na Ilha*, há várias menções a Valéry, a que Gledson se refere *en passant*. As concepções valeryanas são evocadas com insistência nos ensaios que Drummond dedicou à poesia de Joaquim Cardozo, à de Henriqueta Lisboa e, sobretudo, à do hoje esquecido Américo Facó, um dos principais interlocutores de Drummond durante a composição de *Claro Enigma*.

Ao lado de Valéry – e intimamente relacionado com ele – há aí referências também a Jean Hytier que foi o responsável pela edição estabelecida e anotada das *Œuvres I* (1957) e *II* (1960) do poeta francês pela Bibliothèque de la Pleiade. Já pelas datas, percebe-se que Drummond não podia se reportar aos comentários do organizador dessas obras, embora não chegue a especificar de onde eles procedem. Trata-se, na verdade, de

61. James R. Lawler, *The Poet as Analyst: Essays in Paul Valéry*, Berkeley/Los Angeles: University of California Press, 1974, pp. 214 e ss.

citação do livro teórico *Les Arts de Littérature*[62], no qual Hytier estabelece a distinção entre "pretexto" e "tema" em que se baseia Drummond na abordagem da poesia de Joaquim Cardozo.

Afora as alusões explícitas nesse livro, há muito de valeryano na concepção de conjunto da coletânea, apesar de o título e a introdução de os *Passeios na Ilha* evocarem de pronto Rousseau, não faltando mesmo a indefectível referência ao Robinson Crusoé, que povoa o universo drummondiano desde o idílio familiar de "Infância", sendo igualmente caro ao autor de *Emílio*, mas sem esquecer que o personagem de Defoe esteve na mira de Valéry... Como essa, há, certamente, muitas outras interlocuções significativas. No caso do autor de *Dialogue de l'Arbre*, a afinidade também se faz sentir no estilo aforístico de "Apontamentos Literários", por exemplo, sem desconsiderar certa afinidade temática com "A Árvore e o Homem", embora abordada de perspectivas bem diversas.

Quanto a *Claro Enigma*, onde o diálogo Drummond-Valéry alcança sua maior força, ele está presente não apenas na tão decantada epígrafe – *Les événements m'ennuient* –, mas se estende ainda à dedicatória a Facó e estabelece a ponte com o fecho do livro, com a reescrita de *Le Cimetière Marin* nos versos de "Relógio do Rosário"[63]. Esse reescrita à beira do túmulo dos antepassados na igreja-matriz da cidade natal de Drummond seria, aliás, a apropriação talvez mais elevada e densa do poema valeryano. A ela, vão se seguir outras reescritas, como a série de poemas breves sobre cemitérios em *Fazendeiro do Ar* (1954). Ao lado deles, pode-se evocar os cabralinos, de *Paisagens com Figuras* (ou quem sabe mesmo os de *Quaderna*), sobre os cemitérios pernambucanos, um dos quais chega mesmo a se referir expressamente a Valéry, ainda que para negá-lo: "É cemitério marinho / mas marinho de outro mar"[64]. Pode-se afirmar que todos esses poemas, drummondianos e cabralianos, sobre cemitérios são formas de rebater a voga valeryana algo tardia, como disse Sérgio Buarque, que tem um de seus marcos na citada tradução de Damasceno, ligado à Geração de 45.

Entre a reescrita drummondiana e a rejeição cabralina, talvez se pudesse instalar o *Cemitério de Pescadores* (1954), de Alphonsus de Guimaraens

62. Jean Hytier, *Les Arts de Littérature*, Paris, Charlot, 1945.
63. Ver, a respeito dessa reescrita, Vagner Camilo. *Drummond: Da Rosa do Povo à Rosa das Trevas*.
64. João Cabral de Melo Neto, *Obra Completa*, p. 157.

Filho, embora o veio social que desponta nesses versos e o estatuto humilde dos personagens, "rústicos pastores do mar" de Guarapari, evocados um a um, para narrar sua história e destino triste, pareçam pôr sob suspeita qualquer alusão ao grande poema valeryano. Ainda assim, há versos que sugerem ter buscado neste alguma inspiração, como na seguinte estrofe:

> [...] a vida
> ficou distante; agora é o mar, o mar, somente.
> Ah não mais sentir o frio da vida e nem ver agonizar todas as luzes...
> Não ouvir mais os grandes lamentos do grande lobo desesperado,
> nem acender inúteis lanternas para alumiar o dorso revolto
> do grande lobo desesperado...
> Dormi, que agora, e sempre, o mar baterá nos rochedos... O mar
> (agora, e sempre) baterá nos rochedos, e o seu lamento
> virá de longe, para esbater-se nos vossos ouvidos atordoados...
> Virá de longe tal como estranha, como indizível música ansiosa,
> como saudoso, distante grito, para quebrar-se na terra fria,
> para perder-se na terra fria
> onde esqueceis...[65]

É preciso ainda voltar à epígrafe de *Claro Enigma*. Ela sempre foi um dos argumentos para certas interpretações que viam na lírica drummondiana do período a posição regressiva de um poeta demissionário, alheio às lutas concretas. O problema maior dessas leituras sempre foi o de considerar que o tédio diante dos acontecimentos implicava, necessariamente, uma atitude evasiva, sem desconfiar do potencial oposicional do *ennui*, na esteira do que demonstram críticos de filiações diversas como Ross Chambers, Dolf Oehler e Jean Starobinski sobre as figuras emblemáticas da modernidade na França, em particular, Baudelaire e Flaubert.

É sintomático, aliás, que Drummond tenha se limitado à meia-citação, resgatando, provocadoramente, apenas a atitude de Valéry diante dos *événements*. Até onde se sabe a frase fora extraída de um livro valeryano de 1931, *Regards sur le Monde Actuel*, bem conhecido entre os intelectuais franceses da época. Mais recentemente, Eduardo Francisco Junior veio informar que o texto onde a frase utilizada como epígrafe aparece serviu

65. Alphonsus de Guimaraens Filho, *Poemas Reunidos (1935-1960)*, Rio de Janeiro, Livraria José Olympio Ed., 1960, pp. 298-299.

de prefácio do próprio Paul Valéry a um livro sobre sua obra, de autoria de Berne-Joffroy, constando, depois, das notas às *Œuvres* do poeta francês, editadas pela Gallimard. Seja como for, Valéry diz aí, em suma, que os acontecimentos o entendiam por serem a "espuma das coisas" e o que lhe interessa é a profundidade do mar. Diz ainda que a história só pode registrar os "acontecimentos". Mas limitar o homem "aos fatos os mais notáveis e os mais fáceis de perceber e definir – seu nascimento, suas poucas aventuras, sua morte" – é perder de vista a "textura de sua vida", reduzindo-a exatamente ao oposto do que poderia valer alguma coisa"[66].

Como observa Francisco Junior, o tédio de Valéry diante dos "acontecimentos" (termo recorrente em Drummond, conforme já o demonstrara Eduardo Sterzi) não implica, segundo o excerto, uma rejeição do mundo, mas a busca de uma relação mais aprofundada, não restrita aos aspectos superficiais ou circunstanciais, estabelecendo uma conexão dessas ideias com a história, a vida de uma pessoa e a poesia[67]. Pode-se acrescentar também estar em jogo aí, a delimitação dos campos da criação e do conhecimento por meio da oposição, que vem de longa data, entre o que de específico compete à poesia e à história... Isso é sintomático em um contexto de especialização do trabalho intelectual.

Supondo que a epígrafe extraída por Drummond do trecho em questão traz essa ordem de discussão para o livro, Francisco Junior liga ainda esse abandono do circunstancial a poemas de *Claro Enigma* que tratam de matéria histórica, como "Museu da Inconfidência" e "Os Bens e o Sangue", nos quais haveria, assim, ecos valeryanos[68].

No caso da dedicatória do livro a Américo Facó, vale lembrar alguns aspectos da trajetória poética desse valeryano confesso, que acompanhou de perto as várias fases e tendências do Modernismo entre nós, embora sem se filiar a nenhuma delas. Sua *Poesia Perdida*, hoje esquecida, mas publicada pela mesma época do livro de Drummond, recebeu então apreciações muito positivas de críticos de filiações diversas, como o pró-

66. Paul Valéry, *Oeuvres*, Paris, Gallimard, 1957, vol. II, pp. 1109-1110. (Bibliothèque de la Pleiade nº 148),

67. Eduardo Francisco Junior, *O Livro Invertebrado: A Articulação de Poemas em* Claro Enigma, *de Carlos Drummond de Andrade*, São Paulo, Universidade de São Paulo, 2014, p. 36. Dissertação de Mestrado.

68. *Idem*, pp. 35 e ss.

prio Sérgio Buarque e Mário Faustino. Este último fala de Facó como um "importante poeta menor", cujo "importante livro pequeno" traz, como contribuição relevante, integralmente, apenas a "Sextina de Véspera", que considera uma das melhores da língua, só equiparadas às de Jorge de Lima na *Invenção* e às de Camões (fiéis ao modelo original, sem rima e com terceto no fim), ao que se somam ainda alguns momentos felizes de poemas como "Noturno", "Aparência", "O Outro" e "Narciso", que já conhecia publicado no *Roteiro Literário do Brasil e de Portugal*, de Álvaro Lins e Aurélio Buarque de Hollanda. Faustino nega, todavia, o epíteto de clássico, então corrente, às qualidades poéticas de Facó e diz que "sua viagem de morto deu lugar a um dos melhores sonetos de Drummond"[69].

Apesar de Facó não pertencer ao quadro de poetas da Geração de 45, o formalismo dominante em *Poesia Perdida* permite certas aproximações com o convencionalismo reinante na época de sua publicação, mas contrastando com o modernismo classicizado de poetas como Drummond. Esses contrastes permitem considerar, devidamente, os diferentes modos como as lições valeryanas foram absorvidas num mesmo período – em particular, o modo como o poeta francês privilegia sempre a matriz formal sobre a inspiração e o sentido. Tais modos compreendem não só os diálogos intertextuais e a recepção das ideias críticas de Valéry, mas ainda a forma como ele foi traduzido aqui por poetas da Geração de 45, em particular Damasceno.

Em *Poesia Perdida*, o possível diálogo com Valéry se faz sentir tanto no plano temático, quanto formal, considerando, neste último caso, as ousadias de seus esquemas métricos, estróficos e rímicos, identificadas sobretudo na já citada "Sextina de Véspera", ao retomar com certa liberdade a difícil forma poética medieval criada ou aprimorada por Arnaut Daniel, que comportava originalmente um sentido esotérico, numerológico, conforme demonstrou Jorge de Sena, a propósito de uma composição no gênero, de autoria de Bernardim Ribeiro. Para Sena, a sextina era quase um talismã de poesia, com a oferta de uma proteção contra o desespero.

A Sextina [escreve ele] com a sua travação tão rígida de uma análise combinatória que a si mesma se reflete, [...] visa a simbolizar o eterno retorno de todas as coisas,

69. Mario Faustino, *De Anchieta aos Concretos* (org. Maria Eugênia Boaventura), São Paulo, Companhia das Letras, 2003, pp. 299-304.

relacionando-o com a humanidade e o seu destino: o eterno retorno ante o qual a vida do poeta é o que se escoa e se esvai, sendo ao mesmo tempo aquilo que, em verso, fica[70].

Sobre essa "pequena joia" formalmente "redundante e claustrofóbica", mas na qual predominam "imagens de abertura e de desabrochamento", diz Gilberto Araújo que, além do conflito desdobrado por Facó em pares opositivos ("sono" e "sonho", "tempo" e "destino", "noite" e "manhã"...), o "jogo de inércia e movimento atualiza o dilema primordial entre resposta e promessa e culmina na imagem da véspera, que, querendo o amanhã, sofre a angústia do hoje"[71]. Ainda que o autor de *Charmes* não tenha se aventurado pelo desafio específico representado pelo complexo jogo imposto especificamente pela sextina, que é o exemplo extremo da exploração formal de modalidades tradicionais a que chega o autor de *Poesia Perdida,* a afinidade de Facó com as lições valeryanas se deve ao fato de o poeta francês retraçar em sua obra lírica aquele itinerário através da herança tradicional e clássica de todas as formas métricas francesas, referido por Briolet, a fim de desenvolver ao máximo e extrair efeitos novos das virtualidades herdadas do passado.

No plano dos temas, as ressonâncias valeryanas são perceptíveis na evocação de mitos gregos como Orfeu e Narciso, e em certa representação feminina lendária, que permite aproximar sua "Bela Adormecida" de "La Dormeuse" de *Charmes* (sem esquecer que Rilke, outra das referências da época e tradutor bastante afinado com certos aspectos da poesia de Valéry, também compôs sua versão de "A Adormecida"). Em "La Dormeuse", há oposição entre a inconsciência da amada mergulhada no sono profundo e a lucidez do estado de vigília do eu poético, que contempla a adormecida e cuja ênfase recai, no derradeiro verso, sobre os olhos abertos, índice do registro objetivo e da vigilância persistente[72].

Trata-se de tema recorrente na lírica romântica, como momento ideal de contemplação do objeto amoroso, a partir da qual o eu lírico se entrega

70. Jorge de Sena, *Dialécticas Aplicadas da Literatura*, Lisboa, Edições 70, 1978.

71. Gilberto Araújo, "O Negro e a Véspera", *Rascunho,* fev. 2012. http://rascunho.gazetadopovo.com.br/o-negro-e-a-vespera/ consultado em 25.11.2013.

72. Para uma análise comparativa entre "La Dormeuse" e o poema de Facó, ver Luciano Rosa da Cruz Santos, a que se teve acesso depois da redação deste capítulo: *Onde a Aurora É Crepúsculo: Modernidade com Tradição na Poesia dos Anos 1940-50,* Rio de Janeiro, UFRJ, 2013, pp. 147 e ss. (Tese de Doutoramento).

ao devaneio. Essa atitude poética é conhecida de longa data, entrando para a tradição poética brasileira desde a recorrência dessa imagem na lírica de Álvares de Azevedo, sobre a qual Mário de Andrade formulou as hipóteses controversas de "Amor e Medo". O fato é que essa contemplação meditativa da "bela adormecida" é uma representação idealizada do romantismo em geral, presente, por exemplo, em Musset, com quem Álvares de Azevedo dialogava de perto. Sem dúvida, o sono da amada é tematizado pelo autor de *Charmes* em perspectiva bem diversa, já pela referida lucidez do eu poético e pelo fato de a mulher ser vista como "um estranho animal pacífico, capaz de um sono de uma profundidade admirável, capaz de uma ausência perfeita que faz dela uma coisa entre coisas"[73]. Mas não deixa de ser uma reatualização de tema tradicional. E como reatualização, ela reaparece também nos modernistas classicizados e em poetas da Geração de 45, sem que se possa sustentar, sempre, uma alusão a Valéry... Basta citar, como exemplo, no primeiro caso, "Mulher Dormindo" (*Sonetos Brancos*), em que, juntamente com a forma clássica, Murilo Mendes lança mão de certo recurso vanguardista, como a fusão do humano e do mecânico. Contraste-se, por exemplo, a um segundo exemplo: o convencionalismo do mesmo tema em "Soneto à Adormecida" (*A Cidade do Sul*), de Alphonsus de Guimaraens Filho[74].

Ainda no caso do diálogo de Facó com Valéry, ressalte-se que um dos poemas de *Poesia Perdida* é dedicado a Drummond e tem por tema um dos mitos gregos mais celebrados pelo poeta francês – embora jamais pelo itabirano. Trata-se de Narciso, que percorre a integralidade da sua obra e foi examinado por Galli em função da poética valeryana, que prima pelo renascer perpétuo, já pelas próprias versões sucessivas do mito na trajetória da obra do poeta francês[75]. Thibaudet, aliás, já tinha atentado para a centralidade desse "velho tema simbolista" não só pela recorrência, mas pela conexão que o "Fragmento de Narciso" estabelece com *Album de Vers Anciens* e *Charmes*, e, em particular, o *pendant* que faz e faria mais ainda

73. Paul Valéry, *Poésies*, p. 104.
74. Alphonsus de Guimaraens Filho, *Poemas Reunidos (1935-1960)*, p. 109.
75. Pauline Galli, "Paul Valéry: Autour de la Figure de Narcisse", *Arts Poétiques et Arts d'Aimer*, URL: http://www.fabula.org/colloques/document1073.php

com "La Jeune Parque", se o fragmento tivesse se realizado à maneira de um longo monólogo metafísico, conforme sonhava o poeta[76].

Quanto ao "Narciso" de Facó, diz mais duramente Mário Faustino que o poeta cearense "se deixou levar na onda de modismos mallarmaicos e valerystas, perdendo-se em pretensões órficas e em ontologias, gnosiologias e epistemologias ainda menos convincentes que as do autor dos 'Fragments du Narcisse' "[77]. E ainda: "O 'Narciso' [...] está longe de possuir os encantos, as magias, os truques das duas ou três valeryanas [...], mas vence-as, às vezes, pela simplicidade maior do todo e pela beleza de certos achados [...]". E chega a falar em *touchstones* para achados como "Secai, fontes monteses, / Espelho de onda mansa!"[78]

Talvez mais do que as pedras de toque, valesse observar que o "Narciso" de Facó encerra também, em meio às pretensões órficas e epistemologias, uma reflexão sobre o alcance da linguagem e da palavra poética que mereceria, certamente, mais do que a atitude de desprezo revelada pelo crítico.

A presença valeryana no período se faz sentir também em outro modernista classicizado, inclusive passando pela retomada do mito de Narciso: Augusto Meyer, autor dos belíssimos *Últimos Poemas* (1955), de que volta a tratar o capítulo IX. Por ora, note-se que, assim como Valéry reatualizou o gênero da poesia meditativa à beira do cemitério campestre, ao reinscrevê-lo no cenário marítimo, mediterrâneo de Sète, sua cidade natal; assim como Drummond encontrou uma equivalência na Igreja Matriz do Rosário de Itabira, em cujo púlpito repousam seus antepassados; também Meyer buscou reavivar a matriz campestre do gênero[79] no "cemitério de campanha", impregnando os versos de referências ao pago natal, mas sem incorrer num regionalismo estreito e empobrecedor. Trata-se antes de conferir lastro histórico-cultural à experiência mais universalizante: a "formação de uma consciência para a morte, cujas características fundamentais são a reflexão sobre

76. Cf. Albert Thibaudet, "La Poésie de Paul Valéry". http://agora.qc.ca/Documents/Paul_Valery--La_poesie_de_Paul_Valery_-_II_par_Albert_Thibaudet
77. Mario Faustino, *De Anchieta aos Concretos*, p. 300.
78. *Idem*, p. 303.
79. Para um breve histórico da poesia meditativa produzida a partir de um ponto fixo e em deslocamento espacial, ver o belo ensaio de Antonio Candido sobre "Louvação da Tarde", de Mário de Andrade, "O Poeta Itinerante", *O Discurso e a Cidade*, São Paulo, Companhia das Letras, 1993, pp. 257-278.

a temporalidade e a tentativa de superação da finitude humana"[80], como diz Richter, ao tratar do "localismo cosmopolita" do poeta gaúcho, na esteira das formulações teóricas de Alfonso Berardinelli. Nesse sentido, o cenário que abriga o cemitério campestre é referido nos versos como "pampa deitado em si mesmo" e, ao mesmo tempo, "paisagem abstrata".

No mais, Tania Carvalhal já havia abordado os aspectos evidentes do do diálogo intertextual com Valéry presente no poema, valendo reproduzir não tanto as afinidades, mas diferenças mais substanciais:

> [...] enquanto Valéry resiste à sedução da morte, respondendo ao apelo do mar muito próximo, [...] Meyer se entrega docilmente à atração do último sono. [...] Se no poema de Valéry, o eu lírico libera-se da morte pelos elementos da natureza que o ajudam a reconquistar o gosto da vida, no texto meyeriano a paisagem se harmoniza com o sentimento da poesia e, pela serenidade de que se impregna, estimula o desejo de paz. Neste, associam-se as noções de morte e sono, recuperando a oposição entre sono e vigília. Entre os dois estados está o do sonho que aqui passa a ser sinônimo de poesia, finalmente reencontrada por força das lembranças, leitura da obra anterior [...], e só será abandonada pelo esquecimento. [...] O que ressalta no confronto é a diferente dicção dos dois textos, expressa sobretudo pela distinta seleção vocabular e pela entonação[81].

De fato, à diferença de tom, que afasta Meyer da dicção elevada, erudita, intensificada "pela natureza exclamativa dos versos" do poeta francês (sem que o registro singelo de "Cemitério Campeiro" aproxime-se da dicção mais prosaica e marcada de oralidade do Modernismo praticado nas décadas anteriores), Carvalhal evidencia também esse contraste nas escolhas métricas: Meyer emprega a popular redondilha maior nas catorze sextilhas do poema por oposição ao nobre decassílabo empregado por Valéry em seus sextetos. Nisso Drummond se instalou mais próximo do poeta francês ao eleger a forma elevada do dístico decassilábico rimado. Porém, Meyer se aproxima ainda mais de Drummond e se afastam, ambos, de Valéry, na concepção da dor como fundamento da existência. "Das dores renasce a dor / nova, ao sol de outras auroras", dizem as "pala-

80. Marcela Wanglon Richter, *A Sedução do Sonhar: Os Caminhos do Devaneio Poético em Dois Poetas Sul-rio-grandenses*, Porto Alegre, PUCRS, 2013, p. 119. Tese de Doutorado.
81. Tania Franco Carvalhal, A *Evidência Mascarada. Uma Leitura da Poesia de Augusto Meyer*, Porto Alegre, L&M/Pró-Memória/INL, 1984, pp. 211-212.

vras desenganadas" do eu lírico meyeriano, que imperativamente afirma a si mesmo: "Aceita o lúcido instante!"[82] Com essa voz, soam em uníssono praticamente todos os versos do poema drummondiano, de clara inspiração schopenhaueriana e nietzschiana, "a provar a nós mesmos que, vivendo, / estamos para doer, estamos doendo"...

Destaque-se, por último, a retomada por Meyer do mito de Narciso tão caro a Valéry, tal como se viu no poema que Facó dedica a Drummond. Carvalhal chamou a atenção para o sentido dessa retomada, de modo a representar

> A insistente busca de autoconhecimento, ocasionando [...] o desdobramento do texto sobre si mesmo. No procedimento de leitura, o retorno à própria obra, o eu lírico resgata os motivos que nela são nucleares: os espelhos, em todas as suas modulações anteriores acrescidas agora da reprodução da linguagem, o passar do tempo como consciência aguda da transitoriedade, a atração pelo desconhecido que se expande em indagação metafísica.

Diante da consciência da transitoriedade, o Narciso meyeriano revela o "anseio de parar no tempo à sombra de si mesmo". Carvalhal não chega a supor esse outro diálogo valeryano de Meyer, mas ele mereceria ser investigado, já pela recorrência do mito ao longo de ambas as obras e levando-se em consideração esse sentido final que ele adquire no poeta gaúcho, ao indicar o desdobramento do texto sobre si mesmo, o retorno à própria obra e a reprodução da linguagem referidos acima.

Considere-se, por fim, o poeta-tradutor de Valéry para o alemão e sua recepção no Brasil.

ADENDO À RECEPÇÃO POÉTICA DE RILKE

Um primeiro rastreamento da recepção poética de Rilke no Brasil e em Portugal foi realizado por Arnaldo Saraiva, mas sem chegar a promover o confronto de tais apropriações em vernáculo com os originais[83]. O estudo dessa recepção no Brasil está ainda à espera

82. Augusto Meyer, *Poesias (1922-1955)*, Rio de Janeiro, Livraria São José, 1955, pp. 249-252.
83. Arnaldo Saraiva, *Para a História da Leitura de Rilke em Portugal e no Brasil*, Porto, Edições Árvore, 1984.

de um trabalho de fôlego equiparável ao que, posteriormente, legou Maria António Hörster no espantoso inventário e na análise detida do rilkianismo em Portugal. Trabalho esse, aliás, altamente relevante para o caso brasileiro, quando se considera que muitas das traduções e apropriações lusitanas talvez tenham servido de referência aos poetas daqui, nas décadas de 1940 e 1950[84]. Isso sem esquecer que um dos primeiros comentaristas de Rilke em Portugal, João Gaspar Simões, era muito próximo dos poetas brasileiros de então, tendo escrito artigos importantes sobre grandes nomes como Drummond e Jorge de Lima, além de colaborar para os principais veículos de divulgação da Geração de 45[85]. Obviamente, Hörster não está interessada na atuação de Gaspar Simões junto aos brasileiros, mas examina e reproduz em anexo as contribuições do crítico português para a divulgação do rilkianismo em Portugal, conforme se vê no capítulo dedicado às "Primeiras Referências a *Cartas a um Jovem Poeta*"[86]. No Brasil, Gaspar Simões é, ainda, um guia importante para o mapeamento das discussões do período, já que ele, em mais de um momento, adverte para os riscos da leitura tendenciosa que se fazia à época – e não só de Rilke, como também do próprio Eliot.

Muitas das apropriações rilkianas promovidas pelos poetas brasileiros não se beneficiaram do acesso direto ao alemão, valendo-se, com frequência, de traduções francesas e em vernáculo (no caso, as referidas traduções de Portugal). Hörster também trata de arrolar, em apêndice, as traduções francesas, além, é claro, do exame detido das versões portuguesas que se iniciaram em fins dos anos 1930, pelas mãos competentíssimas de Paulo Quintela[87].

Por ora, do que é possível entrever da voga desse rilkianismo no pós-guerra, pode-se afirmar que o diálogo deu-se, no Brasil, em torno do *orfismo* e da retomada de formas clássicas como a elegia e o soneto, privilegiando, para tanto, apenas uma dada parcela da obra rilkiana, a de infle-

84. Maria António Henriques Jorge Ferreira Hörster, *Para uma História da Recepção de Rainer Maria Rilke (1920 – 1960)*, Coimbra, Fundação Calouste Gulbenkian/Fundação para a Ciência e a Tecnologia, 2001.

85. *Idem*, pp. 789 e ss.

86. Hörster, *op. cit.*

87. *Idem*, pp. 127 e ss. e, para as traduções francesas, pp. 719 e ss.

xão metafísica, representada pelos *Sonetos a Orfeu* e *As Elegias de Duíno*, em detrimento de outra, a de experimentação mais radical dos *poemas-coisa* (*Dinggedichte*) recolhidos em *Novos Poemas*[88]. Assim, como notou Augusto de Campos, promovia-se, aqui também, o que Paul de Man denominou, em outro contexto, de "interpretação messiânica" da lírica rilkiana[89].

Como bem explica o autor de *Alegorias da Leitura*, essa dimensão messiânica da obra do poeta e o "poder curativo" a ela atribuído são os responsáveis pela recepção fervorosa e pelo grande sucesso alcançados por Rilke além das fronteiras do mundo de língua alemã, a despeito das dificuldades impostas pelo hermetismo característico de sua poesia, que resiste à tradução, pelos temas intimíssimos e pelo discurso, não raro, oblíquo:

> Muitos o leram como se ele se dirigisse às partes mais secretas de seus íntimos, revelando profundezas de que eles mal suspeitavam ou permitindo-lhes compartilhar provações que o poeta ajudou a compreender e superar. [...] Rilke parece ser dotado do poder curativo daqueles que abrem acesso às camadas ocultas de nossa consciência, ou a uma delicadeza de emoção que reflete, para aqueles capazes de perceber suas nuances, a imagem confortadora de sua própria solicitude. O próprio Rilke muitas vezes jogou com a ambiguidade de uma relação de dupla face que mantinha com os outros, deixando em suspenso a definição de qual dos dois, o poeta ou seu leitor, dependia do outro para nutrir sua própria força. [...] Uma forma de decoro poético, em si uma mistura de cuidado e reserva genuína, mantém as imagens violentas à distância, e impede que adquiram uma presença forte o bastante para desfazer a ficção ou deslocar a linguagem. [...] Além do brilho das cenas, a obra de Rilke ousa afirmar e prometer, como poucas, uma forma de salvação existencial que ocorreria na poesia e por meio dela. Raros poetas e pensadores de nosso século ousaram ir tão longe em suas afirmações, especialmente naquelas que se recusam a ancorar-se em certezas filosóficas e teológicas estabelecidas, ou a recorrer aos imperativos éticos que poderiam conduzir diretamente a modos de ação. [...] Pode-se entender portanto que Rilke não só reivindica o direito de afirmar sua própria salvação, mas também o de impô-la, por assim dizer, aos outros. O modo imperativo que frequentemente aparece em sua poesia [...] não é dirigido

88. Augusto de Campos, *Coisas e Anjos de Rilke*, São Paulo, Perspectiva, 2001, pp. 17-20.
89. Cf. introdução de Augusto de Campos, *Coisas e Anjos de Rilke*, São Paulo, Perspectiva, 2001, pp. 26-27.

apenas a si mesmo, mas pede a aquiescência de seu leitor. A exortação se enraíza numa autoridade confirmada pela possibilidade de sua existência poética. Longe de colocar essa certeza em risco, a insistência nos temas negativos assegura a sua veracidade. Uma promessa garantida com demasiada facilidade seria suspeita e não convincente, mas uma promessa de salvação que só poderia ser merecida através de trabalho e sacrifício infinitos, no sofrimento, na renúncia e na morte, é outra coisa. Só podemos começar a entender a poesia de Rilke se estivermos dispostos a assumir essa convicção[90].

É essa forma de salvação na e pela poesia, a autoridade confirmada pela possibilidade da existência poética de Rilke e seu "decoro poético", enfim, que a Geração de 45 acalentou como ideal, justamente num momento de acentuada crise relativa à destinação e alcance da poesia. Tais atributos que o poeta alemão parece encarnar são, em suma, os do mito órfico. No capítulo VIII, examina-se como, inspirados pelo exemplo do autor de *Sonetos a Orfeu*, os poetas de 45 cantaram o poder restaurador e civilizador do mito em contraste com os modernistas classicizados, que em geral optaram pelo fim trágico do herói trácio dilacerado pelas mênades.

Ainda sobre a eleição da parcela da obra de Rilke representada pelos *Sonetos a Orfeu* e *Elegias de Duíno*, que predominou aqui, vale citar as observações de Saraiva ao estabelecer o confronto com a preferência dos portugueses pela mesma época:

[...] o grupo da "Geração de 45", que edita a revista sintomaticamente denominada *Orfeu* (sintomaticamente: pela conotação com o personagem mítico, sim, mas também com a revista do modernismo português e com o título de um livro de Rilke), faz publicar nesta [...] a tradução, não assinada, de uma "carta a um jovem poeta"; sob o pseudônimo Marcelo Sena, Cristiano Martins atreve-se a publicar um livro sobre *Rilke*, o *Poeta* e a *Poesia* (1949); e Vinicius de Moraes, que traduziu uma das elegias de Duíno, compôs a sua "Imitação de Rilke" e escreveu o "Soneto do Só ou Parábola de Malte Laurids Brigge", como mais tarde viria a escrever a crônica "Relendo Rilke", que incluiu no livro de 1962 *Para Viver* um *Grande Amor*. [...] A publicação de tantos textos de Rilke e sobre Rilke acompanha naturalmente a influência da sua obra na de portugueses e brasileiros. Essa influência tem sido unanimemente apontada de um lado e outro do Atlântico – e vai de temas ou motivos,

90. Paul de Man, "Tropos (Rilke)", *Alegorias da Leitura: Linguagem Figurativa em Rousseau, Nietzsche, Rilke e Proust*, Rio de Janeiro, Imago, 1996, pp. 38-41.

como o angelismo e as rosas, a formas e a modalidades enunciativas, como as típicas do soneto e da elegia. [...] [N]o Brasil, onde essa influência é apontada por vários críticos e historiadores da literatura [...], Milton de Godoy Campos, que organizou uma *Antologia Poética da Geração de 45* [...], pode afirmar: "Por influência de Rilke e de Fernando Pessoa o hermetismo se faz presente em bom número de poetas, ou aparece esporadicamente em outros". [...] Todavia, a acreditarmos em Haroldo de Campos, os poetas brasileiros dos anos 1940 terão preferido o Rilke das *Elegias* e dos *Sonetos* a *Orfeu* [...], coisa que decerto não aconteceu com os portugueses, mais sensíveis, parece, aos acentos dos *Novos Poemas* ou até do *Livro das Imagens* e do *Livro de Horas*. [...] De resto, os portugueses da década de 1940 também não farão as concessões que os brasileiros fazem às rimas ou às sonoridades claras e densas e à metrificação rigorosa. Muito voltados para a secular lírica portuguesa, os poetas brasileiros insistem nos temas e motivos tradicionais, que são também rilkianos, do amor, da solidão, da morte, da infância, das estações, dos frutos, mas sem os revalorizarem mais do que no apuro métrico e rítmico e no brilhantismo imagístico. Convirá não esquecer [...] a exceção notável de João Cabral de Melo Neto que à primeira vista parece pouco sensível a Rilke mas que acusa a sua leitura em poemas como "Estudos para uma Bailadora Andaluza", o qual não pode deixar de evocar a "Bailarina Espanhola". Acontece apenas que, ao contrário dos seus companheiros [...], João Cabral foi mais seduzido exatamente pelos *Novos Poemas*, a que pertence a "Bailarina". É, aliás, isto mesmo que ele diz no livro *Museu de Tudo* [...] e no poema exatamente intitulado "Rilke nos *Novos Poemas*"[91].

Apesar de muito longa, a citação do trecho em questão é necessária pelo que sintetiza da recepção rilkiana no período de que se ocupa este capítulo. Pode-se acrescer, ao rápido inventário promovido por Saraiva, a repercussão de Rilke em outros números da revista *Orfeu*, pensando em artigos e polêmicas sobre o *poético* em que seu nome e suas concepções estéticas vêm à baila. Assim ocorre com o artigo de Lins do Rego, "Ainda os Novos", em que ressalta o caráter renovador da revista dos poetas de 45, buscando "desinsular" e agregar os bons escritores brasileiros, além de reivindicar uma arte e uma crítica conscientes, citando trechos das cartas de Rilke para defender uma poesia calcada na vida e na experiência do poeta[92]. Outro número traz artigo polêmico de Paulo Mendes Campos, em que condena certa vertente da crítica que tende a se ater apenas ao

91. Arnaldo Saraiva, *Para a História da Leitura de Rilke em Portugal e no Brasil*, pp. 17-20.
92. *Orfeu*, n. 3, outono de 1948, p. 84

"pensamento" dos poetas (notadamente os herméticos como Rilke) em detrimento da "expressão poética"[93].

Se o inventário for estendido a outros periódicos da época, pode-se bem dimensionar a repercussão do rilkianismo. É o caso da revista *Joaquim*, que publicou dois trechos de cartas de Rilke no n. 15 (novembro 1947) e "Fragmentos das Elegias de Duíno" no n. 7 (dezembro 1946); é, também, o do Suplemento *Pensamento e Arte*, do jornal *Correio Paulistano*, à frente do qual atuaram, editorialmente, membros da Geração de 45 e no qual se publicou, no número de 25.8.1951, as "Odes de Edgar Braga", com apresentação de Domingos Carvalho da Silva atestando a influência, entre outros, de Rilke.

Em meio ao orfismo dominante de que fala Saraiva, levando vários dos poetas de 45, bem como os modernistas neoclássicos, à reescrita do mito, valeria destacar dois momentos em que o diálogo com o Rilke de *Sonetos a Orfeu* é flagrante.

O primeiro deles vem representado pelo "3º Soneto a Orfeu", incluído nas *Elegias* de Mauro Mota, livro editado pelo *Jornal de Letras*, em 1952, com capa de Santa Rosa e ilustrações de Farnese, além do prefácio de Álvaro Lins:

3º SONETO A ORFEU

Boca de fonte, ó boca generosa,
parece que interrompes o teu canto
quando o cântaro se interpõe.
RAINER MARIA RILKE

Ó fonte, fonte solitária, cantas.
Ouço o teu canto de alegria nesta
tarde de abril igual às outras tantas
tardes que se passaram na floresta.

Aos sátiros e ninfas ouvir resta
a canção misteriosa das gargantas
de pedra. A natureza faz a sesta,
adormecem os pássaros e as plantas[94].

93. *Orfeu*, nº.1, primavera de 1947, p. 9
94. Mauro Mota, *Elegias*, Rio de Janeiro, Edições Jornal de Letras, 1952, p. 49.

Como se vê, o próprio Mota trata de explicitar, na epígrafe, a *fonte* rilkiana em que foi beber diretamente: trata-se do famoso soneto sobre a "doadora boca-chafariz", na tradução de Augusto de Campos, que diz ser este um dos mais sucintos e substantivos dos *Sonetos a Orfeu*, infundindo "*corpus* às perquirições metafísicas"[95]. Por essa dimensão mais substantiva, dada pela materialidade da fonte de que parte a reflexão filosófica típica do livro, o poema em questão tenderia a se aproximar da objetualidade característica dos *Dinggedichte*. Não por acaso, esse soneto dialoga de perto com "A Fonte Romana", que, ainda de acordo com Campos, é "um dos sonetos objetuais mais característicos dos *Novos Poemas*"[96]. Nesse sentido, embora continue fiel à tendência de sua geração, afeita ao Rilke mais filosofante dos *Sonetos a Orfeu*, Mota parece flertar com a outra vertente rilkiana, então menos celebrada entre os brasileiros, ao eleger o soneto mais próximo dos *poemas-coisa* dos *Novos Poemas*. A questão é saber de qual dessas duas vertentes se aproxima o "3º Soneto a Orfeu", cujo título instiga, porque parece sugerir a existência de dois outros que, entretanto, não constam das *Elegias*, de Mota.

Glosando o mote dado pelo terceto final do soneto rilkiano, Mota propõe outro desfecho: a persistência do canto da água da fonte lá onde ele é interrompido pela interposição do cântaro.

> O teu canto de amor não parto ao meio
> se ao cântaro te junto, fonte, e quando
> o retiro, da voz líquida cheio.
>
> Pouco importa que esta água seja pouca,
> porque se ela jorrou da tua boca,
> no cântaro que levo vai cantando.

Explorando a associação homofônica entre canto, cantar e cântaro, o poema de Mota pode ser lido metalinguisticamente: sua poesia é o modesto cântaro que mantém o fluxo contínuo da água imemorial, vinda de longe, do fundo dos tempos, por entre tumbas descendo do Apenino e, ininterruptamente, jorrando da fonte rilkiana. Fala-se em modesto porque, embora "cheio de voz líquida", o soneto de Mota afirma, paradoxal-

95. Augusto de Campos, *Coisas e Anjos de Rilke*, p. 32.
96. *Idem*, p. 32.

mente, que a água retida no cântaro que eu lírico leva é "pouca", de todo modo suficiente para seguir "cantando".

O emprego abundante dos *enjambements* (exceto no último terceto, que trata do líquido "retido" no cântaro), ao fazer transbordar os sintagmas de um verso a outro, talvez esteja em associação mimética com esse fluxo contínuo. Isso porque, como se sabe, o *enjambement*, ao invés da habitual pausa descendente final, impõe uma entonação ascendente, sem pausa, para indicar a continuidade da frase – o que vale dizer, a persistência da fluidez do canto.

O segundo poema de inspiração claramente rilkiana é "Esboço para Orfeu", publicado no fecho da *Elegia Diurna*, de José Paulo Moreira da Fonseca. Ele é abordado mais detidamente no capítulo VIII, dedicado às reescritas órficas do período. Da análise, antecipa-se apenas que, na aproximação entre o canto e a construção ou o erguer de um templo, o autor de *Elegia Diurna* deve ter-se inspirado não só em Rilke, mas também em Valéry. Já se examinou detidamente a estreita similaridade entre o primeiro dos *Sonetos a Orfeu* de Rilke (cujos versos iniciais dizem: "Um deus pode. Mas como erguer do solo, / na estreita lira, o canto de uma vida?"[97]) e o soneto "Orfeu" de Valéry, em especial a imagem afim de um templo erigido por força do canto órfico. Judith Ryan estende, ainda, essa similaridade ao texto valeryano "O Paradoxo Sobre o Arquiteto", que contém a primeira versão do soneto e no qual a civilização será "salva da decadência por um músico-arquiteto que restaurará a arte a seu lugar de direito". O soneto rilkiano celebra uma similar revalorização da arte. Essa mesma dimensão celebratória do modelo rilkiano, a respeito dos poderes do poeta encarnadas por Orfeu, tão presente nos poetas de 45, comparece também no "Orfeu" do Augusto Meyer dos *Últimos Poemas* que se alinha a outros modernistas classicizados do período[98]. O mesmo Meyer que, em estudo posterior reunido em *A Forma Secreta*, viria a falar do "mito Rilke".

Voltando ainda ao longo excerto do crítico português, é interessante a divergência sinalizada por Saraiva a respeito de João Cabral em relação a sua geração ao se apropriar da dimensão mais experimental e concreta do

97. Augusto de Campos, *op. cit.*, p. 151.
98. Augusto Meyer, *Poesias 1922-1955*, p. 255.

legado rilkiano, representada pela "poesia-coisa" de *Novos Poemas*, num processo, como diz Campos, de "desegotização da lírica", muito afinada com a antilira do poeta-engenheiro. Assim, ao invés do angelismo dominante, a opção pela materialidade da pantera; ao invés do lirismo e do teor confessional, a precisão e a "inconfissão", alcançando, apesar disso, a possibilidade do gozo ("incapaz de não gozar"), "mas sem onanismo", conforme dizem os versos cabralinos[99]. O poeta pernambucano seria logo seguido, nessa divergência, pelos concretistas, já nos livros iniciais, concebidos ainda dentro do contexto poético dominado pelos poetas de 45, a considerar o que alega Augusto de Campos[100]. Se em seu livro de estreia, *Auto do Possesso* (1950), Haroldo de Campos recorria a uma epígrafe extraída de um poema esparso ("Dize-me, Poeta, que fazes? – Eu celebro") não tão destoante do que a Geração de 45 preferia eleger na obra de Rilke, Décio Pignatari viria zombar violentamente dessa eleição num poema de 1952, "Bufoneria Brasiliensis 1 – O Poeta Virgem", cujos versos irreverentes dizem:

> Nessa efeméride, entreabrindo a burra
> Onde se enlura, o poeta estoura:
> "Mulheres, Rilke, esses bijus de um níquel!"
> – e se emascula[101].

Cabe apresentar aqui duas ressalvas em relação ao inventário promovido pelo crítico português. A primeira diz respeito à atribuição generalizada e indiscriminada do soneto e da elegia praticados pelos poetas brasileiros dos anos 1940 e 1950 a essa influência rilkiana, segundo supõe Saraiva. Não parece que se possa tomar tal filiação sem mais no caso de alguns nomes do período. Por exemplo, é difícil sustentar a inspiração rilkiana no sopro de renovação de formas, linguagem, temas e motivos trazido pelas *Cinco Elegias* de Vinícius de Moraes, marco na trajetória do poeta carioca em busca de uma sintaxe própria, que levou o Drummond de *A Rosa do Povo* a saudá-lo como "poeta-irmão", justamente pela sua mais "límpida elegia" – referência segura a última delas, com toda a sua

99. João Cabral de Melo Neto, *Obra Completa*, p. 396.
100. Augusto de Campos, *Coisas e Anjos de Rilke*, pp. 26-27.
101. Décio Pignatari, *Poesia Pois É Poesia: 1950-2000*, Cotia, Ateliê Editorial/Campinas, Editora da Unicamp, 2004, p. 74.

liberdade de criação neológica, seu bilinguismo (fundindo português e inglês) e a disposição gráfica de palavras e versos, mimetizando os telhados (*roofs*) do Chelsea londrino, entre outros aspectos. Isso, mesmo tendo Vinícius traduzido Rilke e composto poemas e crônica expressamente referidos ao autor dos *Cadernos de Malte Laurids Brigge*.

De igual modo, é preciso cautela ao supor que o autor de *Sonetos a Orfeu* tenha sido referência para a retomada da forma fixa tal como praticada por Jorge de Lima no *Livro dos Sonetos*. Idêntico cuidado requer o caso de Dantas Motta e suas *Elegias do País das Gerais*, tão celebradas por Drummond e tão tributárias do legado poético do itabirano, entre outras coisas pelo enraizamento na realidade histórica mineira, conforme se verá no capítulo XI. Difícil reconhecer qualquer afinidade na sua concepção de elegia e na matéria histórico-social de que se alimentam seus versos – entre outras coisas, dedicados à realidade específica do entorno do Rio São Francisco – e a visada universalizante, alheia a todo horizonte sociopolítico mais imediato, que define o teor das *Elegias de Duíno*, pautadas pelos temas e motivos tradicionais que o próprio crítico português trata de arrolar no excerto reproduzido.

Pode-se dizer o mesmo de um poema posterior, por longo tempo inédito, de Dantas Motta, que não chega a ser citado por Saraiva, mas sobre o qual vale, já de antemão, advertir. Trata-se de *Guaicurus*, que traz como subtítulo: *Cântico do Porta-Estandarte Dantas Motta em Favor do seu Doce, Terno, Casto e Puro País dos Guaicurus ou, então, BHorizonte nas suas Décadas de 33 a..., Depois de Cristo*. Embora o subtítulo pareça sugerir certa lembrança do famoso escrito de juventude de Rilke, *A Canção de Amor e de Morte do Porta-Estandarte Cristóvão Rilke*, traduzida por Cecília Meireles e publicada pela *Revista Acadêmica* em 1947, nem por isso pode-se sustentar qualquer afinidade ou "influência", seja no plano do entrecho ou na forma, linguagem, estilo etc., mesmo que fosse com intenção irônica – ironia essa que, de todo modo, parece existir, dada a extensão do subtítulo, a referência à capital mineira e a datação inverossímil...

Uma segunda consideração diz respeito ao fato de Saraiva alinhar indiscriminadamente Drummond à Geração de 45, numa suposta influência desta sobre os poetas mais velhos, seja na reabilitação do soneto, seja no rilkianismo, pela alusão contida ao poeta de língua alemã em *Claro Enigma*. Segundo o crítico, muito embora Drummond tenha chegado a "ridicularizar tal forma" em dado momento de sua trajetória, o poeta passa a praticá-la "numerosamente em livros dos fins de 1940 e inícios de 1950", por "contágio" devido à Geração de 45. Ora, a realização do soneto em *Claro Enigma* dá-se de forma muito diversa do convencionalismo dispensado por 45 a essa forma fixa (basta lembrar de "Oficina Irritada"), assim como a evocação de Rilke em "Aspiração" faz-se não no sentido da adesão incondicional ao rilkianismo, mas pela *negação* reiterada:

ASPIRAÇÃO

Já não queria a maternal adoração
que afinal nos exaure, e resplandece em pânico,
tampouco o sentimento de um achado precioso
como o de Catarina Kippenberg aos pés de Rilke.

E não queria o amor, sob disfarces tontos
da mesma ninfa desolada no seu ermo
e a constante procura de sede e não de linfa,
e não queria também a simples rosa do sexo,

abscôndita, sem nexo, nas hospedarias do vento,
como ainda não quero a amizade geométrica
de almas que se elegeram numa seara orgulhosa,
imbricamento, talvez? de carências melancólicas[102].

Transitando do pretérito imperfeito, com sua sugestão de continuidade e duração, para o presente do indicativo, a referida negação estende-se a formas de relacionamento humano potencializado ao extremo, projetado a um grau de excepcionalidade e idealização que leva o eu lírico drummondiano, como sempre, a reagir com desconfiança e desmistificação. Essa reação é exacerbada em virtude do pessimismo extremo que marca a lírica de Drummond no pós-guerra.

Assim ocorre com o cansaço ou esgotamento a que leva a "maternal adoração"; e com o amor, apresentado de forma desmistificada, porque "sob disfarces tontos", e denunciado como algo que se anseia mais pela falta do que pela satisfação ("a constante procura de sede e não de linfa").

102. Carlos Drummond de Andrade, *Poesia e Prosa*, pp. 212-213.

A referência à ninfa desolada mostra que o poeta pensa na representação literária convencional desse anseio de sofrimento maior do que de realização. No caso do sexo, a recusa parece se justificar por sua dimensão fugaz (porque "nas hospedarias do vento"). Por último, a amizade vista como o encontro simétrico de duas almas, orgulhosamente sustentado por aqueles que se têm como eleitos, é uma forma, segundo o eu lírico drummondiano, de mascarar as "carências melancólicas" desses pretensos seres de exceção.

Ainda na primeira estrofe – a de maior interesse aqui pela referência expressa a Rilke –, o que se nega juntamente com a "maternal adoração" é o "sentimento de um achado precioso" que a esposa de Anton Kippenberg, dono da prestigiosa casa editorial Insel-Verlag e editor de Rilke, nutriu por este, sobre quem, aliás, ela escreveu um estudo de referência. Quem sabe, Drummond conhecesse a tradução francesa desse estudo, que saiu, em uma edição ilustrada, em 1944. A atitude de frau Kippenberg configura, em boa medida, algo daquele fervor e convicção que marcou a atitude do leitor de Rilke, segundo Paul de Man. É essa atitude devocional que os versos de "Aspiração" buscam, afinal, recusar. Com isso, trata-se também de uma recusa à concepção do poeta como oráculo ou ser de exceção, "curandeiro da alma", conforme ainda de Man[103], detentor de uma verdade maior que interessa a todos e justifica a reverência e a idolatria de Catarina Kippenberg para com o poeta. O eu drummondiano aspira a algo bem diverso, conforme a estrofe final:

Aspiro antes à fiel indiferença
mas pausada bastante para sustentar a vida
e, na sua indiscriminação de crueldade e diamante,
capaz de sugerir o fim sem a injustiça dos prêmios.

Trata-se, portanto, de uma atitude desenganada em relação a qualquer crença na possibilidade de reconhecimento público e de comunicação ou comunhão com o leitor, que reverbera em todo *Claro Enigma*.

Essa atitude de constante ou "fiel indiferença" pode ter algum eco nos escritos do próprio Rilke, que falam de uma "indiferença íntima" de

103. Paul de Man, "Tropos (Rilke)", *op. cit.*, p. 38.

Malte como reencarnação do filho pródigo[104] ou se voltam criticamente contra essa ordem de sentimento em poemas como "A Morte do Poeta" e a quinta elegia duinense. Drummond, todavia, segue na contramão do rilkianismo e sua acolhida curativa, com a promessa de salvação existencial. Em suma, essa atitude almejada por Drummond, a par de todas as negações que "Aspiração" enumera, segue na contramão dos anseios órficos, de filiação claramente rilkiana, acalentados pelos poetas de 45, na busca de prestígio e restauração dos laços com esse leitor, visando a instauração de uma comunidade harmônica.

Embora óbvio, vale por último reconhecer nessa síntese da recepção traçada por Saraiva que o caso português evidentemente é uma exceção à regra ao eleger a parcela tida como mais "experimental" da obra rilkiana, representada pelos *Dinggedichte*[105]. Importa observar que essa vertente da poesia rilkiana não era ignorada pelos poetas e pela crítica brasileiros do período. Basta ver a atenção dedicada aos *Dinggedichte* por José Geraldo Vieira, no conjunto de estudos sobre o poeta de *Novos Poemas* que publicou nas páginas do suplemento do jornal *A Manhã*. Mas, como bem se percebe na própria leitura demaniana, a parcela eleita que fez a fama surpreendente de Rilke e a única capaz de garantir o modo de recepção altamente pessoal de sua poesia, foi, sem dúvida, a dos poemas de substrato existencial e perquirições metafísicas. Nisso, portanto, a Geração de 45 seguia a tendência dominante em diferentes literaturas.

Só para citar mais um exemplo, a vertente neoclássica da Geração de 40 argentina, similar a que marcou os anos 1940 e 1950 no Brasil, também fundamentou-se em um orfismo tributário da leitura que Rilke faz do mito nessa mesma parcela de sua obra representada pelos sonetos e elegias. Ou seja, como sintetiza Víctor Gustavo Zonana, o Orfeu rilkiano celebrado por correspondente geração argentina é "o nume do canto e como tal tem a missão de redimir as coisas" ao torná-las som, levando--as no canto "a uma forma plena de existência". Redimindo "as coisas através do canto, Orfeu opera suas metamorfoses da ordem do visível à do invisível" e, neste ato, "revela-se como deus ctônico por excelência, já

104. Rainer Maria Rilke, *Os Cadernos de Malte Laurids Brigge*, Porto, O Oiro do Dia, 1983, p. 214.
105. Ver, em especial, "Rilke, Objetivo e Plástico, ou as *Dinggedichte*", Suplemento Letras e Artes, *A Manhã*, Rio de Janeiro, 19.9.1947.

que cumpre com a aspiração profunda da Terra". Para cumprir tal aspiração, ele torna-se o vate que "resolve a unidade entre a vida e a morte", estabelecendo a conexão sublime entre esses dois mundos. É "o vate da totalidade, do aberto". Instalando-se acima de toda mudança, o canto de Orfeu expressa a vocação da permanência da terra, dignidade que alcançou pela catábase. O giro hermêutico que Rilke promove, em relação à descida de Orfeu ao reino dos mortos, "não é tanto a busca de um bem arrebatado", mas antes uma "forma de iniciação que lhe permite alcançar um saber arcano e, paralelamente, assumir a prerrogativa do cantar". Por último, Rilke opera uma recriação do sentido do despedaçamento de Orfeu, que deixa de ser produto de um combate divino, para se tornar uma "instância necessária à metamorfose do herói", ou ainda "um sacrifício de doação por meio do qual os homens se fazem credores do magistério órfico"[106]. Tanto o giro hermêutico, quanto a recriação do sentido do despedaçamento órficos promovidos por Rilke permeiam as reescritas do mito promovidas pelos poetas de 45 e pelos modernistas classicizados, como mostra o capítulo VIII.

Para concluir este breve comentário sobre a recepção do autor das *Elegias de Duíno* no período, pode-se dizer que no próprio Rilke encontra-se um parâmetro para precisar o sentido do neoclássico entre os modernistas classicizados, como Drummond, Jorge de Lima, Murilo Mendes e Augusto Meyer, em contraposição ao dos poetas de 45. Para tanto, considere-se o que observa Judith Ryan a respeito do diálogo do poeta austríaco com a tradição clássica, mediado pela apropriação simbolista desse mesmo legado:

> A forma do modernismo de Rilke é uma espécie muito particular, restauradora e elegíaca. [...] Mas, diferentemente de Valéry, Rilke não dirige seus esforços restauradores à Antiguidade clássica. O elemento neoclássico que é tão decisivo em Valéry – como também em seus contemporâneos Eliot e Pound – está quase completamente desaparecido em Rilke, mesmo quando ele se dirige aos temas clássicos, como em seus poemas sobre Apolo, Orfeu e Narciso. Os textos mais classicizantes de Rilke, de fato, contam principalmente com modulações simbolistas ou esteticistas de motivos antigos. Sem as esculturas de Rodin, o orfismo de Mallarmé, o Narciso de Valéry, haveria menos lembranças da antiguidade clássica nos trabalhos de

106. Víctor Gustavo Zonana, *Orfeos Argentinos. Lirica del' 40*, Mendonza, Ediunc, 2001, pp. 38-41.

Rilke. A versão rilkiana do ensaio simbolista de Valéry sobre o arquiteto órfico dos tempos antigos produz um de seus sonetos mais contundentemente modernistas. [...] O sucesso poético de Rilke nasce de seu modo de combinar dois gestos contraditórios: de um lado, seus textos convocam o leitor a se sentir diretamente abordado; de outro, negam o acesso ao que eles implicam, um segredo impenetrável no seu coração. As estruturas apelativas mediam entre a antiga figura da apóstrofe e um desejo moderno de querer cruzar a fronteira entre arte e vida. [...] O processo de autocriação de Rilke foi, de fato, um projeto permanente de restauração. Evitando o gesto vanguardista de ruptura com o passado, Rilke reavivou elementos da tradição e recombinou-os de acordo com seus próprios métodos catalíticos. [...] Suas vozes infiltraram sua poesia, repetidamente causando a autoconstrução projetada para ser rompida. Em uma época em que se tentou, de modo muitas vezes paradoxal, controlar o ato criativo, a perda de controle foi devastadora. A divergência entre construção consciente e sua constante ameaça de colapso é o que faz de Rilke uma testemunha tão eloquente das primeiras décadas da era modernista[107].

É essa forma de apropriação mediada por simbolistas ou mesmo por modernos que parece definir o teor do classicismo praticado aqui no pós-guerra. E ainda que se encontre com menos frequência a combinação genial de gestos contraditórios que fez o sucesso do autor dos *Sonetos a Orfeu*, vê-se, nos mais altos momentos da produção poética do período, essa divergência que, segundo Ryan, fez dele uma testemunha eloquente da era modernista[108].

107. Judith Ryan, *Rilke, Modernism and Poetic Tradition*, Cambridge, Cambridge UP, 1999, pp. 221-227.

108. Posteriormente à publicação deste capítulo na forma de ensaio, saiu o artigo de de Sylvia Anan ("Entre a Pantera e o Anjo: Geir Campos e a Recepção de Rainer Maria Rilke no Brasil", *Revista Opiniões*, n. 12. São Paulo, 2018, pp. 50-62), que examina, mais especificamente, as traduções que Geir Campos fez de Rilke e as repercussões deste na própria poesia do autor de *Rosa dos Rumos*. De passagem, Anan inventaria outros momentos dessa recepção no contexto dos anos 1940-1950 (a tradução de Dora Ferreira da Silva, o artigo de Carpeaux e o livro de Cristiano Martins), contribuindo para um inventário mais completo.

VI

Da Terra Devastada à Tempestade: A Recepção Poética de Eliot

Que cidade
existe livre do assédio?

José Paulo Moreira da Fonseca, "Miserere".

Viu-se que o marco significativo da primeira recepção de Eliot no Brasil data da Geração de 45 e que, no mais das vezes, identifica-se essa recepção inaugural com o debate em torno das ideias críticas do autor de *The Sacred Wood* (1920). O que menos se evidenciou, todavia, é sua recepção poética, em especial entre os integrantes da referida geração. Sem pretender inventariá-la aqui, um dos momentos representativos desse diálogo intertextual, em particular com *The Waste Land* (1922), está no poema "A Tempestade", do hoje esquecido poeta-pintor José Paulo Moreira da Fonseca. Ele saiu em livro homônimo de 1956, mesmo ano da publicação da tradução do grande poema eliotiano por outro poeta de 45: Paulo Mendes Campos[1].

A TEMPESTADE (1950-1955)[2]

A Willy Lewin,
Como testemunho de fraternal amizade[3]
J. P.

1. T. S. Eliot, *A Terra Inútil*, Rio de Janeiro, Philobiblion/Editora Civilização Brasileira, 1956.
2. Utiliza-se, como texto-base, a primeira edição do poema de José Paulo Moreira da Fonseca, *A Tempestade e Outros Poemas* (1950 a 1955), Rio de Janeiro, org. Simões Ed., 1956. Nas próximas notas, aponta-se as alterações feitas no poema na segunda edição.
3. Na versão da *Antologia Poética* (doravante indicada como AP), que traz a segunda edição do poema, a dedicatória muda para: "a Willy Lewin e Ruggero Jacobbi". Desaparece a expressão: "Como testemunho de fraternal amizade". Ver José Paulo Moreira da Fonseca, *Antologia Poética*, Rio de Janeiro, Leitura, 1965, p. 60.

Andromaca –
Quid petam praesidi aut exequar, quove nunc
Auxilio exili aut fugae freta sim?

Q. ENNIUS

1. *PAISAGEM*

Ainda não desceu a chuva. Como um leopardo
O mundo nos espreita nessa lívida luz.
Como um leopardo, os morros
E pedras do edifício e portas e janelas
Denunciam a culpa. Invisíveis pupilas,
Invisível fúria. A árvore possuída pelo vento
Se verga para o chão numa vertigem de areia e se crispa
À maneira da mulher defendendo o leito violado.

Não toquemos em tesoura, agulha
Ou qualquer utensílio de metal[4]. Um pássaro
Na gaiola se debatia entre os pequenos fios.

Jamais atribuas o teu sobressalto
A esta folha de zinco infrenemente arrastada pelas ruas
Nem ao estalido das vidraças.
O trem que passa sobre as campinas da noite,
A despedida no cais, a mesa rolante levando
O adormecido à sala de cirurgia, os telefonemas da madrugada,
Estas árvores convulsas – não lhes atribuas o teu sobressalto.

Difícil é ouvirmos o rádio, a estática impede.
Eis que os bichos da casa buscam nosso convívio,
Encostam-se no recôncavo de algum móvel.
Se dermos ao cão o brinquedo costumeiro
Ele nem o verá, com os olhos fixos na imperceptível distância.

Uma jovem procura se abrigar.
Uma jovem amamenta o filho,
Além: o canal de águas mortas,
Um silencioso casario, a folhagem amedrontada.

4. No original, as falas das diferentes vozes são destacadas em negrito. Optou-se aqui pelo itálico em respeito às normas editoriais.

Que tenta guardar esse pastor ou barqueiro
De roxo manto? Que tenta guardar Giorgione de Castelfranco?
Que vale guardar? Que nos importa guardar?
Que nos importa?

O ruído é de silvos e buzinas, breve
Escutaremos a chuva,
O seu ríspido timbre sobre os telhados,
Breve o curso dos rios há de correr lamacento.
Não é isso que temes, as nuvens de fogo
Se esvairão no éter, a derradeira rajada
Quase tranquilamente será sorvida pelo surdo bueiro.

II. *A QUEDA DE BABILÔNIA*

ISAÍAS
Assim me falou o Senhor:
"Põe uma sentinela
Para que anuncie o que há de ver.
Verá cavaleiros, dois a dois, sobre corcéis,
Cavaleiros sobre jumentos,
Cavaleiros sobre camelos.
E há de olhar com atenção, com grande atenção".

E disse-me a sentinela:
"Caiu! Babilônia caiu!
E todas as estátuas de seus deuses
Foram quebradas sobre a terra".

CORO
Esta cidade noturna que fundamos:
Ei-la suspensa, caindo, ei-la
Que naufraga em mar sem lembrança.
Esta cidade não é nossa, não se pertence,
Noturna, frágil, à mercê das sombras.
Esta cidade noturna que fundamos.

UM QUALQUER
Construí minha casa, o dinheiro
Foi ganho com lisura. Construí
Aos poucos, o úmido cheiro de cimento

Era limpo e confortante. Nenhuma dúvida nos documentos.
É um amparo sentir o aconchego
Das paredes, ver essas coisas fiéis
Que há tanto me acompanham: o tapete
Cujo desenho já sei de cor, a xícara
De louça anil que tem uma pequena falha, o sereno
Rumor do relógio. Construí a casa
Para mim e para meus filhos.

ISAÍAS
Quem mediu as águas no vazio de sua mão,
E estimou as distâncias com o braço,
E pesou montanhas e outeiros numa balança?

CORO
Nosso lamento se ergue nos muros de Babilônia.
Nossa voz se confunde
Com o murmúrio do Eufrates e do Tigre.
Essas águas que se perdem, esses muros
Que vemos ilesos e vemos em escombros,
Esse tropel que há de tornar da caça
Que corre aos nossos olhos e que já se foi.
Celebremos a infinda alegoria,
As mãos que do vazio modelam o vazio,
Apenas um gesto sobre a argila inexistente.
Ébrios oleiros e os seus cântaros de sono.

UM QUALQUER
Construí minha casa
Aos poucos, em terra firme.

CORO
Lamentemo-nos, irmãos.

O AEROMOÇO
Na se preocupe, minha senhora.
São exímios no voo cego. Chega a se tornar
Mais seguro. Não fique atemorizada, em poucos momentos
Desceremos no aeroporto. Descanse
E leia o *Paris-Match*.

A PASSAGEIRA

Só em terra me sentirei segura. Só em terra.
Nem posso ver a revista. O senhor garante que não há perigo?
Só em terra.

ISAÍAS

Quem pesou montanhas e outeiros numa balança?

CORO

A mesa rolante levando o adormecido
À sala de cirurgia, aqueles silenciosos
Corredores, o manso rumor das roldanas[5]. No saguão,
De gosto banal, a família aguarda o desfecho.
Doutor, o senhor garante que não há perigo?

Que cidade existe livre do assédio?
De que vale defendermos o Bósforo, se vencidos enfim seremos?
Toda a noite é povoada de incêndios.
Cavaleiros, dois a dois,
Homens da guerra sobre noturna planície.
Caiu! Babilônia caiu!
Quem pesou as montanhas e outeiros numa balança?
Que poderemos guardar? Que nos cumpre guardar?

III. *VIAGEM À TEMPESTADE*

Uma noite qualquer, bem me recordo,
Um momento como os outros – o mundo se transfigurou
E surgiu-me feito um nimbo de trevas em torno ao vazio.
Senti com as roupas desfeitas
O opróbio do leproso que em si descobre a doença.

Sobre o abismo infindo,
Sobre o clamor do silêncio
Naufraguei, em vão buscando o manso dorso de uma vaga,
Em vão tateando o gume de uma penha
Que ferindo pendesse-me o corpo. Gritei
Sem ouvir a voz, e perto
Crescia a sombra de muitos gritos emudecidos.

5. Na AP está "rodas", p. 66.

Eurídice! Eurídice morta!
Ainda a vejo em mim desejando amparo.
Aonde a imagem que modelava o sol?
Aonde as madeixas afagando o vento?
A figura amada, jovem, abandonou-me.
Como Eurídice eu estava só, e tudo que acontecia
Era a minha solidão, era eu assistindo minha solidão
Sem as afáveis cortinas do sono.

Os espelhos atraem o raio
Cubram a todos com um pano ou uma colcha.
Aquele momento como os outros,
Diego Velázquez retrata o menino de Vallecas.
Ao longe, a treva da Guadarrama, e os olhos do anão
Nada parecem ver, seus lábios são como os de alguém que morresse.
Talvez mais tarde se tenham rido.
Que importa o riso? Que é o riso? Que nos importa?

O louco se ri da solidão
Ignorando sua loucura, ignorando
Que se encontra só. *Se comerdes desse fruto*
Serei como deuses. A vidrada cúpula da loucura,
Aquele cinza tão cruel, um brilho que cega, os loucos
Eu os vejo dançar sobre o gelo, os pés sangrando,
Alguns rolam em postura indigna,
As camisolas sujas do excremento. *Somos reis!*
Somos deuses! Curva-te e beija a nossa mão.
O riso fenece nos corredores de neve.
É a lua, é a lua – confessou-me um deles – *que nos ilumina*
Desse modo tão desolado. Eu já levei seu archote
Por vales desconhecidos. É a lua, a minha irmã lua.

Não atribuas o teu sobressalto
À folha de zinco infrenemente arrastada pelas ruas.

Os espelhos atraem o raio
Cubram a todos com um pano ou uma colcha.

IV. *EPÍLOGO*

À direita erguem-se alguns edifícios, à esquerda

Uma rua arborizada, no fundo o montículo
Com casario e antenas.
Ainda não desceu a chuva,
Como um leopardo o mundo nos espreita
Nessa lívida luz. Qualquer nuvem mais escura
Ou talvez uma centelha dê início ao drama.
Da distância vem o vento que flameja o pó,
Da distância: aquele surdo rumor que se embebe na terra.
Em desalinho uma jovem procura se abrigar.

As fibras de teu coração clamam
Leopardo! Configuras a imagem que nos espreita,
Os olhos acesos na noite, a tímida fuga das lebres.
Leopardo! é possível que o descubras
Naquele beco ou mesmo nos escombros
Desse velho hotel em demolição. O certo
É que sabes de sua existência, ela se encravou em ti
Feito a farpa que intumesce a mão e queres arrancar.
A camponesa intranquila percebe o exército
Que se aproxima. Pelo oriente, fumos
Falam do incêndio de todas as searas. Na véspera
Aparecera entre os moinhos um novilho coberto de sangue.
Fugir. Para onde fugir? *Não toquemos em tesoura,*
Agulha ou qualquer utensílio de metal.

Vês no sombrio céu o luzir das antenas,
Os derradeiros aviões que buscam seguro pouso,
As rajadas inquietas, clarões súbitos. Invisíveis
Pupilas, invisível fúria.

Alguém dirige o automóvel pelos meandros da noite.
O motor não deve falhar, não pode falhar nesse ermo
Tão cheio de perigos. Os faróis na neblina
Aclaram esquivas formas. Não teriam força
Para contê-las. Ansiosos querem ouvir
Os rumores do lugarejo. Ansiosa a mulher amamentando
Espera guardar o filho sob a tormenta.

À direita: os edifícios, à esquerda: a rua arborizada.
O mundo nos espreita nessa lívida luz, o montículo,

As pedras do casario, as portas e janelas dizem
Da nossa culpa. Todos fogem, desejam se amparar,
O perigo em todos se encravou. Imenso
É o mundo e a treva, imensa é a luz.
Que poderemos guardar?
Que nos cumpre guardar? Que nos exige
O sobressalto? Que somos? Que nos cumpre ser?

A jovem em desalinho procura abrigo.

O título evoca, de pronto, toda uma tradição poética e pictórica dedicada ao sublime na natureza, notadamente o sublime dinâmico kantiano, embora o misto de fascínio e terror ligado a esse sentimento seja discutível aqui.

Sobre a recepção eliotiana em "A Tempestade", disse Ruggero Jacobbi, numa das primeiras apreciações do livro:

> Este poema, partindo de ambições e influências eliotianas (*The Waste Land)*, é o mais sério esforço feito até hoje por um poeta brasileiro de interpretar por dentro a condição humana, e especialmente a condição histórica do homem moderno e, mais ainda, a condição do burguês ocidental no mundo das entreguerras... Diante deste poema, sentimo-nos reconduzidos à mais antiga noção de canto, de narrativa, de tragédia, de coro; voltamos a saber o que é poesia, fora da deleitação marginal. José Paulo Moreira da Fonseca encontra, no fim de um longo caminho do abstrato ao concreto, sua condição de confessor social, humanista e cristão[6].

No final da presente abordagem, volta-se a essa interpretação "por dentro" que o poema promove. Por ora, cumpre tratar dos outros dois aspectos destacados pelo crítico italiano, começando por notar que a transição (ou convergência) entre abstrato e concreto, entre transcendente e imanente, só à primeira vista irreconciliáveis, foi insistentemente apontada na obra de Moreira da Fonseca pelos intérpretes tanto de sua poesia, quanto de sua pintura, marcadas, segundo Carlos Drummond de Andrade, pelo "rigor modulado que exercita em seu duplo ou uno ofício"[7]. Mas ao mesmo tempo em que Drummond fala de uma

6. Ruggero Jacobbi, *Correio da Manhã*, Rio de Janeiro, 25 de maio de 1957. Excerto reproduzido em José Paulo Moreira da Fonseca, *Cores & Palavras,* 2 ed., Rio de Janeiro, Léo Christiano Editorial, 1983, p. 146.
7. *Cores & Palavras*, p. 10.

realidade que "transcende o real"[8] configurada na obra do poeta-pintor, e que o próprio Moreira da Fonseca resume sua criação como fruto do "ato de amor" que atinge uma plenitude capaz de libertá-la das "vicissitudes do tempo", Telênia Hill diz que o percurso de sua criação define-se pelo "trajeto da imanência". Vamireh Chacon ressalta a "vocação de pensador metafísico" de Moreira da Fonseca, sugerindo "algo como um humanismo religioso existencial"[9] que começou como manifestação esparsa e se tornou mais explícito no correr de sua obra, embora de tal maneira que o poeta "consegue manter-se religioso no patamar do misticismo sob controle de uma clara razão mediterrânea"[10]. Por último, vale citar a síntese de sua trajetória feita pelo poeta e crítico espanhol Gabino-Alejandro Carriedo:

> [...] Esta mesma trajetória sempre flutuante entre a estética e o testemunho comprometido, entre a metafísica e a dialética inclusive, tão própria de um cristão sincero, se acusa ainda mais em seu livro *Sequência*, publicado em 1962 e no qual o autor se destaca como um dos melhores poetas maduros da chamada Geração de 45. Estamos, portanto – se disse de Moreira da Fonseca – ante um lirismo que não se quer abstrato, que se prefere situado, localizado, concreto. Lirismo que repudia a torre de marfim e que procura penetrar o mais profundo da condição humana. Trata-se de uma poesia *vital*. Poesia que não se admite alienada, que sabe viver e experimentar as contradições do nosso tempo[11].

Veja-se que os aspectos destacados por Carriedo contrariam, em boa medida, o suposto alheamento histórico-social generalizado, que a crítica e a historiografia literárias atribuíram aos poetas de 45 e que se buscou precisar no capítulo III, em vista da complexidade do tema.

8. Para se ter alguma noção do valor conferido por Drummond à obra do poeta-pintor, veja-se o excerto do itabirano, de provável crônica publicada no *Jornal do Brasil* de 14.07.1981, reproduzido como epígrafe em José Paulo Moreira da Fonseca, *Cores & Palavras:* "[...] – Nós estávamos combinando a decoração do apartamento, sabe? Essa coisa gostosa de fazer planos, botar aqui um móvel aconchegante, ali um quadro do José Paulo Moreira da Fonseca, daqueles em que a realidade transcende o real, atinge o mistério profundo das coisas. Se bem que ainda nem tínhamos apartamento..."
9. Diz ainda do poeta: "é ético sem se tornar moralista, por isto pode ser chamado de existencial" (*Cores & Palavras*, p. 156).
10. *Idem, ibidem.*
11. O comentário de Gabino-Alejandro Carriedo, datado de Madrid, junho de 1965, foi reproduzido em *Cores & Palavras*, p. 146.

Em relação ao aspecto formal identificado por Jacobbi, de fato, o poema é estruturado segundo certos recursos característicos da tragédia, como se vê no Canto II, com as vozes do coro[12] da Babilônia alternadas com a do profeta Isaías e de personagens, cronologicamente, ligados à contemporaneidade do poeta. Além disso, em virtude da estratégia de despersonalização eliotiana, tratada adiante, o poema põe em cena uma série de outras vozes nos demais cantos, interagindo de forma dramática.

Cabe, antes, passar à descrição do poema, que integra o volume intitulado *A Tempestade e Outros Poemas*, datados de 1950 a 1955, e publicado em 1956 no Rio de Janeiro, na Coleção Rex da Organização Simões Editora, sinalizando algumas de suas estratégias eliotianas. Vale notar que, embora os demais poemas aí recolhidos aparentem autonomia em relação a este que dá nome ao volume, percebe-se certos procedimentos afins. É o caso da persistência do mesmo tom ou estilo e a fusão de vozes distintas em alguns poemas, havendo um deles, "Miserere", que repete o verso (citado aqui em epígrafe do capítulo) de "A Tempestade", além da referência a um clima de ameaça e catástrofe pairando sobre um cenário impreciso e uma indefinida rota de viagem descrita de trem e carro, depois do pouso em um hotel. Em mais de um momento do livro, também, há o emprego das indagações éticas e existenciais (ou existencialistas) que pontuam este poema longo.

Em se tratando de estratégia de composição, ressalte-se a retomada de expressões ou versos inteiros (como as advertências sobre os cuidados com espelhos e objetos de metal, em virtude dos raios ou trovões), ajudando a cerzir o tecido propositadamente esgarçado do poema. As frases repetidas são, por vezes, deslocadas para uma voz distinta da que as pronunciou originalmente, ressignificando-as. Ao lado dessa recorrência, destaque-se outra estratégia, presente em menor grau, de disseminar certas imagens aparentemente soltas, que, logo em seguida, são retomadas de forma mais ordenada e ganham uma conexão clara, como a menção à mesa rolante levando o adormecido à sala de cirurgia e os telefonemas da madrugada...

No que concerne à linguagem e ao estilo, "A Tempestade" dista da dicção eliotiana, aparentemente mais prosaica, por se valer de um vo-

12. A composição coral também comparece em outro poema do livro *A Tempestade*, pp. 109-110. Trata-se de "Narração".

cabulário trivial, condizente com a aridez descrita (a suposta devastação decorrente da Primeira Guerra Mundial). Como lembra George T. Wright, aplicando palavras emprestadas de Wordsworth em outro contexto: o que temos em *The Waste Land* é "a linguagem real dos homens em vívida situação"[13].

Também não parece haver em "A Tempestade" o que o mesmo Wright observa sobre a "fala" eliotiana: ela reflete "a aspiração e o desespero do falante, sua capacidade para o êxtase e para o humor, sua união de sentido e sensibilidade que o faz um homem representativo"[14]. Ainda que possa haver momentos de desespero dos falantes em "A Tempestade", ele não é contrabalançado pelo humor. Pode-se julgar que o comentário do aeromoço no Canto II provoque alguma impressão de humor ou ironia, quando responde ao desespero da passageira do avião, em meio aos trovões e turbulências: "Não fique atemorizada [...] Descanse / E leia o *Paris-Match*". Mas não só o humor parece incerto, como também seria a única exceção nesse registro. Mesmo a incorporação de crenças populares que cercam a tempestade e de falas corriqueiras de personagens como "Um Qualquer" ou dos que interagem com o bufão no Canto III, expondo sua condição degradada, não parece visar, como em Eliot, "a reprodução deliberada dos tons da fala casual". Elas acabam sendo reabsorvidas pela dicção geral, num tom mais grave, elevado.

Anos depois, em versos de "No Campo Aceso das Palavras", Moreira da Fonseca viria afirmar: "A poesia se constrói com o barro fértil das palavras usuais. É fala densa e não arabesco verbal"[15]. Apesar de mais variado e distendido, o registro poético que ele emprega em "A Tempestade" não parece afastá-lo completamente dos contemporâneos de geração. Sem se confundir, é certo, com o tom dominante, exacerbadamente retórico em muitos casos, pode-se dizer, com respaldo de Sérgio Buarque – crítico ferrenho da Geração de 45, conforme se viu, embora sempre nutrindo certa simpatia pela poesia de Moreira da Fonseca –, que a linguagem poética de "A Tempestade" instala-se a meio caminho entre o demótico e o hierático[16].

13. George T. Wright, "The Transformation of a Personality", *The Poet in the Poem. The* Personae *of Eliot, Yeats, and Pound,* Berkeley and Los Angeles, University of California Press, 1962, p. 76.
14. *Idem, ibidem.*
15. *Cores & Palavras*, p. 84.
16. O demótico é forjado por Sérgio Buarque com base nas palavras de Eliot em "The Music of

Quanto aos paratextos, "A Tempestade" traz uma dedicatória e, sobretudo, uma epígrafe que vale destacar. O poeta dedicou seu poema, originalmente, apenas a Willy Lewin, crítico pernambucano atuante no contexto literário do Recife, cuja biblioteca particular e cuja formação literária foram decisivas a João Cabral[17]. Quando reeditou "A Tempestade" em sua *Antologia Poética*, Moreira da Fonseca viria a estender a dedicatória ainda ao próprio Ruggero Jacobbi, certamente em decorrência dessa primeira recepção crítica do poema.

Com relação à epígrafe, que parece conter uma das chaves de leitura dos versos, Moreira da Fonseca retrocede à mitologia, tal como Eliot. Todavia, em vez da Sibila do *Satiricon*, que aparece na epígrafe de *The Waste Land*, suspensa em um vaso de barro" e ansiando pela morte, temos agora uma Andrômaca cativa, desesperada por não encontrar apoio para fuga segura. Assim como essa famosa troiana já fizera sua aparição num poema inaugural da modernidade poética europeia, em "A Tempestade", Moreira de Fonseca enfatiza o desamparo da cativa, decorrente mesmo do exílio, alegoricamente evocado por Baudelaire em "Le Cygne".

Entre as várias representações de *Andrômaca*, Moreira da Fonseca extraiu sua epígrafe de uma das tragédias desaparecidas de Quintus Ennius:

Quid petam praesidi aut exequar, quove nunc / Auxilio exilia ut fugae freta sim?
Onde pedir proteção, onde procurá-la? / Em que exílio encontrar ajuda / em que fuga?

O fragmento acima foi preservado e exaltado por Cícero como exemplo de potência cênica, simplicidade, pausa eficaz e imagem patética. Sobre essa passagem do poeta e dramaturgo romano, diz Joaquín Balcells Pinto:

Do triste destino das mulheres de Troia, sua grandeza moral, crueldade e despotismo dos vencedores, formou Eurípides *As Troianas*, *Hécuba* e *Andrômaca*. Estas duas foram traduzidas por Ênio à sua maneira rude, mas sincera e comovente

Poetry": "A poesia não há de afastar-se muito da linguagem que falamos e escutamos todos os dias [...] ela não se pode permitir uma perda de contato com o instável idioma do trato comum" (*apud* Sérgio Buarque, "Rebelião e Convenção – II", *O Espírito e a Letra*, pp. 506-507).

17. Cf. depoimento de Edson Nery da Fonseca: "João Cabral de Melo Neto, grande poeta brasileiro e meu amigo, costuma dizer que é formado em letras pela biblioteca de Willy Levin, outro intelectual recifense que possuía grande e selecionada biblioteca" (http://www.ofaj.com.br/experiencias_conteudo_print.php?cod=3).

como o original. [...] A situação de Andrômaca cativa (*Andrómacha aechmalatis*) ante Menelau, sozinha, abandonada por toda a sua família que morreu em Troia combatendo seus muros, preenche a heroína de abatimento; mas, logo, a recordação da grandeza do passado encontra em seu espírito uma energia de dor que irrompe apaixonada, comovente... [18]

Pode-se avaliar a força poética de Quinto Ênio neste lamento habilmente graduado, cujo tom, como música, "aumenta, enfraquece, eleva-se, varia e distingue-se", conforme diz Cícero, reportando-se à passagem citada por Moreira da Fonseca. Vale complementar o trecho da epígrafe com o final da fala de Andrômaca:

Privada da cidade com sua fortaleza, onde ficar, onde me ajoelhar? Para mim, não há mais altares aos pais na pátria, eles jazem destruídos e dispersos, os templos em chamas e as paredes queimadas, com as traves retorcidas[19].

Essa condição de desamparo configurada pela heroína trágica da epígrafe repercutirá na de personagens que surgem ao longo dos cantos de *A Tempestade*.

Antes de repassar mais detidamente os quatro cantos (I. Paisagem; II. A Queda de Babilônia; III. Viagem à Tempestade; e IV. Epílogo), é preciso comentar as referências espaço temporais do poema. Talvez se possa estender ao poema de Moreira da Fonseca a definição de Joseph Frank, valendo-se de célebre expressão poundiana: trata-se de "um complexo intelectual e emocional apreendido em um instante do tempo"[20]. Nesse sentido, "A Tempestade", assim como *The Waste Land*, é concebida para ser lida não como narrativa temporal e sim como uma forma espacial[21].

18. Joaquín Balcells Pinto, *Ennio. Estudio sobre la Poesía Latina Arcaica*, Barcelona, Casa Editorial Estvdio, 1914.
19. Ennio, *Andromacha* (85-89 Vahlen): Testo e traduzione, in Carmen Spadaro, *Andromaca: Indagine Filologica, Storica e Culturale di un mito letterario*, Bergamo, Iniversitá degli Studi di Bergamo, 2016, p. 243 (Tese de Doutorado).
20. Joseph Frank, "A Forma Espacial na Literatura Moderna", *Revista USP*, n. 58, pp. 225-241, junho/agosto 2003, p. 229.
21. Além de Frank, veja ainda o que observa Frank Lentricchia a respeito dessa forma espacializada devida à "radical compressão editorial" que Pound imprimiu (e Eliot aceitou) a *The Waste Land*, transformando o poema na "clássica colagem modernista de penetrante" ou cortante "descontinuidade, que conhecemos" (*Modernist Quartet*, Cambridge, Cambridge UP, 1994, pp. 193-194).

O poema de José Paulo Moreira da Fonseca opera com a sobreposição de referências temporais, fundindo presente e passado, a urbe moderna e a cidade bíblica, com o coro de vozes pranteando junto aos muros da Babilônia e o profeta Isaías anunciando o fim dos tempos. A imprecisão na referência espacial talvez se dissipasse um pouco caso se observasse que uma passagem de "A Tempestade" foi transposta, *ipsis littteris*, de outro poema de Moreira da Fonseca dedicado à fundação da cidade de "São Sebastião do Rio de Janeiro":

> Esta cidade noturna que fundamos:
> Ei-la suspensa, caindo, ei-la
> Que naufraga em mar sem lembrança.
> Esta cidade não é nossa, não se pertence,
> Noturna, frágil, à mercê das sombras.
>
> Esta cidade noturna que fundamos[22].

Publicado em *Dois Poemas* (livro imediatamente anterior, que saiu em 1951), a urbe moderna de que trata este último poema é a cidade moderna (Rio de Janeiro) contraposta, no livro, à cidade histórica, preservada da ação do tempo, que é Petrópolis, a que Moreira da Fonseca viria a dedicar toda uma série de elegias. Essa contraposição é algo ainda a se investigar em sua obra. Por enquanto, cumpre apenas assinalar que, na transposição da mencionada estrofe, a referência específica à antiga capital não persiste nos versos de "A Tempestade". Talvez, no máximo, interesse ao poeta sustentar certa ambivalência, na alusão implícita ao Rio, apenas para o leitor familiarizado com sua poesia. Mas é certo que o apagamento das referências contidas desde o título a "São Sebastião do Rio de Janeiro" parece atestar a intenção do poeta de configurar, em termos mais gerais, a urbe moderna, inespecífica, da qual ele tratará de aproximar personagens ou sobrepor figurações babilônicas.

Nesse sentido, seria possível supor o desejo de o poeta carioca de configurar algo como a *unreal city* de Eliot, mas sem com isso balizar integralmente as observações de Chapman Sharpe sobre a visão da Londres contempo-

22. José Paulo Moreira da Fonseca, "São Sebastião do Rio de Janeiro", *Dois Poemas*, Rio de Janeiro, Cadernos do Nosso Tempo, 1951, p. 36.

rânea em *The Waste Land*, aproximada a outras tantas cidades do presente e do passado, encarnando, incluindo a associação, dada já etimologicamente, entre Babilônia e Babel, de modo a fazer convergir estranhamento e alienação humana e linguística, além das imagens e sugestões que operam com o par opositivo "esterilidade" e "revitalização" ou "restauração"...[23]

Com Moreira da Fonseca, Babilônia assume alguns de seus atributos tradicionais, evocados por outros tantos poetas que a aproximaram da cidade moderna como fonte de perversão da vida humana, culpa e degradação moral, respondendo pelo sentimento dominante de exílio, perda, estranhamento, alienação... Em "A Tempestade", contudo, ela não chega à configuração costumeira da Babilônia personificada como "mulher decaída". Tal personificação surge, no discurso bíblico e na literatura inspirada nele, como sombra degradada da cidade virginal que a substituiria, a Nova Jerusalém, ou em um plano eterno, aspirando à ordem celestial, a *civitas dei*[24]. Nada similar comparece de forma explícita em "A Tempestade" – a menos que se atribua a isso a *culpa* denunciada em mais de um momento...

Considere-se, afinal, a matéria de que se alimentam os versos. O poema descreve o momento que antecede o desabar da tempestade – momento esse que o poeta-pintor voltaria, depois, a representar em uma de suas telas[25]. É "Só o trovão seco e estéril e sem chuva" ("But dry sterile thunder without rain"), conforme se lê no Canto v, "O que Disse o Trovão", de *A Terra Devastada*[26].

Por conta disso, Moreira da Fonseca recorre não só ao imaginário simbólico e mítico, mas também aos temores e crenças populares (algumas cientificamente justificadas) em torno desse fenômeno atmos-

23. William Chapman Sharpe, *Unreal Cities: Urban Figuration in Wordsworth, Baudelaire, Whitman, Eliot, and Williams*, Baltimore & London, The Johns Hopkins University Press, 1990, pp. 104-5.
24. *Idem*, pp. 27 e ss.
25. Trata-se da tela intitulada *Antes da Tempestade*. No mesmo volume em que ela aparece, há uma estrofe poética denominada "na tempestade", que reporta a esse mesmo clima anterior ao desabar da chuva: "vê a beleza do raio / e os ventos hão de soprar / as cinzas de teu receio". Vinculado, ainda, ao clima dominante em "A tempestade", em um cenário urbano, há também os versos de "*Megalópolis* / Vaga luz de chumbo asfixia a cidade / e as cores desmaiam / neblina talvez surdo gemido a se perder sobre a febre do mar. / O navegante que passa ao largo fixa os seus olhos e vê um fantasma" (José Paulo Moreira da Fonseca, *O Pintor e o Poeta*, Rio de Janeiro, Spala, s. d., pp. 114-116 e 137).
26. T. S. Eliot. *A Terra Devastada*, Lisboa, Relógio D'Água Editores, 1999, pp. 44-45.

férico, como é sobremodo o caso das advertências disseminadas nos versos sobre os riscos de se tocar em objetos de metal e deixar espelhos a descoberto:

Não toquemos em tesoura, agulha
Ou qualquer utensílio de metal
[...]
Os espelhos atraem o raio
Cubram a todos com um pano ou uma colcha.

O poema detém-se nos efeitos que os trovões e a ameaça da tempestade produzem sobre seres e coisas, incluindo o rádio, difícil de ouvir devido à estática, além dos animais domésticos. Destaque-se a reação apreensiva do cão, no seguinte excerto:

Difícil é ouvirmos o rádio, a estática impede.
Eis que os bichos da casa buscam nosso convívio,
Encostam-se no recôncavo de algum móvel.
Se dermos ao cão o brinquedo costumeiro
Ele nem o verá, com os olhos fixos na imperceptível distância.

O tom dominante nesse e nos demais cantos é de inquietação, agonia, aflição ou angústia associada ao anúncio de uma tempestade que, obviamente, significa algo além do fenômeno atmosférico. Na verdade, mais que o registro dos acontecimentos, busca-se suas reverberações afetivas – as sensações e sentimentos que eles provocam.

Como em *The Waste Land*, essa tempestade se arma sem jamais desabar. Interessa ao poeta, justamente, o clima convulso, de apreensão ou sobressalto expressamente reiterado e associado à iminência de uma catástrofe. É o prenúncio de uma tragédia cuja motivação reside em uma "culpa" que se denuncia por tudo, como enfatiza o polissíndeto empregado no quarto verso abaixo, com sua sugestão de acumulação e continuidade:

Ainda não desceu a chuva. Como um leopardo
O mundo nos espreita nessa lívida luz.
Como um leopardo, os morros
E pedras do edifício e portas e janelas
Denunciam a culpa. Invisíveis pupilas,
Invisível fúria.

Essa culpa parece remeter tanto à culpa cristã quanto ao processo civilizatório e à sociedade degradada. De todo modo, ela aparece na forma de uma ameaça encarnada pela figura do leopardo, que, diferentemente da pantera rilkiana, aparece liberto e ameaçador, sempre à espreita, desde a abertura dos versos. Ele volta a ser expressamente referido no canto final, embora sua ameaça pareça pairar ao longo de todo o poema:

> Ainda não desceu a chuva,
> Como um leopardo o mundo nos espreita
> Nessa lívida luz. Qualquer nuvem mais escura
> Ou talvez uma centelha dê início ao drama.
> [...]
> As fibras de teu coração clamam
> Leopardo! Configuras a imagem que nos espreita,
> Os olhos acesos na noite, a tímida fuga das lebres.
> Leopardo! é possível que o descubras
> Naquele beco ou mesmo nos escombros
> Desse velho hotel em demolição. O certo
> É que sabes de sua existência, ela se encravou em ti
> Feito a farpa que intumesce a mão e queres arrancar.

Nos versos iniciais, como se viu, ele surge como analogia para o mundo que nos espreita sob a luz sombria da tempestade e, logo em seguida, transita dos elementos da natureza para os da civilização, para os morros e pedras do edifício, ao que se somam, no último canto, o beco ou os escombros do velho hotel onde ele pode estar escondido.

As construções soturnas que aí aparecem sugerem o exato oposto do "casario supostamente passadista – mas na verdade reconstituições do ontem, com vistas ao amanhã" – que marca uma fase da pintura de Moreira da Fonseca, onde "há sempre uma janela, ou uma porta, aberta ou entreaberta, indicando a saída, a viagem, a esperança", com o "sol entrando pelas frestas da casa e rasgando o caminho"...[27] (Era, decerto, uma das telas dessa fase que Drummond sonhava para seu apartamento, no comentário citado.)

O que se tem no poema "A Tempestade", ao contrário, é um mundo em desagregação, consoante o clima de apreensão dominante nos versos.

27. Eduardo Portella, em José Paulo Moreira da Fonseca, *Cores & Palavras*, p. 145.

Ele responde por uma condição afim à dos personagens e seu referido desamparo, denunciado desde a epígrafe, em vista da condição de Andrômaca cativa, ansiando por socorro. Desamparado é também Orfeu – que toma a palavra no Canto II, quando reconhece a perda irreparável de Eurídice –, bem como o coro de vozes que pranteiam nos muros da Babilônia, do mesmo modo que a passageira do avião diante da hipótese de queda, em virtude das turbulências provocadas pela ameaça da tempestade. Todos se irmanam, portanto, no estado de desproteção, insegurança, desabrigo, postos à mercê de um outro que não atende a seus apelos. Como diz Jacques André, a frágil vida psíquica do desamparado é aquela "vivida *fora de si*, na desesperada abertura para um outro que não responde"[28].

Para configurar esse clima de apreensão e desespero, o poema, concebido como um tecido de citações e reescritas, toma de empréstimo às vanguardas o recurso da montagem ou da *assemblage*, na medida em que institui um diálogo não só com a poesia, tendo Eliot à frente, mas também com a pintura, por meio da écfrase. O poeta reencontra o pintor, por meio do *ut pictura poesis*[29].

A interlocução com as artes plásticas se faz logo no canto inicial, dada a referência expressa à cena e aos personagens do quadro de Giorgione de Castelfranco, igualmente denominado *La Tempesta* (1508). Além da referência aos personagens da tela, a evocação do cenário e, sobretudo, do "silencioso casario", talvez mais do que descrever sinestesicamente as casas aparentemente inabitadas, pode ser alusão à atmosfera de quietude que tem fascinado tantos intérpretes, em contraste com a ameaça da tempestade prestes a desabar:

28. Jacques André, "Entre Angústia e Desamparo", *Ágora*, vol. 4, n. 2, R. de Janeiro, 2001, pp. 95-109 [online].

29. Antonio Bento já havia evocado a clássica fórmula horaciana, em matéria sobre o poeta-pintor publicada em *Última Hora* (Rio de Janeiro, 27 jun 1968): "Há dois mil anos, mestre Horácio já dizia, no seu *Tratado de Poesia*, que os pintores e os poetas sempre trabalharam unidos ou foram semelhantes em suas criações. É o que mais uma vez acontece atualmente, quando a pintura de caráter narrativo readquire todo o seu prestígio. Aliás, a pintura de José Paulo sempre esteve ligada à poesia, tanto na fase de suas fachadas, como agora em que o pintor se preocupa com a composição de paisagens maiores, apresentando cidades inteiras" (republicado como "Apresentação" (orelhas) a José Paulo Moreira da Fonseca, *Diário de Bordo*, Rio de Janeiro, Léo Christiano Editorial/Xerox do Brasil, 1982).

Uma jovem procura se abrigar.
Uma jovem amamenta o filho,
Além: o canal de águas mortas,
Um silencioso casario, a folhagem amedrontada.
    Que tenta guardar esse pastor ou barqueiro
De roxo manto? Que tenta guardar Giorgione de Castelfranco?
Que vale guardar? Que nos importa guardar?
Que nos importa?

A estrutura indagativa é algo a se destacar em todo o poema. Sem dúvida, está em *The Waste Land*, mas também na fala de Andrômaca citada em epígrafe. Nos versos acima, a indagação retórica sobre o que tenta guardar Giorgione diz respeito tanto ao que ele deseja figurar, quanto ao que significa sua tela mais enigmática, a ponto de o grande Vasari, escrevendo cinquenta anos após a morte do pintor, afirmar nunca tê-la entendido, nem conhecido alguém que a tivesse compreendido...

Sua imantação alegórica parece remeter ora à mitologia grega, ora à cristã, ora ainda ao horizonte histórico do grande pintor da *scuola veneta*. Ou seja, para alguns intérpretes, haveria na tela alusões mitológicas a Ío e Zeus, Páris e Enone ou Iasião e Demeter, sendo ainda possível a referência a uma antiga novela pastoral grega. Outros veem a representação do Paraíso na cidade deserta e, nos personagens, a encarnação de Adão e Eva com seu filho Caim, tendo inclusive o relâmpago simbolizando Deus que os expulsara do Éden. Também em termos bíblicos, supõe-se uma menção velada à fuga para o Egito. Descartou-se, por fim, que a tela apresentasse mais uma versão da Madona com o menino Jesus, devido à exposição da nudez da mulher e à proximidade a seu corpo da criança, que lhe suga o peito.

Mais interessante são as hipóteses que remetem ao contexto histórico-social do pintor e das elites representadas pelos doges da Sereníssima República veneziana. A pintura, uma "paisagem com figuras" – inovação atraente para essas elites artisticamente sofisticadas da Veneza do século XVI –, traz um jovem elegantemente vestido e parado, observando a mulher amamentando o bebê. "O pastor ou barqueiro / de roxo manto", segundo o descreve o poeta carioca, já foi visto como figuração do próprio pintor ou, devido a suas vestimentas, como um membro da Compagnia della Calza, confraria de nobres venezianos que organizavam eventos teatrais e musicais em sua cidade. Nenhum dos personagens parece estar preocupado ou mesmo ciente da tempestade que se arma, cujos tons verdes e azuis projetam uma sensação de mau agouro, reforçada pelo efeito plástico do relâmpago, outro traço inovador para a pintura da época.

Resumindo de modo apressado, o pressentimento parece, alegoricamente, relacionar-se ao conflito decorrente da guerra da Liga de Cambrai (1508-1516). Embora a cidade representada não traga nenhum edifício identificável, há, nalgumas paredes, símbolos heráldicos (o do leão de São Marcos e outro, representando quatro rodas), um dos quais associado à família Carrara de Pádua, cidade anexada por Veneza em 1406. Partindo dessas referências, intérpretes sugerem que a tela, supostamente concebida entre 1506 e 1508, traz uma advertência velada, agora à Sereníssima República e à pretensa superioridade que se arrogava. Tendo em vista as hostilidades crescentes de Veneza com o papado, a tela advertiria para os prejuízos que ela poderia enfrentar, tão grandes quanto aqueles sofridos pela família Carrara, cuja extinção é registrada em 1435[30].

Dado essa sobredeterminação de sentidos, compreende-se a indagação reiterada: "que tenta guardar Giorgione de Castelfranco?" A pergunta pode ser deslocada da tela ao poema, que também parece se propor como alegoria, conforme se vê no Canto II:

> Celebremos a infinda alegoria,
> As mãos que do vazio modelam o vazio,
> Apenas um gesto sobre a argila inexistente.

Do poema, é claro, as indagações acabariam sendo redirecionadas ao leitor. Começando pelo intuito de um dos personagens da tela e, em seguida, pela intenção do pintor, elas vão, assim, descolando-se de seu referente imediato e, de modo cada vez mais sucinto, alcançam um grau de generalidade e abstração que se dirige ao leitor, irmanado ao poeta pelo *nós*, sob a forma de reflexão existencial mais abrangente: "Que vale guardar? Que *nos* importa guardar? / Que *nos* importa?"

30. As interpretações evocadas aqui não abrangem outras tantas leituras da tela, dentre as quais a mais respeitada é a de Salvatore Settis, *La Tempesta Interpretata.* Giorgione, I Committenti il Soggetto, Turim, Einaudi, 1978.

La Tempesta, *de Giorgione de Castelfranco. Gallerie dell' Accademi de Venezia*
(c. 1506-1508)

Na passagem do primeiro para o Canto II do poema, Moreira da Fonseca torna explícita a associação comentada entre a cidade moderna e a Babilônia. Também já se afirmou que o ecletismo das imagens em *The Waste Land* evocava Babilônia, mas o que aparece em *flashes*, aos fragmentos, no poema eliotiano, mimetizando formalmente o caos da modernidade urbano, em "A Tempestade", tende a um maior ordenamento, apesar da *assemblage* das citações que, conforme observado, inclui não só a literatura, a mitologia e a Bíblia, mas também as artes plásticas. Essa associação torna-se mais explícita em "A Tempestade" já pela retomada literal que estrutura o Canto II, extraída de trecho do Oráculo sobre a Queda da Babilônia atribuído[31] ao profeta Isaías – profeta também evocado em *The Waste Land* de forma mais episódica e sutil. É neste canto que, como já foi dito, aflora a estrutura dramática ou trágica devido à presença do coro de vozes babilônicas, cujos lamentos interpõem-se às falas do profeta da devastação, além de outras vozes de personagens, que precisam ser considerados mais detidamente.

Sem dúvida, o cerne da interlocução do poema de Moreira da Fonseca com Eliot diz respeito ao ideal de impessoalidade como via de libertação das armadilhas da individualidade, da hegemonia do eu romântico e suas pretensões de sinceridade, assim como da instabilidade do "nós" vitoriano, segundo Charles Altieri[32]. Com a supressão desse eu hegemônico, uma pluralidade de vozes passa a ecoar, orquestrada de tal maneira que faz de *The Waste Land* uma "sequência de monólogos dramáticos", desafiando o leitor a discernir suas conexões e identificar os falantes, como nota Alan Sinfield. Para este, a "visão perturbada" do poema "não é o reflexo de uma mente distorcida", nem a "matéria-prima da vida na qual as verdades morais devem ser discernidas", mas uma concepção de mundo que se resume, para o poeta, a uma competição por atenção entre tais "vozes escassamente encarnadas [...] falando apenas de frustração e miséria"[33].

31. "Atribuído" porque esse oráculo que anuncia a ruína de Babilônia pelos persas e medos de Ciro em 539 a.C. pode ser uma retomada modificada de um poema mais antigo dirigido contra a Assíria, tratando da queda de Nínive em 612 a.C., sob ataque conjugado de medos e babilônios, de modo que o texto em sua forma primitiva não seria, assim, de Isaías (cf. *A Bíblia de Jerusalém*, São Paulo, Sociedade Bíblica Internacional e Paulus, 1995, p. 1390, nota c).
32. Charles Altieri, "Impersonality: Eliot, Loy, Moore", *The Art of Twentieth-Century American Poetry: Modernism and After*, Malden/Oxford, Blackwell Publishing, 2006, pp. 64-74.
33. Alan Sinfield, *Dramatic Monologue*, London, Methuen & Co., 1977, pp. 40-41.

A despersonalização, a pluralidade de vozes e a sequência de monólogos dramáticos também definem a composição de "A Tempestade", embora mais facilmente discerníveis do que no poema eliotiano. Diferentemente deste, sabe-se, quase sempre, quem é e quando começa e termina a fala de cada personagem – sendo a única exceção, talvez, a voz em primeira pessoa no Canto III.

Também como em *The Waste Land*, os personagens do poema de Moreira da Fonseca podem adquirir o *ritual aspect* dos eliotianos, o que se deve ao fato de estes últimos não serem, de pronto, "individualidades ou tipos familiares à nossa cultura, mas figuras que desempenham papéis arquetípicos"[34]. Ao mesmo tempo, Wright chama a atenção para a contemporaneidade desses arquétipos, enfatizada pelo próprio Eliot, de modo que "muitos de seus personagens, pertencentes à cultura europeia moderna, comportam qualidades humanas contemporâneas e eternas". Esse arranjo, está visto, "permite ao poeta apresentar o mundo moderno como apenas mais um do infinito número de disfarces que a realidade humana pode encarnar"[35]. Por causa desse seu aspecto ritual, "os personagens eliotianos são instáveis e tendem a misturar diferentes papeis em uma humanidade abstrata". Eles são, em suma, "como imortais inconscientes que, à maneira de Tiresias, mudam a forma, o lugar e a cultura de uma época a outra e, repetidamente, representam as mesmas funções ritualísticas no Egito, na Grécia, na Inglaterra, por trás das máscaras que não revelam nada da face distintiva"[36].

Boa parte dos personagens de "A Tempestade" desempenham, igualmente, papeis arquetípicos e procedem da mitologia clássica ou cristã. É o caso da cativa Andrômaca da epígrafe, de Orfeu desamparado com a perda definitiva de Eurídice; dos personagens da tela Giorgione, se considerados como alegoria mítica; do próprio coro de vozes que pranteia a perda da cidade junto aos muros da Babilônia (evocada na sua dimensão dúplice, "mística e real", para lembrar o título do auto de Calderon de la Barca) e cujas lágrimas se misturam às águas do rio Eufrates e Tigre; sem esquecer o visionário Isaías, ligado à história dessa cidade. Aos per-

34. George T. Wright, *The Poet in the Poem...*, p. 61.
35. *Idem*, p. 62.
36. *Idem*, p. 63.

sonagens mitológicos ou bíblicos, Moreira da Fonseca aproxima tipos contemporâneos, quase que interagindo de forma direta, dialógica, com aqueles.

Talvez um dos momentos altos do poema, em se tratando de alcance social, ocorra quando, em meio à interlocução travada entre o coro de vozes da Babilônia e o profeta Isaías, surge a voz de um terceiro personagem, que não comparece como individualidade, mas como tipo representativo de uma classe. Tanto que não tem nome, mas é sintomaticamente designado como "Um Qualquer". Na verdade, entende-se essa designação não como expressão de todo um grande contingente humano socialmente inespecífico, mas sim circunscrita à perspectiva de uma dada classe. Está visto que é o burguês ou pequeno-burguês apegado à casa que ele mesmo construiu aos poucos, para si e para os filhos (como perpetuação da posse), cioso de nada dever e da lisura do dinheiro ganho e da documentação de propriedade; embevecido com o prazer que extrai do cheiro úmido, limpo e confortante do cimento, bem como do aconchego das paredes, recompondo, assim, uma conhecida tópica, do *douceur de foyer*, no sentido estabelecido Jauss[37]. Soma-se o sentimento de permanência e fidelidade dos objetos caseiros que o acompanham há muito.

Muito da configuração desse interior burguês e do apego desse "Um Qualquer" à casa e aos adereços ou objetos caseiros explica-se pela observação de Walter Benjamin a respeito do *intérieur*, quando da aparição do homem privado sob o regime de Luís Filipe na França, que levou à redefinição burguesa do espaço privado como domínio de sustentação das ilusões por oposição à realidade das ruas e ao realismo do cálculo no local de trabalho. Buscava-se reprimir ambos ao "confirmar o seu pequeno mundo privado", dando origem às "fantasmagorias do 'interior', da interioridade". Para a vida privada do homem, o interior da residência representa o universo. Ou ainda:

> É no interior do lar que o burguês procura esquecer as contradições da sociedade. Os rituais domésticos, os objetos de decoração servem para manter a ilusão de um universo harmonioso. A fantasmagoria da cultura capitalista se desdobra no

37. H. R. Jauss, "*La Douceur du Foyer*: La Lírica en 1857 como Ejemplo de Transmisión de Normas Sociales", em Rainer Warning (coord.), *Estética de la Recepción*, Madrid, Visor, 1989.

interior burguês: cortinas, papéis de parede, quadros, molduras rebuscadas, tapetes etc. devem montar um cenário capaz de oferecer segurança e apoio espiritual aos personagens. Além do conforto, é preciso solidez e beleza, em oposição à fragilidade e à feiura do mundo do lado de fora[38].

No poema, a supressão do poder devastador e acelerado do tempo dá-se, ilusoriamente, pelo rumor do relógio no refúgio da casa de "Um Qualquer", rumor esse qualificado como "sereno". O senso de continuidade ou permanência é evidenciado pelos objetos decorativos que acompanham o personagem "há tanto tempo". Tais objetos "fiéis" (o tapete, a xícara, que inclusive tem "uma pequena falha") são destituídos do valor de troca e investidos apenas de valor afetivo e identitário.

O interessante dessa passagem do Canto II não reside só nas falas isoladas de "Um Qualquer", como configuração de uma perspectiva de classe, mas em sua alternância com as sentenças e apartes de Isaías e do coro decretando a perda da cidade e o fim do mundo, e justificando, assim, o sentimento geral de desamparo. O contraste entre esse desamparo generalizado e o apego do personagem ao precário sentimento de amparo suscitado pela casa e pelo aconchego do interior burguês evidencia, ironicamente, sua completa alienação. Aliás, alienação que é condição afim a de outros personagens do poema, face à ameaça trágica anunciada pela tempestade, incluindo os personagens das telas evocadas nos versos.

Talvez essa passagem do poema dedicada a "Um Qualquer" seja dos raríssimos episódios em que Moreira da Fonseca se aproxima minimamente do alcance crítico da estratégia eliotiana da impessoalidade. Esse alcance reside na abertura para o social, de que trata Altieri, ao buscar "restaurar Eliot para a consciência contemporânea"[39]. O crítico demonstra como o poeta fez da poesia um meio de combate às estruturas básicas constituidoras do processo de formação da identidade em uma cultura obcecada pelas identificações imaginárias. Ou, ainda, quando demonstra que Eliot utiliza-se das vozes como meio para captar as qualidades íntimas da maneira pela qual a vida pública é experimentada. O poeta

38. Martha D'Angelo, "A Modernidade pelo Olhar de Walter Benjamin", *Estudos Avançados*, vol. 20, n. 56, São Paulo, jan.-abr. 2006.

39. Charles Altieri, "Impersonality: Eliot, Loy, Moore", *The Art of Twentieth-Century American Poetry: Modernism and After*, *op. cit.*, pp. 64-74.

surpreende tais vozes no instante em que revelam sua posição em uma ordem cultural deformada, e os versos tratam de descrever apenas as falhas ou os sintomas do que é problemático na experiência coletiva da cultura. É certo, entretanto, que "A Tempestade" está bem distante desse alcance crítico admirável (que se dá à revelia do poeta, visto que Eliot nega força social ao poema).

No Canto III, aparece a outra tela com que "A Tempestade" dialoga de perto: *Francisco Lezcano*, El *Niño de Vallecas*, de Diogo Velázquez, que, juntamente com Juan Calabazas, Diego de Acedo e Sebastián de Morra formam o conjunto de retratos de bufões denominado por Lafuerte Ferrari, em termos bastante insensíveis, em franca contradição com a intenção do pintor, de "políptico de los monstruos", em virtude das deformidades físicas dos três anões retratados e de suas supostas "limitações intelectuais".

Sobre a procedência dos personagens representados e o tratamento dado a eles pelo grande pintor espanhol, sobretudo o Lezcanillo, diz ainda Jorge Chen Sham, retomando o comentário (em termos também nada felizes) de um contemporâneo do pintor:

> Para a Torre da Parada do Alcázar de Madrid, Velázquez fez uma série de retratos de bufões ou "hombres de placer" que tinha a Casa del Rey para diversão da família real e que provinham de manicômios e hospícios. Eram seres com limitações físicas e mentais e, seguindo a tradição da casa real, Velázquez os retrata e "com sua arte milagrosa [...] infunde uma dignidade humana naqueles desgraçados, loucos ou disformes". [...] Em 1644, pintou os três melhores retratos dedicados a homens da Casa del Rey, entre eles o de Lezcanillo, anão vizcaíno, conhecido como "El Niño de Vallecas". Gállego nota ser este retrato pintado com uma grande humanidade e afeto, com uma grande humanidade que faz encontrar no espectador a simpatia ante uma figura anormal como o é o anão Lezcanillo, que, por padecer de hidrocefalia, possuía uma cabeça enorme e bastante anômala em proporções. A humanidade do anão comove e interpela ao espectador que contempla os retratos destes personagens singulares, adverte Gállego[40].

Moreira da Fonseca também se deixou fascinar pela tela de Velázquez e desdobrou poeticamente sua leitura particular do quadro, tal como fi-

40. Jorge Chen Sham, "La Responsabilidad Humana: El Poema 'Pie para *El Niño de Vallecas* de Velázquez'", *Filologia y Lingüística*, XXX (2), 2004, pp. 17-23.

zeram Léon Felipe (*Pie para El Niño de Vallecas*) e Vicente Aleixandre ("*Óleo Niño de Vallecas*"), mas com ênfase diversa. O poeta carioca é, talvez, o único a dar destaque ao céu de fundo, cinzento, escuro, que cobre a Serra de Guadarrama. Céu que, decerto, ele associa ao prenúncio de uma tempestade, o que justifica a evocação do quadro de Velázquez nos versos e permite aproximá-lo ao de Giorgione.

Não foi encontrada nenhuma referência ao céu de fundo nas análises consultadas sobre a tela de Velázquez, nem na mais respeitada, de Jonathan Brown[41], para julgar a hipótese de figuração de uma tempestade e seu possível significado. Os críticos, assim como os dois poetas espanhóis, concentraram-se mais na figura do retratado, da qual Moreira da Fonseca também não descurou, evidentemente, mas a encarou de modo distinto.

A captação poética de Léon Felipe tem a "finalidade reivindicatória de um ato de salvação", como diz Chen Sham[42], de quem busca perceber o verdadeiro sentido de uma figura posta à margem, resgatando-a do esquecimento, acrescido da premência de uma "necessidade de compromisso", de "ação imediata" do observador/leitor: "a exigência de que ninguém cruze os braços ante a miséria e a injustiça, de que ninguém se evada do lugar onde se encontra", tanto ele, poeta, quanto seus interlocutores, para não perder de vista aquilo que revela e (re)clama *El Niño de Vallecas*.

Vicente Aleixandre, por sua vez, "celebra a sensibilidade de Velázquez ao plasmar a dimensão humana de Francisco Lezcano"[43], lembrando que, ao redimi-la, o pintor desafiou as prescrições das artes plásticas de seu tempo, no tocante aos temas iconográficos ideais. No caso do Lezcanillo, como nas demais telas dedicadas a esses *hombres de placer* ou *sabandijas*, objetos de jogos e abusos de cortesãos, desprezados ainda por contemporâneos que os consideravam *parasitas insolentes* e *niño imbecil*, Vicente Aleixandre enaltece a mão carinhosa do pintor que, ao contrário da visão corrente, dirige uma mirada afetiva que dignifica o retratado:

41. Jonathan Brown, *Velázquez: Painter and Courtier*, New Haven/London, Yale University Press, 1986, pp. 153-154.
42. Jorge Chen Sham, "La Responsabilidad Humana", pp. 17-23.
43. Beatriz Carolina Peña Nuñez, "Vicente Aleixandre, Diego de Velázquez y *El Niño de Vallecas*", *Revista Cronópio*, ed. 62, ago 13, 2015 (online).

Francisco Lezcano, El Niño de Vallecas (1643-1645), *de Diego Velázquez. Museo del Prado.*

A veces ser humano es difícil. Se nació casi al borde.
Helo aquí, y casi mira. Desde su estar inmóvil rompe el aire
y asoma súbito a este frente: aquí es assombro.
Pues está y os contempla, o más, pide ser visto, y más: mirado, salvo.
[...]
La mano aquí lo pintó, lo acarició
y más: lo respetó, existiendo.
Pues era. Y la mano apenas lo resumió exaltando
su dimensión veraz.
[...]
Si le miráis le veréis hoy ardiendo
como en húmeda luz, todo él envuelto
en verdad, que es amor, y ahí adelantado, aducido,
pidiendo, suplicando sin voz: pide ser salvo.
Miradle, sí: salvadle. El fía en el hombre[44].

Já o poeta brasileiro não parece explorar nem a dimensão contestadora, nem a redentora, desse ser posto quase *al borde*. Em vez disso, enfatiza os olhos do Lezcanillo que nada parecem ver, os lábios como de alguém que morresse, a suposta alienação ou loucura do menino de Vallecas e a inconsciência de sua solidão expressa pelo riso. Associado a essa condição de pequeno bufão, os versos, descolando-se do que representa de imediato a tela, embaralham suas falas com as do rei a que serve, invertendo os papéis pela sua perspectiva desatinada: "Somos reis! / Somos deuses! Curva-te e beija a nossa mão". Ao contrário da dignificação do personagem no quadro e no poema de Aleixandre, Moreira da Fonseca parece associá-lo a outros loucos representados em condição degradada, chegando à notação grotesca, escatológica, pois eles "rolam em postura indigna, / As camisolas sujas do excremento", apesar da imagem de dor e sofrimento associada ao bailado que descrevem: "os pés sangrando sobre a neve onde dançam". Há nessa passagem uma voz em primeira pessoa, sem se poder identificar de pronto a quem pertence, mas que não parece ser de nenhum dos personagens que falam nessa passagem.

44. Vicente Aleixandre, "Impar. 11. Óleo ("Niño de Vallecas")". *En Un Vasto Dominio*, Madrid, Alianza Editorial, 1978, pp. 235-237.

Quanto ao "Epílogo" (Canto IV), além dos versos e imagens insistentemente repetidas, há uma referência em particular que causa certo estranhamento em meio ao cenário urbano – ainda mais evidenciado neste canto final, com a ênfase dada aos edifícios, às antenas, à rua, ao montículo com casarios, aos aviões e a um carro que surge nos meandros da noite, o temor de que o motor falhe no ermo cheio de perigos e os faróis na neblina aclarando formas esquivas. Trata-se da referência a uma camponesa, que se mostra intranquila ao perceber a aproximação do exército e as searas incendiadas, além da menção a um novilho coberto de sangue entre os moinhos. Ela instiga, entre outras razões porque, obviamente, destoa do ambiente citadino configurado pelo poema como um todo, do qual voltam a tratar os versos imediatamente seguintes, com o luzir das antenas e os derradeiros aviões em busca de um pouso seguro.

Talvez o poeta buscasse, desse modo, sinalizar que a ameaça da catástrofe se estende por tudo, incluindo o campo, onde as tensões recrudesciam, de fato, nos anos 1950 no Brasil, com o fortalecimento político e a autonomização crescente da ação camponesa – a novidade à época[45] –, ameaçando interesses seculares e levando, como de praxe, a ações repressoras. Se assim for, a velha oposição cidade *versus* campo é reposta, aí, em novas bases. Todavia, dado o caráter alusivo, deliberadamente impreciso dos versos, pode-se estar forçando a nota, já que não há ancoragem para essa hipótese em outras partes do poema.

Essa impressão, aliás, assola o leitor em mais de uma passagem, quando afloram alusões que parecem encontrar algum esteio no contexto histórico do poeta, mas que podem se referir a outro momento distante no tempo ou mesmo a época nenhuma, dada a feição sempre ambivalente, duvidosa dos versos. Essa imprecisão, inclusive, é a impressão final que assola o leitor ao indagar pelo sentido último do poema em sua totalidade na quadra histórica em que foi concebido. Tanto mais por se tratar de um poeta que integra um grupo cujo projeto estético tendeu, suposta-

45. A respeito do movimento camponês (com as Ligas constituídas em meados de 1940), a ação repressora sobre ele e sua recriação nos anos 1950, ver Ivana Jinkings, "Ligas Camponesas", *Enciclopédia Latino-americana*. (http://latinoamericana.wiki.br/verbetes/l/ligas-camponesas); e Vânia Maria Losada Moreira, "Nacionalismos e Reforma Agrária nos Anos 50", *Revista Brasileira de História*, São Paulo, vol. 18, n. 35, 1998, pp. 329-360.

mente, ao descolamento da história presente em busca de uma pretensa universalidade que não raro acabou por lhe conferir a impressão de anacronismo, conforme se insistiu várias vezes. Contudo, não se pode esquecer que este poema encena algo como uma viragem no projeto poético de José Paulo Moreira da Fonseca pois, conforme se viu com Jacobbi, há aqui uma tentativa de interpretação "por dentro" da condição histórica do burguês ocidental. É quase como se ele atribuísse ao poema um papel similar ao conferido a *The Waste Land*, como expressão do estado de espírito de uma geração, a despeito do próprio Eliot negar tal intenção. Já no caso de Moreira da Fonseca, ao contrário, ele parece referendar a avaliação que o crítico italiano fez de seu poema, a ponto de homenageá-lo na dedicatória, quando da republicação do poema em sua *Antologia Poética*.

Seja como for, a referência de Jacobbi ao "entreguerras" causa espécie, uma vez que o poema data, afinal, dos anos 1950, sendo publicado em 1956, portanto no bojo da euforia desenvolvimentista dos anos JK. Ainda que não haja referências históricas mais imediatas nos versos, dada a imprecisão e ambiguidade características do todo, é curioso pensar o efeito de sentido que esse poema, como forma objetivada, produz à luz desse contexto histórico-político.

É claro que o tom disfórico dominante em "A Tempestade" não parece nada tributário do otimismo então reinante, como se veria, por exemplo, em outros movimentos de vanguarda surgidos à época, a exemplo do Concretismo. Justamente num momento de acentuada exploração de riquezas naturais (como as fontes de energia) em virtude do incremento do indústria e do acelerado processo de modernização em outros segmentos, que vai instituir uma nova concepção de tempo e de superação das distâncias, vale indagar pelo contraste representado por um poema que trata de enfatizar a condição de desamparo dos indivíduos em função do fracasso, decadência ou impotência da civilização moderna em face de uma força natural indomável, anunciando o fim apocalíptico, traçado em associação com moldes míticos. Daí, mais uma vez, a importância da imagem emblemática do leopardo à espreita, como força natural e agressiva. Não por acaso, talvez, ele apareça, nesse canto final, instalado entre os escombros de um edifício, justamente um hotel, local jamais de habitação permanente, mas provisória. Seu valor como signo de transitoriedade é ainda mais acentuado porque em demolição, repondo simbolicamente o precário de toda civilização[46].

Tal como *La Tempesta* de Giorgione, a de José Paulo Moreira da Fonseca permitiria ser lida, assim, como uma advertência, em registro trágico, ao otimismo e à ideologia triunfalista que marcaram o espírito eufórico reinante a partir de meados dos anos 1950.

Lógico que isso não responde de forma decisiva à inquietação que o poema provoca. Continua-se a lançar a seus versos a mesma ordem de indagação que o eu lírico dirige à tela do pintor veneziano devido à sua imantação alegórica: *o que tenta guardar* José Paulo Moreira da Fonseca? Ou mesmo: *o que vale, o que importa guardar*?

46. Vale chamar a atenção para a coincidência dessa imagem de escombros de um velho hotel em demolição em "A Tempestade" com a imagem emblemática do drummondiano "A Um Hotel em Demolição", estrategicamente examinado no capítulo final deste livro.

VII

Da Tensão Moderna Entre o Eterno e o Transitório ao *Tópos* da Perenidade do Canto

Já se evidenciou que o conceito de clássico com que se descreve a tendência marcante na lírica do pós-guerra deve ser tomado menos no sentido histórico e mais na sua acepção estilística ou normativa, portanto supra-histórica. Mas além disso, pelo menos desde Sainte-Beuve, a definição de tal conceito implica uma tensão que rompe com a noção estanque de modelos de composição e estilo aos quais se deve conformar. Essa tensão é instituída entre o "permanente" e o "provisório" que, segundo Antoine Compagnon, viria a ser, anos mais tarde, a própria definição de Baudelaire da modernidade[1].

Ora, uma das entradas possíveis para se pensar o retorno às formas tradicionais pelos poetas de 45 e pelos grandes nomes do Modernismo é considerar o modo como, afinal, uns e outros poetizaram (pensando, inclusive, no seu próprio legado) a tensão central que sintetiza a essência da modernidade desde a – hoje, "clássica"! – formulação baudelairiana: "A modernidade", diz o autor de *O Pintor da Vida Moderna*, "é o transitório, o fugitivo, o contingente, a metade da arte cuja outra metade é o eterno e o imutável"[2].

Walter Benjamin diz que não se vai longe com essa frase e que a própria realização poética do autor de *Les Fleurs du Mal* é muito superior

1. Antoine Compagnon, *O Demônio da Teoria: Literatura e Senso Comum*, Belo Horizonte, Editora UFMG, 2003, p. 237.
2. Charles Baudelaire, *O Pintor da Vida Moderna*, Belo Horizonte, Autêntica, 2010.

à sua teoria da modernidade expressa nesse estudo sobre Constantin Guys. Mas o fato é que tal definição foi e tem sido objeto de inumeráveis interpretações, divergentes e polêmicas, sobre a modernidade em geral, desde o celebrado ensaio benjaminiano, passando por trabalhos como os de Jauss, Poulet, de Man, Bersani e, entre outros tantos, o citado Compagnon, a quem se toma por guia na revisão de algumas dessas leituras consagradas.

POLÊMICAS EM TORNO DA TESE BAUDELAIRIANA DA MODERNIDADE

Interessa apenas destacar os aspectos relativos a tal "passagem litigiosa e contestada" do estudo sobre Guys, que permitam armar o confronto entre os modernos classicizados e os poetas de 45, no que tange a essa relação entre o eterno e o transitório. Compagnon facilita esse trabalho ao agrupar o conjunto de ensaios mais significativos em quatro grandes tendências interpretativas:

> [...] a da reconciliação fenomenológica (Georges Poulet); a da transcendência mística (Jean Pommier, Marc Eigeldinger); a do materialismo dialético (Walter Benjamin e Hans Robert Jauss); e, por fim, a não dialética ou psicanalítica, do nem... nem... (Leo Bersani e também Walter Benjamin), a única talvez a integrar a aporia[3].

A despeito de polemizarem entre si, as interpretações mais autorizadas, segundo Compagnon, leem a definição de Baudelaire em associação com sua obra poética, como um argumento mágico, intervindo em momento crucial de demonstração, à maneira de um *deus ex machina*. Todas elas, porém, tomam distância das leituras fáceis dessa passagem, seja a que confunde modernidade com contemporaneidade; seja a de um idealismo bem-comportado para a qual o "eterno" baudelairiano não traz problemas: a arte, tanto a moderna quanto a antiga, busca sempre extrair a beleza da vida, transfigurando a atualidade em eternidade. (Desse idealismo, aliás, parecem se aproximar muitos dos poetas de 45.)

3. Antoine Compagnon, *Baudelaire devant l'Innombrable*, Paris, Presses de l'Université de Paris-Sorbonne, 2003, p. 44.

Sobre a leitura "da reconciliação fenomenológica", ela se reconhece em comentários como este, de *Études sur le Temps Humain*:

> Do caráter duplo e contraditório da natureza humana emerge, por conseguinte, no pensamento de Baudelaire, a concepção de uma beleza que, ela também, tem uma natureza dupla e uma dupla face: uma natureza permanente e uma natureza transitória, uma face de grandeza e uma de miséria. E ao mesmo tempo se descobre a possibilidade de viver num tempo que não seria nem o eterno dos estados paradisíacos, nem o infeliz dos estados infernais; mas um tempo duplo que na infelicidade contém a promessa de felicidade, que do feio fará surgir a beleza; um tempo que seria simultaneamente deficiência para com a eternidade e tendência à eternidade[4].

Poulet repete essa *démarche* em *Les Métamorphoses du Cercle*, valendo-se da imagem do tirso no *Spleen de Paris*, para simbolizar a mediação estética:

> O elemento eterno, invariável, é a projeção em linha direta da vontade; o elemento relativo, circunstancial, é a expressão sinuosa, mas contida e mantida, da imaginação. Elevando-se juntas, essas duas linhas dão ao poeta seu espaço[5].

Compagnon rebate essa "dialética conciliadora", "harmoniosa", de Poulet, advertindo que o texto sobre Constantin Guys permanece sempre paradoxal, dividido, inclusive no emprego da imagem do tirso, a que Baudelaire também recorre para falar da "espantosa dualidade" da música de Lizst, "cantor da Volúpia e da Angústia eternas"[6].

Já no influente artigo de Jauss sobre "A Modernidade na Tradição Literária e a Consciência do Hoje", o segundo termo da dualidade baudelairiana não tem mais nada a ver com a Antiguidade clássica como norma intemporal, e o crítico alemão reconhece, justamente em *O Pintor da Vida Moderna*, a apoteose de uma concepção de belo que não toma mais por padrão a autoridade do passado. Compagnon discorda da conclusão a que chega Jauss quando este diz que

> [...] toda modernidade deve, por conseguinte, inevitavelmente se transformar, por ela mesma, em "antiguidade". [...] Baudelaire opõe, ao movimento perpétuo

4. *Idem, ibidem*.
5. *Apud* Antoine Compagnon, *op. cit.*, p. 45.
6. *Idem, ibidem*.

irresistível da modernidade, um pólo de estabilidade que se constitui no processo mesmo pelo qual a modernidade se renova"[7].

Para Compagnon, Jauss segue em conformidade com o materialismo dialético dos frankfurtianos na análise da autonomia da arte em nome da resistência ao mercado, evocando, assim, a "alquimia da criação" pela qual cabe ao artista extrair "o durável, o inalterável e o poético do transitório e do histórico"[8]. Em seu desejo de reconhecer nas concepções de Baudelaire a ratificação da experiência estética do modernismo ou mesmo das vanguardas históricas, Jauss tende "a dar uma coerência excessiva ao poeta francês". Compagnon critica ainda o fato de que

> Jauss queria em suma nos fazer crer que o eterno baudelairiano não tinha nada de eterno, nada dos sentidos assumidos pela palavra, mas, ao contrário, alguma coisa como a história da ideia do belo. Essa formulação cria, entretanto, um problema ao reintroduzir o histórico do lado do eterno, enquanto Baudelaire, precisamente, os opõe. Jauss pretende descartar as duas leituras mais correntes do eterno baudelairiano: a leitura platônica, ou antes neoplatônica, e a leitura cristã, ou antes católica, mas isso o conduz a inventar em Baudelaire uma doutrina modernista, na verdade materialista, muito mais consistente do que tudo que se pode encontrar nele[9].

A leitura (neo)platônica contra a qual Jauss se volta é ilustrada pelo livro de Marc Eigeldinger (*Le Platonisme de Baudelaire*), assim como a cristã, pelo de Jean Pommier (*La Mystique de Baudelaire*). Segundo Compagnon, tal leitura neoplatônica

> [...] se funda no culto da beleza, na doutrina das correspondências e na inclinação para a abstração que parecem partilhar o poeta moderno e o filósofo antigo. Ela também permite, menos dialeticamente que a argumentação de Poulet ou de Jauss, devolver o dualismo do belo, como todos os dualismos baudelairianos, a um monismo, ao identificar, via Swedenborg, de Maistre e Poe, a antítese do imutável e do histórico com a do inteligível e do sensível, ou a do espiritual e do material, ou do uno e do múltiplo. Ora, o segundo termo dessas dicotomias não é irredutível ao primeiro, visto que se entende, segundo a doutrina neoplatônica da emanação, originar ou proceder da identidade ideal. [...] As correspondências devolvem o na-

7. *Idem*, p. 46.
8. *Idem*, *ibidem*.
9. *Idem*, pp. 46-47.

tural ao sobrenatural, e a arte se dá como um meio, destacando-se do sensível, de participar da imortalidade pelo culto do belo. É a ideia, a perfeição inteligível, que a visão do artista percebe através do sensível. A beleza terrestre revela a beleza ideal; aparentada à eternidade, ela pode fazer aceder a esta aqui debaixo. [...] Quanto à leitura cristã, que procede do velho sincretismo platônico-cristão, ela está, amplamente, em conformidade com o neoplatonismo e dá o nome de Deus ao Uno[10].

Se é legítimo refutar essas duas leituras de Baudelaire, Compagnon reconhece que também não é menos refutável a substituição por leituras exatamente contrárias, como faz Jauss. Ao afirmar que a consciência histórica opõe à sua experiência da modernidade o sentimento do eterno, Jauss formula uma definição aceitável, próxima à de Adorno, do belo moderno relacionado ao tempo, como busca do eterno quando este já se mostra para sempre perdido. Mas, como adverte Compagnon, essa definição é a da "nossa modernidade", ou melhor, das vanguardas históricas. Ainda que algo nesse sentido possa ser depreendido de *O Pintor da Vida Moderna*, ele aparece de modo confuso, e a presença de uma perspectiva transcendental e de um idealismo baudelairiano não permite também assegurar nada.

Compagnon reconhece um índice de anacronismo nessa leitura de *O Pintor da Vida Moderna*, em especial na crítica virulenta impetrada por Jauss a Benjamin, a quem censura por não ter compreendido devidamente o ensaio baudelairiano ao confundir o antigo com a Antiguidade clássica, quando na verdade a antítese baudelairiana tem em mira o par "obsoleto--novo", ou seja, a arte moderna tornada "antiga" em oposição formal com ela mesma. Além disso, Jauss critica Benjamin por não compreender o sentido positivo que a modernidade também assumiu em Baudelaire. Por isso, sempre segundo Jauss, Benjamin sublinha o apego do poeta francês a uma imagem idealizada da natureza como contrapartida a sua aversão pela grande cidade e pela dimensão cruel da modernidade. Como ainda pondera Jauss, ao desvincular a poesia baudelairiana da arte pela arte, Benjamin teria certamente reconhecido em *Les Fleurs du Mal* o testemunho das transformações históricas da sociedade do século XIX, isto é, a condição de existência desnaturada das massas urbanas, mas teria subestimado o inverso dialético da alienação reinante: a força produtiva

10. *Idem*, pp. 47-8.

nova que o homem adquire se apropriando da natureza, sobre a qual a poesia da cidade e a teoria da modernidade em Baudelaire fornecem um testemunho não menos importante.

Diante de todas essas críticas, nota Compagnon que Benjamin não acreditava ser possível uma leitura modernista ou vanguardista de Baudelaire e preferia manter o paradoxo fundamental da teoria estética deste último – paradoxo superado vitoriosamente pela recuperação positiva da autonomia da arte do ponto de vista neomarxista de Adorno ou Jauss. Outra comentarista de Benjamin, em vista dos reparos polêmicos feitos por Jauss, dará uma resposta mais convincente a tais críticas:

> Ora, se podemos concordar com a justeza de várias das observações de Jauss, não precisamos aceitar o seu balanço final. A nossa hipótese é muito mais que Benjamin descobre "em" Baudelaire uma modernidade que não coincide com a modernidade "segundo" Baudelaire, notadamente com as descrições entusiastas do *Pintor da Vida Moderna*. Nas *Flores do Mal* e no *Spleen de Paris* o heroísmo de C. Guys é substituído pela alternativa dilacerante entre a conquista do belo e do novo e o triunfo do Aborrecimento, do tempo que tudo derrota e devora. Baudelaire não seria, então, o primeiro poeta moderno por ter tematizado a modernidade, mas porque a sua obra inteira remete à questão da possibilidade ou da impossibilidade da poesia lírica em nossa época. [...] Com apoio nos comentários muito esclarecedores de W. Menninghaus, podemos afirmar que, para Benjamin, a característica da literatura da modernidade consiste na sua relação privilegiada com o tempo, ou antes, com a temporalidade e com a morte. Nesse sentido, a modernidade se relaciona com a Antiguidade, não porque dependeria dela como de um modelo, mas porque a Antiguidade revela uma propriedade comum a ambas, a sua *Gebrechlichkeit* (fragilidade). É porque o antigo nos aparece como ruína que o aproximamos do moderno, igualmente fadado à destruição. Benjamin não insiste tanto na recusa da grande cidade por Baudelaire, mas muito mais no fato de que a sua poesia urbana é uma poesia de transitoriedade e de fragilidade. É porque os poemas de Baudelaire dizem a cidade na sua destrutibilidade que, paradoxalmente, eles perduram, ao contrário da poesia triunfalista de um Verhaeren, por exemplo, que via na cidade moderna o apogeu do progresso humano[11].

Uma derradeira vertente da leitura inventariada por Compagnon (próxima da benjaminiana em muitos pontos) vem representada por

11. Jeanne-Marie Gagnebin, "Baudelaire, Benjamin e o Moderno", *Sete Aulas Sobre Linguagem, Memória e História*, Rio de Janeiro, Imago, 1997, p. 149.

Léo Bersani, que insiste na desproporção ou inconsistência da dualidade baudelairiana entre o relativo e o eterno, assim como na disparidade da teoria e da prática do poeta, sugerindo que o esclarecimento da intuição de Baudelaire sobre o eterno deve ser buscado não na teoria, mas na obra. O eterno e o transitório, segundo ele, não se opõem, mas se recobrem:

> Não há nada senão o transitório ou o relativo, mas o transitório descobre não ter valor nenhum nele mesmo. [...] O artista não pode representar nada a não ser o transitório, mas sua representação é sem valor se nós não podemos ver o transitório tomar uma certa distância em relação a ele mesmo, suplementar-se, talvez mesmo negar a si próprio. De onde uma espécie de conceito de eterno como suplemento ou aumento do transitório[12].

Segundo Bersani, Baudelaire não diz que o artista descobre o eterno no transitório, como se este encarnasse aquele, mas sugere que o ideal ou a ideia do belo é, por seu turno, o que falta ao particular e ao que o particular tende, ao que ele "acaba por parecer". Essa análise conduz Bersani a identificar o eterno ao ideal, quer dizer "à forma que o circunstancial toma aspirando a ser diferente dele mesmo". A interpretação permanece próxima da de Blin, para quem o ideal baudelairiano seria "o objeto único percebido como seu tipo, é a essência distintiva, ou se se quer, o dever-ser de cada coisa particular"[13].

Já no caso da análise proposta pelo próprio Compagnon, ele insiste na irredutibilidade dessa dualidade baudelairiana e, para comprová-la, procede, entre outras demonstrações, a um levantamento minucioso das ocorrências do termo "eterno" na obra de Baudelaire – seja como substantivo, adjetivo ou advérbio; seja, no primeiro caso, grafado com maiúscula ou minúscula; seja, no segundo, como masculino ou feminino, anteposto ou posposto ao nome que qualifica –, a fim de atestar como a reversibilidade da palavra é tamanha que sua instabilidade impede qualquer leitura unívoca. Como os demais ensaios de Compagnon, este também resulta em uma interpretação aporética. No caso de Baudelaire, isso parece se

12. Bersani *apud* Compagnon, *Baudelaire Devant l'Innombrable*, p. 61.
13. *Idem*, p. 62.

justificar na medida em que, segundo o crítico, o "eterno" era para o poeta francês uma "aporia necessária"[14].

Afora a antítese transitório *versus* eterno que está no cerne da poética baudelairiana da modernidade, não custa lembrar, para os propósitos da presente abordagem, a dinamização dessa dialética pela tensão entre forma e fundo (por assim dizer, só para facilitar). A restrição formal imposta pelo alexandrino e pelo emprego recorrente do soneto em *As Flores do Mal*, longe de representar uma acomodação à convenção, serve para instigar o rigor e a austeridade da criação baudelairiana, justificativa nem sempre aceita por críticos e poetas que se seguiram a ele. Rimbaud criticava Baudelaire por não ter visto que "as invenções do desconhecido reclamam formas novas". Ainda hoje, certa crítica de poesia contemporânea, inclusive no Brasil, vem insistindo em afirmar que a contribuição relevante de Baudelaire residiria muito mais nos *Petits Poèmes en Prose*, devido à mistura de gêneros, do que em *Les Fleurs du Mal*, o que parece bastante discutível.

Isso posto, importa observar que este longo preâmbulo em torno da recepção da tão decantada antítese baudelairiana sobre a modernidade se justifica não só por ser *As Flores do Mal* o marco de nascimento da lírica moderna, mas sobretudo porque essa definição antitética está, de certo modo, no horizonte da crise da modernidade lírica representada pelos modernistas neoclássicos e, até certo ponto, pelos poetas de 45. E se diz até certo ponto porque essa tensão entre o eterno e o moderno, o permanente e o transitório, embora marque presença em alguns dos principais integrantes de 45, parece, entretanto, resolver-se (ou dissolver-se) por ênfase diversa nos termos em confronto, quando comparados com os modernistas classicizados, na medida em que aqueles caminham no sentido da reposição da velha tópica da "eternidade da poesia", examinada adiante, à luz de poemas representativos de tal geração ou grupo. Além dessa hipótese, sustenta-se aqui que parece faltar aos poetas de 45 algo que persiste com força nos modernistas classicizados, notadamente Drummond: é a concepção baudelairiana da beleza moderna como a "petrificação da infelicidade"[15]. Essa componente melancólica e dolorosa da concepção moderna do belo é destacada por Compagnon em vários

14. *Idem*, p. 43.
15. *Idem*, p. 68.

momentos da obra baudelairiana, a exemplo do misto confuso de voluptuosidade e tristeza em *Fusées*, na dor majestosa da figura lutuosa de "A uma Passante", culminando no grande poema da modernidade: "O Cisne", em que *allégorie* e *mélancolie* rimam em faces de *blocs* e *rocs*, como que para imitar a claudicação do presente e do eterno[16].

À luz dessas distintas interpretações em torno da tão decantada definição baudelairiana, pode-se discutir a concepção de modernidade evidenciada em alguns poemas emblemáticos da vertente neoclássica aqui examinada.

MODERNISTAS CLASSICIZADOS E A TENSÃO ENTRE O PERMANENTE E O PROVISÓRIO

Na lírica brasileira, ninguém tematizou mais genialmente a tensão baudelairiana do que Drummond. O grande e mais explícito exemplo, dentro da estada neoclassicizante de sua poesia, está nos famigerados versos do justamente intitulado...

ETERNO

E como ficou chato ser moderno.
Agora serei eterno.

Eterno! Eterno!
O Padre Eterno,
a vida eterna,
o fogo eterno.

(Le silence éternel de ces espaces infinis m'effraie.)

– O que é eterno, Yayá Lindinha?
– Ingrato! é o amor que te tenho.

Eternalidade eternite eternaltivamente
    eternuávamos
        eternissíssimo
A cada instante se criam novas categorias do eterno.

16. *Idem, ibidem.*

Incluído em *Fazendeiro do Ar* (1954), "Eterno", embora pareça encenar a recusa do moderno nos dois primeiros versos, é todo ele concebido segundo procedimentos de construção caracteristicamente vanguardistas ou modernistas: o emprego marcante do humor e da ironia, a mescla estilística que funde o elevado e o prosaico, a paródia ou a apropriação, via colagem, além do verso livre e, sobretudo, da ênfase dada, no fecho do poema, ao ritmo – reivindicado pelos modernistas como verdadeiro fundamento da musicalidade do verso, por oposição à métrica. Não se podem esquecer também, em termos de procedimentos vanguardistas, os neologismos que, nos versos acima, recriam o eterno em várias categorias gramaticais e modos verbais. Dentre essas recriações, o eterno chega a ser rebaixado, ironicamente, à dimensão mercadológica de uma marca comercial (Eternite). Aliás, a própria afirmação antitética de que "a cada instante se criam novas categorias do eterno" põe em xeque a noção mesmo daquilo que busca recriar.

Eterna é a flor que se fana
se soube florir
é o menino recém-nascido
antes que lhe deem nome
e lhe comuniquem o sentimento do efêmero
é o gesto de enlaçar e beijar
na visita do amor às almas
eterno é tudo aquilo que vive uma fração de segundo
mas com tamanha intensidade que se petrifica e nenhuma força o resgata
é minha mãe em mim que a estou pensando
de tanto que a perdi de não pensá-la
é o que se pensa em nós se estamos loucos
é tudo que passou, porque passou
é tudo que não passa, pois não houve
eternas as palavras, eternos os pensamentos; e passageiras as obras.
Eterno, mas até quando? é esse marulho em nós de um mar profundo.
Naufragamos sem praia; e na solidão dos botos afundamos.
É tentação a vertigem; e também a pirueta dos ébrios.

Eternos! Eternos, miseravelmente.
O relógio no pulso é nosso confidente.

Mas eu não quero ser senão eterno.
Que os séculos apodreçam e não reste mais do que uma essência
ou nem isso.
E que eu desapareça mas fique este chão varrido onde pousou uma sombra
e que não fique o chão nem fique a sombra
mas que a precisão urgente de ser eterno boie como uma esponja no caos
e entre oceanos de nada
gere um ritmo[17].

Ainda em termos de categorias gramaticais, Drummond, de modo similar a Baudelaire, alterna o emprego de eterno como substantivo e como adjetivo. Com isso, ora define o tema, ora qualifica a voz poética e seu legado, seu lugar na tradição e na história literária, enfatizando, sempre de modo contraditório e irônico, sua permanência provisória. O efeito, entretanto, acaba sendo outro, da perspectiva da tradição literária: ao denunciar essa condição passageira das obras, Drummond garante, paradoxalmente, a permanência da sua, por força mesmo da consciência aguda dessa transitoriedade.

Continuando a tomar por referência as interpretações divergentes da polêmica definição baudelairiana de modernidade, pode-se confrontar com elas o Drummond de "Eterno" para constatar que ele foge por completo da "dialética conciliadora" e "harmônica" de Poulet, do mesmo modo que se afasta, evidentemente, das leituras platônica e cristã (a evocação do "Padre Eterno" é, mais uma vez, irônica). Também diverge (em parte ou em boa medida) da leitura de Jauss, quando este afirma que, para o autor de *O Pintor da Vida Moderna*, a modernidade cria, a partir de si mesma, um polo de estabilidade, ao extrair o durável do transitório e do histórico. Por outro lado, "Eterno" pode ser aproximado da concepção meio adorniana de Jauss do belo moderno relacionado ao tempo, quando este já se mostra perdido: se isso era anacrônico para Baudelaire, como rebate Compagnon, o mesmo não se pode alegar no caso de Drummond, falando depois da crise das vanguardas e do Modernismo brasileiro, tributário delas.

Assim, o poema se torna o mais emblemático de uma concepção paradoxal de antimodernidade que, de acordo com Compagnon, pode, por fim, mostrar a "real e perene modernidade". Não por acaso Drummond, mor-

17. Carlos Drummond de Andrade, *Fazenda do Ar. Poesia e Prosa*, pp. 256-257.

daz, evoca explicitamente Pascal, considerado por Charles du Bos, com muita anterioridade, o "modelo do antimoderno" na defesa de outra ordem de conhecimento, intuitiva ou sensível, contra a racionalidade moderna[18].

O paradoxo e a ironia, já tão enfatizados, perpassam todos os versos ao apresentarem exemplos, dos mais concretos aos mais abstratos, de uma definição de eterno que caminha em sentido oposto, do temporal, do transitório, do efêmero e do perecível: a flor que se fana, o recém-nascido antes de receber o nome e o sentimento do efêmero; a lembrança da mãe já morta, tudo que passa, enfim, e a própria consciência, há pouco mencionada, da criação como transitória ("passageiras as obras"), por oposição aos pensamentos e palavras. O eterno é definido mesmo como uma espécie de intensificação do instante. A interpretação dada à concepção baudelairiana por Leo Bersani, do "eterno como suplemento ou aumento do transitório", parece se adequar bem aqui.

O "trabalho da citação" (para falar ainda com Compagnon) ou a colagem transita entre extremos, do absoluto ao relativo, do Padre Eterno e de Pascal ao Machado de Assis do conto "Eterno!" Aliás, um Machado reavaliado positivamente[19] pelo Drummond dos anos 1950 como o grande clássico da tradição local, conforme tratarão de confirmar, no livro seguinte, os versos de "A um Bruxo com Amor", que levam ao limite esse procedimento de citação e colagens da obra machadiana.

Todavia, por trás das referências mais evidentes, os versos sugerem, ainda, a presença velada do próprio Baudelaire, e não só na dialética do eterno e do transitório. A alusão ao poeta francês parece se insinuar entrelaçada, mesmo, à evocação de Pascal, citado diretamente, como exemplo do absoluto, do metafísico. Basta pensar no diálogo que o autor de *As Flores do Mal* estabelece com o filósofo de *Pensées* em versos como os do soneto "O Abismo" ("Le Gouffre").

Pascal avait son gouffre, avec lui se mouvant.
– Hélas! tout est abîme, – action, désir, rêve,

18. Antoine Compagnon, *Os Antimodernos*, pp. 12-13.
19. Hélio Guimarães examinou a mudança de atitude de Drummond em relação a Machado de Assis, indo da rejeição em artigo "Sobre a Tradição em Literatura" (1925) de *A Revista* à retomada positiva no poema de *A Vida Passada a Limpo* (ver "Drummond se Rende a Machado", *Valor Econômico*, São Paulo, 14 set. 2012, pp. 34-35).

Parole! et sur mon poil qui tout droit se relève
Maintes fois de la Peur je sens passer le vent.

En haut, en bas, partout, la profondeur, la grève,
Le silence, l'espace affreux et captivant...

Pascal tinha um abismo, com ele em movimento.
– Pena! tudo é abismo – ação, desejo, sonho,
Palavra! E do meu pelo que de pé eu ponho
Muitas vezes do Medo ouço passar o vento.

Ao alto, abaixo, além, a profundeza, o mar,
O silêncio, o espaço, horrível, cativante...[20]

Vem também de Pascal, via Baudelaire, duas concepções ou distinções importantes: a de "dois infinitos" (o "infinitamente grande", em relação ao qual o homem é nada, e o "infinitamente pequeno", em relação ao qual o homem é tudo) e a de "dois eternos" (que Baudelaire explora enquanto substantivo e adjetivo, positiva e negativamente, conforme a análise de Compagnon). Ambas se ajustam bem aos versos drummondianos e ao jogo entre a eternidade e a intensificação do instante, bem como à transitoriedade absoluta que acaba por negar completamente a pretensão ao Eterno, condenado que se está ao sentimento da fugacidade do tempo, característico do moderno.

Vale notar que essa mesma dialética temporal não é explorada por Drummond apenas em "Eterno". Dentro do mesmo livro de 1954, ela volta a comparecer em outros momentos, inclusive na forma do soneto (repondo, assim, a tensão instituída por Baudelaire com forma clássica) em "A Distribuição do Tempo":

Um minuto, um minuto de esperança,
e depois tudo acaba. E toda crença
em ossos já se esvai. Só resta a mansa
decisão entre morte e indiferença.

Um minuto, não mais, que o tempo cansa,
e sofisma de amor não há que vença

20. Charles Baudelaire, "O Abismo", *As Flores do Mal*, São Paulo, Martin Claret, 2011, p. 221.

este espinho, esta agulha, fina lança
a nos escavacar na praia imensa.

Mais uma vez aqui, como em "Eterno", o senso da transitoriedade, que é vertido em ritmo de urgência, cadenciando a fugacidade do tempo, graças às repetições anafóricas, às frases curtas e à construção paratática, marca o destino de seres e coisas, alcançando também a própria criação poética. É isso que o poema parece enfatizar quando se refere ao destino das obras do eu lírico no fecho de ouro do soneto, contrariando, assim, a concepção clássica da perenidade do canto.

Mais um minuto só, e chega tarde.
Mais um pouco de ti, que não te dobras,
e que eu me empurre a mim, que sou covarde.

Um minuto, e acabou. Relógio solto,
indistinta visão em céu revolto,
um minuto me baste, e a minhas obras[21].

Essa mesma dialética temporal, inclusive no tocante ao destino da obra, reaparece em outros tantos sonetos drummondianos do período, como "Brinde no Banquete das Musas" e "Instante". A importância dessa ênfase será evidenciada adiante, em contraste com a reposição da tópica horaciana pelo grupo de 45. A única coisa que resiste é parte do *eu* (convertida em *tu*, pela personificação dramática recorrente na poesia drummondiana) que não se dobra à aceitação conformada.

Seguindo, ainda, com os grandes modernistas classicizados, é certo que nenhum deles chegou a alcançar esse grau de problematização do tempo, do provisório e da modernidade em tensão com o eterno. Ainda assim, pode-se encontrar, eventualmente, algo dessa reflexão em alguns dos sonetos de Jorge de Lima inscritos dentro da mesma linha de conversão neoclássica do período. Fausto Cunha reconheceu em dois deles, unidos pelos primeiros versos praticamente idênticos (mas com uma variante significativa), algo de estruturador no *Livro dos Sonetos* (1949). Veja-se, de forma um pouco mais detida, o primeiro deles:

21. Carlos Drummond de Andrade, *Fazendeiro do Ar. Poesia e Prosa*, p. 251.

Em que distância de ontem te modulo,
mundo de relativos compromissos?
Novas larvas e germes em casulo,
novos santos e monges e noviços.

Não máscaras nos olhos. Nem simulo.
Eu era pião, já vão evos mortiços
naquele calendário agora nulo,
com seus cerimoniais de escuros viços[22].

"Em que distância de ontem..." exemplifica a fusão tempo-espaço que se verifica com insistência em outros tantos momentos do livro. Obviamente, dentro da perspectiva católica de Jorge de Lima, os versos podem ser lidos apenas como referência ao afastamento do devoto em relação às preocupações do mundo terreno. Entretanto, a própria disposição estratégica que alterna esse e o outro soneto idêntico a esse em muitos pontos com os que tematizam a torre de marfim (examinados na sequência) avaliza a leitura proposta aqui, acrescentando-se ainda o fato de *O Livro dos Sonetos* ser fortemente orientado no sentido da reflexão metapoética.

Pode-se dizer, enfim, que "relativos compromissos" têm a ver com o contingencial, portanto com a realidade histórica. Um comprometimento dessa ordem seria um empenho de cunho social ou, o que é mais provável no caso de Jorge de Lima, *cristão* (inclusive como alternativa à participação puramente político-social).

Já modular significa tanto "edificar utilizando módulos", quanto "tocar, cantar ou dizer harmoniosamente", conforme se viu com Valéry capítulos atrás. Ou ainda mudar a tonalidade de um trecho musical repetida em outra parte da composição. Todos esses sentidos se prestam muito bem a metaforizar o trabalho poético, ainda mais quando opera com formas fixas. Considerando esse último sentido musical, o termo modulação pode explicar, analogicamente, o recurso empregado por Jorge de Lima no *Livro de Sonetos* de repetir um ou mais versos de um poema em outro – exercício deliberado "muito encontradiço ainda nos

22. Jorge de Lima, *Livro dos Sonetos*, p. 31.

clássicos", segundo se viu em Fausto Cunha –, tal como ocorre com os versos iniciais do soneto acima[23].

Pode-se formalizar mais adequadamente uma hipótese de interpretação com base no duplo sentido sugerido já pelos versos iniciais: a distância temporal aludiria ao fato de o mundo dos relativos compromissos ser coisa do passado para o eu poético, que abandona uma poesia centrada nesse tipo de preocupação, compromissada com a realidade do tempo; ou, em contrapartida, a referência ao passado ("de ontem") diria respeito à forma anacrônica (o clássico soneto) empregada na construção poética para modular o mundo dos relativos compromissos (o presente histórico). Embora Jorge de Lima não tenha praticado uma poesia tão abertamente participante quanto a de Drummond ou mesmo de seu grande amigo Murilo Mendes (para lembrar dois exemplos que também partilham com ele da conversão neoclássica do período)[24], talvez se possa ler em sua poesia católica, desde *Tempo e Eternidade* até *A Túnica Inconsútil*, alguma militância que caminha na convergência com o social[25].

O restante do soneto, longe de esclarecer, adensa a questão. Em oposição ao "ontem", há a reiteração do novo associado às formas larvares e germinais, e às figuras religiosas – santos e monges e "noviços" – que repercute em o "novo" já no nome. Na abertura do segundo quarteto, as metáforas apontam para o desejo de ver e revelar as coisas como elas são. O eu lírico

23. Cunha lembra, além desses, os sonetos que trazem idêntico versos final: "Ó meninos, ó noite!, ó sobrados!" (Jorge de Lima, *Poesia Completa,* Rio de Janeiro, Nova Aguilar, 1997, p. 96).

24. Em depoimento para *Leitura* (Rio de Janeiro, março de 1943), disse o poeta alagoano, a respeito da crítica pela sua suposta omissão social: "Há quem me acuse de não compreender a missão social do escritor nos dias de hoje, em que as forças da opressão pretendem sufocar a liberdade e os direitos humanos. Há nisto outro engano. Meus poemas, o romance *Calunga*, *A Túnica Inconsútil*, finalmente toda a minha obra literária é social, porque nela eu falo do homem, de sua presença no mundo, de suas lutas e sofrimentos, de suas inquietações e de seus desejos. Aliás, ninguém pode fazer um romance dizendo de início: "Vou já, já escrever um romance social". Puro engano. O romance é que emerge social, revolucionário, católico etc., impressentidamente, como se revelasse ao escritor sua alma grafada em letra de forma. Bernanos, por exemplo, acha que não sou um poeta católico, o que para mim foi uma surpresa. Vi depois que ele tinha razão" (Depoimento reproduzido em Jorge de Lima, *Poesia Completa,* 1997, p. 36).

25. Quem sabe, o *mundo dos relativos compromissos* permita ser tomado, também, num sentido um pouco mais lato e compreender, inclusive, sua poesia regionalista e negra – que seria revista por essa mesma época, de uma perspectiva mais aprofundada e tensa, com a publicação de *Poemas Negros*. Para a revisão da poesia negra no livro de 1947, ver Vagner Camilo, Posfácio à edição de *Poemas Negros,* São Paulo, CosacNaify, 2014.

admite sua condição de joguete movido por um cordão que o fazia girar sobre um mesmo eixo (pião), ao mesmo tempo em que reconhece, por meio do oximoro, a desaparição da eviternidade que desfalece ou se apaga ("evos mortiços"), associada à anulação de um calendário (portanto, do tempo cronológico) que registrava cerimoniais de escuros viços (outro paradoxo). São referências que tensionam, mais uma vez, as categorias (a)temporais perseguidas desde o início deste capítulo. Sem arriscar uma interpretação para os tercetos, note-se, apenas, que eles registram o sentimento de queda e danação do eu lírico, por associação com a figura gêmea do rei identificado com Lusbel, que nele se espelhava e o fez perder-se.

Recordas-te do afim, teu rei colaço?
Lembras-te dele em queda? Céus dos dias
com luzeiros – incêndios, lumes de aço.

E tu, grande Lusbel, guia dos guias
para reinar perdeste-me também
a mim que fui o espelho em que te vias.

A condição decaída do eu lírico se relaciona a tais cerimoniais? Ao mundo dos relativos compromissos?

Desse soneto, como já se disse, aproxima-se outro que retoma os dois primeiros versos com uma variação instigante:

Em que distância de hoje te modulo
mundo de relativos compromissos.

A distância é estabelecida, aqui ou agora, em relação ao próprio presente, captado no seu imediatismo pelos sentidos, conforme o jogo sinestésico dos versos 3 e 4:

Agora estas narinas como orelhas
chupando as cores nuas embaçadas.

O jogo com as categorias temporais aparece em versos como:

Tudo foi hoje: o abrir-se e refechar-se
de leitos e de covas incessantes.
[...]
Seccionaram-te em noites mil e duas

Esse seccionamento, que parece definir a existência do eu órfico dilacerado entre as diversas dimensões temporais, só é superado com a morte, segundo o último terceto:

> Quem vem coser de novo teus pedaços
> e unir as noites sempre separadas
> senão a morte com dedais e linhas?![26]

Importa estabelecer um contraponto, que parece pertinente no livro de 1949, entre esses dois sonetos de abandono ou recuo em relação ao mundo dos relativos compromissos com dois outros que tratam, em polo oposto, da "torre de marfim":

> A torre de marfim, a torre alada,
> esguia e triste sob o céu cinzento,
> corredores de bruma congelada,
> galerias de sombras e lamentos.
>
> A torre de marfim fez-se esqueleto
> e o esqueleto desfez-se num momento,
> Ó! não julgueis as coisas pelo aspecto
> que as coisas mudam como muda o vento[27].

Mário Faustino considera este um "grande soneto, começando com um verdadeiro ideograma, cheio de 'pedras de toque' "[28]. Apenas faz ressalva ao "triste", "um adjetivo inútil e preguiçosamente usado [que] pode obscurecer a mais clara das imagens"[29].

Trata-se de um soneto com metrificação convencional, decassilábica, mas com esquema rímico pouco comum (*abab cbcb ded fef*) e com um ritmo marcado pela distribuição irregular de heroicos e sáficos. No plano do conteúdo, é o próprio emblema da teoria estetizante – a "torre de marfim" – que se converte em matéria de reflexão poética. Mas ao mesmo tempo que tematiza a torre de marfim, o soneto se afasta da concepção estética que ela convencionalmente encarnou, como um universo her-

26. Jorge de Lima, *Livro dos Sonetos*, p. 133.
27. *Idem*, p. 29.
28. Mario Faustino, *De Anchieta aos Concretos*, p. 235.
29. *Idem*, p. 518.

meticamente fechado, imutável e isolado. Depurado da ganga bruta da matéria histórica, alheio à realidade exterior e mundana, é um domínio defeso e suntuoso, devotado única e exclusivamente ao culto da forma e da arte pura, e descrito em uma linguagem sublimizante que suprime o tempo e sua ação destrutiva pelo primado da forma eternizada. A forma fixa contribui para configurar esse universo. Quanto à imagem da torre, embora remeta ao sublime e à transcendência, na medida em que é caracterizada como "alada" ou mesmo "esguia", ela é semeada de signos negativos: tendo ao fundo de um céu cinzento, a torre comporta galerias de "sombras e lamentos" e se mostra completamente desvitalizada (como é próprio da arte esteticista) porque "exangue".

A visão que Jorge de Lima oferece da torre de marfim pode ser aproximada, em parte, da que Drummond apresenta em poemas de *Claro Enigma* como "A Tela Contemplada"[30], na medida em que ambos se afinam na subversão dessa imagem convencional, nos termos em que foi concebida pela estética da "arte pela arte", em relação à qual se rebelaram as vanguardas históricas (e, por extensão, o Modernismo brasileiro). Nesse jogo subversivo, o soneto do poeta alagoano explora a tensão ou contradição entre *ser e parecer*, no sentido de advertir o leitor contra o risco de se deixar levar pelo esteticismo. Desse modo, o poema funciona como uma espécie de indicação de leitura dos sonetos do livro de 1949, ao sinalizar que o retorno à forma fixa não implica adesão aos princípios que regem a concepção de arte pura na poesia pré-moderna. Essa advertência é explicitada no sétimo verso: "Ó! não julgueis as coisas pelo aspecto", o que vale dizer, não suponha que o retorno ao soneto e à forma metrificada clássica implique adesão à arte pela arte. É assim que, contra o senso de permanência, eternidade ou imutabilidade da forma artístico-poética, o eu começa por abalar o construto neoclássico pela introdução da mudança, da transformação e do movimento. Isso implica fazer ingressar o tempo como categoria decisiva e destrutiva da matéria, e mesmo da forma estética que, em tese, pressupõe imobilismo, permanência, sobretudo segundo a tópica horaciana da imortalidade da poesia. Mais especificamente, com o tempo, introduz-se o movimento e a transformação

30. Ver análise deste e outros sonetos em Vagner Camilo, *Drummond: da* Rosa do Povo *à Rosa das Trevas.*

associada, sobretudo, à ideia de decadência e morte, de onde a torre de marfim que se faz esqueleto. Ou ainda, conforme o segundo quarteto e o primeiro terceto, "as coisas mudam como muda o vento / E com o vento revive o que era inerme" – reiterando uma concepção de arte sujeita ao tempo e à história e demais elementos opostos à perenidade da forma.

> E com o vento revive o que era inerme.
> Os peixes também podem criar asas
> as asas brancas podem gerar vermes.
>
> Olhei a torre de marfim exangue
> e vi a torre transformar-se em brasa
> e a brasa rubra transformar-se em sangue.

À mudança e ao reviver associados ao vento sucedem as transformações ou metamorfoses que operam a transfiguração continuada dos peixes que criam asas (elevando e sublimando o ser marítimo em ser aéreo, etéreo) para, por fim, revertê-los em vermes (rebaixamento grotesco associado à decomposição e à morte). Em transformação continuada, a torre exangue se converte em brasa rubra (como se a própria torre tradicional se incendiasse, destruída pelo fogo) para que, por fim, o rubro do fogo se dissolvesse em sangue, devolvendo, metonimicamente, a vitalidade inexistente na concepção tradicional da *arte pela arte* simbolizada pela torre. Uma vitalidade que implica mobilidade, mas também decadência e morte.

A torre de marfim sob o melancólico céu cinzento semelha a outra imagem empregada por Jorge de Lima na abertura do livro de 1949, tratada no capítulo III: a do mastreamento da embarcação (numa alusão clara à metáfora náutica que, de Homero a Rimbaud, descreve a própria poesia, segundo Curtius). Ele também aparece imerso na sombra ou treva, e é comparado a uma igreja, altar (ogiva, nave...) ou templo votivo sombrio e imóvel, envolvido pela noite. Além da imobilidade, há nesses sonetos quatrissilábicos (métrica, como se viu, bastante incomum para a tradição clássica), a bruma congelada associada à torre, que remete à frieza da arte estetizante *fin de siècle*.

A imagem da torre de marfim volta a reaparecer em seguida, em alternância estratégica e significativa com o soneto do mundo dos relativos compromissos, o que reitera a centralidade da reflexão poética sobre os riscos de uma poesia estetizante:

> Depois vi o sangue coagular-se em letras
> espalhadas nos muros e nas pedras;
> e o céu baixar-se para fecundá-las
> e fugir outra vez para esquecê-las.
>
> Depois vi o homem pressuroso em lê-las,
> transformá-las em signos e arabescos
> em palavras, em urros, em apelos
> estranhas oceanias e sonetos,
>
> em hálitos de bocas cavilosas,
> entrecortando sílabas amargas
> engolidas no prato das desgraças,
>
> e a gagueira ser tanta, tanto o fel
> que a grande torre de marfim preciosa
> era a torre danada de Babel[31].

Sem recorrer a uma análise detida desses versos, interessa, apenas, chamar a atenção para a transformação da torre de marfim como emblema estetizante na torre de Babel. Como é por demais sabido, a torre foi construída na Babilônia pelos descendentes de Noé, com o intento de eternizar seus nomes. A pretensão de fazê-la tão alta que alcançasse o céu provocou a ira de Deus que, para castigar tamanha soberba, "confundiu a língua de todos os habitantes da terra e foi lá que ele os dispersou sobre toda a face da terra", segundo se lê em Gênesis 11:1-9[32]. Provavelmente inspirado na torre do templo de Marduk (em hebraico, Babel ou Bavel, "porta de Deus"), o mito entrou para a história como tentativa de explicação dada pelos povos antigos para a diversidade das línguas. Incorporado pela tradição literária, o mito babélico vem dizer da ilegibilidade ou inelegibilidade de um sentido último, estável, do texto, notadamente do texto poético moderno, a exemplo do que ocorre neste metassoneto, também chave de leitura

31. Jorge de Lima, *Livro dos Sonetos*, p. 35.
32. Cf. *A Bíblia de Jerusalém*, p. 44.

para os demais, já que fala em "estranhas oceanias e sonetos". Assim, enquanto o primeiro quarteto diz de um sentido único ou primordial que se perdeu (a letra sem o espírito), o segundo encena o embate com a opacidade semântica das letras de sangue coaguladas, fecundadas pelo céu e "espalhadas nos muros e nas pedras". Esse embate se refere ao empenho ou esforço urgente e desesperado do poeta em interpretá-las e convertê-las em versos marcados por esse desespero (urros, apelos...) e pelo hermetismo decorrente dessa ilegibilidade (traduzido em signos, hieróglifos). Os tercetos seguem advertindo sobre a feição e os riscos assumidos por esse discurso poético, ardiloso ou enganoso ("em hálitos de bocas cavilosas") e claudicante ("gagueira"), de amor entrecortado. A negatividade dada pela opacidade semântica, pela incomunicabilidade e pela carga de amargor destilado como fel, mina o preciosismo da torre de marfim (dada pela forma clássica) convertendo-a na torre de Babel danada. O metapoema define, desse modo, para o leitor, a natureza do conjunto de sonetos do livro de 1949, qualificados no oitavo verso pelo seu estranhamento, que é seu índice de modernidade.

É importante notar que a redefinição da torre de marfim em termos que contrariam sua própria essência ou sentido primeiro não ocorre, à época, apenas em Jorge de Lima. Uma concepção nada convencional da torre de marfim foi defendida por Mário de Andrade numa das últimas cartas enviadas a Drummond, marcada pela desilusão com o que presenciou no corpo a corpo com os comunistas pela liderança da Associação Brasileira de Escritores (ABDE). Demonstrou-se em outro estudo de que maneira essa concepção *sui generis* de torre de marfim, partindo do próprio registro deixado pelo poeta itabirano em seu diário, definiu muito da posição relativamente distanciada (mas, de modo algum, alheia às tensões político-sociais do momento) adotada por Drummond com a guinada neoclássica de *Claro Enigma*. Não se trata de forçar a nota transpondo o mesmo esquema explicativo de um poeta para outro que descreveu trajetória poética diversa. Mas sem deixar de tomar o caso do poeta itabirano como paradigma, parece possível supor que Jorge de Lima, sem a radicalidade e o nível de problematização encenados de modo sistemático por Drummond em *Claro Enigma* e nas crônicas de *Passeios na Ilha*, está respondendo a um conflito afim a vários poetas e intelectuais do pós-guerra, quando as polarizações ou maniqueísmos do campo literário herdados dos anos 1930 entraram em crise. Assim, ao mesmo tempo que encena o recuo em relação ao mundo dos relativos compromissos[33] para recolher-se a uma suposta torre de marfim que nada preserva de sua concepção original, o eu poético trata de advertir (meta)poeticamente para o sentido muito distinto dessa "torre de marfim preciosa" que, depois de toda a metamorfose processada no soneto anterior, se converte na "torre danada de Babel" deste soneto. E se trata de advertir, obviamente, é para que ela não seja confundida com esteticismo alienante.

Dentre os modernistas eleitos aqui como representativos dessa tendência neoclássica da poesia brasileira do segundo pós-guerra, caberia ainda evocar Murilo Mendes, para ilustrar o modo como ele opera a tensão entre essas categorias do eterno e do transitório. A ele, em particular, é dedicado todo o Capítulo x para tratar de um livro representativo dessa tendência e pouquíssimo examinado: os *Sonetos Brancos*. De todo modo, não custa tecer algumas observações breves – a título de ilustração – sobre outro livro excepcional dessa estada neoclássica de Murilo Mendes: *Siciliana* (1954-1955).

Ponto alto de tais poemas sobre os sítios arqueológicos gregos dessa região da Itália é, sem dúvida, as "Ruínas de Selinunte", que já foi objeto de análise detida de Davi Arrigucci Jr., na qual ele observa, em síntese, não se tratar de mera poesia de viagem, mas poesia de meditação sobre cenário ou paisagem grandiosa capaz de produzir o efeito do sublime:

> O poema busca o efeito análogo ao da realidade física e histórica que aguarda o visitante. Relação direta entre a paisagem e a emoção poética que ele inspira. É a expressão poética da avaliação humana do sublime, com sua aliança de êxtase e terror, que busca revelar a nós mesmos nossa própria medida e condição[34].

O poema apresenta duas estrofes de versos livres, com os quais descreve a vasta imagem das ruínas gregas, acompanhadas de uma reflexão geral sobre o destino do homem inspirada na imagem descrita. O eu lírico, diz o crítico, está ausente do quadro, funcionando apenas como cons-

33. Mundo dos relativos compromissos esse que, num poeta católico como Jorge de Lima, pode, sem dúvida, ser lido apenas em sentido cristão, mas sem esquecer que sua poesia católica, assim como a do amigo Murilo Mendes, foi uma das alternativas de participação nos anos 1930-1940.
34. Davi Arrigucci Jr., *O Cacto e as Ruínas*, São Paulo, Duas Cidades, 1997, pp. 108-123.

ciência refletora que expressa o senso do destino catastrófico da própria humanidade inscrito nas ruínas. O processo histórico e a natureza parecem se confundir num mesmo devir perene, revelando o ritmo cíclico de destruição e regeneração a que está submetida a existência humana. O poema resume a imagem meditativa da queda e da busca de redenção do homem, lembrando o ciclo biológico da existência: um pensamento cristão, apoiado no ciclo natural, sobreposto à paisagem de ruínas gregas da Sicília. Arrigucci chama ainda a atenção para a descrição do acontecimento nos versos, como que exibido em câmera lenta ou num instantâneo fotográfico; a articulação significativa entre a matéria dos versos e a sintaxe, destacando o uso do hipérbato e do paralelismo; o reeguer imaginário da construção em ruínas; a ironia trágica presente nos versos e a evocação da tópica do teatro do mundo a respeito das ruínas, justamente de um antigo teatro grego[35].

Na verdade, parte do que Arrigucci observa sobre "As Ruínas de Selinunte" é constitutivo não apenas desse ou dos demais poemas de *Siciliana*, mas do gênero de poesia meditativa de todos os tempos, que ganhou especial alento com os românticos. A transposição da atitude contemplativa diante dos grandes espetáculos da natureza (como via de acesso ao sublime) para as ruínas históricas, no seu misto de civilização e natureza, foi examinada por Georg Simmel. Para ele, o encanto da ruína reside no fato de ela "apresentar uma obra humana que dá a impressão de ser uma obra da natureza. [...] O que erigiu o edifício num impulso para o alto foi a vontade humana; o que lhe dá a aparência atual é o poder brutal da natureza", arrastando-o para baixo, corroendo-o e fazendo-o desmoronar.

> Todavia, enquanto se puder falar de ruínas e não de um amontoado de pedras, a natureza não permite que a obra caia no estado amorfo de matéria bruta. Nasce uma forma nova que, do ponto de vista da natureza, é absolutamente significativa, compreensível, diferenciada. A natureza fez da obra de arte a matéria de sua criação assim como a arte se servira da natureza como material[36].

Não é à-toa que, em outros poemas de *Siciliana*, o eu lírico enfatiza o majestoso ou o sublime não só nas ruínas arquitetônicas, mas na integração destas com os espetáculos naturais: a "forma feroz do Etna e do

35. *Idem*, pp. 108-123.
36. Georg Simmel, "The Ruin", *Two Essays. The Hudson Review*, vol. 11, nº 3 (Autumm, 1958), p. 381.

Stromboli", o "bárbaro mar e seus gongos" em "Atmosfera Siciliana"; o "azul do céu livre" que "gravita" em torno das colunas do Templo de Segesta; a pedra, o horizonte e o "duro penhasco" em que Cefalù se mostra "plantada" (valendo atentar ao verbo que integra civilização e natureza); as "cavernas oblongas" em que "um deus se levanta" em Siracusa[37].

Eduardo Subirats, ao examinar esse mesmo motivo na pintura de Caspar David Friedrich, nota que, a partir dos românticos, as ruínas perderam sua dimensão antiquarista, irredutíveis que são ao sentido de uma mera aspiração regressiva a uma época do passado louvada e reivindicada como ideal. Elas passam, assim, a ser a representação da própria destruição e do "triunfo da natureza sobre o poder civilizador", portanto, "sobre o poder da razão histórica moderna"[38]. Em *Siciliana*, ao contemplar os sítios arqueológicos, o eu lírico chega a falar em "volver ao mundo antigo", sente que a "unidade do tempo se reconstrói" e que veio aí "colher o que a morte não selou". Mas ele sabe que esse retorno é impossível. Meditando diante das colunas do claustro de Monreale, que "segreda a passagem súbita / do nada ao ser", o eu lírico lamenta:

> Quem nos dera, subindo as mãos,
> Volver ao modelo antigo,
> A queixa da alma domar[39].

Com isso, ele vai reconhecer, em outros momentos, essa dimensão da própria destruição e da morte inscrita nas ruínas, de que fala Subirats. Trata-se, portanto, como se viu com Baudelaire, de estabelecer uma relação com a Antiguidade tomada não mais como modelo, mas de buscar em suas ruínas uma propriedade comum à modernidade, qual seja, a sua "fragilidade". Daí a "intolerável beleza" de Taormina, "pérfido diamante" em que *ninguém*, "depois da iniciação, *dura* / no teu centro de luzes contrárias". Sem a consciência da morte, dirão os versos finais dessa elegia, essa intolerável beleza se oculta. E é essa consciência que devolve o eu lírico ao horizonte da história e do "desfecho da bomba":

37. Murilo Mendes, *Siciliana. Poesia Completa e Prosa*, org. Luciana Stegagno Picchio, Rio de Janeiro, Nova Aguilar, 1994, pp. 563-573.
38. Eduardo Subirats, *Paisagens da Solidão*, São Paulo, Duas Cidades, 1986, pp. 53-54.
39. Murilo Mendes, *Siciliana*, pp. 568-569.

Armados pela história, pelo século,
Aguardando o desenlace do azul, o desfecho da bomba,
Nunca mais distinguiremos
Beleza e morte limítrofes.
Nem mesmo debruçados sobre o mar de Taormina[40].

A evocação da morte frente a esses símbolos da permanência ocorre ainda em outros momentos do livro, como "A Marionete de Palermo" e, sobretudo, "Túmulos Reais (Catedral de Palermo)". O senso do permanente e do transitório, que vem sendo rastreado neste capítulo, também reaparece em nova fórmula na *Siciliana*: "a síntese futura do antigo e do vir-a-ser", criada pelo "gênio outrora / nascido da terra e do ar" e revelada no Cabo de Santo André, em "O Espírito e o Fogo".

Curioso observar o modo como, ao contrário de Murilo Mendes, a Geração de 45 tende a se reportar à Antiguidade não na forma de ruínas, que é sua condição atual, mas julgando ser possível restaurá-la, sem mais, no presente, superando o tempo, a destruição e a morte. Assim ocorre no poema a seguir, de José Paulo Moreira da Fonseca, embora em outros momentos de sua obra ele pareça negar essa hipótese de renascimento e permanência defendida por muitos de seus pares[41]:

TROIA

Troia! E nos aflora o eco
De uma trompa que diurna os muros derrubasse
Para lentamente imergir em mais grave som,
Lentamente ruína,
Lentamente húmus,
Onde a morte renascendo,
Frágil a morte
Já relva e já cipreste...
Ó Troia! – e pelo azul as aves traçam
Cristalino – o presente[42].

40. *Idem*, pp. 569-70.
41. Apenas para ficar no livro de estreia de Moreira da Fonseca, rebatem essa hipótese poemas como "Se pudéssemos remontar...", "Escolheres..." e, sobretudo, "Se pensares a história...", no qual esta última é definida como um "denso vazio no silêncio, [...] intangivelmente ermo". *Elegia Diurna*, Rio de Janeiro, Livraria José Olympio Ed., 1947, pp. 15-37.
42. José Paulo Moreira da Fonseca, *op. cit.*, p. 81.

Em "Troia", a supressão do tempo se faz sentir no sentido do renascer gradativo do passado clássico no presente: primeiro aflora na forma de eco de uma trompa que derruba muros, depois imerge num som mais grave. Em seguida, as metáforas naturais são paradoxalmente empregadas para descrever o ciclo de morte e renascimento. Ainda que "lentamente" (e a reiteração do advérbio pela anáfora é muito significativo), as ruínas se tornam húmus, suplantando a frágil morte e fazendo emergir o passado[43]. Por meio das metáforas germinativas de relvas e cipreste, esse renascimento alcança, sublime, as aves e o céu, e a tradição clássica brilha, cristalina, no presente. A gravidade do som aponta para a da linguagem elevada, além das inversões sintáticas.

O contraste significativo entre essas evocações da Antiguidade que parecem emergir sem mais problemas no presente e as de *Siciliana* ajudam a dimensionar a diferença radical do par eterno-transitório entre os novíssimos e os modernistas neoclássicos, ainda que manejando certos elementos afins colhidos na tradição clássica. Com esse exemplo, a presente abordagem transita, agora, para a produção dos poetas de 45, na qual se assiste à passagem gradativa da tensão dialética entre o permanente e o provisório para a tópica clássica da "perenidade do canto", já anunciada anteriormente. O *tópos* em questão traduz, em termos de poética clássica, a definição dada por Sérgio Milliet àquilo que julga ser característica dessa geração: "a volta ao equilíbrio das construções que resistem ao tempo", conforme visto no capítulo III.

OS POETAS DE 45 E A REPOSIÇÃO DA TÓPICA HORACIANA

Tome-se, como ponto de partida, o seguinte soneto de um dos principais líderes de 45: Ledo Ivo.

> À doce sombra dos cancioneiros
> em plena juventude encontro abrigo.

43. A imagem do passado "serenamente erguendo-se em meio à ruína" aparece desde o poema de abertura da *Elegia Diurna*: "Antigo" (*idem*, p. 9).

Estou farto do tempo, e não consigo
cantar solenemente os derradeiros

versos de minha vida, que os primeiros
foram cantados já, mas sem o antigo
acento de pureza ou de perigo
de eternos cantos, nunca passageiros[44].

Os traços neoclássicos já se evidenciam no emprego da forma fixa com versos rimados e no esquema métrico relativamente convencional: *abba abba cdc bdb*. O soneto sem título está na abertura de um livro todo dedicado ao cultivo dessa forma fixa intitulado *Acontecimento do Soneto*. É estratégica a posição do poema nesse livro de 1948, que, vale lembrar, foi publicado pela primeira vez em Barcelona, por O Livro Inconsútil, prensa manual de João Cabral de Melo Neto. Dada essa disposição e o fato de ser o único soneto sem título de todo o volume, ele parece funcionar como resumo da poética do conjunto. Por isso interessa particularmente, mesmo não sendo a realização mais feliz no gênero nesse volume (muito pelo contrário!).

Antes da análise, vale chamar a atenção ao aparente paradoxo contido no título do livro: o "acontecimento", como já se viu[45], parece contradizer o caráter calculado e construído do poema (tanto mais paradoxal em se tratando de uma forma fixa), como se se desse à revelia da intenção do poeta (repondo com isso a velha oposição entre inspiração e construção/técnica). *Acontecimento* pode ser lido também na chave da tensão implícita no moderno, entre o permanente e o transitório, alinhando-se, obviamente, a este último.

Como síntese da poética, portanto, o soneto tematiza abertamente a problemática da modernidade (em seu momento de crise das vanguardas) e da tradição posta por sua geração. O jogo com as categorias temporais está no centro dos versos: tempo, juventude, eterno, passageiro (primeiros, derradeiros), antigo, moderno... O poema se abre com uma ambiguidade decorrente da posição, no segundo verso, do termo "em plena juventude" que pode se referir tanto aos cancioneiros, qualificando,

44. Ledo Ivo, *Poesia Completa: 1940-2004*, Rio de Janeiro, Topbooks, 2004.

45. Viu-se, no capítulo III, outro poema do mesmo livro, "Soneto de Catorze Janelas", em que se diz expressamente: "Não se faz um soneto; ele acontece".

assim, uma tradição (clássica) sempre renovada; quanto ao eu lírico que se instala à sombra deles por se encontrar, literalmente, nesse estágio juvenil da vida. Mas os versos seguintes tratarão de desfazer essa ambiguidade, demonstrando que a expressão se refere mesmo aos cancioneiros. Isso porque o eu lírico afirma já ter composto seus versos de juventude. A questão é que os compôs sem o "antigo acento", coisa que ele agora almeja para os "derradeiros versos" – entenda-se, versos da "maturidade", tomada num sentido bem mais estreito em relação à comentada definição eliotiana do clássico. E o quer porque se mostra "farto do tempo", que implica o senso da transitoriedade e do contemporâneo. Por isso busca refúgio no passado, almejando imprimir aos seus versos maduros o timbre não dos cantos passageiros, mas eternos, solenes e puros. Trata-se de uma compreensão simplória daquilo que se poderia denominar de estilo tardio (Adorno, Said) ou estilo maduro (Herman Broch), conforme se viu em capítulos anteriores. Chega a assinalar a consciência do perigo que cerca os antigos cantos. Todavia, embora nomeado, esse perigo não é explorado a fundo, nem impede o eu lírico de mergulhar em águas camonianas e navegar sôbolos rios babilônicos em busca de terras distantes.

Sôbolos rios que cantando vão
a lírica imortal do degredado
que, estando em Babilônia, quer Sião,

irei, levando uma mulher comigo,
e serei, mergulhado no passado,
cada vez mais moderno e mais antigo.

Como se sabe, nesse longo poema em redondilhas maiores, a que se voltará em outro capítulo, na reescrita muito superior de Jorge de Lima, Camões recorre ao episódio bíblico (Salmo, 137) do cativeiro dos israelitas na Babilônia, lastimando a destruição de Jerusalém (Sião) pelos edomitas e a impossibilidade de entoar seus cânticos em terras de exílio. Conferindo ao episódio amplitude filosófica, Camões lamenta, numa leitura mais imediata,

> [...] os infortúnios da vida presente em contraste com as lembranças dos momentos de felicidade. Inicialmente, o eu lírico imagina-se como os próprios israe-

litas, à beira dos rios da Babilônia e chora, como um cativo, saudades de outros tempos. Desperto desse devaneio, o poeta define sua queixa: a passagem do tempo, que desfaz as esperanças e substitui o bem, sempre efêmero, pelo mal, que perdura. Sentindo-se, assim, frustrado, fustigado por mágoas, já não vale a pena cantar, uma vez que a poesia não é suficiente para conter o fluxo destruidor do tempo e não aplaca a dor da existência terrena. Aos poucos, a saudade de momentos passados vai se definindo como lembranças adormecidas do mundo das ideias perfeitas, nos moldes propostos por Platão. O sofrimento do eu lírico deriva do plano carnal, identificado com o mundo das ilusões que se contrapõe ao plano ideal, "pátria divina". Ao final do poema, aspira-se a um descanso eterno, distante dos enganosos prazeres mundanos[46].

No poema de Ledo Ivo, a afinidade com essas redondilhas camonianas se dá pelo sentimento de exílio no presente e, implicitamente, pelo repúdio a uma arte marcada pelo senso da transitoriedade do presente. A nostalgia do passado e do sentimento de permanência de uma criação pautada pela concepção platônica é o que o leva o autor de *Acontecimento do Soneto* a buscar abrigo na lírica camoniana. Mas veja que o travo de negatividade presente em Camões, que denuncia a persistência do mal e a fugacidade dos momentos de felicidade, perde-se por completo aqui: não há dor ou conflito, mas apenas fastio como motivador do retorno aos moldes do passado, na companhia, além do mais, de uma mulher, o que já relativiza consideravelmente o sentimento de exílio, ainda mais nos moldes em que Camões, poeta do degredo por excelência, o representou repetidamente. Ao final, o paradoxo do mergulho cada vez mais fundo no passado, traduz a concepção de uma poesia que permanece ao mesmo tempo antiga e moderna, como se isso fosse possível sem problematizar ou tensionar os termos antinômicos, mas buscando, antes, conciliá-los e deixando, de todo modo, a dúvida: onde o moderno no soneto? Mesmo quando se desconsidera as redondilhas e se toma por parâmetro outros momentos da obra camoniana dedicados ao mesmo tema, percebe-se, de pronto, o quanto Ledo Ivo se afasta do alcance altamente reflexivo e da ressignificação maior, muito maior que o poeta português promoveu em relação ao *Super Flumina* bíblico.

46. Carlos C. Minchillo e Izeti F. Torralvo, *A Lírica de Camões*, Cotia, SP, Ateliê Editorial, 1997, pp. 111-113.

Nesse exercício poético algo ingênuo ou canhestro, se está muito distante, obviamente, das magistrais incursões camonianas empreendidas na mesma época e dentro do mesmo espírito por grandes modernistas classicizados, como o Drummond de "A Máquina do Mundo" ou o Jorge de Lima de *Invenção de Orfeu* e, mesmo, do *Livro dos Sonetos*.

Uma polarização similar entre o momentâneo e o permanente, bem como o desejo de conciliação do soneto de Ledo Ivo comparecem, com outro repertório de imagens, em um dos poemas de *Rosa Extinta* (1945), de Domingos Carvalho da Silva, o que atesta já uma constante da poesia da Geração de 45. O poema em questão, "Canto em Louvor", interessa ainda mais por introduzir, no polo do transitório, a matéria social, servindo de exemplo do tratamento, da presença e do alcance da lírica participante entre os poetas de 45 depois das grandes conquistas do Modernismo, em particular de Drummond, que no mesmo ano publicava, como se sabe, a expressão máxima do canto coral: *A Rosa do Povo*. Como já se viu, não se pode atestar um diálogo deliberado de Carvalho da Silva com o grande livro drummondiano. Ainda que algumas imagens dos versos abaixo possam lembrar conhecidos poemas do livro drummondiano de 45 (como as de "Consideração do Poema", por exemplo), elas não deixam também de ser lugares comuns da poesia de inspiração social. Certo, porém, é que outras imagens essencialistas e o paradoxo encenado no verso final deste poema contrariam por completo as que integram o repertório drummondiano, bem como seus conflitos e impasses. Sob esse prisma, o grande alcance social e reflexivo de *A Rosa do Povo* tende mesmo à extinção. Veja-se o poema:

CANTO EM LOUVOR

Quero a poesia em essência
abrindo as asas incólumes.
Boêmia perdida ou tísica,
quero a poesia liberta,
viva ou morta, amo a poesia.
Poesia lançada ao vento
quero em todos os sentidos.
Despida de forma e cor,
Repudiada, incompreendida,
quero a poesia sem nome,

feita de dramas gigantes.
Quero ouvir na sua voz
o canto dos oprimidos:
usinas estradas campos,
quero a palavra do povo
transfigurada num poema.
Quero o meu canto sobrenade
ondas revoltas do mar
e alcance todos os portos
e beije todas as praias!
Quero a poesia sem pátria
banida pobre extenuada,
a poesia dos proscritos,
negra ou branca, amo a poesia!
Quero a palavra fluente,
viva e inquieta como o sangue.
Pura ou impura eu reclamo
A poesia do momento,
filtrada exata constante[47].

O poema parece encerrar certa ambiguidade em seu projeto poético, entre o que dizem, de um lado, os oito primeiros e os dois últimos versos, e, de outro, os intermediários. Nos versos intermediários, o eu lírico propõe uma poesia abertamente participante, que vai sendo explicitada num crescendo: ele quer uma poesia sem nome, feita de dramas gigantes; quer ouvir na sua voz o canto dos oprimidos: usinas estradas campos; quer a palavra do povo transfigurada num poema; e a poesia dos proscritos. Ainda nessa clave, defende uma poesia participante de amplo alcance, por isso desterritorializada: uma poesia sem pátria, banida e pobre, que alcance todas as praias e todos os portos. De todo modo, uma poesia da palavra fluente, viva e inquieta como o sangue. Mas, ao mesmo tempo, e em aparente contradição, nos versos de abertura e fecho do poema, o eu defende uma poesia essencialista, sublimizante. Na conclusão, o paradoxo é explicitado ao se reivindicar uma poesia a um só tempo pura e impura; poesia do momento, filtrada, exata e constante. Como conciliar

47. Domingos Carvalho da Silva, *Poemas Escolhidos*, São Paulo, Clube de Poesia, 1956.

essa exigência? A mesma contradição verificada em Ledo Ivo, portanto, reaparece aqui, embora polarizando matéria distinta. Trata-se, em boa medida, de limitações similares àquelas que Compagnon condena na leitura da "reconciliação fenomenológica" da definição baudelairiana da modernidade feita por Poulet, exposta mais atrás.

O que, em Ledo Ivo e Carvalho da Silva é desejo de conciliação difícil (para não dizer impossível) de ser alcançada, surge, de modo mais aceitável, em Bueno de Rivera, como hesitação ou forma indecisa, para empregar seus próprios termos. Com ele, a problemática da poesia participante se recoloca de forma mais apurada do que em Carvalho da Silva, atestando, novamente, que essa vertente social não sumiu de todo no contexto dessa geração. A questão, como já se disse, é saber o alcance ou o rendimento dessa vertente nas mãos dos poetas de 45.

Sérgio Buarque considera Bueno de Rivera uma "das figuras, se não mais expressivas, certamente mais extraordinárias de sua geração", embora reconheça pairar em seu universo poético "voluntariamente limitado, em favor de uma intensidade da expressão", o risco da monotonia, se insistentemente explorado[48]. Milliet fala em uma poesia "que se caracteriza principalmente pela intensidade emotiva e o sentimento clássico da medida. Um grande equilíbrio de língua e de ritmos estabelece a harmonia necessária à sua riqueza de imagens"[49]. Antonio Candido, que identifica na poesia de Rivera um exemplo da estabilização do Modernismo no período, destaca como méritos do autor de *Mundo Submerso* (livro de estreia, de 1944) uma verdadeira ausência de preconceito poético, dada "a indiferença pelo tema (tudo é objeto de poesia etc.), a inexistência de separação entre lirismo pessoal (egocêntrico) e humano (de participação) e, finalmente, a precisão da linguagem"[50]. Em outro momento, Candido definirá ainda a "maturação" da "meditação poética" de Rivera como resultado de "um processo de sedimentação

48. Sérgio Buarque, "Pássaro Neutro", *O Espírito e a Letra*, p. 68.
49. Sérgio Milliet, "Apresentação" a Bueno de Rivera, *Luz do Pântano*, Rio de Janeiro, Livraria José Olympio Ed., 1948.
50. Antonio Candido, "Ordem e Progresso na Poesia", *Textos de Intervenção*, pp. 143-144.

lenta e em grande parte inconsciente, alumiado por intuições bruscas e fulgurantes"[51].

Sérgio Buarque discorda dos que situam Rivera, por seu "senso de medida e precisão vocabular", em campo contrário ao do modernismo da geração anterior (segundo certa visão equívoca que dela tinha se formado então), instalando-o "nas vizinhanças da família dos construtivistas e essencialistas, família avessa às tradições luso-brasileiras – no seu natural desordenadas e incontinentes –", à exceção do único representante autêntico que despontava à época: João Cabral. Não sendo nem uma coisa nem outra, Sérgio Buarque reconhece na poesia de Rivera uma linha de continuidade com o Modernismo, em particular destacando a dívida para com Drummond, tanto no livro de estreia, quanto em *Luz do Pântano* (1948), que é uma continuidade da poética do primeiro, mas aprimorada. Trata-se de uma poesia escura e noturna, diz ele,

> [...] onde a desesperança aparece em sua cor natural, e raramente atenuada por alguns dos múltiplos artifícios de que costumavam servir-se os modernistas brasileiros para disfarçar emoções de fundo romântico – o ar coloquial, o prosaísmo, embora berrante, o *humour*, o falsete, a "piada". O tom peculiar destes versos é fornecido muitas vezes pela assídua reiteração de algumas palavras-chave, que agem sobre o leitor não tanto por sua sonoridade (posto que também por ela), ou pelas vagas sugestões que trazem, como sucede em certo Simbolismo, porém através da referência precisa e implícita a um mundo particular e que serve como de talagarça e, simultaneamente, de bastidor para a tessitura das emoções[52].

É o caso da palavra "peixe", em seus múltiplos significados, alguns dos quais enumerados pelo crítico, incluindo o que Amado Alonso reconheceu na poesia de Neruda: "o da inesgotável e profunda vida que germina no fundo do mar". Em Rivera,

> [...] este e muitos outros vocábulos associam-se para refletir o submundo povoado de uma vida opressa, rasteira, prenhe de terríveis ameaças – "Vagos habitantes / das claras superfícies, / não vos aproximeis" – que se apresenta através de certas expressões simbólicas insistentes: noite, miasmas, palúdico, peixe, poço, naufrágio, lagoa, porões, insônia, hipocampos, afogado... Esse reino elementar e placentário

51. Antonio Candido, "Apresentação" a Bueno de Rivera, *op. cit.*
52. Sérgio Buarque, *O Espírito e a Letra*, p. 64.

não quer exprimir, entretanto, a vida nascente ou renascente (a "cresciente vida que ahora empieza" dos peixes de Neruda) e assim uma coisa inicial, mas ao contrário um mundo definitivamente hermético e sem solução. "A dor me envolve, ondas me arrastam, / não há praias, nenhum sinal de aves / anunciando a aurora..."[53]

Em oposição ao peixe, para exprimir a vida inferior, há a "rosa, as flores em geral e as formas volantes e celestiais" para significarem o reino ideal. Diz ainda o crítico:

> [...] a redução a termos conceituais desse verdadeiro maniqueísmo poético nem sempre é fácil e possível. Por ele pode-se designar simplesmente, romanticamente, a oposição entre o mundo real e o ideal, entre a vida presente e o porvir ainda incerto e mal entrevisto. Mas exatamente essa imprecisão fornece a escada por onde a poesia pessoal e aparentemente esotérica do sr. Bueno de Rivera pode alçar-se a uma expressão social, sem perder seu caráter próprio, tornar-se "poesia pública", segundo disse de uma das fases do poeta Carlos Drummond de Andrade o sr. Otto Maria Carpeaux. É verdade que o poeta, "pássaro neutro entre a rosa e o pão", não pode decidir-se com a fé robusta dos visionários e do trabalhador da forja[54].

Como exemplo da indecisão desse "poeta sismógrafo" (conforme Rivera se autodefine em um dos poemas), Sérgio Buarque cita versos de

O FORNO E A ESTRELA

> Tenho os olhos no céu e as mãos na forja,
> entre a matéria e o símbolo me perco.
> O fundidor que sonha, enquanto acende
> nova flor de chamas.
>
> Um forno em Monlevade, uma estrela na serra.
> Pungente é o itinerário do teu sonho,
> doloroso é o caminho
> para o reino obscuro dos minérios.
>
> Trabalhador do alto-forno,
> mãos negras fundindo
> um círculo, um triângulo,
> uma orquídea de ferro;

53. *Idem*, pp. 65-66.
54. *Idem*, p. 67.

químico do abismo,
tu que não ignoras
o vocabulário
áspero e denso;
tu que compreendes
a linguagem inorgânica
das pedras,
dá-me o equilíbrio
dos atos concretos,
dá-me a razão
de sentir-me o anônimo
artífice da forja,
criando os objetos
que surgem da magia
da mão feia e dura:
um arado vermelho,
uma roda, uma asa,
um punhal,
um talher,
uma chave.
A viagem,
o crime,
o almoço,
o encontro.

E tu, visionário,
doce obreiro do abstrato,
que descobres a alegria
nos caminhos da memória.
Amável fantasma que a mão estendes
às crianças e aos bêbados;
tu, que tiras do impossível
as palavras sem mácula:
a lua,
o lírio,
a pomba;
dá-me a viva fé
no inexistente;
ensina-me o desequilíbrio,

a lição do mergulho,
a fuga,
o mar.

Entre o real e o simbólico, o homem divaga.
Hesito em minha escolha. A pedra ou o lírio?
O concreto ou o impalpável? Eis que a insônia
demora nos meus ombros. Eis que a febre
dos músculos impulsiona o braço e pede
ação na terra, aço líquido e matéria.
E ando sobre o fogo, incito as máquinas,
ouço o canto das polias! Sobre as brasas
os metais desfalecem...

Mas hesito. E sinto o outro impulso
que chega como a ordem, o inevitável
desejo de grande paz, contemplação
de sítios, solidão cega, procura
do inefável.

Operário da forja, mostra-me o caminho
da tua lucidez.
Visionário, ensina-me as palavras
com que afrontas o mundo dos sensatos!

Sou o pássaro neutro
entre a rosa e o pão[55].

O poema pertence à terceira seção de *Luz do Pântano,* intitulada, justamente, "O Tempo", que recolhe os poemas mais abertamente sociais, por oposição tanto à primeira, "O Mergulho", que aborda o sentimento de angústia, opressão traduzida em imagens de afogamento, enforcamento, enclausuramento e obscuridade; quanto à segunda, "Canções", mais intimista, que compreende quase integralmente a lírica amorosa centrada na figura feminina de "Ângela" Isapóvitz de Rivera, a esposa imigrante russa.

A enumeração é o processo dominante de composição dos versos, desde o contraste estabelecido entre os atributos próprios do ofício do

55. Bueno de Rivera, *Luz do Pântano*, pp. 102-105.

fundidor e os do visionário, em relação aos quais o eu poético oscila no seu desejo de aproximação. Está visto que essa aproximação, explicitada no correr dos versos, define o teor da poesia almejada pelo eu: uma poesia social (próxima ao universo do trabalho) ou uma poesia metafísica, universalizante (na esfera do inefável, termo caro aos poetas de 45, como atesta "A Descoberta do Inefável", de Ledo Ivo). Que a aproximação tem em mira a oscilação do eu entre um projeto poético e outro, revelam as metáforas com que ele qualifica, numa espécie de espelhamento, o universo do trabalhador do alto-forno, artífice da forja, que não ignora o vocabulário áspero e denso e compreende a linguagem inorgânica das pedras, criando os objetos que surgem da "magia / da mão feia e dura"; e o do "visionário, /obreiro do abstrato". São representações ideais ou genéricas de ambos os ofícios, nos quais o eu projeta algo de particular, memorialístico, como o "forno em [João] Monlevade", município mineiro, desde a origem ligado à reserva de minérios e às vastas jazidas que levaram à instalação das forjas para produção do ferro, por isso, também, sede da Companhia Siderúrgica Belgo-Mineira, no século XX. Obviamente, as referências minerais ajudam a enfatizar o lastro do poeta de Itabira que se destaca em outros tantos momentos.

É certo que o fundidor de Rivera tem (ou pretende ter) algum parentesco com o ferreiro de Bandeira no cântico de certezas de "O Martelo", poema de *Libertinagem* (1930) que Drummond, pela mesma época da publicação de *Luz do Pântano* (1948), no longo estudo sobre "Trabalhador e Poesia", depois incluído em *Passeios na Ilha* (1952), consideraria o ápice dessa aliança no Modernismo, deixando de fora a representação tanto mais arguta do trabalho em sua própria poesia, a partir de *Sentimento do Mundo*, com o comentado (capítulo III) "Operário no Mar".

O que define a atitude do eu poético de Rivera é, segundo sintetiza o dístico final, a hesitação do "pássaro neutro entre a rosa e o pão". Obviamente, equiparar essa indeterminação ou oscilação à neutralidade traz, já de saída, um problema sério, qualificando como imparcialidade o que é matéria de conflito. Apesar disso, o teor dos versos não deixa de ser a hesitação entre o real e o simbólico, a pedra e o lírio, enfim, a modernidade da técnica e do trabalho (com as máquinas, forja, alto-forno, o canto das polias, os metais, o aço, a força muscular e o braço) e, como reação, o inevitável desejo de grande paz, solidão e contemplação, que o impulsiona em direção à busca do inefável. Enquanto persiste a irresolução, tensionando os dois polos, o do concreto e o impalpável, o eu lírico não perde de vista a realidade que lhe é atual, a ancoragem da poesia no contexto da modernidade e do trabalho que lhe é contemporânea. O inefável pode servir, assim, de parâmetro para a crítica do presente e da modernidade da técnica. Se a atitude não é nova, não é de todo desprezível. Veja-se um pouco mais dessa relação dual aprofundando o diálogo com a herança drummondiana.

Candido reitera tal herança na poesia de Rivera e, por essa filiação, reconhece em *Mundo Submerso* a prova de que a revolução poética operada em vinte anos deu seus frutos, "com uma geração de jovens poetas nutridos exclusivamente da atmosfera poética brasileira"[56]. Adverte que essa herança em Rivera é a de

> Um Carlos Drummond, todavia, que houvesse dissolvido a sua tanta ou quanta rigidez – o baque hirto de certos versos seus – nas larguezas melódicas e quase virtuosísticas de um Vinicius de Moraes[57].

O crítico fala, a esse respeito, menos em "imitação" ou "apropriação dos processos técnicos", do que em

> [...] um movimento de comungar na mesma concepção de poesia e na mesma visão do seu objeto. Uma e outra porventura mais estilizadas e portanto mais delimitáveis no sr. Bueno de Rivera do que na síntese magnífica obtida entre o lirismo pessoal e sentido coletivo pelo seu ilustre coestaduano[58].

Mas mesmo sem alcançar essa síntese magnífica, Candido reafirma, por fim, que o livro de Rivera

> [...] coloca o problema do lirismo de participação (à falta de melhor nome e provisoriamente), graças ainda, me parece, à influência de seu coestaduano Drummond. E isto tranquiliza consideravelmente, porque ando com medo de que o talento dos principiantes deságue no convencionalismo e comprometa o magnífico ímpeto poético do Brasil moderno, que lhes compete zelar e cultivar[59].

56. Antonio Candido, "Ordem e Progresso na Poesia", p. 146.
57. *Idem*, p. 144.
58. *Idem*, pp. 145-46.
59. *Idem*, p. 152.

Embora nem Candido nem Sérgio Buarque o digam, pode-se afirmar que o diálogo de Rivera com a poesia participante de Drummond se faz aqui justamente pelo viés da *indecisão* encenada em "O Forno e a Estrela". Conforme se viu no primeiro capítulo deste livro, o poeta de *Brejo das Almas* fazia de sua indecisão frente às demandas de politização endereçadas à intelectualidade artística dos anos 1930, marcados pela polarização ideológica entre a esquerda e a direita, alinhada à ação católica, o tema e o princípio de composição ou fundamento desse seu segundo livro. Do topônimo que dá nome ao livro drummondiano, no sentido de simbolizar o aprisionamento ou imersão no atoleiro da indecisão, pode-se aproximar a *Luz do Pântano* deste poeta "mergulhador meio afogado pela água que lhe entra por todos os sentidos, pela garganta", como diz Roger Bastide sobre Rivera[60]. Essa imersão pode ainda ser reiterada pelo título do primeiro livro – *Mundo Submerso*. Embora Romano de Sant'Anna veja nos dois títulos a herança marcadamente surrealista desses livros, ao aludirem ao universo onírico e inconsciente pela luz difusa desse mundo subterrâneo "sobre as pantanosas águas do tempo" (evocando telas de Dalí ou Ernst)[61], eles permitem interpretar algo dessa atmosfera opressa e da morosidade como resultante da condição perplexa, de quem se acha titubeando, imerso na indeterminação. Temas ou imagens recorrentes como o poço, o afogamento respondem por uma atmosfera asfixiante, reiterada formalmente pela predominância, nos demais poemas do livro, de versos "curtos, quando longos bastante sincopados" que, com "as imagens superpostas gradativamente, lembram a respiração do afogado, difícil, entrecortada de sustos e soluços", conforme sinaliza Affonso Ávila.

Embora o livro de Drummond remeta aos anos 1930, o que pode fazer da encenação poética da indecisão de Rivera algo meio requentado, não custa lembrar o que se viu no Capítulo 1: o autor de *Fazendeiro do Ar* retornaria, no pós-guerra, uma vez frustrado seu empenho poético-participante, à indecisão subjacente ao livro de 1934 (por tantos anos considerado pelo próprio poeta uma verdadeira "derrota literária"), em "No Exemplar de um Velho", de cujas imagens predominantes aproximam-se bastante as de Rivera.

60. Roger Bastide, "Apresentação" a Bueno de Rivera, *Luz do Pântano*.

61. Alfonso Romano de Sant'Anna, "Introdução", *Os Melhores Poemas de Bueno de Rivera*, São Paulo, Global, 2003.

Mas é certo que o rendimento que Rivera extrai de sua indecisão poético-participante se chega a se aproximar da dimensão do conflito encenado por Drummond pouco parece avançar. De fato, há uma espécie de solvente (será de Vinicius?) que compromete a contundência (drummondiana) de sua lírica social, como diz Candido nesses versos que são um exemplo da apropriação algo virtuosa do legado desses grandes modernistas, conforme demonstrou o mesmo crítico. "O Forno e a Estrela", apesar disso, não deixa de ser uma das realizações mais felizes da dita geração.

A tensão resultante da indecisão participante de Rivera vai se desfazer em Geir Campos, não no sentido de ele buscar a conciliação paradoxal almejada por Ivo e por Carvalho da Silva, mas sim de renunciar ao tempo e à realidade contemporânea pela exaustão que provocam, como se vê em "Acalanto":

ACALANTO

Exaustos de fotografar a vida
em seus sessenta aspectos por minuto,
adormecem os olhos no aconchego
do crepúsculo antigo e sempre novo:
as imagens do dia, prisioneiras
entre as dobras das pálpebras, discutem
argumentos possíveis para um sonho[62].

O adormecer e o sonho respondem pelo título que define como acalanto esta septilha de versos rigorosamente decassilábicos, mas brancos. O poema tematiza a recusa de uma poesia ligada ao registro obsessivo da realidade, do cotidiano que, em matéria de tradição poética local, faz supor uma reação tanto ao poema-minuto vindo dos modernistas dos anos 1920, na linha da poesia pau-brasil (valendo recordar, mais uma vez, que Oswald de Andrade era o principal polemista dessa geração), quanto à lírica social dos anos 1930-1940. A forma condensada do poema e a menção à fotografia (associada à Kodak oswaldiana, tributária, em parte, da lição de Cendrars) faz pensar na primeira hipótese, mas nem por isso se descarta, de todo, a segunda. Em um caso como no outro, não se pode esquecer que os poetas de 45 reagiam veementemente contra o legado

62. Geir Campos, *Antologia Poética*, Rio de Janeiro, Léo Christiano Ed., 2003.

modernista, que se configura de forma mais evidente no primeiro, mas sem deixar de compreender o segundo.

Seja como for, essa obsessão é evidenciada pela articulação de dois tropos: a hipérbole e a hipálage que desloca os "sessenta" dos segundos que compõem o minuto para os aspectos do real flagrados ou minuciosamente registrados pelos olhos do eu lírico, cujo cansaço é metonimicamente associado a esse órgão de captação do mundo exterior. Exausto, o eu lírico fecha os olhos e, tentando abstrair ou alhear-se da realidade, do presente, busca refúgio ou aconchego no "crepúsculo antigo", que pode remeter tanto ao cenário convencionalmente proposto pela imaginação romântica para a contemplação e a meditação poética, quanto ao "antigo" enquanto referência à tradição clássica. O "crepúsculo" que ele qualifica, longe de metaforizar o declínio, sugere o senso de permanência e renovação ("sempre novo"). A ideia de abstração ou alheamento da realidade presente tende, todavia, a ser relativizada pelo fato de os olhos, embora fechados (signo do alheamento) preservarem as imagens do dia (portanto as marcas do real) em tensão com o sonho (para o qual, discutem argumentos possíveis). Talvez mais do que a tese freudiana sobre os restos diurnos que compõem a matéria onírica, o verso aponta para a poesia como reflexão sobre as possibilidades da utopia (sonho) enquanto libertação da realidade, da qual permanecem as imagens prisioneiras nas pálpebras.

Se em "Acalanto" a exaustão leva à recusa do real (de todo modo, enunciado nos versos) como meio ou possibilidade de se cogitar ainda sobre o sonho ou a utopia, em "Esfera", caminha-se em direção à Forma eterna:

ESFERA

Geometricamente só,
apenas e sempre o mesmo:

gravitar sem fulcro, a esmo,
como pequenina mó
que se perdeu do moinho
onde o tempo é triturado
e, grão após grão, contado...

Não há formas, mas a Forma
equilibrada e sutil;

a Sombra única em mil
gamas de luz se deforma.

Aparecer igualmente
à fé ilógica dos crentes
e ao escárnio dos ateus.
Ser vivo, e ser – entrementes,
resolvido como um deus[63].

"Esfera" defende uma estética transcendente, ligada à busca de uma Forma una, permanente, equilibrada e sutil, grafada por isso mesmo em maiúscula, como conceito platônico (lembre-se aqui uma das vertentes da leitura da obra baudelairiana) que inspira a arte clássica, em detrimento da diversidade de formas, vistas coma imagens deformadas da Sombra única (nova hipálage, pensando que a sombra diz respeito às formas diversas, não ao conceito que elas buscam representar imperfeitamente). As formas que Dela se afastam, além de erráticas, são transitórias e tendem a dispersar-se: a metáfora do tempo triturado e contado como grão disperso, um a um, repõe a recusa do poema anterior, da arte presa ao presente e à realidade cotidiana que caracterizou o Modernismo. Na sua constância e permanência, a Forma una defendida pelo eu lírico é capaz de se afirmar, impor e reconciliar as perspectivas mais antagônicas (crentes e ateus) como verdade divina, transcendente, que garante ao poeta – pelo menos no seu âmbito de vigência: "entrementes" – a onipotência do Criador.

Se em Geir Campos tempo e realidade presente, ainda que rejeitados em favor do sonho ou da utopia e da Forma eterna, não deixam de ser enunciados, mesmo que encenando seu abandono nos próprios versos, em outro líder de 45 eles sequer merecem menção. É o que se pode observar em "Epitáfio", um dos poemas finais de *Lamentação Floral* (1946), livro agraciado com o prêmio Fábio Lando.

EPITÁFIO

As ondas nascem,
as ondas morrem,

63. *Idem.*

num só minuto;

mas o pensamento
pode eternizá-las.

As rosas nascem,
as rosas morrem;
mas o pensamento
pode concebê-las imortais.

Por isso eu vos tirei do mar,
ó vagas!

Por isso eu vos tirei do lodo,
ó rosas!
Porém vos fiz etéreas, flamejantes,
Para brilhardes sobre a poeira em que me tornarei[64].

O poema tematiza o poder de eternização do pensamento sobre a transitoriedade da natureza, simbolizada pelo nascer e morrer das ondas e das rosas. O pensamento, todavia, pode resgatá-las da brevidade e imortalizá-las por força da abstração conceitual (mas o pensamento/ pode concebê-las imortais) e da elevação poética (ou sublimação). Trata-se, em suma, da clássica tópica horaciana da perenidade da poesia, que garante a imortalização do que é tocado pelo canto.

A crítica e a historiografia ainda não observaram o quanto essa tópica voltou a ser reiteradamente empregada pelos poetas de 45. Da tópica, interessa por ora lembrar que, desde Homero, figura o motivo tradicional da eternidade da poesia, correspondente ao poder do poeta não só de conferir glória imortal ao que é celebrado pelo canto, mas também de a estender ao próprio poeta. Curtius inventariou nomes e obras da tradição clássica e medieval que contribuíram para tornar essa concepção um lugar-comum. De todos, sem dúvida, aquele que ajudou a cristalizar de vez a tópica foi, sem dúvida, Horácio cuja ode que se inicia com o famoso

64. Péricles Eugênio da Silva Ramos, *Lamentação Floral. Poesia Quase Completa,* Rio de Janeiro, Livraria José Olympio Ed., 1972, p. 29.

verso *Exegi monumentum aere perennius* torna-se referência obrigatória quando se trata do assunto[65].

Em "Imortalidade Poética e Medo da Morte", Charles Segal, examinando esse mesmo "poder do poeta, tanto para conferir, quanto receber a glória imortal" referido desde Homero, demonstra que Lucrécio reinterpretou filosoficamente o *tópos* da imortalidade poética. Ele corrige a visão tradicional, postulando que a "verdadeira" imortalidade deve ser procurada não na sobrevivência da personalidade individual, mas na compreensão dos processos eternos da criação e destruição no universo. Apesar de assimilar imagens clássicas familiares da tradição literária da imortalidade poética, como flores, nascentes e caminhos inexplorados, a preocupação maior de Lucrécio "é menos com o poeta individual do que com a energia criadora do universo que a poesia incorpora e tenta representar"[66].

Mas tendo em vista o poder de eternização e permanência do que é tocado pelo pensamento e pela poesia, como justificar o título do poema de Silva Ramos? Contrariando a velha tópica, o poder de imortalização se estende sim aos objetos tocados pela poesia, mas não alcança o poeta, que, apesar desse poder, permanece preso à dimensão perecível da matéria, argila ou barro humano, tornando ao pó de onde veio. O "epitáfio" do título é, enfim, o do próprio eu poético, que, ao inscrever versos em sua lápide, não busca o enaltecimento explicitamente, como é próprio desse tipo de inscrição, embora não deixem de prestar-lhe uma homenagem implícita, pelo sacrifício ou por sua supressão pura e simples em benefício da imortalidade da criação.

Não custa aqui observar com o próprio Segal, ainda a propósito da conversão filosófica da tópica por Lucrécio, que

> Os "grandes feitos dos homens", preservados em "monumentos eternos da Fama" [...], são sem sentido na perspectiva dos incessantes ciclos atômicos de aglo-

65. E. R. Curtius, *Literatura Europea y Edad Media Latina*, México, Fondo de Cultura Económica, 1975. Além de Curtius, ver também, sobre a tópica, Alain Génetiot, "L'Ambition de la Postérité", *Le Classicisme*, Paris, Quadrige/PUF, 2005, pp. 338-39. A retomada da tópica na tradição literária em língua portuguesa é examinada por Francisco Achcar, *Lírica e Lugar-Comum. Alguns Temas de Horácio e sua Presença em Português*, São Paulo, Edusp, 1995.

66. Charles Segal, "Poetic Immortality and the Fear of Death: the Second Proem of the De *Rerum Natura*", *Harvard Studies in Classical Philology*, vol. 92 (1989), pp. 193-212. Ver ainda do mesmo autor, sobre a tópica, "Messages to the Underworld: An Aspect of Poetic Immortalization in Pindar", *The American Journal of Philology*, vol. 106, n. 2 (Summer, 1985), pp. 199-212.

> meração e dissolução. Mesmo os memoriais escultóricos e arquitetônicos de grandes homens se desintegram e perecem. [...] Lucrécio sabe também que o "florescimento" da honra por uma nova descoberta é fugaz e precário, pois ora uma coisa, ora outra passa da glória ao desdém. [...] O próprio Epicuro, se era famoso, preferia uma vida de obscuridade. Como Epicuro, Lucrécio se refere ao "elogio" ou à "glória" (*laus, Honos*) como um objetivo instável, vazio e, portanto, insalubre. [...] Desejo de fama, de fato, vem de apenas uma área da loucura humana que Lucrécio combate muito veementemente, ou seja, o medo da morte e da ignorância que causa este medo. [...] Lucrécio nunca chama o próprio Epicuro de "imortal"[67].

De certo modo, o poema de Silva Ramos parece responder a esse reparo não só em "Epitáfio", mas também em um de seus epigramas:

EPIGRAMA N. 4 – PÊNDULO

No pensamento o sonho,
esta beleza aflita que não morre;

no chão, porém,
como um sinal definitivo,
uma gota de sangue
e um punhado de cinzas...[68]

A divisão estrófica evidencia de modo esquemático qual o destino da criação e qual o do poeta: a primeira estrofe reafirma o poder de imortalização da poesia em relação à "beleza aflita que não morre", enquanto a segunda inflete a conversão filosófica lucreciana referida por Segal, na medida em que não estende o mesmo poder ao próprio poeta para resgatá-lo da ação destrutiva do tempo (indiciado metonimicamente pelo título do poema, "Pêndulo"), que o reduz, por fim, a "uma gota de sangue / e um punhado de cinzas" no chão, redução que a própria sinédoque trata de enfatizar.

Como no poema anterior, a referência contida nos títulos a gêneros poéticos clássicos se faz de maneira a subverter o sentido que os define: lá, o epitáfio, que não louva no sentido de perpetuar o nome do morto-criador; aqui a inscrição (em monumentos, estátuas, moedas etc.) dedicada não à lembrança de um evento memorável ou a uma vida exemplar,

67. *Idem, ibidem.*
68. Péricles Eugênio da Silva Ramos, *Lamentação Floral*, p. 23.

mas à dissolução quase completa no chão como um "sinal definitivo" – valendo atentar para o jogo paradoxal com o adjetivo, na medida em que "definitivo" é justamente aqui... o perecível!

Veja-se, ainda, algo próximo dessa conversão lucreciana da tópica verificada nos dois poemas-inscrições de Silva Ramos, como exemplos da tensão entre transitoriedade e permanência, implícita na polaridade modernidade e tradição que este capítulo tem perseguido. Considere-se o modo como ela comparece na poesia de outro nome que foi visto, ao lado de Bueno de Rivera, como uma das promessas ou das expressões mais felizes do grupo de 45: o já comentado José Paulo Moreira da Fonseca.

Já se viu em capítulo anterior que, ao examinar suas *Poesias* de 1949, Sérgio Buarque parte de um confronto com João Cabral. Em comparação com o "mundo justo" que o engenheiro de Cabral sonha, um "mundo que nenhum véu encobre", no qual "a ordem natural foi definitivamente abolida por instrumentos eficazes de imobilização e irrealização", o crítico afirma que, na poesia de Moreira da Fonseca,

> [...] não vai a tamanhos excessos esse mesmo gosto de depuração, que levado às suas últimas consequências poderia redundar numa espécie de abstracionismo poético: a vida natural conserva seu prestígio, contanto que seja formalizada, é certo, e submetida a dimensões humanas, como as águas que se guardam na fragilidade do cântaro, "forma sonora" – uma fonte que os homens moldaram na Argila é, em outro lugar, "longínquo pressentir de margens imóveis". Assim é que no orquidário ele vai buscar as novas formas com que revestiu a vida sujeita ao homem. [...] E a visão de uma escultura permite-lhe celebrar a promessa de ritmo, que enfim se emancipou da "obscura pedra".
>
> Os espetáculos verdadeiramente poéticos na natureza não são para o sr. José Paulo Moreira da Fonseca aqueles onde as coisas já se apresentam definitivamente petrificadas e como esclerosadas, por isso perfeitas, no sentido gramatical da palavra "perfeito", mas onde parecem, ao menos por breves instantes, situadas à margem do tempo, vencida a condição impura que se exprime no movimento, no rumor, na vida, na mortalidade. [...] Para captar plenamente a beleza dessas tenuidades e evanescências – som de vento remoto, "ainda silêncio", palpitação da onda, já adormecendo, no "laço entre a vida e a morte" – requer-se uma rara e aguda sensibilidade. Não sei, entre nossos poetas novos, quem a tenha mais refinada do que este, que, estreando há apenas dois anos com *Elegia Diurna*, revelou-se desde então a maturidade de quem pudesse ter condensado, já nos primeiros passos, uma experiência capaz de manifestar-se em peças de sobriedade verdadeiramente clássica. [...] A paisagem poética do sr. José Paulo Moreira da Fonse-

ca, bem diversa da que ostenta o sr. João Cabral de Melo Neto, denuncia não obstante a lucidez e o desnudamento que caracterizam a do poeta pernambucano. Forçando a comparação, pode-se quando muito dizer que as colunas, deixadas de propósito bem visíveis nos versos do autor de *Pedra do Sono*, foram aqui discretamente retiradas, conforme o conselho de Léon-Paul Fargue.

Existe na obra dos dois poetas uma exata correspondência, se isto é possível, entre a temática e a técnica. Na do primeiro é o reino mineral que predomina quase inconteste; na do sr. Moreira da Fonseca, o espírito de geometria dilui-se em inesquecíveis figuras, e as formas imóveis esgalham-se aos poucos para a tranquila floração. Lá os compassos dos versos curtos têm qualquer coisa de inorgânico. Aqui desaparece o timbre metálico para ceder lugar a um ritmo sinuoso, de vida crepitante, e no entanto contida[69].

Sem desconsiderar a agudeza da apreciação feita pelo crítico, destaque-se, todavia, para sustentar o fio da argumentação proposta aqui, o que ele diz, em particular, sobre os espetáculos verdadeiramente poéticos na natureza, conforme Moreira da Fonseca: aqueles em que as coisas "parecem, ao menos *por breves instantes*, situadas à *margem do tempo*, *vencida a condição impura* que se exprime no movimento, no rumor, na vida, na *mortalidade*". As expressões em destaque se afinam com a tensão entre o transitório e o permanente, bem como com a tópica da perenidade da poesia.

Em outro ensaio, diz ainda Sérgio Buarque,

No sr. José Paulo Moreira da Fonseca [...] o senso plástico procura captar em sua própria naturalidade o capricho do espetáculo natural. A economia de metros não provém de uma pura operação artística, mas quer reproduzir aquele espetáculo em sua evanescência. A sobriedade característica do poeta é, de fato, uma imposição de seu tema constante[70].

Merquior, por sua vez, considera José Paulo Moreira da Fonseca

[...] de todos, o mais digno poeta. [...] Pensador, por vezes eliotiano, tem algumas qualidades e alguns dos vícios do seu modelo. Mas sabe pensar em verso, com emoção-do-ser; assim, nessa "Máscara Trágica"[71].

69. Sérgio Buarque de Holanda, "Os Três Reinos", *O Espírito e a Letra*, pp. 186-187.
70. Sérgio Buarque de Holanda, "Ainda a Labareda", *O Espírito e a Letra*, p. 435.
71. José Guilherme Merquior, "Falência da Poesia ou uma Geração Enganada e Enganosa: Os Poetas de 45", *op. cit.*, p. 53.

Apesar disso, adverte que

> [...] mesmo a quietude desse poeta meditativo se ressente da falta de um nervo social. A sua objetividade não é para aqui nem agora. Não é portanto um caminho; e sendo pessoal, de cogitação culta e serena, ganha às vezes a aparência de uma dignidade iludida[72].

À luz dessas longuíssimas, mas necessárias, considerações, tome-se mais alguns momentos representativos da poética de José Paulo Moreira da Fonseca para análise. Antes de entrar nos poemas do autor de *Elegia Diurna* que repõem a tópica em questão, importa chamar a atenção para um traço característico de sua produção. Sérgio Buarque falava, entre outras coisas, na economia de metros como dado característico dessa poesia. Pode-se dizer que, no conjunto de sua obra, chama a atenção também a brevidade das formas poéticas empregadas. Isso faz um preceito caro à estética moderna que é a concisão coincidir com uma lição procedente do ideário clássico, assim como são a sobriedade e o despojamento. Veja-se, nesse sentido, o que diz Curtius a respeito da fórmula da *brevitas* como ideal estilístico na tradição clássica e sua adequação (ou não) às diferentes situações e finalidades, contrapondo o par antitético *abbreviatio-dilatatio* (ou *amplificatio*)[73].

Esse ideal de concisão comparece explícito nos brevíssimos versos abaixo, extraídos de *Bestiário* (*Três Livros*):

O CABRITO

Povoaste a paisagem grega
        guardas um timbre clássico algo de conciso
ágil e jovem – quem negaria? – basta ver-te sobre os abismos
sem receio ou vertigem
                                        como a vida[74].

O poema reafirma a persistência ou a possibilidade de renovação do ideal clássico por meio da figura caprina (recorrente na mitologia clássica: fauno, pã...) na paisagem grega, ágil e jovem, sobre os abismos, sem

72. *Idem*, p. 54.
73. Curtius, *Literatura Europea y Idad Media Latina*, vol. 2, pp. 682-691
74. José Paulo Moreira da Fonseca, *Três Livros*, Rio de Janeiro, Agir, 1958, p. 16.

receio ou vertigem, como analogia para uma conduta diante da "vida", estrategicamente posta em destaque, num verso final isolado e deslocado do bloco formado pelos demais, para sugerir essa atitude confiante diante do desafio do vazio abissal.

Considere-se agora os poemas de Moreira da Fonseca que repõem a tópica da perenidade do canto, a começar por:

MÓDULO PARA UMA CONSTRUÇÃO IMPOSSÍVEL

Um poema aceso como o círculo do sol
mas sem fúria, sem fogos, sem esbanjamento,
nítido,
          acima da frieza, assim como a rosa
infatigavelmente proporcionado,
sem nenhum artifício, nenhuma palavra rara,
                                                  a maçã
que sem pressa modela sua madureza,
todavia menos silencioso, o segredo menos guardado
do que as sementes naquele castanho laconismo.
Os versos talvez com a paciência da música
porém não tanto em sonho, tão nublados,
talvez feito o voo dos pássaros, mas lentos,
sem a pura entrega ao curso e à fuga.
Um poema assim à maneira de um rosto
incapaz de mentir, de esquecer
a pena e o contentamento,
um rosto de velho, porém um rosto de criança,
e de vivo, e de morto,
                              um poema claro, sombrio,
sábio, ingênuo
como as frases que um dia serão luz e verdor na poeira dos lábios[75].

O título já aponta para um ideal poético marcado pela impossibilidade, mas que o eu lírico busca, ainda assim, afirmá-lo, pela negativa. O "módulo"[76]

75. José Paulo Moreira da Fonseca, *Sequência*, Rio de Janeiro, Livraria Agir Ed., 1962. Como se vê, este poema pertence a um livro posterior mas, ainda assim, é revelador da persistência da tópica em questão.

76. Quando da republicação do poema em sua *Antologia Poética* (*op. cit.*, p. 125), Moreira da Fonseca substitui "módulo" por "método".

do título é termo que define a poética ou o metapoema: pois o termo, como já se viu com um soneto de Jorge de Lima, designa o que é melodioso e o que serve de medida; uma unidade métrica que regula as dimensões ou proporções que devem ter as diversas partes de uma construção.

O ideal poético proposto recusa o artifício, o excesso, a frieza e a palavra rara (contradizendo aquilo que se convencionou como característico da Geração de 45) em prol de uma criação natural e fundada na experiência. As analogias e metáforas naturais aparecem desde o primeiro verso: círculo de sol, rosa, maçã e voo de pássaros. Já a comparação associada à esfera da experiência aparece na imagem do rosto que guarda as marcas de suas vivências, mas que, apesar da idade, preserva, paradoxalmente, o frescor (ou a pureza) infantil. Segue a enumeração de outros oxímoros que essa concepção de poema busca conciliar (vivo × morto; claro × sombrio; sábio × ingênuo) e, no fecho do poema, a mesma lógica que marca a conclusão de "Epitáfio", de Silva Ramos, quando afirma a permanência da poesia (luz e verdor) em contraposição à transitoriedade e desaparição do poeta, evidenciada pela sinédoque da "poeira dos lábios" que proferem o canto.

Em outros momentos, porém, Moreira da Fonseca se concentra na criação, sem contrastar o destino desta ao do criador. Veja-se

BUSCAR A ROSA...

Buscar a rosa no cimo dos penhascos,
A rosa supérflua e essencial,
Perdida pelos ventos agrestes,
Pelas grimpas sem fim,
Uma rosa dádiva –
E desprezares a morte
Sob o céu azul[77].

A "rosa" surge como metáfora da própria criação poética, concebida paradoxalmente como sendo, ao mesmo tempo, "supérflua e essencial". Evidencia-se, além disso, seu caráter de doação espontânea ("dádiva"). O

77. José Paulo Moreira da Fonseca, *Elegia Diurna*, p. 65. Na *Antologia Poética*, há variantes para alguns dos versos acima: "Buscar a rosa no cimo dos rochedos, / a rosa supérflua e essencial, / perdida pelos ventos agrestes, / pelas grimpas sem fim, / uma rosa, uma dádiva – / e desprezar-se a morte / sob o céu azul" (José Paulo Moreira da Fonseca, *Antologia Poética*, p. 8).

lugar alto onde se busca a rosa, "no cimo dos penhascos", "pelas grimpas sem fim", apontam para uma concepção elevada, sublimizante de poesia. Mais do que tudo, sugere-se, com o sublime, a ideia da poesia ou arte como forma de perpetuação e eternização (porque "sem fim"), que desconsidera, ou melhor, "despreza" o tempo e supera a morte. Esse jogo entre o perene e o transitório emblematizado pela imagem floral encontra correlatos em outros poetas da mesmo geração de Moreira da Fonseca. É o que se vê em *Acontecimento do Soneto*, de Ledo Ivo, com dois poemas dispostos na sequência do livro, instituindo a antinomia em questão já nos títulos: "Soneto da Rosa Clássica" e "Soneto da Rosa Passageira".

Pense-se, em contexto nacional, no contraste estabelecido pela imagem central de poemas como esses com a rosa drummondiana, seja a *do povo*, que floresce em meio ao asfalto (investido do sentido de arte e de ideal social), seja a posterior, de desprezo e vômito, com a frustração do ideal participante em *Claro Enigma* (veja-se "Contemplação no Banco"). Ou ainda, em contexto internacional, pela saxífraga de William Carlos Williams, que irrompe ou fende as rochas.

Tome-se, ainda, outro momento que Sérgio Buarque tem em mira na sua apreciação da poesia de José Paulo Moreira da Fonseca:

> Na argila ou no verso –
> Reter as águas
> Que sempre correm
> Para o silêncio.
>
> Na argila ou no verso –
> Longínquo pressentir
> De margens imóveis.
>
> Na argila ou no verso –
> Fugaz triunfo
> Sobre o tempo[78].

O poeta-pintor frequentemente se detém sobre ruínas históricas, pinturas (notadamente naturezas-mortas) e artefatos como forma de externalização ou objetivação de suas concepções filosóficas e artísticas – o que

78. *Elegia Diurna*, p. 67.

lembra o apego parnasiano a vasos gregos, leques, estatuetas, demais objetos de arte e ourivesaria. A objetivação tende a tirar o eu lírico de cena.

O poema estabelece um confronto entre duas artes, uma espacial e outra temporal: a escultura (indicada por sua matéria bruta: a argila) e a poesia (indicada por uma de suas unidades compositivas: o verso). Através do confronto, estabelece-se uma equivalência que permite formular uma concepção de poesia que tem o mesmo valor para a arte em geral. Dialogando com a tópica da perenidade da poesia contra a passagem do tempo (no esforço de reter o fluir das águas) que corre em direção ao silêncio (compreendido como desaparição e morte), o eu marca, assim, a vitória da criação contra o fluxo destruidor do Tempo. O eu lírico, entretanto, parece relativizar a tópica na medida em que define, por fim, esse triunfo como fugaz. É, aliás, curioso observar que, como pintor, José Paulo Moreira da Fonseca tenha nutrido certa admiração pelo Impressionismo e pelos prenunciadores deste, pautados pela captação do instante. Um bom exemplo disso está em a "Ode a Edouard Manet".

A reposição e a relativização da tópica reaparecem em "Máscara Trágica", poema ao qual Sérgio Buarque dispensa especial atenção na análise do conjunto da obra de Moreira da Fonseca.

MÁSCARA TRÁGICA

No ritmo das linhas
Imóvel o espanto permanece,
Como se morte o recolhera
De toda a metamorfose.

No ritmo das linhas
(Fronteira do visível)
Retorna o tempo
E perene é a forma.

No ritmo das linhas
A tragédia se esculpe –
Gesto imaturo
Contemplando o eterno[79].

79. *Elegia Diurna*, p. 57.

Claude Calame nota que, dada a natureza perecível dos materiais empregados na sua confecção, nenhuma máscara trágica chegou à posteridade. O conhecimento que se tem dela é sempre mediado, e se deve a representações em texto e em vasos que são, geralmente, de períodos posteriores. Estudando essas fontes, o helenista suíço examina as formas de utilização da máscara trágica, a função que ela desempenhava e o efeito que visava produzir na audiência:

> [...] as máscaras que possuem uma função expressiva (especialmente de forte emoção) aparecem [...] apenas no início do século V a.C., quando Ésquilo, através de seu uso de cores, introduziu máscaras destinadas a incitar emoções de terror. [...] Uma análise deste artefato excepcional nos permite ir ainda mais longe e descobrir o que vai se tornar um padrão consistente no modo como as máscaras são figuradas: quando não representadas frontalmente ou na posição de três quartos, a máscara trágica, tratada como um objeto separado de quem a usa, frequentemente encara este último. Assim, existem dois modos para representar a máscara quando não é usada: ou o observador do vaso encara esta máscara de frente, ou, girando a máscara em 90 graus, o ator que a segura é quem faz isso. Enquanto a regra para representar a face humana de perfil é respeitada, a representação da máscara se distingue por seu ângulo facial, um ângulo que desaparece logo que ela é usada. A ausência de uma marca distintiva, quer em forma ou cor, entre a face humana e a máscara usada pode ser considerada uma confirmação parcial do altamente alardeado processo de identificação entre o portador da máscara e o personagem que ele encarna. [...] Mas as representações icônicas das máscaras ainda não nos revelaram o que elas encarnam. [...] Os efeitos [...] de terror e piedade, de que Aristóteles fala, acompanham a revelação instrutiva do enunciador: não devemos esquecer que o biógrafo de Ésquilo atribuía a função de inspirar terror na plateia precisamente à máscara. Na teoria clássica, estes efeitos por um momento preparam a maneira para a revelação do enunciador mascarado; eles garantem a sua eficácia. A máscara tem um papel essencial aqui, porque não só traz o confronto da ação representada no palco e o enunciador e, consequentemente, assegura a possibilidade de uma revelação mediata, mas também permite que esta revelação deva ocorrer através das mencionadas paixões. Considere a este respeito a função atribuída à face da Górgona: como J.-P. Vernant mostrou, a cara deformada de um monstro terrível, sempre representado frontalmente, atua assim como uma máscara. Confrontando o protagonista, esta visagem simultaneamente olha para ele e envia de volta o seu próprio reflexo, embora completamente deformado.

O que a face/espelho da Górgona devolve ao seu espectador é o Outro estrangeiro, que, como a tragédia em si, inspira horror e terror. Além disso, a análise etimológica confirma a "frontalidade" essencial da máscara grega e a importância do olhar ou do olhar fixo[80].

O "espanto" de que falam os versos de Moreira da Fonseca é, decerto, referência a esse terror que a máscara devia inspirar na audiência, segundo o preceito aristotélico. Terror intensificado nas representações da máscara trágica separada de seu portador, a encará-lo, e analisada por Calame em comparação com a Górgona. É esse efeito, como a essência do trágico, que o eu poético busca perenizar pela forma, abolindo-se o transitório, o temporal, a metamorfose, a própria morte. Mas o poema parece guardar certa ambiguidade: embora contemplando o eterno, a tragédia se "esculpe" no "ritmo das linhas" da máscara como "gesto imaturo". O próprio "tempo retorna" na "fronteira do visível". Nessa ambiguidade (reiterada pelo jogo de imagens de mobilidade e imobilismo, inclusive escultórico) é que o poema ganha em interesse no trato com a tópica clássica.

Uma derradeira representação da tópica da perenidade do canto com a qual se dá fecho ao presente capítulo, reportando-se, como na abertura, a Baudelaire, comparece no poema de Geir Campos que retoma uma das figuras emblemáticas do poeta francês:

CISNE

Pluma e silêncio, vinha pela vida
aceita com resignação, conquanto
talvez em hora alguma pretendida.
Pressente no ar o aviso da partida
– urge tentar o eterno: um voo, um canto,
um gesto nunca ousado, alguma prece...
Canta, e se vai. O canto permanece[81].

O poema opera obviamente com um lugar-comum, na medida em que se inscreve em uma longa tradição em que o cisne e seu canto figuram alegoricamente o poeta e sua poesia, notadamente seu derradeiro e mais belo canto, recebendo novo alento com o Romantismo. Baudelaire retomou a tópica em

80. Claude Calame, "The Tragic Mask in Ancient Greece", *History of Religions*, vol. 26, n. 2, Chicago, The University of Chicago Press, nov. 1986, pp. 128 e ss.
81. Geir Campos, *Antologia Poética*, p. 47.

chave antirromântica no grande poema da modernidade, que, como bem se sabe, opera a radical transfiguração da ave emblemática, destituindo-a de sua dimensão sublime, para rebaixá-la (nos moldes com que procedera em relação a outra figuração zoomórfica elevada do ofício poético, "O Albatroz", concebido pela mesma época, supostamente em 1859) ao nível do prosaico (ou mesmo grotesco), a fim de representar a perda de prestígio e reconhecimento público do poeta e da poesia. Rebaixamento também operado no plano da linguagem baudelairiana que, como bem disse Paul Claudel, é "uma extraordinária mistura do estilo raciniano e do estilo jornalístico de seu tempo".

A experiência de marginalização e exílio vem associada à lembrança que tem o eu melancólico, ao atravessar a praça do novo Carrossel onde outrora existia um aviário. Foi aí que ele viu um cisne escapar da gaiola, bater as patas no chão pavimentado, "banhando" suas asas de plumagem clara na poeira, junto a um riacho seco, ansiando desesperadamente por uma gota d'água e sonhando com seu lago natal. Escrito sobre o pano de fundo de uma Paris transfigurada e convertida num grande canteiro de obras, graças ao "embelezamento estratégico" haussmanniano, "Le Cygne" é "le poème des exilés". Espelho da condição melancólica do eu poético também exilado das esferas do ideal, flanando numa Paris transfigurada por um devastador processo de modernização ("la forme d'une ville change plus vite, hélas! que le cœur d'un mortel", dizem os famosos versos), a figura do cisne deslocado de seu *habitat* natural se associa à evocação de Andrômaca reduzida à condição de esposa e serva de Pirro, degredada à beira de um falso Siméois; de Victor Hugo, então exilado e a quem o poema é dedicado; e de uma série de figuras exemplares dessa condição afim das quais se solidariza o eu: a negra distante da África, os órfãos, os cativos, os náufragos esquecidos numa ilha, os vencidos e muitos outros mais.

Sem remeter ao contexto da cidade moderna, um conhecido soneto de Mallarmé retoma "le cygne d'autrefois" para reafirmar essa condição de exílio do poeta moderno, reiterada pela complexa trama sonora que repete a mesma vogal aguda ao longo de seus catorze versos, a fim de sugerir "a monotonia de um vasto espaço solitário, silencioso, todo branco de gelo duro", como bem notou Thibaudet[82].

82. *Apud* João Alexandre Barbosa, "Mallarmé ou a Metamorfose do Cisne", *As Ilusões da Modernidade*, São Paulo, Perspectiva, 1986, p. 65 n.

A ênfase dada ao silêncio está também no poema de Geir Campos, sem a força da assonância e da genialidade de Mallarmé, mas como possível alusão a este. Ocorre que, enquanto o cisne mallarmeano, emblematizando a condição do poeta moderno, mostra-se desprendido do bando e, em seu "inútil exílio", preso ao solo, incapaz de alçar voo, o de Geir Campos, assim que "pressente no ar o aviso da partida", tenta o voo em direção ao eterno e se vai. O gesto é caracterizado como ímpar ("nunca ousado") e se realiza plenamente, alcançando – em obediência à tópica – a posteridade: à custa da morte do cisne-poeta, "o canto permanece".

Embora Geir Campos fale do "silêncio" para caracterizar a condição do cisne em vida, ela não é, de modo algum, problematizada. Está longe, portanto, da subversão promovida nos albores da modernidade pelo cisne baudelairiano deslocado no espaço, ao dramatizar a incomunicabilidade e a marginalização do poeta e da poesia, reforçadas, depois, pelo cisne mallarmeano em seu "inútil exílio". Ao contrário, o cisne de Campos aceita essa condição de silêncio sem mais. E o que é pior, embora nunca pretendida, aceita-a com resignação! Resignação estética, inclusive, na medida em que, ignorando a tensão entre o provisório e o permanente, Geir Campos retrocede ao tema convencional do último canto do cisne, caro ao imaginário romântico contra o qual Baudelaire se rebelou ao fundar a modernidade poética na lírica[83].

83. Sylvia Anan, "Entre a Pantera e o Ano: Geir Campos e a Recepção de Rainer Maria Rilke no Brasil", pp. 50-62, examina este poema tomando por referência o cisne rilkiano, que Augusto de Campos chegou a traduzir.

VIII

Orfeus e Anfions

A inflexão neoclássica se fez sentir não só na depuração da linguagem e do estilo ou na reposição de formas e temas convencionais, mas também na representação do poeta. Se as mitologias pessoais cultivadas no Modernismo não foram abandonadas de todo, recorreu-se frequentemente, conforme já se assinalou, a representações mais universais, a começar pela figuração arquetípica do poeta encarnada pelo mito de Orfeu. Ela foi esposada em meados dos anos 1940 e ao longo da década de 1950 tanto pelos grandes líricos do Modernismo, como o Drummond de *Claro Enigma* e *Fazendeiro do Ar*, o Murilo Mendes de *Parábola*, o Jorge de Lima de *Invenção de Orfeu*, obviamente, e o Augusto Meyer de *Últimos Poemas*; quanto pelos poetas de 45. Embora nem todos entre esses últimos evoquem o aedo trácio, a centralidade conferida a ele já se evidencia no fato de seu nome designar um dos principais veículos de expressão do grupo. Em todos eles, porém, a "saga do cantor da Trácia se comporta como um esquema altamente explicativo da missão do poeta", oferecendo "um arquétipo que opera como emblema do combate pela poesia". Como diz ainda Zonana, "na saga de Orfeu, os poetas veem refletido seu próprio destino poético, sua função estética e social, o sentido de sua obra"[1]. É exatamente isso que se busca examinar aqui, nas reescritas do mito na

1. Víctor Gustavo Zonana, *Orfeos Argentinos: La Lírica del '40*, pp. 25-26.

produção poética do período. Para tanto, é preciso, antes, considerar um pouco mais esse sentido que o mito comporta.

O LUGAR E O PAPEL DO POETA: ORFEU COMO MITO CIVILIZADOR

Wayne Dynes observa, com razão, que Orfeu possui em "grau superlativo o caráter proteico dos mitos gregos em geral". Ele é, verdadeiramente, polimorfo e suas "aparições na arte, literatura e música são, por isso, extremamente variadas"[2]. Essas inumeráveis evocações exploram, para falar com Pierre Brunel, suas diversas vocações[3]. São algumas dessas *e-vocações* que se pretende examinar, lembrando que se toma por representativo apenas casos em que haja referências expressas ao mito. Neles, verifica-se que os poetas se apropriam não da totalidade da narrativa mítica, mas de alguns de seus trechos para lhes dar um tratamento mais ou menos fiel ao original. A própria escolha ora de uma, ora de outra passagem, às vezes por um mesmo poeta ao longo de sua obra, já é por si só tão significativa quanto o tratamento particular dispensado ao mito, seja como simples reposição, seja como transfiguração radical do relato original[4].

Interessa compreender essas diferentes apropriações à luz daquele contexto histórico e poético específico abordado no capítulo III. Na ver-

2. Wayne Dynes, *Art Journal*, vol. 39, n. 4, Command Performance (Summer, 1980), p. 252.
3. Pierre Brunel, "As Vocações de Orfeu", em Bernadette Bricout (org.), *O Olhar de Orfeu*, São Paulo, Companhia das Letras, 2003, pp. 39-62.
4. Embora fato evidente, não custa lembrar que "todo mito (com suas variantes) possui uma pluralidade de significados agregados em torno de uma função temática fundamental. Mas quando um poeta utiliza um mito ou um personagem mítico, ele opera por *seleção*, reorientando a história na direção de seu próprio texto. [...] Todo poeta grego (e *a fortiori* todo poeta latino, que inevitavelmente se encontrava confrontando um conjunto ricamente estratificado de variantes e adaptações) sentia-se autorizado a intervir na tradição e 'conjugava' livremente o paradigma mítico. [...] Werner Jaeger recorda que 'o mito é como um organismo cujo espírito está constantemente sendo renovado e mudado. A pessoa que produz tal mudança é o poeta; mas fazendo isso ele não apenas obedece seu próprio capricho. O poeta é criador de uma nova norma de vida para seu tempo e ele interpreta o mito com base nela. [...] O mito só pode permanecer vivo graças à metamorfose incessante dessa ideia, mas a nova ideia permanece sobre o veículo estável do mito' " (Gian Biagio Conte, "Aristaeus, Orpheus, and the *Georgics*", *The Poetry of Pathos: Studies in Virgilian Epic*, Oxford/New York, Oxford UP, 2007, pp. 134-35).

dade, o propósito não é tanto o de examinar as reescritas do mito por elas mesmas, mas, sobretudo, de compreendê-las como manifestação significativa da crise da modernidade poética e de certa configuração do campo literário – e dentro deste, da poesia, em particular, tendo em vista a referida especialização e as consequentes disputas interdisciplinares em busca de uma posição hegemônica, além da acentuação da perda do alcance comunicativo, notadamente desse gênero.

Para a articulação desse contexto complexo com a retomada do mito, interessa notar como a reincidência de Orfeu em diferentes épocas da história da poesia e das artes europeias foi lida também em articulação com as reconfigurações dos campos, com as disputas hegemônicas que cercaram as redefinições das áreas e com a ameaça ao prestígio da poesia. Tome-se, aleatoriamente, alguns momentos exemplares como parâmetro para o caso aqui considerado.

Essas reconfigurações e disputas exploram, frequentemente, a dimensão civilizadora do mito, enfatizada desde a Antiguidade, como bem ilustra a conhecida versão horaciana exposta na *Epístola aos Pisões*:

> Orfeu, pessoa sagrada e intérprete dos deuses, incutiu nos homens da selva o horror à carnificina e aos repastos hediondos; daí dizerem que ele amansava tigres e leões bravios; também de Anfion, fundador da cidade de Tebas, dizem que movia as pedras com o som da lira e, com um pedido carinhoso, as levava aonde queria. Existiu um dia a sabedoria de discernir o bem público do particular, o sagrado do profano, pôr fim aos acasalamentos livres, dar direitos aos maridos, construir cidades, gravar leis em tábuas. Foi assim que adveio aos poetas e seus cantos o glorioso nome de divinos[5].

Paul Bénichou retoma essa passagem para considerar a missão educativa do poeta, igualmente atestada pelos mitos de Orfeu e Anfion. Missão essa que, evidenciada desde os gregos, foi reafirmada pelos romanos, ao lado do poder profético, divino também conferido ao arquipoeta como ser inspirado, possuído pelo(s) deus(es), de modo a preservar a autoridade espiritual da poesia contra as pretensões da filosofia em depreciá-la, destroná-la ou desinvesti-la desse poder. Examinando detidamente a retomada de ambos os mitos no contexto do Romantismo francês, Béni-

5. Horácio, *Arte Poética (Epistula ad Pisones)*, em *A Poética Clássica*, São Paulo, Cultrix, 1985, p. 66.

chou chama a atenção – no capítulo sugestivamente intitulado "Em Busca de um Sacerdócio Laico", de *A Consagração do Escritor: Ensaio Sobre o Advento de um Poder Laico na França Moderna* – para o interesse reavivado no século XVIII pelo tipo do poeta primevo, ao mesmo tempo em que se retomava a interpretação alegórica dos mitos pagãos. Difundida desde há muito entre eruditos e teólogos, essa interpretação vinculava a dignificação do poeta mitológico como transmissor de uma elevada doutrina. Uma estreita relação unia esse suposto alegorismo e a função espiritual atribuída ao poeta primitivo, sendo a poesia depositária dessas alegorias sagradas. Cita, a esse propósito, as *Cartas Sobre a Mitologia* (1771), de Blackwell, quando este observa que "os primeiros Poetas que hão sobressaído na Alegoria, Linus, Orfeu e Museu, todos instruídos no Egito, foram chamados Teólogos, e se lhes atribuía a glória de haverem polido e civilizado os homens"[6].

O *Orfeu* de Pierre-Simon Ballanche, diz Bénichou, funda o sacerdócio moderno do poeta, ao fazer da poesia um modo de conhecimento privilegiado de Deus e do mundo. A verdadeira consagração do poeta supõe, por cima da inteligência das relações do universo, "uma intuição da totalidade do ser, que é, como no caso de Orfeu, seu título mais alto, uma capacidade de acesso inteiro ao nível do divino, fonte viva de sua autoridade"[7]. O crítico demonstra, em mais de um momento que, com a perda de prestígio da poesia e do poeta, passou-se a enfatizar que, "do sacerdócio de Orfeu, os poetas quiseram herdar e reviver um privilégio espiritual, de que sua função de guias ativos só podia ser o corolário"[8]. Em estudo completar, o mesmo crítico informa, ainda, que as primeiras gerações do século XIX francês, de diferentes filiações ideológicas (socialismo, sansimonismo, positivismo, neocatolocismo, liberalismo eclético...), constituíram e difundiram um conjunto de temas de procedências diversas, sobre a dignidade e elevada missão dos poetas desde os tempos primitivos, afirmando, assim, a índole divina da inspiração com base na ação maravilhosa de Orfeu, Anfion e os velhos poetas das Sagradas Es-

6. Paul Bénichou, *La Coronación del Escritor. Ensayo Sobre el Advenimiento de un Poder Espiritual Laico en la Francia Moderna*, México, Fondo de Cultura Económica, 1981, pp. 50-51.
7. *Idem*, p. 153.
8. *Idem*, p. 296.

crituras (o autor dos Salmos, o do Livro de Jó, Isaías, Ezequiel...)[9]. Mais adiante, porém, Bénichou demonstra como a filosofia positivista, querendo reivindicar para si o poder espiritual futuro, promovia a reforma da arte e da literatura, repassando historicamente, de modo condenatório, o papel que se atribua a arte, já entre os gregos, isolada do tronco sacerdotal, como "a fundação intelectual, e inclusive social, da civilização da qual emanava". Com isso, refutava-se os mitos de Orfeu e Anfion, de que se valiam os poetas para usurparem "uma função de civilizadores e fundadores, que jamais foi sua"[10]. Já as correntes utópicas, como a fourierista, estimavam poetas que haviam sido educadores da humanidade (como Orfeu e Dante), considerando *poetas* todos os descobridores geniais (Galileu, Copérnico, Kepler, Newton, Fourier)[11].

Essas disputas e embates com o saber positivo das ciências persistiriam na virada para o século XX. No contexto da *renaissance classique* que, como se viu, seguiu ao Simbolismo na literatura francesa anterior à Primeira Grande Guerra, um escritor e ensaísta como Louis Bertrand, por exemplo, dizia que a poesia, "*avant-courrière* da ciência positiva", é "uma espécie de saber, para não dizer que ela é todo o saber". Como no tempo de Orfeu ela é a suprema educadora no caminho da vida[12].

Ainda a título de introdução e de comparação, vale observar como esse investimento no poder simbólico do mito órfico se verifica em várias de suas retomadas em diferentes contextos de disputas entre o trabalho intelectual e artístico por uma posição hegemônica, inclusive em uma arte muito próxima: a música. Wanessa Agnew elevou Orfeu a "paradigma hermenêutico", como se propõe aqui, para investigar o caso específico da música erudita em fins do século XVIII, quando a evocação do mito representou um gesto autorreflexivo, fundador, na medida em que os conhecedores eruditos começavam a estabelecer sua autoridade intelectual e a insistir em seu próprio saber especializado, bem como em suas prerrogativas na interpretação da música para o ouvinte não especializado. Evocando o mito órfico a seu favor,

9. Paul Bénichou, *El Tiempo de los Profetas. Doctrinas de la Época Romántica*, México, Fondo de Cultura Económica, 2001, p. 58.
10. *Idem*, p. 295.
11. Cf. Paul Bénichou, *El Tiempo de los Profetas*.
12. *Apud* Michel Décaudin, *La Crise des Valeurs Symbolistes: Vingt Ans de Poésie Française: 1895-1914*, Toulouse, Privat Éditeur, 1960, p. 138.

os *scholars* se propunham a mediar a busca e a definição de um novo lugar para a música erudita em meio à sociedade. Ao mesmo tempo, o mito órfico se constituía também como um discurso de alteridade, uma história sobre a responsabilidade privilegiada da música em face daqueles que, como os ouvintes enfeitiçados pelo canto de Orfeu – pedras, árvores, animais e mulheres selvagens –, existiam fora dos limites da sociedade da época. Quando toca ou canta, ele "representa um esforço de atrair esses ouvintes para o reino do social". Nesse sentido, diz Agnew,

> Orfeu surge como um paradigma ético para uma das nossas preocupações contemporâneas mais prementes: gerir as fronteiras das sociedades em que vivemos. Em vez do critério de sangue e terra, critérios que são pensados como inerentes ao sujeito, o pertencimento órfico é baseado em uma forma de ação social. O mero ato de ouvir – manifesto mais como interesse do que como prazer – é o que qualifica o ouvinte como membro. Priorizando o papel socialmente constitutivo da cultura, Orfeu induz-nos a perguntar como a música pode ser usada para gerir esta linha entre a inclusão e a exclusão sociopolítica. [...] Finalmente, este paradigma tem, no mínimo, uma implicação importante para nosso entendimento de modernidade. Orfeu fornece um mecanismo pelo qual outros mais podem ser aproximados de uma sociedade hegemônica por meio da cultura. Este modelo, é preciso enfatizar, descreve mais do que só cadeias de influências e apropriações culturais, e ele torna óbvia a necessidade de escolher entre o autêntico e o híbrido, o puro e o misturado. Ele oferece, em substituição, um rigoroso modelo de inclusão social, um modelo para criação de um grupo social fundado na diferença[13].

Tendo em mira essa articulação, ilustrada em diferentes artes e momentos históricos, pode-se, agora, passar ao *corpus* representativo da reescrita poética do mito no contexto da lírica brasileira pós-45.

O DESPEDAÇAMENTO ÓRFICO COMO EMBLEMA DA CONVERSÃO NEOCLÁSSICA DOS MODERNISTAS

Tome-se Murilo Mendes como ponto de partida. Isso por uma razão muito específica: ele oferece um exemplo bastante significativo para o período em

13. Wanessa Agnew, *Enlightenment Orpheus: the Power of Music in Other Worlds*, New York and Oxford, Oxford University Press, 2008, pp. 9-10.

questão de mudança no tratamento dispensado ao mito, do qual o poeta já havia se ocupado em momento anterior de sua obra, na fase de engajamento e militância dos anos 1940, quando aliou seu catolicismo à franca vocação crítico-social, como se vê no caso de "Orfeu" e "Novíssimo Orfeu" de *As Metamorfoses* (1941/1944)[14]. Em linhas gerais, ambos os poemas conferem um potencial unificador, salvador ou mesmo messiânico ao mito, a despeito da adversidade do tempo ou da história, num momento de guerra, ditadura e totalitarismos. Trata-se, afinal, de um mito que tem no amor seu fundamento, alimentando o impulso solidário presente em versos como estes:

ORFEU

O sino volta de longe,
Desperta a ronda infantil.
Os homens-enigmas passam,
Não reconhecem ninguém.
O mundo muitas vezes
É tão pouco sobrenatural.

Penso nas amadas vivas e mortas,
Penso em suas filhas
Que são um pouco minhas filhas.

Ajudo a construir
A Poesia futura,
Mesmo apesar dos fuzis.

14. Sobre a poesia *engagé* de Murilo Mendes que se inicia a partir do livro de 1944 – cujos famosos versos de "Rito Geral" dão bem a medida do engajamento: "Mundo público, / Eu te conservo pela poesia pessoal", ver Augusto Massi, "Murilo Mendes: A Poética do Poliedro", em Ana Pizarro (org.), *América Latina: Palavra, Literatura e Cultura*, vol. 3, p. 328; José Guilherme Merquior, "À Beira do Antiuniverso Debruçado ou Introdução Livre à Poesia de Murilo Mendes", *O Fantasma Romântico e Outros Ensaios*, Petrópolis, Vozes, 1980, p. 155; e Laís Corrêa de Araújo (que fala em "preocupação com o coletivo") em *Murilo Mendes: Ensaio Crítico, Antologia, Correspondência*, São Paulo, Perspectiva, 2000, p. 88. Moura analisa detidamente *As Metamorfoses* como livro de síntese, marcado pelo "conflito entre o impulso da poesia para afirmar uma totalidade e a negatividade social" associada ao contexto da Segunda Guerra, e, nesse sentido, como uma obra que representa um momento decisivo, com desdobramentos significativos na tensão entre aspectos íntimos e sociais marcantes em *Mundo Enigma* e, sobretudo, na lírica de guerra de *Poesia Liberdade* (ver Murilo Marcondes de Moura, *Murilo Mendes: A Poesia Como Totalidade*, São Paulo, Edusp/Giordano, 1995, pp. 71 e 97; e também Irene Miranda Franco, *Murilo Mendes: Pânico e Flor*, Rio de Janeiro, 7 Letras; Juiz de Fora, UFJF, 2002, p. 36).

Os planetas vão se aproximando,
Alguém volta para o céu:
O universo é um só[15].

Frequente nessa fase, a evocação do passado, por meio da referência ao sino que volta de longe e desperta a ronda infantil, surge como forma de reação ao estranhamento, alheamento e reificação dos homens no mundo contemporâneo, ao qual faltam por completo magia e fantasia transfiguradora. O eu órfico reforça ainda esse antogonismo ao evidenciar seu impulso de comunhão com o outro, por meio da referência a suas vivências amorosas e às amadas, vivas ou mortas (como Eurídice), a cujas filhas se sente ligado, a despeito de ser ou não o pai biológico – ou seja, independente de vínculos familiares. É esse impulso amoroso, solidário que leva o poeta órfico, apesar de – ou contra – um horizonte histórico marcado pela guerra, metonimicamente indicada por fuzis, a fazer voto de confiança na poesia como via de acesso à utopia: em oposição à destruição da Segunda Guerra Mundial, se enfatiza a construção do futuro pela poesia, e Orfeu desempenharia nisso um papel visionário.

Vale lembrar aqui a observação de Merquior sobre a adesão de Murilo Mendes à religião, não como forma de alheamento, mas de resposta à realidade de seu tempo. Pensando em poemas de *As Metamorfoses* e *Poesia Liberdade*, nota que sua poesia católica é mais da esperança, do que da crença. O poeta extrai do Cristianismo uma dupla concepção de poesia: a poesia como martírio, que busca dar testemunho do sofrimento do eu irmanado ao do mundo: "Mundo público / Eu te conservo pela poesia pessoal". A segunda concepção é a de poesia como salvação, "como agente messiânico, noiva do futuro, veículo do *eschaton*, selo verbal da redenção"[16]: "Todos ajuntando-se formarão um dia uma coluna / altíssima tocante as nuvens / e decifrarão o enigma", dirá em outro poema. O poeta assume aí o papel do visionário que antevê o apocalipse e anuncia a redenção. É assim que, em "Orfeu", a menção à *Poesia futura* responde pela aproximação dos planetas, do céu e da terra, já que a utopia se dá pela escatologia terrena,

15. Todos os poemas de Murilo Mendes foram citados com base na seguinte edição: Murilo Mendes, *Poesia Completa e Prosa*, Rio de Janeiro, Nova Aguilar, 1995, pp. 342 e ss.
16. Merquior, "Notas para uma Muriloscopia". Introdução a Murilo Mendes, *Poesia Completa e Prosa*, *op. cit.*, p. 15.

o apocalipse, marcado pela volta ao céu, formando um só com o universo, segundo a crença católica e o messianismo muriliano.

O mesmo impulso amoroso e solidário que embasa esse poema está presente em "Novíssimo Orfeu", que já no título enfatiza a atualização do mito em contexto moderno.

NOVÍSSIMO ORFEU

Vou onde a Poesia me chama.

O amor é minha biografia,
Texto de argila e fogo.

Aves contemporâneas
Largam do meu peito
Levando recado aos homens.

O mundo alegórico se esvai,
Fica esta substância de luta
De onde se descortina a eternidade.

A estrela azul familiar
Vira as costas, foi-se embora...
A poesia sopra onde quer (p. 361).

Trata-se de um Orfeu moderno que, segundo diz o monóstico de abertura, não se furta de antemão aos mais diversos assuntos e realidades que lhe dirigem um apelo, pois afirma ir onde a poesia lhe chama[17]. Mais uma vez, dá-se a ênfase no amor como fundamento da existência do mito e de sua atualização na figura do eu poético: tal como o semideus (tem-se dúvida quanto à origem divina de Orfeu), o eu é matéria humana divinamente inspirada (argila e fogo) e o sentimento amoroso resume sua trajetória de vida (biografia). Esse impulso afetivo parece alcançar uma dimensão mais ampla na terceira estrofe, metaforizado pelas aves contemporâneas, portanto ligadas ao momento presente, à realidade do tem-

17. E, literalmente, ele parece enfatizar sua *mobilidade*. Comentando a versão de Valéry, que figura Orfeu sentado, diz Brunel (*op. cit.*, pp. 49 e ss.) que Orfeu também é frequentemente caracterizado como *viajante*: junto aos argonautas ou indo aos infernos como psicopompo, por exemplo.

po, que partem de seu peito levando recado aos homens (metáfora muito similar a outras que se encontra na poesia participante de Drummond, como "O Elefante" ou mesmo "Canção Amiga"). O amor se converte em referência provável ao impulso amistoso, solidário, na forma de canto. Na quarta estrofe, o empenho ligado a esse anseio amistoso, de comunicação solidária ("levando recado aos homens") acaba por dissolver o mundo alegórico e alcançar a grande revelação ou redenção (com o descortinar da eternidade) pela substância de luta de sua poesia participante. É certo que, logo após a menção à comunhão, revelação e redenção pela poesia, segue, na estrofe final, a referência à estrela azul familiar que volta as costas e vai embora... A poesia se volta para outras paragens, outros temas?

Seja como for, o que importa observar é que, na passagem para a lírica pós-1945, será justamente esse potencial solidário, utópico ou revolucionário da poesia muriliana que tende a se apagar para enfatizar-se a dimensão agônica do mito, ressaltando o momento final do relato mitológico, centrado na dilaceração de Orfeu pelas possuídas e, já no nome, enfurecidas mênades[18], seguida de sua morte. É justamente ao que se assiste em dois poemas excepcionais de *Parábola* (1946-1952):

ORFEU DESOLADO

Antigas de púrpura,
Bacantes me dilacerais
Com gritos vermelhos
De hoje e outrora,
Bacantes em espuma e fúria.

18. Vale lembrar alguns dados básicos de sua representação para a compreensão dos poemas a seguir. Bacantes ou Ménades, ou Mênades (de *mainomai*, "enfurecido"): conhecidas como selvagens e endoidecidas, de que não se conseguia um raciocínio claro. Durante o culto, dançavam de uma maneira muito livre e lasciva, em total concordância com as forças mais primitivas da natureza. Os mistérios que envolviam o deus provocavam nelas um estado de êxtase absoluto, entregando-se à desmedida violência, derramamento de sangue, sexo, embriaguez e autoflagelação. Normalmente são representadas nuas ou vestidas só com peles de veado, com grinaldas de Hera e empunhando um tirso (um bastão envolvido em hera e ramos de videira e encimado por uma pinha, usado pelo deus Dioniso (ou Baco) e pelas seguidoras do deus). A hera e a videira eram, de resto, as plantas emblemáticas deste deus. Segundo os textos gregos, as mênades utilizariam os tirsos como uma espécie de arma, sendo conhecidos os cortejos frenéticos em honra a Dioniso (os tíasos) aos quais estas se entregavam. Sugere-se que o tirso teria um carácter fálico, sendo a pinha um símbolo para o sêmen.

Abandonado pelo Canto
Vossas garras afiei,
Bacantes urlantes:
Insone poeta me arrasto
Em túnel de sombra e ruínas.

Meu coração feristes
Com mil agudos lanhos,
De todo abismo surgindo,
Bacantes em coro cortantes:
Metal e cinza gostei.
Bacantes, a lira lamenta
O mar limítrofe,
O vento vermelho que a mantinha.

Eurídice! Eurídice!
Casta coluna perdida
Entre mármores atômicos:
Que os elementos se alterem,
Troquem suas propriedades
Para que sob o céu dissolvido
E montanhas recuando eu te abrace,
Mesmo inútil, já desfeito,
Mãos de órbitas vazias,
Transpondo sem lâmpada o Aqueronte
Sob o silvo das antigas
Bacantes (pp. 551-552).

DESPEDIDA DE ORFEU

É hora de vos deixar, marcos da terra,
Formas vãs do mudável pensamento,
Formas organizadas pelo sonho:
Cantando, vossa finalidade apontei.
É hora de vos deixar, poderes do mundo,
Magnólias da manhã, solene túnica das árvores,
Montanhas de lonjura e peso eterno,
Pássaros dissonantes, castigado sexo,
Terreno vago das estrelas;

Jovem morta que me deste a vida,
Proas de galeras do céu, demônios lúcidos,
Longo silêncio de losangos frios,
Pedras de rigor, penumbras d'água,
Deuses de inesgotável sentido,
Bacantes que destruís o que vos dei;
É hora de vos deixar, suaves afetos,
Magia dos companheiros perenes,
Subterrâneos do clavicórdio, veludações do clarinete,
E vós, forças da terra vindas,
Admiráveis feras de cetim e coxas;
Claro riso de amoras, odor de papoulas cinerárias,
Arquiteturas do mal, poços de angústia,
Modulações da nuvem, inúmeras matérias
Pela beleza crismadas:
Cantando, vossa finalidade mostrei.
É hora de vos deixar, sombra de Eurídice,
– Constelação frouxa da minha insônia –,
Lira que aplacaste o uivo do inferno.
É hora de vos deixar, golfo de lua,
Orquestração da terra, alcoóis do mundo,
Morte, longo texto de mil metáforas
Que se lê pelo direito e pelo avesso,
Minha morte, casulo que desde o princípio habito;
É hora de explodir, largar o molde:
Cumprindo o rito antigo,
Volto ao céu original,
Céu debruado de Eurídice;
Homem, criptovivente,
Sonho sonhado pela vida vã,
Cantando expiro (pp. 552-553).

É a dimensão dionisíaca do mito que se evoca em ambos os poemas. Murilo Mendes parece dialogar de perto com as apropriações que Pierre Jean-Jouve já havia feito do mesmo mito em *Matière Céleste* (1937). Ulisses Infante chamou a atenção para esse diálogo com Jouve no caso de "Despedida de Orfeu". Mas o fato é que essa presença se faz sentir também em "Orfeu Desolado", inclusive obedecendo certa lógica sequencial dos dois poemas na estruturação do livro. O intertexto aproxima, assim,

"Orfeu Desolado" de poemas jouvianos como "Orphée" e "Orphée Agonisant", todos representando a mesma cena do despedaçamento do herói trácio, ao passo que "Despedida de Orfeu" estabelece, desde o título, diálogo com "Les Adieux d'Orphée". Ambos os poetas enfatizam a violência da cena do despedaçamento do herói mobilizando imagens e recursos poéticos que, embora distintos, podem ser aproximados em seu efeito. Comentando os poemas jouvianos, Benoît Conort afirma que o poeta francês se detém no trecho final do relato mítico, com o despedaçamento e a morte de Orfeu. E o faz, justamente, porque busca encenar o silêncio da poesia através da morte do poeta arquetípico, silêncio esse metaforizado ainda pelas imagens do livro nu ou sem voz[19]. Em boa medida, é esse também o sentido último que se pode depreender no caso de Murilo Mendes, justificável à luz de seu contexto de inserção.

"Orfeu Desolado" focaliza exatamente a cena em que as mênades, com seus gritos tonitruantes, abafam o som da lira do arquipoeta-cantor, que não pode mais exercer, com isso, seu poder mágico e detê-las no momento em que se lançam sobre ele, estraçalhando-o e tendo seu sangue tingindo de vermelho as pedras ao redor[20]. O corpo destroçado é lançado no rio Hebro, subsistindo apenas a cabeça que flutua acompanhada da

19. Benoît Conort, "Orphée ou l'Exaltation de la Mort", *Pierre Jean-Jouve: Mourir en Poésie*, Villeneuve d'Ascq, Presses Universitaires de Septentrion, 2002.

20. Sabe-se que Orfeu não conseguiu, com o poder apascentador de seu canto, detê-las em sua fúria porque os gritos das mênades eram tão altos que abafaram o som da lira: "A atitude de Orfeu provoca a cólera das mulheres cícones, que também são sacerdotisas de Dioniso, igualmente chamadas Bacantes e Bassárides (na peça perdida de Ésquilo): elas se atiram sobre ele, com voz tonitruante, de clamor guerreiro, a ponto de o canto mágico de Orfeu não conseguir detê-las por muito tempo; elas o despedaçam e seu sangue tinge as pedras ao redor. Do corpo fragmentado, dispersado na água do rio e depois do mar, subsiste a cabeça que flutua acompanhada da lira do cantor. Esses dois elementos cristalizam a densidade simbólica da lenda, o que permanece sendo o canto e a música; pois a morte não interrompe a voz de Orfeu: em Virgílio, "sua língua congelada continua chamando Eurídice" e a cabeça apartada chega às margens do Lesbos, que se torna, assim, o lugar privilegiado da poesia lírica; o túmulo de Orfeu se converte em oráculo e deixa, às vezes, ouvir o som de sua lira. O instrumento é transfigurado no céu, onde se torna uma constelação, que é Orfeu. Finalmente, a alma do poeta canta, eternamente, para os bem-aventurados dos Campos Elísios: Eneias e Dante o encontrarão aí. Apesar, e para além, da morte e da dispersão, há, portanto, a satisfação de certo desejo de eternidade, de permanência: Orfeu não é lançado no nada" (D. Arnaud, "Les Figures d'Orphée chez Pierre Emmanuel": http://philosophie-et-litterature.oboulo.com/figures-orphee-pierre-emmanuel-38895.html).

lira do cantor. Se, ao tratar da cena, Jouve enfatiza a violência bárbara chamando a atenção para os dentes (reativando certo imaginário castrador frequente em sua poesia) das "filles du temps du soleil e du sang" e "monstres blonds aux paupières funèbres", Murilo destaca o sangue. Os sinestésicos gritos vermelhos das bacantes parecem já fundir a eles o sangue do herói dilacerado no momento mesmo em que são emitidos. O vermelho do grito sanguíneo é reiterado pela imagem das bacantes antigas de púrpura[21]. A violência da cena é enfatizada pela animalização das mênades. Contra o silêncio de Orfeu, que as incita à fúria, afiando-lhes as garras, elas são qualificadas por um neologismo sugestivo: urlantes, provável fusão de urros e ululantes, patenteando, por força da redundância, tal dimensão animalizadora dessas figuras definidas por esses gritos que são, uma vez mais, referidos como "mil agudos lanhos". É, portanto, nova fusão, meio sinestésica, dos gritos e da dilaceração praticada pelas "Bacantes em coro cortantes". O poema se encerra ainda com a menção ao silvo das antigas bacantes. Tamanha insistência nos gritos que abafam os sons da lira e do canto órficos visa, como se viu, enfatizar a impotência e o consequente silêncio da poesia no presente da Era Nuclear (indiciada pelos "mármores atômicos"). Nesse sentido, o poema faz eco, em dada medida, aos conhecidos versos do "Legado" drummondiano que lhe são contemporâneos: "Esses monstros atuais não os cativa Orfeu / a vagar taciturno entre o talvez e o si".

Essa imagem do Orfeu dilacerado persistirá, daí por diante, na obra muriliana, mesmo depois de superada a estada neoclássica. É o que se pode verificar em "Exergo", poema de *Convergência* (1970), no qual Murilo Mendes, dialogando com a experimentação concretista, ao explorar as dimensões "visíveis tácteis audíveis" (diga-se, a dimensão *verbivocovisual*) da palavra poética, transpõe a ação dilaceradora das mênades para o interior do próprio processo criador, a fim de encenar o embate do poeta órfico com as, agora, palavras-bacantes, do qual, embora saia lacerado, impede que se disperse(m), mantendo-lhes a forma e a contundência poéticas, que se encarna em ação, flexionada em todas as pessoas do verbo:

21. Púrpura também pode designar, metonimicamente, o tecido tingido dessa cor, valorizado na Antiguidade e na Idade Média por dar *status* e ser símbolo do poder real ou eclesiástico.

EXERGO

Lacerado pelas palavras-bacantes
Visíveis tácteis audíveis
Orfeu
Impede mesmo assim sua diáspora
Mantendo-lhes o nervo & a ságoma
Orfeu Orftu Orfele
Orfnós Orfvós Orfeles.

Em conhecido estudo de início dos anos 1970, Ihab Hassan tomava a imagem do desmembramento órfico como metáfora da crise radical experimentada na arte e na linguagem, cultura e consciência, que prefigurava a literatura pós-moderna, no seu encaminhamento em direção ao silêncio. Silêncio tomado mais como metáfora do que como conceito. Por isso, diz Hassan, o moderno Orfeu "canta em uma lira sem cordas"[22]. Guardadas as divergências de contexto, pode-se resgatar algo dessa lógica interpretativa do mito para pensar o dilaceramento órfico muriliano.

Voltando à *Parábola*, segue, como ato contínuo ao dilaceramento bárbaro de "Orfeu Desolado", a morte do herói trácio, encenada em "Despedida de Orfeu". O poema já foi objeto de uma análise muito detida de Ulisses Infante[23], da qual resgata-se aqui apenas os aspectos relevantes para o escopo da presente abordagem.

Nos versos elegíacos, ao mesmo tempo que anuncia, reiteradamente, o momento exato da despedida, ele enumera de quê (ou de quem) se despede. Essa estrutura enumerativa é organizada, meio anaforicamente, por um verso que se repete ao modo de refrão: "É hora de vos deixar...", ao que se segue, em cada uma das cinco vezes em que é enunciado, um

22. Ihab Hassan, *The Dismemberment of Orpheus: Toward a Postmodern Literature,* Madison, The University of Wisconsin Press, 1982.

23. Infante, na verdade, dedica uma tese inteira de doutoramento a "Despedida de Orfeu", que ele considera uma *suma* mitopética, na qual Murilo Mendes promove a "recolha de motivos e temas disseminados ao longo de sua obra anterior a *Parábola*" (p. 166). Na exegese minuciosa, coloca o poema na órbita da obra, estabelecendo articulações com outros tantos poemas dos livros anteriores que iluminam o sentido das imagens presentes na "Despedida de Orfeu". Além disso, Infante identifica as principais alusões ou referências intertextuais poéticas e filosóficas (ver Ulisses Infante, *Colheita e Semeadura, Semeadura e Colheita: Uma Leitura de Murilo Mendes a Partir de "Despedida de Orfeu"*, São Paulo, FFLCH/DLCV/Literatura Brasileira/USP, 2008. Tese de Doutoramento).

novo vocativo, acompanhado de uma enfiada de nomes ou imagens acentuadamente herméticas, que parecem especificações ou desdobramentos daquilo que é interpelado.

Assim, na primeira vez em que o verso aparece, o eu se despede dos "marcos da terra", especificados como "formas vãs do mudável pensamento, formas organizadas pelo sonho", repondo, com isso, a velha tópica do mundo é sonho[24], bem como as concepções (neo)platônicas herdadas pelo pensamento cristão, mas que podem remeter, muito antes, às próprias concepções órficas, as quais acentuam o ilusório, enganoso e transitório da vida terrena em contraste com a perenidade das Ideias eternas, de que se volta a tratar adiante. Em seguida, Orfeu se despede dos "poderes do mundo", dentre os quais os "demônios lúcidos", os "Deuses de inesgotável sentido" ou mesmo as "Bacantes que destruís o que vos dei". Na terceira vez em que o verso-refrão é mencionado, Orfeu se despede dos "suaves afetos", evocando a "magia dos companheiros perenes" aos quais se prende a afetividade, ao passo que à suavidade se relacionam claramente as referências musicais dos "subterrâneos do clavicórdio" e das "veludações do clarinete". Em contraponto à afetividade, tem-se, na mesma sequência, Orfeu se despedindo, também, das "forças da terra vindas", dentre as quais as "feras de cetim e coxas" que, como diz Infante, tem intenso apelo sensual, pela "associação visual e tátil do cetim com a carnalidade explícita das coxas", além da tirania do desejo e da irremediável submissão impostas àqueles que veneram essas mulheres comparadas a "feras"[25]. Viu-se que essa ênfase no misto de violência e erotismo bárbaros associado às bacantes comparece nos outros poemas murilianos.

Na penúltima vez em que o verso-refrão é mencionado, Orfeu se despede da sombra de Eurídice – "constelação frouxa de minha insônia" fundindo brilho e tormento. E juntamente com Eurídice, despede-se de seu inseparável instrumento do canto com que enfrentou o Hades e as forças adversas em busca de sua amada: "Lira que aplacaste o uivo do inferno".

Após essa breve menção, vem a síntese final, em que Orfeu, embora alinhe outros elementos e eventos dos quais se despede, parece operar o resgate de instâncias já mencionadas antes, no momento em que se

24. *Idem*, pp. 85 e ss.
25. *Idem*, p. 88.

refere à orquestração da terra e aos alcoóis do mundo. Segue a menção à Morte, que é definida como um longo texto de mil metáforas que se lê pelo avesso e pelo direito (servindo como indicação de leitura do próprio poema, ao mesmo tempo que se reporta à morte como o grande tema que obseda há muito, tendo recebido por isso interpretações infindáveis). E da morte em geral, Orfeu chega, por fim, à sua própria morte. Em uma concepção típica do orfismo que compreendia o corpo como cárcere/sepultura, a morte representa uma forma de romper o casulo e o molde para retornar ao céu original, onde por fim realizará a plenitude amorosa (porque debruado de Eurídice). Voltando-se por fim ao Homem, definido como criptovivente (variante dos homens-enigmas), reitera a concepção da vida como sonho vão e expira cantando[26]. Importa observar que o fecho dos versos não enfatiza aquilo que é ato contínuo no relato mítico, ou seja, a conhecida imagem da cabeça decepada de Orfeu, que é lançada ao rio Hebro em direção às terras das musas onde seria recolhida, e que, mesmo decepada, continuava a cantar.

Ao longo de sua despedida, Orfeu sinaliza por duas vezes o papel desempenhado em vida em relação a tudo que enumerou ao se despedir: "cantando, vossa finalidade apontei" (da terra, do mundo e seus poderes), destacando uma função ou papel atribuído à poesia que parece se perder com sua morte. Sua despedida, embora pareça o cumprimento de um fim irreversível, sinaliza o abandono, a desistência ou a impossibilidade de persistir no que fora, outrora, incumbência ou atributo da poesia – ou pelo menos daquilo que ainda definia o Orfeu de *As Metamorfoses*. Assim, "Despedida de Orfeu" rompe, tanto quanto "Orfeu Desolado", com o empenho conferido por Murilo Mendes ao mito em sua lírica de guerra quando, apesar das adversidades e alheamento dos homens-enigmas ou no fechamento do mundo alegórico, ele persistia no canto, acreditando

26. Infante dá outra interpretação do verso "Homem, criptovivente", que para ele encerra uma justaposição de contrários. Retomando a concepção órfica do corpo como sepultura, reeditada pela tradição cristã, que ele comprova com trechos paulino e agostiniano, Infante afirma que criptovivente é o que "está a viver oculto ou sepultado – já que 'cripto' é elemento formador que traz do grego sentidos ligados a ocultação, encobrimento, velamento e também de lugar onde se depositam os mortos. A morte é por isso 'casulo': nele se está oculto, vivo e morto. O corpo é, professam os órficos e pitagóricos, a sepultura da alma. Criptovivente vive vida oculta, sepultada na morte em vida que é a vida" (*idem*, pp. 156-57).

na luta e na possibilidade da Poesia futura. Ambos os poemas, enfim, reiteram a irreversibilidade da crise da comunicação poética, redundando no silêncio do arquipoeta que, "cantando, expira"[27].

DO DESPEDAÇAMENTO ÓRFICO À DIMENSÃO APOLÍNEA DO MITO

É curioso observar a divergência evidente entre essas figurações órficas murilianas e as cultivadas, no mesmo período, pelos poetas de 45. Se Murilo encena o silêncio e a impossibilidade do canto, poetas representativos dessa geração, como Péricles Eugênio da Silva Ramos e José Paulo Moreira da Fonseca, vão explorar a dimensão "apolínea" do mito, bem como a crença no poder de restaurar ou se alcançar, por meio dele, a essência do poético, ainda que de modo mais ou menos precário. Reinvestem, então, o poeta do papel de detentor exclusivo de uma verdade maior que parece escapar às ciências e demais domínios do saber, fazendo com que o ofício poético se torne via de acesso privilegiado às fontes do ser, às altas regiões do espírito, sem falar na capacidade da poesia de preservar ou conservar as virtudes originais da linguagem. Com esse grupo de poetas, em suma, se reafirma o poder nomeador e finalista de que se despedia o Orfeu muriliano...

No caso de Silva Ramos, Domingos Carvalho da Silva fala de seu companheiro de geração como "poeta fundamentalmente órfico"[28], fato que se evidencia de modo explícito em dois poemas de *Sol Sem Tempo* (1953), marcados, já nos títulos, pelo claro diálogo, bem ao gosto simbolista, entre poesia e música, as duas artes presididas pelo arquétipo do

27. De modo diverso, Infante, observando que o verbo "expirar" não costuma ser usado no presente do indicativo, interpreta o emprego do verbo no fecho do poema como "um mergulho na eternidade, pois a voz orfeica se indefine no tempo enquanto exala-se o sopro vital. No mito de Orfeu, sabemos, a voz não se calou nesse traspasse, pois a cabeça do poeta continuou a cantar e enviar oráculos por algum tempo ainda. Parece-me que o Orfeu de Murilo segue outro rumo, ultrapassando a dobra entre tempo e eternidade" (p. 160). Para esta análise, entretanto, interessa pensar da perspectiva do tempo histórico, do qual o Orfeu muriliano efetivamente se *despede*. Mas ainda que essa despedida seja compreendida no sentido de Infante, para seguir outro rumo, nem por isso Orfeu deixa de encenar, com isso, a desistência do empenho comunicativo.

28. Domingos Carvalho da Silva, *Eros & Orfeu*, p. 80.

poeta-cantor. Pode-se, ainda, supor que essa aproximação se justifica no sentido original da concepção de *mousikē*, "a combinação de música instrumental, canção e dança que foi a marca distintiva da vida cívica nas cidades da Grécia arcaica; embora não tivesse florescido menos nas primeiras democracias do que nas cidades aristocráticas, ela foi modelada sobre ideais aristocráticos"[29]. Zonana fala, a propósito da Generación del '40 argentina, de *ut musica poesis*, uma "poética órfica do ouvir", que se aplica ao caso de Silva Ramos e outros de seu grupo. Esse vínculo entre poesia e música, por meio da alta valorização dos recursos musicais do verso, busca recuperar o poder órfico associado à

> [...] capacidade de comover desde o fundo do ser, de aplacar os espíritos conturbados, de reintegrar o diverso num todo anímico.
>
> O vínculo entre poesia e música encontra, ademais, um antecedente nas leituras românticas. Em consonância com esse horizonte, o sublime musical aparece como uma forma não estritamente mimética de expressão artística. E, por isso, como o meio mais idôneo para dar encarnação simbólica aos aspectos ocultos do ser poetizado, aos domínios mais evanescentes e inefáveis do processo criador. [...] Assim, a música de Orfeu inaugura no ouvinte um templo, um espaço propício à captação dos aspectos sagrados do mundo transformado em canto.
>
> Esse modo de conceber os poderes da musicalidade se desprende, de certo modo, de uma consideração contrastiva do ver e do ouvir como modalidades perceptivas de interação com o mundo. Frente à captação pela vista, a audição constitui uma forma perceptiva mais contínua e penetrante. Mais penetrante porque o som ingressa na estrutura da matéria e oferece ao ouvinte índices sobre sua profundidade ou sua solidez. Mais contínua porque envolve o sujeito perceptor em um espaço acústico e o comove desde de sua própria interioridade. Por isso aparece como uma modalidade subjetiva. [...] De fato, o ajuste do leitor ao ritmo poemático não surge como uma regra que emana de um poder puramente exterior. Ao recriá-lo na pronúncia – efetiva ou mental –, o leitor compartilha e sincroniza seu ritmo ao sugerido pelo universo significante que se abre no poema.
>
> O poder integrador da experiência musical apoia a realização de um dos objetivos primordiais do poeta órfico: a recuperação da unidade originária entre os seres. Por isso, às vezes, o ritmo do poema se apresenta como um eco dos ritmos cósmicos. Promove-se, assim, uma tripla sincronização: a do ritmo do escritor ao

29. Fritz Graf e Sarah Iles Johnston, *Ritual Texts for the Afterlife: Orpheus and the Gold Tablets*, London & New York, Routledge, 2007, p. 168.

ritmo recuperado da natureza; a do leitor, que é convidado na leitura a essa forma de participação harmônica[30].

Aí está descrita em detalhe como se dá, interiormente, a função civilizadora do mito, por meio da ação harmonizadora exercida pela "poética órfica do ouvir" sobre o leitor de poesia, que, nessa interação harmônica, forma uma comunidade. É preciso tê-la em mente para a compreensão geral das reescritas órficas do poetas de 45, mas tomando por referência mais imediata aqui os poemas de Silva Ramos.

Tais poemas são "Ária Órfica" e "Segunda Ária Órfica" que se definem, assim, com base em um gênero de composição musical caracterizado como peça preferencialmente concebida (embora não só) para um cantor solista, guardando certa afinidade com a canção. Mas enquanto esta última é uma peça avulsa, a ária tende a se inserir em uma peça maior – ópera, cantata ou oratório. Por isso Silva Ramos compõe não só a primeira, mas também a segunda ária órfica dispostas no mesmo livro, como se ambas compusessem uma peça maior.

ÁRIA ÓRFICA

A Osmar Pimentel

Aragem presa em si mesma
(como a esfera em sua forma)
o arcanjo de antes do corpo
dorme em águas mais profundas:

dorme em águas de mistério,
sem pecado ou sofrimento,
ar inquieto antes do caule,
ar inquieto, nunca o lenho.

Desconhecido de mim,
fui eu próprio, hoje não sei:
a vida, não seu reflexo,
deixei-a em glebas longínquas...

Quem as visse, eis que seria
o mais puro dos mortais:

30. Víctor Gustavo Zonana, *Orfeos Argentinos*, pp. 99-101.

pois veria, além do tempo,
brilhar a carne das almas;
a carne que exige as cinzas
deste lodo que nos veste.

Orfeu deitado nas trevas,
meu olhar é como o sonho:
não vejo, mas estou vendo:
e assim, liberto da tumba,
na alvorada hei-de encontrar-me
junto às portas de meu Reino:

– sereno, lúcido e claro,
porém coberto de cinzas.

SEGUNDA ÁRIA ÓRFICA

As que mastigam folhagens,
possuídas pelo deus,
entregaram-se no delírio
sob um céu de vinhas densas;

as que mascam folhas verdes
correm negras de loucura;
suas unhas já são garras,
fogem uivos sob os ramos.

Por que cruento desígnio,
Senhor da escura morada,
deixaste o sumo das heras
despedaçar teu vidente?

A cabeça foi cortada,
mas continua a cantar;
cantando gira nos juncos,
cantando rola nas vagas.

***

Que canto vem da distância?
(Nas vagas rola a cabeça.)

Não sei: a voz quando canta
perde mágoas e alegrias;
rujam sonhos ou tormentas,
riso e pranto são o mesmo;

chorando rola a cabeça,
chorando ri sobre as ondas[31].

Assim como nas versões murilianas, o próprio Orfeu assume a voz lírica da primeira ária, diferentemente do que ocorre na segunda.

A regularidade métrica (redondilha maior) contribui para a feição harmônica da primeira ária, verificada em outros níveis, a despeito da variação estrófica do poema, composto de três quartetos, dois sextetos e um dístico final. A concepção órfica que subjaz a esses versos é de natureza fundamentalmente apolínea e platônica. Para reconhecê-la, é preciso lembrar rapidamente essa dimensão do mito, que se prende à própria origem do herói trácio, intimamente associada ao culto de Apolo, do qual Orfeu era uma espécie de sacerdote. Por isso, em seus anos de juventude, entrou em conflito com o culto de Dioniso, fortemente implantado em seu país natal. Mais tarde, Orfeu e seguidores acabaram por abraçar o culto oficial da Trácia – culto de súplicas, sacrifícios e orgias, cujos excessos eram tidos como bárbaros. Mas ao adotá-lo, modificaram-no e o abrandaram consideravelmente, introduzindo algumas particularidades do ofício apolíneo ao lado de outras, mais originais, e engendrando, com isso, o culto propriamente órfico. Dada essa modificação, ele veio a seduzir ou encontrar aceitação em uma cultura supostamente mais avançada e civilizada como a grega.

Nesse processo reformista de abrandamento se verifica a dimensão missionária ou civilizadora do espírito helênico em relação a um país como a Trácia, cuja religião e costumes eram vistos como incultos, rudes. O trabalho de aculturação se deixa flagrar nos diversos atributos partilhados por Orfeu com Apolo, a começar pelo poder de encantamento sobre homens, feras, plantas e pedras exercido pelo seu canto e pelas notas extraídas de sua lira, instrumento de Apolo. Por meio de tal poder, Orfeu patrocina a passagem do estado primitivo ao civilizado[32]. Ao lado do dom

31. Péricles Eugênio da Silva Ramos, *Sol Sem Tempo. Poesia Quase Completa*, pp. 32 e 49-50.
32. Gian Biagio Conte, "Aristeus, Orpheus and the *Georgics*", p.133.

de poeta, está o de mago ou profeta, intimamente ligado com o primeiro, conforme atesta a história da palavra latina *vates*, talento que pertencia por excelência a Apolo[33].

O próprio esforço ascético pregado pelo orfismo, com vistas a eliminar, do homem, a parte impura e liberar a divina, não esconde sua dimensão civilizadora. Fundado numa doutrina de salvação original e em práticas expiatórias de caráter íntimo e individual pouco comuns na religiosidade antiga, o orfismo encara o homem como um ser composto, essencialmente duplo. A alma é estranha ao corpo, de origem titânica, no qual aquela se mostra encarcerada, aspirando a uma salvação que é, precisamente, libertar-se dele e reintegrar-se no supraindividual, no divino Universal. Por isso o orfismo representa uma interrogação angustiada sobre as origens do mal, uma conquista da interioridade e da saúde individual, uma concepção nova do divino, aparecendo como o começo e o fim da existência. É também a recusa do sistema teológico e político codificado na religião olímpica e a ressurgência de velhos símbolos herdados das religiões anteriores[34].

Como religião de mistérios, o orfismo, baseado nesse dualismo entre alma e corpo, na preexistência e sobrevivência da alma, e no desejo de salvação e purificação, assemelha-se ao cristianismo. Segundo Guthrie, a concepção de que a terra é um vale de lágrimas e a de que a morte traz uma redenção desejável já era a pedra de toque do orfismo. Sobre a doutrina da impureza corporal, nota ainda que o "sectário de Orfeu era um asceta: ele acreditava que a fonte do mal reside no corpo, nos seus apetites e paixões que deviam, portanto, ser subjugados se quiséssemos nos elevar às alturas que nos é dado alcançar"[35]. Este é um preceito órfico baseado na crença de que a vida presente representaria para a alma o castigo das faltas passadas, castigo que consiste, precisamente, nessa reclusão num corpo comparado a uma prisão ou ao sentimento de inumação em vida.

33. W. K. C. Guthrie, *Orphée et la Religion Grecque: Études sur la Pensée Orphique*, Paris, Payot, 1956, p. 54.
34. André Motte, "Orphisme et Pythagorisme", em Paul Poupard (dir.), *Dictionnaire des Religions*, Paris, PUF, 1985, pp. 1240-1242.
35. W. K. C. Guthrie, *Orphée et la Religion Grecque*, pp. 167 e ss.

Tal doutrina, nó do orfismo, exerceu, evidentemente, uma atração extraordinária sobre Platão[36]. Baseada num dualismo contranatural e intransigente, tomava a alma como o princípio mais elevado e o elemento de direção que se devia aspirar para se libertar do corpo, concebido como escravidão, jugo e fonte do mal. Essa separação brutal mostra, dessa maneira, como o orfismo contribuiu para a expressão mais característica do platonismo, ao opor o mundo inferior dos sentidos ao universo divino das Ideias. São várias as referências platônicas ao orfismo, nem sempre elogiosas, como se vê na *República*, *Banquete*, *Fédon*... E no *Crátilo* pode-se encontrar Sócrates atribuindo "a invenção da palavra corpo (*sôma*) aos poetas órficos, que a teriam derivado de túmulo (*sêma*) ou do verbo *sózomai* porque a alma paga um castigo e é 'preservada' no corpo, como em um cárcere"[37]. Além da divisão entre a alma e o corpo (bem como a concepção deste como cárcere daquela), outras crenças órficas foram partilhadas pelo platonismo (e posteriormente pelo neoplatonismo), e por distintas correntes filosóficas. São crenças como a transmigração das almas (ou metempsicose, segundo os pitagóricos, que em muitos pontos de sua doutrina se confundem com os órficos), as reencarnações contínuas como forma de expiação ou purificação, as reminiscências de vidas passadas e a ideia de um juízo pós-morte.

Silva Ramos alude a muitos valores dessa religião luminosa, sã, serena, equilibrada, harmônica, espiritualmente elevada e visionária. Alinhando poesia e religião órficas, fica evidente na sua primeira ária a polarização entre o mundo sensível e o inteligível, o plano transcendente das Ideias e o imanente, que subjaz às imagens, metáforas e paradoxos. O poema começa por evocar um tempo original, anterior ao devir, por isso simbolizado pela imagem da imobilização do que é, por natureza, caracterizado pelo fluxo: é a imagem da aragem aprisionada, que desenha e mantém em suspenso sua forma. O aprisionamento ou imobilismo, porém, não

36. *Idem*, p. 176.

37. Gabriela Gazzinelli, *Fragmentos Órficos*, Belo Horizonte, Editora UFMG, 2007, p. 27. Sobre a concepção do corpo como "cárcere da alma" em Platão, nota ainda Gazzinelli: no *Fédon* 62b, Sócrates relata que, segundo textos sagrados, os seres humanos estão numa prisão (*phrourá*) e acrescenta, mais adiante (108 a-c), que as almas puras se desvencilham facilmente, enquanto as almas impuras têm mais dificuldades em abandoná-lo. Há também referências a essa divisão no mito escatológico que se encontra no final do *Górgias* (p. 18).

descarta, paradoxalmente, a inquietação (movimento em potencial) que está "antes do caule", "nunca o lenho" – portanto na raiz, segundo se pode depreender da metáfora vegetal.

Nesse momento anterior, pautado pelo imobilismo, emerge a figura etérea do arcanjo adormecido em águas profundas e, porque incorpóreo, sem pecado e sofrimento. O ser angelical é a prefiguração ou forma primeva do eu poético (que fala, na verdade, de si em vista da condição de todo homem), apesar da dúvida ou do desconhecimento atual dessa identidade primeira: "Desconhecido de mim, / fui eu próprio, hoje não sei: ..." De todo modo, platonicamente, o eu reitera, inclusive por meio da hipérbole, a grande distância que separa a existência, mero reflexo, dessa condição original (essa sim a verdadeira vida): "a vida, não seu reflexo, / deixei-a em glebas longínquas..." A consciência da distância é privilégio de uma classe especial de homens, formando uma comunidade, que o eu qualifica expressamente como "os mais puros dos mortais" – dentre os quais, decerto, se inclui o eu poético e os iniciados a quem se dirige e que partilham com ele tal consciência. Como observa Guthrie, o

> [...] estado perfeito era para os órficos o da pureza. Essa pureza não era acessível senão aos iniciados, adeptos ao mesmo tempo da "vida órfica", essa vida que [...] buscava o bem moral. Tais eram os meios; o fim era de se tornar puro ou limpo. Os não iniciados e mortais culpados de imoralidades eram, pois, impuros [...] e estavam por isso abandonados no lodaçal que era seu meio natural[38].

São esses puros (prefiguração dos pares e, também, do leitor ideal) que conseguem ver além do tempo e enxergar a *carne das almas*, imagem paradoxal que parece, em princípio, dignificar a carne ao elevá-la ao plano da alma, mas que logo em seguida trata de rebaixá-la às "cinzas deste lodo que nos veste". A penúltima estrofe trata de identificar a voz lírica que fala nos versos com o próprio mito órfico que, mergulhado na escuridão (da morte), consegue, mais uma vez paradoxalmente, enxergar para além da visão (o que vale dizer, para além daquilo que é captado pelos sentidos). Em um jogo de luz e sombra, a alvorada representa o momento de plenitude em que o eu lírico, conforme a escatologia órfica, reencontra-se às portas de seu Reino, mas que passa necessariamente pela morte,

38. W. K. C. Guthrie, *op. cit.*, pp. 176 e ss.

com a desencarnação compreendendo a libertação do corpo, explicitamente identificado com uma tumba, a fim de se alçar à dimensão apolínea de serenidade, lucidez e claridade. Se o adversativo, no verso final, parece ponderar sobre o custo e o sacrifício, que passa pela redução do corpo a cinzas, isso é compensado, de todo modo, pelo que se alcança em troca.

É curioso notar que a adesão de Silva Ramos a uma concepção apolínea do mito preside mesmo o poema que se ocupa da cena bárbara de despedaçamento do herói trácio – tema da "Segunda Ária Órfica". Isso se torna mais evidente quando se confronta os recursos convencionais e extremamente harmônicos empregados por Silva Ramos com o tratamento dissonante – tanto mais adequado – dado por Murilo Mendes ao mesmo episódio.

Na "Segunda Ária Órfica", o episódio é investido de outro significado, oposto ao silêncio e à impossibilidade do canto, conforme se viu com Murilo Mendes e Pierre Jean-Jouve. Em todos os versos, emprega-se a mesma métrica da ária anterior: a redondilha maior não rimada[39]. Com relação à divisão estrófica, há um aspecto que chama a atenção. Dividido em duas partes, o poema é composto, na primeira, de quatro quadras e, na segunda, de dois dísticos intercalados por um quarteto. Não seria demais supor que os dísticos, que parecem romper a uniformidade estrófica, podem ser, na verdade, mais um quarteto que foi "desmembrado" por essa intercalação, com o intuito de mimetizar, formalmente, o dilaceramento tematizado nos versos: a imagem da cabeça que rola pelas águas, separada do corpo.

A primeira parte da segunda ária trata especificamente da cena do despedaçamento. A possessão das mênades é justificada pelo efeito alucinógeno produzido pelo mascar das folhas das heras – efeito esse mencionado por Frazer em *The Golden Bough*[40]. Como consequência, a imagem das mênades possuídas é também traduzida, como em "Orfeu Desola-

39. Cassiano Ricardo observa que é traço característico da poética de Silva Ramos essa exclusão da rima no emprego do setissílabo, "sempre lido por nós como coisa necessariamente rimada, já por sua índole adequada ao espontâneo, à música, ao galanteio amoroso, já por sua vinculação à graça da canção popular – buquê em cada rima é uma flor" (cf. apresentação, orelhas e quarta capa a Silva Ramos, *Poesia Quase Completa*).

40. "The Bacchanals ate ivy, and their inspired fury was by some believed to be due to the exciting and intoxicating properties of the plant" (James G. Frazer, *The Golden Bough: A Study in Magic and Religion*, New York, Dover Publ., 2000, p. 95). Ainda segundo Frazer, assim como a figueira, a hera é também associada a Dioniso, a ponto de haver uma Donysus Ivy (p. 387).

do", na animalização delas, que "correm negras de loucura" com as unhas em forma de garras, uivando sob os ramos. Mas, à diferença de Murilo, diante da cena bárbara, a voz poética interpela Dioniso, inquirindo pelo "cruento" desígnio que, por meio do sumo das heras, induziu as mênades a despedaçar aquele que era, afinal, seu vidente. A indagação retórica encena a perplexidade e incompreensão no sentido de assinalar aquela que é, no poema, a provável razão do crime: a de que Dioniso teria incitado a alucinação e a fúria das mênades por se sentir preterido por Orfeu em favor de Apolo; ou ainda por ele ter tentado introduzir valores apolíneos no ofício dionisíaco, conforme se viu, ao tratar de seu empenho civilizatório. O modo como a voz lírica se dirige a Dioniso, referindo-se a ele pelo epíteto "senhor da escura morada", indagando pela razão de tão bárbaro crime e reportando-se a Orfeu como seu vidente, faz pensar que Silva Ramos se inclina mais para a última versão do mito, conforme já o comprovava a primeira "Aria Órfica", em sua dimensão apolínea.

À indagação retórica, segue a imagem da cabeça apartada. A ênfase recai aqui não no silêncio muriliano, mas na persistência do canto, apesar da cabeça decepada, que gira nos juncos, rola nas vagas. "Que canto vem da distância?" – pergunta a voz lírica. Pode-se deduzir que a distância se dá no tempo, não no espaço, e que, quem indaga, é um eu poético localizado no presente, perpetuando essa voz que vem de longe, do fundo dos tempos, e que persiste a cantar apesar da cabeça separada do corpo[41]. Zonana identifica imagem similar no neoclassicismo da Geração de 40 argentina: "Desde a sacra cabeça do herói, o canto resurge através dos séculos para ser assumida pelos poetas". Com isso, Silva Ramos parece querer simbolizar a sobrevida da poesia ou do canto mesmo depois do crime bárbaro que visava extirpá-la ou destruí-la de vez. Um canto que alterna ou, antes, funde paradoxalmente choro e riso, e que persiste o mesmo, "rujam sonhos ou tormentas". Ou, melhor dizendo, é a afirmação da persistência do canto, mesmo que numa forma meio ensandecida de lamento. A cena bárbara perde, assim, a dimensão agônica do relato mítico explorada por Murilo Mendes. Não há ênfase nem nas imagens de dilaceramento, apesar da cabeça cortada, nem nas de sangue – embora o "cruento", além de cruel, comporte o sentido de sanguento (a própria esco-

41. *Orfeos Argentinos*, p. 45.

lha desse termo já aponta para a contenção característica do todo). A violência é aqui represada seja pela uniformidade métrica, seja pelas imagens, ao contrário dos poemas de Murilo Mendes, cuja irregularidade dos versos livres e das estrofes ajudam a evidenciar a violência das imagens dilaceradoras e a dissonância dos gritos, enfatizados semântica e sonoramente...

É bem verdade que a persistência do canto de Orfeu para além da morte consta em outras versões, desde Ovídio até Segalen. Como informa Brunel,

> No poema de Ovídio, Apolo vem em socorro dos restos de seu filho: é o milagre da cabeça cantante, ou da lira que toca sozinha, milagre renovado ao fim do *Orphée-roi* de Segalen, que devia ser um libreto para Debussy. A Lira se eleva pouco a pouco e plana acima do abismo. E eis que nessa ascensão fulgurante, o Canto se afirma, e é A VOZ PRIMEIRA DE ORFEU [...] que reina no mais alto dos céus cantantes[42].

A passagem pela morte, então, não embota o poder da música, mas, ao contrário, o intensifica. A crença na persistência e nesse intensificação do canto, entretanto, parece se coadunar mais com os poetas de 45 do que com modernistas conversos como Murilo Mendes.

O CANTO RESTAURADOR DO MÚSICO-ARQUITETO

O outro exemplo característico do grupo de 45 vem representado por José Paulo Moreira da Fonseca. Seu "Esboço para Orfeu", tal como a ária de Silva Ramos (descontada a harmonia da forma), evidencia o caráter enigmático de uma poesia que apela ao transcendente, à abstração das essências, ao primevo e às fontes do ser.

> ESBOÇO PARA ORFEU
>
> Ergue-se um canto – o mundo renascido vive tua forma –
> Aquele templo antigo, o mar entre as penhas ou jovem mulher obscura,
> Tudo como se fora pedra em friso

42. Brunel, *op. cit.* Também Zonana lembra essa persistência para além do desmembramento e da morte ao examinar as apropriações dessa passagem pelos neoclássicos argentinos da geração de 1940, que adotam, entretanto, um tom mais melancólico (*Orfeos Argentinos*, pp. 31-32). Em Silva Ramos, viu-se que acento é sobre um híbrido de choro e riso.

Diurnamente transparecendo o ritmo de nosso hálito –
Ó momento consolo num grande anseio
E talvez torne a paz entre a terra e o íntimo –
Efêmero refazer-se de perdida essência!

E longe hão de ecoar teus cantos
Onde – transbordadas as palavras que rija luz ofuscara,
Tange a lira o límpido país do indizível,
E nos elevarmos à sua intensidade,
Estranhamente ela ressoa pelo páramo,
Aceno de atingir horizonte que adormece,
E viverás, interrogado sob casto olhar de mármore,
Inquietação, inútil negares, evoca o belo denso de convite;
Ele feriu tua noite como um vento de primavera –
Sementes agitarão a quietude do ermo,
Agitarão a busca, o sangue, para enfim ascenderes
À lúcida floração dos enigmas.

Este relance – alegria de fonte. Quem? Afirmará não haver jorrado de um noturno,
Tateante buscando as coisas. Febril! Até incendiar a argila em doloroso cristal,
E possível terás o âmago dos seres, porque abrigados em teu próprio cerne,
Madura contemplação que no Hino resplandece!
Ó tosco símbolo da Vida celebrando-se
Em Logos Princípio e Derradeiro[43].

O caráter provisório ou preliminar do canto, em seu traçado inicial de "esboço" poético, responde pela sintaxe truncada ou fragmentada, devido às elipses ou supressões de conectivos, comprometendo os nexos subordinativos ou as ligações sintáticas; à quebra dos paralelismos (ou simetrias de construção) lexicais e sintáticos; às inserções de orações, intercaladas entre travessões; e às construções paratáticas. Os versos livres ajudam também a reiterar os contornos ou a condição ainda meio informe deste "ensaio" poético em louvor de (e dirigido diretamente a) Orfeu que parece, assim, sugerir o instante mesmo de arrebatamento em que se sente renascer o deus ou a concepção órfica de outrora no presente. Ainda que na forma provisória de um esboço, este Hino (como parece defini-

43. José Paulo Moreira da Fonseca, *Elegia Diurna*, pp. 99-100.

-lo a terceira estrofe) é capaz de restaurar ou reaver a perdida essência e, com ela, fazer talvez retornar a paz entre a terra e o íntimo, promovendo um momento de consolo no grande anseio que caracteriza a existência. Apesar de efêmero, crê-se no grande alcance desse canto, de acordo com a segunda estrofe.

A evocação do templo é feita no poema para sugerir, evidentemente, a dimensão sagrada do canto, mas ajuda também a conferir algo de "anfiônico" à imagem órfica configurada nos versos. Viu-se que ambos os mitos são frequentemente aproximados pelo instrumento musical e pelo poder encantatório e civilizador que exercem sobre seu entorno (homens, animais, árvores, pedras e outros tantos elementos da natureza)[44]. O caráter anfiônico se deve, sobretudo, à aproximação do canto a uma construção ou forma arquitetônica e à alusão às penhas. Nesse sentido, o fragmentário do poema e o emprego do verso livre sugerem também o amorfo do edifício em consonância com o "esboço poético".

Essa aproximação está na evocação do templo antigo e na menção à pedra em friso, parte do entablamento do edifício. O próprio verbo erguer, embora empregado para definir a execução ou entoação de um canto, ainda mais de natureza tão sublime e ritualística como este, parece contribuir, de todo modo, para essa associação com a construção arquitetônica. Canto e templo antigos, aliás, se irmanam na mesma concepção, pois se sabe que, na sua aspiração ao transcendente, ao divino, esse edifício religioso, para alçar à dimensão das essências e ideias, tinha de responder às premissas da natureza, pois só através da relação estabelecida entre os elementos naturais e a razão é que se alcançaria a representação do ideal. Por isso, o templo antigo, em sua construção, era resultado de complexas relações numéricas (baseadas, inclusive, em teorias pitagóri-

44. Anfion, filho de Antíope, rainha de Tebas, havido de Júpiter disfarçado em sátiro; irmão gêmeo de Zeto e esposo de Niobe, foi educado por pastores. Apaixonado pela música, recebeu de Hermes uma lira tão maravilhosa que, ao edificar as muralhas tebanas, as pedras, sensíveis à doçura dos seus acordes, iam, por si mesmas, tomando os respectivos lugares. Em honra das sete cordas da sua lira, abriram-se, nos muros, sete portas protegidas por inexpugnáveis torres. Enquanto seu irmão gêmeo Zeto dedicava-se a atividades rudes como a agricultura e a luta, ele tocava músicas na lira recebida de Hermes. Anfíon e Zeto eram também chamados de "dióscuros tebanos" e atribui-se a ambos a construção das muralhas de Tebas. Segundo a tradição, Zeto carregava as pedras nas costas, e Anfion fazia as pedras se moverem ao som de sua música…

cas) entre as partes e o todo. Essas formas, concebidas segundo desenhos lógicos e cálculos matemáticos, deviam necessariamente transmitir equilíbrio, harmonia e proporção, fundamentos da concepção clássica de beleza. Esse ideal é também almejado por Moreira da Fonseca em seu poema que, apesar do caráter precário de esboço, indicado no título, e do "tosco símbolo da Vida" mencionado nos versos finais, culmina na celebração do "Logos Princípio e Derradeiro".

Reitera-se, assim, o ideal apolíneo, ao que se unem ainda as imagens diurnas, límpidas e lúcidas. Na aproximação entre o canto e a construção ou o erguer do templo, Moreira da Fonseca pode ter-se inspirado em dois dos principais mentores de sua geração: Valéry e Rilke. Já se examinou, detidamente, a estreita similaridade entre o primeiro dos *Sonetos a Orfeu* de Rilke e o soneto "Orfeu" de Valéry, em particular, a imagem afim de um templo erigido por força do canto órfico. Judith Ryan estende ainda essa similaridade ao texto em prosa valéryano "Le Paradoxe sur l'Architecte", que contém a primeira versão do soneto, e no qual a civilização será "salva da decadência por um músico-arquiteto que restaurará a arte a seu lugar de direito". O soneto rilkiano celebra uma similar revalorização da arte. São referências importantes para se compreender, depois, o contexto de produção dos poemas aqui examinados. De todo modo, é bom lembrar a importância conferida à arquitetura por Moreira da Fonseca, como paradigma para o debate artístico na sua geração[45].

O ensaio de Valéry começa imaginando o nascimento de um arquiteto que renovará a cultura desgastada de uma época moribunda, na qual sopra o espírito religioso da Antiguidade:

> [...] outrora, nos séculos órficos, o espírito insuflava o mármore; as muralhas antigas viviam como homens, e os arquitetos perpetuavam os sonhos. [...] O arquiteto que revive esse espírito é alguém que tem a alma de um músico, "a alma vibrante e ressonante do artista". [...] O templo que ele erigirá parecerá como uma emanação da própria música. [...] Na passagem reminiscente do esteticismo resultante da imaginação de Huysmans, Valéry descreve as decorações do templo, suas bandas hieráticas, suas flores de lótus com cálices e auréolas douradas. [...] O templo imitará as formas de vida vegetais, [...] o templo é a incorporação espacial do som.

45. Ver José Paulo Moreira da Fonseca, "Literatura e Artes", em Afrânio Coutinho (org.), *A Literatura no Brasil*, vol. 6, pp. 190-191.

Os dois últimos parágrafos do texto, que compreendem a versão original do soneto "Orfeu", descrevem a entrada de um visitante no santuário, que se deixa levar pelo devaneio ao observar seus esplendores. Nesse devaneio, imagina que [...] o deus canta e, segundo o ritmo todo poderoso, se elevam ao céu as pedras fabulosas, e se vê, erguerem-se em direção ao azul incandescente, as paredes de ouro harmonioso de um santuário. [...] O templo erigido por esse *músico* une a segurança dos ritmos antigos à alma imensa do grande hino na lira[46].

Muitos desses aspectos podem ser identificados no poema de Moreira da Fonseca, movido pelo mesmo desejo dos mentores de seu grupo de tentar recriar alguma coisa do espírito clássico para os tempos modernos.

No "Esboço", ocorre algo similar ao que se viu na "Segunda Ária Órfica" de Silva Ramos, em que a violência da cena do despedaçamento acaba sendo contida pelas recursos formais e estilísticos empregados, bem como pelo distanciamento apolíneo da voz lírica, que enfatiza a sobrevida da poesia, dada a persistência do canto entoado pela cabeça de Orfeu, que segue no rio do tempo até o presente. Apesar da aparência preliminar de esboço ou de um suposto "tosco símbolo da Vida", a verdade é que Moreira da Fonseca também acredita que "longe hão de ecoar" os cantos órficos pelos quais se atinge "o âmago dos seres"; se alcança a "madura contemplação que no Hino resplandece" e se celebra em "Logos Princípio e Derradeiro". As imagens sublimizantes apontam para a crença no poder do canto lírico de se elevar ao "límpido país do indizível", de se ascender à "lúcida floração dos enigmas".

Ora é a crença de se elevar a uma transcendência por meio da poesia, sem maiores tensões, conflitos ou desconfianças, que marca uma diferença significativa dos poetas de 45 em relação não só a Murilo Mendes, mas também ao Drummond de o "Canto Órfico", como se verá a seguir.

Essa dimensão celebratória (certamente de matriz rilkiana) dos poderes do poeta encarnada por Orfeu, tão presente nos poetas de 45, só não está completamente ausente dos modernos classicizados por causa da versão do mito proposta por Augusto Meyer em seu livro de conversão neoclássica:

46. Paul Valéry, "Paradoxe sur l'Architecte", *Eupalinos ou L'Architecte, Oeuvres,* n. 148. 1957, t. 2 (cf. também Judith Ryan, *Rilke, Modernism and Poetic Tradition).*

ORFEU

O dia morto nos meus membros pesa
A sombra se deita na estrada comprida
Mas o leite da luz inunda a terra
E no meu gesto claro vive a vida.

Serei o sulco onde germinam sementeiras
As mil faces do amor me acompanham
Demônio, pólen das loucuras, anda!
Agita os mares, os ventos, as seivas.

Venho do fundo da amargura e me transformo
Na frauta leve das auroras, glória!
O dom da vida vibra no meu sopro

O hino sacode o turbilhão das forças
Rompe as fontes seladas, aleluia!
Que pura música atravessa o mundo?[47]

Como informa a principal intérprete do poeta gaúcho, esse soneto é realização antiga, publicado originalmente como "Ariel" em 1931 no *Correio do Povo*, mas afinado na forma com as produções que o circundam nos *Últimos Poemas*. Decerto, o que permite aproximar o mito órfico, pelos mesmos versos, à figura etérea, espiritualizada e neutra de Ariel é o poder de encantamento de suas cantigas, músicas e instrumentos, tal como se vê em *A Tempestade*, de Shakespeare. Meyer, sem dúvida, estava distante das apropriações que as teorias pós-colonialistas fariam da peça e desse personagem benevolente, visto em geral como uma das encarnações do colonizado, conivente e servil, disposto à negociação e à parceria com o colonizador (Próspero) – por isso, geralmente mais negligenciado por tais teorias em favor de seu par oposto, mais instigante e rebelde, Calibã. De todo modo, à revelia do poeta, essa dimensão simbólica poderia render, em outro momento, um confronto interessante com Orfeu como mito civilizador. Por ora, basta apenas assinalar que os versos de Meyer põem enfâse no poder mágico do canto e da música, associado a imagens de revivificação e libertação.

47. Augusto Meyer, *Poesias 1922-1955*, p. 255.

Assim, Meyer se aproxima de Moreira da Fonseca e Silva Ramos, que exploram o mito no sentido do renascimento. Carvalhal já destacou os principais aspectos desse movimento positivador (que parece contrastar com o tom dominante no conjunto dos *Últimos Poemas*, marcado de negatividade): desvencilhando-se da carga de angústia que o oprimia, ele desperta, apesar de ser noite, transformando-se e recuperando a frauta extraviada. É a expectativa do renovo pela magia da palavra e da música reunidas, que reorganizam a desordem e resgatam o perdido[48]. O renascer é enfatizado ainda pelas imagens de regeneração do eu órfico com as de germinação no segundo quarteto[49].

Como no "Esboço" de Moreira da Fonseca, o soneto de Meyer é marcado pelas imagens diurnas, de luminosidade resplandecente, e culmina, igualmente, na forma poética do hino, explicitado no terceto final.

ORFEU DIVIDIDO E A ROSA TRISMEGISTA

Charles Segal fala de um *todo compósito* ao se referir à música, à poesia e à retórica como partes virtualmente indistinguíveis do poder da arte no mito órfico. Mito esse cujos diferentes significados resultam da permuta entre três elementos: arte, amor e morte. "Por um lado", diz ainda o intérprete, "Orfeu incorpora a habilidade da arte, poesia, linguagem – 'retórica e música' – de triunfar sobre a morte; o poder criativo da arte aliado ele mesmo com o poder criativo do amor. Por outro, o mito pode simbolizar a falha da arte ante a necessidade última, a morte"[50], como parece ter-se observado em versão poética aqui examinada.

Ora, é esse todo compósito que os modernistas conversos, dentre os quais, Drummond, veem desagregar-se no presente:

CANTO ÓRFICO

A dança já não soa,
a música deixou de ser palavra,

48. Tania Franco Carvalhal, *A Evidência Mascarada*, pp. 213 e ss.
49. Cf. Marcela W. Richter, *A Sedução do Sonhar: Os Caminhos do Devaneio Poético em Dois Poetas Sul-rio-grandenses*, Porto Alegre, PUCRS, 2013, p. 135. Tese de doutorado.
50. Charles Segal, *Orpheus: The Myth of the Poet*, Baltimore, Johns Hopkins University Press, 1993, 233 p.

o cântico se alongou do movimento.
Orfeu, dividido, anda à procura
dessa unidade áurea, que perdemos.

Mundo desintegrado, tua essência
paira talvez na luz, mas neutra aos olhos
desaprendidos de ver; e sob a pele,
que turva imporosidade nos limita?
De ti a ti, abismo; e nele, os ecos
de uma prístina ciência, agora exangue.

Nem tua cifra sabemos; nem captá-la
dera poder de penetrar-te. Erra o mistério
em torno de seu núcleo. E restam poucos
encantamentos válidos. Talvez
um só e grave: tua ausência
ainda retumba em nós, e estremecemos,
que uma perda se forma desses ganhos.

Tua medida, o silêncio a cinge e quase a insculpe,
braços do não-saber. Ó fabuloso
mundo paralítico surdo nato incógnito
na raiz da manhã que tarda, e tarde,
quando a linha do céu em nós se esfuma,
tornando-nos estrangeiros mais que estranhos.

No duelo das horas tua imagem
atravessa membranas sem que a sorte
se decida a escolher. As artes pétreas
recolhem-se a seus tardos movimentos.
Em vão: elas não podem.
                                        Amplo
                    vazio
um espaço estelar espreita os signos
que se farão doçura, convivência,
espanto de existir, e mão completa
caminhando surpresa noutro corpo.

A música se embala no possível,
no finito redondo, em que se crispa

uma agonia moderna. O canto é branco,
foge a si mesmo, voos! palmas lentas
sobre o oceano estático: balanço
de anca terrestre, certa de morrer.

Orfeu, reúne-te! chama teus dispersos
e comovidos membros naturais,
e límpido reinaugura
o ritmo suficiente, que, nostálgico,
na nervura das folhas se limita,
quando não compõe no ar, que é todo frêmito,
uma espera de fustes, assombrada.

Orfeu, dá-nos teu número
de ouro, entre aparências
que vão do vão granito à linfa irônica.
Integra-nos, Orfeu, noutra mais densa
atmosfera do verso antes do canto,
do verso universo, latejante,
no primeiro silêncio,
promessa de homem, contorno ainda improvável
de deuses a nascer, clara suspeita
de luz no céu sem pássaros,
vazio musical a ser povoado
pelo olhar da sibila, circunspecto.

Orfeu, que te chamamos, baixa ao tempo
e escuta:
só de ousar-se teu nome, já respira
a rosa trismegista, aberta ao mundo[51].

Composto de nove estrofes com número variável de versos heterométricos, o poema pode ser dividido em dois momentos: o primeiro engloba as seis primeiras, que cuidam de descrever um estado de coisas, marcado pela ideia de esfacelamento ou atomização, ao passo que o se-

51. Carlos Drummond de Andrade, *Poesia e Prosa*, pp. 261-263. Na edição mais recente da Companhia das Letras, pp. 284-287.

gundo momento corresponde, evidentemente, às três estrofes restantes, quando o eu lírico muda o endereçamento e passa a apostrofar diretamente Orfeu.

John Gledson observa que Drummond emprega o mito para abordar o problema do papel da poesia num contexto coletivo e histórico, cujas razões, em parte, os citados versos de "Legado" já apontavam, ao constatar que a união ou "relação completa e mágica com o mundo a seu redor" estava destruída, e ao mesmo tempo consumada, no desmembramento do (arqui)poeta pelas mênades.

Ao evocar a imagem fragmentada do mito, Drummond se aproxima de seus pares, modernistas classicizados como Murilo Mendes, que também se detém nessa parte final do relato mítico. Por outro lado, ao constatar que o Orfeu desmembrado anda à procura da unidade áurea perdida, o poeta itabirano parece fazer eco ao anseio reintegrador dos poetas de 45. No entanto, o desenvolvimento dos versos contraria esta associação, já que esse anseio existe, mas sem se perder de vista a insuplantável distância que separa sua concreção da realidade.

O poema parte da correlação estabelecida entre a desagregação das artes, o desmembramento do poeta-cantor arquetípico e a desintegração do mundo. No caso das artes dissociadas, a primeira estrofe dá destaque a três: poesia, música e dança, unidas, originalmente, no conceito de *mousikē*, "arte das musas" (sem esquecer que o mito em questão é tido como filho de uma delas, Calíope)[52]. Dissociadas, supõe-se que seu potencial mágico também se perdeu. Essa desintegração é reiterada por um procedimento retórico próximo à hipálage, que consiste em assinalar como cada uma dessas três artes se aparta de um atributo que não é propriamente seu, mas da arte vizinha: assim a dança deixa de soar e a música, de ser palavra, enquanto o cântico se afasta do movimento. Some-se, ainda, o poder de sugestão musical das aliterações e assonâncias.

52. Além das três artes intimamente relacionadas, Gledson dá destaque a outra referência de arte em "Canto Órfico": na menção expressa às "artes pétreas", o crítico inglês identifica a "escultura", arte em que o criador mantém uma relação direta com a criação. É de se perguntar, no entanto, se por "artes pétreas" não se englobaria a arquitetura, já que o poema também se refere a partes de colunas ("fustes"), em outro momento dos versos. Com essa associação, a versão drummondiana poderia ser aproximada das versões órficas de Valéry, Rilke e, inspirados por eles, Moreira da Fonseca, como se viu.

Com a fragmentação das artes, dá-se a de Orfeu que, dividido, segue em busca de uma unidade áurea, que todos "perdemos". A generalização implicada nessa perda pela primeira pessoa do plural, no fim da primeira estrofe, conecta-se com o mundo, que abre a segunda, estabelencendo, assim, a referida correlação explorada pelo poema.

A desintegração se dá não só entre as artes, mas no interior delas, ou seja, no conhecimento que elas produzem, bem como no interior do homem (incluindo o próprio eu poético), e na sua relação com um mundo cuja essência tornou-se "neutra aos olhos desaprendidos de ver". A impossibilidade de troca ou interação entre um e outro vem metaforizada até no mínimo detalhe, na "turva imporosidade" da pele. Resta apenas a distância hiperbolizada em "abismo". As imagens organizam-se a partir de oposição bem conhecida e central para o orfismo, com desdobramentos filosóficos posteriores, conforme se viu ao tratar da ária de Silva Ramos: a ênfase recai na limitação do sensório ou corpóreo (olhos, pele ou poros, braços...) como meio de conhecimento da verdade essencial e transcendente que o orfismo encerra. Essa dimensão enfática do "não--saber" dos sentidos chega ao limite da redundância.

Por meio de um encadeamento de negativas, o eu lírico descreve, assim, a perda ou silenciamento da verdade comungada pelo poder e conhecimento órficos. Restam apenas ecos de sua ciência vetusta já desvitalizada, cuja "cifra" – seja no sentido de signo ou de número, como para os pitagóricos, tão afinados com os órficos e para os quais "o princípio de tudo é o número" – se desconhece quase por completo. Seguindo com as negativas, o eu drummondiano diz do único encantamento que ainda resta, mas que se resume a mais um (entre tantos) oxímoro: ausência e silêncio. Somam-se os sentimentos de paralisia, retardo, estranhamento, indecisão, incerteza, vazio, espanto...

É relevante notar que "Canto Órfico" está inserido, na sequência de *Fazendeiro do Ar* (1954), imediatamente depois de "Elegia", a qual tematiza o "desmonte palmo a palmo" do eu poético, que dá um basta ao "lamento e versos ditos / ao ouvido de alguém sem rosto e sem justiça, / ao ouvido do muro"... Logo em seguida vem este canto em que, diante da generalizada desintegração, o eu drummondiano convoca Orfeu e suas partes dispersas a se reunirem. Ocorre que, embora pareça ansiar, como os poetas de 45, pela reintegração do ser órfico despedaçado e da unidade harmônica por ele encarnada, o poeta itabirano reconhece que, hoje, esse conhecimento vetusto só pode ser nomeado negativamente, como "ausência", "silêncio", "perda" (valendo talvez remeter, aqui também, ao estudo de Ihab Hassan, citada a propósito de Murilo Mendes).

Gledson diz que, constatada a desintegração do mundo, o eu drummondiano indaga pela possibilidade de retorno a um momento anterior de maior completude, localizado num passado mítico. Todavia, como é de praxe em sua obra, lança suspeita sobre os termos da busca, a começar pela incapacidade de definir satisfatoriamente o que é buscado. Isso se deve, em parte, ao fato de a desarmonia estar "dentro e fora de nós – o nosso abismo interior reflete o do mundo". Sabe-se apenas que essa unidade harmônica existiu no passado remoto, mas se perdeu de todo, e é apenas por esta perda que se pode sentir sua existência e nomeá-la negativa e paradoxalmente. Ainda assim, o eu lírico afirma que tal hipótese é necessária, e esta nasce dentro do homem, nos momentos em que ele sente sua unidade física e inconsciente com o universo – por isso associados a horas de transição e imprecisão, como a aurora e o crepúsculo[53].

O que vale insistir, no poema, é que a suposta busca pela unidade perdida se revela muito distinta da almejada pelos poetas de 45, que acreditavam ser possível afirmá-la sem maiores conflitos. Em José Paulo Moreira da Fonseca, trata-se ainda da forma provisória de um *esboço*, mas para Silva Ramos, a dimensão apolínea faz crer na possibilidade de se alçar, sem mais, à harmonia perdida. Da discussão sobre este poema excepcional de Drummond[54], que não se tem a pretensão de abordar em toda a sua complexidade, importa reter apenas alguns poucos aspectos que bastem para o confronto com demais reescritas examinadas anteriormente. Interessa, notadamente, essa constatação de a unidade áurea ser tão somente uma hipótese, de todo modo, necessária no contexto agônico (explicitamente referido) da modernidade, em que a "música" (ou a poesia) "se embala no possível", pautada pela consciência do "finito redondo", do precário, do transitório (reiterados em "duelo das horas" e "certa de mor-

53. John Gledson, *Poesia e Poética em Carlos Drummond de Andrade*, pp. 250 e ss.

54. John Gledson foi quem levou mais longe, e de modo instigante, a análise de "Canto Órfico", sendo, por isso, a referência decisiva. Só não se partilha, como ele, a dúvida de que esse poema, "talvez, nem seja inteiramente bem-sucedido, no seu assalto consciencioso a um problema resolvido com relativa simplicidade em 'Aliança'" (*op. cit.*).

rer"). Nisso, Drummond parece se afastar de Murilo Mendes, para quem uma hipótese dessa ordem desaparece com o despedaçamento bárbaro e a morte irremissível de Orfeu, sem sequer a cabeça persistir no canto pelas águas do Hebro, tal como sustenta o relato original e a versão de Silva Ramos. No entanto, o fato de Drummond convocar Orfeu a reunir membros dispersos e afirmar a hipótese de uma idade áurea, não quer dizer (reitere-se) que ele se identifique com a visão restauradora de 45. Nem mesmo com a de um Moreira da Fonseca que, apesar do caráter provisório de seu "Esboço...", acreditava no "efêmero refazer-se de perdida essência" e na "lúcida floração dos enigmas". Drummond insiste que só há "*ecos* de uma prístina ciência, agora *exangue*", e que da "cifra" de Orfeu nada se sabe, "nem captá-la dera poder de penetrar", fazendo com que o mistério erre "em torno de seu núcleo".

Outra diferença significativa: a voz que fala nos versos não se confunde com a de Orfeu, como ocorre em Murilo, Meyer ou na primeira ária de Silva Ramos. Essa dissociação entre o eu lírico e o poeta arquetípico é bem marcada em "Canto Órfico", assim como a distância entre os planos em que cada um deles se instala: se Orfeu é, evidentemente, associado ao plano superior, transcendente e ideal, o eu drummondiano fala imerso, por completo, no plano da matéria e do finito, da imanência da história, do presente da modernidade, onde se mostra irmanado a um *nós*, com que assume a voz plural.

Atente-se, ademais, a uma inversão curiosa operada na última estrofe: quando o eu poético interpela diretamente Orfeu, este é que acaba sendo intimado a "escutar". Inverte-se, com isso, o que era uma atribuição do mito ao exercer seu poder mágico sobre aquele(s) que *escutava(m)* seu canto. E note-se que o eu não se limita a solicitar a escuta de Orfeu: pede-lhe, também imperativamente, que baixe ao tempo... Já não se trata de ascender ao plano do transcendente, do ideal e da verdade superior ou maior, como pretendiam os poetas de 45, fiéis ao próprio orfismo, mas, paradoxalmente, de trazer o mito à dimensão imanente do tempo, ao horizonte da história... enquanto a rosa se abre ao mundo, numa abertura que evoca, de pronto, a do livro drummondiano de 1945, embora já não se trate mais de a rosa do povo.

A propósito de "Canto Órfico", Luciano Cavalcanti chegou a evocar, de modo pertinente, um poema drummondiano do livro participante de 45, mas não chegou a explorar a fundo essa aproximação: trata-se do comovente "Mário de Andrade Desce aos Infernos"[55]. Pela descida aos infernos, sem dúvida, o poema em homenagem ao amigo da Lopes Chaves guarda algo de órfico. Mas há outras afinidades e contrastes significativos que mereceriam reparos, a começar pela disposição estratégica dos dois poemas quase no fecho de seus respectivos livros: o poema sobre Mário é o penúltimo de *A Rosa do Povo*, ordenação similar de "Canto Órfico" em *Fazendeiro do Ar*. Em ambos os casos, é uma disposição estratégica porque comporta algo de conclusivo em relação à logica do todo de que participam. Por exemplo, no poema em homenagem a Mário, Drummond explicita o sentido do título de seu livro de 45: depois de seu anúncio, num dos poemas de abertura do livro ("O Anúncio da Rosa"), revela-se, por fim, "a rosa do povo aberta"... É certo que essa rosa tem a ver mais com a poesia do homenageado. Como nota Simon sobre o poema, ele é o manifesto da confiança maior que Drummond deposita num projeto de participação que não o seu[56] – e ele extrai, paradoxalmente, a força de seu canto participante justamente da autocrítica impiedosa.

No poema dedicado a Mário, os versos seguem problematizando e definindo o potencial de comunicação da rosa, ainda que frágil:

> A rosa do povo despetala-se,
> ou ainda conserva o pudor da alva?
> É um anúncio, um chamado, uma esperança embora frágil, pranto infantil no berço?
> Talvez apenas um ai de seresta, quem sabe.
> Mas há um ouvido mais fino que escuta, um peito de artista que incha,
> e uma rosa se abre, um segredo comunica-se, o poeta anunciou,
> o poeta, nas trevas, anunciou[57].

Essa abertura da rosa serve de parâmetro para a do fecho de "Canto Órfico", mesmo que se trate, agora, de uma rosa trismegista, coerente com o todo hermético[58] do poema e de boa parte do livro de 1954 (se não de

55. Luciano Cavalcanti, "'Canto Órfico', Mito e Poesia em Carlos Drummond de Andrade", *Anais do SILEL*, vol. 3, n. 1, p. 3, Uberlândia, EDUFU, 2013.
56. *Drummond: Uma Poética do Risco*, São Paulo, Ática, p. 141.
57. Carlos Drummond de Andrade, *Poesia e Prosa*, p. 177.
58. De acordo com o sentido dicionarizado, *trimegisto* ou *trismegisto*, "três vezes grande", vem associado a Hermes Trismegisto, figura sincrética em que se fundem o mensageiro dos deuses (o Hermes da mitologia helenística) com Thot, deus egípcio inventor da escrita. Em algum momento da história, a divindade foi tomada por personagem histórica dos tempos pri-

toda a lírica neoclássica do poeta itabirano). Mas apesar do hermetismo, da ascese, do caráter iniciático e cifrado que o orfismo implica, é como se Drummond ideasse, utópica ou projetivamente, uma revelação ou verdade "encarnada" pelo mito que se "abre" ao mundo, seja porque mais acessível hermeneuticamente; seja porque reinaugurada em novas bases, num sentido mais rente à imanência da história e do homem – valendo atentar à vitalidade do verbo "respirar" associada à rosa personificada.

VARIANTES ÓRFICAS: DO ENGENHEIRO NOTURNO AO FUNÂMBULO

Considere-se uma última representação órfica explorada entre os modernistas neoclássicos, que não poderia, obviamente, ser esquecida: *Invenção de Orfeu*.

A julgar pelo título, o livro de Jorge de Lima deveria ser, decerto, o primeiro a figurar no período como reescrita do mito. Mas o fato é que sua apropriação é complicada porque, a despeito do título e do fato de o livro se apoiar no tripé arte, natureza e morte, sugerido ao poeta alagoano pelo mito órfico, "o processo de criação é figurado no poema sem adotá-lo como protagonista ou herói, mas multiplicando máscaras compatíveis com o destino alegórico deste herói-plural", segundo observa Fábio de Souza Andrade:

> Não se trata de um poema sobre Orfeu ou um relato poetizado do Velho e Novo Testamentos, mas sobre a criação [...] poética, e a voz que fala busca o mito remoto como complemento e contraste à experiência poética de um eu situado no tempo e na história: o eu-poeta que troca sucessivas vezes de identidade em *Invenção de Orfeu* (Virgilio, Dante, Camões), não se pode esquecer, é também Jorge de Lima e sua angústia criativa moderna[59].

Quando o aedo trácio é diretamente evocado, como, por exemplo, nos Cantos II e III, o Orfeu, disciplinador da natureza, se vê, por vezes, "amea-

mordiais da civilização ocidental, a quem se atribuiu escritos filosóficos, esotéricos (como o *Corpus Hermeticum*).

59. Fábio de Souza Andrade, *O Engenheiro Noturno: A Lírica Final de Jorge de Lima*, São Paulo, Edusp, 1997, pp. 134-35.

çado de perder sua identidade e dissolver-se em pura energia, ausência absoluta de vontade autônoma, dispersão sem significado próprio"[60].

Não faltou, apesar disso, quem se dedicasse ao exame da revisitação do mito no poema épico de Jorge de Lima[61]. Partindo dessas observações do intérprete, busca-se retomar, brevemente, as passagens de *Invenção* em que há referência expressa ao mito.

Assim, a primeira menção explícita ao mito no canto I evoca a "seta de Orfeu" junto ao mastro da embarcação, que tanto pode ser compreendida como metáfora clássica do poetar ou alusão à participação do personagem mítico na viagem dos argonautas. Em seguida, há a longa passagem em que Jorge de Lima trata do "engenheiro noturno", que guarda certas afinidades com o mito órfico, além de dissentir da imagem luminosa e diurna do engenheiro cabralino de 1945, independentemente de se atestar uma contestação intencional da parte do poeta alagoano à racionalidade construtivista do pernambucano: o que parece curioso é a oposição presente no mesmo contexto poético entre as duas figurações do engenheiro como metáfora para criador e criação poéticos.

Já se evidenciou a importância da figura do engenheiro noturno como figura reveladora do procedimento poético empregado na construção do livro, abarcando atributos paradoxais como o cálculo, a técnica, o raciocínio matemático ou científico (próprios do exercício de sua profissão), juntamente como o onírico (associado ao "noturno"). Ou seja, para a concepção da obra, tal figura une o campo intelectual e espiritual, numa linguagem engenhosa e onírica[62]. Como explica ainda Souza Andrade, na "tensão entre a livre expressão do poder criativo e a vontade de exercer controle racional sobre este, sem o que ele se dilui no amorfo", o poeta-protagonista da *Invenção*, no seu empenho de dar forma ao mun-

60. *Idem*, p. 136.
61. Luciano M. D. Cavalcanti, "Orfeu Revisitado na Épica de Jorge de Lima". http://www.fw.uri.br/publicacoes/literaturaemdebate/artigos/n3_6-Texto_-_Orfeu_revisitado.pdf
62. Luciano M. D. Cavalcanti sinaliza que essa caracterização do "fazer poético" compreenderia "a própria concepção moderna", a oscilar "entre o delírio e a razão, representada, de um lado, por Rimbaud e, de outro, por Mallarmé e Valéry, e que se encontra amalgamada em Baudelaire, centro dessas duas correntes principais da poesia moderna, como já apontou Marcel Raymond" ("O Surrealismo na Poética de Jorge de Lima", *Revista Eletrônica de Crítica e Teoria de Literaturas. Dossiê: Oralidade, Memória e Escrita*, PPG-LET-UFRGS, Porto Alegre, vol. 4, n. 2, pp. 16-17, jul./dez. 2008).

do, aparece como uma versão do "engenheiro-noturno", que "procede como experimentador de estruturas formais, buscando formas exatas e perenes. Mas a linguagem aparece como mar revolto, elemento indócil, inquieto e em crise"[63].

Do mito órfico, o engenheiro parece preservar a imagem do arquipoeta-construtor (mesmo com o peso do adjetivo "noturno"), tal como se viu com Moreira da Fonseca, decerto inspirados, ambos, por Valéry e Rilke. Essa imagem do construtor volta a ser reiterada em outros cantos onde não se fala mais diretamente da *persona* do engenheiro nortuno, mas de Orfeu. O engenheiro noturno parece preservar, ainda, algo do poder civilizador associado à dimensão encantatória de seu canto. Ele é apresentado assim na parte 24 do Canto I, ao aportar no nordeste (como não poderia deixar de ser) da ilha, onde construiu as naves e se ocupou do "penoso empreendimento" (reiterado pelo polissíndeto) que é "o invento desse cais / e desse labirinto / e desses arraiais"[64].

É por intermédio do pródigo engenheiro que se alude ao contexto da era atômica (uma das poucas referências à época na indeterminação temporal do poema) no confinamento da ilha:

O pródigo engenheiro acendeu seu cachimbo
e falou-nos depois de flores canibais
que sorvem qualquer ser com seus pólens de urânio.

"Feliz de quem ainda em cera se confina"...
disse-nos afinal o engenheiro noturno.

Em seguida sorriu. Era perito e bom.
Vimo-lo sempre em sonho a perfurar os túneis
forrados a papel de cópias e memórias.
Era a carne profunda a embalar-nos nos braços
e esse vasto suspiro a se perder no mundo;
era a marca dorsal já tatuada em porvires
desses castos porões de prazeres reptantes (pp. 46-47).

63. Fabio de S. Andrade, *op. cit.*, p. 135.
64. Jorge de Lima, *Invenção de Orfeu*, São Paulo, Cosac Naify/Jatobá, 2013, p. 46.

Quanto a seu poder encantatório, por meio de um instrumento musical (no caso, a gaita), como no mito, dizem os versos:

> Do noturno trabalho a gente tresnoitada
> dança de ver assim ao romper da alvorada
> esse engenheiro-ser tocando a sua gaita
> os rebanhos levar; logo no tosco jarro
> aquele lhe oferece a doce e branca ovelha,
> e a vaca os seios seus em queijos e coalhada (p. 47).

E, mais adiante, pode-se entrever a aliança entre o poder encantatório e o papel civilizador do mito empregados contra a violência, a ausência de leis e demais adversidades do meio:

> Agora arfando vêm as vacas imortais
> com os novilhos da lei que em cenas aparecem,
> e dirigindo os inda infantes tenros socos,
> uns com os outros tão cedo as guerras iniciam.
>
> Os centauros com o gado aéreo que defendem
> do tigre destruidor, todos à tarde vindo,
> lavam o pé grosseiro ao lavrador perdido.
> Corre um secreto rio que torna pensativas
> essas horas sem lei votadas à fadiga.
>
> Depois de convencer manhosos suas reses,
> os guerreiros se vão ao som das áureas trompas,
> hirtos cantando iguais os raptos a pastoras.
>
> Mas à sombra da Musa, o engenheiro enlinhado
> às tenras hastes orça o lavrador possível,
> ensinando-lhe o trigo e a maneira de amar,
> (fábula expressiva e anosa), e a transformar na terra
> as vis libidos em corolas incolores,
> os orgulhos das mãos em asas de águias tenras,
> e várias coisas mais com força de calcar.
>
> Não de outro modo outrora ao som de flautas rudes
> e de obeso tambor aedos inspirados,
> da loura idade a grenha de ouro conservaram

os costumes com o gado, as flores e as romãs
que tudo se fará contra reis absolutos.

Afinal o engenheiro amou, sonhou, construiu.

Que mais pedimos a esse existencial amigo
a esse noturno autor de construções volúveis? (pp. 47-49).

Afora os atributos órficos do engenheiro-noturno, tem-se ainda, nesse mesmo canto de abertura, a evocação do próprio mito nas estrofes finais, significativamente associado a um pantomimo cuja arte imitativa (que, aliás, entra em choque com concepção órfica de arte como inspiração, avessa, em princípio, à mimese) preserva uma dualidade, que marca também a atuação do engenheiro limiano em sua contraposição à racionalidade do engenheiro cabralino. Isso porque, como se vê no excerto final abaixo reproduzido, o pantomimo é definido como um "mímico racional", mas também "intuitivo", ou, ainda mais paradoxalmente, "coribante ilógico, aliás lógico"...

CANTO I, 39

Nessa geografia, eis o pantomimo.
Ah! o pantomimo! Múltiplo imitando
mitos, seres e coisas. Pessoalmente.
Convictamente é tudo em potencial.
Mais vale convicção que essa teoria,
que aquele dicionário, e aquela Cólquida.
Mímico racional. Ah! o pantomimo
– esse intuitivo. Monstro e semideus.
Ele povoa a ilha, ele dança a ilha.
Ele heroíza a ilha, ele epopeíza.
Desarticulação fulanamente.
Muda dramaturgia se possesso,
se fábula, se intui, se histrião, se bufo.
Ah! coribante ilógico, aliás lógico,
linguagem transparente, angústia – a face,
flexíveis olhos, membros palavreando.
Desarticulação, libertação.
Ó contingência: desarticular,

dançar, parecer livre, exteriormente;
e ser-se mudo, e ser-se bailarino,
nós bailarinos, todos uns funâmbulos,
todos uns fulanos. Então, dancei-me.
Perpétuo Orfeu e tudo. Pulo e chão.
Polichinelo, polichão dessa ilha (pp. 94-95).

A respeito dessa última estância, nota Cavalcanti, Orfeu encerra "o canto de forma exemplar e em seu significado múltiplo" ao representar o poeta como pantomimo, monstro, semideus, Orfeu, Polichinelo, bailarino (evocando, de pronto, seu caráter dionisíaco), funâmbulo (além de equilibrista, o termo indica, conotativamente, o indivíduo inconstante, mudando facilmente de opinião ou partido) e fulano (pessoa incerta). Tais características remetem, "por um lado, à oscilação do herói na multiplicidade de seres que irá incorporar durante a viagem imaginada e interior; por outro, a seu caráter metalinguístico, revelando o modo como o poeta se portará na construção de sua pretendida epopeia": como artista "oscilante e hábil", equilibrando-se na "corda bamba" da "criação poética, entre o racional e o intuitivo, ele elabora seu poema no mundo moderno"[65].

Pode-se supor que, para além dessa libertação lúdica, a dança e o funambulismo comportam um traço de negatividade. A condição arquetípica do poeta encarnada pelo mito (*Perpétuo Orfeu*), representando o mistério do ser poeta, cede, pelas contingências históricas, à condição moderna, descentrada ou ex-cêntrica e rebaixada de funâmbulo, polichinelo, tal como a examinou Starobinski em *Portrait de l'Artiste en Saltimbanque*[66]; além de condenado ao silêncio ("ser-se mudo" e "muda dramaturgia", enfatizam os versos), numa aparência de liberdade. Pois veja

65. Cavalcanti, "Orfeu Revisitado...", *op. cit.*, pp. 9-10.
66. Starobinski, no estudo supracitado, fala que o tremendo interesse de pintores e escritores oitocentistas pelo *clown*, pelo saltimbanco e pela vida dos espetáculos circenses e de feira, multiplicando-os a ponto de torná-los lugar-comum, pode, em parte, se explicar pelo modo como esse universo circense e popular representava, "na atmosfera carvoenta de uma sociedade em via de industrialização, uma ilhota cintilante do maravilhoso, uma porção que permaneceu intacta do país da infância, um domínio onde a espontaneidade vital, a ilusão" seduzem "o espectador cansado da monotonia das tarefas da vida séria" (Jean Starobinski, *Portrait de l'Artiste en Saltimbanque*, Paris, Gallimard, 2004, p. 7).

que o poeta órfico enfatiza o fato de essa condição ser pura exterioridade: "desarticular, / dançar, parecer livre, exteriormente...". E vê nisso produto da contingência, o que remete às circunstâncias históricas da modernidade lírica. O verbo "dancei-me", aliás, ainda mais nesse forma autorreflexiva, pode comportar, já à época, um sentido exatamente contrário daquele que revela essa aparência de liberdade, quando se considera as acepções informais (gíria) ou regionais, no sentido de dar-se mal, de não acontecer conforme esperado, não dar certo, perder a liberdade ou mesmo a vida, segundo Caldas Aulete. O próprio polichinelo, vale notar, comporta ainda o sentido figurado de "pessoa sem modos e/ou sem dignidade" (Aulete), à qual se pode associar, nos versos, *fulanos* (derivando, também, no advérbio fulanamente), que além do indivíduo indeterminado, indica um sujeito qualquer, sem importância... É a dignidade órfica rebaixada, assim, à condição chã, de indigência generalizada, comum ao poeta moderno. O jogo final entre pulo e chão, que faz ecoar o polichão neologicamente derivado de polichinelo, evoca o movimento simbólico que o poeta moderno extrai dos saltos ou jogos de elevação e queda descritos pelas figuras clownescas como emblema da condição do artista ou do poeta: da ilusão de liberdade e supremacia associadas à agilidade mercurial e ao movimento ascensional, vai-se à condição de decadência ligada ao movimento descensional do saltimbanco, como encarnação final do poeta moderno, de acordo com a análise de Starobinski, que também explora, em seu belo ensaio, justamente essa aproximação, contida nos versos acima, entre Orfeu e o *clown*.

A condição de desajuste, marginalização e silêncio do poeta órfico será ainda explorada em outros termos, no mesmo Canto II, sinalizando a consciência do risco de fracasso de sua empreitada e aproximando-se, assim, de seus pares modernistas classicizados. Trata-se da estância 11:

> A mão de Orfeu, enorme destra
> abateu-se no peito, funda ausência,
> tão suave inexistente mão;
> foi delação das coisas,
> inibida mão, ecos martelando-a,
> ecos que são cruéis e inexoráveis
> como as sublevações que retornaram
> e retornaram quando o deus construía;
> e agora há éguas nulas nos silêncios,

as éguas da fecundação final
planturosas e cheias de pistilos
viscosos como suas lesmas,
vermelhos com seus relinchos que martelam
a mão êxul de Orfeu, os retinidos ecos
temperados de cor, eram dele, de Orfeu
deus sonoro e terrível, hoje vago, vago
tão vago como sua vaga destra;
nem mais diuturna nem com os androceus
dos dedos musicais, amanhã cinco
apenas dedos reais humanos, cinco
apenas, cinco sinos sem seus íris;
funda submersão desse deus,
agora com seu deão de cerimônias
inventando-lhe os gestos,
conduzindo-lhe a mão ao seio dos infernos,
contando-lhe até cinco apenas dedos
fiéis à delação desse deão que aponta
a aparência de Orfeu (pp. 113-114).

Esse risco se deixa flagrar na suspensão do canto, com a ênfase dada à mão que se abate sobre o peito e que parece lembrar, de acordo com certas versões, a fatídica cena do relato mítico em que Eurídice, no retorno do Hades, se desprende da mão do poeta quando este se volta para ver se ela o acompanha, perdendo-a em definitivo. Por isso, talvez, a referência à "funda ausência" associada a essa "enorme destra" que se "abateu no peito". Ao mesmo tempo, a ênfase dada a "tão suave inexistente mão"[67], inibida por "ecos martelando-a, ecos que são cruéis e inexoráveis / como as sublevações que retornaram / e retornaram quando o deus construía", aponta para a suspensão ou mesmo a inviabilidade moderna do canto, dado o modo como ainda se refere a Orfeu – "deus sonoro e terrível, hoje vago, vago / tão vago como sua vaga destra" – e a seus "dedos musicais, amanhã cinco / apenas reais humanos, cinco / apenas, cinco sinos sem seus íris / funda submersão desse deus". (E é a submersão que vai conduzir-lhe a mão, agora por seu deão de cerimônias, ao seio dos infernos.) A condição de exílio do

67. A referência ao ato de *construir* tanto pode remeter à figura do engenheiro noturno, quanto (o que é mais provável) às imagens do mito em Valéry e Rilke, conforme se viu mais atrás.

poeta (encarnado pelo mito órfico) é, assim, metonimicamente indicada por essa "mão êxul", principal órgão de execução de seu instrumento de expressão.

A referência ainda mais enfática à suspensão do canto de "Orfeu e ao estro mais forte" – à "canção erma diante da morte", evocando uma "taça fruída", tal como a do rei de Thule – será reiterada, com idêntico significado, nas sextinas do Canto III. Diferentemente da harmonia alcançada, mesmo no dilaceramento órfico, pelas árias de Silva Ramos, a ária de Jorge de Lima vem marcada pelo corte, pela suspensão, tematizada na primeira dessas belas sextinas:

> 23
> Quando menos se pensa
> a sextina é suspensa.
> E o júbilo mais forte
> tal qual a taça fruída,
> antes que para a morte
> vá o réu da curta vida.
>
> Ninguém pediu a vida
> ao nume que em nós pensa.
> Ai carne dada à morte!
> morte jamais suspensa
> e taça sempre fruída
> última, única e forte.
>
> Orfeu e o estro mais forte
> dentro da curta vida
> a taça toda fruída,
> fronte que já não pensa
> canção erma, suspensa,
> Orfeu diante da morte.
>
> Vida, paixão e morte,
> – taças ao fraco e ao forte,
> taças – vida suspensa.
> Passa-se a frágil vida,
> e a taça que se pensa
> eis rápida fruída.
>
> Abandonada, fruída,
> esvaziada na morte,

Orfeu já não mais pensa,
calado o canto forte
em cantochão da vida,
cortada ária, suspensa

lira de Orfeu. Suspensa!
Suspensa! Ária fruída,
sextina antes da vida
ser rimada na morte.
Eis tua rima forte:
rima que mais se pensa[68] (pp. 169-171).

No livro de 1952, a derradeira menção expressa ao mito ocorre no segundo terceto do Soneto 27 que fecha esse canto. E se faz no sentido da interpelação desesperada do eu em busca de resposta para alçar à verdade última encerrada pelo mito:

Orfeu, para conhecer teu espetáculo,
em que queres senhor, que eu me transforme,
ou me forme de novo, em que outro oráculo? (p. 175).

NOTA SOBRE A VARIANTE ANFIÔNICA DE CABRAL

A partir deste inventário das figurações órficas dentro do quadro das tendências formalistas e classicizantes do segundo pós-guerra no Brasil, seria interessante contrastar, de modo bastante preliminar, a eleição de Anfion por Cabral nesse mesmo contexto literário. Não parece que o poeta-engenheiro tenha escolhido o construtor de Tebas apenas por ele se adequar mais à representação dos ideais construtivistas e impasses de sua criação poética. Essa escolha era também uma forma de rebater a proliferação de Orfeu entre os poetas da Geração de 45 e os representantes do Modernismo com os quais dialoga de perto (Drummond e Murilo).

A crítica tem insistido apenas em "Amphion (Mélodrame)" ou mesmo em "Histoire d'Amphion", de Valéry, como os intertextos de Cabral em sua "Fábula de Anfion", embora essa interlocução poética se dê como

68. A segunda sextina que recomeça ("sextina da procura!") trata do mito, mas deslocando o foco para Eurídice associada com a Eva bíblica.

negação do que, no primeiro, é celebração da música e de seu poder encantatório. Eduardo Sterzi sugeriu a relação do poema com uma tópica medieval: a do rei que governa no deserto ou numa terra devastada[69]. Mas é possível que esse Anfion no deserto, instalado num momento anterior a toda a criação da cidade, tem algo a ver com o arquiteto primevo que Valéry descreve no já mencionado *Paradoxe sur l'Architecte* que, num impulso órfico, extrai de seu canto uma cidade. Trata-se, como se viu, do mesmo ensaio em que Valéry publica o já comentado "Soneto a Orfeu". Sabe-se que, no poeta francês, ambos os mitos muitas vezes se encontram ou mesmo se confundem. E assim já ocorria muito antes, quando os dois eram aproximados pelo papel civilizador. Mas a Cabral interessa separar e lançar o foco apenas no construtor de Tebas, que se adequa mais ao diálogo de suas concepções com as propostas da arquitetura nova e do urbanismo moderno[70], a grande arte que pela época passa a fornecer às demais, como já se disse, os parâmetros da reflexão estética. Nos versos da fábula, a alusão à laje suspensa no ar e ao cimento afinam-se com as propostas dos Congressos Internacionais de Arquitetura Moderna (CIAMs) e da Carta de Atenas – assim como ocorreria antes, em *O Engenheiro*. Está visto que, ao fazê-lo, Cabral está pensando na nova ordem social que nasceria dessas intervenções arquitetônicas e urbanísticas, na linha de Le Corbusier. É a "nuvem civil sonhada" que articula a poesia ao impulso construtivista do pós-guerra e que o construtor de Tebas como mito civilizador se presta bem a representar. Cabral persistiu nessa utopia arquitetônica até muito adiante no percurso poético, mesmo com todas as contradições que ela revelaria inclusive no Brasil.

MORTE *VERSUS* SOBREVIDA (AGÔNICA) DO MITO CIVILIZADOR

Feitos os breves comentários sobre a retomada do mito que encarna o mistério de ser poeta, sua função e destinação, no período em ques-

69. Eduardo Sterzi, "O Reino e o Deserto: A Inquietante Medievalidade do Moderno". http://www.periodicos.ufsc.br/index.php/nelic/article/view/1984-784X.2011nesp4p4/22953
70. É o que bem demonstrou Eucanaã Ferraz, "Anfion, Arquitecto", *Revista Colóquio/Letras*, n. 157/158, pp. 81-98, jul. 2000.

tão, interessa voltar, ainda uma vez, à simbologia órfica e àquele horizonte histórico referido inicialmente. Como já se disse, o propósito deste capítulo não era, especificamente, examinar as reescritas do mito, mas compreendê-las como manifestação significativa da crise da modernidade poética e o novo impulso construtivo na lírica do pós-guerra, em consonância com a configuração do campo literário. Também já se observou, insistentemente, que tal configuração tem em vista a especialização do trabalho intelectual e as disputas interdisciplinares em busca de uma posição hegemônica, além da acentuação da perda de prestígio da poesia e de seu alcance comunicativo. Considere-se, a esse respeito, mais um paralelo, em momento histórico bem distante, mas ilustrativo.

Além dos estudos já comentados na primeira parte deste capítulo, há mais um que inspirou a articulação do mito com o contexto brasileiro dos anos 1940-1950: é o ensaio de Kenneth Gros Louis[71], que demonstra como as diferentes alusões a Orfeu nos séculos XVI (do Renascimento tardio) e XVII ingleses refletiram a mudança na atitude para com as referências míticas em poesia e o declínio da visão dos humanistas de uma nova idade de ouro encabeçada pelos poetas-filósofos. Influenciados pelos neoplatônicos italianos, poetas pastorais e mitógrafos, autores elisabetanos lançaram, no século XVI, Orfeu em dois papeis primários – o de artista-amante perfeito da vida pastoral e o de poeta como civilizador da humanidade. Neste segundo papel, ele se tornou essencial à defesa da poesia, dada a controvérsia em torno da hipótese de ser o poeta mais dotado para atuar como mentor ou educador. Já as alusões do século XVII a Orfeu como civilizador, insistiam em evocar sua morte e desmembramento, aspecto do mito que os poetas do século anterior haviam ignorado. Orfeu passou, então, a figurar isolado e decepcionado, pois a poesia era rejeitada pela sociedade como um meio para instruir. O desaparecimento do Orfeu triunfante era sintomático da divisão gradual, durante esse século XVII, entre poesia e filosofia ou ciência.

De forma um pouco mais detalhada, Louis demonstra que, durante o século XVI, o conhecimento se revelava associativo e homogêneo, de

71. Kenneth R. R. Gros Louis, "The Triumph and Death of Orpheus in the English Renaissance", *Studies in English Literature, 1500-1900*, vol. 9, n. 1, The English Renaissance (Winter, 1969), Rice University, pp. 63-80.

um modo ignorado pela diversificação e pela especialização dos saberes do século XX. Quando filósofos argumentavam que música e filosofia estavam intimamente relacionadas, eles citavam, em apoio à sua teoria, o músico-teólogo Orfeu, e quando humanistas de todas as disciplinas defendiam suas obras contra os detratores, eles apontavam prudentemente Orfeu, o primeiro humanista cujas harmonias e retórica tinham enfeitiçado árvores e pedras, rios e ventos, pássaros e bestas selvagens. Além disso, era aquele que, como os próprios humanistas, ensinava ao homem os frutos da civilização[72]. O tratamento de Orfeu sugere que os humanistas pensavam que a Renascença poderia ser um *revival* da Idade de Ouro, quando poetas e filósofos falavam a mesma linguagem e, juntos, ensinavam aos homens o valor da vida racional. É esse renascimento ideal de um mundo órfico e a compreensão do colapso desse ideal no século XVII que constituem a aparência mais significativa de um Orfeu simbólico na literatura inglesa.

O principal ataque contra a poesia na Renascença foi que, diferentemente da filosofia, ela conta mentiras. Já seus defensores argumentavam que as lições da poesia, devidamente interpretadas, eram as mesmas da filosofia. Na medida em que a poesia (de acordo com o preceito horaciano) pode deleitar os homens enquanto os instrui, o poeta revela-se um educador moral mais preparado que o filósofo. Em apoio a suas disputas, os defensores da poesia recorreram à autoridade dos antigos e ao mito órfico, que fornecia excelente exemplo alegórico do sucesso do ensino da filosofia por meio do poético. Se o herói trácio sempre fora considerado o primeiro civilizador da humanidade, nessas alusões, o poder que o tornava capaz de civilizar era especialmente identificado com a arte da poesia[73]. Do mesmo modo que a poesia trouxe ordem aos homens primitivos, os escritores elisabetanos supunham ser ela capaz de manter a ordem em seu próprio tempo, visto que mesmo o mais insensível se deixaria tocar por suas harmonias. Em suma, artistas e críticos elisabetanos se voltaram ao exemplo de Orfeu, a fim de justificar mito e poesia, e de provar que o poeta como civilizador, consolador e professor moral deveria ser o legislador da humanidade.

72. *Idem*, pp. 64-65.

73. Paul Bénichou, *La Coronación del Escritor*, p. 6.

Com o declínio dos ideais renascentistas, simbolizados em parte pelo Orfeu poético-filosófico, os autores do século XVII, para representar sua Idade de ferro, recordaram, então, o desmembramento do herói mítico; e sua morte, esquecida por poetas e críticos da Renascença, foi lamentada mais uma vez. Os poetas seiscentistas adaptaram as alusões e imagens renascentistas de Orfeu, dentre as quais a do civilizador, que mudou grandemente: as feras já não o ouviam mais, a natureza permanecia muda e o poeta, isolado e sozinho, cantava apenas para seu próprio prazer e para aqueles poucos que ainda o entendiam. Na identificação com este isolado Orfeu, os poetas de então também lembravam o clímax do mito, e comparavam os ataques a sua arte com o ataque brutal e os gritos atroadores das bacantes vulgares sobre o arquipoeta. Ao contrário do século anterior, quando Orfeu era saudado para provar a importância, a força e necessidade sociais da poesia, os poetas do XVII invocavam-no para provar que ela, ainda que rejeitada pela sociedade como meio de aprendizagem, tinha um poder imortal dentro de si. Eles não recordavam o triunfo de Orfeu domando a natureza e civilizando o homem, mas o triunfo de sua cabeça, boiando no rio Hebro, ainda chamando por Eurídice. As queixas expressas pelos poetas com a ajuda de Orfeu eram de dois tipos: aquelas em que a audiência contemporânea não compreendia ou apreciava a poesia, e aquela em que a própria poesia tinha perdido seu senso de direção. Por isso, Orfeu devia ficar em silêncio na época[74].

Isso que ocorre, em contexto inglês, na transição de um século a outro, aqui parece se dar simultaneamente, entre modernos conversos e poetas de 45. Ambos também elegem, preferencialmente, o papel civilizador de Orfeu, deixando em segundo plano o do "artista amante", para falar com Gros Louis, mas para fins opostos. Os poetas de 45 tendem, por um lado, a insistir no mesmo processo de dignificação do artista como detentor, outrora, de um poder excepcional, exaurido num passado recente, mas que precisa ser reabilitado, reinvestindo-o de certa autoridade no presente. Por outro lado, a consciência da irreversibilidade dessa perda histórica leva os modernistas classicizados a recorrer ao mesmo mito, mas para mostrar, de modo mais ou menos enfático, sua inviabilidade moderna.

74. Kenneth R. R. Gros Louis, "The Triumph and Death of Orpheus in the English Renaissance", pp. 73-74.

Assim, algumas considerações astuciosas de Bénichou, Louis e outros, sobre as disputas de prestígio entre a poesia e a filosofia nos contextos francês e inglês podem ser aplicadas, *mutatis mutandis*, ao caso brasileiro numa época em que a literatura, depois de deter por longo tempo a hegemonia na vida intelectual do país, começa a se defrontar, conforme se viu no capítulo III, com a especialização dos saberes produzidas pelas recém-criadas faculdades de filosofia. Começa, também nesse período, a se afirmar, tardiamente, no Brasil, conforme se viu, sub-áreas da filosofia como a estética, que passa a disputar com a crítica (por sua vez já marcada pelas tensões entre a crítica acadêmica e a impressionista, que dominava os rodapés literários) a autoridade na interpretação do poético, visível na já referida polêmica entre Sérgio Buarque e Euryalo Cannabrava. Os próprios poetas de 45 se pretendiam mais armados teoricamente. Assim também o desejo de eles reviverem uma posição privilegiada de guias espirituais, levando à celebração da dignidade do poeta mítico como ser (divinamente) eleito, agente civilizador e transmissor de uma elevada doutrina, da intuição, enfim, da totalidade do ser, comparece de modo ostensivo na só na poesia, conforme se buscou evidenciar nas versões órficas de Péricles Eugênio da Silva Ramos e José Paulo Moreira da Fonseca, mas também nos pronunciamentos em revistas, depoimentos e congressos de poesia dessa geração. A título de ilustração, veja-se nas entrevistas recolhidas por Mario Neme em *Panorama da Nova Geração*, aquelas concedidas por Alphonsus de Guimaraens Filho e Afrânio Zucolotto, bem como de críticos do período, como Lauro Escorel, nas quais se confirmam algumas das questões relativas a esse contexto e às concepções do grupo de 45, esparsamente apontadas. Guimaraens Filho, por exemplo, embora de modo superficial, busca defender o poder de conhecimento da poesia e de disciplinas como a filosofia contra uma concepção de ciência dominante ou de cientificismo positivista. Trata de discernir, entretanto, o conhecimento produzido pela filosofia e pela poesia, pela razão e pela intuição sem hierarquias, remetendo a um estudo da época, de Euryalo Cannabrava. Fala do diagnóstico de Mário de Andrade, em "A Volta do Condor", sobre a poesia do período, ainda que veja negativamente a reposição de certas formas clássicas ou tradicionais, tomando-a antes como uma ampliação de recursos. Guimaraens Filho reconhece, por último, que a poesia é sempre histórico-social, mas fala de questões como o ser e de certo universalismo tido, entre outros aspectos, como ideal poético.

Enfim, à luz dessas considerações, volta-se por fim à divergência entre os poetas de 45 e os modernistas classicizados na apropriação do mito órfico, contrapondo essa dimensão de mito civilizador enfatizada pelos primeiros, para reafirmar a supremacia do literário, diante das disputas instituídas pelos saberes ou conhecimentos vizinhos, bem como para impor a autoridade do especialista; e ao dilaceramento do herói trácio pelas mênades, mais enfatizado pelos modernistas classicizados, justamente para simbolizar a perda do poder da palavra poética na modernidade. Nessa divergência significativa na apropriação do mito, parece faltar, aos poetas de 45, aquela "perplexidade"[75] e consciência crítica sobre a condição tardia do poeta moderno, de que trata Maulpoix. "Portador de mitologias obsoletas", o poeta inspirado, messiânico, poeta-profeta vai promover, "desde meados do século XIX – que foi seu cenário esplêndido" –, uma severa autocrítica em relação a essa sua "pesada herança". Assim, "destruindo encantos e velharias", o poeta "que perdeu sua aura e sua autoridade", se mostra agora menos preocupado em evadir-se para o belo, do que em alcançar "uma medida mais precisa do que pode a linguagem":

> O refluxo de uma mitologia é a chance de sua crítica. Extenuado e revoltado, o poeta tardio se mostra "tal como ele é enfim". Nem encantador, nem putrefato, mas levando o esforço da linguagem a seu mais alto grau de intensidade[76].

Ora, é isso que parece escapar por completo aos novíssimos e exceder no caso dos modernistas classicizados – poetas perplexos, tardios e reflexivos, como diria o mesmo Maulpoix.

75. "*Perplexus*, em latim, significa 'entrelaçado, enredado, confuso' e, em sentido figurado, 'confuso, embaraçado, obscuro'. Para mim, importa que esse qualificativo resiste à 'mania totalitária do alinhamento' e que mantém a poesia no emaranhado de suas próprias contradições, [...] em vez de lhe abrir alguma saída artificial para superar a complexidade... Perplexo, o poeta moderno não o é apenas para tornar-se crítico, mas porque ele trabalha a língua enredado em sua teia, tão ansioso para descobrir a trama quanto para observar atentamente os nós e não perder o fio" (Jean-Michel Maulpoix, *Le Poète Perplexe*, Paris, José Corti, 2002, p. 15).

76. *Idem*, p. 11.

IX

Sôbolos Rios, Sôbolos Oceanos: Do Marão ao Mundaú e ao Arpoador. Lima e Meyer

Como já se observou de passagem, é no contexto da conversão neoclássica do segundo pós-guerra que se assistiu ao momento alto de interlocução da moderna lírica brasileira com Portugal (ou de sua retomada). A própria conversão parecia predispor ou impor o reencontro com as matrizes clássicas da língua, o que justifica sua ocorrência em diversos poetas do período. Assim, se de acordo com Antonio Candido, o Modernismo dos anos 1920 assinalava "o fim da posição de inferioridade no diálogo secular com Portugal e já nem mais o leva[va] em conta"[1], o referido contexto veio a restabelecer essa interlocução em novas bases, muito mais madura, reflexiva e consequente, suplantados os melindres e anseios de autonomia e afirmação identitárias.

Sem dúvida, as expressões mais evidentes dessa retomada adensada estão não só, mas sobretudo em *Invenção de Orfeu*, com a reescrita rimbaudiana de Camões, e em *Claro Enigma*, desde a alusão a Sá de Miranda na primeira seção de poemas, com o falso sonetilho pessoano de entre-

1. Antonio Candido, "Literatura e Cultura de 1900 a 1945", p. 119. Essa afirmação tende a ser relativizada depois de estudos e recolhas documentais como os de Arnaldo Saraiva, atestando a persistência de certo diálogo mesmo nos anos de guerra modernista (*Modernismo Brasileiro e Modernismo Português. Subsídios para o seu Estudo e para a História das suas Relações*, Campinas, Editora Unicamp, 2004).

meio, cuja história de edição é permeada de equívocos e ironias[2], até o desvelar sublime da "máquina do mundo", entre símbolo e alegoria[3], no fecho da tarde pedregosa de Minas (e do livro drummondiano de 1951). Ambas as obras, aliás, dão bem a medida do alcance e da profundidade desse diálogo lusitano. Longe da simples loa, do poema de homenagem, do puro exercício de virtuose ou da citação ligeira, não indo além da remissão a nomes tutelares da lírica clássica e moderna portuguesas, como se verificaria em outros momentos da história da poesia brasileira, esta interlocução vem marcada por inquietações e problematizações, evidenciando que esse retorno, como já se viu, não se dá de forma pacificada, como alguns poetas de 45 podem levar a supor, a exemplo do poema de abertura de *Acontecimento do Soneto*, de Ledo Ivo, analisado no capítulo VII. Vários dos procedimentos formais e imagéticos empregados sinalizam, em nível mais imediato, as inquietações modernas com a já reiterada crise de comunicação da palavra poética, quando posta em confronto com seu modelo clássico, comunicação essa impossível de ser restaurada como tal. Basta pensar em *Invenção de Orfeu* não como um "poema da navegação, mas de naufrágio, assinalado pelo insucesso"[4]; ou, no limite extremo, na grande recusa encerrada pela *máquina do mundo* drummondiana.

Mas para além de *Invenção de Orfeu* e *Claro Enigma*, a retomada desse diálogo luso, com diferentes graus de tensão e problematização, marca presença em outras tantas produções do período, atestando que ele nada tem episódico. Ainda está por se fazer o inventário minucioso dessa retomada e, se possível, o exame das diversas produções em confronto. Buscando contribuir minimamente para esse futuro inventário, o presente capítulo tem em mira dois outros momentos menos celebrados – o que não implica dizer, de modo algum, "menores". O primeiro deles é

2. Ver Joaquim Francisco-Coelho, "Carlos Drummond de Andrade e a Gênese do 'Sonetilho do Falso Fernando Pessoa'", Lisboa, *Separata da Revista da Biblioteca Nacional*, n. 1, 1982, pp. 63-70. A recepção de Pessoa nesse contexto da lírica do pós-guerra e da Geração de 45 é algo ainda a se avaliar devidamente.

3. Alfredo Bosi, "A 'Máquina do Mundo' Entre Símbolo e Alegoria", *Céu, Inferno: Ensaios de Crítica Literária e Ideológica*, São Paulo, Editora 34, 2003.

4. Cf. Suene Honorato de Jesus, "Camões e a 'Epopeia Sem Guerreiro'", *As Duas faces de Orfeu na Invenção de Jorge de Lima*, Campinas, IEL/Unicamp, 2013.

mais conhecido: o *Livro de Sonetos*, do próprio Jorge de Lima, do qual se aproxima aqui, à revelia da vontade de ambos, o bem menos lembrado Augusto Meyer, que, como já se observou, apresentou uma inflexão neoclássica similar à de *Claro Enigma* e da lírica final de Jorge de Lima[5].

MOLHADO DE DOIS RIOS: LIMA E MUNDAÚ

Em entrevista concedida a um jornal português, no ano seguinte à publicação de sua *Invenção*, Jorge de Lima tratou expressamente do referido diálogo lusitano:

> – É um erro pensar-se que nós, brasileiros, possamos esquecer a grande influência da literatura portuguesa, atribuindo à intromissão da literatura francesa, inglesa e norte-americana, um fator de esquecimento da bela, profunda, sábia e inspirada literatura lusa. Não. Por mim, posso dizer que até o meu último livro, *Invenção de Orfeu*, está preso a esta fecunda literatura, grande literatura entre as demais grandes literaturas do mundo, que deu à humanidade um Camões, um Gil Vicente e um Sá de Miranda.
>
> – E dos contemporâneos, Jorge de Lima?
>
> – A influência dos modernos também se vai sentir na nossa literatura, onde é visível a presença de António Nobre e Fernando Pessoa, sobretudo este último[6].

Jorge de Lima atesta, ainda, a importância decisiva de Camões para a concepção de seu poema, notadamente o episódio de Inês de Castro, secundado por outros, como o do Velho do Restelo. Acrescenta que, no esforço da renovação da epopeia, assentou as fundações de seu poema longo "nas tradições gratas a uma epopeia brasileira, principalmente as tradições remotamente lusas e camonianas. [...] Sinto-me, por isso mesmo, sim, muito feliz em ter servido neste meu longo poema estes dois povos ligados pela mesma ancestralidade"[7].

5. Termos como *lírica final, estilo da maturidade, estilo da idade mítica* ou mesmo *estilo tardio*, embora Adorno, Broch e Said não o empreguem em termos cronológicos ou etários, têm sido evocados para se reportar a essa conversão neoclássica (Edward Said, *Estilo Tardio*, São Paulo, Companhia das Letras, 2009).
6. Entrevista a Marques Gastão no *Diário da Manhã* de Lisboa em 6.1.1953. Reproduzido em *Poesia Completa*, p. 62.
7. "Por outro lado", diz ele, "também procurei provocar uma nova expressão de poesia no Bra-

O marco na retomada desse diálogo ancestral, e primeiro a registrar essa inflexão neoclássica, no caso do poeta alagoano, é o supracitado *Livro de Sonetos*, cujo histórico de edição já é expressivo desse diálogo luso-brasileiro. Saiu em 1949, muito a propósito, pela editora Livros de Portugal S.A., mas sediada no Rio de Janeiro, sendo responsável pela publicação tanto de modernistas brasileiros já entronizados, quanto dos novos (pertencentes ou não ao grupo de 45), ao lado de grandes nomes portugueses: era o caso de Vinícius de Moraes (*Livro de Sonetos*), Cecilia Meirelles (*Romanceiro da Inconfidência*), Afonso Félix de Sousa, Darcy Damasceno, Mário Faustino (*O Homem e Sua Hora*), juntamente com Davi Mourão-Ferreira, Saudade e Jaime Cortesão... Dentro desse espírito de congraçamento, a interlocução estritamente lusa se estende da edição à dedicatória, que saúda Adolfo Casais Monteiro, Alberto de Serpa, Carlos Queiroz, João de Barros, João Gaspar Simões (que, três anos depois, prefaciaria a bela edição de *Invenção de Orfeu* pela mesma editora, com capa e vinhetas de Fayga Ostrower), José Osório de Oliveira, José Régio, Maria da Saudade Cortesão, Vitorino Nemésio[8]. É evidente aí a saudação aos presencistas, pista para um possível diálogo de Jorge de Lima com as propostas desse grupo, a ser investigado em outra oportunidade.

Por ora, interessa outra interlocução portuguesa, que responde pela concepção e pela matéria mesma de que se alimenta o *Livro de Sonetos*, visto por Mário Faustino como Prólogo a *Invenção de Orfeu*, o que é, sem dúvida, uma forma possível (e frequente) de se ler o livro de 1949. Esse caráter de incursão preparatória não pode, todavia, comprometer a indagação pela concepção de sua unidade, como conjunto estruturado, acabado, autônomo. Unidade que não se confunde, obviamente, com a forma fixa adotada , nem com a hipótese sustentada por Carneiro (e endossada pelo próprio poeta) de que os setenta e oito sonetos teriam sido

sil". A essa preocupação com "assuntos concernentes a tradições ou à conquista de uma nova linguagem poética" (como resume o entrevistador), o livro de 1952 encerraria, ainda, diz Jorge de Lima, "o que há no subconsciente do brasileiro, atualmente: uma mensagem social, uma mensagem humana e, sobretudo, uma grande mensagem cristã" (*idem*, pp. 64-65).

8. Como sê, vários dos homenageados pertecem ao movimento Presencista. Valeria, em outra oportunidade, investigar um possível diálogo do poeta alagoano com esse movimento português.

compostos em "estado hipnogógico", em um curto período de dez dias, sob efeito de medicamentos[9].

Fábio de Souza Andrade trouxe a contribuição mais relevante para se achegar à compreensão dessa unidade, com análises magistrais de momentos altos do livro, cujo *mood* particular, diz ele, é "sombrio e angustiado", dada a "presença constante da negação, da esterilidade, do fracasso" que também se mostra afim não só ao livro de 1952, mas aos de demais modernistas neoclássicos, definindo o tom da retomada do diálogo lusitano, conforme se busca assinalar. A questão que persiste, vale insistir, é das motivações primeiras dessa retomada nos termos em que se dá.

Antes de falar dos poemas do livro de 1949 que mais interessam aqui, importa remeter ao que já foi observado sobre a própria retomada do soneto nesse período, repondo a lição camoniana no horizonte e redimensionando sua contribuição decisiva para a conformação dessa forma fixa, de acordo com o assinalado artigo de 1939 de Fidelino de Figueiredo (vide capítulo III), com quem, aliás, Jorge de Lima trabalhou bem de perto no período, quando lecionaram literatura na Faculdade de Filosofia do Rio de Janeiro. Viu-se como o crítico português saudava a volta à forma fixa, lembrando a importância da contribuição lusitana para a evolução desse tipo de composição, "pergaminho glorioso da nossa língua", e como socorria-se, para tanto, do depoimento de grandes vozes da lírica europeia, a exemplo de Wordsworth e Sainte-Beuve, a fim de atestar essa condição de Camões de marco miliário na constituição do gênero, alinhado a Shakespeare, Milton, Spencer, Petrarca, Tasso e Dante.

Isso posto, além da contribuição decisiva de Camões à evolução da forma fixa e de toda uma linhagem lusitana (Bocage, Antero e outros) que dela se beneficou, referência segura também para poetas brasileiros do período em questão, inclusive para Jorge de Lima, importa, finalmente, passar à interlocução camoniana, agora pensando não tanto na forma, mas no plano de alguns temas e imagens presentes no *Livro de Sonetos*. É o caso, em particular, de um grupo de poemas de fundo memorialístico ou ancestral e de um outro conjunto em que reponta, claramente, a matéria épico-lusitana, aliás já subjetivada, na

9. José Fernando Carneiro, *Apresentação de Jorge de Lima*. Rio de Janeiro, MEC, 1954, pp. 46-52.

sua impossibilidade de realização plena, como ocorreria depois na biografia épica de 1952.

No primeiro caso, têm-se três sonetos que tratam dos mesmos familiares: o "avô marão nevado" (que tanto pode aludir ao topo nevado da montanha, quanto às cãs avoengas) e a avó fiandeira (cujo trabalho manual ou artesanal serve de analogia para a urdidura tramada pelo neto como poeta, tecendo e ligando os três poemas pelo fio da memória); além do pai, figura decisiva na iniciação camoniana do menino em *Invenção*, na leitura das "páginas de insânia" do episódio de Inês de Castro. Mas nos sonetos, o pai é evocado já morto e sepultado no Nordeste natal. Seguem os três sonetos para comparação, embora a análise se detenha mais no primeiro deles:

Virado pra o Marão o avô morrido
e o pai nesse Nordeste sepultado.
Rio Lima e Mundaú. O filho nado,
em limo e sal de mar sobrevivido.

Nem da roda de fiar da avó, o ouvido
conserva o som. Silêncio. O céu calado.
Descobridor de oceano submergido,
navegante de rio emparedado.

Sobolos rios e sobolos oceanos,
só uma sombra de nauta fragmentada
no roteiro dos mares lusitanos.

O restante é oceania naufragada:
Cavernas de nau, âncoras e gáveas.
Dessa vasa salobra a morte lave-as[10].

*

Onde fica o Marão? Eu fui de lá.
Minha avó foi fiandeira. Ouvi romances.
Chorei Páscoas[11], nadei por vários poços,
tive cantos e reis e anjo-animálias.

10. Jorge de Lima, *Livro de Sonetos*, p. 113.
11. Na primeira edição, citada aqui, consta "Pásquas"... termo corrigido nas demais edições, também consultadas.

Escrevendo o roteiro me ceguei,
cantando-me troveiro emudeci.
Essa noite que eu sei existe em mim,
durmo-me convencido que sou eu.

Moirejei no Marão, basta que o saibas.
Parti, cheguei: romance muito breve
senão astronomia salmodiada.

Pois que cheguei, e é noite, vim cear-me.
No solstício do inverno plantei rosas
que começaram neste instante a alar-se[12].

*

Era louco e era poeta o sepultado.
Dei-lhe a rosa de cinzas: tinha tido
pai no Nordeste e avô marão nevado.
O novelo da avó em fio comprido

ligado a outros avós. De monte nado,
molhado de dois rios, foragido
de relicário em ouro profanado.
Tudo em luso e Nordeste havia sido.

Que roteiro fiel sobolos oceanos,
que outra cosmoramia mais gajeira!
Votado a D. Dinis foi trovador,

escreveu cancioneiros trasmontanos,
casou-se com uma ondina que era freira,
certo é meu duplo; oferto-lhe uma flor[13].

O primeiro soneto parece todo vertido em moldes clássicos, com decassilábicos rimados, heroicos e sáficos, mas com marcação rítmica secundária variável, em consonância com a matéria tratada.

Além da variação rítmica, a força musical da poesia limiana, sobretudo nessa fase, evidencia-se já na trama sonora orquestrada desde o verso

12. *Idem*, p. 127.
13. *Idem*, p. 147.

de abertura, com as variações aliterativas das fricativas (em "Virado" e "avô"), das bilabiais e das vibrantes, transitando das alveolares simples (viRado pRa o maRão) às alveolares múltiplas (moRRido); a alternância das plosivas e das nasais ("Pai NesTe NorDesTe sePulTaDo"), seguindo, na segunda estrofe, com as fricativas entremeadas pelas sibilantes que fazem soar, paradoxalmente, o próprio silêncio, embora persista o som da roca da avó na memória auditiva do neto. Reiterando esse silêncio, vem o sinestésico "céu calado".

Essa imagem permite fazer a passagem do plano sonoro ao imagético e temático desse soneto, que se ocupa de traçar, em suma, a genealogia do eu lírico em articulação com uma geografia (ou hidrografia) afetiva. Ela faz poeticamente confluir, suplantando as incomensuráveis distâncias, as águas do lusitano rio Lima com as do alagoano Mundaú[14], o rio da sua cidade natal já tão decantado em versos da sua dita poesia regional. Uma genealogia que parte da origem trasmontana do avô, passa pelo pai já enraizado e sepultado em solo nordestino até chegar por fim ao neto, um *eu* objetivado em uma terceira pessoa instalada em lugar geográfico impreciso, de todo modo mais próximo do solo paterno, dado o uso do dêitico em "*neste* Nordeste". Trata-se, em suma, de uma genealogia marcada pelo signo da dispersão e da degradação, que se enuncia, entre outros recursos, pelo jogo com os topônimos, fundindo ainda o *Lima* do rio luso ao *Lima* do nome de família e reverberando, por fim, homofonicamente, no *limo* da condição rebaixada do filho *nado* (que empregado, sem dúvida, como sinônimo de *nascido*, faz repercutir também o *nada* a que se mostra reduzido). Topograficamente, esse rebaixamento é espelhado ainda na simbólica queda vertiginosa dos altos cimos da montanha natal do avô ao fundo de mar em que se instala o neto como náufrago, como sobrevivente.

Ganha destaque nessa geografia afetiva e genealógica a referência ao Marão natal do avô. Jorge de Lima não parece ter feito uma referência tão destacada, antes, a essa ascendência. O interessante é que isso venha a se evidenciar, poeticamente, só neste momento da obra, e enfatizada nos três sonetos.

14. Na verdade, o rio nasce no agreste pernambucano (em Garanhuns) e deságua em Alagoas, na lagoa homônima. O nome, de origem tupi, significa "água de ladrão".

A figura avoenga nunca chegou a alcançar grande destaque na sua poesia regionalista[15], como ocorria no caso, por exemplo, do amigo Lins do Rego, cuja ficção guarda afinidade com essa vertente da poesia limiana. A única aparição talvez mais memorável esteja só no antológico "Essa Negra Fulô", figurando-o como senhor de engenho ou banguê. Essa imagem, aliás, somada a outras alusões presentes em sua poesia afro-nordestina (sobretudo no famoso poema "Banguê", depois recolhido em *Poemas Negros*) levou a sugerir a ideia de Jorge de Lima como "menino de engenho", coisa que, ao contrário de Lins do Rego, ele nunca chegou a ser, segundo Povina Cavalcanti.

Na sua poesia católica posterior, menos ainda se vê despontar esse personagem. O único retrato de avô aludido aí, de passagem, liga-se à genealogia traçada em "As Pessoas de Mira-Celi", no Poema 25, que Faustino considerou verdadeiro achado poético, decerto pelo caráter performático dos versos que evocam a memória dos antepassados no momento mesmo em que se encena o gesto de folhear as páginas de um álbum de retrato. Num ambiente de violações e incestos, o personagem avoengo, embora apareça como cabeça de uma ordem patriarcal, nada permite dizer de sua origem geográfico-cultural, ainda que possa guardar algo da obstinação em relação a valores e hábitos do passado, tal como o avô maronês. Portanto, parece curioso que o avô figure nos três sonetos com a ênfase nessa origem lusitana dada na forma em que se dá, completamente preso ou voltado a suas raízes (o "virado" pra o Marão parece sugerir isso, no sentido da recusa de adaptação, talvez, ao solo que lhe foi dado viver como imigrante...), justamente em momento de retomada do diálogo de sua poesia com as matrizes lusas.

Na recriação poética dessa ancestralidade, Jorge de Lima opera com topônimos, que, aliás, nem se situam exatamente na mesma região de Portugal, mas são carregados de ressonâncias não só simbólicas, como literárias. Talvez nem tanto no caso do rio Lima, de todo modo decantado em versos desde Diogo Bernardes, mas a referência reiterada os altos cerros do Marão pode ter em mira a paisagem solene de Teixeira de Pas-

15. Há, no poema "Meninice", a referência breve a "o retrato do vovô Simões Lima", que deve corresponder ao avô maronês dos sonetos aqui examinado. Ver Jorge de Lima. *Poemas (1927)*. Poesias Completas. Rio de Janeiro, Companhia José Aguilar Editora/INL (MEC), 1974, v. I, p. 84.

coaes[16], já que envolve uma questão identitária, com a teoria da saudade como Espírito ou alma portuguesa formulada pelo autor de *Marânus*. Ou seja, do Marão como sublimação do Mar, da aventura espiritual como continuação natural da marítima, simbolizando o português como um povo "de coração marítimo e serrano", povo "nascido na montanha / E perdido no mar tempestuoso", mas que a ela tem de voltar para reencontrar a sua alma. O próprio jogo de Pacoaes com o vocábulo *Mar/Mar-ão*, para afirmar que um está contido no outro, o Mar na Montanha, pode não ter passado despercebido por Jorge de Lima. Se houver, de fato, essa alusão deliberada, é mais no sentido de assinalar, no caso do poeta alagoano, a impossibilidade ainda maior de reencontro com essa alma serrana original (e, portanto, com sua ancestralidade) de que, desde as navegações, se acha apartado o próprio português[17].

Ainda em matéria de intertexto, é evidente a alusão às *Redondilhas de Babel e Sião* na imagem dos "sôbolos rios e sôbolos oceanos", que vai se repetir nos dois sonetos afins. Obviamente, essa rápida alusão não permite grandes aproximações dos diversos sentidos que as redondilhas comportam. Ela parece se justificar apenas em função do sentimento de exilado. Pode ser também que se tenha em mira uma hipótese interpretativa hoje descartada pelos camonistas, mas que talvez ainda valesse à época, pelo menos como imagem poética: a hipótese do naufrágio, quando do regresso de Camões de Macau a Goa, na foz do rio Mekong, do qual se salvou, preservando também a odisseia das glórias portuguesas. Segundo a tradição, hoje desacreditada, o trauma do naufrágio teria inspirado as célebres redondilhas e repercutido mais profundamente numa redefinição do projeto de *Os Lusíadas*, perceptível a partir do Canto VII, como já acusava Diogo do Couto.

Pode parecer, sem dúvida, que se força a nota nessa aproximação, evocando a tese do Mekong, mas ela ainda encontra algum reforço nas imagens de naufrágio, que seguem à menção deste nos tercetos. É claro que ela também é empregada com intuito de metaforizar o malogro da empreitada poética desse eu lírico que, ao contrário das figuras heroicas da empresa coletiva e exitosa da épica lusíada, se identifica como apenas

16. A identificação dessas referências luso-literárias é devida a Márcia Arruda Franco.

17. Cf. Maria das Graças Moreira de Sá, *Estética da Saudade em Teixeira de Pascoaes*, Lisboa, ICALP (Ministério da Educação), 1992, pp. 204 e ss.

uma "sombra de nauta fragmentada / no roteiro dos mares lusitanos". Trata-se de uma imagem que prenuncia já a da "epopeia sem guerreiro" da *Invenção de Orfeu*, onde também se destacam metáforas afins de naufrágio como símbolo do insucesso da empreitada poética, regida pelos signos da negatividade moderna. Em meio aos destroços da embarcação em que se nivelam o alto e o baixo, as gáveas e as cavernas de nau na "oceania naufragada" do último terceto, atente-se para o contraste temático-formal que resulta no fecho irônico do soneto, na medida em que faz confluir, na chave de ouro, a rima rara ("gáveas" e "lave-as") com a deposição da matéria orgânica decomposta, degradada – a *vasa*, termo que, por derivação figurativa, passou a metaforizar também, tanto desgaste moral, quanto a camada mais baixa da sociedade. A isso parece se resumir sua genealogia, ciosa de sua ascendência lusa, com a condição final e degradada do eu poético.

A epopeia lusíada, que já aparece indiciada nesse soneto, por meio dos destroços das embarcações e outras imagens náuticas, será mais explicitamente evocada em outra sequência de três ou quatro sonetos do livro de 1949, dos quais também se retoma apenas um para comentário brevíssimo:

> Vamos meu duplo-mor às Índias e ao
> país do Preste-João desconhecido.
> Partamos em ignorada rota blau
> por mar de Páscoa sob o céu renhido.
>
> Olha-me a face: acaso essa ébria nau
> não tem velame e tempo, nem olvido?
> Acaso essa aventura não tem vau
> ou árduo Cabo-Não inadvertido?
>
> Já preparaste a treva e o pesadelo
> a mão sob a cabeça, o óleo profundo
> o rei de Calicut e o de Melinde?
>
> Ah! a nau opaca em sombra e seu modelo
> vão desvendar a ausência desse mundo
> em que a poesia a túnica não cinde[18].

18. Jorge de Lima, *Livro dos Sonetos*, p. 141.

As alusões ao poeta luso abrem e fecham o poema.Tanto pode ser identificado ao "duplo-mor" da quadra inicial, quanto ao "modelo" do terceto final. Também são por demais evidente as referências à épica lusíada, notadamente na menção a topônimos e ameaças naturais, desafios e limites intransponíveis (como o árduo e inadvertido Cabo-Não, considerado o *non plus ultra,* além do qual a navegação seria impossível), que marcam a rota de viagem de Gama, desde as balizas da aventura da costa de África até o extremo oriente, entre Melinde e Calicute. Isso sem desconsiderar a "rota blau por mar de Páscoa", lembrando que o Gama chegou à barra de Melinde na Páscoa de flores, com os navios todos embandeirados para a solenidade do dia. Já se evidencia, também, a convergência entre Camões e Rimbaud ("ébria nau") de *Invenção de Orfeu.* De igual modo, como no livro de 1952, os signos de negatividade marcam a empreitada poética traduzida pelas famigeradas metáforas náuticas: o céu renhido, a treva, o pesadelo e a sombra (referida por Souza Andrade como recorrente no livro de 1949) acompanham a "ignorada rota" (signo evidente da desorientação ou incerteza quanto à sua destinação poética) da "opaca nau" que, em diálogo com seu modelo (camoniano), busca em vão "desvendar a ausência desse mundo / em que a poesia a túnica não cinde". Vale chamar a atenção para a ambivalência final decorrente do hipérbato: o que não é cindida, poesia ou túnica (retomando a imagem da túnica de Cristo empregada pelo poeta em livro anterior, *A Túnica Inconsútil,* inteiriça, sem emendas, fendas ou falhas, a "única que não se pode dividir"[19])? A forma interrogativa no diálogo do eu com seu duplo-mor reitera a incerteza da empreitada e o risco grande de fracasso da empresa poética.

Trata-se, é claro, de um repertório de imagens que sinalizam, em nível mais imediato, as inquietações modernas com o alcance de comunicação da palavra poética, quando posta em confronto com seu modelo clássico, impossível de ser restaurado como tal. O mesmo ocorrerá nos *Últimos Poemas* de Meyer, comentado a seguir.

19. Jorge de Lima, *Poesia Completa,* p. 46. Como é sabido, esse livro de poemas em prosa retoma, metalinguisticamente, a imagem da túnica de Cristo, empregada para definir a unidade das composições que o integram como se fossem partes de um só poema de inspiração católica militante, tal a vestimenta inteiriça(da) de Cristo, feito de uma só peça, portanto sem emendas ou interrupções, o que, figurativamente, designa um contínuo sem fendas ou falhas.

MEYER, DO ARPOADOR A MUITO ALÉM DA TAPROBANA

Os *Últimos Poemas* do poeta gaúcho recolhem produções datadas de 1950 a 1955, incluídas no remate da edição de toda a sua produção poética publicada em 1957 pela Livraria São José. Trata-se de um livro enxuto (dezoito poemas apenas) e que parece, até hoje, injustamente avaliado – como, aliás, o conjunto de sua obra, apesar da grande atenção que lhe devotou Tania Carvalhal. Alguns poucos trabalhos acadêmicos têm-lhe sido dedicados recentemente. Todavia, no mais das vezes, a discussão sobre sua poesia não se projeta para além de um contexto regional, ao contrário do que ocorreu com seu ensaísmo, e sem se chegar a aquilatar devidamente sua posição de destaque nos debates sobre a poesia modernista, como bem comprovam ensaios e missivas de Mário de Andrade[20].

O espírito e a dicção dominantes no livro final de Meyer parecem, de certo modo, orientar a revisão dos livros anteriores (*Coração Verde, Giraluz, Poemas de Bilu...*), recolhidos no mesmo volume: *Poesias (1922-1955)*. Carvalhal historiou e examinou essa revisão, chamando a atenção aos acréscimos e articulando-os com a "nova dicção", que ela denomina "da maturidade"[21]. Estabelece, a dada altura, uma aproximação com Herman Broch, referência importante nesse processo de conversão neoclássica do modernismo em geral. Isso se verifica não só na sua ficção, mas na sua própria ensaística, quando se detém no "estilo maduro", definido pela preocupação centrada na capacidade de artesão ou nas questões de técnica e por uma "mudança estilística aguda" que não é necessariamente fruto de uma conquista dos anos, mas uma "espécie de abstracionismo", traduzido no "estreitamento cada vez maior do vocabulário e no enriquecimento das relações expressivas da sintaxe", que pode florescer "antes mesmo que a idade e a morte lancem suas sombras"[22]. Essa concepção, ainda que não se possa aplicar efetivamente a todos os "modernistas clas-

20. Vide Mário de Andrade, *Mário de Andrade Escreve Cartas a Alceu, Meyer e Outros*, Rio de Janeiro, Editora do Autor, 1968.
21. Tania Franco Carvalhal, *A Evidência Mascarada: Uma Leitura da Poesia de Augusto Meyer*, p. 209.
22. Hermann Broch, "Mito e Estilo Maduro", *Espírito e Espírito de Época*, São Paulo, Benvirá, 2014, pp. 105-127.

sicizados", foi empregada por Merquior no balanço dessa tendência na lírica brasileira do período, da qual entretanto exclui, justamente, Meyer. No caso da ficção de Broch, esse movimento de retorno pode ser descrito em associação com a viagem final de Virgílio, tema de seu fascinante romance *A Morte de Virgílio*, do qual Meyer traduziu e comentou algumas passagens em *A Forma Secreta*[23].

Meyer demonstra ter compreendido bem o sentido de tal movimento de retorno não como pura reposição, mas como tensão dialética entre o antigo e o novo, de que dá provas o dístico final de um dos poemas anteriores revistos pelo poeta gaúcho. Trata-se de "Brinde" (de *Coração Verde*, 1926), que pode servir como emblema da conversão neoclássica do período:

> Bebo à força da terra, à seiva antiga,
> eu bebo a luz do sol no vinho novo.

Tendo em vista o diálogo de Meyer com o Virgílio de Broch, nesse movimento de retorno que marca a releitura que o poeta gaúcho faz de sua própria obra poética anterior, orientado pela concepção dominante em *Últimos Poemas*, observa Carvalhal:

> No movimento da releitura, o crítico-leitor situa-o em *Coração Verde*, graças à luminosidade de que se embebe o poema ["Brinde"], num traço muito virgiliano. Mas a dicção diverge dos demais. É um brinde ao livro antigo, ao reencontro com a poesia, pois já não é a mesma a claridade extasiante dos poemas de 26, nem acontece aqui a entrega que [...] caracteriza aquela produção. Trata-se da claridade que perpassa muitos versos de Virgílio e de um aspecto muito particular dessa luz (acentuado por Hermann Broch em sua obra *A Morte de Virgílio*, em 1946) que parece prenunciar um final. Aqui se concretiza um brinde ao "lugar ameno" (o *locus amoenus*, de que nos fala E. R. Curtius) bem delimitado como um lugar ideal. Esta é uma saudação de despedida que aproxima este texto dos derradeiros e distancia-os dos iniciais.
>
> A presença de Virgílio traduz ainda o significado de retorno. Por isso, em *A Forma Secreta*, Meyer narra a última viagem desse autor quando tenta, à beira da morte, dar "ao inacabado o sentido de um limite"[24].

23. Augusto Meyer, *A Forma Secreta*, Rio de Janeiro, Editora Francisco Alves, 1965.
24. Tânia Carvalhal, *op. cit.*, p. 216.

A leitura de Carvalhal traz grande contribuição para se compreender a poesia "de maturidade" de Meyer e a viravolta que ele promove com a revisão final de toda a sua poesia anterior. No entanto, ela desconsidera o que essa nova dicção revela de afim com outros modernistas classicizados do período, como o próprio Drummond, ou mesmo com alguns aspectos da Geração de 45, valendo lembrar, inclusive, que o poeta e crítico gaúcho assina o prefácio à *Coroa de Sonetos,* de Geir Campos, no qual louva as qualidades da poesia deste e a retomada da forma fixa à época[25].

Aliás, forma para a qual o próprio Meyer trata de trazer contribuição das mais relevantes não só no início de sua carreira como poeta, mas em sete dos *Últimos Poemas.* Ainda que não conceba uma coroa de sonetos como Campos, articula duas sequências de sonetos: a primeira é dedicada a António Machado, um dos poetas a quem Meyer presta homenagem, além de Apollinaire (evocado pelo seu nome aristocrático de batismo, "Wilhelm-Apollinaris"), o que mostra bem que o retorno às formas clássicas e o diálogo com a tradição não perdem de vista o horizonte das vanguardas e da modernidade. A outra sequência de dois sonetos decassilábicos, na qual o fecho de ouro do primeiro é o verso de abertura do segundo ("A quem provou seu dia de vindima"), explora o tema da maturidade do eu (o que também lembra Drummond) por meio das conhecidas metáforas da vinicultura. Indo da colheita à extração do mosto e à preparação do vinho, o eu lírico, em sua condição outonal de homem experimentado e desenganado, alcança a "lúcida calma" diante da ação vã de um tempo devorador, fazendo, assim, "o mal vivido" ou "a tristeza inconsolada" não se converter em choro, mas se de-cantar "em rima". Às metáforas da vindima mesclam-se as imagens noturnas projetadas no vale para encenar a hora final e a despedida.

Voltando ainda à análise de Carvalhal dos *Últimos Poemas*, ela tende a avaliar positivamente o que considera um movimento nostálgico de retorno puro e simples a formas que definiam a poesia inicial de Meyer, desconsiderando o quanto isso parece comprometer o que há de conquista, de ganho efetivo para a trajetória do poeta gaúcho, sem deixar, por

25. Augusto Meyer, "Prefácio", em Geir Campos, *Coroa de Sonetos*, Rio de Janeiro, Organização Simões, 1953.

isso, de ser moderno. Essa apreciação, aliás, foi levada adiante por outros intérpretes de Meyer.

Comparando o último livro meyeriano com os anteriores, diz Carvalhal:

> Se os poemas anteriores, sobretudo os de *Poemas de Bilu* são, no conjunto da obra, mais interessantes e seguramente mais originais, os textos da última fase são mais orgânicos e [mais bem] realizados como composição[26].

Organicidade e realização mais exitosa, por oposição ao interesse e à originilidade não dizem muito sobre o alcance e a força do livro final. A intérprete talvez esteja certa em dizer que os *Últimos Poemas* revelam uma "forte coesão" e que neles, bem como na reescritura de poemas antigos, "trata-se mais de aplicar procedimentos apreendidos intelectualmente e menos sentidos emocionalmente", o que "favorece o distanciamento adquirido e lhe dá, com certeza, uma transparência neoclássica"[27]. Onde não se pode acompanhá-la é no momento em que fala do sentimentalismo nostálgico de alguns poemas ou quando diz que a "palavra de ordem, nesses poemas finais, é 'Aceitação' ". Muito embora o eu lírico de poemas grandiosos como "Cemitério Campeiro" e "Retrato no Açude" afirme imperiosa e reiteradamente

> Aceita o horizonte puro!
> ....
> Aceita o lúcido instante.

– não se deveria concluir, de pronto, por uma atitude conformada ou resignada por parte desse eu, numa "clara anulação da vontade" que, sempre segundo Carvalhal, confere ao conjunto "uma impressão de serenidade final"[28]. Parece escapar à intérprete o grau de ambivalência de afirmações imperativas como essas, que não são dirigidas indiscriminadamente ao leitor apenas, mas ao próprio eu lírico cindido e desdobrado num outro, em meio à inquietação que o assola. Essa mesma ordem de leitura conformista foi proposta para a conversão neoclássica de Drum-

26. Tânia Carvalhal, *op. cit.*, p. 213.
27. *Idem, ibidem.*
28. *Idem*, p. 223.

mond, exatamente quando ele afirmava a "aceitação maior de tudo". Em ambos os casos, a simplificação empobrecedora é patente[29].

Últimos Poemas, aliás, guardam certas afinidades com o grande livro drummondiano de 1951. Pelo seu período de composição, quem sabe possa ter sido escrito, em parte, sob o impacto da publicação de *Claro Enigma*, ou talvez as afinidades se justifiquem apenas em vista da tendência neoclássica do período. Seja como for, além das formas fixas, por vezes da métrica e de certa identidade de timbre, a cosmovisão de *Últimos Poemas* afirma uma sombria aceitação da noite, a lúcida calma e o desengano, o que não elimina o travo de negatividade, tal como em *Claro Enigma*. Figuram aí também as imagens estelares e constelares, como a Via Láctea, "lume da Boieira", traduzida, já no título de um dos poemas, pela nomeação clássica de "Caminho de Santiago", "perdida luz do meu caminho", que serve como contrapartida meyeriana ao céu negro, ou seja, à constelação de Lobo e Cão, que Drummond tomou de empréstimo a Sá de Miranda para a primeira seção do livro, onde também se deixa surpreender o Arcturo de "Oficina Irritada". Outras imagens dessa ordem ganham relevo nos dois livros: assim como Drummond evoca a Ursa Maior, onde instala Mário de Andrade na companhia de Macunaíma, e Aldebarã, a propósito de Quintana (a quem Meyer também homenageia em um dos poemas do livro), o poeta gaúcho fala de "sonhos mais altos de que o Sete-Estrelo", em "Elegia do Arpoador", além das "Três Marias / atiradas no espaço", que "empalidecem" nos belos versos de "Luar nos Trigais", sempre vistas a partir de uma localização geográfica particular e afetiva: o pago natal. De igual modo, o ciclo das estações, tão presente em *Claro Enigma* como *tópos* para descrever as idades do homem e, em particular, o momento outonal da vida, é reavivado por Meyer. A própria imagem recorrente da "claridade escura", assim como outros oxímoros aparecem disseminados em ambos os livros. O claro-escuro marca presença até o último dos *Últimos Poemas*: trata-se da bela "Elegia de Maio" (lembrando a devastadora "Tarde de Maio", de Drummond), com "a tinta imprecisa, antes de lusco-fusco", esmaiada, difusa, do "escurecer

29. Também no *Livro dos Sonetos*, de Jorge de Lima, essa *aceitação* chega a ser encenada, mas num sentido que explicita bem não se tratar de uma adesão incondicional e conformista: "Apenas eu te aceito, não te quero / nem te amo, dor do mundo. Há honraria / que nos abate como um punho fero / mas aceitamos com sobrançaria" (*Livro dos Sonetos*, p. 39).

que é quase amanhecer", lançando a serena "luz de ouro" no "outono" do eu lírico, "antes do grande sono". Ela pode ser igualmente aproximada do fecho de *Claro Enigma*, com seu jogo de luz e o "ouro sobre azul" que desponta em "Relógio do Rosário".

Entre outras afinidades, há aí o diálogo, já mencionado em outro capítulo, com Paul Valéry, com a releitura excepcional de *Cemitério Marinho* no belíssimo "Cemitério Campeiro", instalado no pórtico de *Últimos Poemas*. Ele não está longe, em alcance, ao citado "Relógio do Rosário", no remate de *Claro Enigma*, cujo jogo intertextual com o grande poema valéryano é patente[30]. E há, por fim, em ambos os livros, o diálogo intertextual com Camões, na bela "Elegia do Arpoador", que certamente não alcança a estatura de "A Máquina do Mundo" e a grande recusa que ela encerra, mas sem deixar por isso perder em força, inquietação e negatividade:

ELEGIA DO ARPOADOR

Es nehmet aber
Und gibt Gedächtnis die See,
Und die Lieb'auch heftet fleißig die Augen.
Was bleibet aber, stiften die Dichter.

HOELDERLIN

Ao mar, que só resmunga e não responde,
Digo o teu nome grande, e a vaga inquieta
Pergunta, ébria de vento, onde estás, onde?

Diabo zarolho! Trinca-fortes! Poeta!
Digo um nome que o vento e o mar apaga,
Ardente apelo, súplica secreta...

Onde estás tu, e a soberana saga
Dos mares nunca de antes navegados,
Onde, senão na triste voz da vaga?

De viagens em países apartados,
Além da Taprobana, além da Sonda,
Que resta? Os ventos falam de afogados,

30. O exame desse intertexto com Valéry e do jogo de luzes em "Relógio do Rosário" consta de Camilo, *Drummond: da* Rosa do Povo *à Rosa das Trevas.*

Túmida, a verde vaga se arredonda,
Sobe a lívida espuma no rochedo,
Rola na sombra a onda e empurra a onda.

Onde estás, onde estás? E o teu segredo
De mágoas, má Fortuna, amor e pranto,
Penar de soïdade em teu degredo?

Meu poeta, em vão cantamos nosso canto:
Sonhos mais altos do que o Sete-Estrelo,
Noites de angústia, de procela e espanto
E desvariar, depois do vão desvelo!

Digo, e ao ouvir a voz do mar, ecoa
Em mim, como num búzio estranho, a tua...
Mais poderoso o teu canto ressoa
Quanto mais quebra a onda e tumultua...

Numa praia interior, indevassada,
Ouço não sei que música secreta:
Murmúrio só, e queixa... um verso... um nada...
Maior que o mar, humana voz do Poeta![31]

Trata-se do penúltimo poema do livro, que traz, significativamente, uma epígrafe de Hoelderlin, extraída do poema "Andenken", um dos mais importantes do grande romântico alemão a ser dado como terminado e que reporta à lembrança de uma viagem à França, quando o poeta desceu até Bordéus. Escrito quatro anos após seu retorno à Alemanha, pode ser considerado um dos últimos poemas antes do famigerado "colapso" do poeta. Meyer cita no original apenas os quatro últimos versos, que dizem, na tradução de 1945 ("Lembrança"), de Manuel Bandeira: "[...] Todavia / O mar toma e devolve a lembrança. / O amor também demora o olhar debalde. / O que perdura, porém, fundam-no os poetas"[32]. Ou ainda, na tradução de 1959 ("Recordação"), de Paulo Quintela: "[...] Mas o mar tira / E dá memória, / E o amor também prende diligente o olhar. / Mas o que fica, os poetas o fundam"[33].

31. Augusto Meyer, *Últimos Poemas. Poesias (1922-1955)*, pp. 274-275.
32. Manuel Bandeira, *Estrela da Vida Inteira*, Rio de Janeiro, José Olympio, 1988, pp. 410-412.
33. Hölderlin, *Poemas*, Lisboa, Relógio D'Água Editores, 1991, pp. 424-429.

Conquanto Meyer cite apenas os famosíssimos versos finais, ele tem em mira, é certo, a totalidade do poema, já que vários dos versos que não comparecem expressamente também contribuem à associação que ele busca estabelecer. Isso desde a evocação inicial do Nordeste como o mais grato dos ventos, porque é cálido, para o eu hoelderliniano, e porque promete fácil travessia para os marujos, introduzindo assim, já de saída, um imaginário marítimo ou náutico que repercute em outros momentos decisivos, permitindo a conexão com Camões e com o próprio lugar de fala do eu lírico da "Elegia do Arpoador", contemplando e dialongando com o mar personificado.

Dentre as principais polêmicas que cercam a discussão sobre os versos finais de "Recordação", estão as interpretações de Heidegger, Beda Allemann, Adorno, Paul de Man e Gadamer. Não se pretende enveredar pelo espinhoso dessa polêmica e de seu jargão, mas vale retomar duas das posições em confronto. O ponto de partida é a leitura heideggeriana, que vê em Hoelderlin o poeta dos poetas porque enuncia a parúsia, a presença absoluta do Ser, e por isso cita seus versos como um crente as Escrituras, para falar com Paul de Man[34]. Tendo reconhecido em versos que o fundamento da existência humana é a fala e o diálogo, Hoelderlin teria atinado com a origem ou essência da poesia (e, portanto, com a função maior do poeta), que é a instauração do Ser ou do permanente na e pela palavra, contra a transitoriedade do tempo e a inautenticidade do existente. Disso, segundo Heidegger, trataria o derradeiro verso de "Recordação", citado em epígrafe por Meyer. Assim como o Ser não pode derivar do existente ou o permanente do passageiro, a poesia instaura o essencial porque deriva não do(s) sentido(s) previsto(s) da palavra e de antemão conhecido(s), mas da livre doação e criação[35]. Em polêmica aberta com essa leitura, Adorno afirma, em síntese, que, de acordo com o tal verso final de Hoelderlin, aquilo que fica ou permanece e é fundado pelos poetas não tem nada a ver com o que transcende o temporal, mas se refere ao existente e à lembrança que dele fica como síntese. Ao contrário, portanto, da repulsa obsoleta de Heidegger ao existente com tal, diz o autor de "Parataxe", "Hoelderlin visa a história real e seu ritmo"[36].

34. Paul de Man, *O Ponto de Vista da Cegueira,* Lisboa, Angelus Novus & Cotovia, 1999.
35. Martin Heidegger, "Hölderlin y la Esencia de la Poesía", *Arte y Poesía,* trad. Samuel Ramos, México, Fondo de Cultura Económica, 1985 [1952], pp. 136-138.
36. Theodor Adorno, "Parataxe", *Notes sur la Littérature,* Paris, Flammarion, 1984, p. 320.

Ora, a epígrafe busca, está visto, atribuir a Camões esse poder que Hoelderlin confere ao poeta, cabendo justamente considerar se essa nomeação, no caso do vate português, diz respeito à imanência da história ou ao que a transcende, ou ainda a ambos. Mais especificamente, trata-se de indagar se o alcance e a persistência do legado camoniano, aos olhos de Meyer, referem-se à matéria épica e ao contexto a que esta remete, ou se sobrepujam seu referente histórico mais imediato, de modo a dizer algo, ainda, a outras épocas, como o presente do eu lírico, na elegia meyeriana, extraindo desse legado um paradigma para a função última da poesia.

É curioso pensar por que Meyer escolheu "Andenken" para epígrafe de sua *elegia*[37]. Embora Hoelderlin viesse a se consagrar como grande poeta elegíaco, referência para a tradição moderna desse gênero poético, o que se tem, neste caso, é um *hino*. A transição do louvor ao lamento talvez explique certa ambivalência de atitude ou tom que o poema de Meyer comporta, que se explica também formalmente, na transição inversa dos tercetos para as quadras, conforme se demonstrará. Antes, é preciso examinar outros tantos aspectos temáticos e formais relevantes.

A escolha do local para meditação na elegia é significativa: a Pedra do Arpoador (topônimo ligado à prática, desde os tempos coloniais, de arpoar baleias nas águas próximas e bravias da região). Ela se projeta no mar, propiciando, em meio à zona sul carioca, uma vista e experiência impressionantes, pela intimidade com o mar bravio: a experiência da "perpétua recriação dos elementos primordiais da natureza", como diz Drummond, citando Proust, em crônica da época sobre o mesmo local[38]. Além disso, a atitude sugerida pelo poema de Meyer, do eu lírico instalado na praia, ou mais certamente no topo da Pedra do Arpoador (dada a referência, na quinta estrofe, à lívida espuma que sobe no rochedo), contemplando o mar revolto, evoca, de pronto, certo imaginário associado à experiência do sublime natural, atitude típica do gênio romântico explorada à exaustão por Hoelderlin e seus contemporâneos, tanto na poesia, quanto na pintura.

37. Importa observar que o interesse pela obra de Hoelderlin desponta também entre os poetas de 45, como demonstra um estudo de Darcy Damasceno, "Hölderlin e os Ideais Clássicos", publicado na Revista *Orfeu*, n. 3, outono de 1948, pp. 3-8.

38. Carlos Drummond de Andrade, "Arpoador", *Fala, Amendoeira*, São Paulo, Companhia das Letras, 2012, pp. 38-39.

Considere-se, afinal, o diálogo camoniano que o poema institui e que se faz sentir não só no tema, mas na tessitura dos versos e na sua forma elegíaca, ressoando como em um "búzio secreto" a que aludem os versos finais. Para atentar a essa tessitura, a poesia de Meyer ganha a dimensão devida quando lida em cotejo com seu ensaísmo. Neste caso, em particular, com um livro de ensaios que é contemporâneo aos *Últimos Poemas*: *Camões, o Bruxo, e Outros Ensaios*, que saiu igualmente pelo Livraria São José em 1958, reunindo breves estudos de anos anteriores, como esclarece a introdução, elaborados para o curso de Teoria da Literatura que ele ministrara na Faculdade de Filosofia e Letras da Universidade do Brasil.

Partindo desse livro, é que se pode compreender a força musical do poema, inspirada na grande lição do artífice máximo da língua, cujo domínio absoluto dos recursos retórico-poéticos do tempo se revela, por exemplo, na famosa estrofe 8 do Canto VI de Os *Lusíadas*, ao descrever o palácio de Netuno, recriando os sons cavos das ondas profundas do oceano. Desde Faria e Sousa até comentaristas modernos, o que inclui o próprio Meyer, sem esquecer Wolfgang Kayser e Ezra Pound, todos ressaltaram a harmonia imitativa desses versos, obtida pelo agenciamento de diversos tropos e demais recursos sonoros (aliteração, assonância, paronomásia, prosopopeia, rimas finais e internas, reiteração de vocábulos dissonantes e a sábia distribuição dos acentos tônicos), além da alternância vocálica de *o* e *u*, do estilo ou tom grave, solene, misterioso, e do emprego magistral dos *enjambements* para o efeito geral de movimento e sucessividade da estrofe[39].

O que Camões realizara de forma concentrada em uma estrofe, Meyer tratou de recriar, de forma mais distendida, ao longo do poema inteiro que dedicou ao poeta luso, com destaque para a eficácia mimética alcançada pela aliteração das nasais, *enjambements* e emprego reiterado de homofonias e paronomásias, aproximando "onda" e "onde" (as palavras mais repetidas que convergem para a estrutura indagativa do poema, na busca de notícia sobre o paradeiro do poeta ou da memória deste) e ecoando-as no interior de outros vocábulos ("arrendonda", "Sonda", "responde", "gran-

39. Reproduz-se aqui o resumo dos procedimentos destacados pelos diferentes comentaristas feito por Ivan Teixeira em Camões, *Os Lusíadas*, Cotia, Ateliê Editorial, 1999, pp. 304-305. Cf. também Augusto Meyer, *Camões, o Bruxo, e Outros Ensaios*, Rio de Janeiro, São José, 1958, p. 23.

de"...). A repetição de palavras centrais como onda chega a se concentrar de modo redundante em "Rola na sombra a onda e empurra a onda".

Mas esses jogos musicais e imagéticos têm também em perspectiva outros momentos da obra camoniana, em que sobressaem as metáforas marítimas, igualmente destacados por Meyer em seu ensaio, como a "queixa elegíaca das ondas" no soneto sobre o pescador Aônio ("O céu, a terra, o vento sossegado..."). É possível supor que essas imagens aludam ainda às "altas águas" e às "fugitivas ondas" da "elegia do desterro" camoniana. Neste caso, a citação produz um efeito em cadeia, vertiginoso, já que espelha, indiretamente, a imagem primeira de Ovídio "relegado" aos confins do Império Romano, tal como se vê nos *Tristia* e nas *Pônticas*, evocado comparativamente por Camões à beira das águas do "puro, suave e brando Tejo", com suas barcas movidas pelo vento ou pelos remos. Este cenário é, na verdade, o oposto das águas violentas na viagem de desterro e do clima inóspito e bárbaro do Ponto Euxino experimentados pelo poeta sulmonense, ao se defrontar ora com a impetuosidade das ondas arrebentando contra as embarcações, ora com as águas invernais que congelam peixes ainda vivos e aprisionam as embarcações cujos remos não conseguem romper a dureza da superfície. Como nota Maria Helena da Rocha Pereira, ao contrário do arquitexto ovidiano, o cenário tranquilo funciona, na elegia camoniana, "como um aceno de libertação", que leva à apóstrofe seguinte:

> Ó fugitivas ondas, esperai!
> que pois me não levais em companhia,
> ao menos estas lágrimas levai;
>
> até que venha aquele alegre dia,
> que eu vá onde vós is, contente e ledo.
> Mas tanto tempo quem o passaria?[40]

É certo, entretanto, que o eu camoniano não alimenta esperanças a esse respeito, pois dirá adiante:

> Não pode tanto bem chegar tão cedo,
> porque primeiro a vida acabará

40. Luís de Camões, *Lírica de... Elegias em Tercetos*, estabelecimento de texto de Leodegário A. de Azevedo Filho, Lisboa, Imprensa Nacional – Casa da Moeda, 1998, vol. 4, t. 1, p. 366.

que se acabe este áspero degredo[41].

A propósito desses tercetos, dirá Maria do Céu Fraga que eles

> [...] dão ao desterro camoniano a verdadeira dimensão trágica desta nostalgia: Ovídio encontra-se "desterrado / na aspereza do Ponto"; o nosso poeta luta não com o espaço físico, humanamente transponível, mas com o tempo. É uma profundidade psicológica que se não encontra em Ovídio, poeta que se tornou matriz da grande tradição da literatura do exílio em que se integra perfeitamente esta elegia[42].

Seja espacial ou temporal, não é propriamente a experiência do desterro visada pela elegia de Meyer nesse diálogo intertextual, nem a composição do cenário (expressivo dos sentimentos que nutrem cada um dos eus poéticos) se afina com a natureza inóspita do arquitexto ovidiano, do mesmo modo como não se identifica por completo com o da elegia de Camões. Embora inscritos, ambos, num cenário local ou familiar, as ondas do mar que rebentam nas pedras do Arpoador estão longe da blandícia das águas do Tejo. Contrastam ainda na relação (ou interlocução) que o eu lírico institui com as águas. Na elegia camoniana, o Tejo é um confidente insensível:

> Dali falo com a água, que não sente,
> com cujo sentimento a alma sai
> em lágrimas desfeita claramente.[43]

Diz Fraga:

> Essa surdez é, de resto, a mais favorável à progressão do poema, que se vai alimentando do avolumar de um sentimento de autocomiseração: ensimesmado, o Poeta foge mesmo do confronto que representaria a presença ou até a simples consideração de um confidente. Encontra-se, pois, a situação mais típica da elegia, em que o poeta não procura sequer remédio para o seu sofrimento – como observa Gian Biagio Conte, [...] "it is impossible both to be cured and to write elegy". No caso deste poema, numa solidão total, a poesia torna-se o desafogo enaltecido particularmente nas Canções camonianas[44].

41. *Idem*, p. 367.
42. Maria do Céu Fraga, *Os Géneros Maiores na Poesia Lírica de Camões*, Coimbra, Centro Interuniversitário de Estudos Camonianos, 2003, p. 213.
43. Camões, *Elegias em Tercetos*, p. 366.
44. Maria do Céu Fraga, *Os Géneros Maiores na Poesia Lírica de Camões*, p. 211.

Ainda que também imerso na solidão, instalado nesse ponto de fuga e isolamento em relação à cidade, propício à meditação, que é a pedra do Arpoador, o eu da elegia de Meyer institui um efetivo diálogo com as águas personificadas do mar. Se este, em princípio, "só resmunga e não responde", a partir do momento que o eu evoca o "nome grande" de Camões, desde sua mais prosaica alcunha ("Diabo zarolho! Trinca-fortes!") até sua condição mais essencial e elevada ("Poeta!"), a "vaga inquieta" passa a indagar, "ébria de vento, onde estás, onde?" Indagações como essa pela memória de Camões e pela permanência (ou persistência) de sua obra vão partir das águas e do eu lírico ao longo dos versos, até que no final do poema, por meio da voz do mar, ecoe a do próprio poeta luso no eu da "Elegia do Arpoador", "como num búzio estranho", atestando sua "pervivência"[45].

Mas é de se crer que a alusão à elegia camoniana sobre "O Sulmonense Ovídio Desterrado" na de Meyer é feita, ainda, com outra intenção. Ela visa a citação "formal" do próprio gênero elegíaco. Veja que os trinta versos da "Elegia do Arpoador" estão estruturados em seis tercetos e três quartetos. Como era de se esperar, o esquema rímico dos tercetos é o da *terza rima*, como nas elegias camonianas ou a ele atribuídas, instaurando um mesmo efeito de *ritornelo* e de jogo entre som e sentido decorrente das suspensões da rima de que Meyer soube extrair grande eficácia. A elegia camoniana, tributária da neolatina, "se é frequentemente [...] erótica, é também uma forma aberta que acolhe temas como a lamentação fúnebre, a exaltação panegírica, a reflexão e a crítica sociais e políticas, o louvor da amizade, a narrativa de viagens e de exílios etc.", como lembra Aguiar e Silva[46], o que explica, também, a ordem do tema abordados nos versos de Meyer.

Enfim, outros dispositivos retórico-poéticos abordados por Meyer em *Camões, o Bruxo* são postos em funcionamento em seu poema, inclusive nos pequenos detalhes. Destaque-se só mais um: a escansão camoniana

45. Neologismo criado por Haroldo de Campos para traduzir o conceito de Fortleben, segundo Walter Benjamin. "De pervivência se trata: Fortleben, como diz Walter Benjamin quando fala da sobrevivência das obras literárias para além da época que as viu nascer". Haroldo de Campos, *O Sequestro do Barroco na Formação da Literatura Brasileira: o Caso Gregório de Matos*. Salvador: Fundação Casa de Jorge Amado, 1989, p. 59.

46. Vitor Aguiar e Silva, "A Elegia na Lírica de Camões", em Seabra Pereira e Manuel Ferro (coord.), *Actas da VI Reunião Internacional de Camonistas*, Coimbra, Imprensa da Universidade de Coimbra, 2012, pp. 19-31. https://digitalisdsp.uc.pt/jspui/bitstream/10316.2/30738/1/1.Actas_da_VI_reuniao_internacional_de_camonistas.pdf?ln=pt-pt.

de *soïdade* em quatro sílabas, em versos como "Lá nua soïdade, onde estendida / A vista pelo campo desfalece", justamente com o intuito de reiterar a solidão e "a impressão de lonjura e exaurimento à vista, perdida no descampado"[47]. Ora, em "Elegia do Arpoador", o único verso que parece romper com a isometria decassilábica é justamente o aparente eneassílabo que fala do "Penar da soïdade em teu degredo". No entanto, quando se aplica a ele a mesma escansão justamente da palavra "soïdade" em quatro sílabas como Camões, recompõe-se a uniformidade métrica do todo.

A atenção demorada a esses procedimentos poéticos visa não só atestar que a presença camoniana, para além do tema, está entranhada nos mínimos detalhes na "Elegia do Arpoador", mas também que o diálogo com Camões vai além de *Os Lusíadas*. Ao abarcar o épico e o lírico, Meyer tem em mira a totalidade do legado camoniano, que ele retoma não como mero exercício virtuosístico, buscando operar com certos dispositivos formais da convenção clássica que o mestre da língua soube manejar com tanta agudeza e engenho. Na verdade, não é nem propriamente a dimensão épica ou heroica da "soberana saga / dos mares nunca de antes navegados" que persiste para o eu lírico meyerano em *Os Lusíadas*. É algo de mais essencial no livro, que o poeta gaúcho articula com outros momentos da obra camoniana, expressivos dos sentimentos e inquietações que nutrem a meditação do eu isolado sobre a Pedra do Arpoador, indagando pelo paradeiro do grande poeta diante do mar que foi sua morada, para ver, por fim, seu canto ecoar em uma dimensão subjetiva, portanto sem o sentido primeiro que ele comportava. Isso porque agora soa, mais liricamente, como "música secreta" num "búzio estranho", em uma "praia interior, indevassada".

Veja que, nesse momento, o poema remete à situação presente do eu e não é mais vertido na *terza rima* da elegia clássica camoniana, mas sim nas populares quadras ou quartetos, que é também, frequentemente, a forma estrófica tradicional do hino. Isso marca formalmente a mudança de tom ou registro: do lamento diante do apagamento da voz do grande poeta luso pela voz do vento e nas águas do mar (símbolo também do fluir do tempo), chega-se, nos três quartetos finais, à celebração do ecoar da voz do poeta luso para além de seu tempo, alcançando o momento de

47. Augusto Meyer, *Camões, o Bruxo, e Outros Ensaios*, p. 48.

fala do eu lírico. Como é próprio ainda do hino, segundo Kayser, o eu enlevado do poema de Meyer, interpelando agora diretamente Camões presentificado ("Meu poeta..."), lança mão da apóstrofe lírica para enunciar um encontro no qual ele almeja se erguer, "penetrado pelo numinoso", em uma "actuação recíproca", a um "tu" que encarna um poder mais alto[48].

Nesses quartetos finais, o eu lírico da "Elegia do Arpoador" já fala, apesar do estranhamento (que implica também a produção de um sentido novo), em uníssono com o poeta português, irmanados pela primeira pessoa do plural que desponta na abertura das quadras para entoar em vão "nosso" canto, "sonhos mais altos que o Sete-Estrelo" em "Noites de angústia, de procela e espanto / E desvariar, depois do vão desvelo!" Obviamente, tais imagens violentas e angustiadas metaforizam, na verdade, uma inquietação maior sobre o destino e a possibilidade do canto poético no momento em que Meyer concebeu sua elegia, que talvez tivesse mais a ver como a conhecida estrofe 145 do canto final de *Os Lusíadas* (em que o poeta épico suspende a narrativa celebradora ao ver que canta com voz enrouquecida à "gente surda e endurecida"[49]), do que com os episódios camonianos expressamente evocados na "Elegia do Arpoador".

A inquietação responde pelas indagações que atravessam todo o poema e foram assim sintetizadas por Richter:

> Na indagação relativa ao sentido da poesia, algumas perguntas estratégicas parecem estar na base do compromisso assumido pelo poeta: qual o alcance da poesia? A quem ela interessa? De que a poesia é feita? A quem ela serve? Para quem ela é importante?[50]

E é em articulação com essas indagações que se pode compreender o funcionamento da epígrafe hoelderliniana. Elas têm por horizonte a alegada crise de comunicação da palavra poética, que, como já se viu no capítulo III, Siscar trata como *tópos* de todos os tempos, reportando-se inclusive à estrofe 145 de *Os Lusíadas*, cuja simples enunciação já aponta

48. Wolfgang Kayser, *Análise e Interpretação da Obra Literária*, Coimbra, Arménio Amado Ed., 1958, vol. II, pp. 224-227.

49. Luís de Camões, *Os Lusíadas*, pref. Álvaro Júlio da Costa Pimpão, Lisboa, Ministério dos Negócios Estrangeiros/Instituto Camões, 2000, p. 523.

50. Marcela Wanglon Richter, *A Sedução do Sonhar...*, p. 161.

para "um desejo mesmo de constituir comunidade, de estabelecer um espaço discursivo próprio", empregando o referido dispositivo autossacrificial que caracteriza a assim chamada "épica" da modernidade, desde Baudelaire[51]. Pode-se reconhecer esse dispositivo em praticamente todos os modernistas classicizados, inclusive em Meyer e Lima. Como já se notou, também, não se acredita que isso dispense a indagação pelas motivações históricas (ou pela "verdade sociológica", como diz Siscar) dessa crise nos diferentes contextos em que se enunciou. Afinal, é sintomática que ela volte a ser nomeada por esses modernistas classicizados num mesmo momento em que a insistência no diagnóstico do divórcio da poesia com o público e o empenho em restaurar os laços com o leitor vieram a redundar em propostas tão diversas quanto o anseio restaurador da Geração de 45 de estabelecer padrões mais estáveis para o literário, visando ao consenso entre autor e público, e a tese de João Cabral para o Congresso de Poesia de 1954, que em parte sustenta seu projeto poético. Mas se o autor de "Da Função Moderna da Poesia" se volta à tradição em busca de outros gêneros que representaram um momento mais grato de comunicação e comunhão como a audiência, Meyer faz ecoar no presente – "estranhada" e (ou porque) interiorizada – a voz maior do clássico da língua, para entoarem, juntos, a própria crise.

51. Marcos Siscar, *Poesia e Crise*, p. 43.

X

Conversão Neoclássica e Legado Modernista nos *Sonetos Brancos*, de Murilo Mendes

Sonetos Brancos recolhe poemas datados do período de 1946 a 1948, portanto do imediato pós-guerra, de cujo clima preserva algumas marcas. O livro, marco da conversão neoclássica de Murilo Mendes, é formado por um conjunto de 22 sonetos de métrica variada e todos são, como indica o título, sem rima.

Sobre a forma fixa e demais recursos empregados no *Sonetos Brancos*, que só chegou a ser publicado em volume em 1959, em *Poesias* da Editora José Olympio, diz Luciana Stegagno Picchio:

> O soneto como forma "fechada" foi o banco de prova dos poetas que surgiram nas letras brasileiras imediatamente depois do fim da Segunda Guerra Mundial: poetas para quem Murilo Mendes sempre foi um modelo e uma insígnia, além de um experimentador companheiro de rua.
>
> Os sonetos de Murilo Mendes só respeitam do soneto clássico a disposição em catorze versos, enquanto a qualidade destes mesmos versos varia desde a redondilha heptassílaba ao dodecassílabo alexandrino. Não há rimas, mas sim requintados jogos fônicos e uma constante procura da "chave de ouro" dos versos finais, alguns dos quais entre os mais perfeitos do poeta ("O soluço da terra, dissonante"). A peculiar modernidade do "soneto" reside porém na frequente discrepância entre frase e verso, com a tensão poética e inatural do *enjambement*, ponte através da qual o lúcido raciocínio de Murilo Mendes se abre caminhos através das *grilhas* estruturais dos versos[1].

1. Cf. Murilo Mendes, *Poesia Completa e Prosa*, p. 1679. Todos os poemas reproduzidos no corpo do texto estão de acordo com essa edição (ver pp. 441-454).

Além da ausência de rima, o *branco* do título é referência cromática empregada simbolicamente, como já ocorria em outros livros do poeta, voltando a ganhar especial relevo em *Contemplação de Ouro Preto* (1949-1950).

Concebido como ausência de cor, quando resulta, na verdade, da junção ou sobreposição de todo o espectro de cores, o branco tende a ser empregado com conotações positivas em relação a outros índices cromáticos no livro, bem mais ambivalentes. Assim, "Alegoria", por exemplo, é personificada como uma "Senhora, de *violeta* e *cinza* engrinaldada" que causa terror ao eu lírico, "inda que seja *branca*". Ela é também qualificada pelo epíteto "astro de *rubro* presságio". Em "Meditação da Noite", essa hora que nada traz de sossego, mas de hostilidade, é caracterizada como uma "Noite de lanças e estandarte *azul*". Em "Ouro Preto", além da referência cromática do título, diz o último terceto: "Das varandas *azuis* tombam ossadas". Em compensação, em "A Lição do Natal", a referência ao ventre da Virgem que gestou o Cristo é metaforizada como "Capelinha *branca* pelos anjos feita". Já em "Isaac ao Sacrifício", no momento em que Abraão vai levar a termo o sacrifício do filho como prova de fé, a interferência divina que impede a consumação do infanticídio é descrita pela descida do "*vermelho* Espírito da nuvem" – embora a rubra cor evoque, de imediato, o sangue sacrifical... Em "Repouso", a falta de perspectiva do eu que busca fugir da América em direção a um simbólico Oriente, mencionado mais de uma vez no livro, é vista como a condição de quem se acha "sem o refúgio de nenhuma *cor*". Em "Evocação", há a referência hermética e simbólica a uma estrela "que caiu em diagonal / na galeria de vidro *verde-roxo*". Em "José", poema em que os irmãos assumem a voz lírica interpelando o rei do Egito, este surge num trono de *ouro*, "vestido de *vermelho* da cabeça aos pés". Em "O Arlequim", há um contraste significativo em relação às vestimentas do personagem do título. Mas como o poema é central para a concepção do livro, sua análise detida fica para adiante. Em "Elementos", há a ênfase no "fundo *azul* das solidões marinhas", cor que define a "fumaça *azul* da guerra atômica" em contraste com o "*amarelo* apelo da trombeta" do Apocalipse, embora no último poema do livro, "A Ressurreição", *azuis* sejam também os véus de Maria Madalena.

Como se nota em alguns desses exemplos, as diversas cores tendem, nos *Sonetos Brancos*, a uma conotação mais negativa, embora nas outras ocorrências citadas se mostrem ambivalentes. De todo modo, contrastam com o valor sempre positivo do *branco*, que além da simbologia da pureza, reflete algo da condição atual de poeta e da poesia, explicitada, sobretudo, em dois poemas centrais do livro – "Alegoria" e "O Arlequim" – contemplados aqui para uma análise mais minuciosa.

Antes, porém, são necessárias, ainda, mais algumas observações sobre o conjunto. Merquior, talvez o único intérprete de Murilo Mendes a se deter em *Sonetos Brancos*, observa que o livro, apesar de não "contar com o sufrágio de certa crítica de vanguarda, tendente a confundir a simples adoção do metro e dos catorze versos com as preocupações neoparnasianas da Geração de 45"[2], constitui um dos cimos da poética muriliana, diferentemente do juízo de outros intérpretes, inclusive posteriores a ele. Alguns desses sonetos "são pura 'poesia metafísica' pela audácia a um só tempo sensual e cerebral da imagística"[3]. O crítico também nota que, embora filtre o estilo mesclado e certo tipo mais frontal de humor lírico, o estilo classicizado de Murilo Mendes não abandona, porém, a figuração surreal. Vale acrescentar à observação de Merquior que, apesar de a herança surreal persistir, não há tanto, nesse livro, a fragmentação das imagens presentes na poesia anterior (por oposição à discursividade do *logos* lírico em Drummond e Cabral, como contrastaria o mesmo crítico): há um núcleo ordenador da matéria semântica, por força mesmo do emprego da forma fixa. Note-se, ainda, que a dívida de Murilo Mendes para com o Surrealismo não parece se fazer no sentido da adoção da escrita automática, pois, nele, não se reconhece a associação das cadeias imagéticas que se verificou, pela mesma época e dentro da mesma tendência neoclássica, nos sonetos do amigo Jorge de Lima, também tributário da lição surrealista.

Conforme sugerem alguns títulos, parte significativa dos *Sonetos Brancos* é composta de poemas religiosos, mas, como adverte o mesmo Merquior, trata-se de "alta poesia religiosa, escrita pelo nosso primeiro lírico cristão verdadeiramente reflexivo: capaz de subverter o *pathos* do numinoso em perspectiva de genuína problematização do estar-no-mundo humano"[4]. Observa que a "mensagem" de Murilo Mendes não

2. José Guilherme Merquior, "'À Beira do Antiuniverso Debruçado', ou Introdução Livre à Poesia de Murilo Mendes", *O Fantasma Romântico e Outros Ensaios*, p. 157.
3. *Idem, ibidem*.
4. José Guilherme Merquior, *op. cit.*, p. 158.

constitui, entretanto, um discurso humanamente "afirmativo"; sem ceder ao niilismo contemporâneo, mantém uma relação dialética e paradoxal no seu impulso libertário. Ao lado de Cruz e Sousa, Murilo Mendes seria o único caso de "espiritualidade voluptuosa" na poesia brasileira. Espécie de Blake pós-romântico, diz o crítico, por fim, o profeta Murilo Mendes não prega: exclama, interroga, cultiva o escândalo evangélico das perguntas subversivas, da perplexidade libertadora. É um "cristão ecumenicamente interrogador"[5].

Os principais episódios bíblicos nos *Sonetos Brancos* referem-se a provas de sacrifício e devoção, além de menções à ressurreição (que dá fecho ao livro) e ao Apocalipse joanino. Há sonetos que tratam, estritamente, de poetizar episódios bíblicos ou cristãos: "O Filho Pródigo", "A Lição do Natal", "Isaac ao Sacrifício", "A Visitação", "Ao Cristo Crucificado", "José", "A Lapidação de Santo Estevão", "Finados" e "A Ressurreição". Outros, mesclam referências cristãs a temas diversos, incluindo os que reportam a realidade político-social do tempo, como "O Rito Humano". Diversamente do rito litúrgico (*Agnus Dei, qui tollis peccata mundi...*), a evocação de Cristo, sacrificado para resgatar a humanidade do pecado original e representado pelo cordeiro com a cruz[6], está longe da contrição e do pedido de perdão, piedade, paz e descanso eterno, próprios do réquiem cristão. O *rito humano* anunciado no título, ao contrário, perpetua o sacrifício, ecoando os balidos do cordeiro branco redentor pelo mundo inteiro, ao rebentar desde a garganta do recém-nascido até culminar nas várias maneiras por que se matam os homens, num contexto imediato não só de guerras e totalitarismos, mas de eclosão da bomba atômica, selando, ironicamente, em agosto de 1945, o acordo de paz que marcou o fim da Segunda Grande Guerra. Aliás, a referência à bomba aparece em mais de um momento do livro, decerto motivada pela paranoia da corrida armamentista e da eminência de uma hecatombe nuclear que marcou os anos da Guerra Fria. Dentro do mesmo espírito neoclássico, as imagens da bomba atômica ressurgem no já examinado "Orfeu Desolado", de *Parábola*, e na excepcional "Elegia de Taormina", de *Siciliana*. Aliás,

5. *Idem*, p. 160.
6. Tal como aparece no Novo Testamento, principalmente no Evangelho de João 1:29. Cf. *A Bíblia de Jerusalém*.

essa ressurgência se dá também na poesia neoclássica de Jorge de Lima e Drummond.

Portanto, mesmo com o abandono da *lírica de guerra* muriliana, as reverberações da guerra, do terror nuclear e de outros acontecimentos histórico-políticos contemporâneos não desapareceram de todo de *Sonetos Brancos*. Nos sonetos de temas religiosos ou bíblicos mais explícitos, há alusões à realidade recente, como se verifica em "Finados", no qual, em meio à homenagem ao dia dos mortos, o eu lírico evoca, "através da fumaça azul da guerra atômica", a vida e a forma futura e eterna do homem, elementos mais fortes do que os do mundo que o espírito da vida em si contém. Por isso, o eu lírico convoca, em perspectiva apocalíptica: "Desde já [...] façam explodir esses elementos antes do amarelo apelo da trombeta".

Veja-se, ainda, a alusão ao Patmos em "O Escrivão". Como se sabe, esse é o local onde o apóstolo João foi exilado – conforme consta na introdução do Apocalipse, passando a ser identificado como um lugar de banimento durante os tempos romanos. Segundo uma tradição preservada por Irineu, Eusébio, Jerônimo e outros, o exílio de João aconteceu em 95 ou 96 d.C., no décimo quarto ano do reinado de Domiciano. A tradição local ainda aponta a caverna onde João teria recebido a revelação para escrever o livro. É curioso, nesse sentido, ponderar sobre o lugar de onde fala o eu poético, equiparado, de acordo com o título do soneto, em registro ironicamente rebaixado, a um mero funcionário, auxiliar ou escrevente, que registra os autos, termos de processo, atas e outros documentos de fé pública – figura essa, aliás, já ironizada na fase modernista em "Modinha do Empregado de Banco". Já nos versos, o eu poético é comparado ao profeta e santo, que se instala, tal qual João, num local de exílio, agora expandido para o mundo todo (*mundo-Patmos*) onde se entrega à (re-)escritura da escatologia apocalíptica.

Antes de passar aos sonetos, vale ainda lembrar o que diz Bernard McGinn sobre o entrelaçamento de narrativa bíblica e acontecimentos histórico-políticos recentes nos apocalipses, concebidos como um gênero que engloba outros tantos livros, além do joanino:

> [...] mito e história tornaram-se inextricavelmente entrelaçados, à medida que a "velha história" do mito e a "nova história" da história recente se enriqueciam e se transformavam mutuamente, como duas vozes em uma linha de polifonia. [...]

> Obviamente, em um sentido, até mesmo a narrativa mais realista mescla mito e representação do fato contemporâneo; mas a relação é especial nos apocalipses porque o propósito dos escritores não é fazer desaparecer o velho no novo, mas conferir um maior significado à história, relacionando-a a padrões míticos transcendentais[7].

Esse entrelaçamento parece válido não só para este, mas para os demais livros de Murilo Mendes, que tem no Apocalipse, decerto, a principal referência bíblica de sua poesia. Ele trata, inclusive, de explicar algo dessa relação no ensaio que dedicou ao sentimento de "O Eterno nas Letras Brasileiras Modernas".

Considere-se, enfim, alguns dos sonetos do livro. Dentre aqueles que se ocupam de temas ou motivos religiosos, Merquior dá destaque a "O Filho Pródigo", que já fora assunto de outro poema muriliano de *O Visionário* (1930-1933). O confronto entre poemas anteriores e os *sonetos brancos* que abordam temas e motivos afins é de particular interesse à presente abordagem. A confrontação permite aprofundar o exame da conversão neoclássica do período, levando-se em conta as mudanças operadas no enfoque, tratamento e desenlace propostos para tais temas e motivos nos poemas de 1946-1948, em vista da crise do legado modernista (a que se alinhavam os livros do poeta até então) e da poesia social ou lírica de guerra esposada nos livros imediatamente anteriores a este. Elegeu-se quatro sonetos emblemáticos dessa tensão entre o legado modernista e (como decorrência de sua crise) a inflexão neoclássica.

ALEGORIAS FEMININAS E O TORNEIO CRUEL DAS PALAVRAS

Na impossibilidade de abordar, em confronto, todos os *sonetos brancos* que reescrevem temas e poemas de livros anteriores em chave neoclássica – tarefa árdua, dado o hermetismo dos versos –, importa tão somente registrar que o soneto de abertura do livro, "O Espelho"[8], conta

7. Bernard McGinn, "Apocalipse (ou Revelação)", em Robert Alter e Frank Kermode (orgs.), *Guia Literário da Bíblia*, p. 568.
8. Sobre esse poema de abertura dos *Sonetos Brancos*, diz Luciana Stegagno Picchio, em "Notas

com um poema homônimo no livro anterior a este: *Poesia Liberdade*. Se ambos parecem se ocupar de tema caro ao universo cristão de Murilo Mendes, que é a escatologia bíblica, o poema do livro de 1943-45 trata do momento do "despertar da eternidade" em que não surge mais a forma humana. Isso porque a eternidade "recusa a forma humana / cansada de grito e gesto" – em particular "o gesto de se vingar". Nesse momento, aliás, em contradição com o que sugere o título do poema, a audição suplanta a visão: "não se enxerga mais, – se ouve!" E insistem os versos seguintes: "Não se mira mais nem o morto / [...] Mas se ouvem, claras, cristalinas, / Campainhas de cristal / Despertando a eternidade..."[9]. Já nos *Sonetos Brancos*, o poema instalado no pórtico parece se deter ainda em um momento anterior à convulsão final. Há aqui, ao contrário do anterior, forte apelo à visão, como se vê no 2º quarteto:

> Um plano superpõe-se a outro plano.
> O mundo se balança entre dois olhos,
> Ondas de terror que vão e voltam,
> Luz amarga filtrando destes cílios[10].

É apelando ainda à visão (ou ao visionarismo) que o eu lírico, ao mesmo tempo que insiste na dimensão de exceção do poeta, "como arquétipo ideal", e na sua capacidade de revelação futura, problematiza o alcance da comunicação de sua mensagem no presente.

O soneto é marcado por um tom pessimista, característico de outros modernistas classicizados, o que se evidencia na referência à morte na primeira quadra: "O céu investe contra o outro céu. / É terrível pensar que a morte está / Não apenas no fim, mas no princípio / Dos elementos vivos da criação". Ou ainda na imagem apocalíptica, ígnea do terceto final: "A manopla levanta-se pesada, /Atacando a armadura inviolável: /

e Variantes": "Os próprios temas [do livro] refletem a procura de espelhismos característica do soneto, desde o primeiro 'Espelho' com o seu *incipit* significativo ('O céu investe contra outro céu') e a eterna temática oximórica da vida/morte que a visão cristã de Murilo Mendes resolve já numa oposição, mas num novo espelhismo conceitual baseado no dogma da ressurreição ('Mas *quem me vê? Eu mesmo me verei*? / Correspondo a um arquétipo ideal, / Signo de futura realidade sou')" (Murilo Mendes, *Poesia Completa e Prosa*, p. 1679).

9. Murilo Mendes, *Poesia Completa e Prosa*, pp. 423-424.
10. *Idem*, p. 443.

Partiu-se o vidro, incendiou-se o céu"[11]. Esse pessimismo persistirá nos sonetos analisados sob outra roupagem, em particular aquele que avalia o destino do legado modernista simbolizado pelas vestes e imagem do Arlequim.

Considere-se, agora, na sequência de *Sonetos Brancos*, o belo "Alegoria", que mereceria um brevíssimo confronto (apenas para destacar os aspectos modernistas mais evidentes) com o homônimo de *Poemas* (1925-1929), "primeiro" livro de Murilo Mendes:

ALEGORIA

Sombras movendo o sonho
onde uma densa cabeleira cheirosa
aparece entre dois raios de pensamento
no quarto pendurado na terra morena;
de repente desloca-se a bruta massa do corpo dum santo, estátua me invocando,
e um diabo verde me levando pro aniquilamento.

Nos jardins claros
gramados geométricos
a árvore dum vestido amarelo deixando adivinhar a forma
que nenhum sovaco úmido complica no gesto de apanhar uma bola,
um resto de som de seresta
agarra-se nas orelhas do cavalo mecânico
que rompe o espaço,
lá vai até o oco do mundo onde as mesmas mulheres deste lado
afagam o seio pensando no cavaleiro amado,
doce meditação debaixo das lâmpadas elétricas
sentindo a aproximação dos cheiros e dos sons do carnaval,
convidando ao sono
numa cama que mal dá pra um homem de estatura mediana[12].

A herança modernista se faz sentir na fusão entre as notas de localismo (a "terra morena", o "som de seresta", os "sons do carnaval"...), as conquistas da técnica ("lâmpadas elétricas"), a incorporação da linguagem prosaica, o verso livre e os procedimentos vanguardistas, em particular os surrealistas, evidenciados pelas imagens insólitas obtidas com a mon-

11. *Idem, ibidem.*
12. *Idem*, p. 109.

tagem onírica. O poema, aliás, parte da evocação do sonho, de teor erótico evidente, associado a "uma densa cabeleira cheirosa", a que vai se seguir, mais adiante, outra imagem parcial do corpo feminino, com a referência ao sovaco úmido que se revela no gesto de apanhar uma bola, até chegar, por fim, à menção às "mesmas mulheres deste lado [que] afagam o seio pensando no cavaleiro amado". O "deste lado" denuncia uma contraposição estabelecida no poema, e reiterada até certo ponto pela divisão estrófica, entre o interior e o exterior, o dentro e o fora. Entenda-se essa interioridade como sendo tanto o espaço doméstico (quarto), quanto o da consciência (ou do inconsciente ligado ao sonho) do sujeito lírico, ao passo que o exterior remete para fora do espaço estrito da casa, para os jardins e gramados, no início da segunda estrofe. Esta, entretanto, se fecha indicando, de certo modo, o retorno ao quarto, com a menção à "cama que mal dá pra um homem de estatura mediana". A voz lírica parece guardar certo recuo inclusive em relação à própria interioridade, garantindo a contenção dos conflitos subjetivos, descritos como que de fora.

Há uma tensão clara nos versos entre as pulsões e os sentidos, de um lado e, de outro, a razão (com a aparição do sonho "entre dois raios de pensamento") e a moral, sobretudo cristã, que responde pela culpa associada à irrupção abrupta da "bruta massa do corpo dum santo, estátua me invocando, / e um diabo verde me levando pro aniquilamento". A religião aparece, desse modo, na sua dimensão comezinha, ligada à condenação do sexo, de todo modo introjetada pelo eu lírico, que descreve o embate entre a emergência do desejo e o sentimento de pecado. (O poema ainda está longe das inquietações metafísicas, indo do Gênesis ao Apocalipse e à Parusia, que marcariam a poesia posterior do Murilo convertido ao catolicismo.) Esse desejo culpado, que mobiliza visão e olfato, projeta-se no espaço exterior, erotizando figurações da natureza, como "a árvore dum vestido amarelo", além da "terra morena".

Esses parcos comentários não dão conta do sentido maior do poema ou da ordem de abstração a que remete a "Alegoria" do título. Todavia, eles são suficientes para destacar aqueles aspectos característicos do Modernismo que interessam para o confronto com o poema homônimo de *Sonetos Brancos*, no qual a alegoria aparece intimamente ligada à personificação de uma abstração que assume a forma de mulher, muito distinta das representações fragmentárias que se acabou de ver:

ALEGORIA

Senhora, de violeta e cinza engrinaldada,
Um terror me inspirais, inda que sejas branca:
Da monarquia absoluta dos gestos e dos signos
Desceis uma cortina de enigmas ante mim.

Não vejo em vós a árvore, por isso a sombra
Foge dos meus pés em companhia, quando
Vindes, um punhal nos braços insinuado,
Para o torneio cruel das palavras sangrentas.

Tauromáquica dama, astro de rubro presságio,
Do lúcido ódio não vos invoco, surda máquina
De cortantes graças ataviada, talvez

Do purgatório emissária, para martelar
Nosso coração e fazê-lo, duro tímpano,
Recordar seu antigo e amargo exílio[13].

Não há, agora, traços similares ao erotismo e, mesmo, à nota de localismo (carnaval), nem ao embate entre desejo e razão, permeado por certa culpa cristã que, apesar do caráter enigmático, se deixava intuir na primeira "Alegoria". Nesta nova "Alegoria" de *Sonetos Brancos*, que reconhecidamente se coloca como uma "cortina de enigmas" para o próprio eu, a personificação feminina não parece envolver algo que diga respeito apenas aos desejos eróticos do eu lírico. Além disso, ela representa algo relacionado à própria criação literária ou poética. Pode-se até supor que o poema define o que seria, para eu lírico, a própria concepção de alegoria. Nesse sentido, ela não é apenas procedimento, mas matéria de reflexão poética e, talvez, chave de interpretação do livro, dada, inclusive, sua disposição estratégica na sequência (trata-se do segundo poema da coletânea), comparecendo, desse modo, como uma espécie de comentário metapoético que serve de advertência ao leitor para a natureza do conjunto de poemas aí reunidos. Murilo Mendes estaria figurando como a alegoria é construída, o tipo de sentimento que a nutre ou a atitude que

13. Murilo Mendes, *Poesia Completa e Prosa*, pp. 443-444.

a impulsiona; a relação com o autor e com o leitor e o que ela desperta; sua razão ou causa primeira e sua finalidade.

A alegoria é figurada como uma dama engrinaldada e majestosa, de origem aristocrática e atitude despótica, ameaçadora, como já ocorria com a "Allégorie" baudelairiana, que deve ter inspirado Murilo Mendes:

C'est une femme belle et de riche encolure,
Qui laisse dans son vin traîner sa chevelure.
Les griffes de l'amour, les poisons du tripot,
Tout glisse et tout s'émousse au granit de sa peau.
Elle rit à la Mort et nargue la Débauche,
Ces monstres dont la main, qui toujours gratte et fauche,
Dans ses jeux destructeurs a pourtant respecté
De ce corps ferme et droit la rude majesté.
Elle marche en déesse et repose en sultane;
Elle a dans le plaisir la foi mahométane,
Et dans ses bras ouverts, que remplissent ses seins,
Elle appelle des yeux la race des humains,
Elle croit, elle sait, cette vierge inféconde
Et pourtant nécessaire à la marche du monde,
Que la beauté du corps est un sublime don
Qui de toute infamie arrache le pardon.
Elle ignore l'Enfer comme le Purgatoire,
Et quand l'heure viendra d'entrer dans la Nuit noire,
Elle regardera la face de la Mort,
Ainsi qu'un nouveau-né, – sans haine et sans remord.

É uma linda mulher de garbosa maneira,
Que no seu vinho faz cair a cabeleira.
Os arranhões do amor, os venenos da intriga,
Na pele de granito, o fio perdem e a liga.
Ela da Morte ri e das Orgias zomba,
Esses monstros de mão que raspa e que arromba,
Nos jogos destrutivos, porém ela invade
Do corpo firme e ereto a rude majestade.
Ela anda como deusa e descansa sultana;
Ela tem no prazer a fé maometana,
E nos braços abertos, que os seios enlaçam,
Ela chama com os olhos toda a humana raça.

Ela crê, ela sabe, esse ser infecundo.
E, no entanto, essencial no caminhar do mundo,
Que a beleza do corpo é tão sublime dom
Que de qualquer infâmia ela arranca o perdão.
O Inferno e o Purgatório, tudo ela ignora,
E quando a Noite negra tiver sua hora,
O aspecto da Morte irá recuperar,
Como um recém-nascido – sem ódio ou pesar[14].

Ambas são, na verdade, figurações da *femme fatale* que marcou, numa recorrência sintomática, a literatura e a pintura da segunda metade do século XIX até o *fin de siècle*, e que foi examinada por Mario Praz em conhecido estudo, seja nas versões míticas (como a irmandade castradora bíblica: Salomé, Judite e Dalila), seja nas criações privadas ou pessoais (a exemplo de *La Belle Dame Sans Merci*, de Keats)[15]. Assim, a par da forma clássica, esse tipo de representação poderia ser visto como outro traço do poema que remete a estética anterior ao Modernismo. Mas não se pode esquecer que ela também não deixa de comparecer entre os modernistas, a exemplo das imagens femininas do Drummond de *Brejo das Almas* ("Registro Civil" e, em parte, "Desdobramento de Adalgisa", conforme se viu no capítulo I) e *A Rosa do Povo* (com a Fulana de "O Mito"). Algo próximo desse tipo também já despontava em Murilo Mendes, como na conhecida "Jandira", embora o poder devastador da sedução feminina desta última não seja intencional, nem sadicamente prazeroso para ela.

O caráter ameaçador da "Alegoria" de *Sonetos Brancos* explicita-se logo na segunda estrofe, quando alude ao verdadeiro terror que ela inspira (embora seja "branca", para simbolizar talvez a ideia de paz). Figura ameaçadora, traz ainda o punhal que se insinua em seu braço. Mesmo as graças com que ela se mostra ataviada são qualificadas como "cortantes". Comparada a uma árvore (como já parecia acontecer na primeira "Alegoria" muriliana), seu caráter pouco acolhedor ou mesmo inóspito leva

14. Charles Baudelaire, *As Flores do Mal*, p. 142.
15. Mario Praz, *A Carne, a Morte e o Diabo na Literatura Romântica*, Campinas, Ed. Unicamp, 1996. Para um desdobramento do tema, ver ainda Peter Gay, *A Paixão Terna – A Experiência Burguesa: Da Rainha Vitória a Freud*, São Paulo, Companhia das Letras, 1990.

os pés e a sombra do eu tratarem logo de fugir dela. Os demais atributos dessa dama sinistra de "rubro presságio" e emissária do purgatório são próprios da alegoria, no sentido em que a definiu Benjamin, seja no estudo do drama barroco, seja no da lírica baudelairiana. As vestes da dama engrinaldada de violeta e cinza evocam uma aparência lutuosa ou melancólica; sua condição aristocrática liga-se ao suntuoso da linguagem; e a condição de exílio se refere à perda de um sentido último das palavras. As imagens tauromáquicas são possível herança surrealista (Picasso, Leiris). A prática da tauromaquia vem associada ao "torneio cruel das palavras sangrentas", respondendo pela dificuldade tortuosa ou pela impossibilidade de comunicação e, consequentemente, pelo sentimento de isolamento do eu e dos homens, do "antigo e amargo exílio" que "martela" em "nosso coração", segundo diz o fecho de ouro. Pelas imagens cruéis ou mesmo sádicas desse soneto, dada a reflexão metapoética que comporta, ele tem parentesco com outro soneto drummondiano inscrito nessa mesma tendência neoclássica e submetido a idêntica disciplina hermética: o tantas vezes referido "Oficina Irritada"[16].

MUTAÇÕES DE UM *TÓPOS* MODERNISTA

Outro soneto que merece destaque por retomar, em nova chave, um verdadeiro *tópos* modernista é "Ouro Preto", preparação da *Contemplação de Ouro Preto*:

A alma livremente encarcerada
Comunica-se com os doidos e os poetas
Que pelas frias naves dão-se os pés.
Sinto grego o céu de outrora me envolver.

A cavalo sobre as igrejas de pedra
Irrompe o Aleijadinho na sua capa.
Nas linhas de ar balança-se o relógio
Marcando cegamente o compasso do tempo.

16. Para uma análise do soneto, ver Camilo. *Drummond: Da* Rosa do Povo *à Rosa das Trevas*.

Um vulto cruza outro na ladeira.
Pelos desertos espaços metafísicos
Arrastam-se as sandálias da pobreza.

Das varandas azuis tombam ossadas:
Ouro Preto severa e íntima adormece
Num abafado rumor de águas subterrâneas[17].

É por demais conhecida a "redescoberta" da arquitetura e arte coloniais e das Minas históricas promovida desde a famosa viagem do grupo modernista de 1922 até a criação dos poemas no gênero cartão-postal (Cendrars, Oswald, depois Drummond, entre outros), além do estudo polêmico de Mário sobre o Aleijadinho (convertido em pré-nacionalista e criador de uma arte "mulata"[18]). Na lírica de inflexão neoclássica do pós-guerra, em poetas como Drummond e Murilo (*Contemplação de Ouro Preto),* o *tópos* modernista perde seu caráter circunstancial, *naïf*, seu quê de pitoresco e brasílico ao se converter em espaço ideal, na tradição histórica local, para uma poesia meditativa de sentido mais universalizante (como ocorre com os poemas da série "Selo de Minas" ou "Morte das Casas de Ouro Preto", em *Claro Enigma*), movida por inquietações de natureza filosófica (como a lógica da História) ou metafísica. Nesse sentido, ele se equipara aos cenários europeus, como as ruínas históricas greco-romanas evocadas nos poemas de *Siciliana.* Conforme nota Arrigucci, os poemas de Murilo Mendes sobre a paisagem física e histórico-cultural de Minas se aproximam da poesia sobre a Sicília e a Espanha, lugares impregnados de história, de rica memória cultural, vida ardente em estreita relação com o sagrado, sob a aparência seca, sóbria e controlada[19].

O próprio soneto branco parece justificar essa aproximação com o cenário clássico, na medida em que o eu associa o sentimento que o envolve ao contemplar a paisagem ouro-pretana com o "céu grego de outrora", no fecho do primeiro quarteto, aproximação que voltará a ocorrer em *Contemplação de Ouro Preto,* em versos como

17. Murilo Mendes, *Poesia Completa e Prosa*, p. 445.
18. Para uma revisão crítica das interpretações tradicionais da figura de Aleijadinho e os interesses que as motivaram, ver o já citado estudo de Guiomar de Grammont, *Aleijadinho e o Aeroplano.*
19. Davi Arrigucci Jr., "A Arquitetura da Memória", *O Cacto e as Ruínas*, p. 95.

Ó Grécia! Ó Grécia!
Em Ouro Preto desvendei teu símbolo:
Prelúdio foste de uma vida eterna...
Ó Grécia! Ó Grécia!
Desencadeada e domada[20].

O soneto se abre com um paradoxo: o da "alma livremente encarcerada", o que vale dizer, do sentimento de transcendência encerrado na (ou evocado pela) arquitetura colonial. Sentimento que só pode ser experimentado por uma sensibilidade excepcional e uma lógica outra, como as dos loucos e dos poetas, que se irmanam romanticamente, dando-se os pés, não as mãos, nas lajes frias. No segundo quarteto, a irrupção do passado no presente, por força da meditação, vem indicada pela referência à marcação cega do compasso do tempo pelo relógio. Essa emergência súbita do passado colonial se deve à aparição fantástica de Aleijadinho sobre as igrejas que ele criou, a cavalo e envolto em uma capa.

O sentimento da transcendência ligado ao grandioso da arquitetura mineira é, mais uma vez, reiterado de forma paradoxal no primeiro terceto, com a menção aos "desertos espaços metafísicos", nos quais, todavia, "arrastam-se as sandálias da pobreza". Essa pobreza franciscana talvez não diga respeito ao contexto histórico-social, mas sim ao despojamento da arquitetura e de toda a ambiência em que floresceu a arte de Aleijadinho (tida como característica do "barroco mineiro"). Isso se confirma com o adjetivo "severa", que qualifica a cidade na estrofe seguinte. O adjetivo reforça aquilo que observa Arrigucci, sobre o traço afim da paisagem mineira com a siciliana e a espanhola na poesia de Murilo Mendes: vida ardente em estreita relação com o sagrado, sob a aparência seca, sóbria e controlada. Ainda nos tercetos, há as menções sinistras aos vultos que se cruzam na ladeira e às ossadas que tombam das varandas azuis. Essa presença fantasmática vem assombrar, de modo obsessivo, a memória histórica, por sua culpa não redimida, respondendo ainda pelo "abafado rumor de águas subterrâneas" (com o fluxo aquático associado ao tempo) que persiste, latente, no adormecer da cidade[21].

20. Murilo Mendes, *Poesia Completa e Prosa*, p. 534.
21. Este capítulo já havia sido publicado quando saiu a bela e detida análise que Luísa Destri ("Murilo Mendes em Ouro Preto: Um Soneto Antecipatório", *Recorte. Revista Eletrônica*, vol. 12, n. 2, jul.-dez. 2015, pp. 1-14) faz do soneto "Ouro Preto", lido como condensação dos elementos

O POETA COMO FILHO PRÓDIGO E COMO ARLEQUIM

Dos sonetos de temática católica, ganha relevo "O Filho Pródigo", já examinado por Merquior, a cuja interpretação remete-se adiante, depois de proceder a um breve confronto com o tratamento "modernista" dado ao tema no poema homônimo de *O Visionário*:

O FILHO PRÓDIGO

Serenamente? A alma insatisfeita
Viemos cortando as águas tenebrosas,
Impulsionados pelos ventos largos.
Meu pai me espera na varanda amena.
("Digo sim ao meu filho
Que volta para sugar meu sangue,
Acompanhado dos pássaros do meio-dia
Voando entre as arcadas tristes.
Solto na frente a estátua número três.
Se ouvem os clarins das vitrolas.")

E todos me felicitam vivamente.
Tenho uma grande ação a cumprir:
Falta-me coragem...
O peso desta ação a cumprir
Pesa demais sobre mim.
Além disto preciso eliminar
O céu, o inferno, o purgatório.
Serei talhado à imagem e semelhança da pedra.

Girândolas, foguetes, abraços.
Meu irmão:

centrais do livro seguinte (cuidadosamente identificados) e como revisão da perspectiva adotada anteriormente em relação a figuras e patrimônio históricos mineiros. O poema, publicado originalmente em 1948, no suplemento *Letras e Artes* de *A Manhã*, representa a "grande alteração" que, segundo o próprio Murilo Mendes, sua poesia sofreria a partir de então. Destri ajusta o foco para precisar o sentido de imagens e referências contidas nos versos, sobre as quais a presente abordagem não se detém. A intenção, neste capítulo, foi apenas a de sinalizar como mais este soneto registra a mudança geral, encenada por demais poemas do livro, em relação ao legado modernista antes esposado pelo poeta, respondendo pela solução neoclássica como resposta à crise de tal legado.

"Não te comoves ao ver
A cara da tua amiga namorada?"
Então olho de fato pra Maria:
"O movimento atual de tuas ancas..."
Nos retratos da sala de espera
Flutuam cabeleiras de amadas dos outros.
Os outros: tios-minerais, primos-cactos...
"Sim! Nunca mais nos veremos,
Ó primas e tias de outrora;
E as que temos agora
Estão na frente de nós,
Não as podemos ver direito."

Os vizinhos me conduzem até à varanda.
"Meu pai,
Ao mesmo tempo meu filho e meu irmão,
Levei teu nome ao mundo inteiro,
Espalhei teu sangue,
Tomei éter,
Dei teu dinheiro aos sem-trabalho,
Não dormi, para construir as netas que não conheces...
Divulguei a raça do demônio,
O ódio, o mal, a desesperança.
Mas não quero continuar minha tarefa.
Dá tua herança aos urubus,
Joga teus mantimentos
Aos aviadores perdidos nas ilhas;
Enforquem minha namorada!"

Sacuda as asas,
Parto para o empíreo da cozinha.
Não me mato, estou cansado demais[22].

Constante de Lucas 15: 11-32, como uma das três parábolas da misericórdia (em conjunto com "A Ovelha Perdida" e "A Dracma Perdida"), a história trata do filho mais novo que solicita ao pai a divisão da herança e parte para longe, entregando-se à vida devassa. Depois de passar fome e

22. Murilo Mendes, *Poesia Completa e Prosa*, pp. 231-232.

privações, ele volta arrependido à casa paterna, onde solicita o alimento que o pai dava aos servos, mas acaba sendo recebido na qualidade de filho que é. O pai festeja a volta à casa do filho pródigo, para a indignação do filho mais velho, que sempre permaneceu ao lado do pai, fiel a suas leis, mas nunca tendo sido merecedor desses regalos. A atitude indulgente do pai, que simboliza a misericórdia divina, tem sua contrapartida na do filho mais velho, representando a dos fariseus e dos escribas, que se gabavam de serem "justos" por não transgredirem nenhum preceito da lei. Essa atitude do filho mais velho é, de certo modo, atualizada nos versos, quando ele apela ao irmão mais novo em prol da manutenção das relações familiares e dos valores da província.

Nesse poema, a lição modernista se faz sentir na reescrita do mito não só em contexto profano, mas extremamente prosaico, comprometendo a dimensão do ensinamento cristão própria da parábola bíblica, que trata do retorno da ovelha desgarrada ao seio da fé e da religião. A identificação entre o eu lírico e o filho pródigo que assume a voz lírica é patente. Nessa atualização do mito, os valores e atitudes do eu fazem do filho pródigo uma espécie de anarquista pequeno-burguês interiorano, que mantém sua atitude rebelde e irreverente mesmo ao retornar à casa paterna. A presença e a intervenção de parentes e vizinhos, marcando o reencontro com o pai na varanda "amena" em que ele se encontra instalado (amenidade que eufemiza a "vida besta" interiorana, para falar drummondianamente), ajudam a configurar esse contexto de província. Não por acaso, o poema imediatamente seguinte a "O Filho Pródigo" é "Tédio na Varanda", com suas "léguas de aborrecimento".

Nesta versão, portanto, não parece haver o arrependimento que define a moral da parábola bíblica. Como reza o mito, o filho pródigo muriliano sai pelo mundo esbanjando a riqueza do pai, mas não só com uma vida desregrada (apesar do éter e das netas que "construiu", que permanecem desconhecidas do avô...). Diz, ainda, que levou o nome do pai pelo mundo (fez fama?) e espalhou o sangue (talvez por conta das netas que deu ao pai), mas gastou também o dinheiro paterno, dando-o "aos sem-trabalho", num gesto solidário que parece confundir justiça social com caridade cristã. O desprezo de anarquista pequeno-burguês se faz sentir aqui, mas também no momento em que se dirige ao pai e pede que lance sua herança aos urubus e seus mantimentos aos aviadores perdidos nas ilhas. Ao mesmo tempo que encena o gesto solidário, o filho pródigo, numa atitude contrária, diz ter divulgado "a raça do demônio, / o ódio, o mal, a desesperança". O *mea culpa* e arrependimento cristãos podem ser referência crítica ao próprio pessimismo e desilusão veiculados por sua poesia (o verbo "divulgar", afinal, comporta essa dimensão da escrita). Seja o que for, o fato é que afirma não querer continuar sua tarefa...

Na sequência dos versos, o irmão mais velho (sempre ressentido e apegado aos valores locais), indaga pelos sentimentos do filho pródigo em relação à "amiga namorada", a fim de expor o caráter deste. A irreverência do irmão mais novo leva-o a "olhar de fato para Maria", isto é, a olhar, com malícia, para o movimento atual de suas ancas (a menção ao "atual" sugere, maldosamente, que houve mudança considerável). Em seguida, dirige os olhos para os retratos da sala de "espera" (que vale enfatizar, pelo que sugere em relação ao ambiente, em matéria de atraso, mesmice, enfado). Nos retratos, flutuam "as cabeleiras das amadas dos outros", tios-minerais e primos-cactos – adjetivos que qualificam bem o imobilismo e insensibilidade das relações cristalizadas, convencionais que dominam o universo familiar tradicional. Isso leva o filho pródigo a lançar um adeus definitivo, tanto a tias e primas de outrora, quanto às que tem na sua frente e que não se deixam ver direito. Ou seja, não se revelam verdadeiramente, o que aponta para a inautenticidade de uma vida em que imperam os lugares e papéis preestabelecidos, reprimindo a expressão mais pessoal e verdadeira. Do mesmo modo como dá o adeus a primas e tias, bem como aos valores que elas encarnam, o filho pródigo pede para que "enforquem a namorada", numa recusa deliberada em reproduzir o modelo familiar e provinciano. Ato contínuo, dirige-se, por fim, à cozinha, divinizada como Empíreo. Concebida nesses termos, a cozinha não representa apenas o lugar onde o eu vai matar sua fome ou se fartar, mas o espaço de certa sociabilidade com os empregados, avessa à observância da hierarquia burguesa. O desajuste em relação ao modelo familiar e provinciano é, portanto, total.

Essa atitude de irreverência e crítica demolidora da vida besta e dos valores provincianos tem respaldo no Modernismo, é claro. Há, porém, atrelado a essa atitude irônica, um sentimento de insatisfação e cansaço com que Murilo Mendes abre e fecha o poema, que não parece característico da herança iconoclasta da fase heroica do movimento.

Passando à versão do mito bíblico em *Sonetos Brancos*, a irreverência do "filho pródigo" se volta, agora, ... contra outro Pai!

O FILHO PRÓDIGO

À beira do antiuniverso debruçado
Observo, ó Pai, a tua arquitetura.
Este corpo não admite o peso da cabeça...
Tudo se expande num sentido amargo.

Lembro-me ainda quando me evocaste
Do teu caos para o dia da promessa.
O fogo irrompia das mulheres
E se floria o sol de girassóis.

Uma única vez eu te entrevi,
Entre humano e divino inda indeciso,
Atraindo-me ao teu íngreme coração.

Para outros armaste o teu festim:
E da tua música só vem agora
O soluço da terra, dissonante[23].

No soneto, o filho pródigo que assume a voz lírica encontra-se posto à margem ou instalado fora do espaço da criação divina, observando-a ou contemplando-a. O amargor que se expande e que parece responder pelo peso da cabeça que o corpo não admite, não se sabe ao certo se se deve ao lugar marginal em que se instala o eu lírico ou se vem da criação paterna.

O segundo quarteto relata o momento em que o filho pródigo se sentiu tocado pelo apelo de Deus. A menção ao fogo que irrompia das mulheres e o florescer do sol dos girassóis podem ser alusão à vida devassa, de festas e orgias, a que se entregara o filho pródigo quando se afastou da casa paterna, segundo reza a parábola.

O primeiro terceto trata da revelação, quando o eu lírico vê Deus, ainda indeciso, entre humano e divino. A atração para o coração de Deus

23. Murilo Mendes, *Poesia Completa e Prosa*, pp. 444-445.

é caracterizada como íngreme para sinalizar menos talvez a resistência do filho pródigo à conversão, do que a dificuldade imposta pela distância em que se instala o amor divino, dimensionando o esforço que se exige do filho (ou do cristão).

O último terceto alude ao festim que o Pai (agora tratado por um *tu* minúsculo) armou, tal como na parábola. Ocorre que, diferentemente do relato bíblico, o festim se arma não para o filho pródigo, que é excluído de vez, mas "para outros". É como se o Pai voltasse as costas não só ao filho, mas a toda a humanidade. Em contraste com a música do festim, resta apenas o "soluço da terra, dissonante".

Ora, essa visão de Deus e da religião não corresponde, evidentemente, à de um católico convencional, pois pressupõe gestos de rebeldia e crítica da parte de quem se revolta com o sofrimento humano. O filho pródigo, que se identifica com a humanidade, tem algo de prometeico, mito caro ao primeiro Murilo Mendes. O poeta não parece aderir à fé de uma maneira acrítica e alienada. Ao contrário da parábola, revela uma imagem nada misericordiosa ou clemente do Pai. É nesse sentido que observa Merquior:

> Agora a figura do filho pródigo impenitente, velho motivo da lírica muriliana, explicita sua alergia íntima à noção teodiceica ao Pantocrátor. "À beira do antiuniverso debruçado", o ego lírico, na *persona* de Cristo feito filho pródigo metafísico, increpa magoadamente o Criador alheio às dores da terra. "O salmo de louvor seca nos lábios", dirá outro soneto do mesmo livro, aliás inesquecido da moldura histórico-social da fé em discussão: "Outrora sons de flauta em paraíso / O trabalho impeliam, mesmo amargo". Mas a classicização da léxis lírica se torna patente: em vez de alusões desbragadas à "piada da Criação", a rebeldia filosófica caminha por graves e meditativos decassílabos, literalmente "nobres" no seu vocabulário como no seu andor; dentro dessa pátina classicizante é que adquire relevo o sutil simbolismo do ritmo, das assonâncias e das aliterações metaforizantes: *A /tra /IN / do-me ao teu / ÍN / gre / me / co / ra / çÃO*[24].

Por "a piada da criação", o crítico alude ao trato quase sacrílego com a matéria religiosa na poesia paradoxalmente católica de fase anterior, como nos versos finais de "O Poeta Nocaute" em *O Visionário:* "Intima-

24. José Guilherme Merquior, "A Beira do Antiuniverso Debruçado...", *op. cit.*, p. 158.

remos Deus / A não repetir a piada da Criação". Ou ainda, em "A Palavra Lisol", do mesmo livro, quando o eu fala em "boxear" com "a eternidade". Tamanha irreverência com a matéria religiosa tem parentesco com certas atitudes iconoclastas dos surrealistas (a exemplo da conhecida tela de Max Ernst, *A Virgem Espancando o Menino Jesus Diante de Três Testemunhas – A. B., P. E. e o Artista*). É bem verdade que, em Murilo Mendes, a irreverência se alia a uma efetiva crença e militância religiosas.

Por último, cabe tratar aqui de "O Arlequim", mas não sem antes tecer algumas considerações sobre o tema no contexto europeu da arte e da poesia modernas e vanguardistas, no qual esse e outros personagens da *commedia dell'arte*, bem como os tipos circenses, converteram-se em duplo do poeta ou do pintor, num tom ou registro que inclui o humor autodepreciativo ou a ironia, por vezes, dolorosa e amarga.

Starobinski e King[25] trataram de examinar a recorrência das figurações clownescas estritamente associadas ao autorretrato do artista nos séculos XIX e XX. King observou que tal forma de o poeta se autorrepresentar, operando, frequentemente, uma espécie de fusão metonímica entre o Pierrô, o Arlequim, o bobo da corte, o *showman* vagante, o palhaço de circo e o violista cigano, tem como marco as *Odes Funambulesques* (1857), de Théodore de Banville, seguido pelo "velho palhaço" de Baudelaire, por "Le Pitre Châtié" de Mallarmé e pelo Pierrô de Laforgue, entre outros mais. Todavia, Starobinski, no ensaio já citado a propósito do funâmbulo de Jorge de Lima, faz datar de antes essa autorrepresentação do artista, recordando que, desde o Romantismo, mas não decerto sem alguns pródromos, o bufão, o saltimbanco e o *clown* surgiram como imagens hiperbólicas e voluntariamente "deformadas" que os artistas têm o prazer de dar deles mesmos e da condição da arte. Trata-se de "um autorretrato travestido, cujo alcance não se limita à caricatura sarcástica ou dolorosa. [...] O jogo irônico tem o valor de uma interpretação de si para si: é uma epifania derrisória"[26]. A crítica

25. Starobinski, *Portrait de l'Artiste en Saltimbanque*; Russell S. King, "The Poet as Clown: Variations on a Theme in Nineteenth-Century French Poetry", *Orbis Litterarum – International Review of Literary Studies*, vol. 33, issue 3, pp. 238-252. Published Online: 1 jun 2007.

26. Starobinski, *op. cit.*, pp. 8-9.

dirigida à posição de honra, de ser de exceção tradicionalmente conferida ao poeta e ao artista, vai se duplicar em "uma autocrítica dirigida contra a vocação estética ela mesma". Nessa autocrítica, Starobinski reconhece "uma das componentes características da 'modernidade' desde pouco mais de uma centena de anos"[27], bem como o declínio das fontes tradicionais de inspiração do grandioso e do belo, "em torno dos quais a cultura ocidental havia desenvolvido seu cortejo de imagens"[28], opondo-lhes uma mitologia substitutiva.

Ainda em seu estudo, depois de arrolar toda uma linhagem que antecede o próprio Romantismo, na qual esse estilo bufão foi empregado para representar o *déclassement* social do artista, Starobinski nota que, no fim do século XIX, quando o teatro popular já se mostrava morto, personagens como o Pierrô e o Arlequim passaram às mãos dos escritores "cultivados", tornando-se "um tema literário, muitas vezes impregnado de ironia fúnebre, um lugar-comum poético e um papel de baile de mascarados. Imagens residuais". E complementa:

> Uma aclimatação cultural se efetuou assim. [...] Sábios artistas, conhecedores refinados são tomados de paixão por certas formas, que permanecem vivas, da expressão *naïf.* [...] O artista não pode esquecer a reflexão nostálgica que o convidou a descobrir uma arte primeira. [...] Ele fará [...] o que Virgílio fez pelos pastores da Arcádia, ou o que os românticos fizeram pela poesia de Ossian: ele exprimirá seu lamento da espontaneidade original em uma reflexão "sentimental" e transfiguradora. As imagens arcaicas, introduzidas na linguagem da arte moderna, aparecerão como os reflexos de um mundo perdido. [...] serão criaturas do desejo regressivo ou de papeis revestidos de maneira paródica[29].

A visada do crítico é de amplo espectro e alcança as representações plásticas e literárias que, do século XIX, avança pelo XX, indo assim de Degas, Vuillard a Picasso, Rouault, Chagall etc. A partir dessa breve síntese, é possível compreender que a imagem acuada do Arlequim de *Sonetos Brancos* é produto da crise dessa mitologia substitutiva proposta pela modernidade com a galeria de personagens clownescos.

27. *Idem*, p. 9.
28. *Idem*, p. 12.
29. *Idem*, p. 19.

O ARLEQUIM

Através das grades desta roupa
Solferino verde rosa espio o mundo.
O tempo em seu fluir e refluir,
Da antiga unidade me destaca.

O "loup" não me consegue proteger
Das janelas de olhares agressivos
Que nem infância nem beleza evocam.
Meu tricórnio saúda irmãos terríveis.

Esvaiu-se o perfume antigo. A mesma forma
Da matéria perdeu o simples molde
Em que pude me achar, um dia, branco.

A violência das coisas me feriu:
Esta policromada roupa vai mudar-se
Em saco negro, alusivo à criação[30].

Antes de tratar da crise encenada no soneto, é preciso historiar a recorrência da figura arlequinal na poesia modernista brasileira e na anterior a ela, mas de diferentes modos. Em um primeiro momento, preso ainda ao modelo original, europeizante da *commedia dell'arte*, o Arlequim comparecia na poesia crepuscular do primeiro Bandeira, por exemplo, de *Carnaval*. Embora este livro já fosse uma etapa preparatória da revolução poética do Modernismo (com a sátira ao Parnasianismo em "Os Sapos" e a adoção do versolibrismo, por exemplo), "o gozo buscado como narcótico mal disfarçava uma amargura fundamental", como nota Merquior, que diz ainda, estabelecendo uma ponte com a segunda imagem arlequinal: "Os poemas estão cheios de arlequins, porém absolutamente não partilham daquele impulso 'arlequinal' com que Mário de Andrade batizaria o ânimo eufórico dos modernos"[31].

De fato, a "paisagem pseudossaturnal povoada de arlequins, pierrôs e colombinas", do segundo livro bandeiriano, "projeta uma vontade de

30. Murilo Mendes, *Poesia Completa e Prosa*, p. 451.
31. José Guilherme Merquior, "O Modernismo e Três dos seus Poetas", *Crítica 1964-1989. Ensaios sobre Arte e Literatura*, Rio de Janeiro, Nova Fronteira, 1989, p. 283.

superação orgiástica do dolorismo anterior", mas, como declara o próprio poeta, é um "carnaval sem nenhuma alegria".

No caso do Modernismo, a figuração do Arlequim já trazia as marcas de sua incorporação ao universo do carnaval e dos folguedos populares. A aclimatação por meio de danças dramáticas como o bumba meu boi se confirma em uma das primeiras aparições arlequinais na obra de Murilo Mendes, justamente em *Bumba-meu Poeta*, livro no qual o próprio Arlequim chega a dizer, inclusive parodiando a nacionalíssima "Canção do Exílio" gonçalvina:

O ARLEQUIM:

Sou personagem da estranja,
me transportaram pra cá.
Para falar com franqueza
embora me chamem gringo
me sinto melhor aqui
do que me sentia lá.
Não permita Deus que eu morra
tendo voltado pra lá.
Eu aqui tenho prestígio,
uso pencinê de ouro,
empresto dinheiro a juros,
sou ouvido na eleição[32].

Sabe-se do uso particular do arlequinal feito por Mário de Andrade na *Pauliceia Desvairada*, depois em *Losango Caqui*, repercutindo mesmo em toda sua obra como uma concepção estética central[33]. Na *Pauliceia*, ao adjetivar o substantivo, Mário visava exprimir o dinamismo da metrópole moderna em sua fragmentação, com suas sugestões de inúmeras sinestesias e ambiguidades. Ele estava antenado com o tema em voga na época, como se vê nas telas de Picasso, por exemplo.

O Arlequim do soneto de Murilo Mendes, entretanto, está longe da apropriação malandra que a cultura popular fez da figura original do amante cínico, malicioso, de atitude oposta à ingenuidade do amor romântico,

32. Murilo Mendes, *Poesia Completa e Prosa*, p. 129.
33. Ver a respeito, Telê Ancona Lopez, "Arlequim e Modernidade", *Mariodeandradiando*, São Paulo, Hucitec, 1996, pp. 17-35.

com sua roupa feita inicialmente de retalhos, do mesmo modo que se afasta tanto de sua releitura modernista, quanto de sua figuração melancólica no carnaval crepuscular e subjetivo do eu bandeiriano. Nos *Sonetos Brancos*, o Arlequim é a *persona* (inclusive no sentido etimológico) adotada por um eu que se sente aprisionado pelas "grades" da veste geometrizada (que não preserva mais nada do lúdico original). Ao mesmo tempo que aprisionado, esse eu se sente desprotegido no embate com um mundo hostil, insensível à poesia alegre e irreverente que ele encarnava. Nem mesmo a meia-máscara[34] sob os olhos o protege de tamanha agressividade. Do humor e da alegria popular e modernista passa-se à animosidade. Seu tricórnio saúda irmãos terríveis cujos olhares agressivos não evocam nem infância, nem beleza. A razão dessa hostilidade é que o perfume antigo se esvaiu, aludindo a um passado mais grato para o eu arlequinal em que se traveste o eu poético, para a arte que ele encarna e para a reciprocidade na relação amistosa com o mundo. Algo similar a essa atitude de confronto do eu com a violência do mundo e a hostilidade dos homens aparece ainda no soneto branco "Repouso". Nele, o eu lírico tenta evadir-se, em espírito, da América em direção a um Oriente simbólico, "que se encontra no fim e no princípio / de cada ser, e que nos alumia". Trata-se de buscar a cessação do movimento, a quietação ou a tranquilidade de espírito, como indica o título, para o tormento de um eu cuja esperança de rever a liberdade do mundo reduz-se a cinzas. No último terceto, a situação acuada do eu lírico é afim à de "O Arlequim": "Mesmo no isolamento que me envolve / Vejo grupos ferozes ululando, / Homens decapitados, ou com fome"[35].

Ferido pela violência das coisas, opera-se a transfiguração negativa do eu arlequinal, evidenciada na mudança cromática: da policromia constitutiva do personagem tipo ("solferino verde rosa") à monocromia do branco (indicando a pureza, candidez ou ingenuidade do simples molde com que um dia ele acreditou poder dar forma à matéria) e, inversamente, do negro, por fim. O saco negro da criação, diz a chave de

34. Ainda que designe a meia-máscara do personagem, vale antentar, nesse contexto, para outras sugestões de sentido que comporta o termo *loup*: em francês, "lobo", e, em inglês, variante de "loop", dar laços ou segurar com presilhas, como a mascarilha, mas que pode ser associado ao sentimento do eu, que se vê como ameaçado e "preso".

35. Murilo Mendes, "Repouso", *Poesia Completa e Prosa*, p. 447.

P. Picasso, Arlequin, *1915. Col. Museum of Modern Art, New York.*

P. Picasso, Arlequin, *1917. Museu Picasso, Barcelona.*

ouro, remete à visão pessimista em relação à condição do homem ou da arte atual (a criação permite as duas associações, metafísica e histórico-artística).

É possível sustentar que Murilo Mendes põe em discussão no poema a transformação operada em sua arte entre a fase modernista e a neoclássica. Não custa lembrar, por último, como um paralelo para comparar e contrastar, que no "novo classicismo" da pintura de Picasso, só que no contexto do primeiro pós-guerra, um dos temas ou motivos que marcaram a volta ao figurativismo foi justamente o Arlequim.

Comentando duas das várias representações de Arlequim feitas por Picasso, a de 1915 e a 1917 (esta última, o *Arlequim de Barcelona*, como ficou conhecido), Kenneth Silver nota que:

> De resto não era a primeira vez que a pintura recorria a um assunto tirado da *commedia dell'arte* durante a guerra. Em dezembro de 1915, no curso desse mês terrível de desastres pessoais, Picasso pintou um *Arlequim* sombrio, de uma grande abstração e um tanto frio. O quadro, composto de vários e grandes planos que se sobrepunham (sendo que o primeiro representava a vestimenta de Arlequim), agradou enormemente ao pintor. "Eu fiz, no entanto, um quadro de um arlequim que eu creio, na minha opinião e na de várias outras pessoas, é o melhor que eu já fiz", escreve ele a Gertrude Stein.
>
> Mas se essa primeira aparição de *Arlequim* após 1914 era resultado de uma necessidade puramente interior, é claro que no momento em que ele concebeu a cortina de *Parade*[36] as significações desse mesmo tema iconográfico eram por sua vez mais sociais e públicas que pessoais e idiossincráticas. O estilo e a significação de um outro *Arlequim*, pintado em 1917, eram adaptados à nova concepção, verdadeiramente latina, e bem mais tradicional, da *commedia dell'arte*. Concebido dentro da nova moda realista proclamada pelo desenho de Jacob, o *Arlequim de Barcelona* é um retorno formal adequado à *belle peinture*. De humor melancólico, esse personagem impecavelmente penteado e barbeado, vestindo o que parece ser um traje de seda rosa, azul e verde-pastéis, está também muito afastado tanto de sua contrapartida cubista de 1915, quanto dos magros e tocantes arlequins das fases azul e rosa. Inclinado sobre uma balaustrada (onde pende a mesma espécie

36. Pelos temas e estilos, Silver aproxima o *Arlequim de Barcelona* da versão dos saltimbancos feita por Picasso para as cortinas de cena latinizante do balé *Parade*, de Léonide Massine, com música de Erik Satie, sobre poema de Jean Cocteau, "Décors", costumes e cortina de cena eram de Picasso.

de cortina suntuosa que envolve a cena de *Parade*), não é nem um saltimbanco, nem um *clown* de circo, mas um jovem burguês muito asseado. Poderia ser um dançarino da trupe russa, um ator no meio de um monólogo ou simplesmente um hóspede distraído, elegantemente vestido, que observa os outros convidados de um canto discreto do terraço. [...] O Arlequim de 1917 não é um boêmio empobrecido; é um jovem homem sensível, um artista, cujos problemas emocionais lhe causam tédio e não angústia[37].

Mas se o Arlequim de Murilo Mendes guarda alguma similaridade com o de Barcelona, na medida em que a composição de ambos os retratos desse personagem caro ao imaginário vanguardista e modernista é produto do retorno formal a procedimentos anteriores às vanguardas (o figurativismo, o soneto), ele em nada tem a ver com a aparência do jovem burguês muito asseado de Picasso, nem com a tristeza de natureza mais íntima que social descrita por Silver. Se o humor melancólico pode ser comum aos dois Arlequins, em vez do tédio diante dos problemas emocionais do artista, o Arlequim muriliano se definiria muito pela angústia resultante da hostilidade e do desamparo, em um contexto de crise do legado modernista ou vanguardista que Picasso foi, a seu modo, o primeiro a encenar em seu tempo, com esse e outros exemplos figurativos de... *retour à l'ordre*[38].

37. Kenneth E. Silver, *Vers le Retour à l'Ordre. L'Avant-garde Parisienne et la Première Guerre Mondiale, 1914-1925*, Paris, Flammarion, 1991, pp. 110 e ss.

38. É, aliás, curioso notar como o Arlequim e outros personagens da *commedia dell'arte* tornam a marcar presença nessa tendência neoclássica presente na obra de grandes nomes das vanguardas, não só na artes plásticas, mas também na música, a exemplo do já lembrado *Pulchinella*, de Stravinsky.

XI

Dantas Motta e o Velho Chico: A Revitalização da Elegia em Contexto Neoclássico

"Você já leu Dantas Motta?" Não tinha lido e Mário de Andrade observou: "Carece". Carecia mesmo. O poeta enriquece tudo que toca. Em verdade, reanima o que parece morto. [...] Dantas Motta não hesitou em descer no abismo mais pobre e mais perigoso, e o que de lá nos trouxe é de espantar, é de assustar. Mário de Andrade tinha razão; carece ler.

SÉRGIO MILLIET

Caracteriza-o uma certa pungência serena, um certo machucamento que se afinca, por vezes desesperadamente, em carregar as coisas de poesia, em dar intensidade e raridade aos momentos de sensibilidade e meditação.

ANTONIO CANDIDO

Embora hoje um tanto esquecido, Dantas Motta (1913-1974) teve em seu tempo uma acolhida das mais favoráveis por parte de críticos e nomes respeitáveis do Modernismo, como Adonias Filho, Manuel Bandeira, Waldemar Cavalcanti, Adolfo Casais Monteiro e, entre outros, Sérgio Milliet. Nessa fase de inflexão neoclássica da lírica brasileira, a ele, por exemplo, Murilo Mendes dedicou um dos cantos de sua *Contemplação de Ouro Preto* (1949-1950). A interlocução mais rica e comovente, entretanto, o poeta de Aiuruoca manteve com Mário de Andrade e Drummond. Esse diálogo é um capítulo ainda a se contar na história da lírica moderna, tomando por base tanto a produção poética, quanto a epistolar. Com Drummond, particularmente, assiste-se nas cartas a toda a gênese do projeto poético de Dantas Motta, em especial das *Elegias do País das Gerais* (1943-1958), atravessada por dúvidas e inquietações quanto à validade de sua criação e, mesmo, de seu próprio talento poético, bem como por conflitos advindos do contexto social e do cenário político no qual chegou a tomar parte ativa. O diálogo epistolar envolve, assim, discussões que vão de questões de forma e estilo até os vínculos estreitos entre poesia, história e sociedade.

Drummond é responsável pelo estudo introdutório que integra a edição das poesias supostamente completas de Dantas Motta. Sob o título de *Elegias do País das Gerais: Poesia Completa*, foram reunidos os livros *Planície dos Mortos* (1936-1944) e *Anjo de Capote* (1946-1952), além das *Elegias do País das Gerais* propriamente ditas, sem esquecer de alguns inéditos e esparsos[1]. Nesse volume, há notas esclarecendo o fato de se ter incluído nele poemas que o próprio autor pretendia excluir de nova edição, embora duvidasse que ela pudesse ocorrer um dia. O editor assinalou com asterisco poemas e versos que o poeta desejava suprimir, e publicou as duas "Epístolas de Tiradentes" separadamente, mais para o final do volume, mesmo contrariando a vontade de Dantas Motta, para quem elas não deveriam "figurar, como poesias, ao lado das *Elegias*. Epístola é epístola, no caso, com sentido histórico. O São Francisco é geográfico" (24.VII.71)[2].

Embora não se possa desconsiderar a vontade de autor, vale notar, de passagem, que essa distinção de gênero é discutível, uma vez que o quarto livro das *Elegias*, apesar de poesia, não deixa de ser uma epístola que também trabalha com matéria histórica, no caso, a realidade social do Rio e do Vale do São Francisco. Sem dúvida, trata-se, como tudo no livro, de uma forma híbrida: uma elegia epistolar, recorrente na tradição desse gênero poético. Mas não haveria também hibridismo de forma ou gênero na prosa epistolar das duas elegias a Tiradentes, que ainda aguardam por um intérprete que as deslinde?

Em carta endereçada a João Condé, originalmente estampada em *O Cruzeiro*, de 30 de junho de 1956, Dantas Motta explica a gênese de seus poemas, remetendo ao contexto de transformações socioeconômicas e ambientais da região do São Francisco; à interlocução com a poesia drummondiana, apropriada, intertextualmente, em mais de uma passagem; à

1. Em depoimento para este estudo, Lourenço Dantas Motta, filho do poeta, informa que outros inéditos surgiram depois da edição de 1988.
2. Dantas Motta, "Introdução", *Elegias do País da Gerais. Poesia Completa*, Rio de Janeiro, José Olympio/INL, 1988, p. XXI.

dicção bíblica e, de modo mais específico, à adoção de um estilo inspirado no apóstolo São Paulo, de quem também emprestou o gênero epistolar. De acordo com o missivista, o dado circunstancial desencadeador do projeto poético do quarto livro deu-se em 1953, numa de suas andanças pela vasta comarca onde atuava como advogado itinerante, quando viu-se isolado, por forte chuva, na Serra do Mirantão, junto às nascentes do Rio Grande. Surpreendeu-se, então, com uma notícia decisiva na página do suplemento "Singra", na qual estavam enrolados seus apetrechos de barbear:

> "Em Aracaju, reuniram-se, na semana passada, os Bispos da Bacia do São Francisco para estudar os problemas advindos da sua transformação." Mais ou menos isso. Dessa notícia nasceu a ideia do poema, informe, imprecisa e vaga, com a visão de Jerusalém carregada de bispos, tetrarcas e ametistas, postados todos em Aracaju, a qual, depois, era transunta do sergipano país para este, o da Gerais, e que tantos males tem infligido a este Brasil, por força da sua intemperança no juro, na política e nos juizados de paz. O [rio] Grande, a meus pés, lá longe, na distância de infinitos minutos e sem linha azimutal, depois de vinte quilômetros da Canastra, retrocedia, buscando o rumo do Paraná, como coisas acessórias: o *Francisco*, que lhe dá as costas e, ao meio-dia, demanda o Setentrião. De sobra eu já conhecia um e outro. E não se esqueça de que, deixando-o por uns dias, fui, no rumo de Euclides, ter a Canudos, ocasião em que, pelos menos em pensamento, naturalizei mineiro ao *Vaza-Barris*. E muito compreendi que somente numa linguagem epistolar, à maneira ainda que pálida, de Paulo, eu poderia realizá-lo, fugindo tanto quanto possível àquela monotonia que é o achaque dos poemas e com o que, na primeira versão enviada a Carlos Drummond, entrara em chaças o grande poeta. De Paulo, pois, pretendera tomar o estilo. Claro que não de Paulo, o meu santo, que esses continuam sendo Francisco e Teresinha, mas de Paulo o magnífico artista, torturado, inquieto e fecundo, na Acrópole deserta a falar ao deus desconhecido, a pregoar o deus desconhecido, ou, então, o revolucionário a entrar em Roma pela Porta Capena a morrer. Sobretudo de Paulo, o anatematizador. Nesse sentido, Condé, a Epístola é anátema. De que, resto, participa um pouco o seu País de Pernambuco, se atentarmos em que, eclesiasticamente, no passado, a jurisdição de Olinda e Recife ia até Paracatu do Príncipe, neste duro País das Gerais, de onde, hoje, lhe escreve esta o seu *Dantas Motta*[3].

São Paulo, a quem o poeta define como "o magnífico artista, torturado, inquieto e fecundo", além de "revolucionário", tem despertado inte-

3. Carta a Condé (João) reproduzida como "Biografia do Livro" em Dantas Motta, *Elegias do País das Gerais. Poesia Completa*, pp. 339-340.

resse até o presente, inclusive de pensadores laicos, como Badiou, Žižek e Agamben. É claro que evocar esses representantes da "nova esquerda", a propósito da concepção progressista e emancipadora da teologia (por assim dizer) política paulina, como referência para o próprio ideal de militância do poeta de Aiuruoca, não implica ignorar as contradições de sua trajetória político-ideológica acidentada, marcada sim pela militância marxista, mas seguida pela adesão infeliz à Ação Integralista, logo abandonada e justificada por Drummond como um "pecadilho" que assolou muito da juventude ciosa de uma intervenção mais urgente na realidade social e política do tempo. A isso, sucedeu-se ainda a candidatura política pela UDN, comentada adiante[4]. Tais escolhas e contradições políticas talvez expliquem, em parte, o esquecimento a que o poeta de Aiuruoca foi relegado, como já ocorreu com outros nomes da tradição literária local.

Mas o fato é que as epístolas paulinas estão na mira do intertexto bíblico das *Elegias*, incluindo o "estilo pastoral" do apóstolo, examinado por Michael Goulder[5]. Dantas Motta fala, aliás, expressamente a Drummond, que buscou se apropriar dessa mesma "tonalidade estilística", na qual reconhece já haver um caráter poético. Embora não o diga nas cartas, Dantas Motta deixa transparecer, como se vê acima, que reconhecia em tais epístolas um alcance político subjacente à doutrinação religiosa, vendo no apóstolo um retrato possível para o militante "revolucionário".

EM QUAL GERAÇÃO?

Quanto ao enquadramento histórico-literário, é contestável a filiação de Dantas Motta à Geração de 45[6]. Nas poucas referências contidas em

4. Nas cartas a Drummond, o próprio Dantas Motta se refere, mais de uma vez, aos percalços de sua trajetória político-ideológica, expondo com lucidez os equívocos de sua aproximação ao Integralismo e, depois, ao udenismo. As cartas constam do acervo da correspondência de Carlos Drummond de Andrade pertencente ao Museu de Literatura Brasileira da Casa de Rui Barbosa (RJ). A referência a elas se faz pelas datas, no corpo do próprio texto.
5. Michael Golder. "As Epístolas Paulinas", em Robert Alter e Frank Kermode (orgs.), *Guia Literário da Bíblia*, p. 515.
6. Partindo da inclusão de Dantas Motta feita por Loanda na sua antologia de poetas, Alfredo Bosi, por exemplo, também enquadra o poeta de Aiuruoca na referida geração. O mesmo ocorre com a obra coletiva dirigida por Afrânio Coutinho, cujo capítulo sobre a poesia mo-

suas cartas, percebe-se claramente que o poeta não se reconhecia, de maneira alguma, como partícipe dessa geração, cuja emergência ele assistiu à distância, como se falasse a partir de seu vínculo ou pertencimento às gerações anteriores. Em 12.III.1953, quando a Geração de 45 já se consolidara, de certo modo, na cena literária, o poeta das Gerais escreve a Drummond dizendo que está lendo os "novos" e logo constata: "eles ainda não superaram você". Em outra passagem, critica duramente o artigo de Emanuel de Moraes estampado no suplemento do *Diário Carioca*, que sustenta a inversão de influências dos ditos "novos" sobre os modernistas, vista no capitulo 3, com Péricles Eugênio da Silva Ramos. Motta chega mesmo a problematizar, nesse momento, a própria existência histórica de uma Geração de 45:

> Esse rapaz – Emanuel de Moraes – está completamente equivocado. Com referência a você e à conceituação arbitrária de uma geração no ano de 45. Vamos, porém, que essa geração exista. Se existe, o artigo é incoerente. Porque, pelo menos até aqui, ou até aí, você tem influído e não recebido influência. Não tenho agora os seus livros à mão. Tampouco os de João Cabral. Mas o conhecimento que tenho de ambos me basta para não errar (Carta de 21.VII.1953)[7].

O missivista segue rejeitando a hipótese do ensaísta de que, em "Aliança" (*Novos Poemas*), Drummond teria integrado "a chamada 'geração' de 45" e, por fim, acaba por contestar todos os atributos conferidos a ela. Considera mesmo, nesse contexto, o surgimento de Cabral, que para Motta só "se firma" com o *Cão Sem Plumas*, poema que inscreveria o poeta pernambucano "numa linha anterior a 45". (Carta de 21.VII.1953).

O alinhamento histórico de Dantas Motta à Geração de 45 veio a ser questionada mais recentemente por um dos raros poetas e críticos contemporâneos a se pronunciar sobre o legado do autor das *Elegias*, recla-

dernista em geral, incluindo a Geração de 45, ficou a cargo de um representante desta última: Péricles Eugênio da Silva Ramos. Ele próprio trata de incluir Dantas Motta entre "outros poetas [...] merecedores de referência" em sua geração, atestando assim a cooptação equívoca de Dantas Motta ao quadro dos poetas de 45. E, numa apreciação nada feliz, fala da *Epístola do São Francisco* como poema que versa sobre "a desolação da terra mineira, com uma linguagem algo envelhecida, de tons bíblico-notariais..." (*A Literatura no Brasil*, vol. 5, p. 222).

7. Como se sabe, Emanuel de Moraes é autor de um conhecido estudo sobre Drummond publicado posteriormente, em 1970: *Drummond Rima Itabira Mundo.*

mando o reconhecimento e o lugar devidos na tradição poética moderna. Nas palavras de Ricardo Domeneck:

> Dantas Motta foi um poeta mineiro, nascido em Carvalhos, na época município de Aiuruoca, a 22 de março de 1913. Cuidasse o Brasil melhor de sua tradição poética, seu centenário teria sido celebrado, como o de Vinícius de Moraes. Admirado por Mário de Andrade e Carlos Drummond de Andrade, o autor de *Elegias do País das Gerais* (1961) e da *Primeira Epístola de Jm. Jzé. da Sva. Xer. – o Tiradentes – aos Ladrões Ricos* (1967) ainda não encontrou a atenção que merece. Dono de um vocabulário preciso na terra dos bacharéis da vaguidão, há muito ensinamento possível em sua poesia para os autores de hoje. Possuiu ainda uma metafísica bastante telúrica e cheia de implicações políticas, sem descambar para o beato ou o panfletário. Recuperar sua poesia para os leitores de hoje é trabalho de urgência. Sua poesia completa foi reunida em 1988, em uma coedição da José Olympio com o Instituto Nacional do Livro. Sua obscuridade talvez se explique em parte pela década de sua estreia em livro, os anos 40, década que a crítica colocou sob suspeita por visões herdadas dos poetas da década de 50, que colocaram seus antecessores todos sob a aba do Grupo de 45, quando a década, como qualquer outra, foi mais plural e complexa que isso[8].

Domeneck tem razão em reivindicar um lugar de destaque para Dantas Motta na tradição poética e em recuperá-lo para o leitor atual, reconhecendo que há muito de ensinamento para a poesia de hoje. Veja-se que ele evoca como motivo para a obnubilação do nome e do legado do poeta das Gerais, o fato de este ter sido encampado pela Geração de 45, quando a produção poética do período, estendendo-se até os anos 1950, foi multifacetada, esteticamente, como bem comprova a própria produção de Dantas Motta.

Sem dúvida, esse enquadramento geracional não é tranquilo, não só pelo que Domeneck diz, mas também porque Dantas Motta já vinha de uma produção literária anterior, estreando em 1932 com a publicação de *Surupango: Ritmos Caboclos*, cujo título já deixa entrever o diálogo próximo com a "escola da brasilidade" oriunda de 1922 (como disse Frieiro numa das poucas resenhas de tal livro de estreia[9]). Esse diálogo é confirmado nas cartas trocadas com Mário de Andrade, a quem o poeta de Aiuruoca chegou, inclusive, a fornecer dados para pesquisa sobre folguedos populares, reaproveitados

8. Ricardo Domeneck. https://www.escritas.org/pt/bio/dantas-motta. Acessado em 22 abr. 2018.
9. Eduardo Frieiro, *Letras Mineiras, 1929-1936*, Belo Horizonte, Os Amigos do Livro, 1937.

pelo autor de *Remate de Males*, como bem ilustram os versos de "Danças", na alusão ao "surupango da vingança"[10]. Mas antes mesmo da estreia em livro, o vínculo de Dantas Motta, ainda adolescente, com o Modernismo se deixa flagrar em sua aproximação com o grupo da revista *Eléctrica*, que estreou em 1927 – antecedendo em poucos meses a revista *Verde* de Cataguases, mais conhecida – e para a qual colaboravam nomes como Pedro Nava e Ribeiro Couto. Ao primeiro livro, renegado por Dantas Motta, seguiria a publicação, em 1945, pela editora paulista Flama, de *Planície dos Mortos*.

Portanto, quando a Geração de 45 entrou em cena, a trajetória do poeta da Gerais já se encontrava em franco processo de formação, afinada com o projeto modernista. É bem verdade que sua poesia parece sofrer certa inflexão no curso da criação das *Elegias*, em parte inspirada pelo intertexto bíblico, que resultou em uma dicção mais elevada, favorecendo a aproximação com a depuração estilística reivindicada pelos poetas de 45. Isso, somada à opção pela elegia, que, conforme se viu, grassou entre tais poetas sob influxo de Rilke, facilitou certa identificação com o programa estético de 45, ainda que essa influência não se faça sentir em sua poesia. A publicação, em periódicos como a *Orfeu*, de poemas do autor de *O Anjo de Capote* deve ter ajudado a consolidar de vez tal assimilação[11].

É certo que essa inflexão em sua dicção poética – ou mesmo a adoção da elegia – poderia ser aproximada à conversão neoclássica dos nomes emblemáticos do Modernismo, aqui examinados. Mas os modernistas já contavam com uma produção constituída, ao passo que Dantas Motta tinha ainda um nome por fazer. Nesse sentido, parecia mais fácil identificá-lo com o programa da geração ou grupo emergente.

A diferença significativa de sua linguagem e estilo em relação aos dos poetas de 45 foi notada por Milliet, que, inclusive, buscou fornecer uma chave de leitura para as *Elegias*:

10. Algo desse diálogo no poema de Mário de Andrade foi examinado em Vagner Camilo, "A Dança-de-Ombros de Mário de Andrade: Surupango da Vingança", *Gragoatá*. vol. 21, n. 41, dez. 2016.
11. Três sonetos do poeta mineiro dedicados a Manuel Bandeira, um deles concebido como um diálogo (às avessas) com conhecido poema de Mário de Andrade ("Não Sou Trezentos"), permitindo configurar um contraste significativo entre as gerações modernistas, saíram na revista *Orfeu*, n.1, primavera de 1947, pp. 17-19, sendo depois incorporados ao livro de poemas intitulado *Anjo de Capote* (1946-1952).

> Quando um poeta nos põe um problema, de estilo ou de mensagem, é porque algo inédito aconteceu. Dantas Motta punha um problema, um duplo problema, de estilo e de mensagem, e algo estava acontecendo. [...] Deparava, paradoxalmente, em Dantas Motta com uma ausência de retórica quase chocante em quem escrevia, por assim dizer, para lamentar a decadência de sua terra e advertir os donos dela do perigo da revolta dos que nada esperam. [...] Correu Dantas Motta, amiúde, o risco da queda na grandiloquência, a eloquência de que não prescindem os grandes, os grandes sentimentos, as grandes emoções. Aceitou-a corajosamente, sem a obsessão do pudor, em voga entre os de sua geração.
>
> A poesia de Dantas Motta não é uma poesia fácil. Se sentenciosa por vezes, é através de imagens e de uma larga margem de sugestão. Perdeu-se, em nosso tempo, o amor à linguagem simbólica. Não se lê mais a Bíblia, não se compulsam os Evangelhos. Se o fizéssemos ainda, nesses livros é que iríamos deparar com as raízes de sua fala inteiramente original na nossa literatura. E [...] em Mallarmé também. Porque cumpre ler seus versos tendo sempre em mente o valor etimológico e histórico das palavras. Por outro lado, aliando uma sintaxe ortodoxa às maiores liberdades, e ousadias, do vocabulário moderno, Dantas Motta cria um clima de mistério que é, no fundo, a própria essência da realidade mais chã[12].

Porém, se ainda assim, pela linguagem e mesmo pela adoção de gêneros e formas clássicos, como a elegia e o soneto, Dantas Motta pôde ser encampado, em aparência, pelo programa de 45, o nervo social de seus versos destoa dessa inscrição no quadro de uma geração poética não propriamente alheia à matéria social, mas em geral figurada em nível abstrato, sem enraizamento efetivo em uma problemática histórica ou social particular, conforme se discutiu no capítulo III. Mesmo pela linguagem, seu estilo grandiloquente, como quer Milliet, por vezes, entretanto, mesclado a algo próximo do *sermo humilis*, em decorrência do referido intertexto bíblico (com a adoção de um estilo franciscano no quarto livro), não se deixa confundir, graças àquela precisão vocabular a que se refere Domeneck, com o "parnasianismo latente" de 45, produto da herança bacharelesca que se viu com Sérgio Buarque, coisa a ser discutida com mais vagar à frente.

Assim, distante do influxo rilkiano dominante entre poetas elegíacos de 45, visto no capítulo V, as "pungentes e cáusticas elegias" de Dantas Motta, conforme as definiu Drummond, sobressaem da mediania da

12. Dantas Motta, *Elegias do País das Gerais. Poesia Completa*, pp. 334-335.

época, seja pela experimentação estilístico-formal e, em particular, pela engenhosidade ao adequar as convenções clássicas da elegia pastoral, bem como as da epístola paulina a uma realidade sócio-histórica muito específica; seja pela contundência de sua visada crítica dirigida a tal realidade. A atualização do gênero poético em contexto geo-histórico particular, explorando conflitos específicos dessa realidade, fez Dantas Motta levar adiante o projeto modernista de "redescoberta" do Brasil "profundo" e de denúncia de suas mazelas. Com isso, o poeta das Gerais chega, de fato, a ombrear com as grandes realizações modernistas no gênero.

Como se viu em seu depoimento, ele procede desse modo em relação à região do Rio e do Vale de São Francisco, justamente na década em que se assistiu às transformações decorrentes da criação da Companhia Hidrelétrica do São Francisco (CHESF) ainda durante o Estado Novo, em 1945, seguida das obras, iniciadas em 1949, da construção da Usina de Paulo Afonso, cujo sistema foi inaugurado em 1954. As consequências dessa modernização, sempre conservadora ou por alto, para as populações locais ou ribeirinhas, somadas à exploração de que já eram vítimas, constituem a matéria mesma de que se alimentam as *Elegias*, concebidas no bojo desse processo.

A perspectiva adotada pelo poeta não pode ser compreendida de modo ingênuo, tomando por base o lamento lutuoso que essa modalidade poética implica, como pura evocação nostálgica dos modos de sociabilidade tradicionais afetados pela modernização devastadora do São Francisco, histórica e ideologicamente celebrado como o rio da "integração nacional", alvo de iniciativa pioneira de planejamento regional. Para além da nostalgia, há aí uma reflexão mais funda que marca a apropriação e a referida atualização contextual das convenções da elegia pastoral promovidas por Dantas Motta, que inclusive contrasta significativamente com outras apropriações modernistas desse gênero poético tradicional, conforme já se viu em mais de um momento deste livro.

Seria interessante examinar o alcance da reflexão proposta por Dantas Motta contrastada com a sociologia nesse momento de especialização ou delimitação, acompanhado pelas disputas dos campos sociológico e literário. É o caso do projeto coletivo liderado por Donald Pierson na região, com apoio nacional e internacional da Comissão do Vale do São Francisco (CVSF), da Escola Livre de Sociologia e Política (ELSP) e do Institute of Social Anthropology/Smithsonian Institution (ISA/SI) no primeiro projeto de pesquisa empírica[13]. Nesse sentido, talvez valesse a pena a releitura das *Elegias* ponderando-se sobre o alcance da memória e da vivência do sujeito lírico (por meio da incorporação da voz da alteridade e do próprio rio!) no seu esforço de se achegar ao universo das populações do Velho Chico, em confronto com os resultados dessa etapa de institucionalização das Ciências Sociais no Brasil, quando Pierson e seu grupo incorporam, ao papel do especialista sociólogo, o do agente de mudança social, com a experiência *in loco*. Na impossibilidade de proceder essa análise mais detida, registre-se aqui, em particular, as afinidades existentes entre diversos momentos significativos dos cinco livros das *Elegias* como o material produzido por Pierson e sua equipe (depois coligido nos três tomos de *O Homem no Vale do São Francisco*, só publicado em 1972). Sobretudo no que concerne ao histórico e às transformações ocorridas, por exemplo, com o uso das terras e das propriedades (desde as grandes fazendas formadas, no passado, à custa de volumosas concessões de terras, até os pequenos sítios); o sistema de arrendamento; as figurações imperiosas do coronelismo; as atividades econômicas, com ênfase na pecuária; a religiosidade e o sincretismo; assim como as relações vicinais e de compadrio, entre outras questões. Além das afinidades, evidentemente, interessam os enfoques divergentes sobre tal realidade.

Na recepção crítica contemporânea à publicação do poema, um escritor do porte de José Geraldo Vieira dizia que "Dantas Motta inaugurou entre nós a 'rapsódia ecológica' de Minas Gerais, e o rio São Francisco é

13. Sobre o projeto de Pierson (procendente da Universidade de Chicago) e a institucionalização das Ciências Sociais no país, ver Mariza Corrêa, "Traficantes do Excêntrico: Os Antropólogos no Brasil dos Anos 30 aos Anos 60": https://edisciplinas.usp.br/pluginfile.php/842401/course/section/250056/Corrêa%20TRAFICANTES%20DO%20EXCÊNTRICO.pdf. Ver também Marcos Chor Maio, Nemuel da Silva Oliveira e Thiago da Costa Lopes, "Donald Pierson e o Projeto do Vale do Rio São Francisco: Cientistas Sociais em Ação na Era do Desenvolvimento", DADOS – *Revista de Ciências Sociais*, Rio de Janeiro, vol. 56, n. 2, 2013, pp. 245-284. Ver ainda José Vieira Camelo Filho, "A Dinâmica Política, Econômica e Social do Rio São Francisco e do seu Vale", *Revista do Departamento de Geografia da USP*, n. 17, 2005, pp. 83-93. "A Política Econômica Regional do Vale do São Francisco: Uma Busca do Desenvolvimento do Interior Brasileiro", *Revista de Estudos Sociais*, Ano 10, vol. 2, n. 20, 2008, pp. 67-87.

o seu taumaturgo e guia nessas excursões onde o vernáculo mais puro se adapta à poesia mais moderna". Pela mesma época, afirmaria ainda Maria de Lourdes Teixeira:

> Sua poesia se distingue da dos elementos de sua geração pelo aproveitamento do vernáculo como "capote" para o anjo da modernidade. Não faz poemetos, pois a sua inspiração flui como o São Francisco, rumo ao Norte, embebendo-se de toda a realidade passada e presente de Minas Gerais. Nesse sentido, Dantas Motta é um rapsodo moderno como Pasternak ou Sandburg[14].

Em ambos, portanto, a ênfase na dimensão social e no fôlego quase épico do "rapsodo moderno" mereceria análise, inclusive na comparação com os dois nomes evocados por Teixeira. E essa aproximação não se faz, de todo, à revelia do poeta. Pelo menos no caso de Carl Sandburg, Motta revela-se conhecedor da obra do autor de *The People, Yes!* Chega a uma breve comparação entre ele, Neruda e Drummond, concluindo, entretanto, pela superioridade do poeta social de *A Rosa do Povo* sobre os outros dois, o que o tornaria o maior poeta da América (Carta a Drummond de 12.11.46).

O valor poético e o alcance sócio-histórico da produção de Dantas Motta identificados por esses dois intérpretes, contudo, só viriam a ser precisamente dimensionados por Drummond, tanto em prosa, quanto em verso. Neste último caso, veja-se o belo soneto, espécie de necrológio, em que traça o perfil do "profeta" das Gerais, a "voz de rio", como senhor de uma poesia "mineiramente amarga" que, sem deixar de ser sobretudo denúncia e resistência, traria algum gérmen de esperança:

> TRAÇOS DO POETA
>
> Dantas Motta, profeta, e voz de rio
> no curso do Oriente ou de Aiuruoca,
> mineiramente amarga e transparente
> para quem sabe ouvir, e que provoca

14. Ambos os comentários constam da edição de Dantas Motta, *Elegias do País das Gerais. Poesia Completa.*

a poesia, onde quer que ela, pulsando,
seja signo de amor ou de protesto,
Dantas Motta, raiz de fundo alcance,
milho de ouro em paiol, bíblica festa

de fraterno sentir e se revelar
as doídas verdades esquecidas,
as candeias, os lumes abafados,

o soluço travado na garganta
e o mais que se pressente, mas oculta-se
nos subúrbios longínquos da esperança[15].

Já na prosa, Drummond cuidaria de precisar esse estatuto social da poesia do amigo, em um misto de crônica e ensaio que depois figuraria como o referido prefácio à edição da obra do poeta de Aiuruoca:

> [...] em suas obras mais representativas, Dantas Motta foi principalmente poeta social, no sentido mais livre do termo, isto é, sem se prender a limitações ideológicas que tornam às vezes tão odioso esse tipo de poesia. Poeta social, porque socialmente integrado no meio físico e na sorte de sua coletividade, e empenhado em registra-lhe as derrotas, a "austera e vil tristeza", como também os assomos de inconformismo e a aspiração, abafada ou visível, de reorganizar-se com justiça, dignidade e liberdade.
>
> Dantas foi, por assim dizer, o proprietário, em nossa poesia, de um estilo e um pensamento crítico-poético que não chamarei de inovadores, no sentido de atribuir conteúdo vanguardista a essa classificação. Seria mesmo o contrário disso, pois lhe repugnavam os malabarismos verbais, as charadas ideográficas, a sofisticação de recursos ópticos que distinguem uma poesia mais decorativa do que substancial. O que ele tinha a transmitir em verso era demasiado importante para se submeter a cânones de uma ilusória inventividade. Pedia elocução não criptográfica ou lúdica. Por isso, achou o dizer adequado, ora grave ora sardônico e mesmo navalhante, mas sintaticamente completo. Creio que o seu verso mais característico seja o das *Elegias*, com o seu ritmo lento e severo, seu contínuo fluir semelhando ou sugerindo as águas do rio São Francisco, esse rio de onde parecem nascer e para onde voltam sempre os poemas de Dantas Motta. Não teve imitadores, que eu saiba, ou, se os teve, passaram despercebidos.

15. O soneto seria depois recolhido em livro por Drummond, em *Discurso de Primavera e Algumas Sombras*. *Poesia e Prosa*, p. 809.

Veja que o dimensionamento social preciso se faz por oposição a certa tendência vanguardista que não parece ter mais nada a ver com o primeiro ciclo modernista. Pelos aspectos destacados ao caracterizar a noção de vanguarda (os malabarismos verbais, as charadas ideográficas, a sofisticação de recursos ópticos...) têm-se a impressão de que Drummond mira o segundo ciclo vanguardista dos anos 1950, representado pelo Concretismo, rejeitado por ambos os poetas.

A exploração do alcance social das *Elegias* se faz em outros momentos do ensaio e encontram sua confirmação, pela voz do próprio Dantas Motta, no diálogo epistolar mantido com Drummond durante a gênese do livro.

A GÊNESE DO PROJETO DAS *ELEGIAS* E O DIÁLOGO EPISTOLAR COM DRUMMOND

Por meio das cartas, percebe-se o quanto a concepção de conjunto das *Elegias do País das Gerais* (1943-1958) foi sendo reelaborada ao longo dos anos. Durante muito tempo, Dantas Motta insistiu na ideia de que elas deveriam ser compostas de seis partes ou livros (como optou por nomeá-las), e não de cinco, como resultaram, por fim, cujos títulos e respectivos anos de composição estão arrolados a seguir:

Primeiro Livro / *Da Fixação dos Condes no Espaço em Questão (1943-1945).*
Segundo Livro / *Solar de Juca Dantas (1954-1957).*
Terceiro Livro / *Sião (1947-1956).*
Quarto Livro / *Epístola de São Francisco aos que Vivem sob sua Jurisdição, no Vale (22.1.1953-8.12.1954).*
Quinto Livro / *Éclogas Pequenas em que Fala um só Pastor (1956-1958).*

Os títulos deixam entrever algo da diversidade de gêneros poéticos (écloga, poema epistolar, poema dramático etc.), além da elegia, é claro, como forma dominante. Nesse híbrido de formas, o eu lírico delega a voz poética ou adota diferentes identidades ficcionais, às quais correspondem, evidentemente, uma multiplicidade de perspectivas e distintos endereçamentos líricos, explorados adiante.

Antes disso, é importante observar, ainda com base nas cartas, que o poeta ideava cada livro não como uma só e única elegia, apesar da lógica sequencial que as une num todo coerente, mas como um conjunto delas. Na primeira "tábua das elegias" apresentada a Drummond, ele fala em um total de doze:

TÁBUA DAS ELEGIAS

1ª – Das origens mal entrevistas.
2ª – Da fixação dos condes no espaço em questão.
3ª – Dos retirantes.
4ª – Suplício do Monte Sião, também Aiuruoca chamado.
5ª – O mundo no poder das auras.
6ª – A desintegração do Grande País.
7ª – As mãos cobrem o País.
8ª – Sobre os muros que dão para o cemitério de Carvalhos.
9ª – Ciclo de Dona Joaquina de Pompéu.
10ª – Considerações de Ernesto nas colinas que derivam de Monte Sião.
11ª – A transfiguração dos terrenos impropriamente de contra-a-face chamados.
12ª – Missa de corpo presente (Carta de 11.09.45).

Ora, parte de tais títulos corresponde às subdivisões internas do Primeiro Livro. Isso parece comprovar que o poeta pensava cada livro como um conjunto articulado de elegias.

Em 1945, quando se inicia a correspondência, Dantas Motta diz a Drummond que as *Elegias* não sairiam tão "densas e uniformes" quanto desejava, e a perda da unidade, ainda mantida nas quatro primeiras, bem como a forma "envelhecida"[16], são experimentadas como "fracasso", cujas razões ele expõe da seguinte maneira:

> Não sei se devo culpar ao mundo que se tornou sem futuros e sem manhãs ou a mim que perdi – quem sabe? – [...] a simplicidade e a poesia ou talvez a graça do próprio País, de que, por estulta vaidade, quis ser cantor. [...] Mas você compreenderá, por certo, o meu drama: perdido voluntariamente no Interior, fora de qualquer senso de oportunidade, e em que me sinto, de qualquer forma, ridículo (Carta de Aiuruoca, datada de 11.09.45).

O sentimento de fracasso leva Dantas Motta a declarar, duramente, a "inutilidade" das *Elegias*, porque presas ao passado, em vivo contraste

16. A questão da "forma envelhecida" é tratada em outra carta, de 16.XII.50.

com Drummond, àquela altura comprometido por completo com o tempo presente e a utopia social de *A Rosa do Povo*:

> Incapaz de transcender os limites do tempo, operando assim uma fuga no espaço batido, tenho sido um personagem esquisito de mundos definitivamente encerrados. As *elegias*, a rigor, constituem o reflexo de um mundo fascista de existência, quando já você divisava a aurora de outro, ainda que tímida. Já são, pois, passado. E não terão força para sobreviver, porque lhes falta aquela essência eterna que torna as coisas vibráteis no sentido de todas as épocas. Interessante: a princípio, quando o *integralismo* me dava uma noção de exílio dentro do fenômeno nacional, nosso, comecei, em mil novecentos e trinta e seis, escrevendo umas odes que se alimentavam de paisagens estritamente europeias e onde havia arados e camponeses lavrando *eiras* na Hungria, na Holanda etc. [...] Mais tarde, quando o mundo me pareceu um grande túnel, e onde perdemos até a noção do dia de amanhã, porque nos entristecemos demais, e diante do problema dos retirantes e da fisionomia do Cavalo, interpretando perfeitamente o sentido de uma época mussolinesca e ditatorial, começaram a sair as *elegias* que me agradavam e que me agradariam ainda se os mundos continuassem como d'antes. Mas a guerra teve o mérito de cortar os suspensórios. As *elegias* ficaram nuas. De forma que vão sair, porque, nesta quadra do tempo, já não tenho mais forças para renunciar em detrimento à própria vaidade que eu sei cruel. Entanto, ontem à noite, depois que me deitei, com a sensação de quem passa o dia sem pagar-lhe o preço da existência, passei a meditar muito na precariedade de suas funções (Carta a Drummond, de 4-x-45).

Essa autocrítica impiedosa é, sem dúvida, injusta, apesar da atitude admirável, pelo grau de exigência que o poeta das Gerais se impõe. Ela atesta, também, sua grande lucidez tanto para as questões de forma e seus efeitos, quanto para as motivações políticas, as implicações ideológicas da obra e seu alcance social.

Assim, ainda em termos formais, Dantas Motta critica as subdivisões internas que ele impôs a cada livro, e reclama das implicações que esse seccionamento traz para a já referida unidade, coisa que, segundo ele, Drummond sempre soube garantir tão bem:

> Mas com esta eterna mania que tenho de dividir as coisas, creio que acabo prejudicando o livro. Acredito que seria melhor dispor as matérias a meu jeito sem divisão. É bem verdade... ora, infelizmente me lembro agora que sou mesmo obrigado a impor divisão ao livro, porque há poemas que só se conservam jungidos,

ajoujados mesmo, dentro de capítulos. Não adianta, por conseguinte, prosseguir com você nestas considerações.

Eu preferiria seguir o exemplo seu, já que ninguém pode fugir a sua influência. Isto é: agrupar os poemas sob o título principal. Quanto ao mais, que vivam por conta própria.

Em todo caso, julgo que possa reduzir ao mínimo as subdivisões que se me afiguram uma como que espécie de seccionamento na *forma*.

Para tanto, entendo que serei obrigado a sacrificar alguns poemas, o que me não espanta. Quando da publicação da *Planície dos Mortos*, os originais se compunham de quarenta poemas que Mário de Andrade ia dispondo segundo a ressonância de cada último verso, o que me pareceu errado. Ele o fazia segundo um sentimento musical, digamos, de pauta, quando os poemas, por mais diversos e estranhos uns dos outros podem (se puderem) ajustar-se segundo o estado de espírito determinante na sua feitura, sem esse apelo às notas finais, espécie de elemento material que compõe a música ainda, se esta, sendo FORMA também, deve ser visto no seu todo, sentido de sua complementação harmônica. Não gostei da disposição das matérias. Voltei ao hotel e no dia seguinte entregava ao editor os originais com 20 poemas apenas. Hoje eu os reduziria a 10 ou 11, no máximo. Mas eu já me vou sentindo cansado do sofrimento para me entregar a esse afadigante exercício. Não se trata mais de "pensée avec les mains". Se ao menos fora isso... (Carta a Drummond, 2.III.51.)

Quanto às implicações políticas do livro, é preciso reproduzir os comentários perspicazes do próprio autor sobre dois poemas das *Elegias* enviados a Drummond em primeira mão. Vale lembrar, antes, que um deles, embora com título diverso, remete à matéria de uma das elegias do Primeiro Livro, denominada "No Fundo do País, os Cascos do Navio Pampulha", em uma alusão evidente ao imaginário *marítimo* (a elegia seguinte chama-se, paradoxal ou ironicamente, "Paisagem Marítima de Minas") e a todo o conjunto arquitetônico concebido por Niemeyer (que tem, inclusive, no Iate Tênis Clube a concepção de um barco lançado nas águas da lagoa artificial), uma das obras mais emblemáticas da atuação de Jucelino Kubitschek como "prefeito furacão" da capital mineira. A elegia promove duras críticas a figuras e tipos conhecidos da realidade sociopolítico mineira, inserindo-os num quadro apocalíptico, concebido com tintas surrealistas. Veja-se, agora, o comentário feito por Dantas Motta, a partir desse e de outro poema, a respeito da realidade política mineira:

Em ambos, porém, você percebe a marca do político. E da política venho de me retirar, rapidamente, sem saudade, temor ou lembrança.

Também não compreendo os políticos mineiros. [...] Muito menos os chamados "udenistas" que, em Minas, formaram essa espécie de elite *jurídica* presa a pensamentos e formas necrosados, por certo responsável pelo desaparecimento dos últimos lampejos de ilusão de uma geração que poderia renovar-se, renovando as coisas, ao sopro, digo, ao sol de um tempo que se anuncia mais trágico ou mais feliz, não importa. O que importa é andarmos com ele. [...] A fórmula – "SEREI UM GOVERNO MAIS DA LEI QUE DOS HOMENS – com que o nosso suave Governador praticara as suas primeiras abluções para penetrar o templo, onde teria de oficiar como Magistrado, à similhança do Sumo Sacerdote Melquisedeque, bem diz da procedência deste "arrazoado".

E essa casta de juristas apareceu aos olhos desprezivos da massa, como se fora um ajuntamento de nobres contra os quais trabalharam os pseudos Laskis chamados Pasqualinis etc.

Aliás, a resposta a esses juristas fossilizados, relativa face ao absoluto popular, foi muito bem dada: apareceu um burrego gordo mandando o povo plantar... milho.

Nesse ponto houve retrocesso. Porque eu conheci Belo Horizonte ao tempo do governo Olegário, onde o juridicismo de um Gabriel Passos, que ainda sabe literatizar o direito, se adoça ao contato de uma comunidade de homens vivos, como aquela que vocês, sob a compreensão de Capanema, compunham.

Essa geração, hoje dispersa (e eu compreendo, talvez como ninguém, a sua amizade para com ele) não pode realizar, no plano político, os seus sonhos "loucos" de estetas.

Mas confesso a você que essa geração de juristas não desmereceria jamais aquela que lhe fora anterior, formando mesmo uma linhagem e uma tradição, e composta dos Edmundo Lins, Hermenegildo de Barros, Pedro Lessa, Artur Ribeiro etc. etc.

Porque ela, a nova, se formara sob o signo e a inspiração desses *manes* e *numes* e desde os bancos acadêmicos se enformara nessa mentalidade.

E é preciso compreender que esse jurisdicismo como MO_NO_CUL_TU_RA, no Governo ou embasando um pensamento e uma ação governamentais, é tão prejudicial quanto uma ditadura de classe.

E o exemplo inda é de nossos dias: a ditadura togada se constitui num dos piores governos que já tivemos.

A ela poder-se-ia aplicar, sem desdouro, o contido no Capítulo IX de Juízes acerca do Governo Universal das Árvores de que falam as Sagradas Escrituras.

[...]

Eu me insurgi em tempo contra essa mentalidade, escrevendo uma carta, nada disso, uma série de relatórios ao Dr. Pedro Aleixo, a quem considero um homem de bem. Há três anos havia eu previsto a derrocada que direi total. Mas o Dr. Pedro invariavelmente me respondia falando no "aprimoramento das instituições democráticas" ou, então, "nas garantias constitucionais do cidadão".

Creio, destarte, Carlos, que só somos já uma geração proscrita, porque o que nos falta agora é a capacidade FÍSICA de descer até a massa.

E no entanto, teríamos realizado um governo de massa, quero dizer, um governo que dela não vivesse apartado, por força da circunstância de podermos ter interpretado o seu subconsciente.

Descer, porém, até agora é impossível, pelo fato de estarmos todos nos nivelando[17].

O trecho admirável é bastante longo, mas precisava ser citado quase integralmente pelo que ilumina da tonalidade ideológica da visão e da criação do poeta das Gerais. Destaca-se, nesse sentido, a crítica aos udenistas, lembrando que Dantas Motta quase se candidatou a deputado por tal partido, abandonando a candidatura bem nessa época a que remete a carta e retirando-se da vida política, "rapidamente, sem saudade, temor ou lembrança", como ele mesmo diz. Como se verá, a crítica aos udenistas mineiros e, em particular, à "casta de juristas", é fundamental como chave de interpretação das *Elegias*, que promovem, já na linguagem, uma apropriação poética muito particular do jargão jurídico, subvertendo sua função original. Note-se, de passagem, o contraste estabelecido entre a "elite jurídica" retrógrada então no poder, presa, como diz Dantas Motta, a *pensamentos e formas necrosados*, e a encabeçada, anteriormente, por Gustavo Capanema, a quem, como é bem sabido, Drummond esteve intimamente ligado, acompanhando-o de perto em sua escalada e atuação ministeriais. Todavia, apesar da atuação mais viva, a geração do ministro varguista da Educação encontrava-se, em 1950, toda dispersa, sem ter conseguido realizar, "no plano político, os seus sonhos 'loucos' de estetas"...

No excerto acima, vale chamar a atenção, também, para a correlação direta estabelecida nas cartas e, mais ainda, na sua poesia, entre um acontecimento histórico e dada passagem bíblica, que parece se aproximar, em certa medida, dos níveis de interpretação da hermenêutica bíblica[18]. Por último, destaque-se a consciência decisiva de Dantas Motta para a

17. Cf. a já referida carta de 16.XII.1950.

18. Trata-se, evidentemente, dos quatro níveis da exegese bíblica (histórica, alegórica, tropológica e anagógica), que seria umas das referências para certas correntes da interpretação literária, evidentemente em chave laica. Um histórico sucinto da hermenêutica bíblica e desses quatro níveis está no verbete "Fourfould Method of Interepretation" em Alex Preminger & T. V. F. Brogan, *The New Princeton Encyclopedia of Poetry and Poetics*, p. 619. Para uma apropriação metodológica desses

distância que separa o intelectual e o escritor das "massas", tocando em uma problemática decisiva para a arte e a literatura modernas, e que ele compreendeu como irreversível ou insuplantável.

Tais aspectos essenciais do livro e da trajetória poética de Dantas Motta podem ser um pouco mais aprofundados na apresentação e no comentário de apenas três dos cinco livros que integram as *Elegias do País das Gerais*, sem com isso pretender dar conta da complexidade do todo. A intenção é tão somente a de evidenciar algumas das linhas de força da obra, que foi sendo publicada parcialmente, principiando pelo primeiro livro, seguido pelo quarto, até a publicação integral dos cinco livros.

NARRATIVA ETIOLÓGICA E CONTRADIÇÕES IDEOLÓGICAS

Dedicado a Osvaldo Costa[19], o Primeiro Livro, *Da Fixação dos Condes no Espaço em Questão*, foi originalmente publicado pela Editora Flama em 1946 sob o título que depois designaria o todo: *Elegias do País das Gerais*. Essa mudança de título e a posterior agregação dos demais livros que integrariam o conjunto, tal como ficou conhecido a partir da primeira edição de 1961, é algo ainda a se examinar mais detidamente para compreender a gênese do projeto poético de Dantas Motta, que foi se gestando ao longo dos anos 1940 e 1950.

Seu ponto de partida é uma espécie de narrativa versificada que busca dar conta da gênese do Estado ou – como prefere o poeta – do *País das Gerais*. Esse tipo de narrativa popular guarda alguma lembrança do impulso mítico ou lendário do primeiro Modernismo, na esteira de *Macunaíma*. De acordo com esse relato etiológico, quando Maçaranduva se engravidou, o peito da terra empolou, dando origem às montanhas de Minas Gerais. O Canto esclarece a posição geográfica em meio a montanhas e planícies demonstrando a sensação de não pertencimento, de exí-

quatro níveis em uma perspectiva de interpretação materialista, ver Fredric Jameson, *O Inconsciente Político. A Narrativa como Ato Socialmente Simbólico*, São Paulo, Ática, 1992.

19. Na primeira edição, pelo Flama, a dedicatória completa é a seguinte: "A Osvaldo Costa, mineiro do Sul". Nas edições seguintes, consta apenas "A O. Costa".

lio do eu poético, e encarnando o sentimento do mineiro, saudoso da serra natal. Ligado a esse espírito montanhês, vem também a predisposição maior para o pastoreio, do que para a exploração dos minérios e riquezas ocultos na terra. Por oposição ao gado, ao cultivo da terra, a mineração surge como prática nefasta, alheia a índole do próprio mineiro e motivada pela cobiça, que o poeta denuncia por meio do diálogo intertextual estabelecido com o Sermão de Vieira ("Sobre as Verdadeiras e Falsas Riquezas"), citado em epígrafe.

Da Fixação dos Condes no Espaço em Questão parte, assim, de uma narrativa poética para cuidar da gênese do País das Gerais; passa pela fundação e pela povoação do Estado mineiro; segue com o despovoamento deste, devido à emigração; evoca, de modo problemático, a memória de tempos mais gratos associados ao domínio e mando de Dona Joaquina de Pompeu, que se torna a interlocutora privilegiada em vários outros momentos desse e de outros livros; e conclui com a desagregação do dito País das Gerais, em função da traição da vocação natural mineira (o gado, o pastoreio) pela exploração gananciosa de ouro, minério etc., exaurindo o solo e entregando as terras, por fim, ao abandono.

O Primeiro Livro das *Elegias* saiu em meio à intensa militância política do poeta, "que lhe absorvia criminosamente o tempo", segundo Drummond. No ano seguinte à sua publicação, o poeta se debatia entre aceitar ou não a candidatura a deputado pela UDN. Acabou declinando dela felizmente, como diz ainda Drummond, que trata de assinalar também o que de efetivo a "sofrida experiência" política trouxe para a criação poética de Dantas Motta:

> Por felicidade sua, não tivemos na Câmara o Deputado Dantas Motta. O exercício do mandato em nada o valorizaria, e possivelmente o poria em choque com as conveniências partidárias. Dantas era destabocado, dizia na fuça da pessoa o que achava necessário dizer-lhe. [...]
>
> O que a política, em termos de criação poética, deu a Motta foi a sofrida experiência, a visão extrafachada dos problemas e figurantes envolvidos em seu jogo. Não houvesse a passagem pela política, talvez sua poesia tomasse outro rumo, descompromissado com o real e o social: um rumo apenas estético.
>
> A essa altura das apreciações sobre o poeta, o homem, a conversa vai tomando rumo impreciso, e é a própria lembrança do amigo que ganha relevo na sala. [...] Bom seria que estivesse aqui conosco o Dantas Motta vivo e cordial, e fôssemos nós que o ouvíssemos, no falar franco e ameno que o distinguia, contando-nos de suas andanças de advogado a cavalo, pelas serranias de sua Aiuruoca. [...] E ouço um

tinir de esporas, um ritmar de cascos. Que cavaleiro andará por aí, na noite, sobraçando petições e estrofes, brigando com os ventos e as chicanas, defensor quixotesco do direito dos pobres? A um clarão, reconheço-o. É Dantas Motta, moderno cavaleiro andante da jurisprudência a serviço de posseiros sem esperança; é o poeta, é o homem, é a saudade dele na sala. Cinco anos depois[20].

Drummond assinala com precisão o que adveio de positivo da militância para a criação poética, mas deixou na sombra, para o bem do retrato, uma outra dimensão mais difusa ou contraditória, que pode ter resultado desse compromisso político, ainda que logo abandonado. Dito de outro modo, a participação nessa frente antigetulista, justamente no momento em que se dava a dissidência das correntes mais progressistas, como a esquerda democrática, fazendo com que o partido peculiarmente "liberal" assistisse a uma inclinação à direita[21], parece responder por certa ambivalência politico-ideológica em algumas passagens do Primeiro Livro, que tratam do estatuto social dos tipos convocados nos versos, bem como das relações de classe. É o que ocorre com o elogio que a voz poética promove de um dos tipos locais recorrentes na produção poética e ficcional brasileira, que sempre constituiu um desafio à análise sociocrítica:

II/DA FIXAÇÃO DOS CONDES NO ESPAÇO EM QUESTÃO

Meu doce País das Gerais:
Não sei por que este apego
Às tuas terras ásperas.
Atrás das posturas serenas
Esta humildade de ferro,
Este relógio no colete,
Este botão de vidro.
Estamos na terra dos coronéis.
Não da Guarda Nacional,
Não da Milícia, mas do povo,
E que condes seriam,

20. Dantas Motta, *Elegias do País das Gerais, Poesia Completa*, pp. XXII-XXIII.
21. Em que pese as distinções da atuação partidária no campo e na cidade, conforme o citado estudo fundamental de Benevides sobre o udenismo. Ver, também, a dissertação de Jorge Gomes de Souza Chaloub, *Rupturas e Permanências: Os Aspectos Autoritários do Udenismo*, Rio de Janeiro, PUCRJ, 2009.

Se condados houveram.
Quando nos reunimos, pelo Natal,
Como os irmãos, uns ricos, outros
Pobres, alguns remediados,
E que vêm de São Paulo,
Paraná, Mato Grosso,
Ou do prolongamento
Da Brasil–Bolívia,
Ainda este prazer
De ver o coronel,
Às vezes pobre,
Ao redor da mesa,
Presidir o ato.
Dificilmente, todos emigram.
Alguns ficam em torno à lareira,
Tomando conta de um pedaço de chão,
Teatro das alegrias
E das tristezas anônimas.
E quando os netos chegam
Das lides acadêmicas,
Ou das tarefas das colheitas,
Ou cansado dos carinhos
Com que choraram a amargura de uma rês,
Atolada em um brejo,
Ou morta em um valo,
Que rude é a economia
De quem vive nestas terras,
Encontram, logo abaixo do Cristo,
Na sala de visita ou espera,
O retrato do avô ou pai:
Olhar severo e tranquilo
De quem à vida não faz mal;
Barbas bem tratadas e macias
E que um dia os filhos das filhas
Alisaram sem espanto,
Que a idade a tudo cede
Sem mais demora.

"Foi um grande homem, dirá alguém. Quando morreu, o comércio cerrou suas portas. Até o pessoal da política contrária acompanhou seu enterro."

E, na sala, o retrato se agiganta,
E com ele
A saudade de um tempo menos cruel[22].

Trata-se, como se vê, de uma representação ideologicamente controversa em vista da positivação da imagem desse "coronel do povo" pela voz poética, seja devido ao prazer de vê-lo presidir a ceia natalina; seja devido a seu retrato sublimado ou quase beatificado na sala (significativamente) de espera, conferindo-lhe uma posição quase divinizada (só abaixo de Jesus!), com um olhar severo (impondo autoridade e respeito) e ao mesmo tempo tranquilo, de quem à vida não faz mal, e cujas barbas macias poderiam ser alisadas pelos netos, sem espanto... Respeitado e querido por todos, quando de sua morte, até os adversários políticos acompanharam seu enterro. Com sua morte, o retrato se agiganta fantasticamente, hiperbolizando a saudade de um tempo menos cruel. Vale atentar, de passagem, para a interlocução com os conhecidos versos de "Confidência do Itabirano" – um bom exemplo de um diálogo rico e produtivo com o legado dos grandes modernistas, ao contrário da apropriação compulsória promovida pelos poetas de 45, conforme se viu com Antonio Candido, no capítulo III.

Pensando ainda no sentido da tradição, seria interessante confrontar essa passagem com as figurações que a ficção de 1930 produziu sobre essa representação clássica do mandonismo local, que já aparecia em um Lins do Rego como detentor de uma bondade inata, mas pela perspectiva afetivamente comprometida do neto do coronel José Paulino. Aqui também não deixa de ser um neto de coronel, que chegou a integrar, de fato, a Guarda Nacional, conforme se verá na análise do Segundo Livro, *O Solar de Juca Dantas*. Mas, no caso do Primeiro Livro, parece arriscado associar tão estreitamente a voz lírica com a do poeta das Gerais.

Antes de discutir essa associação, é importante lembrar que, pela época da composição das *Elegias*, surgem os clássicos estudos do pensamento social brasileiro a respeito do mandonismo local, detendo-se no exame apro-

22. Dantas Motta, *Elegias do País das Gerais*, Rio de Janeiro, José Olympio Editora, 1961, pp. 73-74. Os versos são reproduzidos de acordo com esta primeira edição, que parece mais cuidadosa.

fundado dessa figura emblemática. Assim, três anos depois do Primeiro Livro das *Elegias,* Victor Nunes Leal trataria de publicar o estudo de referência sobre o *Coronelismo, Enxada e Voto* (1949), que foi acompanhado de uma recepção crítica polêmica. Quando confrontado com a definição dada por estudos fundamentais como esse, ou mesmo com as representações legadas pela literatura dos anos 1930, o retrato do coronel do povo de Dantas Motta apresenta certas particularidades que permitem, até certo ponto, relativizar a distorção ideológica da visada humanizadora desse tipo social presente em seus versos.

É estranho pensar que um poeta tão argutamente social faça vista grossa ao grau de violência subjacente a essa encarnação de mandonismo local, tal como se configurou plenamente na República Velha: uma forma residual "do antigo e exorbitante poder privado", que podia levar o coronel ao "recurso simultâneo ao favor e o porrete"[23]. Mas é fato que os versos acima se afastam da tipificação promovida pela sociologia, definindo o coronel pela média e elevando-o à generalidade de uma instituição (o coronelismo). Resta considerar, em contrapartida, até que ponto essa representação poética se aproxima da imagem edulcorada promovida pela ficção de 30 ou mesmo pela poesia, a exemplo do Jorge de Lima de poemas como "Banguê"[24].

Veja-se, nesse sentido, que, embora se possa depreender nos citados versos algo da extensa parentela e da influência política características, esse coronel do povo difere significativamente daquele descrito por Leal e outros, já pelo fato de não ser nem da Guarda Nacional nem da Milícia. Além disso, não se trata de um grande proprietário de terras, como o coronel típico, mas de uma figura às vezes empobrecida. Os versos sugerem, quando muito, uma modesta propriedade, já que ele toma "conta de um pedaço de chão, / Teatro das alegrias / E das tristezas anônimas".

Tem-se, ainda, a favor do poeta, o fato de a voz lírica não ser individualizada. Há algo como um agenciamento de vozes que o poema encena, ajudando a relativizar o peso da distorção ideológica em representação tão humanizada e "enobrecedora" desse coronel – no duplo sentido do

23. Victor Nunes Leal, *Coronelismo, Enxada e Voto: O Município e o Regime Representativo no Brasil,* São Paulo, Alfa-Ômega, 1975, p. 47.

24. Para uma análise de "Banguê", ver Vagner Camilo, "Jorge de Lima no Contexto da Poesia Negra Norte-Americana" (Jorge de Lima, *Poemas Negros,* São Paulo, Cosac Naify).

termo, visto ser elevado a uma casta aristocrática: "condes seriam, / Se condados houveram" [sic]. Essa condição hipotética faz lembrar o esquema de interpretação feudalizante da história local, que vigorou por um longo tempo, embora Dantas Motta não pareça endossá-la de todo, já pelo uso do condicional.

No excerto citado, o jogo de vozes já começa com a adoção da primeira pessoa do plural no décimo terceiro verso ("Quando nos reunimos, pelo Natal...") e se confirma de modo mais explícito no final do excerto, com a delegação efetiva da fala ao outro, citada entre aspas, quando da morte do coronel sem patente e querido por todos. A poesia, inclusive, cede o passo à prosa para demarcar a voz da alteridade. Ambos os procedimentos já permitiriam estabelecer a referida relativização do ponto de vista, de maneira a evitar a hipótese mais imediata que tende, mecanicamente, a supor que ressoa uma só voz exprimindo a perspectiva do próprio poeta sobre o tipo e a realidade sociais abordados nos versos.

Logo em seguida, na terceira parte do Primeiro Livro, a delegação da voz vai se tornar ainda mais patente, com as rubricas identificando claramente as falas e perspectivas atribuídas a quatro personagens-tipo: os Retirantes A, B, C e D. O que vale destacar nessas falas, além da queixa específica de cada um deles, é o alvo comum de sua investida crítica: o grande proprietário de terras. Detrás das vozes dos retirantes, percebe-se ecos da indignação do poeta das Gerais, repercutindo a imagem meio quixotesca que dele construiu Drummond, como advogado itinerante em socorro de posseiros e pequenos sitiantes expulsos de suas terras, seja em decorrência da exploração imposta ao meeiro pelo arrendador; seja pela cobiça do grande fazendeiro, cioso de estender os domínios de seu latifúndio, arrematando por bagatela – ou avançando criminosamente sobre – o sítio do pequeno proprietário, com a conivência de uma lei corrupta, nunca à medida dos direitos dos mais despossuídos. Lei essa, aliás, encarnada nos versos por um meirinho ironicamente representado como "um preto de cartola e fraque".

Assim, ao elogio comprometedor do coronel do povo, segue-se essa crítica aos grandes proprietários de terras, demonstrando que o poeta distingue um do outro, distinção que a sociologia não parece dar registro. Mas se as duras críticas aos grandes proprietários parecem resgatar o eu da posição problemática a que o lançava o elogio do primeiro (de todo modo evocado pela "saudade de um tempo menos cruel"), adiante, quase no fecho do Primeiro Livro, volta a surgir uma autorrepresentação comprometedora, devido à condição sociopolítica assumida pela voz poética, como "bernardista intransigente", que "talvez fosse coronel, / se, em verdade, antes bacharel não fora". E, detalhe importante, essa voz se identifica, expressamente, como "Dantas apenas, / sem privilégio ou casta, / também sem árvore genealógica..."

Haveria, ainda nesse Primeiro Livro, outro aspecto ideologicamente comprometedor, que diz respeito ao ciclo de versos dedicado a Joaquina de Pompeu, a famosa "sinhá braba", figura controversa cuja evocação nas *Elegias*, nesse e em outros livros, exigiria uma análise mais detida, que se reserva para um momento futuro.

Os aspectos distintivos destacados aqui, se não respondem pela complexidade toda que *Da Fixação dos Condes no Espaço em Questão* encerra, são suficientes para dimensionar esse ponto de vista político-social que, sendo central para a compreensão do Primeiro Livro, parece sofrer mudança significativa em obra de tão longa gestação, como se poderá verificar nos dois outros livros das *Elegias do País das Gerais*, examinados a seguir.

AMÓS E A "MEMÓRIA QUE TUDO DITA"

Do relato etiológico de um Estado ou País, passa-se a um livro de cunho memorialístico, embora sem perder de vista a comunidade de origem e a história social mais ampla.

O *Solar de Juca Dantas* (1954-1957) foi provavelmente dos últimos a ser composto, embora Segundo Livro da sequência das *Elegias*. Ele vem dedicado ao pai do poeta recém-falecido, um motivo a mais para a homenagem: "A meu pai Lourenço Henriques da Motta (*1889 †1951) com este pensamento parafraseado de Péguy: é bem maior o número de santos na obscuridade.[25]"

A influência das ideias e dos escritos de Charles Péguy – "o mais perfeito modelo do antimoderno, eterno trânsfuga, agente duplo encarnado"[26] – sobre Dantas Motta e outros tantos escritores e intelectuais brasileiros

25. Dantas Motta, *Elegias do País das Gerais* (1961), p. 95.
26. Antoine Compagnon, *Os Antimodernos*, p. 225.

dos anos 1930 e 1940 é algo ainda a se investigar devidamente, incluindo-se a recepção local dos *Cahiers de la Quinzaine*, que o poeta e escritor francês dirigiu. Sobre esse pensamento que o poeta mineiro diz parafrasear, vale mencionar a observação de Claire Daudin, quando afirma que a figura do "santo" sempre tomou o lugar do militante nos escritos do autor de *Mystère des Saints Innocents* e de outros tantos "mistérios" de inspiração medieval. Trata-se, sempre, da questão do *agir*, de andar e procurar transformar o mundo, buscando, ao mesmo tempo, não se deixar prender pelas "armadilhas da luta política, que Péguy denunciou com lucidez"[27].

Sem dúvida, a questão da militância está no horizonte de atuação do "moderno cavaleiro andante da jurisprudência a serviço de posseiros sem esperança", conforme se viu com Drummond. Não se trata, portanto, apenas de uma metáfora projetiva para a militância, mas de um agir traduzido em andança efetiva. Ele surge, também, como uma alternativa mais eficaz às armadilhas da luta política, nas quais Dantas Motta quase se deixou prender quando pretendeu a referida candidatura como deputado pela UDN.

O compromisso do poético com o real e o social deixou marcas evidentes no conjunto das *Elegias*. No caso do *Solar*, aparece a todo momento, valendo destacar, a título de ilustração, a passagem em que, suspendendo por instantes a rememoração, o eu lírico se volta, por meio da apóstrofe, à própria poesia, em busca de inspiração para seguir com o canto. Trata-se de uma concepção *sui generis* de criação, em que se funde poesia, princípio de economia, Maiakóvski, denúncia político-social e um problemático anseio de conversão cristã de famílias locais oriundas de outras etnias e religiões:

> Ó poesia em cuja forma me adentro,
> Tornada diária, noturnamente útil,

27. Diz ela ainda que tais personagens santificados são, sem dúvida, figuras modelares, "mas para os seguir é necessária uma virtude ainda superior à coragem e ao sacrifício de que Péguy é o herói da luta por Dreyfus em nossa juventude". Ver o estudo biográfico e crítico de Claire Daudin no portal do sítio dedicado ao poeta e pensador francês em http://charlespeguy.fr/La-dent-du-dieu-qui-mord. Lourenço Dantas Motta confirmou que é procedente a influência de Péguy sobre o pensamento de seu pai. Destacou, como exemplo, a visão do "dinheiro" que ambos têm em comum e indica, como leitura sugestiva para se pensar essa influência, o estudo de Jacques Julliard (*L'Argent, Dieu et le Diable: Face au Monde Moderne avec Péguy, Bernanos, Claudel*), intelectual de esquerda e católico que é autor de uma monumental história da esquerda francesa.

Também princípio de economia,
Trabalho por que clamava Maiakóvski!
Infundi-me forças ao canto,
Para que eu possa pôr um *jesus*
Nos *mínimo*, um divino nos *chantre*,
Um sacramento nos coutos,
E se interrompam, enfim,
Todas essas árvores genealógicas,
Que povoaram de desertos o País,
De erosões a terra inculta,
De ausências os casebres miseráveis,
De dinheiro os Bancos da República,
De ninguém os caminhos morrendo[28].

A própria convergência entre o *santo* e o *militante* apontada por Daudin nos escritos de Péguy encontra um correlato na identificação do poeta social das *Elegias* com um dos profetas, examinada adiante.

Antes disso, importa tratar das feições memorialísticas assumidas pelo discurso elegíaco no *Solar de Juca Dantas*, que também matizam, em boa medida, *Sião*, o Terceiro Livro das *Elegias do País das Gerais*. Esta abordagem, entretanto, restringe-se ao Segundo Livro, a fim de examinar o estatuto da subjetividade lírico-elegíaca, a ficcionalização da voz poética e as atitudes do memorialista em face do passado ancestral, denunciando mais claramente qual o propósito da rememoração que norteia o poema.

Embora apresente traços autobiográficos, o *Solar de Juca Dantas* se caracteriza mais apropriadamente como memorialismo. Isso porque, para além da história de uma personalidade, a ênfase recai no estatuto testemunhal do eu e no alcance transindividual dos acontecimentos abordados[29]. É bem verdade que Gusdorf alega que os dois gêneros de *escritas de si* não se opõem e chegam mesmo a se confundir em vários casos, uma vez que a tônica na vida individual ou no mundo são extremos em meio aos quais as obras se instalam, oscilando entre um e outro. No entanto, o próprio Gusdorf reconhece um tratamento distintivo da subjetividade em cada caso: ao passo que a autobiografia contempla a in-

28. Dantas Motta, *Elegias do País das Gerais* (1961), p. 104.
29. Philippe Lejeune, *L'Autobiographie en France*, Paris, Armand Colin, 1971, p. 15.

timidade do sujeito, o memorialismo privilegia sua face pública ou social, bem como suas relações com o horizonte histórico, compondo amiúde o retrato de uma grande personalidade, uma genealogia ou o quadro de relações sociais em um dado contexto[30].

Quando se passa em revista as sete partes que compõem o Segundo Canto, percebe-se, claramente, a ênfase dada ao transindividual, enquanto o eu ganha a cena para revelar não tanto um drama interior, mas o que responde por sua condição ou estatuto social.

O memorialista recorre a um *locus* clássico nesse gênero de discurso: a *casa ancestral*. A linhagem drummondiana de grandes poemas de família, por exemplo, reportam a esse lugar-comum, desde o hamletiano "Viagem na Família", em *José*, até "O Peso de uma Casa", no livro póstumo (*Farewell*). É possível que Dantas Motta tenha buscado inspiração no exemplo do amigo ao se apropriar dessa tópica, já que a alusão ao poeta itabirano se faz em mais de um momento do *Solar de Juca Dantas*. Mas o tratamento dado à "casa solarenga" em que se vê o eu adentrar logo no pórtico do Segundo Livro é algo bem diverso da culpa familiar que mobiliza o fazendeiro do ar em relação aos desígnios do pai e do clã mineiro.

> E entrando esta casa solarenga, dos *dantas*, digamos,
> Perdido no fundo do chamado Ermo dos Gerais,
> A candeia à mão alumiando o revés dos sítios,
> Pelos caminhos onde os galos mais não cantam[31].

À primeira vista, pode parecer pretensão nobiliárquica conferir o *status* de *solar* à casa ancestral dos *dantas*, embora o "digamos" (somado ao minúsculo com que grafa o sobrenome) já relativiza tal impressão, desmentida de vez ao longo dos versos, revelando-se, por fim, quase irônica quando se considera a visada crítica que preside a visitação.

O elegista promove sua visita mais imaginária do que real, sintomaticamente, com "a candeia à mão aluminando o revés dos sítios", assim como, mais adiante, risca um fósforo "no fundo desta sala / que em morcegos se ceva". O jogo entre luz e sombra, obviamente, tem significação maior ou simbólica. Isso não só por trazer à luz o passado ancestral, mas por iluminar ra-

30. Georges Gusdorf, *Les Écritures Du Moi*, Paris, Garnier, 1991, pp. 260-261.
31. Dantas Motta, *Elegias do País das Gerais* (1961), p. 97.

cionalmente os alicerces da ordem econômico-social que deram sustentação ao universo rememorado. Portanto, o eu já atesta, de saída, o desejo evidente de seguir a contrapelo da história, movido não por um anseio nostálgico de reencontro com o passado ancestral, mas por um impulso desmistificador, buscando iluminá-lo e examiná-lo de uma perspectiva crítica.

O memorialista não se mostra investido daquele poder restaurador que faz o passado aflorar em sua plenitude. A referência aos galos que já não cantam pelos caminhos atestam isso. As remissões ao tempo pretérito vêm sempre marcadas pelo silêncio, pelo abandono, pelas fantasmagorias e pelas imagens de esterilidade –

> Morreu o crepúsculo!
> Um sol fantasma de arado e semente defunta,
> Que não cativa de seu degredo os campos do sono,
> De há muito enobreceu, empoeirado, um fim de tempo.
> Nem as cardas d'oiro – a roca ao lado –
> E que as chuvas de junho as nuvens não fiam,
> Se abespinham sem mãos humanas que as afaguem,
> Visitadas que são, hoje, por vespas e aves noturnas[32].

Destaque-se, ainda, as alusões ao insulamento, sofrimento, extenuação e morte, exemplificadas pelo momento em que o eu afirma ter preferido jamais ingressar na casa solarenga, feita "de prestígio e solidão", e circundada de soluços, luares mortos, velhos defuntos e secas borboletas:

> Prouvera que eu, nesta casa, não entrasse,
> Feita que é, toda ela, de prestígio e solidão.
> Os muros circundantes que, na várzea,
> Se compunham apenas de latim, heras e bibliotecas,
> Agora se tocam de outros soluços,
> E, sob um luar de mortos minérios,
> Carregados do tão doce preceito itabirano,
> Começam, de novo, a pastar velhos defuntos,
> À margem de um rio de bois tristes
> E secas borboletas que se vão definhando[33].

32. *Idem, ibidem.*
33. *Idem*, p. 101.

Isso sem esquecer do noturno associado às sombras do esquecimento e da morte, extinguindo animais, pastagens, pássaros e divisas:

> Enoiteceu o País!
> E com a noite sobre as empoeiradas sombras de Sião,
> Sem pastagem, sem gado de corte ou de cria,
> Este sol também morto de desertos e minérios,
> Que extingue das ramagens os derradeiros pássaros,
> E mata, por força de uma lei de subsolo,
> Dos últimos sítios as derradeiras divisas.
>
> ENOITECEU![34]

Tais signos negativos se disseminam por todo o canto. Seres e costumes evocados pelo memorialista não perdem seu caráter fantasmal, como na passagem em que se rememora os preparativos dos jantares, seguidos de música, que animaram, outrora, o solar, agora descritos por espíritos envoltos em capuzes brancos, cuja movimentação é comparada a um minueto. Já aqui, a hierarquia se repõe tal como se dava no passado:

> Aqui, os espíritos, envoltos em capuzes brancos,
> Entram e saem a sala, o alçapão, a despensa.
> Num ligeiro curvar de cabeças, como num minueto,
> Pelos corredores longos inda se tocam, conduzindo,
> Cada qual, a ânfora, a jarra e a toalha de linho.
> Sabor de barbas, após a refeição, alimpando-se,
> Na *pêra*, como um brasão, do leite derramado.
> À noite, vazia a sala, são solaus
> Que na solfa adormecem os salões de ouro,
> E todas as cadeiras, austríacas,
> Se movimentam num leve arrastar de pés,
> Sob o compasso manso da de balanço, sozinha[35].

Em face do universo rememorado, tão marcado por essas notas lutuosas, o eu não demonstra qualquer afetividade. Ao contrário, só lhe dirige o olhar distanciado:

34. *Idem*, p. 107.
35. *Idem*, pp. 97-98.

Dos sete montes solitários,
Vivendo todos sob a cara tenebrosa do Arpamingos
Que havendo assistido aos enterros de meu avô e bisavô,
De mim não colhem senão este olhar à distância[36].

Esse distanciamento, somado à atitude desmistificadora, no sentido alegado de não fazer concessão ao passado patriarcal, é algo bastante incomum no memorialismo brasileiro, notadamente no mineiro, em que se alinha Dantas Motta. Só por isso, ao invés do esquecimento a que tenderam a ser relegadas, as *Elegias do País das Gerais* já mereciam um lugar de destaque, quando posta à contraluz dessa vertente tão forte na literatura brasileira.

Basta notar o quanto o poeta se afasta de certas ambivalências do memorialismo de um Pedro Nava, por exemplo. Não há, como neste, pretensões nobiliárquicas e orgulho genealógico, nem o autoenobrecimento do memorialista por ser o detentor do poder de preservar a história dos antepassados. Também não se verifica no autor das *Elegias*, como ocorre no de *O Baú de Ossos*, a adoção da imagem ou da identidade do herdeiro, seja do patrimônio econômico-financeiro, seja da tradição e da cultura familiares[37]. E se o narrador naviano "das *Memórias* encarna um modelo positivo da classe superior brasileira que decaiu com a crise das oligarquias"; se ele representa "um autêntico filho-família da burguesia nacional" imbuído da "missão de pensar o país"[38], em Dantas Motta esse compromisso persiste, de certo modo, embora sem o *status* do primeiro, pelo menos na ficcionalização que os versos promovem, ao que se acrescenta o intento maior dos versos memorialísticos: a denúncia dos abusos e desmandos dessa classe.

Ao invés do herdeiro, o memorialista do *Solar de Juca Dantas* insiste na condição de *déclassé* e no desprezo absoluto pelo lastro ancestral. É o

36. *Idem*, p. 98.
37. Juliana Ferreira de Melo, "A Construção de si como um Herdeiro: Pedro Nava e os Episódios de Baú de Ossos", *Anais da ALB* (Associação de Leitura do Brasil). alb.org.br, s/d., pp. 1 e 5.
38. Joaquim Alves de Aguiar, *Espaços da Memória: Um Estudo sobre Pedro Nava*, São Paulo, Edusp/Fapesp, 1998, p. 208. De acordo com Eneida Maria de Souza, "essa missão correspondia ao projeto cultural de uma geração que se colocou como porta-voz dos anseios populares, a elite intelectual modernista, voltada para o conceito de nação como resultado de um trabalho planejado de cima para baixo, respeitando hierarquias de ordem social e política" (Eneida Maria de Souza, *Pedro Nava: O Risco da Memória*, Juiz de Fora, Funalfa, 2004, p. 29).

que se vê no autorretrato extremamente pungente do "doutor deficitário", chegando mesmo à posição de indigência, ainda que se trate de recurso retórico para hiperbolizar a distância social que o separa de seu passado familiar. A condição de decadência é acentuada no detalhe, com a caspa pontilhando os ombros desse "mendigo", apesar do "transunto de velhas glórias", a quem só resta, impotente, o direito ao choro:

> Tarde já. Os fruitos e as crianças possuíam,
> Nas primaveras frustras que então passei a ser,
> Um sabor de saudade no mendigo que hoje sou,
> A despeito de transunto de velhas glórias
> E humanas lidas. E da caspa em desuso
> Que pontilha de grisalho meus ombros chovendo,
> Deflui esta decadência de lágrimas sem lastro,
> Dando ao título de doutor de Sião
> Este ar deficitário de despesa,
> Que busca, na ausência de terras e de teres,
> E na paciência com que suporto outros coronéis,
> O sentido de sua própria escravidão.
> Desse mundo não sou. E nem lhe temo a noite.
> A noite com suas lenternas e seus ladrões,
> Terramotos e valhacoutos.
> Temo sim o dia que dela nasce,
> E com ele a burra de dinheiro, agasalhada e fiel,
> Cheia dos terrores noturnos de ontem,
> Contendo, ensimesmadas, as mesmas manhãs,
> Plásticas e portáteis de hoje,
> E em que se enfeixam, de uma só vez,
> O gado, a servidão de passagem, a infância,
> O luto, a vida e o direito de chorar[39].

Em outros versos, reaparece essa ênfase na condição de espoliação ou, como ele dirá ainda, no "fadário da inconformada pobreza", que o obriga a se sujeitar ao poder e ao desmando dos coronéis. Veja-se mais esta passagem que também explora de forma contundente as aperturas econômicas e privações extremas de eu:

39. Dantas Motta, *Elegias do País das Gerais* (1961), p. 106.

Entanto fugido não tenho
À paz que em agonia se ensaia.
Nem forçado a porta do dinheiro,
Incidente e escusa,
Que rareia de gente a ampla solidão da posse.
Enoiteceu o País! [...]
E com a noite do País
Enoiteci eu que encontro,
No pagamento da mora,
O meu sustento, e nas bocas,
Encarvoadas e tristes,
Como de filhotes implumes,
Com os bicos abertos à vastidão do mundo,
Este pão de silício,
Vivendo já a um sol doutro hemisfério[40].

Voltando ao traço diferencial, que é a mirada perscrutadora do memorialista, ela se torna tanto mais evidente na abertura do Segundo Livro, com a menção ao corpo vasculhado do morto apartado de seus bens, em versos cuja força é garantida não só pelo poder das imagens, mas pelos jogos aliterativos:

E vasculhando vou, na memória que tudo dita,
O corpo morno do morto, dos seus bens apartado,
No instante justo, preciso, em que a janela do quarto,
Com a empanada, a luz, o vento e o gosto da injeção,
Noite escura de vaca e herança é[41].

Nesse trecho, a referência aos bens dos quais o morto se mostra apartado e à herança já sinaliza um traço marcante na linguagem, no discurso e na perspectiva adotados por Dantas Motta, que introduz, por assim dizer, um "dispositivo jurídico" ao focalizar o passado, produto de sua formação e atuação profissionais, sem dúvida. O jargão invade o domínio poético num híbrido inaudito. Isso faz de seu memorialismo uma espécie de processo judicial movido contra o passado, promovendo, concomitantemente, um inventário às avessas.

40. *Idem*, p. 107.
41. *Idem*, p. 97.

Sob certos aspectos, esse memorialismo alimentado pelas escrituras, que "dominam toda a noite densa do País"[42], e demais documentos de posse e de compra e venda, faz lembrar o maior poema de família de Drummond, dado a lume poucos anos antes: "Os Bens e o Sangue". Talvez sob o impacto desse poema de *Claro Enigma*, Dantas Motta tenha composto, deliberadamente ou não, o *Solar de Dantas Motta*, lançando mão de um procedimento estilístico formal afim ao do poeta itabirano.

Sabe-se pela primeira publicação do poema na revista *Anhembi*, que "Os Bens e o Sangue" foi concebido por Drummond a partir da "leitura de um maço de documentos de compra e venda de datas de ouro no Nordeste de Minas Gerais", pertencentes à sua família desde 1781, quando adquiridas pelo seu antepassado, "capitão João Francisco de Andrade, que os transmitira a um seu sobrinho e sócio, o major Laje" (ambos expressamente evocados nos versos). "Diz Eschwege que as lavras de João Francisco, em 1814, produziram mais de três mil oitavas de ouro. A exploração declinou com o tempo, e por volta de 1850 vemos os donos se desfazerem de jazidas e benfeitorias"[43]. O poema se ocupa, justamente, desse momento em que os antepassados se desfazem das lavras, dando início ao processo de espoliação do patrimônio e decadência familiares.

Um dos aspectos distintivos da dicção, gênero e estilo empregados em "Os Bens e o Sangue", por associação com esses documentos que inspiraram os versos, é a mimese da linguagem cartorial ou do estilo dos documentos de transação comercial do século XIX, parodiados com humor e poesia, embora revestidos de um fundo fatalista, agregando uma estrutura típica da tragédia para encenar o conflito dramático do herói com os antepassados. Essa dimensão de tragédia já foi examinada em função do vínculo original do gênero com os "autos processuais" – conforme o demonstraram Jean-Pierre Vernant e Walter Benjamin –, justamente para dramatizar, nos versos e no palco da memória, o julgamento do herói *gauche* pelo tribunal do clã mineiro[44].

42. *Idem*, p. 75.

43. *Apud* Joaquim Francisco Coelho, *Terra e Família na Poesia de Carlos Drummond de Andrade*, Belém, Universidade Federal do Pará, 1973, p. 73.

44. Vagner Camilo, *Drummond: Da* Rosa do Povo *à Rosa das Trevas*, pp. 263-276.

Ora, o que parece característico de o *Solar de Juca Dantas* é também a apropriação da linguagem cartorialesca, não com o intuito paródico de Drummond, mas nem por isso isenta de uma atitude igualmente distanciada e irônica da parte do eu lírico. E ainda que não dialogue com a tragédia, a elegia de Motta não deixa de ser também uma recriação poética de um auto processual investido contra o passado. Não falta mesmo a denúncia da índole mercantilista, que Drummond expunha na boca de seu antepassado.

Pode-se falar de uma devassa simbólica, para fazer jus ao passado inconfidente associado à figura do capitão de auxiliares e guarda-livros Vicente Vieira da Motta, "um dos condenados da Inconfidência pelo crime de silêncio (não contou às autoridades que Tiradentes conspirava)", segundo informa Drummond[45]. Esse personagem histórico é, aliás, expressamente evocado nos seguintes versos, como se se tratasse de um antepassado, embora não haja registro que o comprove:

> Que os demais, deixando morrer de sede e fome,
> Às margens do Rio Lenau, o Capitão de Auxiliares
> Vieira da Mota, perderam de mim as suas feições[46].

Ainda com relação ao dispositivo jurídico, o poeta mobiliza diferentes recursos e referências temático-formais empregados nos versos. A própria ênfase na dimensão espacial, com a evocação da casa e da geografia local como fundamento "físico" da rememoração, atravessadas que são pelas relações de classe, faz pensar no conceito de espaço jurídico, de Halbwachs (aliás, também formado em direito). Para o autor de *A Memória Coletiva*, não se trata de "um ambiente [...] vazio que simboliza apenas uma possibilidade indefinida de relações jurídicas entre homens". Conforme esclarece uma comentarista do grande sociólogo francês, a

45. Drummond afirma esse parentesco direto, mas, equivocamente, fala em Vicente "Ferreira" Mota (Dantas Motta, *Elegias do País das Gerais. Poesia Completa*, pp. XX-XXI). O filho do poeta, Lourenço Dantas Motta, entretanto, diz desconhecer qualquer vínculo familiar com esse personagem, o que não impediria o pai de sugerir, ficcionalmente, tal parentesco.

46. *Elegias do País das Gerais* (1961), p. 108. Vale registrar que, nas duas edições do livro, aparece essa referência ao Rio Lenao ou Lenau, sobre o qual não se encontrou registro. O mais próximo seria o Rio Lena, em Portugal (e outro, homônimo, na Sibéria). Não consta, também, que a morte de Vieira da Mota tenha se dado no local e nas condições indicados nos versos. Nascido no Porto, ele faleceu em Moçambique.

apreensão dessa noção de espaço corresponde à necessidade de inscrever as relações jurídicas em um quadro concreto:

> As relações entre homens não se dão no imaterial. Os diferentes modos de agenciamento dessas relações interindividuais, a princípio, coletivas e sociais, em seguida, que propõe todo sistema de direito, aparentam ser muito abstratas, até fictícias, para Halbwachs. A ancoragem da relação jurídica no real parece, assim, necessária não para determinar a natureza das ligações que os indivíduos tecem entre si, mas para assegurar a permanência, a continuidade e o seu reconhecimento na e pela sociedade.
>
> A simbolização dessas ligações pelo atestado jurídico "escrito" não teria, então, sentido e não provocaria efeito a não ser em duas condições. Por um lado, esses elos devem "enraizar-se", isto é, devem ter um suporte material, uma implantação no "chão"; eles devem ser concretizados, executados, realizados; eles devem se inscrever nas terras, nos lugares ou se estruturar em imóveis, edifícios ou prédios. Por outro lado, a representação espacial e tangível dessas ligações deve suscitar em cada um dos protagonistas envolvidos, de uma maneira ou de outra, pelas relações que elas induzem, uma imagem estável que fixa e repara a memória[47].

No *Solar*, que concretiza espacialmente as relações interindividuais e coletivas, o dispositivo jurídico mobiliza, ainda, a identidade assumida pela voz poética. A autorrepresentação do eu como "poeta-jurista" – na falta de melhor termo – comparece em vários momentos, a começar pela imagem de uma espécie de duplo do memorialista: o neto bacharel do Barão de Aiuruoca, cafeicultor e político proeminente do Império, com atuação destacada no Vale do Paraíba e na região de Minas onde nasceu Dantas Motta. O neto surge "de preto, grisalho e triste", ao fundo do quadro a óleo do avô, caraterizado de forma pouco enobrecedora para um ilustre fundador da cidade natal do poeta. Se as imagens dos avós contrastam substancialmente, o mesmo não se pode dizer em relação à do neto do Barão e à do de Juca Dantas, já porque este diz se "adestrar" naquele:

> Um fósforo riscado no fundo desta sala
> Que em morcegos se ceva, mostra, medonho e terrível,
> Nos seus trejeitos de saudade, raiva e bufoneria,
> O quadro a óleo do Barão de Aiuruoca

47. Geneviève Koubi, "L'Espace de la Mémoire Collective sans le Droit Public", em Yves Déloye e Claudine Harouche (dir.), *Maurice Halbwachs. Espaces, Mémoire et Psychologie Collective*, Paris, Éditions de la Sorbonne, 2004, p. 125.

Da parede saindo. Ao fundo, de preto, grisalho e triste,
O neto varão – doutor de Sião –,
Removendo a escrivaninha,
Entre Caraças, *Horacius* e *Virguilius*,
Busca, como buscado tem, na infância das tenças,
O fideicomisso, o usufruto, o adjutório,
Inclusive aquelas cartas outras de sesmeiros,
Com o gado invisível pastando[48].

A passagem, aliás, é um bom exemplo da incorporação do jargão jurídico no domínio do poético, no misto invulgar referido há pouco. Eis, agora, o retrato bacharelesco do próprio memorialista, o doutor ou escriba do Sião depauperado, às voltas com o exame e a denúncia das escrituras que fizeram engordar a fortuna dos antigos senhores à custa da exploração, ironicamente sob a benção do Senhor...

Porque tu, exílio de seminarista e rosa, em que me adestro,
Que toda fazenda de um padre precisa por garantia,
Sabendo vais da inconformada pobreza o meu fadário,
Dos pássaros inumeráveis à boca tímida
Esta solidão gentil de roupa preta e tumultuosa,
Sobretudo este sol longínquo e há tanto tempo morto,
Sumindo, neste instante, nos socavões da serra,
De cujo rés do chão esta agora vos escrevo.
Doutor ou escriba de Sião – sei lá! –
Neste inferno que de montanhas duras se alimenta,
Vivo de reescrever, de novo, as Tábuas da Lei?
De ressurgir as datas e os prazos que engordaram
De vez os mais afortunados? De libertar as almas
Prestigiadas de negros demônios, acorrentando-se no escuro?
Vivo, sim, de, à luz dos palimpsestos,
Examinar aquelas escrituras prescritas e pretéritas,
Produtos de tanta gana e tanto roubo,
Lavradas todas em nome de Nosso Senhor Jesus Cristo,
e onde os homens,

"*NOS SAIBAM QUANTAS ESTA VIREM*
OU DELA NOTÍCIAS TIVEREM" [...][49]

48. Dantas Motta, *Elegias do País das Gerais* (1961), p. 99.
49. *Idem*, pp. 99-100.

Nesse sentido, Dantas Motta contraria o sentido histórico que o bacharel assumiu na tradição local, na sua aliança acrítica com os interesses da classe de mando. Não custa lembrar o famoso capítulo de *Sobrados e Mucambos* em que Freyre examina o bacharelismo como habilitação para o exercício do poder e, em vista disso, o prestígio crescente do título de doutor no contexto oitocentista, constituindo como uma "aristocracia de beca e toga"[50]. Isso, sem esquecer, também, as passagens de *Raízes do Brasil,* em que Sérgio Buarque explora a erudição sobretudo formal e exterior, puro verniz social, evidenciado no apego bizantino aos livros, visando apenas à dignificação e ao enaltecimento daquele que ostenta o anel de grau ou a carta de bacharel. Nos versos acima, ainda que o bacharelismo pareça surgir, notadamente no caso do neto do Barão, como o destino natural dos filhos das classes proprietárias, não raro alheios ao universo rural e à inabilidade no trato com a terra e o gado, já não diz respeito mais, em especial no caso do memorialista *déclassé,* a um bacharelismo epidérmico e acrítico, dominado pelo espírito de cordialidade[51].

Veja-se, ainda, como o referido dispositivo mobiliza a própria linguagem poética, muito embora Drummond, que chegou a atentar à influência jurídica na poesia de Dantas Motta, tenha acabado por minimizar consideravelmente sua importância:

> Ainda sobre influências, o amigo indaga se, a meu juízo, a formação e a prática jurídica terão marcado a linguagem e a temática do poeta Dantas Motta.
>
> Respondo que sim, por fazerem parte desse cotidiano que o cercava, não me parecendo entretanto que deixassem marca fundamental. Ao lado do Antigo e do Novo Testamento, a grande presença foi a terra, o meio urbano-rural em que Dantas viveu. O problema nº. 1 do homem do interior há de ser naturalmente a terra, que vai gerando problemas: a posse, contestada e defendida em demandas ou a tiro e foice; divisas, servidão de água, queimada, furto de animais, colheitas frustradas pelas condições climáticas ou pelas *pragas* de insetos, os financiamentos discutidos, as hipotecas, a preocupação de transmitir a terra aos filhos, e o temor de perdê-la até por falta de pagamento de imposto. No caso, o advogado era também poeta, e

50. Gilberto Freyre, "Ascensão do Bacharel e do Mulato", *Sobrados e Mucambos: Decadência do Patriarcado Rural e Desenvolvimento do Urbano*, Rio de Janeiro. José Olympio, 1951, vol. 3, pp. 951-1039; e Sérgio Buarque de Holanda, *Raízes do Brasil*, Rio de Janeiro, José Olympio, 1988, pp. 113 e ss.
51. Sérgio Buarque de Holanda, *op. cit.*

aquele servia a este, dando-lhe a base de conhecimento real que os poetas das grandes cidades só alcançam por ouvir dizer[52].

O fato é que o poeta e o advogado se encontram nas *Elegias*, notadamente neste Segundo Livro, fazendo com que poesia, jurisprudência e economia convirjam neste memorialismo *suis generis*, que revê o passado pela lógica da acumulação do capital, de um lado, e da concomitante espoliação, de outro. É o que marca a diferença ou mudança de ênfase na passagem do Primeiro para o Segundo Livro das *Elegias*. Naquele, o poeta-jurista, a fim de denunciar os problemas elencados acima por Drummond, eleva-se em defesa dos mais fracos e deserdados, delegando a voz poética a retirantes, posseiros e pequenos sitiantes, expulsos de suas terras. Já neste Segundo Livro, o poeta-jurista se volta diretamente contra a memória dos antigos proprietários a que se ligaram, de algum modo, seus antepassados, a fim de denunciar a cobiça e a avidez da exploração com que compuseram seu capital, sempre em detrimento do escravo ou do homem livre pobre.

A denúncia se estende ainda à venalidade da igreja, cúmplice da acumulação patriarcal e da concomitante expropriação que ela implicou, conforme se viu nos versos supracitados e em mais esta passagem, posta logo na abertura do Segundo Livro:

> Percebo um cheiro de inventário,
> Um gosto de arrecadação tocado a padre,
> A crucifixo e a capa d'asperges[53].

É curioso notar, nesse sentido, que o mesmo poeta-jurista empenhado nessa ordem de denúncia, vai se valer do discurso bíblico para promover a condenação de tal acumulação desmedida e tal cumplicidade venal. Isso se verifica tanto no plano formal (isto é, no da linguagem e do estilo), quanto em uma das *personae* assumidas pelo eu lírico. No primeiro caso, a dicção poética de Dantas Motta, como notou Drummond e outros intérpretes, é resultado da fusão do discurso bíblico com o jargão jurídico. Importa, nesse sentido, atentar-se ao modo como, no *Solar*, o poeta emprega o termo escritura no duplo sentido, bíblico e jurídico.

52. Dantas Motta, *Elegias do País das Gerais. Poesia Completa*, p. XXI.
53. Dantas Motta, *Elegias do País das Gerais* (1961), p. 97.

Já no segundo caso, a ficcionalização da voz poética leva o eu lírico a assumir, a dada altura, a identidade de Amós, o profeta que denunciou, de forma simples e direta, a riqueza desmedida de uns e a miséria excessiva de outros. É o que se vê na seguinte passagem, em que o poeta emerge como profeta, em um cenário de terra devastada e desértica, já investindo contra "cruéis patrões":

> Nem sabem que o pão, como as agendas,
> Têm lá suas origens,
> Divididas nunca em propriedades de cruéis patrões,
> Mas côdeas e bocas, outonos e estações.
> E, à medida que a terra envelhece e morre,
> Suas árvores se vão tornando ridicas e maninhas,
> Com pássaros empoeirados, sem campina, e sem alfanje.
> É um terreno de insetos e de bíblias,
> De que saio, profeta menor, Amós digamos,
> Buscando a perdida infância com o que me renovar,
> E, assim, informar este duro homem que hoje sou,
> Sempre sob o signo deste País, denso e misterioso,
> Tão rico de facúndias, quão de desertos,
> E em cujas solidões tanto me excito,
> Para buscar, nas reentrâncias dos mesmos Tigres,
> Dos mesmos Jordãos e dos mesmos Eufrates,
> As razões doutros Tetrarcas e doutras Galileias[54].

No conjunto das *Elegias do País das Gerais*, essa identificação do eu lírico com o "profeta menor" torna a reaparecer na seguinte passagem do Terceiro Livro, *Sião*, dentro do mesmo espírito de crítica social:

> E, então, os diamantes inexistentes, sem raiz e sem valia,
> Vos não perderiam, tornando-vos longos como ciganos,
> Pois que os profetas, de que provenho desde Amós,
> Inclusive Ezequias, que por águas, escorpiões e desertos me ferem,
> Aqui, tibetanos, talvez se não plantassem,
> E as fortunas se não escorreriam da pedra-sabão, da lepra[55].

54. *Idem*, p. 100.
55. *Idem*, p. 119.

Herbert Marks identifica a voz de Amós, "suprema entre os Doze", como sendo a "da indignação honesta", na "busca diligente por justiça social". Lembra que Blake viu nele o "gênio da profecia", cuja "retórica magnífica" e antitética é assim interpretada:

> É difícil compreender essa fúria extática do negativo. De onde vem a energia para a ira do profeta? Como e por que ele insiste, contra todas as probabilidades, em rejeitar a acomodação? Falar do contexto social da profecia, de escolas ou grupos de suporte, apenas evita a questão central de um poder poético que, em sua intensidade alucinatória, lembra a megalomania, as palavras mágicas e ideias obsessivas do paranoico. Como as ilusões paranoicas, o zelo profético pode ser uma função da repressão ou, mais precisamente, dos fracassos da repressão, que permite que a vontade abra caminho em formas disfarçadas e elabore, no lugar do mundo proibido, suas próprias estruturas de aflição psicológica e social. A agressão, na raiz de todo entusiasmo poético, tem sido reconhecida desde Longino, o primeiro crítico literário a mencionar a Bíblia, mas fala mais alto nos profetas, os quais, eles próprios aflitos, aplicam sua palavra a tudo que os cerca. A indignação inclui a crítica social, mas não se limita a ela. A ira poética de Amós estende-se à própria poesia, consumida com outras expressões de capacidade humana em um nivelamento universal...[56]

Sem dúvida, Dantas Motta não empresta totalmente o tom indignado, nem o estilo simples e direto de Amós. Ao contrário, sua linguagem, ainda que flerte com o discurso bíblico, é mais altissonante, sofisticada, elaboradíssima, fundada em uma sintaxe complexa, predominantemente hipotática, ao contrário da parataxe dominante no texto bíblico. Sua seleção lexical é elevada, não raro recheada de arcaísmos, embora mesclada, por vezes, de expressões populares. Isso sem esquecer da abundância de recursos retóricos e tropos próprios do gênero poético. Também não se pode dizer que empregue, propriamente, um tom indignado como o de Amós, mesmo tendo-se a revolta como fundamento da denúncia social. Esse tom indignado só viria a ser empregado nos versos dedicados, anos depois, a Tiradentes.

Se não se reconhece nas *Elegias* a "retórica magnífica", a "fúria extática do negativo", a intensidade paranoico-obsessiva a que chega a "ira poética de Amós", exacerbando a referida agressão longiniana que está na raiz da poesia, é talvez porque Dantas Motta tenha buscado alguma inspiração

56. Robert Alter & Frank Kermode (orgs.), *Guia Literário da Bíblia*, p. 238.

Profeta Amós, *de Aleijadinho, no adro do Santuário do Bom Jesus de Matosinhos, em Congonhas (MG). (Foto de Alexandre Josué, 2008).*

para o retrato do profeta não só no Velho Testamento, mas na recriação plástica, mineira, de Aleijadinho, cujo Amós difere dos demais "profetas acrobatas" que, com seus "gestos loucos", imprecatórios, encenam, dramaticamente, seu "balé sacro" no adro de Congonhas[57].

Essa diferença se faz notar tanto no tipo físico, quanto na indumentária:

> Seu rosto largo e imberbe tem expressão calma, quase bonachona, como convém a um homem do campo. Está vestido com uma espécie de casaco debruado de pele de carneiro, alusão à sua condição de pastor e traz na cabeça um curioso tipo de gorro, de forma semelhante ao que usam [...] os camponeses portugueses da região do Alentejo[58].

Essa condição de pastor do profeta (tal como já o figurara Girolamo Lombardo na Santa Casa de Loreto, conforme lembra Bazin) é reiterada expressamente na inscrição entalhada no filactério que ele porta, denunciando, ainda, seu propósito claro de investir contra "os proprietários das classes dominantes, excessivamente locupletados de riquezas, enquanto os pobres morriam à míngua"[59].

Não deve ser à toa que a menção a Amós nos versos de *Sião* faça referência à doença que mutilou Aleijadinho e à matéria pétrea em que entalhou seus profetas ("E as fortunas se não escorreriam da pedra-sabão, da lepra"). Se for justa essa aproximação com o Amós de Congonhas do Campo, Dantas Motta também nisso parece se aproximar de Drummond, quando este sustenta a polêmica "mineiridade" dos doze profetas em "Colóquio de Estátuas"[60].

Seja qual for a configuração e ânimo de que se mostra investida a poesia de Dantas Motta, este Amós das Gerais, o fato é que ele persiste, tal como seu grande modelo bíblico, na denúncia da avidez dos grandes e da venalidade da justiça, ansiando que "o direito corra como a água e a

57. Germaine Bazin, *O Aleijadinho e a Escultura Barroca no Brasil*, Rio de Janeiro, Record, 1971, pp. 307-309.
58. Myriam Andrade Riberio de Oliveira. *Aleijadinho: Passos e Profetas*, Belo Horizonte/São Paulo, Itatiaia/Edusp, 1984, p. 65.
59. *Idem, ibidem.*
60. Carlos Drummond de Andrade, *Passeios na Ilha – Divagações Sobre a Vida Literária e Outras Matérias*, São Paulo, Cosac Naify, 2011, pp. 57-59.

justiça como um rio caudaloso!"[61] – o que, no caso das *Elegias*, corresponderia, de modo efetivo e não metafórico, às águas do São Francisco, de que se ocupará mais detidamente o Quarto Livro das *Elegias do País das Gerais*.

Outros aspectos mereceriam destaque neste livro ímpar que integra uma obra toda ela excepcional. É o caso da referência aos colonos e às "novas heranças"[62] que marcam o empenho genealógico do eu no *Solar de Juca Dantas*, a despeito da intenção denunciadora de Dantas Motta, caminhando, o tempo todo, no jogo entre memória individual e histórica, familiar e coletiva, e fundando, assim, uma identidade comunal.

O fecho fantástico do próprio poema torna a evocar a figura do avô materno do poeta, político e coronel José Francisco Correa Dantas, vulgo Juca Dantas[63], cujo solar dá nome ao livro. A figura avoenga, aliás, aparece só no título e nestes versos finais. Seu vulto e o da esposa saem de cena a cavalo, em uma montaria fantasmática, rumo a qualquer ermida. A cidade natal, biblicamente identificada como Sião, que não pertence mais aos antigos moradores, acaba dominada por soturnos demônios, enquanto os anjos passam de raspão pelas paradoxais "negras virtudes" do memorialista. Este observa Sião de forma mais distanciada e do alto.

Ele encerra sua evocação do passado em um derradeiro jogo de luz e sombra, em correlação com os versos de abertura. É uma espécie de imagem-síntese do Segundo Livro, como breve, luminoso e lúcido interregno memorialístico no conjunto das *Elegias*, antes de se apagar em definitivo:

O que era meu e vosso não são mais nossos,
Salvo os fantasmas desses cavalos,

61. *A Bíblia de Jerusalém*, Am. 5:24, p. 1744
62. Dantas Motta, *Elegias do País das Gerais* (1961), p. 79.
63. Esclarece Lourenço Dantas Motta: "Juca Dantas é meu bisavô materno (pai de minha avó). Seu nome é José Francisco Corrêa Dantas. Foi vereador em várias legislaturas, com algumas interrupções, de 1890 até 1927, quando chegou a presidente de Câmara. Foi de tenente (primeira legislatura) a coronel da Guarda Nacional.
"É da família Paula e Silva, que tem ramificações no Vale do Paraíba (o vaivém entre essa região e o sul de Minas é comum em muitas famílias, desde a Colônia), inclusive com a família do Rodrigues Alves, pelo que posso concluir da biografia escrita pelo Afonso Arinos, casado com uma neta do presidente. Meu pai, se sabia disso, nunca disse nada a respeito.
"Contam os velhos parentes que houve uma desavença na família, que se dividiu em três: uma manteve o Paula e Silva, outra adotou o sobrenome Benfica e meu bisavô escolheu, não sei por que, o Dantas, muito mais comum no Nordeste que em Minas".

De lombilho um e silhão outro,
Conduzindo nas noites menos vigiadas,
Os vultos de José Francisco Corrêa Dantas
E Josefina Emília da Silva Dantas,
Mas que, à medida que passam rumo a qualquer ermida,
Vão sendo, nas montanhas anchas e duras,
Substituídos por demônios pelados, rindo.
Longe, os anjos continuam a passar de raspão
Sobre as minhas negras virtudes.
E como um anjo nostálgico,
No seu enfado de Paraíso,
Ou soturno demônio,
Rindo, liberto, da agonia da terra,
Sião eu vejo, lá embaixo,
Com as luzes se acendendo,
Para morrer[64].

UM OUTRO RIO... COM DISCURSO!

Publicado em separado nove anos depois do livro de estreia, o Quarto Livro da sequência das *Elegias do País das Gerais* parece superar, em dada medida, as contradições ideológicas do livro de estreia, exploradas atrás.

Recorrendo à forma da elegia epistolar, Dantas Motta delega, agora, a voz poética ao próprio rio para que ele narre sua história, bem como as intervenções e transformações radicais a que foi sujeitado. Nesse processo de ficcionalização, cabe examinar o estatuto social da voz poética e daqueles a quem ela interpela diretamente, tensionando distintos interesses e perspectivas de classe.

Com a *Epístola de São Francisco aos que Vivem sob sua Jurisdição, no Vale,* o poeta das Gerais conferiu visibilidade literária ao grande rio, tal como o fizera João Cabral com o Capibaribe ou mesmo Mário de Andrade, com o Tietê.

A edição em separado de 1955, dada à estampa pela Editora Martins, trazia ilustração de Aldemir Martins e um mapa estilizado por Lívio

64. Dantas Motta, *Elegias do País das Gerais* (1961), pp. 108-109.

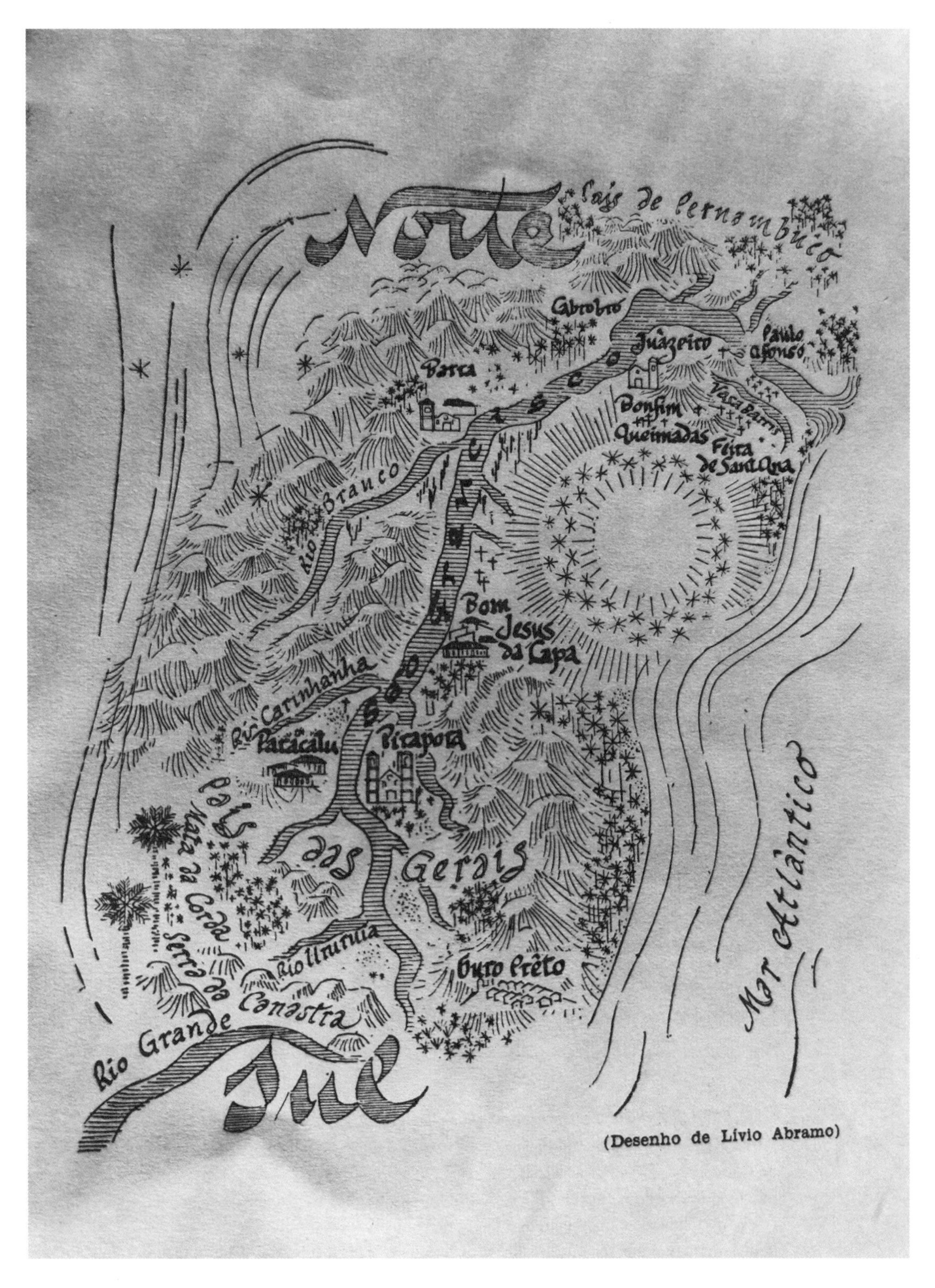

Mapa de Livio Abramo constante da edição de Dantas Motta,
Elegias do País das Gerais, *Rio de Janeiro, José Olympio, 1961.*

Abramo, ambos concebidos a partir dos poemas. Eles fizeram parte, depois, de uma mostra na Galeria São Luís de São Paulo em 1962 e suas reproduções foram recolhidas em catálogo da exposição com estudo introdutório de Aracy Amaral[65].

Esse é o único dos cinco livros que traz o registro preciso das datas de composições dos versos: 22.1.1953 – 8.12.1854. Ele é dedicado a Arnaldo Pedroso d'Horta, Aníbal M. Machado e Múcio P. Ferreira. Uma dedicatória instigante, por tratar de nomes ligados ao universo das artes plásticas. Sabe-se que o jornalista Pedroso d'Horta foi não só pintor, desenhista e gravador, como também crítico de arte, ao passo que o autor de *João Ternura* atuou, igualmente, como crítico de arte. Embora sem a projeção e atuação dos dois, o jornalista Múcio Porphyrio Ferreira esteve ligado à gênese do MAM[66]. A dedicatória, portanto, só reforça a interlocução (agora da parte do próprio poeta) com as artes plásticas, dada já pela edição em separado do Quarto Livro, fundamentado talvez pela força imagética dos versos.

Pensando ainda nos paratextos, a *Epístola de São Francisco* traz uma epígrafe extraída de *Viagem às Nascentes do Rio São Francisco e pela Província de Goiás*, de Saint-Hilaire. O excerto trata de delimitar com precisão as fronteiras geográficas ou divisões territoriais, entre rios e serras, instituídas pelo São Francisco, o Rio Grande, a Serra do Espinhaço, a das Vertentes, cuja denominação é atribuída a Eschwege, citado em nota de rodapé. A importância do rio e de seu entorno, ainda em Minas, é, assim, atestada historicamente. Em particular, destaca-se aí a divisão instituída entre o Brasil setentrional e o meridional, com as águas do São Francisco correndo na direção Nordeste, enquanto o Grande, que dele parte, segue rumo a São Paulo e deságua no Rio Paraná[67].

A *Epístola de São Francisco* traz diversas divisões, todas intituladas. Depois dos sete primeiros subcapítulos, tem-se uma espécie de rubrica

65. Aracy Amaral, *Aldemir Martins: Litografias e Desenhos. Textos de Dantas Motta*, São Paulo, Galeria São Luiz, 1962. Exemplar no IAU – Instituto de Arquitetura e Urbanismo da USP de São Carlos.

66. Sabe-se que estudou filosofia, foi tradutor de Confúcio e os *Analectos*, e esteve ligado à criação do Clube de Cinema em São Paulo nos anos 1940, fechado pelo DEIP e funcionando clandestinamente até ser oficializado em 1946. Seu acervo integrou a Filmoteca do MAM, sendo desvinculado desse uma década depois, dando origem à Cinemateca.

67. Em carta de 21.VII.53, observa sobre esse rio: "[...] as nascentes do Rio Grande, que como o São Francisco é triste e de nenhuma valia em Minas".

indicando O LAMENTO DO GRANDE RIO que, por sua vez, se subdivide em mais nove capítulos, incluindo o *POST SCRIPTUM*.

Sem pretender seguir todos os capítulos *pari passu*, vale, entretanto, retomar a SAUDAÇÃO E PREFÁCIO apenas para descrever a emergência do "discurso do rio", por meio da delegação da voz poética, concomitantemente à sua personificação pelo recurso da prosopopeia:

CAP. I

1. Francisco, chamado rio da unidade nacional,
apartado dos demais que fluviam este País,
para ser santo;

2. Cujo reino vai da Mata da Corda, no Oeste,
a Paulo Afonso, no Mar Atlântico;

3. Predestinado para ser santo,
nem por isso desnecessitado de alvedrio;

4. A todos os que estão,
través bispados, tetrarquias e prelazias,
se as houverem,
assentados em seus tronos,
desde Aterrado, no País das Gerais,
até Olinda e Recife, no País de Pernambuco:

5. Graça vos seja dada, e paz da parte do Senhor,
o Qual me assiste, assim seja!

6. Porque eu, rio, que de Francisco o nome tomo,
misterioso e serrano, do deserto sou manado;

7. Porquanto, se gerado fui sem infância,
para ser santo,
nascido sou adulto já.

8. Sabeis assim que sou pobre.
Do contrário Francisco eu não seria.
Nem deste País,
o qual é o de um pastor sem avena.

9. Por isto convém que eu esteja triste.
Sempre triste.
Té que venha.
Que venha, por exemplo,
o tempo da consumpção e Parúsia,
que próximo é meu fim, amém![68]

Como se vê, nos primeiros versos de sua "apresentação", o rio ainda não assumiu propriamente a voz poética. Ele é falado por outro, como que de fora, pela voz "oficialista", que o nomeia, logo no primeiro verso, de "Francisco, chamado rio da unidade nacional", com toda a implicação político-ideológica que essa designação comportava à época com o programa governista. Programa esse que está na mirada da crítica impetrada pelos versos.

A posse da voz pelo rio vai se dando aos poucos, no correr dessas estrofes heterométricas (cadenciando as águas do rio, como se viu com Drummond), como se brotasse, mimeticamente, da página, entre os versos 15 e 18:

Porque eu, rio, que de Francisco o nome tomo,
misterioso e serrano, do deserto sou manado; [...]

Esse eu mana, gradativamente, dos versos, primeiro como pronome oblíquo átono, na condição de objeto de uma ação que parte de Deus, para em seguida assumir o pronome pessoal do caso reto, como sujeito, de fato, da oração.

Ao mesmo tempo que se apossa da voz, o rio cuida de expor sua condição e destino, predestinados pelo nome. Essa predestinação compreende a humildade, a pobreza e, em consequência, uma tristeza tida como sempiterna, além, é claro, da *santidade* que o obriga à condição de apartado dos demais e a uma *existência* que lhe negou a infância, lançando-o diretamente na fase adulta. As cartas para Drummond revelam que parece haver muito de pessoal nessa transição abrupta de uma fase a outra da vida, transposta ao rio personificado. Evitando, entretanto, essa aproximação biográfica mecânica, que exigiria ponderações de ordem diversa, importa, por hora, notar que, nesse processo de personificação do rio,

68. Dantas Motta, *Elegias do País das Gerais* (1961), pp. 131-132.

o poeta parece se apropriar livremente de um lugar-comum do esquema hagiográfico: a "precocidade", isto é, a maturidade antes do tempo por parte do menino predestinado à santidade[69]. Trata-se do *puer-senex* que, embora já presente em autores clássicos como Cícero, Virgílio, Ovídio e outros que escreveram loas a essa fusão de maturidade e juventude, só viria a se constituir em *tópos*, propriamente, na passagem do século I ao II. Segundo Curtius, essa aspiração de "nivelar a polaridade jovem-velho" encontra correlato na tradição cristã e vai se conservar como esquema panegírico em obras profanas e religiosas até o século XVII. Ele exemplifica a tópica, na tradição cristã, com um dos santos padres do Deserto[70]. O rio personificado com nome de santo também emerge, de forma paradoxal, em meio a um cenário caracterizado por atributos típicos do deserto, que substituem as naturais e previsíveis imagens aquáticas. Assim, ao se apropriar da tópica clássica e cristã, Dantas Motta acaba por subvertê-la, na medida em que não chega a promover um panegírico propriamente, mas a denúncia das populações locais e da destinação política dada ao Velho Chico.

Condizente com a identidade do rio personificado, Dantas Motta adota algo intuitivamente próximo do estilo humilde, coisa que contrasta vivamente com outros tantos momentos das *Elegias*, em que predomina o discurso mais elevado.

Ao mesmo tempo que o rio vai se apossando da voz poética, ele trata de descrever a extensão de seu domínio ou "reino", indo "da Mata da Corda, no Oeste, / a Paulo Afonso, no Mar Atlântico". O mapa hidrográfico por ele traçado vai se desenhando em contraste com os outros rios "irmãos" que dele partem, como afluentes, ou que correm em paralelo a ele, até um ponto de divergência e separação, definindo, desse modo, retratos de tipos e realidades sociais muito diversos, para não dizer opostos.

A voz fluvial, seguindo na contracorrente do discurso e da ideologia de Estado sobre esse mesmo "rio da integração nacional", denuncia com

69. Cf. D. Hombergen, *Litaratura Monástica Latina dos Primeiros Séculos: Introdução ao Autor e ao Texto*, Roma, Cúria Geral da Ordem Cisterciense, 2003 (online).
70. Trata-se de Macário do Egito ou o Velho, também nomeado Macário, o Grande e Luz do Deserto. Há notícia de outro Macário, o Alexandrino, mais jovem que o primeiro. Nota ainda Hombergen (*op. cit.*) que os dois "Macários" (pseudônimos, como ocorre com os demais padres do deserto) podem se referir a uma só pessoa, o que ajuda a confirmar ainda mais o retrato do *puer-senex*.

insistência a "esterilidade" de toda "unidade", caracterizando-a também como terrível e abissal, e explora, simultaneamente, a condição de país "natimorto". Afastando-se por completo da militância udenista e mesmo, talvez, da ideologia bernardista da República Velha, sustentada, ainda, no Primeiro Livro das *Elegias*, de modo comprometedor, conforme se viu, o poeta das Gerais faz as águas do São Francisco seguirem ao encontro das do Vaza-Barris, como já destacava na entrevista a Condé[71]. O Canto elege, ao mesmo tempo, uma linhagem de líderes populares que, como o fluxo do rio, parte de Minas e deságua no Nordeste, todos integrados no mesmo mapa "franciscano". Assim, tal linhagem parte de Tiradentes, alcança Antônio Conselheiro, em Canudos, e segue no encalço de Lampião. As implicações decorrentes das eleições dessa linhagem exigiria análise detida, impossível, no entanto, de ser desenvolvida aqui.

As inquietações que marcaram a concepção das *Elegias do País das Gerais* em seu todo, parecem se tornar mais acentuadas no caso da *Epístola*. E isso não apenas na época de sua concepção, em virtude do temor da monotonia, das incertezas quanto à forma envelhecida e outras questões que se viu, ao tratar da gênese do poema. O desassossego e o desalento marcaram, também, a recepção da *Epístola* – parca, sobretudo em Minas. Em carta de 31.XII.55 endereçada a seu grande interlocutor, Dantas Motta trata detidamente disso, supondo razões políticas para a recusa mineira (que tomou a *Epístola* como ofensiva), além de explorar outros aspectos ligados à concepção da obra e à sua própria trajetória política bastante acidentada. A carta funciona como um fecho adequado deste capítulo, pelo que resume dos aspectos explorados nesta abordagem. Delega-se, assim, a palavra ao grande poeta das Gerais, para que ele próprio ateste, por fim, as razões políticas que atuaram desde a gestação até à destinação de sua produção poética:

> A *Epístola*, com repercussão somente em São Paulo, [...] não está sendo bem compreendida entre os nossos amigos mineiros daqui e d'além-mar. [...] V., no Rio, discretamente, havia me advertido dos perigos de falsas interpretações a que eu estava exposto. É possível, Carlos, que eu possa errar, ou ter errado, no tocante à

71. "Biografia do Livro" em Dantas Mota, *Elegias do País das Gerais. Poesia Completa*, pp. 339-340.

conceituação de um problema, tomando, todo ele, em função de Aiuruoca. Não me parece, porém, que Itabira seja diferente. E valho-me ainda da informação de dois poetas nacionais nascidos em Minas: você e o Murilo. Entendem, sobretudo, que pelo fato de eu ficar apegado à terra, melhor lhe compreendi o drama. Esse drama eu o estendi a toda a bacia do São Francisco, valendo-me do clima criado pelo romance nordestino, se antes eu me imbuíra da leitura dos *Sertões*. De qualquer modo, Minas se inclui no chamado "polígono das secas". E isso não é novidade. Saint-Hilaire viu o problema já em 1816.

Agora, a coisa por aqui se agravou mais pela "secura" do dinheiro. Essa praguejou o País dos Bancos e a terra evidentemente morreu. Não tenho necessidade de recorrer às estatísticas ou a qualquer tratado econômico, que não os há, para alentar a tese. Enviaria o leitor ao 1°. vol. das *Elegias* e suplicar-lhe-ia a atenção para aquela intitulada "SUPLÍCIO DE MONTE SIÃO, TAMBÉM AIURUOCA CHAMADO". Você e Mário sentiram, na carne, o drama aí exposto. De você: "Deram-me uma melancolia danada porque também venho do complexo Monte Sião-Aiuruoca-Itabira-Vila Risonha de São Romão, e trago estas lembranças na carne". De Mário: ora, não é necessária a opinião dele. Elogia-me (perdoa-me, amigo) quase que descaradamente e um pudor bem interiorano impede-me dar publicidade às seis laudas laudatórias que antes de morrer (três dias apenas) me mandara. Em verdade, Minas eu via-a sob o ângulo aiuruocano. Acontece que conheço Minas inteirinha e em todas as suas minudências. [...] Vi-a com os olhos do "marxista" que fui, depois com os do "integralista" que em tempo deixei de ser, para, nesta modorra "democrática" de abandono e tristeza, condensá-la em versos, cujo destino, por vezes, me tem atormentado. Enveredei-me por um caminho ingrato, bem o sei: de pôr a arte a serviço da profecia. [...] E na aridez religiosa em que vivo (pois nunca tive religião, nem quando fiz minha primeira comunhão) nem santo posso ser, já que eu creio firmemente na absoluta inutilidade dos santos. Bom, mas estou me alongando muito, fugindo, assim, ao ponto central do assunto... Que era e é de dizer a você (pois não preciso dizer a mais ninguém) que eu não quis macular Minas. Nem ao menos o Juscelino. Hoje é perigoso a gente dizer isso, porque o homem é poderoso e Presidente destas repúblicas. Mas nem o Juscelino, "Conde do Tejuco, travestido de Pavlova", a bailar sobre cemitérios. Sinceramente, eu não participo dos xingatórios udenistas pra cima dele. A coisa vem de trás, [...] e tocada de um juridicismo cassange, verdadeiramente lamentável. [...] Enfim, Carlos, comparo a irritabilidade dos que veem na *Epístola* um achincalhe "às mais caras tradições liberais de Minas", a uma patriotada boba. Ainda bem que eles hajam tomado a coisa como achincalhe: acabam me deixando em paz em minha pobre arte, sem atentar para a profecia que ela encerra. Também que vale uma profecia? Todos os profetas são uns merdas e nenhuma vitalidade vi neles até hoje...

XII

"A um Hotel em Demolição": A Modernidade Entre Tapumes

No futuro
As gerações
Que passariam
Diriam
É o hotel
Do menestrel
[...]
Mas não há poesia
Num hotel
Mesmo sendo
'Splanada
Ou Grand-Hotel...

OSWALD DE ANDRADE, "Balada do Esplanada".

Preencho com um belo nome este enorme espaço vazio.

JOACHIM DU BELLAY, *Les Regrets* (Sonnet CLXXXIX).

Este último capítulo vincula-se a abordagens anteriores dedicadas ao exame das figurações espaciais, notadamente urbanas, na poesia de Drummond, desde o mapeamento cognitivo promovido pelo fazendeiro do ar em *Sentimento do Mundo*, ao se confrontar com a alienação reinante no domínio da grande cidade, conforme se viu na capítulo II, até o recuo estratégico em relação à cena urbana e à realidade histórico-política do tempo verificado em *Claro Enigma*[1]. Vale ainda ter em mente, contrativamente, outras figurações citadinas examinadas aqui – apesar da resistência ao tema na lírica do período –, como em "A Tempestade"

1. Sobre o recuo encenado no livro de 1951, ver Vagner Camilo, *Drummond: Da* Rosa do Povo *à Rosa das Trevas.*

(capítulo VI), onde se fala mesmo dos escombros de um velho hotel... Agora, a análise detém-se em "A um Hotel em Demolição", último poema de *A Vida Passada a Limpo* (1959), que lança por terra não só o neoclassicismo, como também todo projeto construtivista pós-45.

A demolição mencionada no título do poema diz respeito ao Hotel Avenida, na então Avenida Central (atual Avenida Rio Branco), palco da remodelação haussmanniana promovida no Rio por Pereira Passos, que chega a comparecer nos versos, como um dos frequentadores do famoso hotel, a "discutir" com os "moradores antigos" justamente as "novas técnicas urbanísticas" de que se beneficiou o próprio lugar onde se encontram. Vale lembrar, em breves linhas, o histórico do edifício, em estreita associação com que o poema evoca a esse respeito.

Construído pela Light, inaugurado em 1910 e transformado num dos principais marcos da Avenida Central, o hotel pertencia, na verdade, à Companhia Ferro-Carril do Jardim Botânico e abrigava, no térreo, uma estação circular dos bondes que trafegavam pela zona sul da cidade.

Era a famosa Galeria Cruzeiro, assim nomeada em função da disposição em "cruz dos quatro caminhos", de acordo com os versos drummondianos. Além da área de embarque confortavelmente coberta, a galeria dava acesso a vários restaurantes e cafés em funcionamento no mesmo piso térreo, como o celebrado Café Nice, o Brahma e o Bar Nacional, "pura afetividade" que "súbito ressuscita Mário de Andrade"[2] – valendo lembrar que o poeta da Lopes Chaves também havia evocado o Hotel Avenida e seu entorno em "Carnaval Carioca":

> Embaixo do Hotel Avenida em 1923
> Na mais pujante civilização do Brasil
> Os negros sambando em cadência.
> Tão sublime, tão áfrica![3]

A Galeria Cruzeiro foi um dos principais cenários do carnaval carioca, concentrando os foliões que chegavam nos bondes lotados e ruidosos. Dentro desse clima festivo e popular, o eu lírico drummondiano fala não só "no desfile dos sábados / no esfregar no repinicar dos blocos" e "nas cavatinas de Palermo", como também no momento em que os blocos carnavalescos passaram a dividir esse mesmo espaço público com outras manifestações populares: dos "sambas dobrados da polícia militar" ao "coro ululante de torcedores do campeonato mundial pelo rádio" até os "movimentos de massa que vinham espumar / sob a arcada conventual de teus bondes."

É interessante notar o modo como o poema retraça um histórico da Capital Federal – e em dada medida do país – por meio da própria história do edifício, da vida e do cotidiano que se desenrola em seu interior e à sua volta, em seu meio século de existência. É "a vida nacional em termos de indivíduo", como diz um dos versos do poema. Trata-se de uma história cujas balizas são dadas por dois ciclos de modernização do país: o da primeira década do século XX, em que o "Rio civiliza-se", com a remodelação urbanística e arquitetônica que assiste à construção do edifício; e o dos anos JK, que decretou seu enterro, para abrigar o Edifício

2. Carlos Drummond de Andrade, "A um Hotel em Demolição", *Poesia e Prosa*, pp. 290-297.
3. Mário de Andrade, "Carnaval Carioca", *Clã do Jabuti. Poesias Completas*, ed. Tatiana Longo Figueiredo e Telê Ancona Lopez, Rio de Janeiro, Nova Fronteira, 2013, vol. 1, p. 216.

Avenida Central, verdadeira cidade vertical de 34 pavimentos com estrutura de aço, inaugurado em 1961 e um dos referenciais do *international style* no Brasil, em uma área central transformada cada vez mais em lugar de trabalho, repleto de bancos preconizando a era de predomínio do capital financeiro.

Na verdade, o histórico do edifício traçado pelo poema, mais do que mero reflexo, não deixa de ser uma reflexão sobre a própria modernidade, tal como ela se deu no Brasil, pautada por avanços e transformações, mas também por persistências; pelo cosmopolitismo ou internacionalismo de modas e padrões de vida importados em convívio com o provincianismo, que se deixa flagrar no vivo contraste representado pelo modelo transplantado da Avenida Central, "mulata apertada em um vestido francês", como se dizia então.

Algo desse contraste chega a comparecer de forma significativa no poema, a começar pela frequência eclética do hotel, cujo internacionalismo é representado por hóspedes estrangeiros, como as estrelas italianas, a prostituta alemã e o casal de atores ensaiando diálogos (melo)dramáticos em um misto de inglês e castelhano – que, somados ao alemão falado por tal prostituta, faz do hotel verdadeira babel moderna. Mas ao lado dos estrangeiros, o hotel também acolhe tipos locais ligados à herança rural brasileira, como os capangueiros, boiadeiros e caipiras que nele se hospedam quando vêm em busca de negócios para suas pedras, gados e safras de café. A propósito desses tipos, os versos falam em "nostalgias januárias" que "balouçavam" no "regaço" do hotel, referindo-se à famosa cachaça mineira (*januária*), na qual decerto eles podiam afogar as saudades de casa. O anacronismo do verbo (*balouçar*) é empregado, sem dúvida, para reiterar o desajuste temporal entre essa herança rural e o presente urbano.

Ainda em contradição com a modernidade do hotel e da cena urbana de que faz parte, há toda uma estrofe que resume exemplos de persistência da velha cordialidade brasileira, ao representar a dificuldade de certos hóspedes em lidar com a impessoalidade da lei ou da norma, como o flautista que insiste na sonatina em "hora de silêncio regulamentar". A desconsideração para com a lei e as normas chega a ser tamanha que nem mesmo os seres mais desprezíveis levam-nas em conta, pois há um "professor [que] professa numa alcova / irreal, Direito das

Coisas, doutrinando / a baratas que atarefadas não o escutam". Há também a recusa de "antigos moradores"[4] em distinguir os domínios do público e do privado, instalando-se no hotel como se fosse na própria casa, onde recebem visitas à noite – inclusive a do próprio prefeito! Isso sem falar na mulher que acaba parindo em um dos quartos, enquanto o marido solicita ao poeta mundano, frequentador do hotel, que recite seus versos mais baixo para não perturbar a esposa no trabalho de parto, embora logo em seguida encomende-lhe um natalício, celebrando a chegada do recém-nascido. Em todos esses casos, a finalidade é sempre a de frisar os hábitos provincianos dos que desconsideram as normas e as relações mais distanciadas, agindo com intimidade em um espaço definido por certa impessoalidade, formalidade e mundanidade como um hotel – ainda mais este que foi marco de modernidade e internacionalismo no país.

Em um plano mais amplo, a própria representação da vida social e política, que se desenvolve no cotidiano e à volta do hotel instalado no "centro do Brasil", assinala outras ordens de contradição entre, de um lado, a modernidade simbolizada pelo edifício e pelo bulevar onde foi contruído, os bondes elétricos e os *slogans* publicitários; de outro, a "ferrugem dos governos" e a persistência de tradições populares, como o carnaval e o jogo do bicho com toda sua hierarquia de "apanhadores, ponteiros, engole-listas de sete-prêmios". Inscritos nessa mesma esfera social, há também os vigaristas, desocupados e outros tipos que vivem, no correr das décadas, na informalidade, na marginalidade ou simplesmente na "esperança de empregos" dentro de um processo de modernização por alto que remodela cidades à custa da exclusão social, negando a uma ampla parcela da população o direito ao trabalho, à participação pública, à cidadania, enfim.

4. Atente-se para a duplicidade de sentido do adjetivo, que pode significar tanto o fato de esses moradores "viverem" há muito tempo no hotel, quanto o de eles serem "antigos" nos hábitos ou "manias", inclusive a de receber visitas fora de hora, como se estivessem na própria casa. As marcas da "cordialidade" – no sentido em que a toma Sérgio Buarque, evidentemente – foram examinadas no poema por Jerônimo Teixeira, *Drummond Cordial*, São Paulo, Nankin, 2005, pp. 169-170. Na análise, Teixeira equivoca-se apenas ao situar o edifício em Copacabana, sem qualquer referência a seu significado histórico.

A IMAGINAÇÃO POÉTICA ENTRE A REPRESENTAÇÃO HISTÓRICA E A REFLEXÃO FILOSÓFICA

Ainda que seja produto de uma construção deliberadamente imaginária, "A um Hotel em Demolição" não chega a dispensar a contribuição da memória, pessoal e histórica, para garantir veracidade à imagem apresentada. Apesar de alegar que seu nome jamais tenha constado dos registros do hotel como hóspede, nem como "quarteiro" ou "*boy* em [s]eu sistema de comunicação", o eu lírico demonstra conhecer muito bem as linhas da fachada, seu vasto interior vermelho, seus corredores e quartos com espelhos, muitos espelhos (símbolo da *coquetterie* reinante num espaço dominado pelo aparência, ostentação e superficialidade mundanas); sua rotina e frequência, o abrigo de bondes, seus cafés e restaurantes. Sem ter como se valer da observação direta, o poeta podia ainda contar com o auxílio de crônicas, memórias e demais registros documentais, inclusive iconográficos. É o caso das fotografias de Augusto Malta, que havia falecido justamente à época, em 1957. Por isso ele é convocado lá no "assento etéreo" para bater mais uma chapa: o "retrato futuro" do "superedifício" (certamente o Edifício Avenida Central, que surgirá no lugar do hotel), registrando, assim, mais essa "posse da terra":

Vem, ó velho Malta
saca-me uma foto
pulvicinza efialta
desse pouso ignoto.

Junta-lhe uns quiosques
mil e novecentos,
nem iaras nem bosques
mas pobres piolhentos.

Põe como legenda
Queijo I t a t i a i a
e o mais que compreenda
condição lacaia.

Que estas vias feias
muito mais que sujas

são tortas cadeias
conchas caramujas

do burro sem rabo
servo que se ignora
e de pobre-diabo
dentro, fome fora.

Velho Malta, *please,*
bate-me outra chapa:
hotel de marquise
maior que o rio Apa.

Lá do assento etéreo,
malta, sub-reptício
inda não te fere o
superedifício

que deste chão surge?
Dá-me seu retrato
futuro, pois urge

documentar as sucessivas posses da terra até o juízo final e
mesmo depois dele se há como três vezes confiamos que
haja um supremo ofício de registro imobiliário por cima da
instantaneidade do homem e da pulverização das galáxias.

A evocação do nome Malta não se justifica apenas pelo desejo de Drummond homenagear o ilustre recém-falecido. Ela também se explica pelo fato de os famosos retratos do fotógrafo oficial do prefeito Pereira Passos serem importante fonte de pesquisa documental, na medida em que registraram todas as etapas da reforma e remodelação da região central do Rio, desde a demolição violenta promovida para abertura da Avenida Central até toda a construção do bulevar e dos prédios nele abrigados, incluindo o hotel. A sequência dos eventos mencionados nas estrofes acima, aliás, acompanha a cronologia dessas etapas[5]. Ao cobrir tais

5. Nota a respeito Eucanaã Ferraz: "De fato, as imagens captadas pela lente de Malta não raro fixaram um processo desenvolvido em vários tempos: antes, durante e depois da demolição, indo até o surgimento de um novo prédio ou benfeitoria. Graças a tal poder de fixar o objeto no tempo, o fotógrafo surge como personagem emblemático no poema. Sua função seria a de

demolições e construções, as fotos feitas por Malta registravam também costumes e tipos de alto a baixo da sociedade carioca mencionados nos versos: das autoridades e membros da elite até os "pobres piolhentos" nos "quiosques 1900" e outros mais "que compreenda[m] a condição lacaia", expulsos da cena moderna desde o "bota-abaixo" – o avesso da *belle époque* carioca. Nesse sentido, a contradição de significados associados ao nome e ao sobrenome do fotógrafo *Augusto Malta* torna-se involuntariamente reveladora, não sem uma boa dose de ironia.

Mas a evocação de Malta no poema representa ainda um termo de comparação para o próprio ofício ou papel do poeta, que não deixa de promover, a seu modo, uma espécie de *registo* das várias etapas da mesma história, chegando a cobrir época posterior à do fotógrafo, embora com perspectiva diversa do puramente documental. Sem perder de vista um evento particular, mas também sem se restringir à pura datação ou ao registro histórico, o poeta se propõe a uma reflexão mais ampla sobre um tema recorrente em sua obra: o Tempo, que apesar de grafado em maiúscula, não caminha no sentido da abstração filosófica do conceito[6]. Nesse sentido, Drummond procede em consonância com certa definição clássica do papel da poesia (e da literatura em geral), fazendo a mediação entre as abstrações do filósofo e os fatos concretos dos historiadores, a fim de alcançar uma síntese superior entre a universalidade dos conceitos e a particularidade dos eventos representados. Essa reflexão maior se faz a partir do que registrou o "relógio hoteleiro", ou seja, a partir da história do edifício que parece conter em si a "estratificação" dos acontecimentos que marcaram as diversas décadas de sua existência[7].

registrar, atendendo a um pedido claro: 'saca-me uma foto'. Não há qualquer desejo de idealização do espaço, pois, ao contrário, é preciso que toda a vida miúda ao redor do edifício seja retratada em sua 'condição lacaia'. O sujeito poético, porém, quer ainda 'outra chapa'. Como se só então considerasse a condição de Malta como personagem livre de contingências – fora do fluxo temporal –, a foto sugerida agora é o 'retrato futuro' do 'superedifício' que se erguerá no lugar do hotel" (cf. "O Poeta Vê a Cidade", *Poesia Sempre*, 16, Rio de Janeiro, Biblioteca Nacional, out. 2002, pp. 22-35).

6. Cf. histórico sucinto de Robert L. Montgomery sobre as relações entre história e poesia no verbete dedicado ao tema em Alex Preminger & T.V.F. Brogan (eds.), *The New Princeton Encyclopedia of Poetry and Poetics*, p. 534.
7. Sobre os "lugares estratificados" ou "o lugar como palimpsesto", ver Michel de Certeau, *A Invenção do Cotidiano: 1. Artes de Fazer*, Petrópolis, Vozes, 1994, pp. 309-310.

A. Malta. Quiosque

Essa meditação sobre o Tempo, que se vale de um gênero poético em particular, engloba uma reflexão sobre a própria História e, subordinada a esta, sobre a tradição e a modernização compreendida tanto no sentido histórico-econômico, quanto cultural e artístico-literário, sem perder de vista, antes enfatizando, as peculiaridades da experiência local do processo. É o que vê adiante, depois de tratar de questões fundamentais de forma, gênero e estilo mobilizados por esse grande poema.

O TARDO E RUBRO ALEXANDRINO DECOMPOSTO

É curioso atentar ao modo como a forma poética espelha essa reconstrução imaginária do hotel promovida pelo poema, através do andamento e da grande variação métrica. Ela transita da isometria dos hexassílabos nos oito tercetos iniciais, passando a três alexandrinos rimados e diluindo-se em uma centena de versos livres. Retorna aos hexassílabos em mais de cinquenta versos e logo se espraia, outra vez, em um trecho de verdadeira prosa poética e em nova sequência de versos livres, que tornará a ceder o passo à redondilha menor em sete quartetos (e um terceto) rimados, seguida de mais um trecho curto em prosa poética. Conclui, em *grand finale*, com um soneto decassilábico – bem dentro do espírito neoclassicizante do período. Essa alternância entre a isometria e a heterometria ou a prosa poética parece pontuar as oscilações que marcam as reportações entre presente e passado; e, no plano estético, entre formas neoclássicas e modernas, depois do esgotamento do Modernismo (quando se converte em *convenção*, como qualquer movimento anterior), conforme se examinou ao longo deste estudo.

O caráter performativo dos versos evidencia-se desde a abertura, com os hexassílabos antecedendo os alexandrinos, como se aqueles fossem hemistíquios destes, dispostos separadamente. Enquanto os versos de seis sílabas cuidam de convocar hotel e hóspedes "no plano de outra vida", os de doze já apresentam o edifício imaginariamente recomposto. A passagem de uma medida a outra parece, assim, mimetizar a própria reconstrução imaginária promovida pelo poema, como se os supostos hemistíquios representassem partes ou destroços do verso maior, que é explicitamente equiparado ao longevo hotel agora decomposto:

> (Pois era bem longevo, Hotel, e no teu bojo
> o que era nojo se sorria, em pó, contigo.)
>
> O tardo e rubro alexandrino decomposto.

Em contraste com a exploração modernista radical do verso livre, que domina todo o poema, o alexandrino comparece, sobretudo, como citação formal do Parnasianismo, versão oficial da literatura contemporânea à remodelação haussmanniana de Pereira Passos, partilhando com esta da mesma fantasia de civilização, nutrida por uma elite ciosa de ostentar cultura e cosmopolitismo como atrativo[8]. Isso sem falar em certa homologia estilística entre a apropriação parnasiana do legado clássico e a obediência arquitetônica ao ecletismo francês nas fachadas Beaux-Arts que predominavam na Avenida Central[9]. Além da citação

8. Ao mesmo tempo, partilha-se, também, idêntico horror diante da herança colonial e mestiça, respondendo por certo desejo de evasão dado pelo repertório de temas e formas alheios às particularidades da realidade local. Como diz Needell, "recusa e evasão" marcam as mudanças da *belle époque* carioca, nas quais a elite local "celebrava não só o que era feito, mas também o que era desfeito" (Jeffrey D. Needell, *Belle Époque Tropical*, São Paulo, Companhia das Letras, 1993, p. 67).
9. No caso específico do Hotel Avenida, fala-se em estilo Eclético, *Beaux Arts* ou Segundo Império.

formal, o poema se refere expressamente ao Parnasianismo quando evoca Martins Fontes na seguinte passagem:

Rangido de criança nascendo.

Por favor, senhor poeta Martins Fontes, recite mais baixo suas odes enquanto minha senhora acaba de parir no quarto de cima, e o poeta velou a voz, mas quando o bebê aflorou ao mundo é o pai que faz poesia saltarilha e pede ao poeta que eleve o diapasão para celebrarem todos, hóspedes, camareiros e pardais, o grato alumbramento.

Frequentador da roda boêmia da Confeitaria Colombo e dos cafés da Rua do Ouvidor reunida em torno de seu mestre, amigo e sócio Olavo Bilac, o autor de *Boêmia Galante* é evocado pelo seu lado mais festejado. Isto é, pelo que havia em sua poesia de fácil, ornamental, fulgurante, expresso no gosto pelas "rimas miliardárias" (segundo Agripino Grieco), as metáforas ígneas e a exuberância dos neologismos com que retratou, por exemplo, quadros do cenário carioca em seu *Guanabara*[10]. Por se tratar de epígono, torna-se ainda mais patente a feição epidérmica, meramente ornamental e celebrativa do oficialismo parnasiano, tendendo à valorização da autoimagem de seus cultores e da vida literária e mundana em detrimento da preocupação com o propriamente literário[11]. Tanto mais quando se considera que a aparição do poeta santista no poema de Drummond começa com as odes e termina com um genetlíaco feito a pedido do pai cujo filho acabara de nascer, o que ajuda a evidenciar não só a tendência à "arte de louvar", marcante na poesia de Martins Fontes,

10. Essa exuberância ou riqueza expressiva (que para Agripino Grieco chegava a ser "abusiva") era vista como produto de um entusiasmo ou arrebatamento que tendia a perturbar a placidez beneditina recomendada ao *ciseleur* parnasiano, levando intérpretes como Cassiano Ricardo a não reconhecer em Martins Fontes uma filiação estrita a esse movimento (ver Cassiano Ricardo, *Martins Fontes*, Rio de Janeiro, Agir, 1959; Domingos Carvalho da Silva, Oliveira Ribeiro Neto e Péricles Eugênio da Silva Ramos, *Antologia da Poesia Paulista*, São Paulo, Conselho Estadual de Cultura, 1960; Agripino Grieco, "Martins Fontes" – Conferência no Teatro Municipal, *A Gazeta*, São Paulo, 11 out. 1947).
11. A observação é de Brito Broca em *Vida Literária 1900*, Rio de Janeiro, José Olympio, 2005. Nota ainda a respeito Antonio Dimas: "E, numa engenhosa conjunção involuntária, o visualismo plástico da poesia parnasiano-simbolista combinava-se com o exibicionismo pessoal de muitos dos seus cultores, que confundiam 'literatura' com 'vida boêmia' e que fizeram das confeitarias de então uma vitrine de onde pudessem ver e ser vistos" (*Tempos Eufóricos (Análise da* Revista Kosmos: *1904-1909*), São Paulo, Ática, 1983, p. 88).

como também a dimensão doméstica em que muitas vezes resultou o Parnasianismo brasileiro[12].

A imagem de poeta (e de poesia) representada por Martins Fontes instala-se nas antípodas daquela encarnada pelo eu drummondiano nos versos. Em vez da atitude celebrativa e da superficialidade mundana do primeiro, revelada na composição do "natalício", o itabirano promove um verdadeiro necrológio do hotel e de toda uma época. Longe do feitio ornamental da poesia de Fontes, de seu gosto pelos recitativos, loas, e poesias de ocasião prontas a atender às solicitações de um público culturalmente pouco exigente, Drummond mergulha fundo em versos de forte teor meditativo que nenhuma concessão fazem ao leitor despreparado, seja pelo experimentação formal, seja pelo hermetismo de várias passagens, seja ainda pelo próprio alcance da verdade que ele extrai da contemplação dos destroços do suntuoso hotel, agora "roto desventrado poluído", entre "quatro tabiques de comércio".

ENTRE PARNASIANOS E CONCRETOS

É importante lembrar aqui que as alusões ao Parnasianismo e à vida literária da *belle époque* já haviam comparecido mais de uma vez na produção drummondiana dos anos 1950, seja na poesia de *Claro Enigma*, seja na crônica de *Passeios na Ilha*, a exemplo do humor impagável de "Perspectivas do Ano Literário". Sabe-se que tais alusões tinham por alvo polêmico, em boa medida, o risco do retrocesso ou da reposição ingênua de um convencionalismo neoparnasiano ou neossimbolista por alguns dos poetas de 45. Sabe-se, também, que a reação a esse passadismo dos poetas de 45 viria representada, ainda nos anos 1950, pelo Concretismo, ao qual chega a aludir implicitamente o poema de Drummond em mais de uma passagem. Nesse sentido, a história retraçada pelo poema, cujas balizas se indicou mais atrás, compreende também a da própria poesia

12. A observação é de Antonio Dimas (*op. cit.*, p. 97), ao se referir à banalização dos temas pelos parnasianos, visível, por exemplo, na celebração do amor e da harmonia familiares. Quanto à tendência laudatória da poesia de Martins Fontes, ver Cassiano Ricardo, *Martins Fontes*, p. 10.

brasileira, dadas as alusões ora mais, ora menos explícitas a parnasianos, modernistas, "novos" ou "novíssimos" de 45 e, agora, concretistas.

Com sua entrada oficial em cena em 1956, o movimento concretista inaugurou "o segundo ciclo de vanguarda no contexto da modernidade brasileira", retomando o "velho espírito" vanguardista das primeiras décadas do século, "em seu afã de atualização e pesquisa formal", mas exacerbando "seus procedimentos e técnicas com uma ortodoxia programática não encontrável no quadro do movimento concretista internacional, nem em nenhuma manifestação brasileira anterior"[13]. No poema de Drummond, as alusões se fazem por meio de certos procedimentos característicos do grupo concretista, como o diálogo com a linguagem publicitária ("chope Brahma louco de quem ama"; "queijo I t a t i a i a", bombom Serenata...); a ênfase na materialidade fônica e gráfica da palavra na página ("ficha ficha ficha ficha ficha / fichchchchch"; "travessas em I"); a técnica de cortes estratégicos das palavras para evidenciar novos significados ("Ele marcava mar-/cava cava cava"; "mineiroflumenpau-/listas, boas, mas; caras"); e até mesmo a fusão ou composição neológica (pulvicinza; efialta; tremulargentina; arkademias). Não por acaso um dos líderes do movimento concretista reconheceu em "A um Hotel em Demolição" o prenúncio da nova guinada poética promovida por Drummond no livro seguinte (*Lição de Coisas*, 1962), que representaria, na visão de Haroldo de Campos, um "louvável" reencontro com "as matrizes de sua poesia, ainda coladas a 22", supostamente estimulado ou em sintonia com as discussões e propostas do grupo concretista[14].

Não é de se crer, entretanto, que a citação formal de alguns dos procedimentos concretistas típicos em "A um Hotel em Demolição" (ou mesmo em *Lição de Coisas*) se configure como adesão, até porque o poema não

13. Iumna Maria Simon, "Esteticismo e Participação: As Vanguardas Poéticas no Contexto Brasileiro (1954-1969)", *op. cit.*, pp. 335-363.

14. Muito embora afirme não reivindicar "possíveis áreas de influência ou contágio", Haroldo de Campos não deixa de reconhecer que, depois da estada classicizante dos anos 1950, o Drummond de "A um Hotel em Demolição" e sobretudo de *Lição de Coisas* "se coloca em cheio, e com alarde de recursos e experiências, na problemática da poesia brasileira (e/ou internacional) de vanguarda", antenando-se com as "questões levantadas pelo movimento da poesia concreta e [...] suas demandas em prol de uma nova linguagem poética apta a refletir a civilização contemporânea [...]" ("Drummond, Mestre de Coisas", *Metalinguagem*, São Paulo, Cultrix, 1976, 39 e ss.)

caminha no sentido da radicalização das propostas do grupo Noigandres, muito menos esposa a ideologia que as sustenta. A alusão ao movimento se faz, por vezes, também com ironia, em função da dimensão crítica do poema sobre o moderno. Reflexão essa que tem em mira o contexto mais imediato de um novo ciclo de modernização econômico-política dos anos 1950 e, no domínio estrito da cultura e arte, os impasses do legado modernista, para os quais o Concretismo propõe uma alternativa afinada com o espírito (otimista) do período. E aqui não se pode esquecer a articulação ideológica entre a política desenvolvimentista dos anos JK e o empenho heroico ou civilizador do Concretismo no seu afã de "modernizar antes [mesmo] que a sociedade se modernizasse", movido, então, por uma crença similar de que se ia "chegar lá"[15]. Essa reflexão crítica sobre a modernidade (horizonte último do poema) será retomada, por fim, depois de examinar o gênero poético particular empregado pelo poeta em "A um Hotel em Demolição".

A "ÂNSIA DE ACABAR" SEM O "TERMO VELUDOSO DAS RUÍNAS"

No capítulo VII, viu-se com o Murilo Mendes de *Siciliana* e com uma comentarista de Baudelaire o sentido das ruínas, embora associadas à Antiguidade. Veja-se, agora, o que Drummond opera ao evocá-las a partir de um marco arquitetônico da própria modernidade brasileira (que, no seu ecletismo, já evidencia suas contradições e anacronismos).

15. Iumna Maria Simon, "Esteticismo e Participação..." p. 354. A respeito da articulação do concretismo como a ideologia desenvolvimentista, nota Simon: "A ênfase no aspecto desenvolvido e internacional [do projeto concretista] era tão grande que ficou subestimada (talvez recalcada) a ambiência brasileira, a qual por sua vez era igualmente favorável: o desenvolvimentismo do governo Juscelino Kubitscheck (1956-1960) congraçava os ânimos em torno da construção de um futuro promissor para o país e prometia uma saída para o subdesenvolvimento. Não é de estranhar pois que nos textos teóricos e programáticos divulgados até o final da década de 1950, na fase mais combativa e polêmica do movimento, sejam raras, se não de todo ausentes, referências à circunstância histórica imediata; o que há de fato é a valorização do vasto horizonte da modernidade, um culto fervoroso das grandes conquistas científicas e tecnológicas e a certeza inquebrantável de que iríamos chegar lá" (*op. cit.*, p. 342).

Em "A um Hotel em Demolição", o poeta oferece tratamento surpreendente ao conhecido gênero da meditação poética sobre as ruínas, não só ao reinscrevê-la(s) no contexto da cidade moderna, mas também por eleger como objeto de sua reflexão, mais que os destroços, o verdadeiro vazio entre tapumes deixado por esse marco da *belle époque* tropical. Recorrendo ao *compositio loci*[16], prelúdio necessário a toda meditação poética, Drummond opera uma verdadeira "recomposição de lugar". Isso porque ele parte da contemplação do espaço vazio em que outrora existiu de fato o famoso hotel e, por força da meditação aturada, reconstrói, pedra sobre pedra ("severas se erguendo", como diria o amigo Murilo, diante de "As Ruínas de Selinunte"), o antigo prédio, a sociabilidade e a história que marcaram seu meio século de existência.

O diálogo com a tradição da meditação sobre as ruínas chega a ser explicitado pelo poeta, mas com a intenção de sinalizar menos as afinidades do que a diferença mais significativa entre o gênero tradicional e o poema:

> [...]
> e a ânsia de acabar que não espera
> o termo veludoso das ruínas
> nem a esvoaçante morte de hidrogênio.

O termo "veludoso", está visto, sugere não um fim brusco, mas suavizado em sua desaparição. Pois as ruínas ainda preservam algo da construção original que permite alimentar certa aspiração regressiva em

16. Na definição de Sérgio Buarque, a *compositio loci* é o "prelúdio necessário das meditações religiosas e, ao cabo, da oração mental, depois de metodizada pelos tratados religiosos de fins do século XVI e começos do seguinte, particularmente os tratados dos jesuítas. Já nos *Exercícios Espirituais* alude-se expressamente a essa prática, onde, por exemplo, se diz que, na 'composição de lugar', importa ver concretamente, com os olhos da imaginação, tal como se víssemos, com os olhos do corpo, o cenário diretamente relacionado com o objeto proposto para meditação [...]". Nota ainda Sérgio Buarque o quanto esse procedimento preliminar da meditação (que pressupõe a leitura prévia do que os bons autores disseram a respeito, bem como a notação precisa da distância, altura e situação das colinas, cidades e vilas) foi decisivo não só para a poesia religiosa, mas para a lírica em geral (Sérgio Buarque de Holanda, *Capítulos de Literatura Colonial*, São Paulo, Brasiliense, 1991, pp. 299-300). A fonte de referência do crítico é o estudo pioneiro de Louis L. Martz, *The Poetry of Meditation: A Study in English Religious Literature of the Seventeenth Century*, New Haven, Yale UP, 1962, pp. 27 e ss.

direção ao passado celebrado – embora, para Subirats, elas possam comportar outro significado maior, conforme já se viu no capítulo VII, como "signo inequívoco" que também são "do triunfo da natureza sobre o poder civilizador e, portanto, sobre o poder da razão histórica moderna"[17]. Ora, a "ausência" deixada "no centro do Rio de Janeiro" com a demolição do hotel, no seu afã de tudo consumir rapidamente, acaba por apagar os vestígios que poderiam alimentar essa aspiração regressiva – embora não chegue à pulverização completa e imediata promovida pela bomba H, sinalizando, nos versos, o alcance do poder devastador da modernidade da ciência e da técnica. Nem a oposição natureza *versus* cultura torna-se aqui relevante para o sentido maior revelado pelos destroços do hotel.

Essa, portanto, a primeira diferença significativa em relação ao modelo tradicional da meditação e ao sentido das ruínas. Mas há outra, que diz respeito ao fato de as ruínas remeterem a civilizações muito distantes no tempo. Como diz Starobinski,

> [...] para que uma ruína pareça bela é preciso que a destruição seja bastante longínqua e que se tenham esquecido suas circunstâncias precisas; pode-se doravante atribuí-la a um poder anônimo, a uma transcendência sem rosto: a História, o Destino. Ninguém sonha tranquilamente diante das ruínas recentes que fazem sentir o massacre: estas são logo desentulhadas para reconstruir. [...] A poesia da ruína é poesia do que sobreviveu parcialmente à destruição, mas permanecendo imerso na ausência: é preciso que ninguém tenha conservado a imagem do edifício intato. [...] [A] lembrança inicial foi perdida, uma segunda significação lhe sucede, anunciando doravante o desaparecimento da lembrança que o construtor pretendera perpetuar na pedra. Sua melancolia reside no fato de ter-se ela tornado um monumento da significação perdida[18].

Ora, diferentemente, o Hotel Avenida, ainda que Drummond o considere "bem longevo", remete a um passado recente, no seu meio século de existência, em parte vivenciado de perto pelo próprio poeta, que, portanto, conhece e conserva a lembrança do edifício intacto, bem como das circunstâncias precisas de sua construção, seu momento

17. Eduardo Subirats, *Paisagens da Solidão*.
18. Jean Starobinski, *A Invenção da Liberdade*, São Paulo, Ed. Unesp, 1994, p. 202.

áureo e sua destruição. A imagem do edifício intocado, sua lembrança inicial, portanto, não está perdida como requer a tradição do gênero, segundo o crítico suíço. Nem sequer a melancolia despertada pelas ruínas – sentimento imprescindível na caracterização do gênero, como o próprio Drummond tratou de evidenciar em *Claro Enigma*, diante da destruição imaginária de "Morte das Casas de Ouro Preto" e em crônica dedicada à contemplação do mesmo sítio histórico em *Passeios na Ilha* – parece resistir muito além da evocação inicial, embora o senso do transitório ainda persista com força.

"...E É APENAS CAMINHO E SEMPRE SEMPRE..."

Aliás, como é próprio do gênero, esse senso do passageiro e da caducidade compreende a verdade última revelada pela meditação, que comparece em imagens recorrentes de grande força e beleza. O curioso é que o sentimento de transitoriedade não reside apenas nas ruínas ou destroços e sim na própria natureza do edifício, mesmo quando intacto. Afinal, trata-se de um hotel, quase um *não-lugar* caracterizado no poema por oposição à fixidez do espaço da casa:

> Todo hotel é fluir. Uma corrente
> atravessa paredes, carreando o homem,
> suas exalações de substância. Todo hotel
> é morte, nascer de novo; passagem; se pombos
> nele fazem estação, habitam o que não é de ser habitado
> mas apenas cortado. As outras casas prendem
> e se deixam possuir ou tentam fazê-lo, canhestras.
> O espaço procura fixar-se. A vida se espacializa,
> modela-se em cristais de sentimento.
> A porta se fecha toda santa noite.
> Tu não te encerras, não podes. A cada instante
> alguém se despede de teus armários infiéis
> e os que chegam já trazem a volta na maleta.
> 220 *Fremdenzimmer* e te vês sempre vazio
> e o espelho reflete outro espelho
> o corredor cria outro corredor
> homem quando nudez indefinidamente.

Ao contrário da casa, o hotel, ainda mais de nome *Avenida*, tende não só a diluir o domínio do privado e a oposição entre interior e exterior, mas também a enfatizar o senso da passagem, da transitoriedade em questão. No poema, todavia, o transitório, o fugaz, mais do que associado à velha tópica barroca que acompanha a meditação sobre as ruínas, liga-se ao senso devastador da modernidade, tal como concebido desde seu momento inaugural, por Baudelaire, discutido em capítulo anterior. A diferença é que, ao contrário de tão controversa definição da modernidade como "o transitório, o efêmero, o contingente", metade da arte cuja outra metade é "o eterno e o imutável", não há em Drummond este polo estável, visto que a transitoriedade do moderno repete a lei maior do Tempo.

Se em períodos anteriores, como a própria idade barroca, o sentimento agudo da caducidade podia opor "a eternidade divina à fugacidade humana, num horizonte teológico ainda estável", o que vai caracterizar a modernidade é o

> [...] desmoronamento desse horizonte e, consequentemente, a falta de um polo duradouro que servia, outrora, de razão e de consolo do efêmero. A cidade moderna não é um lugar de passagem em oposição à perenidade da Cidade de Deus mas, na sua mais profana e material natureza, o palco isolado de transformações incessantes que revelam sua fragilidade[19].

No livro anterior, *Fazendeiro do Ar* (1954), Drummond já havia atinado com esse senso no paradoxalmente intitulado "Eterno", comentado no capítulo VII. Seria, contudo, no poema aqui examinado que o moderno como senso do transitório ganharia sua expressão mais feliz ao eleger, como emblema ou alegoria, não apenas um hotel cujo nome e história remetem a um dos marcos da modernização no Brasil, mas à imagem especificamente das ruínas desse hotel em demolição. Ao contrário dos destroços produzidos pela haussmannização de Paris, como bem deixa entrever a grande alegoria baudelaireana da modernidade que é "O Cis-

19. Jean Maria Gagnebin, "Baudelaire, Benjamin e o Moderno", *Sete Aulas Sobre Linguagem, Memória e História*, p. 150. Vide, também no mesmo livro, os comentários sobre o estudo de K. Stierle a respeito do *tópos* literário da cidade e mais particularmente o mito de Paris (pp. 158 e ss).

ne", os do Hotel Avenida não remetem a uma construção do passado, mas a um marco recente da própria modernidade, destruído para ceder espaço a outro. Uma modernização, portanto, que se constrói à custa de sua própria destruição. Essa concepção do caráter autodevastador da modernidade encontra sua justificativa no que demonstram críticos e teóricos como David Harvey, para quem "a contínua e intencional destruição dos 'espaços construídos' é inerente à acumulação de capital"[20]. Ou como Berman que, diante da destruição dos prédios arte-decô do Bronx de sua infância, entre outras intervenções urbanísticas haussmannianas de Moses em Nova York, observa que

> [...] o preço da modernidade crescente e em constante avanço é a destruição não apenas das instituições e ambientes "tradicionais" e "pré-modernos", mas também – e aqui está a verdadeira tragédia – de tudo o que há de mais vital e belo no próprio mundo moderno[21].

O curioso, todavia, é que, diante dessa destruição contínua, o eu lírico drummondiano já não parece mais se entregar completamente à atitude melancólica típica que acompanha a contemplação das ruínas. Atitude essa que já havia marcado significativamente a poesia de *Claro Enigma* e a prosa correspondente de *Passeios na Ilha,* com as meditações sobre os destroços das construções históricas e dos sítios abandonados das cidades barrocas mineiras. Se no barroco, tal melancolia era compensada pela crença na transcendência que respondia, ao fim e ao cabo, pelo desprezo diante do mundo terreno (*contemptus mundi*); se em Baudelaire, a desaparição da crença no transcendente determina o mergulho fundo no sentimento lutuoso como forma de oposição a essa transitoriedade; nos versos drummondianos, a atitude nostálgica suscitada, em princípio, pela contemplação dos destroços ou do vazio deixado pela destruição do hotel, levando à reconstrução imaginária deste, vai sendo aos poucos minada pelas notações prosaicas e irônicas em torno do cotidiano e da vida social a ele associada, até chegar, no fim, a desprezá-lo por completo:

20. De acordo com a menção feita a Harvey por Marshall Berman, *Tudo que É Sólido Desmancha no Ar: As Aventuras da Modernidade,* São Paulo, Companhia das Letras, 1986, p. 98 n.
21. *Idem*, p. 280.

Já te lembrei bastante sem que amasse
uma pedra sequer de tuas pedras

Do antigo hotel, o que interessa mesmo ao poeta é a polissemia do nome[22]:

mas teu nome – A V E N I D A – caminhava
à frente de meu verso e era mais amplo

e mais formas continha que teus cômodos
(o tempo os degradou e a morte os salva)
e onde abate o alicerce ou foge o instante
estou comprometido para sempre.

Algo de mais específico a respeito da natureza desse sentimento que o eu drummondiano passa a vivenciar diante da contemplação dos destroços, das ruínas ou do vazio deixado pelo Hotel Avenida, pode ser mais bem explicado ou justificado com base nos argumentos por ele mesmo explorados em crônica recolhida, poucos anos depois, no volume *Cadeira de Balanço* (1966). Ao assistir à demolição de uma antiga casa em que habitou, o cronista trata de qualificar a natureza do sentimento experimentado, que já não é mais a melancolia do desvanecimento das coisas físicas:

E não sentiu dor vendo esfarinharem-se esses compartimentos de sua história pessoal. Nem sequer a melancolia do desvanecimento das coisas físicas. Elas tinham durado, cumprido a tarefa. Chega o instante em que compreendemos a demolição como um resgate de formas cansadas, sentença de liberdade. Talvez sejamos levados a essa compreensão pelo trabalho similar, mais surdo, que se vai desenvolvendo em nós. E não é preciso imaginar a alegria de formas novas, mais claras, a surgirem constantemente de formas caducas, para aceitar de coração sereno o fim das coisas que se ligaram à nossa vida.

Fitou tranquilo o que tinha sido sua casa e era um amontoado de caliça e tijolo, a ser removido. Em breve restaria o lote, à espera de outra casa maior, sem sinal dele e dos seus, mas destinada a concentrar outras vivências. Uma ordem,

22. Esse mesmo *nome*, ispirarará, anos depois, outro belo poema ("O Nome"), de *As Impurezas do Branco*, cujas relações mais imediatas com "A um Hotel em Demolição" já foram assinaladas por Eucanaã Ferraz no ensaio citado.

um estatuto pairava sobre os destroços, e tudo era como devia ser, sem ilusão de permanência[23].

Essa perspectiva *naturalizadora* da perecibilidade das obras e construções equiparada à dos seres, em obediência a uma lei maior e irreversível, como se fosse o cumprimento de um destino irrevogável ("tudo era como devia ser"), pode ser considerada suspeita... Não faltaria, mesmo, como já se viu em outro capítulo, quem a associasse à atitude supostamente conformista da "aceitação maior de tudo", que segundo alguns intérpretes definiriam o estilo "maduro" do poeta. Veja, no entanto, que no excerto acima a "aceitação" serena do fim das coisas não implica "a alegria de formas novas", ou seja, a celebração do novo, lei maior da modernidade.

Trazendo essa ordem de considerações para o poema, pode-se dizer que o relativo abandono da "melancolia do desvanecimento das coisas físicas" não se faz no sentido da aceitação ou concordância com o processo devastador da modernização. Trata-se, antes, da percepção de uma dinâmica da própria modernidade, segundo a conhecida frase de Marx glosada por Berman em seu livro. Não por acaso Drummond elegeu como emblema um marco da modernidade ou de dois ciclos da modernidade periférica: o hotel da *belle époque* e sua demolição nos anos 1950. E o interessante reside no fato de que esse senso do transitório associado ao moderno seja tematizado por Drummond justamente nos anos JK, com a aceleração da industrialização e da urbanização iniciadas nas décadas anteriores[24], buscando queimar etapas na ânsia de superar de vez a herança do atraso ligada ao passado rural. À ideia do desenvolvimento rápido e heroico sintetizada no *slogan* juscelinista dos "50 anos em 5", Drummond evoca os exatos cinquenta anos-imagem do longevo hotel que também foi marco de modernidade, para refletir a contrapartida ou o avesso dessa mesma

23. Drummond, "Assiste à Demolição", *Cadeira de Balanço. Poesia e Prosa,* pp. 1642-1643.

24. Sintetizando a teoria de Francisco de Oliveira sobre o modelo específico de desenvolvimento capitalista no Brasil, Maria José Trevisan afirma que os anos JK não assistem a um novo modo de acumulação capitalista, mas à "aceleração expressiva" da que foi implantada em 1930. "A transição iniciada em 1930 se completa em 1956, quando a renda do setor industrial supera a da agricultura e a entrada de capitais estrangeiros estimula enormemente a acumulação" (*A Fiesp e o Desenvolvimentismo,* Petrópolis, Vozes, 1986, p. 25).

ânsia de modernização acelerada no concomitante envelhecimento não menos veloz. Com o vazio deixado entre "quatro tabiques de um comércio", Drummond reitera, vertiginosamente, a imagem disfórica mais acabada da modernidade e suas contradições como um "canteiro de obras", ao mesmo tempo que põe termo à estada neoclássica do período.

Referências Bibliográficas

Alguns dos capítulos deste livro foram publicados anteriormente, na forma de ensaios, em versões preliminares ou parciais. As referências bibliográficas completas seguem abaixo:

"No Atoleiro da Indecisão: *Brejo das Almas* e a Crise Ideológica dos Anos 1930". In: Abdala Jr., Benjamin & Cara, Salete de A. (orgs.). *Moderno de Nascença: Figurações Críticas do Brasil*. São Paulo, Boitempo Editorial, 2006, pp. 122-49.

"Uma Poética da Indecisão: *Brejo das Almas*". *Novos Estudos. Cebrap*, vol. 1, n. 57, pp. 37-58, São Paulo, 2000.

"Figurações Espaciais e Mapeamentos na Lírica Social de Drummond". *ReDObRa*, vol. 13, 2014, pp. 35-66, Salvador (UFBA). Versão parcial em inglês: "The Socio-Lyrical Cartography of *Sentimento do Mundo*". *Portuguese Studies*, vol. 19, n. 1, pp. 145-162, 2003, London (Kings College). Versão parcial em português: "A Cartografia Lírico-Social de *Sentimento do Mundo*". *Revista USP*, n. 54, jun.-jul.-ago. 2002. E "Figurações do Trabalho em *Sentimento do Mundo*". *Remate de Males*, vol. 1, n. 21, 2001, Campinas.

"O Aerólito e o Zelo dos Neófitos: Sérgio Buarque e a Crítica do Período". *Revista USP*, n. 80, pp. 111-124, dez./fev. 2008-2009. Versão parcial publicada na Itália: "Sérgio Buarque e a Crítica de Poesia nos Anos 1940 e 1950". *Rivista di Studi Portoghesi e Brasiliani* (Testo Stampato), vol. X, pp. 59-68, 2010.

"Valéry como Paradigma do Poético na Lírica Brasileira dos Anos 1940-1950". *Via Atlântica* (USP), vol. 31, 2017, pp. 15-40, São Paulo.

"Nota sobre a Recepção de Rilke na Lírica Brasileira do Segundo Pós-guerra". *Navegações*, vol. 10, pp. 71-78, Porto Alegre/Lisboa, 2017.

"Da Terra Devastada à Tempestade: José Paulo Moreira da Fonseca e a Recepção Poética de Eliot na Lírica Brasileira dos Anos 1950". *Revista do Instituto de Estudos Brasileiros*, n. 69, pp. 389-416, São Paulo, 2018.

"Meyer, do Arpoador a Muito Além da Taprobana". *Alea: Estudos Neolatinos*, vol. 19, pp. 339-355, Rio de Janeiro, 2017.

"Conversão Neoclássica e Legado Modernista nos *Sonetos Brancos*, de Murilo Mendes". *Revista usp*, vol. 100, pp. 134-149, 2014.

"Percalços da Modernidade Poética no Brasil: Sobre a Reposição do Poético na Lírica do Pós-guerra". *In:* Kirkpatrick, Gwen & Cortez, Enrique E. *Estar en el Presente. Literatura y Nación desde el Bicentenario*. Berkeley/Lima, Latinoamericana Editores, 2012, pp. 163-187.

"Amós e a 'Memória que Tudo Dita' nas *Elegias do País das Gerais*, de Dantas Motta". *Teresa* (usp), n. 19, São Paulo, 2018.

"'A um Hotel em Demolição': A Modernidade Entre Tapumes". *In*: Finazzi-Agrò, Ettore; Vecchi, Roberto & Amoroso, Maria Betania (orgs.). *Travessias do Pós-Trágico: Os Dilemas de uma Leitura do Brasil*. São Paulo, Unimarco Editora, 2006, pp. 93-108.

BIBLIOGRAFIA

Específica: Autores e Obras Estudadas

Amaral, Aracy. *Aldemir Martins: Litografias e Desenhos. Textos de Dantas Motta*. São Paulo, Galeria São Luiz, 1962.

Andrade, Carlos Drummond de. *Obra Completa*. Rio de Janeiro, Aguilar, 1964.

______. *Nova Reunião: 19 Livros de Poesia*. Rio de Janeiro, José Olympio, 1987, 2 vols.

______. *Obra Completa*. Rio de Janeiro, Nova Aguilar, 1992.

______. *O Observador no Escritório*. Rio de Janeiro, Record, 1985.

______. *Confissões de Minas*. São Paulo, Cosac Naify, 2011.

______. *Passeios na Ilha. Divagações Sobre a Vida Literária e Outras Matérias*. Rio de Janeiro, Simões, 1952.

______. *Passeios na Ilha. Divagações sobre a Vida Literária e Outras Matérias*. São Paulo, Cosac Naify, 2001.

______. *Antologia Poética*. Rio de Janeiro, Ed. do Autor, 1962.

______. *Farewell*. Rio de Janeiro, Record, 1996.

______. *Tempo, Vida, Poesia*. Rio de Janeiro, Record, 1986.

______. *A Lição do Amigo: Cartas de Mário de Andrade.* Rio de Janeiro, Record, 1987.

______. *Brasil, Terra e Alma – Minas Gerais.* Rio de Janeiro, Ed. do Autor, 1967.

______. *Autorretrato e Outras Crônicas.* Rio de Janeiro, Record, 1989.

______. *Fala, Amendoeira.* São Paulo, Companhia das Letras, 2012.

______. "Manuscrito do Poeta Carlos Drummond de Andrade" (ed. A. Massi). *Cultura Vozes* nº. 4, pp. 75-82, jul.-ago. 1994.

Bandeira, M. & Ayala, W. *Antologia dos Poetas Brasileiros: Fase Moderna.* Rio de Janeiro, Nova Fronteira, 1996, vol. 2.

Campos, Geir. *Antologia Poética.* Rio de Janeiro, Léo Christiano Ed., 2003.

______. *Coroa de Sonetos.* Rio de Janeiro, Organização Simões, 1953.

Fonseca, José Paulo M. da. *Elegia Diurna.* Rio de Janeiro, José Olympio, 1947.

______. *Três Livros.* Rio de Janeiro, Agir, 1958.

______. *Poesias.* Rio de Janeiro, José Olympio, 1949.

______. *A Tempestade e Outros Poemas.* Rio de Janeiro, Organização Simões, 1956.

______. *Sequência.* Rio de Janeiro, Livraria Agir Editora, 1962.

______. *Cores & Palavras* (2. ed.). Rio de Janeiro, Léo Christiano Editorial, 1983.

______. *Diário de Bordo.* Rio de Janeiro, Léo Christiano Editorial/Xerox do Brasil, 1982.

______. *Dois Poemas.* Rio de Janeiro, Cadernos do Nosso Tempo, 1951.

______. *Antologia Poética.* Rio de Janeiro, Leitura, 1965.

______. *O Pintor e o Poeta.* Edição bilíngue, traduzida para o inglês por Kerry Shawn Keys e Kern Krapohl. Rio de Janeiro, Spala, s.d.

Guimaraens Filho, Alphonsus de. *Poemas Reunidos (1935-1960).* Rio de Janeiro, José Olympio, 1960.

Holanda, Sérgio B. de. *O Espírito e a Letra: Estudos de Crítica Literária.* Org. Antonio Arnoni Prado. São Paulo, Companhia das Letras, 1996, 2 vols.

______. *Tentativas de Mitologia.* São Paulo, Perspectiva, 1979.

______. *Raízes do Brasil.* Rio de Janeiro, José Olympio, 1988.

Ivo, Ledo. *Poesia Completa: 1940-2004.* Rio de Janeiro, Topbooks/Braskem, 2004.

______. *Poesia Observada.* São Paulo, Duas Cidades, 1978.

______. *Uma Lira dos Vintes Anos.* Rio de Janeiro, Livraria São José, 1962.

Lima, Jorge de. *Poesia Completa.* Rio de Janeiro, Ed. José Aguilar/INL(MEC), 1958, 4 vols.

______. *Poesia Completa.* Rio de Janeiro, Nova Aguilar, 1997 (volume único).

______. *Livro de Sonetos.* Rio de Janeiro, Livros de Portugal, 1949.

______. *Invenção de Orfeu.* São Paulo, Cosac Naify/Jatobá Ed., 2013.

Loanda, Fernando F. de. *Panorama da Nova Poesia Brasileira.* Rio de Janeiro, Orfeu, 1951.

______. *Antologia da Nova Poesia Brasileira.* Rio de Janeiro, Livros de Portugal, 1965.

Melo Neto, João Cabral. *Obra Completa.* Rio de Janeiro, Nova Aguilar, 1995.

MENDES, Murilo. *Poesia Completa e Prosa*. Org. Luciana Stegagno Picchio. Rio de Janeiro, Nova Aguilar, 1994.

MEYER, Augusto. *Poesias (1922-1955)*. Rio de Janeiro, Livraria São José, 1955.

______. *A Forma Secreta*. Rio de Janeiro, Francisco Alves, 1965.

______. *Camões, o Bruxo, e Outros Ensaios*. Rio de Janeiro, São José, 1958.

MOTA, Mauro. *Elegias*. Rio de Janeiro, Edições Jornal de Letras, 1952.

MOTTA, Dantas. *Elegias do País das Gerais*, Rio de Janeiro, José Olympio, 1961.

______. *Elegias do País das Gerais. Poesia Completa*, Rio de Janeiro, José Olympio/INL, 1988.

______. *Elegias do País das Gerais*. São Paulo. Ed. Flama, 1946.

PINTO, José Nêumanne (org.). *Os Cem Melhores Poetas Brasileiros do Século*. São Paulo, Geração Editorial, 2004.

RAMOS, Péricles Eugênio da Silva. *Poesia Quase Completa*, Rio de Janeiro, José Olympio Ed., 1972.

______. "Autenticidade e Hermetismo". Supl. "Pensamento e Arte", *Correio Paulistano*. São Paulo, 19 ago. 1951.

______. *Do Barroco ao Modernismo*. São Paulo, LTC, 1979.

______. "Depoimento sobre a Geração de 45". *Revista de Poesia e Crítica*. Brasília, ano I, n. 2., dez. 1976, pp. 07-19.

REVISTA Brasileira de Poesia. São Paulo, 1947-1956 (todos os números).

REVISTA ORFEU. Rio de Janeiro, 1947-1953 (todos os números).

RIVERA, Bueno de. *Luz do Pântano*. Rio de Janeiro, José Olympio, 1948.

______. *Os Melhores Poemas de...* São Paulo, Global, 2003.

SILVA, Domingos Carvalho da. *Rosa Extinta*. São Paulo, Clube de Poesia de São Paulo, 1980.

______. *Correio Paulistano*. São Paulo, 8 maio 1948 e 13 jun. 1948.

______. *Eros & Orfeu*. São Paulo, Conselho Estadual de Cultura, 1966.

______. *Poemas Escolhidos*. São Paulo, Clube de Poesia, 1956.

Específica: Crítica sobre Autores e Obras Estudados

ALVES, Maria Marcelita Pereira. *Revista Brasileira de Poesia: Periódico Pós-modernista*, São Paulo, Universidade de São Paulo (USP), 1979. Dissertação de Mestrado.

ANAN, Sylvia. "Entre a Pantera e o Anjo: Geir Campos e a Recepção de Rainer Maria Rilke no Brasil". *Revista Opiniães*, n. 12, pp. 50-62, São Paulo, 2018.

ANDRADE, Fábio de Souza. *O Engenheiro Noturno: A Lírica Final de Jorge de Lima*. São Paulo, Edusp, 1997.

ANDRADE, Mário de. *Aspectos da Literatura Brasileira*. São Paulo, Martins, 1974.

______. *O Empalhador de Passarinho*. Belo Horizonte, Itatiaia, 2002.

______. *Taxi e Crônicas no* Diário Nacional. São Paulo, Duas Cidades: Secretaria da Cultura, Ciência e Tecnologia, 1976.

______. *Querida Henriqueta*. Org. Lauro Palu. Rio de Janeiro, José Olympio, 1990.

______. *A Lição do Amigo: Cartas de Mário de Andrade a Carlos Drummond de Andrade*. Rio de Janeiro, Record, 1988.

______. *Mário de Andrade Escreve Cartas a Alceu, Meyer e Outros*. Rio de Janeiro, Editora do Autor, 1968.

______. *71 Cartas de...* Org. Lygia Fernandes. Rio de Janeiro, Livraria São José, 1965.

______. *O Baile das Quatro Artes*. São Paulo, Martins, 1975.

______. *Poesias Completas*. Ed. Tatiana Longo Figueiredo e Telê Ancona Lopes. Rio de Janeiro, Nova Fronteira, 2013, 2 vols.

Andrade, Mário de & Bandeira, M. *Itinerários. Cartas a Alphonsus de Guimaraens Filho*. São Paulo, Duas Cidades, 1974.

Andrade, Oswald de. *Telefonema*. São Paulo, Globo, 1996.

______. *Estética e Política*. Org. Maria Eugênia Boaventura. São Paulo, Globo. 1992.

______. *Os Dentes do Dragão: Entrevistas*, São Paulo, Globo, 1990.

Araujo, G. "O Negro e a Véspera". *Rascunho. Gazeta do Povo*, fev. 2012.

Araújo, Laís Corrêa de. *Murilo Mendes: Ensaio Crítico, Antologia, Correspondência*. São Paulo, Perspectiva, 2000.

Arrigucci Jr., Davi. *O Cacto e as Ruínas*. São Paulo, Duas Cidades, 1997.

______. *Humildade, Paixão e Morte: A Poesia de Manuel Bandeira*. São Paulo, Companhia das Letras, 1990.

Bandeira, Manuel. *Estrela da Vida Inteira*. Rio de Janeiro, José Olympio, 1988.

Baptista, Abel Barros. "Oficina Irritada". *Inimigo Rumor: Revista de Poesia Brasil e Portugal* n. 13. Rio de Janeiro, 7 Letras; Lisboa, Cotovia/Angelus Novus, 2002.

______. *De Espécie Complicada. Ensaios de Crítica Literária*. Coimbra, Angelus Novus, 2010.

______. *O Livro Agreste*. Campinas, Editora Unicamp, 2005.

Barroso, Ivo. "De uma Possível Continuidade no *Livro de Sonetos*, de Jorge de Lima". (http://gavetadoivo.wordpress.com/2012/12/14/de-uma-possivel-continuidade-do-livro-de-sonetos-de-jorge-de-lima/).

Bilac, Olavo. *Poemas*. São Paulo, Martins Fontes, 2001.

Bosi, Alfredo. *História Concisa da Literatura Brasileira*. São Paulo, Cultrix, 1977.

______. *Céu Inferno. Ensaios de Crítica Literária e Ideológica*. São Paulo, Ed. 34, 2003.

Brayner, Sônia (org.). *Carlos Drummond de Andrade*. Rio de Janeiro, Civilização Brasileira, 1978 (Coleção Fortuna Crítica).

Caccese, Neusa Pinsard. *Festa: Contribuição para o Estudo do Modernismo*. São Paulo, IEB, 1971.

Camilo, Vagner. *Drummond: Da* Rosa do Povo *à Rosa das Trevas*. Cotia, Ateliê Editorial/Anpoll, 2001.

Campos, Augusto de. "O Caso Cyro Pimentel". Portal de Literatura e Arte *Cronópios*. 6. 1.2008. (http://cronopios. com. br/site/printversion. asp?id=3290).

______. *Coisas e Anjos de Rilke*. São Paulo, Perspectiva, 2001.

Campos, Haroldo de. *Metalinguagem e Outras Metas*. São Paulo, Perspectiva, 2004.

______. *A Arte no Horizonte do Provável*. São Paulo, Perspectiva, 1977.

Cançado, José Maria. *Os Sapatos de Orfeu: Biografia de Carlos Drummond de Andrade*. São Paulo, Scritta Editorial, 1993.

Candido, Antonio. *Brigada Ligeira e Outros Ensaios*. São Paulo, Unesp, 1992.

______. *Teresina etc*. Rio de Janeiro, Paz e Terra, 1980.

______. "Resenha sem Título, sobre as *Poesias* de Mário de Andrade". *Clima*, n. 8, pp. 72-78, São Paulo, jan. 1942.

______. "Literatura e Cultura de 1900 a 1945". *Literatura e Sociedade*. São Paulo, Nacional, 1985.

______. *A Educação pela Noite e Outros Ensaios*. São Paulo, Ática, 1987.

______. *O Discurso e a Cidade*. São Paulo, Duas Cidades, 1993.

______. *Recortes*. São Paulo, Companhia das Letras, 1993.

______. *Literatura e Sociedade*. São Paulo, Nacional, 1985.

______. *Vários Escritos*. São Paulo, Duas Cidades, 1995.

______. *Textos de Intervenção*. Org. Vinicius Dantas. Rio de Janeiro, Ed. 34, 2002.

______. *Formação da Literatura Brasileira: Momentos Decisivos*. Belo Horizonte, Itatiaia, 1981, 2 vols.

______. *Tese e Antítese: Ensaios*. São Paulo, Nacional, 1978.

______. *Na Sala de Aula*. São Paulo, Ática, 2008.

______. "Antonio Candido: Marxismo e Militância" (entrevista concedida a José Pedro Renzi em fev. 1992). *Praga – Revista de Estudos Marxistas* n. 1. São Paulo, Boitempo Editorial, 1996.

Cannabrava, Euríolo. *Estética da Crítica*. Rio de Janeiro, MEC, s. d.

Carneiro, José Fernando. *Apresentação de Jorge de Lima*. Rio de Janeiro, MEC, 1954.

Carpeaux, Otto Maria. "Poesia e Crítica". Suplemento Literário do *Correio Paulistano*. São Paulo, 9.9.1951.

Carvalhal, Tania Franco. *A Evidência Mascarada: Uma Leitura da Poesia de Augusto Meyer*. Porto Alegre, L&PM; Brasília, INL, 1984.

Cavalcanti, Luciano M. D. "'Canto Órfico', Mito e Poesia em Carlos Drummond de Andrade'". *Anais do Silel*, vol. 3, n. 1. Uberlândia, Edufu, 2013.

______. "O Surrealismo na Poética de Jorge de Lima". *Revista Eletrônica de Crítica e Teoria de Literaturas. Dossiê: Oralidade, Memória e Escrita*. vol. 04, n. 02, PPG-LET-UFRGS. Porto Alegre, jul.-dez. 2008.

______. "Orfeu Revisitado na Épica de Jorge de Lima". http://www.fw.uri.br/publicacoes/literaturaemdebate/artigos/n3_6-Texto_-_Orfeu_revisitado.pdf

Cavalheiro, Edgard. *Testamento de uma Geração*. Porto Alegre, Globo, 1944.

Cidade, Hernani. *O Conceito de Poesia como Expressão da Cultura*. Coimbra, A. Amado, 1957.

Coelho, Joaquim Francisco. "Carlos Drummond de Andrade e a Gênese do 'Sonetilho do Falso Fernando Pessoa' ". Lisboa, Separada da Revista da Biblioteca Nacional, n. 1, pp. 63-70, 1982.

______. *Terra e Família na Poesia de Carlos Drummond de Andrade*, Belém, Universidade Federal do Pará, 1973.

Coutinho, Afrânio (dir.). *A Literatura no Brasil*. Rio de Janeiro/Niterói, José Olympio/Eduff, 1986, 6 vols.

Destri, Luísa. "Murilo Mendes em Ouro Petro, Um Soneto Antecipatório". *Recorte. Revista Eletrônica*, vol. 12, n. 2, pp. 1-14, jul.-dez. 2015.

Dimas, A. *Tempos Eufóricos (Análise da* Revista Kosmos: *1904-1909)*. São Paulo, Ática, 1983.

Domeneck, Ricardo. "Dantas Motta". *escritas.org.*

Escorel, Lauro. *A Pedra e o Rio: Uma Interpretação da Poesia de João Cabral*. São Paulo, Duas Cidades, 1973.

Eulálio, Alexandre. *Escritos*. Campinas/São Paulo, Ed. da Unicamp/Ed. da Unesp, 1992.

Faustino, Mário. *De Anchieta aos Concretos*. Org. Maria Eugênia Boaventura. São Paulo, Companhia das Letras, 2005.

Ferraz, Eucanaã. "Anfion, Arquitecto". *Revista Colóquio/Letras. Ensaio*, n. 157/158, pp. 81-98, jul. 2000.

______. "O Poeta Vê a Cidade". *Poesia Sempre*, 16, pp. 22-35. Rio de Janeiro, Biblioteca Nacional, out. 2002.

Franchetti, Paulo. "Poesia e Técnica: Poesia Concreta". *Sibila: Poesia e Cultura*. Web. 28 Oct. 2010. <http://sibila.com.br/>.

Francisco Junior, Eduardo. *O Livro Invertebrado: A Articulação de Poemas em* Claro Enigma, *de Carlos Drummond de Andrade*. São Paulo, Universidade de São Paulo, 2014. Dissertação de Mestrado.

Franco, Irene Miranda. *Murilo Mendes: Pânico e Flor*. Rio de Janeiro/Juíz de Fora, 7 Letras/UFJF, 2002.

Frieiro, Eduardo. *Letras Minerais. 1929-1936*. Belo Horizonte, Os Amigos do Livros, 1937.

Garcia, Othon M. *Esfinge Clara: Palavra-Puxa-Palavra em Carlos Drummond de Andrade*. Rio de Janeiro, São José, 1955.

GHIRARDI, José. *John Donne e a Crítica Brasileira: Três Momentos, Três Olhares*. São Paulo/Porto Alegre, Giordano/AGE, 2000.

______. e MILTON, John. "John Donne no Brasil". *Ilha do Desterro*, n. 45, pp. 77-101, jul.-dez. 2003, Florianópolis.

GLEDSON, John. *Poesia e Poética em Carlos Drummond de Andrade*. São Paulo, Duas Cidades, 1981.

______. *Influências e Impasses: Drummond e Alguns Contemporâneos*. São Paulo, Companhia das Letras, 2003.

GONZALEZ, Mike e TREECE, David. *The Gathering of Voices: The Twentieth-century Poetry of Latin-America*. London/New York, Verso, 1992.

GUIMARÃES, Hélio de Seixas. "Drummond se Rende a Machado". *Valor Econômico*, 14, pp. 34-35, set. 2012.

GUIMARÃES, Júlio C. *Territórios/Conjunções: Poesia e Prosa Críticas de Murilo Mendes*. Rio de Janeiro, Imago, 1993.

GUINSBURG, J. & ROSENFELD, A. (org.). *O Romantismo*. São Paulo, Perspectiva, 1985.

HEYCK, Dennis Lynn. "Afrânio Coutinho's 'Nova Crítica'". *Luso-Brazilian Review*, n. 1, vol. 15, pp. 90-104, University of Wisconsin Press. Summer, 1978.

______. "Coutinho's Controversy: The Debate Over the *Nova Critica*". *Latin American Research Review*, vol. 14, n. 1. pp. 99-115, Latin American Studies Association, 1979.

HILL, Telênia. *O Trajeto da Imanência: Reflexão sobre José Paulo M. F. Pintor e Poeta*. Rio de Janeiro, Antares, 1981.

INFANTE, Ulisses. *Colheita e Semeadura, Semeadura e Colheita: Uma Leitura de Murilo Mendes a Partir de "Despedida de Orfeu"*. São Paulo, FFLCH/DLCV/Literatura Brasileira/USP, 2008. Tese de Doutorado.

JESUS, Suene Honorato de. *As Duas Faces de Orfeu na Invenção de Jorge de Lima*. Campinas, IEL/Unicamp, 2013.

JOAQUIM, Curitiba, n. 3 (jul. 1946), n. 7 (dez. 1946) e n. 15 (nov. 1947).

JOHNSON, Randal. "A Dinâmica do Campo Literário Brasileiro (1930-1945)". Trad. Antonio Dimas. *Revista USP*, n. 26, pp. 164-181, jun.-ago. 1995.

JUREMA, Aderbal. "Apontamentos sobre a Niponização da Poesia". *Congresso Internacional de Escritores e Encontros Intelectuais da Unesco*. São Paulo, Anhembi, 1957, pp. 259-269.

LIMA, Alceu A. *Quadro Sintético da Literatura Brasileira*. Rio de Janeiro, Agir, 1956.

______. "IX/A Ida aos Clássicos". *Estudos Literários*. Org. Afrânio Coutinho. Rio de Janeiro, Aguilar, 1966, vol. 1.

LIMA, Luiz Costa. *Lira e Antilira: Mário, Drummond, Cabral*. Rio de Janeiro, Topbooks, 1995.

LIMA, Felipe Victor. *O Primeiro Congresso Brasileiro de Escritores: Movimento Intelectual Contra o Estado Novo (1945)*. FFLCH/USP, 2010, p. 12. Dissertação de Mestrado.

LINS, Álvaro. "Exagero dos Novos". Revista *Orfeu* n. 3. Rio de Janeiro, outono 1948.

______. "Sinais da Nova Geração", *Clima* n. 3, pp. 138-144, São Paulo, ago. 1941.

______. *Jornal da Crítica*, 5ª. série. Rio de Janeiro, José Olympio, 1947.

LOPES, Hélio. *Letras de Minas e Outros Ensaios*. Org. Alfredo Bosi. São Paulo, Edusp, 1997.

LOPES, Telê Ancona. "Arlequim e Modernidade". *Mariodeandradiando*. São Paulo, Hucitec, 1996.

LYRA, Pedro. "As Gerações da Poesia Brasileira no Século XX". *Sincretismo - a Poesia da Geração 60*. Rio de Janeiro, Topbooks, 1995.

"MANIFESTO dos *Novíssimos*". *Joaquim* n. 18, Curitiba, maio 1948.

MARANHÃO, Haroldo. "Poesia em Pânico". *Orfeu* n. 3, Rio de Janeiro, outono 1948.

MARTINS, Wilson. *Historia da Inteligência Brasileira (1933-1960)*. São Paulo, Cultrix, 1978, vol. 7.

MEIRELES, Cecília. *Viagem* (1939). *Poesia Completa*. Org. Antonio Carlos Secchin. Rio de Janeiro, Nova Fronteira, 2001, vol. I.

MERQUIOR, José Guilherme. *Razão do Poema*. Rio de Janeiro, Civilização Brasileira, 1965.

______. *A Astúcia da Mimese: Ensaios sobre a Lírica*. Rio de Janeiro, Topbook, 1997.

______. *Verso Universo em Drummond*. Rio de Janeiro, José Olympio, 1975.

______. *O Fantasma Romântico e Outros Ensaios*. Petrópolis, Vozes, 1980.

______. *O Elixir do Apocalipse*. Rio de Janeiro, Nova Fronteira, 1993.

______. *De Anchieta a Euclides: Breve História da Literatura Brasileira*. Rio de Janeiro, José Olympio, 1977.

______. *Crítica 1964-1989. Ensaios sobre Arte e Literatura*. Rio de Janeiro, Nova Fronteira, 1989.

______. (org.). *História das Ciências Sociais no Brasil*. São Paulo, Vértice/Idesp, 1989.

______. *Poder Sexo e Letras na República Velha*. São Paulo, Perspectiva, 1977.

MILLIET, Sérgio. *Diário Crítico I (1940-1943)*. São Paulo, Brasiliense, 1944.

_____. *Diário Crítico VI. (1948-1949)*. São Paulo, Martins/Edusp, 1988.

MOISÉS, Carlos Felipe. "Geração, Gerações: Esboço de Introdução à Poesia Brasileira Contemporânea". *Revista de Critica Literaria Latinoamericana*, ano XXVI, n. 51. Lima-Hanover, 1º semestre del 2000.

MORAES, Eduardo Jardim de. *Limites do Moderno: o Pensamento Estético de Mário de Andrade*. Rio de Janeiro, Relume Dumará, 1999.

MORAES, Vinícius de. *Querido Poeta*. Sel. Ruy Castro. São Paulo, Companhia das Letras, 2003.

______. *Antologia Poética*. São Paulo, Companhia das Letras, 2001.

MOTA, Carlos Guilherme. *Ideologia da Cultura Brasileira (1933-1974)*. São Paulo, Ática, 1977.

MOURA, Murilo Marcondes de. *O Mundo Sitiado. A Poesia Brasileira e a Segunda Guerra Mundial*. São Paulo, 34 Ed., 2016.

______. *Murilo Mendes: a Poesia como Totalidade*. São Paulo, Edusp/Giordano, 1995.

NASSAR, Laura Meloni. *Círculos Mágicos: SBH e as Literaturas de Língua Inglesa*. São Paulo, USP/FFLCH/DLM/ Programa de Estudos Linguísticos e Literários em Inglês, 2004. Dissertação de Mestrado.

PENSAMENTO E ARTE. *Correio Paulistano* (supl.), São Paulo, 25 ago. 1951.

PIGNATARI, Décio. *Poesia Pois É Poesia: 1950-2000*. São Paulo/Campinas, Ateliê Editorial/Editora da Unicamp, 2004.

______. "'Áporo' – Um Inseto Semiótico". *Contracomunicação*. São Paulo, Perspectiva, 1971.

PIZARRO, Ana (org.). *América Latina: Palavra, Literatura e Cultura*. São Paulo/Campinas, Memorial da América Latina/Editora da Unicamp, 1994, 3 vols.

PY, Fernando. "Edições dos Livros de Carlos Drummond de Andrade". *Língua e Literatura*, n. 16, pp. 77-78, São Paulo, 1987/1988.

______. *Bibliografia Comentada de Carlos Drummond de Andrade*. 2ª ed. aum. Rio de Janeiro, Casa de Rui Barbosa/Ministério da Cultura, 2002.

RICHTER, Marcela Wanglon. *A Sedução do Sonhar: Os Caminhos do Devaneio Poético em Dois Poetas Sul-rio-grandenses*. Porto Alegre, PUCRS, 2013, p. 119. Tese de Doutorado.

RUFINONI, Simone R. "Mário e Drummond: Nacionalismo, Alteridade, Arte". *Estudos Avançados*, 28 (80), pp. 247-266, São Paulo, abr. 2014.

SANT'ANNA, Affonso R. de. *Drummond: O* Gauche *no Tempo*. Rio de Janeiro, Record, 1992.

SANTIAGO, Silviano. *Nas Malhas da Letra*. Rio de Janeiro, Companhia das Letras, 1989.

SANTOS, Luciano Rosa da Cruz. *Onde a Aurora É Crepúsculo: Modernidade com Tradição na Poesia dos Anos 1940-50*. Rio de Janeiro, UFRJ, 2013. Tese de Doutorado.

SANTOS, Vivaldo A. dos. *O Trem do Corpo: Estudo da Poesia de Carlos Drummond de Andrade*. São Paulo, Nankin, 2006.

SARAIVA, Arnaldo. *Para a História da Leitura de Rilke em Portugal e no Brasil*. Porto, Edições Árvore, 1984.

______. *Modernismo Brasileiro e Modernismo Português: Subsídios para o seu Estudo e para a História das suas Relações*. Campinas, Editora Unicamp, 2004.

SILVA, Domingos Carvalho da; RIBEIRO NETO, Oliveira; RAMOS, Péricles E. da Silva. *Antologia da Poesia Paulista*. São Paulo, Conselho Estadual de Cultura, 1960.

SILVA, Francis P. Lopes da. *Murilo Mendes: Orfeu Transubstanciado*. Viçosa, UFV, 2000.

SIMON, Iumna M. "Esteticismo e Participação: As Vanguardas Poéticas no Contexto Brasileiro (1954-1969)". In: PIZARRO, Ana (org.). *América Latina: Palavra, Literatura e Cultura*. São Paulo/Campinas, Memorial da América Latina/Editora da Unicamp, 1995, vol. 3, pp. 453-478.

______. *Drummond: Uma Poética do Risco.* São Paulo, Ática, 1978.

SIMON, Iumna Maria e DANTAS, Vinicius. *Poesia Concreta.* São Paulo, Abril Cultural, 1982.

STERZI, Eduardo. "O Reino e o Deserto: a Inquietante Medievalidade do Moderno". *Boletim de Pesquisa NELIC*, vol. 4, Florianópolis, 2011.

TEIXEIRA, V. *Drummond Cordial*, São Paulo, Nankin, 2005.

TELES, Gilberto Mendonça. "Para o Estudo da Geração de 45". *Revista de Poesia e Crítica* n. 12, pp. 19-46, Brasília, 1986.

______. *Drummond: A Estilística Repetição.* Rio de Janeiro, José Olympio, 1976.

VIEIRA, José Geraldo. "Rilke, Objetivo e Plástico, ou as *Dinggedichte*". Supl. *Letras e Artes, A Manhã.* Rio de Janeiro, 19.9.1947.

Bibliografia Geral

A BÍBLIA DE JERUSALÉM. São Paulo, Sociedade Bíblica Católica Internacional e Paulus, 1995.

ABRAMS, M. H. *The Mirror and the Lamp: Romantic Theory and the Critical Tradition.* Oxford/London/New York, Oxford UP, 1971.

______. *A Glossary of Literary Term.* Boston, Heinle & Heinle Ed., 1999.

ACHCAR, Francisco. *Lírica e Lugar Comum. Alguns Temas de Horácio e sua Presença em Português.* São Paulo, Edusp, 1995.

ADORNO, Theodor W. "Aquellos Años Veinte". *Intervenciones.* Caracas, Monte Ávila Ed., 1960.

______. *Notes sur la Littérature.* Trad. Sybille Muller. Paris, Flammarion, 1984.

______. *Teoria Estética.* Trad. Artur Morão. São Paulo, Martins Fontes, 1988.

______. "Lírica e Sociedade". In: BENJAMIN, HORKHEIMER, ADORNO e HABERMAS. *Textos Escolhidos.* São Paulo, Abril Cultural, 1980.

AGNEW, Wanessa. *Enlightenment Orpheus: the Power of Music in Other Worlds.* New York and Oxford, Oxford University Press, 2008.

AGUIAR, Joaquim A. *Espaços da Memória: Um Estudo sobre Pedro Nava.* São Paulo, Edusp/Fapesp, 1998.

AGUILAR, G. *Poesia Concreta Brasileira: As Vanguardas na Encruzilhada Modernista.* Trad. João Bandeira e Marilena Vizentin. São Paulo, Edusp, 2005.

ALEIXANDRE, Vicente. *En un Vasto Dominio.* Madrid, Alianza Editorial, 1978.

ALIGHIERI, Dante. *Lírica.* Trad. Jorge Wandeley. Rio de Janeiro, Topbooks, 1996.

ALMEIDA JÚNIOR, Oswaldo Francisco. Edson Nery da Fonseca. Maio/2004. INFOhome. Geral. Disponível em: <www.ofaj.com.br/experiencias_conteudo.php?cod=3>.

ALTER, Robert e KERMODE, Frank (orgs.). *Guia Literário da Bíblia.* Trad. Raul Fiker. São Paulo, Fundação Editora da Unesp, 1997.

Altieri, Charles. *The Art of Twentieth-Century American Poetry: Modernism and After.* Malden/Oxford, Blackwell Publishing, 2006.

Anderson, Perry. "Modernidade e Revolução". Trad. Maria Lúcia Montes. *Novos Estudos CEBRAP*, n. 14, pp. 2-15, São Paulo, fev. 1986.

André, J. "Entre Angústia e Desamparo". *Ágora*, vol. 4, n. 2, pp. 95-109, Rio de Janeiro, 2001.

Antelo, Raul. *Literatura em Revista.* São Paulo, Ática, 1984.

Arantes, Paulo Eduardo. *Departamento Francês de Ultramar: Estudos sobre a Formação da Cultura Filosófica Uspiana.* Rio de Janeiro, Paz e Terra, 1994.

______. *Ressentimento da Dialética: Dialética e Experiência Intelectual em Hegel (Antigos Estudos sobre o ABC da Miséria Alemã).* Rio de Janeiro, Paz e Terra, 1996.

Arnaud, D. "Les Figures d'Orpheé chez Pierre Emmanuel". <http://philosophie-et-litterature.oboulo.com/figures-orphee-pierre-emmanuel-38895.html>

Arrigucci Jr., Davi. *Humildade, Paixão e Morte: a Poesia de Manuel Bandeira.* São Paulo, Companhia das Letras, 1990.

Auerbach, Erich. "Camilla, or the Rebirth of the Sublime". *Literary Language & its Public in the Latin Antiquity and in the Middle Ages.* Trad. Ralph Manheim. Princeton, Princeton University Press, 1965, pp. 181-235.

______. *Ensaios de Literatura Ocidental: Filologia e Crítica.* Trad. Samuel Titan Jr. e José Marcos Mariani de Macedo. São Paulo, Ed. 34/Duas Cidades, 2007.

Bachelard, G. *O Ar e os Sonhos: Ensaio sobre a Imaginação do Movimento.* Trad. Antônio de Pádua Danesi. São Paulo, Martins Fontes, 1990.

Barbosa, João Alexandre. "Mallarmé ou a Metamorfose do Cisne". *As Ilusões da Modernidade.* São Paulo, Perspectiva, 1986.

Barns, Richard G. *Episodes in Five Poetic Traditions: The Sonnet, the Pastoral Elegy, the Ballad, the Ode, Masks and Voices.* Chandler Publishing Company, 1972.

Barnstone, Willis. *Six masters of the Spanish Sonnet: Francisco de Quevedo, Sor Juana de la Cruz, Antonio Machado, Federico Garcia Lorca, Jorge Luiz Borges, Miguel Hernandez.* Illinois, Southern Illinois UP, 1997.

Bataille, George. *L' Erotisme, Oeuvres Complètes.* Paris, Gallimard, 1987, t. 2.

Baudelaire, Charles. *As Flores do Mal.* Trad. Mário Laranjeira. São Paulo, Martin Claret, 2011.

______. *O Pintor da Vida Moderna.* Belo Horizonte, Autêntica, 2010.

Bazin, Germaine. *O Aleijadinho e a Escultura Barroca no Brasil.* Trad. Mariza Muray. Rio de Janeiro, Record, 1971.

Benda, Julien. *La Trahison des Clercs.* Paris, Grasset, 1975 (Les Cahiers Rouges).

Benevides, Maria Victoria de Mesquita. *A UDN e o Udenismo: Ambiguidades do Liberalismo Brasileiro (9145-1965).* Rio de Janeiro, Paz e Terra, 1981.

BÉNICHOU, Paul. *The Consecration of the Writer, 1750-1830*. Trad. Mark K. Jensen. Lincoln & London, University of Nebraska Press, 1999.

______. *La Coronación del Escritor. Ensayos sobre el Advenimiento de un Poder Espiritual Laico en la Francia Moderna*. Trad. Aurelio Garzón del Caino. México, Fondo de Cultura Económica), 1981, pp. 50-51.

______. *El Tiempo de los Profetas. Doctrinas de la Época Romántica*. Trad. Aurelio Garzón del Camino. México, Fondo de Cultura Económica, 2001.

______. *L'École du Désenchantement: Sainte-Beuve, Nodier, Musset, Nerval, Gautier*. Paris, Gallimard, 1992.

BENJAMIN, Walter. *Angelus Novus: Saggi e Frammenti*. Trad. Renato Solmi. Torino, Giulio Einaudi editore, 1962.

______. *Origem do Drama Barroco Alemão*. Trad. Sérgio Paulo Rouanet. São Paulo, Brasiliense, 1984.

______. *O Conceito de Crítica de Arte no Romantismo Alemão*. Trad. Márcio Seligmann-Silva. São Paulo, Edusp/Iluminuras, 1993.

______. *Documentos de Cultura, Documentos de Barbárie: Ensaios Escolhidos*. Trad. Celeste H. M. Ribeiro de Sousa *et. al.* São Paulo, Cultrix/Edusp 1986.

______. *Obras Escolhidas I: Magia e Técnica, Arte e Política*. Trad. Paulo Sérgio Rouanet. São Paulo, Brasiliense, 1985.

______. *Obras Escolhidas II: Rua de Mão Única*. Trad. Rubens Rodrigues Torres Filho e José Carlos Martins Barbosa. São Paulo, Brasiliense, 1987.

______. *Walter Benjamin. Sociologia: Grandes Cientistas Sociais*, n. 50. Trad. Flávio R. Kothe. São Paulo, Ática, 1985.

______. *et al. Textos Escolhidos*. Trad. José Lino Grennewald *et al.* São Paulo, Abril Cultural, 1980.

BERMAN, Marshall, *Tudo que É Sólido Desmancha no Ar: A Aventura da Modernidade*. Trad. de Carlos F. Moisés e Ana Maria L. Ioriatti. São Paulo, Companhia das Letras, 1986.

BERMANN, Sandra L. *The Sonnet Over Time*. London, The University of North Carolina Press, 1988.

BOURDIEU, Pierre. *As Regras da Arte. Gênese e Estrutura do Campo Literário*. Trad. Maria Lucia Machado. São Paulo, Companhia das Letras, 1993.

BRECHT, Bertolt. *Poemas. 1913-1956*. Trad. Paulo César de Souza. Rio de Janeiro, Ed. 34, 2000.

BRICOUT, Bernadette (org.). *O Olhar de Orfeu*. Trad. Lelita O. Benoit. São Paulo, Companhia das Letras, 2003.

BRIOLET, Daniel. *Lire la Poésie Française du XXe. Siècle*. Paris, Dunod, 1997.

BROCA, Brito. *Vida Literária 1900*. Rio de Janeiro, José Olympio, 2005.

BROCH, Hermann. "Mito e Estilo Maduro". *Espírito e Espírito de Época*. Trad. Marcelo Backes. São Paulo, Benvirá, 2014, pp. 105-127.

BROWN, Jonathan. *Velázquez: Painter and Courtier.* New Haven/London, Yale University Press, 1986.

BUCI-GLUCKSMANN, Christine. "L'Oeil de la Pensée. Une Mélancolie Tragique". In: *L'Ecrit du Temps* n. 13, *Figures de la Mélancolie*. Paris, Les Éditions de Minuit. Printemps 1987.

BUCK-MORSS, Susan. *The Dialetics of Seeing.* Cambridge, Massachusetts, The MIT Press, 1999.

BURGER, Peter. "O Declínio da Era Moderna". Trad. Heloísa Jahn. In: *Novos Estudos CEBRAP*, n. 20. São Paulo, mar. 1988, pp. 81-95.

______. *Teoria da Vanguarda.* Trad. José Pedro Antunes. São Paulo, Cosac Naify, 2008.

CABANÈS, Jean-Louis (dir.). *Romantismes. L'Esthétisme en Acte.* Paris, Presses Universitaires de Paris Ouest, 2009.

CALAME, Claude. "The Tragic Mask in Ancient Greece". In: *History of Religions*, vol. 26, n. 2, Chicago, The University of Chicago Press, nov. 1986.

______. *Masques d'Autorité. Fiction et Pragmatique dans la Poétique Grecque Antique.* Paris, Les Belles Lettres, 2006.

CALINESCU, Matei. *Five Faces of Modernity.* Durham, Duke University Press, 1987.

CAMELO FILHO, José Vieira. "A Dinâmica Política, Econômica e Social do Rio São Francisco e do seu Vale", *Revista do Departamento de Geografia da USP*, n. 17, 2005, pp. 83-93.

______. "A Política Econômica Regional do Vale do São Francisco: Uma Busca do Desenvolvimento do Interior Brasileiro". *Revista de Estudos Sociais*, Ano 10, vol. 2, n. 20, 2008, pp. 67-87.

CAMILO, Vagner. "Um *Banguê* na Fronteira de Wessex e da Beira (Lins do Rego, Leitor de Hardy e Eça)". In: FONSECA, Maria Augusta (org.). *Olhares sobre o Romance.* São Paulo, Nankin, 2005.

______. "A Dança-de-ombros de Mário de Andrade: Surupango da Vingança", *Gragoatá*, [S. l.], vol. 21, n. 41, dez. 2016.

______. "Posfácio". LIMA, Jorge de. *Poemas Negros.* São Paulo, Cosac Naify, 2014.

CAMÕES, Luís de. *Os Lusíadas.* Pref. Álvaro Júlio da Costa Pimpão. Lisboa, Ministério dos Negócios Estrangeiros/Instituto Camões, 2000.

______. *Os Lusíadas.* Cotia, Ateliê, 1999.

______. *Lírica de... Elegias em Tercetos.* Estabelecimento de texto de Leodegário A. de Azevedo Filho. Lisboa, Imprensa Nacional – Casa da Moeda, 1998, vol. 4, t. 1.

CAMPOS, Haroldo de. *O Sequestro do Barroco na Formação da Literatura Brasileira: O Caso Gregório de Matos.* Salvador, Fundação Casa de Jorge Amado, 1989.

CARNEIRO, Maria Luiza Tucci. "O Brasil Diante dos Nazistas". *Revista de História*. Rio de Janeiro, 1.1.2012. http://www. revistadehistoria. com. br/secao/capa/o-brasil--diante-dos-nazistas. (acessado em 9.4.2014).

CARPINTÉRO, Marisa V. T. *A Construção de um Sonho: Os Engenheiros-arquitetos e a Formulação da Política Habitacional no Brasil*. Campinas, Ed. da Unicamp, 1997.

CASSOU, Jean. *Trente-trois Sonnets Composés au Secret*, Paris, Gallimard, 1995.

CERTEAU, Michel de. *A Invenção do Cotidiano: 1. Artes de Fazer*. Trad. Ephraim Ferreira Alves. Petrópolis, Vozes, 1994, 2 vols.

CEVASCO, Maria Elisa. "The Political Unconscious of Globalization: Notes from the Periphery". In: JAMESON, Fredric. *A Critical Reader*. London, Palgrave Macmillan, 2004, pp. 94-111.

CHALOUB, Jorge Gomes de Souza. *Rupturas e Permanências: Os Aspectos Autoritários do Udenismo*. Rio de Janeiro, PUCRJ, 2009. Dissertação de Mestrado.

CHAMBERS, Ross. *Mélancolie et Oposition: les Débuts du Modernisme en France*. Paris, José Corti, 1987.

CHOR MAIO, Marcos; OLIVEIRA, Nemuel da Silva; LOPES, Thiago da Costa. "Donald Pierson e o Projeto do Vale do Rio São Francisco: Cientistas Sociais em Ação na Era do Desenvolvimento". DADOS – *Revista de Ciências Sociais*, Rio de Janeiro, vol. 56, n. 2, 2013, pp. 245-284.

CIANCI, Giovanni & HARDING, Jason (eds.). *T. S. Eliot and the Concept of Tradition*. Cambridge, Cambridge UP, 2007.

COHN, Gabriel. "O Pensador do Desterro". *Folha de S. Paulo*, Supl. *Mais!*. São Paulo, 23 jun. 2002.

COMPAGNON, Antoine. *Baudelaire devant l'innombrable*. Paris, Presses de l'Université de Paris-Sorbonne, 2003.

______. *Os Cinco Paradoxos da Modernidade*. Trad. Cleonice P. Mourão, Consuelo F. Santiago e Eunice D. Galéry. Belo Horizonte, Editora UFMG, 1999.

______. *O Demônio da Teoria*. Trad. Cleonice Paes Barreto Mourão e Consuelo Fortes Santiago. Belo Horizonte, Editora UFMG, 2003.

______. *Os Antimodernos*. Trad. Laura Taddei Brandini. Belo Horizonte, Editora UFMG, 2011.

CONORT, Benoît. "Orphée ou l'Exaltation de la Mort". *Pierre Jean-Jouve: Mourir en Poésie*. Villeneuve d'Ascq, Presses Universitaires de Septentrion, 2002.

CONTE, Gian Biagio. "Aristaeus, Orpheus, and the *Georgics*". *The Poetry of Pathos: Studies in Virgilian Epic*. Oxford/New York, Oxford UP, 2007.

CORRÊA, Mariza. "Traficantes do Excêntrico: Os Antropólogos no Brasil dos Anos 30 aos Anos 60". https://edisciplinas. usp. br/pluginfile. php/842401/course/section/250056/Corrêa%20TRAFICANTES%20DO%20EXCÊNTRICO.pdf.

Correspondência de Cabral com Bandeira e Drummond. Org. Flora Sussekind. Rio de Janeiro, Nova Fronteira/Edições Casa de Rui Barbosa, 2001.

CULLER, Jonathan. *Theory of the Lyric.* Cambridge/London, Harvard UP, 2015.

CURTIUS, E. R. *Literatura Europea y Edad Media Latina.* Trad. Margit Frenk Alatorre e Antonio Alatorre. México, Fondo de Cultura Económica, 1975, 2 vols.

D'ANGELO, Martha. "A Modernidade pelo Olhar de Walter Benjamin". *Estudos Avançados*, vol. 20, n. 56, jan.-abr. 2006.

DAUDIN, Claire. *Charles Péguyhe Site Officiel* (http://charlespeguy.fr)

DAVIDSON, Donald e MURPHY, Paul V. *The Tennessee Encyclopedia of History and Culture* (Tennessee Historical Society, Nashville, Tennesseee). The University of Tennessee Press, Knoxville, Tennessee Online Ed., 2002.

DÉCAUDIN, Michel. *La Crise des Valeurs Symolistes. Vingt Ans de Poésie Française.* Tolorise, Privat Éditeur, 1960.

DÉLOYE, Yves e HAROUCHE, Claudine (dir.). *Maurice Halbwachs. Espaces, Mémore et Psychologie Collective.* Paris, Éditions de la Sorbonne, 2004.

DE MAN, Paul. *O Ponto de Vista da Cegueira.* Trad. Miguel Tamen. Coimbra, Angelus Novus, 2001.

______. *Alegorias da Leitura: Linguagem Figurativa em Rousseau, Nietzsche, Rilke e Proust.* Trad. Lenita R. Esteves. Rio de Janeiro, Imago, 1996.

DIMAS, A. *Tempos Eufóricos (Análise da* Revista Kosmos: *1904-1909).* São Paulo, Ática, 1983.

DU MARSAIS. *Traité des tropes.* Paris, Le Nouveau Commerce, 1997.

DUHANEL, Georges e VIDRAC, Charles. *Notes sur la Téchnique Poétique.* Paris, Champignon, 1925.

DYNES, Wayne. *Art Journal*, vol. 39, n. 4, p. 252. Command Performance (Summer, 1980).

EAGLETON, Terry. *A Idelogia da Estética.* Rio de Janeiro, Zahar, 1993.

______. *Teoria da Literatura: uma Introdução.* Trad. Waltensir Dultra. São Paulo, Martins Fontes, 1994.

______. *A Função da Crítica.* Trad. Jefferson Luiz Camargo. São Paulo, Martins Fontes, 1991.

ELIOT, T. S. *A Terra Devastada.* Trad. Gualter Cunha. Lisboa, Relógio D'Água Editores, 1999.

______. *A Terra Inútil.* Trad. Paulo Mendes Campos. Rio de Janeiro, Philobiblion/Ed. Civilização Brasileira, 1956.

______. *Notas para uma Definição da Cultura.* São Paulo, Perspectiva, 1991.

______. *De Poesia e Poetas.* Trad. Ivan Junqueira. São Paulo, Brasiliense, 1991.

______. *Selected essays 1917-1932.* New York, Harcourt, Brace & World, 1932.

______. *Ensaios.* Trad. Ivan Junqueira. São Paulo, Art Editora, 1988.

______. *The Sacred Wood and Major Early Essays.* New York, Dover publications, 1998.

ENNIO, Quinto. *Andromacha: Testo e Traduzione*. In: SPADARO, Carmen. *Andromaca. Indragine Storica Filalogia e Culturale di uno Mito Letterano*. Begamo, Universitá degli Studi di Bergamo, 2016. Tese de Doutorado.

ENZENSBERGER, Hans Magnus. "As Aporias da Vanguarda". Trad. Ana Maria Lima Teixeira. *Tempo Brasileiro: Vanguarda e Modernidade*, n. 26-27, pp. 85-112. Rio de Janeiro, jan.-mar. 1971.

EULÁLIO, Alexandre. *Escritos*. Campinas/São Paulo, Ed. da Unicamp/Ed. da Unesp, 1992.

FABRIS, Annateresa. *Portinari, Pintor Social*. São Paulo, Perspectiva, 1990.

FAUSTO, Boris. *História do Brasil*. São Paulo, Edusp/FDE, 1999.

FEKETE, John. *The Critical Twilight: Explorations in the Ideolohy of Anglo-american Literary Theory from Eliot to McLuhan*. London, Henely & Boston, Routledge & Kegan Paul, 1978.

FONSECA, Edson Nery. "Depoimento. A Biblioteca de Cada Um". *Palavra Chave*, n. 1, São Paulo, maio 1982.

FRAGA, Maria do Céu. *Os Géneros Maiores na Poesia Lírica de Camões*. Coimbra, Centro Interuniversitário de Estudos Camonianos, 2003.

FRANK, Joseph. "A Forma Espacial na Literatura Moderna". Trad. Fábio Fonseca de Melo. *Revista USP*, n. 58, pp. 225-241, jun.-ago. 2003.

FRAZER, Jaimes. *The Golden Borigh: A Study in Magic and Religion*. New York, Dober Publ., 2000.

FREUD, Sigmund. *Obras Completas*. Trad. Luís Lopez-Ballesteros y de Torres. Madrid, Nueva, 1973, 3 vols.

FREYRE, G. *Sobrados e Mucambos: Decadência do Patriarcado Rural e Desenvolvimento Urbano*. Rio de Janeiro, José Olympio, 1951, 3 vols.

FRONTIER, Alan. *La Poésie*. Paris, Éditons Belin, 1992.

FRIEDRICH, Hugo. *Estrutura da Lírica Moderna*. Trad. Marise N. Curioni. São Paulo, Duas Cidades, 1978.

FRYE, Northrop. *Anatomia da Crítica*. Trad. Péricles E. S. Ramos. São Paulo, Cultrix, s. d.

GAGNEBIN, Jeanne Marie. "Baudelaire, Benjamin e o Moderno". *Sete Aulas sobre Linguagem, Memória e História*. Rio de Janeiro, Imago, 1997.

GALLI, Pauline. "Paul Valéry: Autour de la Figure de Narcisse", *Arts Poétiques et Arts d'aimer*, URL: http://www.fabula.org/colloques/document1073.php

GAY, Peter. *A Paixão Terna*. Trad. Sergio Flaksman. São Paulo, Companhia das Letras, 1990.

GAZZINELLI, Gabriela. *Fragmentos Órficos*. Belo Horizonte, Editora UFMG, 2007.

GENDRE, André. *Évolution du Sonnet Français*. Paris, PUF, 1996.

GÉNETIOT, Alain. *Le Classicisme*. Paris, Quadrige/PUF, 2005.

GENETTE, Gérard. *Introduction à l'Architexte*. Paris, Seuil, 1979.

GOMES JR., Guilherme Simões. *Palavra Peregrina: O Barroco e o Pensamento sobre Artes e Letras no Brasil*. São Paulo, Edusp/Fapesp/Educ, 1998.

GRAF, Fritz e JOHNSTON, Sarah Iles. *Ritual Texts for the Afterlife: Orpheus and the Gold Tablets*. London & New York, Routledge, 2007.

GRAMMONT, Guiomar de. *Aleijadinho e o Aeroplano: O Paraíso Barroco e a Construção do Herói Nacional*. Rio de Janeiro, Civilização Brasileira, 2008.

GRAMSCI, Antonio. *Los Intelectuales y la Organizacion de la Cultura*. Buenos Aires, Lautaro, 1960.

GRIECO, Agripino. "Martins Fontes". *A Gazeta*, São Paulo, 11 out. 1947.

GUILLÉN, Claudio. "Literature as System". *Comparative Literature*, vol. 22, n. 3, pp. 193--222, Duke UP summer 1970.

GUSDORF, Georges. *Les Escritures du Moi*. Paris, Garnier, 1991.

GUTHRIE, W. K. C. *Orphée et la Religion Grecque: Études sur la Pensée Orphique*. Trad. S. M. Guillemin. Paris, Payot, 1956.

HABERMAS, Jurgen. *Le Discours Philosophique de la Modernité: Douze Conférences*. Trad. Christian Bouchindhomme e Rainer Rochlitz. Paris, Gallimard, 1988.

HAMBURGER, K. *A Lógica da Criação Literária*. Trad. M. Malnic. São Paulo, Perspectiva, 1975.

HAMBURGER, Michael. *La Verdad de la Poesía: Tensiones en la Poesía Moderna de Baudelaire a los Años Sesenta*. Trad. Miguel Angel Flores e Mercedes Córdoba Magro. México, Fondo de Cultura Económica, 1982.

HARRISON, Robert P. *The Body of Beatrice*. Baltmore, Johns Hopkins UP, 1988.

HASSAN, Ihab. *The Dismemberment of Orpheus: Toward a Postmodern Literature*. Madison: The University of Wisconsin Press, 1982.

HEIDEGGER, Martin. *Arte y Poesía*. Trad. Samuel Ramos. México, Fondo de Cultura Económica, 1985.

HERRERA, Ricardo H. *La Ilusión de las Formas: Escritos sobre Banchs, Molinari, Mastronardi, Wilcock y Madariaga*. Buenos Aires, El Imaginero, 1988.

HOBSBAWM, Eric. *A Era dos Extremos: O Breve Século XX; 1914-1991*. Trad. Marcos Santarrita. São Paulo, Companhia das Letras, 1995.

HOLANDA, Sérgio Buarque de. *Visão do Paraíso: Os Motivos Edênicos no Descobrimento e Colonização do Brasil*. São Paulo, Brasiliense, 1994.

HÖLDERLIN. *Poemas*. Pref., trad. e sel. Paulo Quintela. Lisboa, Relógio D'Água Editores, 1991.

HOLSTON, James. *A Cidade Modernista: Uma Crítica de Brasília e Sua Utopia*. Trad. Marcelo Coelho. São Paulo, Companhia das Letras, 1993

______. *A Cidade Modernista: Uma Crítica de Brasília e sua Utopia*. Trad. Marcelo Coelho. São Paulo, Companhia das Letras, 1993.

Hombergen, D. *Literatura Monástica Latina dos Primeiros Séculos: Introdução ao Autor e ao Texto*. Roma, Cúria Geral da Ordem Cisterciense, 2003 (*online*).

Horácio. *Arte Poética (Epistula ad Pisones)*. In: *A Poética Clássica*. Trad. Jaime Bruna. São Paulo, Cultrix, 1985.

Hörster, Maria António Henriques Jorge Ferreira. *Para uma História da Recepção de Rainer Maria Rilke (1920 - 1960)*. Coimbra, Fundação Calouste Gulbenkian/Fundação para a Ciência e a Tecnologia, 2001.

Huyssen, Andreas. *Memórias do Modernismo*. Trad. Patrícia Farias. Rio de Janeiro, Ed. UFRJ, 1997.

Hyman, S. E. *The Armed Vision: A Study in the Methods of Modern Literary Criticism*. New York, Alfred A. Knopf, 1948.

Hytier, Jean. *Les Arts de Littérature*. Paris, Charlot, 1945.

Ianni, Octávio. *A Formação do Estado Populista na América Latina*. Rio de Janeiro, Civilização Brasileira, 1975.

Jameson, Frederic. "Pós-modernidade e Sociedade de Consumo". Trad. Vinícius Dantas. *Novos Estudos* CEBRAP, n. 12, pp. 16-26, São Paulo, jun. 1985.

______. *O Marxismo Tardio: Adorno, ou a Persistência da Dialética*. Trad. Luiz P. Rouanet. São Paulo, Unesp, Boitempo, 1997.

______. *Modernidade Singular*. Trad. R. F. Valente. Rio de Janeiro, Civilização Brasileira, 2005.

______. *O Inconsciente Político: A Narrativa como Ato Socialmente Simbólico*. Trad. Valter Lellis Siqueira. São Paulo, Ática, 1992.

______. *Pós-Modernismo: a Lógica Cultural do Capitalismo Tardio*. Trad. Maria Elisa Cevasco. São Paulo, Ática, 1997.

______. *As Marcas do Visível*. Trad. Ana L. de Almeida Grazolla *et al.* Rio de Janeiro, Graal, 1995.

______. *A Critical Reader*. Londres, Palgrave Macmillan, 2004.

Jancovich, Mark. *The Cultural Politic of the New Criticism*. Cambridge, Cambridge UP, 1993.

Jasinski, Max, *Histoire du Sonnet en France*, Genève, Slatkine, 1970.

Jauss, H. R. "La Douceur du Foyer: La Lírica en 1857 como Ejemplo de Transmisión de Normas Sociales". In: Warning, Rainer (coord.). *Estética de la Recepción*. Trad. Ricardo Sánchez. Madrid, Visor, 1989.

Jeffreys, Mark (ed.). *New Definitions of Lyric: Theory, Technology, and Culture*. NewYork & London, Wellesley Studies in Critical Theory, Literary History, and Culture. Garland Publishing, Inc., 1998.

JINKINGS, Ivana. "Ligas Camponesas". *Enciclopédia Latino-americana* (Disponível em: <http://latinoamericana.wiki.br/verbetes/l/ligas-camponesas>.

JOHNSON, Randal. "A Dinâmica do Campo Literário Brasileiro (1930-1945)". Trad. Antonio Dimas. *Revista USP*, n. 26, pp. 164-181, jun.-ago. 1995.

JOHNSON, W. R. *The Idea of Lyric: Lyric Modes in Ancient and Modern Poetry*. Berkeley / Los Angeles/London, Univeristy of California Press, 1982.

JOSHI, Rakesh Chandra. "Symbolism and T. S. Eliot's Theory of Objective Correlative". *International Research Journal of Interdisciplinary & Multidisciplinary Studies (IRJIMS)*. http://oaji.net/articles/2016/1707-1480920323.pdf

JOST, François. *Le Sonnet de Pétrarque à Baudelaire*. Berne, Peter Lang, 1989.

KAYSER, W. *Análise e Interpretação da Obra Literária*. Trad. Paulo Quintela. Coimbra, Arménio Amado Ed., 1958, 2 vols.

KERNAN, Alvin B. *The Cankered Muse: Satire of the English Renaissance*. New Haven, Yale University Press, 1959.

KING, Russell S. "The Poet as Clown: Variations on a Theme in Nineteenth-century French Poetry". *Orbis Litterarum – International Review of Literary Studies*, vol. 33, issue 3, pp. 238-252 (Published Online: 1 Jun 2007).

KIPPENBERG, Katharina. *Rainer Maria Rilke: Un Témoignage*. Tradução de Blaise Briod. Paris, Plon, 1944.

LAFETÁ, João L. *1930: A Crítica e o Modernismo*. São Paulo, Duas Cidades, 1974.

LANTENOIS, Annick. "Analyse Critique d'une Formule: 'Retour à l'Ordre' ". *Vingtième Siècle. Revue d'histoire* n. 45, pp. 40-53, Paris (Sciences Po UP) jan.-mar. 1995.

LAWLER, James R., *Lécture de Valéry*. Paris, PUF, 1963.

_____. *The Poet as Analyst: Essays on Paul Valéry*. Berkeley/ Los Angeles, University of California Press, 1974.

LEAL, Victor Nunes. *Coronelismo, Enxada e Voto: o Município e o Regime Representativo no Brasil*. São Paulo, Editora Alfa-Omega, 1975.

LEJEUNE, Philipe. *L'Autobigraphie en France*. Paris, Armand Colin, 1971.

LENTRICCHIA, Frank. *Modernist Quartet*. Cambridge, Cambridge UP, 1994.

LEPENIES, Wolf. *As Três Culturas*. São Paulo, Edusp, 1996.

LEVIN, Orna M. *Pequena Taboada do Teatro Oswaldiano*. Campinas, IEL/Unicamp, 1995. Tese de Doutorado.

LIMA, L. C. (org.). *Teoria da Literatura em Suas Fontes*. Rio de Janeiro, Francisco Alves, 1983, vol. II.

LOPES, Hélio. *Letras de Minas e Outros Ensaios*. Org. Alfredo Bosi. São Paulo, Edusp, 1997.

LOPEZ, Telê Ancona. *Mariodeandradiando*. São Paulo, Hucitec, 1996.

LOTTMAN, Herbert R. *A Rive Gauche: Escritores, Artistas e Políticos em Paris (1930--1950)*. Rio de Janeiro, Guanabara, 1987.

LOUIS, Kenneth R. R. Gros. "The Triumph and Death of Orpheus in the English Renaissance". *Studies in English Literature, 1500-1900*, vol. 9, n. 1, pp. 63-80, The English Renaissance (Winter, 1969), Rice Univ.

MARCUSE, Herbert. *Eros e Civilização: Uma Interpretação Filosófica do Pensamento de Freud*. Rio de Janeiro, Zahar, 1981.

MARTZ, Louis L. *The Poetry of Meditation: A Study in English Religious Literature of the Seventeenth Century*. New Haven, Yale UP, 1962.

MARX, William (dir.). *Les Arrière-gardes Au XXe Siècle. L'autre Face de la Modernité Esthétique*. Paris, Quadrige/PUF, 2004.

______. *Naissance de la Critique Moderne: la Literature selon Eliot et Valéry 1889-1945*. Paris, Artois Presses Université, 2002.

MAULPOIX, Jean-Michel. *Le Poète Perplexe*. Paris, José Corti, 2002.

MELO, Juliana F. de. "A Construção de Si como Herdeiro: Pedro Nava e os Episódios de *Baú de Ossos*". *Anais da Associação de Leitura do Brasil* (alb.org.br).

MENNINGHAUS, Winfried. *Les Sciences des Seuils*. In: WISMANN, Heinz (org.). *Walter Benjamin et Paris*. Colóquio Internacional, 27-29 jun., 1983, Paris, Cerf, 1986.

MEYERHOFF, Hans. *O Tempo na Literatura*. Trad. Myriam Campello. São Paulo, McGraw-Hill do Brasil, 1976.

MICELI, Sérgio. *Intelectuais e Classes Dirigentes no Brasil (1920-1945)*. São Paulo, Difel, 1979.

______. (org.). *História das Ciências Sociais no Brasil*. São Paulo Vértice/Idesp, 1989.

______. *Poder, Sexo e Letras na República Velha*. São Paulo, Perspectiva, 1977.

MINCHILLO, Carlos Cortez e TORRALVO, Izeti. *A Lírica de Camões*. Cotia, SP, Ateliê Editorial, 1997.

MODERNITÉS 8, *Le Sujet Lyrique en Question*. Bordeux, Presses Universitaires de Bordeaux, 1996.

MOREIRA, Vânia Maria Losada. "Nacionalismos e Reforma Agrária nos Anos 50". *Revista Brasileira de História*, vol. 18, n. 35, pp. 329-360, 1998.

MOTTE, André. *"Orphisme et Pythagorisme" in Dictionnaire des Religions*. Dir. Paul Poupard. Paris, PUF, 1985.

MOURA, Gerson. *Relações Exteriores do Brasil 1939-1950. Mudanças na Natureza das Relações Brasil-Estados Unidos Durante e Após a Segunda Guerra Mundial*. Brasília, Fundação Alexandre de Gusmão (FUNAG), 2012.

MUECKE, Douglas. "Images of irony". *Poetics Today*, 4:3, 1983.

NEEDELL, Jeffrey D. *Belle Époque Tropical. Sociedade e Cultura de Elite no Rio de Janeiro na Virada do Século*. Trad. Celso Nogueira. São Paulo, Companhia das Letras, 1993.

NUNES, Benedito, "O Universo Filosófico e Ideológico do Barroco". *Barroco*, 12, anos 1982/83. Congresso do Barroco no Brasil/Arquitetura e Artes Plásticas, Ouro Preto, 3-7 set 1981. Comitê Brasileiro de História da Arte/Revista *Barroco*/Instituto Estadual do Patrimônio Histórico e Artístico de Minas Gerais (IEPHA/MG).

NUNES, Edson. *A Gramática Política do Brasil: Clientelismo e Insulamento Burocrático*. Rio de Janeiro/Brasília, Zahar/Brasília, ENAP, 2003.

NUÑEZ, Beatriz Carolina Peña. "Vicente Aleixandre, Diego de Velázquez y el Niño de Vallecas". *Revista Cronópio*, ed. 62, ago. 13, 2015 (*online*).

OEHLER, Dolph. "Art Névrose: Análise Sócio-psicológica do Fracasso da Revolução em Flaubert e Baudelaire". In: *Terrenos Vulcânico*. Trad. Márcio Suzuki. São Paulo, Cosac Naify, 2004, pp. 35-59.

______. *Quadros Parisienses: Estética Antiburguesa. 1830-1848*. Trads. José Marcos Macedo e Samuel Titan Jr. São Paulo, Companhia das Letras, 1997.

______. *Le Spleen Contre l'Oubli. Juin 1848. Baudelaire, Flaubert, Heine, Herzen*. Trad. Guy Petitdemange. Paris, Payot, 1996.

OLIVEIRA, Lúcia Lippi *et. al*. *Estado Novo: Ideologia e Poder*. Rio de Janeiro, Zahar, 1982.

OLIVEIRA, Myriam A. R. *Aleijadinho: Passos e Profetas*. Belo Horizonte/São Paulo, Itatiaia/Ed. Univ. de São Paulo, 1984.

OPPENHEIMER, Paul. *The Birth of the Modern Mind: Self, Consciousness, and the Invention of the Sonnet*. New York/Oxford, Oxford UP, 1989.

PARKER, Patricia & HOSEK, Javiva (orgs.). *Lyric Poetry: Beyond New Criticism*. Ithaca/London, Cornell, 1985.

PAZ, Octavio. *Os Filhos do Barro: Do Romantismo à Vanguarda*. Trad. Olga Savary. Rio de Janeiro, Nova Fronteira, 1984.

PÉCAUT, Daniel. *Os Intelectuais e a Política no Brasil: Entre o Povo e a Nação*. São Paulo, Ática, 1990.

PEÑA NÚÑEZ, Beatriz Carolina. "Vicente Aleixandre, Diego de Velásquez y El Niño de Vallecas". *Revista Cronopio*, ed. 62, ago. 13, 2015. (Disponível em: www.revistacronopio.com/?p=16394).

PERKINS, David. *A History of Modern Poetry: Modernism and After*. Cambridge, Massachusetts/London, Harvard University Press, 1987, 2v.

PERL, Jeffrey M. *The Tradition of Return: The Implicit History of Modern Literature*. Princeton, Princeton UP, 1984.

PERRONE, Charles A. *Seven Faces: Brazilian Poetry since Modernism*. Durham, Duke UP, 1996.

PINTO, Joaquín B. *Ennio. Estudio Sobre la Poesía Latina Arcaica*. Barcelona, Casa Editorial Estvdio, 1914.

PIZARRO, Ana (org.). *América Latina: Palavra, Literatura e Cultura*. São Paulo/Campinas, Memorial da América Latina/Campinas: Editora da Unicamp, 1994: 3v.

POOL, Phoebe. "Picasso's Neo-Classicism: Second Periode 1917-1925". *Apollo*, LXXXV, 1967.

Praz, Mario. *La Carne, la Morte e il Diavolo nella Letteratura Romantica.* Firenze, Sansoni Editore, 1988 (*A Carne, a Morte e o Diabo na Literatura Romântica.* Trad. Philadelpho Menezes, Campinas, Ed. Unicamp, 1996).

Preminger, Alex & Brogan, T. V. F. (eds.). *The New Princeton Encyclopedia of Poetry and Poetics.* New Jersey, Princeton University Press, 1993.

Rabaté, Dominique (ed.). *Figures du Sujet Lyrique.* Paris, PUF, 1996.

Rancière, J. *The Politics of Literature*, Cambridge, Polity Press, 2011.

______. *Mallarmé: La Politique de la Sirène.* Paris, Hachette, 1996.

______. *A Partilha do Sensível: Estética e Política.* Trad. Mônica Costa Netto. São Paulo, EXO Experimental/Ed. 34, 2005.

Ricardo, Cassiano. *Martins Fontes.* Rio de Janeiro, Agir, 1959.

Ricupero, Bernardo. *O Romantismo e a Ideia de Nação no Brasil (1830-1870).* São Paulo, Martins Fontes, 2004.

Rilke, Rainer Maria. *Os Cadernos de Malte Laurids Brigg.* Tradução de Paulo Quintela. Porto, O Oiro do Dia, 1983.

Romanovski, Natalia. *Um Grupo Abstrato: Cultura, Geração e Ambições Modernas na Revista* Joaquim. São Paulo, FFLCH/ USP, 2014. Dissertação de Mestrado em Sociologia.

Rosenberg, Harold. *La Tradition du Nouveau.* Paris, Ed. Minuit, 1962.

Rosenfeld, Anatol. *Texto/Contexto.* São Paulo, Perspectiva, 1969.

Ross, Kristin. *The Emergence of Social Space: Rimbaud and the Paris Commune.* Minneapolis, Minnesota UP, 1998.

Rouanet, Sérgio Paulo. *Édipo e o Anjo: Itinerários Freudianos de Walter Benjamin.* Rio de Janeiro, Tempo Brasileiro, 1981.

Roubaud, Jacques. *Soleil du Soleil (Le Sonnet Français de Marot à Malherbe). Anthologie avec Introduction.* Paris, P. O. L, 1990.

Rougemont, D. de. *O Amor e o Ocidente.* Trad. de Paulo Brandi e Ethel B. Cachapuz. Rio de Janeiro, Guanabara, 1988.

Ryan, Judith. *Rilke, Modernism and Poetic Tradition.* Cambridge, Cambridge UP, 1999.

Sá, Maria das Graças Moreira de. *Estética da Saudade em Teixeira de Pascoaes.* Lisboa, ICALP (Ministério da Educação), 1992.

Said, Edward. *Estilo Tardio.* Trad. Samuel Titan Jr. São Paulo, Companhia das Letras, 2009.

Sartre, Jean-Paul. *O Que É Literatura?* São Paulo, Ática, 1993.

______ "L'Engagement de Mallarmé". *Obliques*, n. 18/19, 1979.

Schwartzman, Simon. "O Intelectual e o Poder: A Carreira Política de Gustavo Capanema". In: VVAA. *A Revolução de 30: Seminário Internacional.* Brasília, UnB, 1983, pp. 365-398.

Schwarz, Roberto. *O Pai de Família e Outros Ensaios.* Rio de Janeiro, Paz e Terra, 1978.

______. *Ao Vencedor as Batatas.* São Paulo, Duas Cidades, 1977.

______. *Um Mestre na Periferia do Capitalismo: Machado de Assis*. São Paulo, Duas Cidades, 1990.

Schwarz, R. "Um Crítico na Periferia do Capitalismo". Entrevista a Luiz Henrique Lopes dos Santos e Mariluce Moura. Revista *online Pesquisa Fapesp*, edição 98, de abril 2004.

Scott, David H. T., *Sonnet Theory and Practice in Nineteenth-Century France: Sonnets on the Sonnet*. Hull, University of Hull, 1977.

Secchin, Antonio Carlos. "Microscopia do Poético". *Novos Estudos* cebrap n. 51, São Paulo, jul. 1998.

Segal, Charles. "Poetic Immortality and the Fear of Death: The Second Proem of the *De Rerum Natura*". *Harvard Studies in Classical Philology*, vol. 92 (1989), pp. 193-212.

______. "Messages to the Underworld: An Aspect of Poetic Immortalization in Pindar". *The American Journal of Philology*, vol. 106, n. 2, pp. 199-212 (Summer, 1985).

______. *Orpheus: The Myth of the Poet*. Baltimore, Johns Hopkins University Press, 1993.

Sena, Jorge de. *Dialécticas Aplicadas da Literatura*. Lisboa, Edições 70, 1978.

Senna, Homero. *República das Letras. Entrevistas com Vinte Grandes Escritores Brasileiras*. Rio de Janeiro, Civilização Brasileira, 1996.

Settis, Salvatore. *La Tempesta Interpretata*. Giorgione, I Committenti il Soggetto, Turim, Einaudi, 1978.

Sevcenko, Nicolau. *Literatura como Missão*. São Paulo, Brasiliense, 1999.

Sham, Jorge Chen. "La Responsabilidad Humana: El Poema 'Pie para El Niño de Vallecas de Velázquez". *Filología y Linguística* xxx (2): 2004, pp. 17-23.

Sharpe, William Chapman. *Unreal Cities: Urban Figuration in Wordsworth, Baudelaire, Whitman, Eliot, and Williams*. Baltimore/London, The Johns Hopkins University Press, 1990.

Silver, Kenneth E. *Vers le Retour à l'Ordre: L'Avant-Garde Parisienne et la Première Guerre Mondiale*. Paris, Flammarion, 1991.

Silva, Vitor Aguiar e. "A Elegia na Lírica de Camões". In: Pereira, Seabra e Ferro, Manuel (coord.). *Actas da vi Reunião Internacional de Camonistas*. Coimbra, Imprensa da Universidade de Coimbra, 2012, pp. 19-31.

Simmel, Georg. "The Ruin". *Two Essays. The Hudson Review*. vol. 11, n. 3 (Autumn, 1958).

Sinfield, Alan. *Dramatic Monologue*. London, Methuen & Co., 1977.

Siscar, Marcos. *Poesia e Crise: Ensaios sobre a "Crise da Poesia" como Topos da Modernidade*. Campinas, Editora da Unicamp, 2010.

Soja, Edward. *Geografias Pós-Modernas: A Reafirmação do Espaço na Teoria Social Crítica*. Rio de Janeiro, Zahar, 1993.

Souza, Eneida M. *Pedro Nava: O Risco da Memória*. Juiz de Fora, Funalfa, 2004.